敦和金融衍生品丛书

中国期货业协会（国家级证券期货投资者教育基地）推荐投教用书

实证资产定价

股票横截面收益

图兰 · G. 巴利（Turan G. Bali）
罗伯特 · F. 恩格尔（Robert F. Engle） 著
斯科特 · 默里（Scott Murray）

张学勇 朱一峰 译

Empirical Asset Pricing

The Cross Section of Stock Returns

中国人民大学出版社

· 北京 ·

前 言

本书最初的英文版出版于 2016 年，出版之后得到了学术界和从业者的一致好评。我们希望有更多的读者能获取与英文版读者同样的内容。鉴于中国的高素质学者越来越多，本书的中文版很自然地成为我们朝着这个目标前进迈出的第一步。

本书的目的是对股票期望收益的横截面数据进行实证研究。本书可以作为博士生资产定价实证课程的教材，也可以作为投资者对股票期望收益进行预测的重要工具书。博士生读者应该对该领域最基本的研究成果有一定的了解，并且应该有扎实的基础，以便将来更好地从事资产定价的实证研究。对于打算将本书中的结果应用于实践的读者来说，我们希望这本书能够为投资策略的设计提供基础，并且有助于投资者对股票最基本的风险和收益模式有深刻的理解。

我们认为这本书的读者至少应该具有相当于 MBA 水平的对资产定价理论的理解能力和基本的计量经济学知识基础。Cochrance（2005），Campbell、Lo 和 MacKinlay（1996）以及 Elton、Gruber、Brown 和 Goetzmann（2014）都曾有过关于这方面的著作。如果对这两个领域有更深入的理解，那会更好。虽然本书中的所有分析都是具有统计学性质的，但是本书不是专门研究计量经济学或统计学的书籍。因此，我们对统计概念的讨论主要是概念性的。如果想获得我们的方法论所依据的统计理论的详细信息，我们建议读者在这一领域里，选择适合自身水平的计量经济学或统计学读物进行参考。

本书分为两个主要部分。第一部分着重讨论在资产定价实证研究方面最广泛使用的统计学方法。该部分的目的是让读者对如何进行分析以及如何解释这些结果有一个详细的了解。此外，我们还讨论了这些结果是如何在学术研究文章中总结和呈现的。这些技术通常可以分成两组。第一组技术用于分析研究所用到的各类数据，第二组技术用于研究各种变量之间的关系，这些都是用来研究一组变量和股票期望收益之间的横截面关系的工具。分析它们之间的关系是本书的目的，一般来说，也是大多数资产定价实证研究的主要目的。当然，这些技术也可以用于其他研究目标。

第二部分，也是最重要的部分，讨论了资产定价研究中的主要成果。在介绍每个成果时，首先我们详细讨论了用于捕捉被检验股票特征的主要变量的计算。其次，我们应用第一部分中讨论的技术，主要是为了理解被检验的特征与股票期望收益之间的关系。虽然有数以百计的不同变量已被证明与股票期望收益相关，但我们将重点放在文献中最广泛承认和引用的那些变量上。

我们要感谢乔治城大学、佐治亚州立大学和纽约大学的同事们的大力支持。我们要特别感谢 Viral Acharya、Vikas Agarwal、Yakov Amihud、Andrew Ang、Gurdip Bakshi、Hank Bessembinder、Jacob Boudoukh、Brian Boyer、Stephen Brown、Nusret Cakici、Fousseni Chabi-Yo、Peter Christoffersen、Martijn Cremers、Ozgur Demirtas、Elroy Dimson、Rory Ernst、Wayne Ferson、Fangjian Fu、Thomas Gilbert、Hui Guo、Umit Gurun、Cam Harvey、Bing Han、David Hirshleifer、Armen Hovakimian、Kris Jacobs、Andrew Karolyi、Haim Kassa、Haim Levy、Jonathan Lewellen、Lasse Pedersen、Lin Peng、Jeff Pontiff、Anna Scherbina、Rob Schoen、Robert Stambaugh、Avanidhar Subrahmanyam、Yi Tang、Raman Uppal、Grigory Vilkov、David Weinbaum、Robert Whitelaw、Liuren Wu、Yuhang Xing、Jianfeng Yu、Lu Zhang、Xiaoyan Zhang、Guofu Zhou 和 Hao Zhou，他们对这本书和我们以前的研究提供了有价值的反馈。他们的工作大大提高了这本书的质量。我们尤其要感谢 John Campbell、Gene Fama、Kenneth French 和 Lubos Pastor，感谢他们细致的阅读、详细的反馈以及提出的宝贵建议。本书是在约翰威立国际出版公司的 Sari Friedman、Jon Gurstelle、Saleem Hameed 和 Steve Quigley 的帮助下出版的。他们在出版本书时的效率和技巧远远超出我的想象。我们感谢张学勇、朱一峰两位教授提出翻译中文版的设想并且辛勤地进行了翻译，也要感谢中国人民大学出版社。最后，我们要感谢我们的妻子和孩子们：Marianne、Jordan、Lindsay、Mehtap、Kaan 和 Dara，感谢他们坚定不移的支持。他们的爱、鼓励和宽容在我们写作这本书的过程中发挥着不可或缺的作用。

图兰·G. 巴利　罗伯特·F. 恩格尔　斯科特·默里

纽约，2017 年

参考文献

[1] Ang, A. Asset Management: A Systematic Approach to Factor Investing. Oxford

University Press, Oxford, 2014.
[2] Campbell, J. Y. Financial Decisions and Markets. Princeton University Press, Princeton, NJ, 2015, manuscript in preparation.
[3] Campbell, J. Y., Lo, A. W., and MacKinlay, A. C. The Econometrics of Financial Markets. Princeton University Press, Princeton, NJ, 1996.
[4] Cochrane, J. H. Asset Pricing. Princeton University Press, Princeton, NJ, 2005.
[5] Elton, E. J., Gruber, M. J., Brown, S. J., and Goetzmann, W. N. Modern Portfolio Theory and Investment Analysis. John Wiley & Sons, Hoboken, NJ, ninth edition, 2014.
[6] Karolyi, G. A. Cracking the Emerging Markets Enigma. Oxford University Press, Oxford, United Kingdom, 2015.
[7] Pedersen, L. H. Efficiently Inefficient: How Smart Money Invests & Market Prices Are Determined. Princeton University Press, Princeton, NJ, 2015.

目　录

第一部分　统计方法

第二部分　股票收益横截面

第一部分

统计方法

第 1 章　预备知识

在这一章中，我们提供了本书第一部分中用到的方法所需要了解的很多名词解释。我们提供这些元素有以下几个原因。第一，它们在即将被讨论的很多分析中会普遍出现。第二，尽管它们在很多分析中都是普遍存在的，但是却没有一个清晰的逻辑线条将这些名词串联起来。因此，为了避免重复，我们在这里一一展现这些名词，并假设这些名词在书中的其他地方也能够被理解。

详细地说，在这一章中，首先我们介绍样本或者数据的类型，这是第一部分每一个分析所需要的。其次，我们讨论缩尾处理方法，它是一种调整数据的方法，是为了在统计分析当中最小化异常值的影响。最后，我们解释 Newey 和 West (1987) 调整的标准误差、*T* 统计量和 *P* 值，它们常被用来避免统计推断中的问题，例如时间序列数据的异方差性和自相关性。

1.1　样本

在这本书中所用到的每一个统计方法都是基于面板数据的。面板中的每一条都反映了一个个体和时间的组合。这些个体用 i 来表示，时间用 t 来表示。在大部分资产定价研究中，个体代表股票、债券、期权或公司。大部分研究中所用的时间是月、周、季节、年份或者在某些情况下是天。通常，对应到某个特定时间段的数据被称为一个横截面数据。因此，对于一个固定值 t，在给定的时间段 t 内可利用的数据个体 i 的集

合是在时段 t 内个体的横截面。在几乎所有的情况中，样本并不是一个全面板的数据，也就是说在样本当中的个体是随着时间而改变的。对于每一个个体和时段的组合 (i, t)，数据中包含多个变量。通常，在时段 t 的个体 i 的变量被记为 $X_{i,t}$。我们经常会遇到数据包含不止一个变量的情况，例如 X 和 Y，对于给定的 i、t，$X_{i,t}$ 已知但是 $Y_{i,t}$ 未知。在这种情况下，则同时需要 X 和 Y 的分析就不能再利用 i、t 点的数据了。大部分研究在构建样本时，会选取关注变量的值可获得的数据点作为样本。使用非关注或者控制变量的分析将只使用必要数据观测值存在的子集。这种方法允许将每个分析应用于所需变量可得的最大数据集中。然而，在某些情况下，研究者更喜欢将用来分析所有情况的样本限制在那些每一个变量的值都已知的观测值上。这个方法的缺点是大量的观测值丢失了；优点是所有的分析都使用了统一的样本，因此打消了对每一次分析要使用不同数据集的疑虑。

在第一部分的剩余章节中，我们使用的样本中的个体 i 代表股票，时段 t 代表年份。样本跨越 25 年，从 1988 年到 2012 年（包含）。对每一年 t，样本包括 t 年 12 月 31 日这一天证券价格研究中心（Center for Research in Security Prices，CRSP）数据库中所有美国公司的普通股票。至于如何确定哪些股票是美国公司的普通股票将会在本书后续部分讨论。这一点说明，对于每一年 t，样本由给定年份年末股票交易所交易的美国普通股组成。我们将用这个样本举例说明第一部分的每一个方法。我们用了一个短期的样本周期和年份周期，因为短期的周期有利于展现各种方法。我们指定这个样本为方法论样本。在本书的第二部分，我们将展现实证资产定价的主要结论，此时会选择覆盖较长样本周期的月度数据。

对于方法论样本中的每一个观测值，我们会计算五个变量。我们要提醒读者，在许多情况下，一个或者多个变量可能无法获得或者缺失特定的观测值。这是实证资产研究的现实问题之一。这里，我们会简单地表述这些变量。关于这些变量的计算方法会在后续章节中详细讨论。

我们计算 t 年股票 i 的贝塔（β）值，即为股票超额收益率对市场组合超额收益率回归之后的斜率，这里用 t 年日度股票收益数据。我们至少需要 200 天日度收益数据来计算 β。不满足这个标准的 β 值被认为是缺失的。[①] 我们定义 t 年股票 i 的市值（*MktCap*）为 t 年年末的发行股票数乘以股价再除以 100 万。因此，*MktCap* 以百万美元为测量标准。我们记 *Size* 为 *MktCap* 的自然对数。在第 2 章我们将讨论，*MktCap* 的贡献被高度偏离，因此大部分研究者用 *Size* 而不是 *MktCap* 作为测量公司规模的标准。[②] 一只股票的账面市值比（*BM*）被定义为公司股票的账面价值除以公司股票的市值（*MktCap*）。[③] 最后，t 年股票 i 的超额收益率被定义为 t 年股票 i 的收益率减去 t 年无风险证券的收益率。所有的收益率均以百分比为单位；因此，值 1.00 对应 1%的收益率。股票收益率、股价和发行股

① β 的计算在第 8 章会详细介绍。

② *MktCap* 和 *Size* 的计算在第 9 章会详细讨论。

③ *BM* 的计算在第 10 章会详细介绍。

数等数据都来自 CRSP。计算股票的账面价值的数据来自 Compustat 数据库。无风险证券收益率数据来自 Kenneth French's 数据图书馆。

1.2 缩尾和截尾

众所周知，金融数据总是受限于极端值。在许多统计分析中，这样的数据点可能会对结果产生一个过度的影响，使得结果不可信。因此，如果不对这些极端值做出调整或者解释，那么很可能会导致监测不出一个已存在的现象（第二类误差），甚至更差，结果会显示一个并不存在的现象（第一类误差）。尽管有一些统计方法可以评估极端值的影响或者减轻极端值对结果的影响，但是实证资产定价的研究者们通常会采取一个特别的方法来处理极端值的影响。

通常有两个技术被用来处理实证资产定价中的极端值问题。第一个是缩尾技术，即简单地将一个大于或者小于某个确定值的变量值设定为这个确定值。第二个是截尾技术，即简单地将被认定为是极端值的变量值设定为缺失。我们来详细讨论这两个技术。为此，我们假设正在处理的变量 X 有 n 个不同的观测值，记为 X_1，X_2，…，X_n。

缩尾处理是将大于 X 的所有观测值的上 h 百分位数的 X 值设定为 $100-h$ 百分位数。同样，将小于 X 的下 l 百分位数的值设定为 X 的 l 百分位数。例如，我们想在 0.5%($h=0.5$) 水平处对 X 高的一端进行缩尾处理，就需要先计算 X 值的 99.5 百分位数，记为$Pctl_{99.5}(X)$。然后，我们将所有大于$Pctl_{99.5}(X)$ 的 X 值设定为$Pctl_{99.5}(X)$。现在，我们想在 1%($l=1$) 水平处对 X 低的一端进行缩尾处理，就需要先计算 X 值的 1 百分位数，记为$Pctl_1(X)$，然后，我们将所有小于$Pctl_1(X)$ 的 X 值设定为$Pctl_1(X)$。在大部分情况下，h 和 l 值的选取是一样的，而且研究者在进行缩尾处理时常用的值是 0.5%和 1%。在本书中，我们会频繁地使用 0.5%水平。这意味着 h 和 l 都是 0.5，而且缩尾处理将在高的一端和低的一端同时进行。缩尾处理的水平应该极大地依赖于被缩尾变量的噪声，噪声越多，水平越高。

截尾处理和缩尾处理非常类似，不同于将大于$Pctl_h(X)$ 的 X 值设定为$Pctl_h(X)$，我们将此值设定为缺失值或者不可利用的值。同样，低于$Pctl_l(X)$ 的 X 值也被设定为缺失值。因此，截尾处理和缩尾处理的不同之处在于，截尾处理会将一个确定变量的极端值从分析样本中移除，而缩尾处理会将极端值设定为更合适的水平。

截尾处理和缩尾处理有一些实施的方法。第一种，对所有个体 i 和时段 t 的变量 X 全部值进行缩尾或者截尾处理。第二种，对每一个时段 t 分别对变量 X 进行缩尾或者截尾。到底采取哪一种缩尾方法取决于统计分析的类型。如果是对全部面板数据进行单个分析，第一种缩尾或者截尾方法是最适合的。但是，本书所运用的大部分方法都需要两个阶段。第一个阶段需要对样本中的截面数据进行分析，第二个阶段要对这些截面分析的结果再次进行分析。在这种情况下，第二种缩尾或截尾的方法显然是更合适的。贯穿整本书的缩尾处理都是基于逐步偏差的（第二种方法）。

至于何时运用缩尾和截尾技术是一个很难回答的问题，因为有些极端值是合理的，有些是数据误差。除此之外，研究者有时会用并不合适的简单函数去捕获极端值。在统计上，人们可能会认为当被截尾的数据点是由一个不同的分布引起时应该使用截尾技术。当极端数据点被认为相比需要缩尾处理的已知变量的真值非常高或者非常低，但并没有计算的值那样极端时，缩尾处理可能更好。大部分实证资产定价研究者选择用缩尾处理而不是截尾处理。然而，如果分析的结果极大地受这种选择的影响，那么它们反而值得怀疑。

1.3 Newey 和 West 调整

正如第 1.2 节所避开的，第一部分剩余部分和贯穿整本书的方法都需要分两步执行：横截面分析和时间序列分析。在很多情况下，时间序列步骤所用的值可能有自相关性和异方差性。如果是这种情况，那么标准差和用来检验原假设的 P 值和 T 统计量可能会不准确。为了解决时间序列分析当中的这些问题，实证资产定价研究人员常常利用 Newey 和 West（1987）提出的方法，即调整估计值的标准误差来降低自相关性和异方差性的影响。在这一节中，我们简单描述一下这个方法。详情请阅读 Newey 和 West（1987）的文章。

在大部分实证资产定价研究中，Newey 和 West（1987）调整被用来检验时间序列中单个变量的均值。我们记在 t 时刻的测量值为 A_t。注意，这里的 A 没有个体维度，因为 A 代表一个单变量时间序列。基本的思想是：如果 A_t 是自相关的或者异方差的，那么就用一个 T 检验来验证 A 的均值是否等于原假设设定的某个特定值（通常为 0），但是这可能产生不正确的诊断结论，因为自相关性和异方差性可能放大或者缩小估计均值的标准误差。为了调整这一点，我们将时间序列 A_t 对一个单位常数进行回归，而不是只用一个简单的 T 检验。这样，估计的截距系数就是时间序列 A_t 的均值，而回归残差则捕获了 A 的差异和自相关性以及异方差性。A 的估计均值的标准差是这些残差的函数。到此为止，这和一个标准的 T 检验并无差异。然而，运用 Newey 和 West（1987）调整的回归结果产生了一个新的估计均值的标准差，它被用来调整自相关性和异方差性。Newey 和 West（1987）调整所需要的唯一的输入是调整时用到的滞后期数。正如 Newey 和 West（1994）所讨论的，滞后期数的选取是很随意的。通常，计量经济学软件设定滞后期数为 $4(T/100)^a$ 来计算调整的自相关性和异方差性的标准差，这里的 T 是时间序列时段的个数，当使用 Bartlett 核方法时，$a=2/9$；当使用二次光谱核方法来计算自相关性和异方差标准差时，$a=4/25$。[①] 很大比例的实证资产研究使用月度样本，其中时间跨度从 1963 年到目前（为 2012 年，或者本书中所使用的 $T=600$ 个月）。代入 $T=600$、$a=2/9$ 或 $a=4/25$，则会产生一个 5 和 6 之间的数值。因此，大部分研究选择 6 作为滞后期数。

---

① 想对 Bartlett 核方法以及二次光谱核方法有深入了解，请参考 Newey 和 West（1987，1994）及其参考文献。

一旦 Newey 和 West（1987）调整的标准差被计算出来，T 统计量和 P 值就能够被调整作为诊断时间序列 A 的均值的统计量。此时，新的 T 统计量是常数的系数（即样本均值）与原假设均值除以调整的标准差之后两者之间的差值。P 值可以通过调整的 T 统计量，以及计算非调整的 P 值时所使用的相同自由度来计算。

聪明的读者可能已经发现，上一段落完全没有必要在一个回归方程中展现 Newey 和 West（1987）调整，因为对一个单位常数回归仅仅产生了一个等于均值的估计系数和代表时间序列 A 的差异的残差。然而，我们用这种方式展现 Newey 和 West（1987）调整有两个原因。第一，在大部分统计软件中，Newey 和 West（1987）调整是通过在回归函数中设定一个确定的参数或者调用一个实际参数实现的。第二，Newey 和 West（1987）调整实际上比上一段所描述的要更加普遍。在一般情况下，Newey 和 West（1987）调整能够被用到任何时间序列回归当中。正是因为这个原因，统计软件才在回归分析的情境中做 Newey 和 West（1987）调整。

在一般的形式中，针对回归残差的自相关性和异方差性，Newey 和 West（1987）调整可以用来调整时间序列回归中所有估计系数的标准差。这个过程之前已被详细地描述过，除了时间序列 A 是对一个或多个时间序列进行回归外，更多时候是对一个常数进行回归。Newey 和 West（1987）调整将产生一个能够解释残差中自相关性和异方差性的估计回归系数的、调整后的协方差矩阵。这个调整后的协方差矩阵的对角线元素的平方根就是估计回归系数的标准差。这些调整后的标准差被用来计算调整后的 T 统计量和 P 值。正如单变量的情况一样，研究者必须确定调整中要使用的合适的滞后期数。目前，Newey 和 West（1987）调整似乎有一点抽象，但是在接下来的章节中它的运用会变得更加清晰。Newey 和 West（1987）调整的这种特殊情况被用在组合超额收益率对一般风险因子的因子回归中。这将在第 5.1.7 节详细讨论。

1.4 总结

在这一章中，我们展现了实证方法中常用的三个元素，这将在第一部分的其余内容中被详细讨论并且在第二部分的分析当中被大量使用。我们也描述了在第一部分其余内容的方法中将举例使用的样本。陈列这些是为了避免在第一部分的其余内容再赘述。

参考文献

[1] Newey, W. K. and West, K. D. 1987. A simple, positive semi-definite, heteroskedasticity and autocorrelation consistent covariance matrix. Econometrica, 55 (3), 703-708.

[2] Newey, W. K. and West, K. D. 1994. Automatic lag selection in covariance matrix estimation. Review of Economic Studies, 61 (4), 631-653.

第 2 章 描述性统计

或许在高水平的实证研究中最重要的事情之一就是对研究中所使用的数据有一个深刻的理解。同样，对于一个实证研究的读者来说，为了理解研究结果并且评估研究范围之外的结果的实用性，对文章分析中所使用的数据有一个粗略的了解也是非常重要的。因此，大部分实证研究的文章会在讨论主要结果之前对数据进行描述性统计。通常，研究论文的第一个表格会展现这个描述性统计。

在这一章中，我们将展现在实证资产定价研究文献中用来计算和展示描述性统计的常用方法。一个有效的描述性统计能向读者传递足够重要的信息，但又不至于因展示太多而使读者感觉被信息所淹没。展示描述性统计的最优方法的选择极大地依赖于研究的类型。本章所展示的方法最适合用于目标是研究个体（股票、债券、公司等）的横截面现象的研究。因此，这个过程适用于理解研究中变量的横截面分布。

2.1 实施步骤

实施描述性统计的过程由两步组成。第一步，对每一个时段 t，计算给定变量 X 的横截面分布的特征。第二步，计算周期横截面特征的时间序列特性。在大部分情况下，使人感兴趣的时间序列特性是均值，所展现的最后结果代表横截面特征的平均值，这里的平均值是对样本的所有时段 t 求平均得到的。

2.1.1 周期横截面描述性统计

第一步操作的详情如下。对每一个时段 t，我们计算横截面数据的均值、标准差、偏度、峰度、最小值、中位数、最大值和选取的 X 值的其他分位数，这些统计量是在时段 t 对所有变量值计算所得。我们记时段 t 的均值为 $Mean_t$，标准差为 SD_t，偏度为 $Skew_t$，峰度为 $Kurt_t$，最小值为 Min_t，中位数为 $Median_t$，最大值为 Max_t。除此之外，我们记 X 在月份 t 时的第 5、第 25、第 75、第 95 百分位数分别为 $P5_t$、$P25_t$、$P75_t$、$P95_t$。依据数据和研究的目标，有时可能希望包含其他的百分位数。例如，如果研究关注 X 的极端值，那么记录第 1、第 2、第 3、第 4、第 96、第 97、第 98、第 99 分位数也是很有价值的。另外，如果数据被合理地展示出来，那么计算最小值、最大值、第 5 百分位数和第 95 百分位数可能并非必要。至于需要记录和展示哪些统计量最终由研究者决定，毕竟研究者对数据有更深的理解。除了描述在 t 时刻 X 的横截面分布，我们也记录了在 t 时刻有效的 X 值的个数，记为 n_t。

表 2.1 展示了我们所使用的研究样本中市场贝塔（β）每年的描述性统计。结果显示，例如在 1988 年，样本中股票的 β 均值为 0.46，β 的横截面标准差为 0.48，β 的偏度为 0.17，β 的峰度为 2.80。更进一步，β 的最小值、第 5 百分位数、第 25 百分位数、中位数、第 75 百分位数、第 95 百分位数和最大值分别为 −4.29、−0.2、0.13、0.40、0.75、1.31 和 3.28。最后，在 1988 年有 5 690 只股票存在有效的 β 值。

表 2.1　　β 每年的描述性统计*

t	$Mean_t$	SD_t	$Skew_t$	$Kurt_t$	Min_t	$P5_t$	$P25_t$	$Median_t$	$P75_t$	$P95_t$	Max_t	n_t
1988	0.46	0.48	0.17	2.80	−4.29	−0.20	0.13	0.40	0.75	1.31	3.28	5 690
1989	0.46	0.53	0.15	1.88	−3.51	−0.27	0.11	0.40	0.79	1.38	3.63	5 519
1990	0.58	0.59	0.23	1.14	−3.15	−0.24	0.16	0.51	0.96	1.61	3.66	5 409
1991	0.57	0.61	0.23	1.96	−3.28	−0.29	0.17	0.52	0.95	1.62	5.29	5 303
1992	0.65	0.83	0.34	6.10	−5.21	−0.50	0.17	0.59	1.09	2.05	9.90	5 389
1993	0.62	0.77	−0.10	4.29	−4.70	−0.56	0.20	0.57	1.04	1.90	7.59	5 670
1994	0.70	0.71	−0.17	6.59	−6.92	−0.32	0.27	0.67	1.07	1.89	6.50	6 148
1995	0.64	0.84	0.30	5.17	−6.32	−0.49	0.19	0.56	1.02	2.15	8.77	6 288
1996	0.67	0.64	0.46	1.97	−4.32	−0.20	0.26	0.59	1.01	1.89	3.98	6 586
1997	0.53	0.48	0.39	1.46	−2.36	−0.13	0.21	0.48	0.80	1.38	3.20	6 867
1998	0.71	0.51	0.49	0.95	−1.80	0.01	0.34	0.67	1.03	1.62	3.75	6 608
1999	0.41	0.50	1.39	4.81	−2.21	−0.18	0.11	0.32	0.61	1.33	3.77	6 097
2000	0.70	0.72	1.27	1.33	−1.10	−0.06	0.19	0.49	1.01	2.23	3.76	5 901

* 本书中的表格均未标注单位、百分号等，以求与英文原书表格对应。——译者注

续前表

t	$Mean_t$	SD_t	$Skew_t$	$Kurt_t$	Min_t	$P5_t$	$P25_t$	$Median_t$	$P75_t$	$P95_t$	Max_t	n_t
2001	0.76	0.73	1.29	2.13	−1.48	−0.05	0.25	0.60	1.07	2.25	4.21	5 508
2002	0.67	0.55	0.70	0.69	−1.19	−0.04	0.25	0.62	0.97	1.73	2.99	5 099
2003	0.72	0.56	0.40	0.49	−2.17	−0.04	0.29	0.68	1.06	1.72	3.04	4 737
2004	1.03	0.70	0.43	0.24	−1.75	0.01	0.53	0.99	1.46	2.30	4.02	4 574
2005	0.95	0.64	0.00	−0.17	−1.60	−0.06	0.46	0.99	1.39	1.96	3.69	4 495
2006	1.02	0.70	0.08	0.17	−3.71	−0.02	0.48	1.00	1.51	2.18	3.75	4 453
2007	0.87	0.54	−0.04	−0.20	−1.50	0.01	0.45	0.91	1.26	1.72	3.06	4 332
2008	0.87	0.53	0.17	0.06	−1.49	0.03	0.48	0.87	1.22	1.74	3.45	4 264
2009	1.10	0.72	0.51	0.62	−1.74	0.09	0.55	1.03	1.57	2.36	5.31	3 077
2010	1.04	0.54	−0.06	−0.15	−0.85	0.10	0.68	1.05	1.41	1.90	2.95	3 805
2011	1.07	0.54	−0.14	−0.37	−0.62	0.14	0.70	1.13	1.45	1.93	3.03	3 682
2012	1.04	0.57	0.04	0.48	−2.33	0.11	0.66	1.05	1.40	1.99	3.43	3 545

该表展示了 β 在样本期每一年的描述性统计。对每一年 t，我们计算了均值（$Mean_t$）、标准差（SD_t）、偏度（$Skew_t$）、峰度（$Kurt_t$）、最小值（Min_t）、第 5 百分位数（$P5_t$）、第 25 百分位数（$P25_t$）、中位数（$Median_t$）、第 75 百分位数（$P75_t$）、第 95 百分位数（$P95_t$）和最大值（Max_t）。样本由 CRSP 数据库中 t 年年末所有美国普通股组成，时间跨度为 1988—2012 年。标记为 n_t 的列表示在给定年份有效的 β 观测值个数。

表 2.1 对 β 的逐步偏差横截面分布做了详细的解释。在这种情况下，因为我们的样本只有 25 个时段，并且我们只展示了一个变量，即 β，所以详细地展示样本期内的描述性统计是可行的。尽管展示所有统计量具有一定的价值，但是大多数实证研究拥有多于 25 个时段的样本。当样本有很多个时段时，展示如表 2.1 中的结果不仅使得展示多时期的描述性统计变得困难，而且非常不易于读者理解数据的特征。尤其当仅需要几个变量的描述性统计时，上述问题就会被放大。因此，尽管通过展示每个变量的详细特征确实能发现一定有趣的模式，但是并不需要以此来告知读者数据的最显著特征，其实大部分论文在展示统计量时要比表 2.1 更加概括。现在我们将进一步描述期间横截面的描述性统计。

2.1.2 平均横截面描述性统计

实施描述性统计过程的第二步是计算样本期内横截面值的时间序列均值。例如，变量 X 的横截面均值的平均，记为 $Mean$，是将样本中所有时段 t 的 $Mean_t$ 求平均所得。类似地，我们也可以计算其他横截面描述性统计的时间序列均值。

对大部分研究而言，展现在论文中的正是这些时间序列的均值。这些值描述了样本中的横截面均值。当研究的目标是检验一个横截面现象的时候，这种方法是合适的，正如本书中所分析的那样。表 2.2 显示了 β 的横截面描述性统计的时间序列均值。因此，表中的数字代表 β 平均每年的横截面分布。正如我们所见到的，平均每年，β 的均值为 0.75，中位数为 0.71。与均值比中位数稍大一点的结论一致的是，平均每年，β 的偏度也是正的，为 0.34。平均每年，因为平均超额峰度是正的（即 1.78），所以 β 的横截面分布是尖峰肥尾。β 的横截面标准差均值为 0.62。最后，平均每年，有 5 198 只股票存在有效 β。

表 2.2　　β 的平均横截面描述性统计

Mean	*SD*	*Skew*	*Kurt*	*Min*	*P5*	*P25*	*Median*	*P75*	*P95*	*Max*	*n*
0.75	0.62	0.34	1.78	−2.78	−0.13	0.33	0.71	1.12	1.85	4.40	5 198

该表展示了 β 每年横截面描述性统计的时间序列均值。表中展示了均值（*Mean*）、标准差（*SD*）、偏度（*Skew*）、超额峰度（*Kurt*）、最小值（*Min*）、第 5 百分位数（*P5*）、第 25 百分位数（*P25*）、中位数（*Median*）、第 75 百分位数（*P75*）、第 95 百分位数（*P95*）和最大值（*Max*），这里均值由样本中所有年份计算得出。标记为 *n* 的列显示的是具有有效 β 观测值的个数均值。

2.2　展示和说明

在大部分研究中，需要展示许多变量的描述性统计。最好将所有变量的描述性统计汇总在一个表格里。每一篇论文展现描述性统计的方式稍显不同，我们在本书中使用的方法是编制一个表格，该表格的每行（除了首行）只展示一个变量的描述性统计。

表 2.3 给出了一个我们如何展示描述性统计的例子。第一个例子标明了在给定的列描述性统计要展示的变量。接下来的每列展示了横截面描述性统计的时间序列均值。

分析描述性统计的目标有两个。第一，描述性统计的目标是对研究中将要使用的变量的横截面性质有一个基本的概观。这对了解组成样本的个体是很有用的。第二，描述性统计可以用来鉴别在统计分析中使用这些变量可能产生的任何问题。接下来，我们用样本和表 2.3 中的结果举例说明描述性统计是如何用来实现上述两个目标的。

表 2.3 的均值列大体上可以被理解为我们的样本中股票平均有一个值为 0.75 的 β，有一个刚超过 20 亿美元的市值和一个为 0.71 的账面市值比。更精确地说，这个表格显示了平均每月，给定变量的横截面均值正如表中所显示的，但是我们通常采用类似上句所用的简单语言来表述。*Size* 的平均值，即 *MktCap* 的自然对数，为 5.04，提前一年的平均超额收益率为 12.04%。

表 2.3 显示 β 的均值和中位数很接近，与此一致的是偏度的值很小，由此可得，β 关于均值合理对称。因为横截面分布的峰度的年平均值为 1.78，所以 β 的分布也稍微有些尖峰肥尾。

MktCap 的结果显示市值的分布是高度正偏离的，这是因为有一小部分观测值有很大的 *MktCap* 值。因此，描述性统计显示样本是由大部分低市值的股票和少部分极高市值的股票组成的。处于样本中位数的股票有 1.88 亿美元的市值，这比超过 20 亿美元的均值要少很多。值得注意的是，*MktCap* 的最小值为 0，这意味着此只股票的市值小于 50 万美元，并且比中位数的标准差 0.02 要小，而且也比均值的标准差 0.1 要小。这显示 *MktCap* 的波动很大比例来自大的极端值，这与正的高偏度特征一致。*MktCap* 的分

表 2.3 **β、*MktCap* 和 *BM* 的描述性统计**

	Mean	*SD*	*Skew*	*Kurt*	*Min*	5%	25%	*Median*	75%	95%	*Max*	*n*
β	0.75	0.62	0.34	1.78	−2.78	−0.13	0.33	0.71	1.12	1.85	4.40	5 198
MktCap	2 030	10 230	14.20	282.85	0	9	48	188	802	7 524	287 033	5 550
Size	5.04	2.07	0.32	−0.07	−1.19	1.89	3.56	4.91	6.39	8.70	12.33	5 550
BM	0.71	2.90	−9.49	1 226.68	−124.31	0.05	0.29	0.57	0.97	2.11	44.87	4 273
r_{t+1}	12.40	80.83	5.94	125.33	−97.86	−67.46	−26.87	0.90	31.84	124.54	1 841.43	5 381

该表展示了样本的描述性统计。样本期间包括 1988—2012 年，而且包含 CRSP 数据库中所有的美国普通股。每一年，计算每个变量的横截面分布均值（*Mean*）、标准差（*SD*）、偏度（*Skew*）、峰度（*Kurt*）、第 5 百分位数（5%）、第 25 百分位数（25%）、中位数（*Median*）、第 75 百分位数（75%）、第 95 百分位数（95%）和最大值（*Max*）。这个表展示了每个横截面分布的时间序列均值。标记为 n 的列表示有效变量的股票的平均只数。β 是通过在 t 年用日度数据的超额收益率对市场超额收益率回归计算出来的股票的贝塔值。*MktCap* 以百万美元为单位，是在 t 年最后一个交易日计算出来的股票市值。*Size* 是 *MktCap* 的自然对数。*BM* 是股票的账面价值对市值的比。r_{t+1} 是未来第一年的超额收益率。

布显示出了统计分析中潜在的问题，例如回归，回归分析依赖于所选变量的值，变量的值很大会对分析结果产生不可预料的影响。因此，大部分实证研究在此类分析中使用 *Size*，即定义为 *MktCap* 的自然对数。表 2.3 显示 *Size* 的分布比 *MktCap* 更对称，因为其平均偏度仅为 0.32。更进一步，−0.07 的超额偏度显示 *Size* 的尾部分布平均每年和正态分布的尾部分布很接近。因此，*Size* 似乎比 *MktCap* 更适合在统计分析中被使用。

至于账面市值比（*BM*），表 2.3 显示因为 *BM* 的峰值比 1 226 还大，所以尽管 *BM* 的大部分值都落入 0.05（第 5 百分位数）和 2.11（第 95 百分位数）之间，但是尾部分布还很长。有意思的是，尽管平均每月均值比中位数大，但是 *BM* 的分布却是负向偏离的，因为 *BM* 的平均横截面偏度为−9.49。

最后，表 2.3 显示样本股票提前一年的超额收益率（r_{t+1}）年均值为 12.40%。r_{t+1} 的横截面分布是高度偏离的和拖尾的，平均偏度是 5.94，超额峰度大于 125。这是因为 r_{t+1} 的最小值为−100%，但是却没有上界。表 2.3 显示，平均每年，r_{t+1} 的最大值比 1 841%还大，并且有超过 5%的股票实现了大于 100%的超额收益率。

因为收益率数据在描述性统计的展示中并非十分清楚，所以它还有另一个方面值得注意：CRSP 数据库中用来构建样本的最新数据截止到 2012 年。然而，当 t 对应 2012 年时，r_{t+1} 就要计算到 2013 年了。然而，2013 年的收益率数据是无法得到的。因此，表 2.3 中报告的 r_{t+1} 描述性统计实际上是 1989—2012 年这 24 年的数据，但是其他变量的描述性统计是 1988—2012 年这 25 年。因为这些描述性统计的详情对结果的解释并无实际影响，所以它并不常在研究论文中被讨论，但是研究者应该对此有清楚的了解。

尽管表 2.3 解释清晰，但是很多数据的特性并没有被总结在内。以这种形式汇总数据最重要的缺点是它并没有显示任何变量的时间序列变化。例如，回到表 2.1，很明显 β 的均值和中位数随着时间显著增长。但是在表 2.3 中所展示的结果却并没有捕获这种数据特性。除此之外，如果市值（*MktCap*）并没有因为通货膨胀而调整，那么我们有理由相信 *MktCap* 的值也会随着时间而增长。这个结果已被证实，但并未报告。而且，当股票市场下跌时，*MktCap* 会随之下降；当股票市场上涨时，*MktCap* 会随之增长。对账面市值比（*BM*）来说恰好相反，因为市值是这个变量的分母，但是 *BM* 的增长可能会因为计算的时点而被延迟，这些都将会在第 10 章详细讨论。

在表 2.3 中所展示的描述性统计中，这些特性都没有被捕获。在大多数情况下，这些细节在对分析结果做出解释和给出结论时并不是很重要。然而，作为一个研究者，意识到这些问题，并且评估这些问题对主要结果是否会有显著影响就显得尤为重要。在大多数情况下，这些都会在子样本中分析，旨在验证主要的结论在研究前期和后期是否成立。通常，主要的结论在正常经济环境下和恶劣经济环境下是否成立也是值得关注的，尤其是在研究中关心的变量的描述性统计在这些子样本中显著不同的时候。

2.3 总结

总之，描述性统计的目标是对所使用的数据和样本的特征有一个全面而扼要的了解。除此之外，描述性统计能够对数据的潜在问题进行鉴别和补救。我们所讨论的方法展示了给定变量在平均横截面中的分布情况。尽管展示在描述性统计表格中的结果对于一个读者来说可能足够了，但是对于一个研究者来说还远远不够。对数据没有深刻的理解却想做高质量的研究是很困难的。一个好的研究者应该熟悉任何潜在的数据问题，哪怕它在描述性统计中并不明显，并且能解决这些在研究材料中的统计分析中存在的问题。

第 3 章　相关性

正如第 2 章讨论的那样，描述性统计对研究中使用的变量的单变量分布提供了一个概观。然而，它们对变量之间的关系没有给出任何明示。了解变量之间的关系比了解变量的单变量属性通常更重要，在绝大多数情况下，关系才是研究的重点。因此，除了展现单变量描述性统计，研究者通常还会展示主要变量之间的相关性。相关性主要是查看研究所使用的一对变量之间的多变量关系。

本章将介绍一个广泛使用的计算和展示相关系数的方法。正如第 2 章所展示的实施描述性统计的步骤，本章所讨论的方法的目标也是理解变量的横截面性质。因此，这个技术最适合经济现象具有自然的横截面性质的研究。尽管大部分研究仅仅介绍皮尔逊（Pearson）积矩相关系数，但是在这里和本书的剩余部分中，我们会同时展示皮尔逊积矩相关系数和斯皮尔曼（Spearman）等级相关系数。

皮尔逊积矩相关系数最适合两个变量（记为 X 和 Y）被认为是线性的情况。如果是这种情况，皮尔逊积矩相关系数可以被理解为 X 差异相对于 Y 差异符号化后的百分比，并且当 X 随着 Y 的变大而变大时，符号为正；当高的 X 对应低的 Y 时，符号为负。皮尔逊积矩相关系数在 -1 到 1 之间取值，其中 -1 表明完全负的线性关系，0 表明两个变量之间没有关系，1 表明完全正的线性相关。

斯皮尔曼等级相关系数适合变量之间的相关性被认为是单调的情况，但是不要求必须是线性的。正如名字所暗示的，等级相关测量了 X 的顺序与 Y 的顺序的接近程度，而并未考虑它们的实际值。正如积矩相关系数，等级相关系数取值范围也是 -1 到 1，斯皮尔曼等级相关系数为 1 时表明 X 和 Y 之间是单调递增函数，为 -1 时表明 X 和 Y 之间是单调递减函数。

3.1 实施步骤

与描述性统计实施步骤相似，相关系数的步骤也分为两步。第一步，对每一个时段 t，计算两个变量 X 和 Y 的横截面相关系数。第二步，计算期间横截面相关系数的时间序列均值。

3.1.1 期间横截面相关系数

第一步，对每一个时段 t，我们计算 X 和 Y 之间的皮尔逊积矩相关系数和斯皮尔曼等级相关系数。时段 t X 和 Y 之间的皮尔逊积矩相关系数被定义为

$$\rho_t(X, Y)=\frac{\sum_{i=1}^{n_t}(X_{i,t}-\overline{X}_t)(Y_{i,t}-\overline{Y}_t)}{\sqrt{\sum_{i=1}^{n_t}(X_{i,t}-\overline{X}_t)^2}\sqrt{\sum_{i=1}^{n_t}(Y_{i,t}-\overline{Y}_t)^2}} \tag{3.1}$$

其中每一个求和是对时段 t 样本中 X 和 Y 的第 i 个有效的元素同时求和，$\overline{X}_t$ 和 $\overline{Y}_t$ 分别为 $X_{i,t}$ 和 $Y_{i,t}$ 的样本均值，选取的是同样的元素集。这里，n_t 是在给定时段 t 时 X 和 Y 同时有效的元素的个数。在大多数情况下，为了最小化一些极端值的影响，在计算皮尔逊积矩相关系数之前，会对 X 和 Y 的值进行缩尾处理。只使用 X 和 Y 同时有效的元素，缩尾处理存在一个逐时偏差。

为了计算斯皮尔曼等级相关系数，我们首先必须计算 X 和 Y 每一个元素的等级。我们记 $X_{i,t}$ 的等级为 $x_{i,t}$，它是由时段 t 时 X 和 Y 同时有效的元素计算所得。因此，如果元素 i 是 X 的最小值，那么 $x_{i,t}$ 就是 1。如果元素 i 是 X 的最大值，那么 $x_{i,t}$ 就是 n_t。如果 X 中多个元素的值是一样的，那么这些元素就会被分配为一个等级，即 X 所有元素排序之后的这些具有相同值元素的平均位置。Y 的等级计算方法相同，记为 $y_{i,t}$。值得注意的是，在计算斯皮尔曼等级相关系数时，数据不可以进行缩尾处理。对每一个元素 i，X 中元素的等级和 Y 中元素的等级之间的差值被定义为 $d_{i,t}=x_{i,t}-y_{i,t}$。最后，时段 t 时 X 和 Y 的斯皮尔曼等级相关系数计算公式如下

$$\rho_t^S(X, Y)=1-\frac{6\sum_{i=1}^{n_t}d_{i,t}^2}{n_t(n_t^2-1)} \tag{3.2}$$

在样本期内的每一年 t，通过计算每一对变量的贝塔（β）、以百万美元为单位计算的市值的自然对数（$Size$）、账面市值比（BM）、未来 1 年的超额收益（r_{t+1}）的皮尔逊积矩相关系数［$\rho_t(X, Y)$］和斯皮尔曼等级相关系数［$\rho_t^S(X, Y)$］，我们将介绍横截面相关系数的计算步骤。皮尔逊积矩相关系数是在对变量以 0.5%水平缩尾之后

计算的，并且计算中使用两个变量都有效的数据。

在表 3.1 中，我们展示了在每一年 t 中每对变量的皮尔逊积矩相关系数和斯皮尔曼等级相关系数。这个表显示了在所有年份中，无论是皮尔逊积矩相关系数还是斯皮尔曼等级相关系数，β 和 $Size$ 都是正相关的。除了 2009 年之外，β 和 BM 的相关系数是正的并且值很小，其余所有年份其相关系数都是负的。β 和 r_{t+1} 的相关系数随着时间显著不同。$Size$ 和 BM 在所有年份都是负相关的。考虑到市值是 BM 的分母，而 $Size$ 是市值的自然对数，以上结论并不奇怪。因此，这个结果是暗含某种内在机制的。$Size$ 和 r_{t+1}、BM 和 r_{t+1} 的相关性符号都是随着时间而变化的。最后，值得注意的是，在 2012 年中包含 r_{t+1} 的都没有相关系数，这是因为在 $t=2012$ 年时，r_{t+1} 是 2013 年的超额收益率，这在当时的 CRSP 数据库中是缺失的。

3.1.2 平均横截面相关系数

相关性步骤的第二步是计算每一对变量的期间横截面相关系数的时间序列均值。这些值代表平均时期的相关系数。表 3.2 展示了例子中所使用的变量的时间序列均值相关系数。对这些时间序列均值，我们记 $\rho(X, Y)$ 为皮尔逊积矩相关系数，$\rho^S(X, Y)$ 为斯皮尔曼等级相关系数。因此我们有

$$\rho(X, Y)=\frac{\sum_{t=1}^{N}\rho_t(X, Y)}{N} \tag{3.3}$$

和

$$\rho^S(X, Y)=\frac{\sum_{t=1}^{N}\rho_t^S(X, Y)}{N} \tag{3.4}$$

其中 N 是样本中各个时段的个数。

3.2 阐述相关系数

相关系数对两个变量之间的自然横截面关系给出了初步的信息。如果被同时测量的两个变量显示有很高的相关系数，这表明两个变量的信息内容是极其相似的，而且两个变量很可能捕获了元素的相同特性。如果没被同时测量的变量显示出强相关性，这表明一个变量（先测量的变量）可能是另一个变量未来值的预示。在得出这样的结论时，确保这个预测能力不是机械的就显得尤为重要。这需要对如何计算变量有一个深刻了解。如果两个变量之间的相关系数接近 0，这表明相对于标的元素，这两个变量包含完全不同的信息。

表 3.1　　β、*Size*、*BM* 和 r_{t+1} 每年的相关系数

t	ρ_t $(\beta, Size)$	ρ_t^S $(\beta, Size)$	ρ_t (β, BM)	ρ_t^S (β, BM)	ρ_t (β, r_{t+1})	ρ_t^S (β, r_{t+1})	ρ_t $(Size, BM)$	ρ_t^S $(Size, BM)$	ρ_t $(Size, r_{t+1})$	ρ_t^S $(Size, r_{t+1})$	ρ_t (BM, r_{t+1})	ρ_t^S (BM, r_{t+1})
1988	0.47	0.45	−0.10	−0.12	0.04	0.06	−0.15	−0.11	0.13	0.24	0.04	0.04
1989	0.44	0.45	−0.15	−0.16	0.02	0.02	−0.14	−0.11	0.07	0.17	0.01	0.05
1990	0.43	0.45	−0.17	−0.23	0.07	0.15	−0.19	−0.16	−0.07	0.10	−0.04	−0.05
1991	0.45	0.49	−0.09	−0.16	−0.09	−0.09	−0.23	−0.22	−0.15	−0.03	0.13	0.19
1992	0.34	0.37	−0.20	−0.29	−0.10	−0.10	−0.20	−0.17	−0.14	−0.04	0.10	0.20
1993	0.36	0.38	−0.18	−0.25	−0.01	−0.03	−0.19	−0.17	−0.[illegible]0	0.07	0.11	0.16
1994	0.31	0.35	−0.18	−0.22	0.03	0.02	−0.17	−0.11	−0.[illegible]0	0.11	0.01	0.06
1995	0.30	0.32	−0.16	−0.21	−0.06	−0.08	−0.21	−0.19	−0.[illegible]1	0.09	0.10	0.14
1996	0.30	0.32	−0.26	−0.36	−0.17	−0.19	−0.21	−0.17	0.[illegible]4	0.10	0.12	0.21
1997	0.42	0.43	−0.23	−0.29	0.03	−0.00	−0.20	−0.18	0.[illegible]8	0.18	0.03	0.07
1998	0.38	0.40	−0.25	−0.33	0.15	0.11	−0.24	−0.25	−0.09	−0.04	−0.04	−0.03
1999	0.48	0.47	−0.24	−0.32	−0.11	−0.10	−0.34	−0.38	0.04	0.07	0.03	0.08
2000	0.23	0.27	−0.39	−0.54	−0.20	−0.27	−0.27	−0.26	−0.19	−0.14	0.08	0.17
2001	0.32	0.38	−0.20	−0.34	−0.38	−0.44	−0.32	−0.40	−0.13	−0.09	0.17	0.25
2002	0.46	0.55	−0.23	−0.30	0.01	0.04	−0.27	−0.29	−0.23	−0.15	0.05	0.04
2003	0.51	0.59	−0.13	−0.17	−0.14	−0.13	−0.24	−0.31	−0.08	0.03	0.11	0.10
2004	0.32	0.40	−0.26	−0.28	−0.09	−0.08	−0.17	−0.13	0.06	0.14	0.08	0.13
2005	0.45	0.50	−0.16	−0.15	−0.01	0.03	−0.13	−0.11	−0.01	0.08	0.07	0.12
2006	0.41	0.47	−0.20	−0.22	0.07	0.06	−0.17	−0.15	0.12	0.19	−0.02	−0.04
2007	0.47	0.52	−0.12	−0.14	−0.01	−0.01	−0.17	−0.17	0.0[illegible]	0.16	−0.01	0.00
2008	0.44	0.48	−0.09	−0.13	0.03	0.09	−0.24	−0.23	−0.13	−0.04	0.08	−0.06
2009	0.31	0.37	0.02	0.01	0.11	0.13	−0.28	−0.34	−0.0[illegible]	0.09	0.03	0.04
2010	0.39	0.39	−0.18	−0.15	−0.10	−0.12	−0.31	−0.28	0.11	0.18	−0.01	0.00
2011	0.37	0.36	−0.26	−0.22	−0.05	−0.02	−0.29	−0.27	−0.0[illegible]	0.04	0.12	0.12
2012	0.35	0.35	−0.17	−0.17	—	—	−0.32	−0.32	—	—	—	—

该表展示了变量 β、*Size*、*BM* 和 r_{t+1} 两两之间的横截面皮尔逊积矩相关系数（ρ_t）和斯皮尔曼等级相关系数（ρ_t^S）。每一列显示了每对变量的皮尔逊积矩或斯皮尔曼等级相关系数，在第一行的列标题中给出名称。在标记为 t 的列，每一行代表一个不同的年份。

表 3.2　　β、*Size*、*BM* 和 r_{t+1} 的平均相关系数

$\rho(\beta, Size)$	$\rho^S(\beta, Size)$	$\rho(\beta, BM)$	$\rho^S(\beta, BM)$	$\rho(\beta, r_{t+1})$	$\rho^S(\beta, r_{t+1})$	$\rho(Size, BM)$	$\rho^S(Size, BM)$	$\rho(Size, r_{t+1})$	$\rho^S(Size, r_{t+1})$	$\rho(BM, r_{t+1})$	$\rho^S(BM, r_{t+1})$
0.39	0.42	−0.18	−0.23	−0.04	−0.04	−0.23	−0.22	−0.02	0.06	0.06	0.08

该表展示了变量 β、*Size*、*BM* 和 r_{t+1} 两两之间的年横截面皮尔逊积矩相关系数（ρ）和斯皮尔曼等级相关系数（ρ^S）的时间序列均值。每一列显示了一组变量的皮尔逊积矩或斯皮尔曼等级相关系数。

除了对变量之间的关系提供初步的信息，相关性分析也能够发现多元统计分析中潜在的问题。例如，如果两个变量高度相关，不管是正的还是负的，那么在两个变量同时作为自变量的回归分析中，很难区分这两个变量对因变量的影响。这导致了回归系数中的高标准差。如果斯皮尔曼等级相关系数比皮尔逊积矩相关系数的值显著要大，这可能表明两个变量之间的关系是单调的，而非线性的。当其中一个变量作为因变量时，这种线性回归分析类型的关系表明，存在一个潜在的统计技术分析问题。如果皮尔逊积矩相关系数比斯皮尔曼等级相关系数大，这表明其中一个变量存在一些极端值点，这对计算皮尔逊积矩相关系数产生了强烈的影响。在这种情况下，以一个较高的水平对这两个变量中的一个或两个进行缩尾处理就可以缓解这个问题。最后，值得注意的是，因为在计算皮尔逊积矩相关系数时有线性假设，这个测量对回归技术的结果，例如 Fama 和 MacBeth（1973）（第 6 章）回归分析，更具指示性。由于斯皮尔曼等级相关系数是基于变量的大小顺序计算的，所以斯皮尔曼等级相关系数对那些依赖于等级或者排序的分析结果，例如组合分析（第 5 章），更具指示性。

β 和 *Size* 之间的皮尔逊积矩相关系数均值为 0.39，这表明更大规模的股票具有更高的贝塔。另一种表述为：这个相关系数表明有高贝塔的股票倾向于拥有更大的规模。也就是说，这个相关系数并没有高到表明两个变量捕获了相同的信息。这里一定有正交于 *Size* 的 β 部分，以及正交于 β 的 *Size* 部分。因此，尽管 β 和 *Size* 在经济上有重要的关联，但是它们并不被认为是相同的。β 和 *Size* 之间的斯皮尔曼等级相关系数均值为 0.42，与皮尔逊积矩相关系数非常接近。由于 β 和 *BM* 之间的皮尔逊积矩相关系数（斯皮尔曼等级相关系数）为−0.18(−0.23)，因此 β 和 *BM* 之间存在负相关性。这些相关系数的值再一次表明，尽管这些变量有很大一部分相同，但是也有很大一部分是正交的。检查 *Size* 和 *BM* 之间的相关性时，这个结论同样成立。再次，−0.23 的皮尔逊积矩相关系数和−0.22 的斯皮尔曼等级相关系数在数值上非常接近，这表明在 *Size* 和 *BM* 之间存在一个适中的负横截面相关性。因此，尽管每一对变量都存在某种程度的相关性，但是这些相关性是很低的，足够使得我们减轻在包含这些变量的多元分析中会产生潜在问题的担忧。更进一步看，皮尔逊积矩和斯皮尔曼等级测量十分相似，足以解决任何潜在的数据问题或者变量之间线性关系不足的问题。需要注意的是，β、*Size* 和 *BM* 是同时被测量的，因此，在这些相关性分析中，首要目的是去评估每个变量的信息内容。同样需要注意的是，尽管变量之间的相关系数的值不至于高到需要对后续的统计分析产生担心，但是也可能存在两个变量的某种组合与第三个变量之间高度相关。相关性分析无法检测这样的问题。

未来 1 年的超额收益（r_{t+1}）是计算其他每个变量（β、*Size* 和 *BM*）的下一年所得。因此，r_{t+1} 和任何一个变量的相关系数象征着一个预示性的关系。更进一步看，因为 β、*Size* 和 *BM* 都由在 t 年可获得的数据计算所得，而只有在计算 r_{t+1} 时利用了 $t+1$ 年的信息，因此，我们并不担心 r_{t+1} 和任何一个其他变量之间潜在的机制性影响。表 3.2 的结果表明 β 和 r_{t+1} 之间存在较小的负相关关系（皮尔逊积矩相关系数和斯皮尔曼等级相关系数均值为−0.04）。这说明，在对年求平均时，相较于低 β 的股票，高 β 的股票可能产生更低的超额收益率。尽管这个结果与Sharpe(1964)、Lintner(1965) 和Mossin(1966) 的资产定价模型结论并不一致，我们将在学到 β 和股票未来收益率之间的关系（第 8 章）时再对这个结果进行深层次的经济解释。*Size* 和 r_{t+1} 之间 -0.02 的皮尔逊积矩相关系数表明 *Size* 和未来股票超额收益率之间几乎没有任何关系，然而正的斯皮尔曼等级相关系数（0.06）显示了一个较小的正相关性。尽管两种相关系数的测量存在相反的符号，但是这些相关系数的值足够小，以至于我们并不需要过多担心这个结果。最后，因为 *BM* 和股票未来收益率的皮尔逊积矩相关系数为 0.06，斯皮尔曼等级相关系数为 0.08，这两个值比任何其他包含 r_{t+1} 的相关系数都大，因此这个结果表明 *BM* 和股票未来收益率之间是正相关的。应当注意的是，尽管 r_{t+1} 和其他变量之间的相关系数在数值上都很小，但是看起来，似乎对股票未来收益率只有很小的预测能力，也可能对重要的经济现象具有很强的指示作用，这正如后续内容所示的那样。

3.3 展示相关系数

展示相关系数的标准方式是相关矩阵。在表的第一列，每一行对应一个变量。同样，在表的第一行，每一列对应一个变量。表剩余矩阵中的每一个元素展示了行和列变量之间的平均横截面相关系数。对角线元素，代表一个变量和自身的相关系数（根据定义等于 1），或者空白或者标记为 1。在本书中，为了使得展示更为清楚，我们不显示对角线内容。如果只使用皮尔逊积矩相关系数，为了避免重复，只需展示对角线下面的元素或者对角线上面的元素。在这里及本书的剩余部分中，我们将同时展示平均皮尔逊积矩相关系数和平均斯皮尔曼等级相关系数。下对角线元素为皮尔逊积矩相关系数均值，上对角线元素为斯皮尔曼等级相关系数均值。鉴于前面小节讨论的原因，我们认为同时展示两种相关系数是值得的。表 3.3 展示了样本股票的 β、*size*、*BM* 和 r_{t+1} 两两之间的平均相关系数。

表 3.3　　β、*Size*、*BM* 和 r_{t+1} 的相关系数

	β	*Size*	*BM*	r_{t+1}
β	—	0.42	−0.23	−0.04
Size	0.39	—	−0.22	0.06
BM	−0.18	−0.23	—	0.08
r_{t+1}	−0.04	−0.02	0.06	—

该表展示了变量 β、*Size*、*BM* 和 r_{t+1} 两两之间的年横截面皮尔逊积矩相关系数和斯皮尔曼等级相关系数的时间序列均值。下三角的元素代表皮尔逊积矩相关系数的均值。上三角的元素代表斯皮尔曼等级相关系数的均值。

3.4 总结

总之，相关系数分析让我们能够初窥研究中所使用的变量之间的关系。这一章讨论的步骤是为了检验两个变量之间的横截面相关系数，同时展示的结果能够解释两个变量之间的关系。我们使用了两种不同的测量相关系数的方法。第一种是皮尔逊积矩相关系数，它用来测度两个变量之间线性关系的强度。第二种是斯皮尔曼等级相关系数，它检测了两个变量之间的单调性关系。两种相关系数之间大的差异应该作为数据需要更深一步检验的依据。

参考文献

[1] Fama, E. F. and MacBeth, J. D. 1973. Risk, return, and equilibrium: empirical tests. Journal of Political Economy, 81 (3), 607.

[2] Lintner, J. 1965. Security prices, risk, and maximal gains from diversification. Journal of Finance, 20 (4), 687-615.

[3] Mossin, J. 1966. Equilibrium in a capital asset market. Econometrica, 34 (4), 768-783.

[4] Sharp, W. F. 1964. Capital asset prices: a theory of market equilibrium under conditions of risk. Journal of Finance, 19 (3), 425-442.

第 4 章　持续性分析

在实证资产定价研究中，很多变量被用来捕获样本元素的持续性特征。这意味着通过给定变量所捕获的元素特征在一定时期内被合理假定是稳定的。这样的变量通常由历史数据估计而得，并且由历史数据计算出来的值被认为是对元素未来给定特征的一个很好的估计。例如，实证资产定价模型［Sharp(1964)；Lintner(1965)；Mossin(1966)］中股票的 β 值就被认为具有持续性特征，并且通常是由利用历史数据所得的股票收益率对市场组合收益进行回归估计所得。这也正是我们计算变量 β 的过程。

在这一章中，我们将讨论一个被称为持续性分析的技术。我们用持续性分析检验元素的一个给定特性是否真的具有持续性。持续性分析也能够被用来检验问题变量捕获期望特征的能力。基本的方法是检验在两个不同的时点测量的给定变量的横截面相关系数。如果相关性是高的，就意味着这个变量是持续性的；低的相关性显示持续性较小或者没有持续性。这个方法并不像第一部分所介绍的其他方法那样被广泛使用。我们在这里讨论并运用它，主要是因为本书的目标之一是让读者对实证资产定价文献中常用的变量有全面的了解。

4.1　实施步骤

与本书中介绍的其他方法一样，实施持续性分析的步骤也分为两步。第一步，计算给定变量 X 在相差多个时段的横截面相关系数。第二步，计算这些相关系数的时间序列均值。

4.1.1 期间横截面持续性分析

持续性分析的第一步是计算由时段 τ 分开的变量 X 的横截面相关系数。对每一个时段 t 都要进行这样的处理，同时，时段 t 和 $t+\tau$ 均处于样本时期内。用来计算横截面相关系数的元素是变量 X 在 t 到 $t+\tau$ 数据都有效的所有元素 i。对每一个时段 t，我们定义 $\rho_{t,t+\tau}(X)$ 为 X 在 t 和 X 在 $t+\tau$ 之间的横截面皮尔逊积矩相关系数。具体地，我们有

$$\rho_{t,t+\tau}(X)=\frac{\sum_{i=1}^{n_t}[(X_{i,t}-\overline{X}_t)(X_{i,t+\tau}-\overline{X}_{t+\tau})]}{\sqrt{\sum_{i=1}^{n_t}(X_{i,t}-X_t)^2}\sqrt{\sum_{i=1}^{n_t}(X_{i,t+\tau}-\overline{X}_{t+\tau})^2}} \tag{4.1}$$

其中 $\overline{X}_t$ 是 $X_{i,t}$ 的均值，求和与均值是由在 t 和 $t+\tau$ 的 X 值都有效的所有元素 i 计算的。n_t 代表元素个数。通常，在计算相关系数之前，X 在月份 t 的值会进行缩尾处理以移除极端值的影响。X 在月份 $t+\tau$ 也会以同样的水平进行缩尾处理。

我们用 β 和取值为 1～5 的 τ 来说明这个问题。因此，我们的分析将检查 β 分别在 1、2、3、4、5 年中的持续性。在计算每一个时段 t 的横截面相关系数之前，会对数据以 0.5%的水平进行缩尾处理。具体来说，对每一个月份，我们首先找出在时段 t 和时段 $t+\tau$ 时 β 的值都有效的元素。其次，我们分别对时段 t 和时段 $t+\tau$ 时的 β 进行缩尾处理。每年的横截面相关系数被展示在表 4.1 中。第一列是年份 t，接下来的列展示了 $\rho_{t,t+\tau}(\beta)$ 的值，这里 $\tau\in\{1, 2, 3, 4, 5\}$。

表 4.1　β 持续性分析

t	$\rho_{t,t+1}(\beta)$	$\rho_{t,t+2}(\beta)$	$\rho_{t,t+3}(\beta)$	$\rho_{t,t+4}(\beta)$	$\rho_{t,t+5}(\beta)$
1988	0.50	0.48	0.47	0.39	0.34
1989	0.52	0.45	0.38	0.35	0.36
1990	0.55	0.45	0.42	0.40	0.37
1991	0.46	0.43	0.41	0.37	0.40
1992	0.39	0.37	0.36	0.41	0.38
1993	0.40	0.33	0.38	0.39	0.39
1994	0.38	0.39	0.38	0.37	0.33
1995	0.46	0.44	0.38	0.40	0.48
1996	0.53	0.48	0.43	0.52	0.53
1997	0.55	0.46	0.48	0.51	0.53
1998	0.51	0.50	0.53	0.53	0.50
1999	0.57	0.59	0.53	0.52	0.40
2000	0.79	0.58	0.56	0.58	0.25

续前表

t	$\rho_{t,t+1}(\beta)$	$\rho_{t,t+2}(\beta)$	$\rho_{t,t+3}(\beta)$	$\rho_{t,t+4}(\beta)$	$\rho_{t,t+5}(\beta)$
2001	0.70	0.66	0.62	0.35	0.41
2002	0.79	0.64	0.50	0.49	0.38
2003	0.70	0.54	0.51	0.42	0.39
2004	0.62	0.60	0.45	0.38	0.34
2005	0.73	0.60	0.55	0.48	0.53
2006	0.67	0.56	0.50	0.56	0.56
2007	0.69	0.60	0.60	0.59	0.51
2008	0.80	0.69	0.64	0.60	—
2009	0.73	0.65	0.59	—	—
2010	0.76	0.70	—	—	—
2011	0.79	—	—	—	—

该表展示了在年份 t 测量的 β 与在年份 $t+\tau$ 测量的 β 之间的横截面皮尔逊积矩相关系数，这里 $\tau\in\{1，2，3，4，5\}$。第一列代表年份 t。接下来的列展示了在年份 t 测量的 β 和年份 $t+1$、$t+2$、$t+3$、$t+4$、$t+5$ 测量的 β 之间的横截面相关系数。

表 4.1 中的结果显示了相差一年所得 β 值的相关系数 $\rho_{t,t+1}(\beta)$ 取值在 0.39($t=1992$) 和 0.80($t=2008$) 之间。正如预期所示，由更长的滞后期数 τ 计算出来的 β 的相关系数比更短滞后期数计算出来的相关系数低，尽管并非全部如此。当测量间隔相差 5 年时 [$\rho_{t,t+5}(\beta)$]，这个表说明 β 和它滞后的 β 之间的相关系数取值在 0.25($t=2000$) 和 0.56($t=2006$) 之间。对这个结果我们将在后续章节中详述。然而，值得注意的是，在样本的后面几个年份 t 中，在部分情况中持续性分析的值是缺失的。这是因为，例如年份为 2009，我们如需计算 2009 年测量的 β 和 4 年之后（$\tau=4$）测量的 β 之间的相关系数，需要 2013 年的数据。因为这些数据的样本在 CRSP 数据库中是不可得的，所以我们不能计算这个值。其他缺失值的原因是相似的。

4.1.2 平均横截面持续性分析

尽管像表 4.1 结果所示的期间横截面持续性分析的值是富含信息的，但还是很难去理解和得出结论。因此，我们想将这些期间的值总结得更简明扼要。正如我们讨论的其他分析，我们主要的目标是理解变量 X 在横截面均值中的持续性。因此，我们简单地通过对期间横截面相关系数求平均来概括这个结果。我们用 $\rho_\tau(X)$ 标记持续性分析的平均值，这里下标 τ 代表滞后期数。具体来说，我们有

$$\rho_\tau(X)=\frac{\sum_{t=1}^{N-\tau}\rho_{t,t+\tau}(X)}{N-\tau} \tag{4.2}$$

其中 N 是样本中时段的个数。本书的剩余部分，我们将此值定义为 X 在滞后期数为 τ 时的持续性。

在表 4.2 中，我们展示了 β 分别在滞后期数为 1、2、3、4、5 年时的持续性。这个结果表明，与表 4.1 所展示的每年的持续性结果的值一致，相隔一年所测量的 β 值的持续性最强，为 0.62。持续性水平随着时间间隔的增加而显著下降。当测量滞后期为 5 年时，β 的平均持续性已经降为 0.42。

表 4.2　β 的平均持续性

$\rho_1(\beta)$	$\rho_2(\beta)$	$\rho_3(\beta)$	$\rho_4(\beta)$	$\rho_5(\beta)$
0.61	0.53	0.48	0.46	0.42

该表展示了在年份 t 测量的 β 与在年份 $t+\tau$ 测量的 β 之间的横截面皮尔逊积矩相关系数的时间序列均值，其中 $\tau\in\{1,2,3,4,5\}$。

4.2　解释持续性

持续性结果的解释非常直截。通常，给定变量的更高程度的时间滞后横截面相关系数预示着更高的持续性，当然必须了解正确使用这个方法的一些附加说明。

我们通过讨论低持续性潜在的原因来开始我们对持续性分析结果解释的讨论。什么程度算是低持续性其实并没有被精确定义，并且这还依赖于滞后期数（τ）是多少、从变量中捕获的实际特性被认为有多一致，以及变量捕获实际特性有多准确。通常来说，一个变量具有低或零持续性有两个原因：其一是测量的特性实际上并无持续性，其二是用来衡量给定特性的变量并没有很好地测量出这个特性。在这种情况下，即使样本中给定的特性具有高度横截面持续性，但是变量 X 没有成功捕获这个特性的横截面差异，这将在持续性分析中产生一个低的 $\rho_\tau(X)$。由此，持续性分析产生了一个二元假设问题，因为不能找出持续性并不意味着不存在持续性。低的 $\rho_\tau(X)$ 可能也意味着 X 没有捕获出那个特性。因此，在基于持续性分析得出样本元素的一些特性不具有横截面持续性的结论时，我们必须小心。为了得出这个结论，我们必须非常确信变量 X 确实捕获了研究的全部特性。此外，如果研究者基于一些持续性分析之外的原因，非常怀疑特性确实具有高度的横截面持续性，那么低的 $\rho_{t,t+\tau}(X)$ 可能表明变量 X 确实没有很好地捕获横截面特征的变化。然而，最后，不管 X 缺乏持续性的原因是什么，如果 X 的目的是去捕获一个公司特性的持续性，却没有展现出持续性，那么对我们所感兴趣的特性而言，X 并非一个很好的测度。

当持续性分析产生一个高的 $\rho_\tau(X)$ 值时，这很可能表明存疑特性确实具有持续性，而且变量 X 确实很好地测量了这个特性。这个说法的两个附带说明必须告知。第一个附带说明是，很可能变量 X 无意捕获了样本元素的某些持续性特征，而该特性与期望捕获的特性并不相同。因此，可能更合适的表述是：高的 $\rho_\tau(X)$ 表明无论 X 捕获的是什么特性，它都具有持续性。如果 X 确实捕获的是期望的特征，那么我们就可以得出此特征具有持续性的结论。因此，假设已经花费足够多的努力来设计如何计算 X，以至有理由认为其获取了期望特性，那么高的 $\rho_\tau(X)$ 就可以用来解释给定特性确实具有持续性。

判断特征是否具有持续性的第二个也更重要的附带说明是，即使不具有持续性，然而在多数情况下，存在一个与 X 的计算相关的机制性的原因会使得 X_t 和 $X_{t+\tau}$ 之间仍然具有强相关性。在通常情况下，会出现机制性影响的原因是用于计算时段 t 和时段 $t+\tau$ 的 X 的数据子集是一样的。当一个变量是由覆盖超过 τ 个时段的历史数据计算所得时，这种情况更为常见。例如，如果 X_t 由 k 个阶段的历史数据计算出来且包含时段 t，这里 $t>\tau$，那么由于 X_t 和 $X_{t+\tau}$ 用到了一些相同的数据，因此很可能产生了相关性。鉴于此，当 X 是由 k 个阶段的历史数据计算的时，那么持续性分析只有在 $\tau\geqslant k$ 时才有效。

除了检验一个样本中给定的特征是否具有横截面持续性，持续性分析在决定用于计算给定变量的最优测量时间方面也很有帮助。在实证资产定价文献中使用的很多变量都是由历史数据计算得来的。在计算这些变量时，研究者面临着决定计算时段需要多久的问题。增加计算时间的长度意味着更多的数据可以被用来计算变量，这可以增加测量的准确度。然而，使用更长的计算时间意味着在计算时段 t 的变量时，时段 t 之前所有时段的数据都会拿来使用，而这些数据可能不再反映时段 t 时的特性了。这样的话，太长的计算时间反而会降低测量的准确度。如何做出最优的权衡依赖于所测量特性的持续性。尽管在资产定价研究中的变量没有一个具有完美的持续性，但是不同的变量展现出不同程度的持续性。

为了帮助决定由历史数据计算的变量的最佳计算时间，我们将检查由不同计算时段测量的变量的持续性。应用持续性分析背后的主要思想是，即使最有持续性的变量，其持续性也会随着时间而衰退。因此，我们假设有两个变量 X_1 和 X_2，它们使用相同的公式计算同一特性，但是使用了不同的计算时间，分别为 τ_1 和 τ_2。为了不失一般性，令 $\tau_1>\tau_2$。我们假设 X^1 和 X^2 是给定特征的两个同样精准的测度。

如果 X^1 和 X^2 是此特征的两个同样精准的测度，那么基于持续性随着 τ 值增加而衰退的假设，我们预期在滞后期数为 $\tau=\tau_1$ 时测量的 X^1 的持续性要比在滞后期数为 $\tau=\tau_2$ 时测量的 X^2 的持续性更强。注意这里在比较持续性时，滞后期数使得分析中并不存在之前讨论的数据重叠问题。如果在滞后期数为 $\tau=\tau_2$ 时测量的 X_2 的持续性比在滞后期数为 $\tau=\tau_1$ 时测量的 X_1 的持续性更强，那么这与 X_1 和 X_2 是两个同样精准的测度所期望的结果矛盾。这表明比起用时段 τ_1，用时段 τ_2 的数据计算的 X 是给定特征更精准的测度，因为用来计算的额外的数据量显然克服了更长滞后期数 τ 下的持续性衰退问题。

如果在滞后期数为 $\tau=\tau_2$ 时测量的 X^2 的持续性比在滞后期数为 $\tau=\tau_1$ 时测量的 X^1 的持续性小，这个结果就有点难以解释，但是这通常意味着在 $\tau_2-\tau_1$ 阶段的持续性衰退问题足以大到可以克服由时段 τ_2（相较于时段 τ_1）的数据计算 X 所带来的任何额外好处。如果是这种情况，可能预示着用整个时段 τ_2 的数据是一个太长的测量时段，因为事实上公司的特性在时段 τ_2 时就显著改变了。

用持续性方法决定变量 X 的最优计算周期存在一个实际的问题，那就是样本会随着时间改变。$\rho_{t,t+\tau}(X)$ 的计算是只用了时段 t 和时段 $t+\tau$ 的样本元素。在大多数情况下，在时段 t 和时段 $t+\tau_1$ 的样本的元素集很可能是时段 t 和时段 $t+\tau_2(\tau_2>\tau_1)$ 样本元素集的一个超集。更进一步，在多数情况下，直到时段 $t+\tau_2$ 仍然保留在样本中的元素集比起没有保留在样本中的元素集可能“表现更好”，这里“表现好”意味着变量 X 的计算是给定特征的一个更精准的测度。如果这种表现不好的个体在一小段时期内加入样本然后又被移出样本，那么用持续性分析检验一个变量的好坏就显得有些误导他人了。话虽如此，就本文所做的分析而言，这不大可能是一个重大的问题，因为每一横截面上的个体（在本例中是股票）数目相对于每一时段从样本中撤出的股票数目来说是相当大的。

4.3 展示持续性

在本书中，我们将通过展示 $\rho_\tau(X)$ 的值来展示持续性分析的结果。展示持续性分析结果的表格的每一列对应一个给定变量，显示在第一行。每一行对应一个给定的 τ 值。

用滞后期数为 1 年、2 年、3 年、4 年、5 年计算的 β、*Size* 和 *BM* 的持续性分析结果被展示在表 4.3 中。这个结果显示三个变量都具有高度持续性。在滞后期数为 1 年（$\tau=1$）时测量的 β 的持续性为 0.61，*Size* 为 0.91，*BM* 为 0.74。在滞后期数从 1 年上升到 5 年时，这些变量的结果都显示了相当强的持续性。因为由 5 年间隔测量的 *Size* 的横截面相关系数的均值是 0.88，只比滞后一年测量的持续性低了一点，所以 *Size* 具有很高的持续性。β 和 *BM* 持续性的衰退更显著，但是即使在 5 年之后，β 和 *BM* 也继续保持显著的持续性。

表 4.3　　β、*Size* 和 *BM* 的持续性

τ	β	*Size*	*BM*
1	0.61	0.96	0.74
2	0.53	0.92	0.59
3	0.48	0.90	0.50
4	0.46	0.89	0.46
5	0.42	0.88	0.43

该表展示了 β、*Size* 和 *BM* 的持续性结果。对每一年 t，计算时段 t 测量的给定变量和 $t+\tau$ 时刻测量的给定变量之间的横截面相关系数。这个表展示了每年的横截面相关系数的均值。标记为 τ 的列表示持续性的滞后期数。

4.4 总结

在这一章中，我们展示了检查一个给定变量持续性的方法。对于这个方法有两个主要的应用。如果我们假设变量准确测量了期望捕获的特性，那么持续性分析可以用来检验给定的特征在样本的横截面元素中持续性到底有多强。如果我们假设期望测量的特征确实具有持续性，那么我们可以用持续性分析检查变量捕获给定特征的精度和将其用于计算变量的最优测量时间。当然，没有变量具有完美的持续性，也没有变量可以完美地捕获期望的特征。不过持续性分析仍是我们将使用的有用工具。

参考文献

[1] Lintner, J. 1965. Security prices, risk, and maximal gains from diversification. Journal of Finance, 20 (4), 687-615.

[2] Mossin, J. 1966. Equilibrium in a capital asset market. Econometrica, 34 (4), 768-783.

[3] Sharp, W. F. 1964. Capital asset prices: a theory of market equilibrium under conditions of risk. Journal of Finance, 19 (3), 425-442.

第 5 章 组合分析

组合分析是实证资产定价中一种被广泛使用的统计方法。它的目标是检验横截面上两个及以上变量之间的关系。组合分析频繁地被应用于检验一个或者多个变量对股票未来收益的预测能力。一般的方法是根据变量的不同水平将股票进行分组以形成不同的股票组合，然后检查各股票组合的收益情况。

尽管组合分析最常被应用于检验变量是否对股票收益具有预测能力，但我们也常借助该方法来分析横截面上不同变量之间的关系。这有利于理解不同组合中的个体（股票）特征的变化情况。因此，从普遍意义上来讲，组合分析有利于理清横截面上某一个变量与其余变量组合之间的关系。

组合分析最大的优点可能在于它是一种非参数技术分析的方法。这意味着我们不需要对待检验的变量在横截面上的关系提出假设。许多其他方法依赖于对被检变量之间关系的函数形式的假设。例如，线性回归分析假设因变量和自变量之间的关系是线性的。组合分析不需要此假设。事实上，组合分析有助于揭示使用参数方法很难检验的变量之间的非线性关系。或许该方法的主要缺点是在检验感兴趣的横截面关系时，很难控制大量的变量。这与回归分析形成了鲜明对比，因为回归分析更易控制大量的自变量。

在本章中，我们提出并举例说明实施组合分析的步骤以及分析结果。组合分析有几种不同的形式。虽然一些研究人员实施的是本章未涉及的方法，但在实证资产定价研究中的绝大多数组合分析都遵循本章所讨论的方法之一。

在本章中，我们使用 Y 来表示组合分析的结果变量。Y 可以被认为是感兴趣的变量，类似于回归分析中的因变量。我们使用 X 来表示排序变量。X 类似于回归中的一个独立变量或多个变量。我们用 Y 和 X 分别代指结果变量和排序变量，以避免同第 5.2 节和第 5.3 节中展示的因变量和自变量的排序造成混乱。我们将使用在第 1.1 节中描述的样本来演示组合分析的方法。

5.1 单变量组合分析

我们从最基本的组合分析类型开始：单变量组合分析。单变量组合分析中只有一个排序变量 X。分析的目的是评估排序变量 X 和结果变量 Y 之间的横截面关系。单变量组合分析不允许我们在检验二者关系时控制任何其他影响因素。

单变量组合分析共有四个步骤：第一步，计算将样本进行分组的断点值；第二步，使用这些断点对样本进行分组；第三步，计算在每个时段 t 内每个组合结果变量 Y 的平均值；第四步，检验不同组合中 Y 的平均值的变化情况。

5.1.1 断点

单变量组合分析的第一步是计算周期性断点，这些断点将基于排序变量 X 的值对样本进行分组。我们将样本中 X 值小于第一断点值的个体分入第一组，将 X 值位于第一断点值和第二断点值之间的个体分入第二组，依此类推。最后，那些 X 值高于最高断点值的个体将被分入最后一组。我们将每个时段形成的组合数量表示为 n_P。因此，每个时段需要计算的断点的数量是 n_P-1。需要形成的组合数量和需要计算的断点数量在各个时段始终保持一致。然而，第 k 个断点的值基本上会随时段的变化而变化。我们将时段 t 的第 k 个断点表示为 $B_{k,t}$，其中 $k\in\{1, 2, \cdots, n_P-1\}$。

根据时段 t 排序变量 X 在横截面上的百分位数分布确定时段 t 的断点。具体来说，令 p_k 为决定第 k 个断点的百分位数，时段 t 第 k 个断点是由时段 t 所有样本的有效个体的 X 值的百分位数计算所得。因此，我们定义断点为

$$B_{k,t}=Pctl_{p_k}(\{X_t\}) \tag{5.1}$$

其中 $Pctl_p(Z)$ 是集合 Z 的第 p 个百分位点，$\{X_t\}$ 表示时段 t 样本中所有个体 i 的排序变量 X 的有效值的集合。随着 k 的增加，百分位数以及因此确定的断点数也相应增加，即在所有时段中都有：$0<p_1<p_2<\cdots<p_{n_P-1}$ 和 $B_{1,t}\leqslant B_{2,t}\leqslant\cdots\leqslant B_{n_P-1}$。尽管要求所选择的百分位数（$p_1$，$p_2$，…，$p_{n_P-1}$）严格递增，但这并不意味着由 X 的百分位数值计算出的实际断点值也严格递增。在一些情况下，可能存在很多 X 值相同的个体，这将导致两个或更多个断点值相等。如果变量 X 是连续的，则发生这种情况的概率为 0。但是在资产定价研究中有很多这样的例子，乍一看变量似乎是连续的，但实际上其中很多个体的变量值是相等的。

在此值得一提的是，在一些情况下仅使用时段 t 内样本的一个子集来计算断点。例如，在对股票的研究中，有时研究者仅使用在纽约证券交易所交易的股票计算断点，然后将这些断点运用到样本中的所有股票（包括在其他交易所交易的股票）上，进而对样本分组。因此，在上一段以及第 5.1.1 节的其余部分，当我们提到样本时，我们实际上是指用于计算断点的这部分样本。在大多数情况下，此部分样本为全部样本，但仍有很多使用全样本的严格子集来确定断点的例子。正是出于这个原因，在组合分析中，我们将断点的计算和组合的形成视为两个独立的步骤。

选择适当数量的组合并选择适当的百分位数在组合分析中十分重要。由于样本中的个体最终将基于断点被分到各个组合中，所以该决定实际上需要对各个组合中个体的数量和排序变量的离散程度做一个取舍。随着组合数量的增加，每个组合中的个体数量减少，反之亦然。当最终计算每个组合的结果变量 Y 的平均值（Y 的平均值是组合分析的焦点，将在第 5.1.3 节中讨论），使用 Y 的样本平均值作为真实平均值的估计时，每个组合中都会有少量个体增加了噪声。因此，当每个组合中有大量个体时，我们对每个组合真实平均值的估计的准确性将增加，这也正是我们希望得到的。此外，我们分组得到每个组合中的个体越多，就意味着组合的数量越小，排序变量 X 在不同组合间的分散度越小。如果组合数量太少，有可能会出现不同组合中的 X 的值无显著不同的现象，所以 X 分散度的降低使得我们难以检测 X 和 Y 之间的横截面关系。

最常见的做法是，使用排序变量在横截面上均匀间隔的百分位数的断点来分组。这意味着 n_P-1 个断点被定义为 X 的 $k\times(1/n_P)$ 百分位数，其中 $k\in\{1, \cdots, n_P-1\}$。例如，如果我们要将样本分为 5 个组合，我们可以使用排序变量的第 20、第 40、第 60 和第 80 百分位数作为组合断点。虽然均匀间隔百分位数是最常见的计算断点的方法，但是也有其他做法。例如，当将样本仅分为 3 个组合时，通常使用排序变量的第 30 和第 70 百分位数作为断点。

在选择组合的数量和断点百分位数时，一定要记住，对于每个时段 t 都要形成新的组合。因此，当评估落入每个组合中的个体数量时，不仅需要查看在不同时段 t 内样本中的个体的平均数量，而且需要查看在各时段内的个体数量最少的组合。每个组合分到的个体数量可以由样本个体总数和用于计算断点的百分位数轻松决定。当断点由等间隔百分位数确定时，对于任何给定时段 t，每个组合中的个体数量将是该时段内样本中的实体数量除以组合的数量。在一般意义上，给定时段 t，组合中被分到的个体的最小数量是时段 t 内样本中的个体总数（n_t），乘以以下 3 个数的最小值：最低的百分位数、两个连续百分位数差值、1 减去最高百分位数。这些情况的例外是用于计算断点的样本是总样本的严格子集。在这种情况下，组合中实体的最小数量将更高。最后，几乎所有的研究都将组合数确定为 3～20 个，并且大多数研究者选择 5 个或 10 个。

为了举例说明单变量组合分析中断点的计算，我们使用第 1.1 节中讨论的样本，并令 β 作为排序变量。我们将样本分为 7 个组（$n_P=7$），因此每年将计算 6 个断点。

这些断点分别为β的第10、第20、第40、第60、第80和第90百分位数。我们选择不均匀的断点仅仅是为了说明分组的灵活性。在某些情况下，研究者对排序变量在最低值和最高值处选择距离更小的百分位数断点，因为这样做可以帮助我们了解排序变量和结果变量的关系是否在排序变量具有极端值（低或高）时更加显著。在实证金融文献中，横截面现象由少数处于极值股票驱动的例子并非少见。

断点的计算结果如表5.1所示。该表显示，例如，1988年的第一至第六个断点分别分−0.05、0.07、0.29、0.51、0.86和1.11。这些β值将被用于1988年年底的股票排序分组。

表 5.1　对 β 排序分组的单——变量断点

t	$B_{1,t}$	$B_{2,t}$	$B_{3,t}$	$B_{4,t}$	$B_{5,t}$	$B_{6,t}$
1988	0.05	0.07	0.29	0.51	0.86	1.11
1989	−0.11	0.05	0.29	0.54	0.89	1.17
1990	−0.06	0.10	0.37	0.68	1.07	1.37
1991	−0.09	0.09	0.38	0.67	1.05	1.33
1992	−0.22	0.08	0.42	0.77	1.23	1.66
1993	−0.21	0.10	0.44	0.73	1.18	1.55
1994	−0.05	0.19	0.52	0.81	1.19	1.56
1995	−0.17	0.10	0.42	0.71	1.16	1.65
1996	0.00	0.19	0.46	0.73	1.14	1.52
1997	−0.00	0.15	0.36	0.59	0.89	1.15
1998	0.13	0.28	0.54	0.79	1.13	1.38
1999	−0.06	0.06	0.24	0.42	0.70	0.99
2000	0.03	0.14	0.37	0.63	1.22	1.79
2001	0.05	0.18	0.46	0.76	1.23	1.75
2002	0.04	0.17	0.48	0.75	1.06	1.37
2003	0.05	0.22	0.54	0.83	1.16	1.46
2004	0.14	0.40	0.81	1.16	1.56	1.96
2005	0.09	0.33	0.80	1.14	1.49	1.74
2006	0.10	0.35	0.82	1.21	1.64	1.94
2007	0.13	0.33	0.75	1.04	1.33	1.54
2008	0.16	0.38	0.74	1.02	1.31	1.54
2009	0.24	0.45	0.84	1.23	1.70	2.06
2010	0.29	0.56	0.92	1.19	1.49	1.72
2011	0.26	0.56	0.99	1.25	1.52	1.73
2012	0.28	0.55	0.91	1.18	1.48	1.75

该表提供了对β排序分组的断点。在每年t中，第一个（$B_{1,t}$）、第二个（$B_{2,t}$）、第三个（$B_{3,t}$）、第四个（$B_{4,t}$）、第五个（$B_{5,t}$）和第六个（$B_{6,t}$）断点分别是根据β的第10、第20、第40、第60、第80和第90百分位数计算所得的。后继的每一列代表第一行的6个断点。

5.1.2 组合的形成

在计算出断点值之后，单变量组合分析的下一步是对样本进行分组以形成不同的组合。在每个时段 t 中，样本中的所有排序变量 X 的值小于等于第一个断点 $B_{1,t}$ 的个体将被分在第一组，排序变量 X 的值大于等于第一个断点 $B_{1,t}$ 并且小于等于第二个断点 $B_{2,t}$ 的个体将被分在第二组，排序变量 X 的值大于等于第二个断点 $B_{2,t}$ 并且小于等于第三个断点 $B_{3,t}$ 的个体将被分在第三组，依此类推。最后，X 值大于或等于 $B_{n_P-1,t}$ 的个体将被分到第 n_P 组。在一般情况下，组合 k 中的个体排序变量 X 的值 $X_{i,t}$，大于等于第 $k-1$ 个断点值 $B_{k-1,t}$，并且小于等于第 j 个断点值 $B_{k,t}$，其中 $k\in\{1,\cdots,n_P\}$，$B_{0,t}=-\infty$ 和 $B_{n_p,t}=\infty$。因此，令 $P_{k,t}$ 为在时段 t 结束时形成的第 k 个组合，则有

$$P_{k,t}=\{i \mid B_{h-1,t}\leqslant X_{i,t}\leqslant B_{k,t}\} \tag{5.2}$$

其中，$k\in\{1,2,\cdots,n_P\}$。我们将 $P_{k,t}$ 称为时段 t 内的第 k 个组合或组合 k。

排序变量 $X_{i,t}$ 的最低的所有个体在第一个组合中，排序变量 $X_{i,t}$ 的最高的所有个体在最后一个组合（第 n_P 个组合）中，其中 $X_{i,t}$ 的值随着组合顺序数的增加而增加。如前所述，用于分组的样本集不必与用于计算断点的样本集相同。一旦计算出断点，它们可以应用于任何样本集，无论是更大合集、子集还是用于计算断点的相同集合。我们还应该指出，当构建组合时，如果给定某个个体在时段 t 的 X 值恰好等于第 k 个断点 $B_{k,t}$ 的值，则该个体应该被同时包括在组合 k 和组合 $k+1$ 中。我们有充分的理由进行这样的处理，因为如前所述，两个（或更多个）连续断点可能具有完全相同的值。这种情况一般发生在时段 t 中存在具有相同 X 值的大量个体。在这种情况下，如果我们使用严格不等式定义 X 的较低或较高值，则有一个或多个组合将不包含任何个体。例如，假设我们基于过往收益，将股票分类为十个组合（断点是第 10、第 20、第 30、……、第 90 百分位数），但在时段 t 内，过去收益的第 30 和第 40 百分位数都为 0，则第三个断点和第四个断点都将为 0。如果第 4 个组合中的股票具有大于第三个断点的收益，即 0，并且小于等于第四个断点的收益，也是 0，那么第 4 个组合中将没有股票。为了解决这个问题，我们将组合定义为包含定义区间端点值的 X 值的个体。这样的处理方式将带来另一个问题：一些个体被包括在多个组合中。我们认为，与组合没有个体的问题相比，这个问题较小。尽管如此，作为研究者，如果在你的分析中出现这种情况，应确保这不会对从组合分析得出的任何结论产生重要的影响。

当用于计算断点的样本集与需要分组的样本集相同时，每个组合中的个体数量应该近似地由用于计算断点的百分位数和股票总数计算得出。我们说“近似”是因为，如前所述，如果给定个体 i 的 X 的值恰好等于一个断点的值，则因为各组合包含 X 等于闭区间端点的个体，个体 i 将被多个组合共同持有。

表 5.2 展示了我们的示例样本中每年每个组合的股票数量。同预期一致，由于第 10 百分位数用于计算第一个断点，第 1 个组合约有 10%的股票。类似地，第 2、第 6

和第 7 个组合在每个横截面中各持约 10%的股票。第 3、第 4 和第 5 个组合大约各包含样本中 20%的股票。

表 5.2　　各组合中股票的数量

t	$n_{1,t}$	$n_{2,t}$	$n_{3,t}$	$n_{4,t}$	$n_{5,t}$	$n_{6,t}$	$n_{7,t}$
1988	569	569	1 138	1 138	1 138	569	569
1989	552	552	1 104	1 103	1 104	552	552
1990	541	541	1 082	1 081	1 082	541	541
1991	531	530	1 060	1 061	1 061	529	531
1992	539	539	1 078	1 077	1 078	539	539
1993	567	567	1 134	1 134	1 134	567	567
1994	615	615	1 229	1 230	1 230	615	615
1995	629	629	1 257	1 258	1 257	629	629
1996	659	658	1 317	1 318	1 316	659	659
1997	687	687	1 373	1 373	1 373	687	687
1998	661	661	1 321	1 322	1 321	661	661
1999	610	610	1 219	1 219	1 219	610	610
2000	591	590	1 180	1 180	1 180	589	591
2001	551	551	1 101	1 102	1 101	551	551
2002	510	510	1 020	1 019	1 020	510	510
2003	474	474	947	947	947	474	474
2004	458	457	915	914	915	457	458
2005	450	449	899	899	898	450	450
2006	446	445	890	891	890	445	446
2007	434	433	866	866	866	433	434
2008	427	426	853	853	852	426	427
2009	398	398	795	795	795	398	398
2010	381	380	761	761	761	380	381
2011	369	368	736	736	736	368	369
2012	355	354	709	709	709	354	355

该表展示了样本期间每年形成的每个组合的股票数量。标记为 t 的列表示年份。后继的列，标记为 $n_{k,t}$，$k\in\{1, 2, \cdots, 7\}$，表示第 k 组中的股票数量。

5.1.3　组合平均值

单变量组合分析的第三步是计算每个时段 t 每个组合 n_P 的结果变量 Y 的平均值。在许多情况下，与其计算简单平均值，不如根据一些其他变量 $W_{i,t}$ 的值，作为权重对 Y 进行加权平均。最常用的权重变量是市值。在使用市值作为权重变量的情况下，计算出的平均值被称为市值加权平均值。[①] 当需要简单平均值时，$W_{i,t}$的值即为 1。在这种情况下，我们将组合称为等权重组合。这相当于给每个个体赋予 $1/n$ 的权重。因此，在其一般形式中，时段 t 组合 k 的结果变量的平均值被定义为

$$\overline{Y}_{k,t}=\frac{\sum_{i\in P_{k,t}}W_{i,t}Y_{i,t}}{\sum_{i\in P_{k,t}}W_{i,t}} \tag{5.3}$$

其中，$k\in\{1, \cdots, n_P\}$。式 5.3 中的求和是指对时段 t（$P_{k,t}$）内第 k 个组合中所有个体求和。

这里还有一些值得讨论的细节。由于将样本分组是在没有考虑组合中每个个体的 Y 值是否都存在的情况下进行的，所以很可能（并且实践中也经常）出现的是，在给定的组合 $P_{k,t}$ 中，有一些个体的 Y 值不可获得。在这种情况下，取平均值的集合应该是 $P_{k,t}$ 中的 Y 值可获得的个体的集合。当组合权重由一些其他变量 W 确定时，也会出现类似的情况。在这种情况下，同时根据可获得的 W 和 Y 值对所有个体 i 进行求和。

除了计算每个组合的结果变量（$\overline{Y}$）的平均值，我们还计算组合 n_P 和第一个组合之间的平均值差异。对于每个时段 t，我们定义最高的一个组合和最低的一个组合之间的结果变量的平均差异为

$$\overline{Y}_{Diff,t}=\overline{Y}_{n_P,t}-\overline{Y}_{1,t} \tag{5.4}$$

该值表示，对于具有排序变量高的组合的结果变量 Y 平均值与具有排序变量低的组合的结果变量平均值的差异。这些平均差异值是用于检测排序变量和结果变量在横截面上关系的主要值，这也是组合分析的主要目标。我们经常将第 n 个组合的 Y 的平均值和第一个组合的 Y 的平均值之间的差异称为差异组合的平均值。

回到我们的例子，我们使用下一年的股票超额收益 r_{t+1} 作为结果变量。因为 r_{t+1} 表示在计算 β(排序变量）后的一年中股票的超额收益，股票的平均超额收益代表投资者在 t 年年底，创建如前所述的组合，并且在整个 $t+1$ 年内持有组合而不进一步交易将实现的超额收益。具体来说，组合形成的时点如下：在每年年底 t，我们计算每只股票的 β，并如前所述形成 7 个不同的组合。为每只股票支付的价格是在第 t 年最后交易日结束时的收盘价格。直到 $t+1$ 年年底，我们持有的组合保持不变，此时所有组合以 $t+1$ 年最后一个交易日的收盘价进行平仓。每年重复该程序。我们将年份 t 称为组合的形成期，将年份 $t+1$ 称为组合的持有期。因为 r_{t+1} 是股票的超额收益，我们假设所有头寸都是以无风险利率借款筹得的。

① 当分析个体是股票时，市值加权最为合适。在这种情况下，等权重分析的结果表明了股票的平均现象。市值加权分析解释了从股票市场整体的角度来看，每只股票相对于组合中的其他股票的重要性。当结果变量（Y）是股票未来收益时，市值加权分析的结果通常被认为更能代表投资者通过实施有关组合将会实现的收益。这是因为市值加权组合赋予了具有高市值的股票更大的权重，而这些股票往往具有高流动性。等权重组合的收益可能由组合中低市值股票所驱动，而这些股票的交易成本更大。正是由于交易成本，使得组合分析得出的平均收益并不能在实际中被投资者实现。

表 5.3 展示了 7 个组合各自的等权重加权超额收益，以及第 7 个组合和第 1 个组合之间的差异。为了使时间变化的过程更清晰，我们在表中给出组合形成年份（列标记为 t）和组合持有年份（列标记为 $t+1$）。从表中可以看出，截至 1988 年年底持有 β 最低十分位数的组合（组合 1）在 1989 年产生了−0.97%的超额收益。同样，第 2～7 个组合分别产生了 1.12%、2.12%、6.77%、3.18%、9.04%和 8.96%的超额收益。第 7 个组合和第 1 个组合之间的超额收益差额为 9.93%[=8.96%−(−0.97%)]。此外，表 5.3 还展示了在 1989 年年底形成组合并持有至 2011 年（1990—2012 年）期间该组合对应的价值。由于该样本所使用的证券价格研究中心（CRSP）数据库中 2013 年的收益数据无法得到，因此我们无法确定 2012 年年底形成的组合在 2013 年期间产生的超额收益。

表 5.3　单变量组合的等权重平均超额收益

t	$t+1$	1	2	3	4	5	6	7	7−1
1988	1989	−0.97	1.12	2.12	6.77	3.18	9.04	8.96	9.93
1989	1990	−30.21	−29.09	−28.72	−29.81	−27.85	−26.85	−25.75	4.45
1990	1991	56.81	28.99	36.22	40.42	54.51	64.44	66.49	9.68
1991	1992	55.37	30.93	29.45	21.99	19.16	15.95	20.12	−35.26
1992	1993	36.07	27.60	22.98	24.03	19.78	15.39	7.86	−28.21
1993	1994	−4.51	−4.47	−5.55	−4.16	−5.88	−10.42	−4.74	−0.23
1994	1995	28.38	21.81	24.95	29.62	26.82	23.90	37.46	9.08
1995	1996	21.04	16.14	18.46	14.16	12.32	11.73	9.07	−11.97
1996	1997	22.72	39.12	28.28	20.44	18.00	6.13	−7.58	−30.30
1997	1998	−6.68	−9.02	−7.01	−10.42	−6.52	−6.60	0.13	6.81
1998	1999	14.69	10.32	19.71	23.15	38.11	61.77	93.44	78.74
1999	2000	−11.18	−4.54	−0.96	−1.23	−3.50	−10.26	−31.33	−20.16
2000	2001	37.64	28.96	27.08	28.23	22.53	−1.75	−22.09	−59.73
2001	2002	11.60	11.08	−0.27	−8.09	−22.56	−36.19	−53.83	−65.43
2002	2003	76.69	68.50	85.65	64.78	63.70	76.56	86.90	10.22
2003	2004	27.56	21.07	25.82	21.34	15.75	12.89	−0.10	−27.65
2004	2005	6.06	5.52	2.97	3.40	3.11	−3.15	−10.24	−16.31
2005	2006	8.85	17.13	13.32	10.62	6.87	12.98	12.26	3.41
2006	2007	−13.52	−13.06	−6.97	−7.65	−6.57	−2.60	−4.19	9.33
2007	2008	−42.54	−42.30	−41.36	−39.18	−40.75	−45.34	−44.46	−1.92
2008	2009	57.06	65.73	64.76	59.46	55.19	60.47	73.60	16.55
2009	2010	20.31	20.19	23.14	22.98	33.39	30.27	36.77	16.46
2010	2011	−3.87	−5.50	−1.04	−4.24	−7.11	−14.11	−16.48	−12.61
2011	2012	27.95	27.11	16.22	20.33	16.10	17.83	18.05	−9.89

该表展示了通过对 β 进行排序形成的等权重组合的未来 1 年的超额收益。标记为 t 的列表示组合的形成年份。标记为 $t+1$ 的列表示组合的持有年份。标记为 1～7 的列表示出了 7 个排序组合的超额收益。标记为 7−1 的列表示组合 7 的收益与组合 1 的收益之间的差异。

我们现在使用市值加权组合重新分析一次。此时，每个组合中个体的权重由形成组合的 t 年年底股票的市值（$MktCap$）确定。表 5.4 展示了组合的市值加权平均超额收益。从结果可以看出，加权方案可以对组合的平均收益产生重大影响。这将在第 5.2 节的分析中变得更加明显。

表 5.4　　单变量组合的市值加权平均超额收益

t	$t+1$	1	2	3	4	5	6	7	7−1
1988	1989	−2.98	11.14	9.04	16.29	20.25	29.16	18.21	21.19
1989	1990	−28.42	−33.78	−18.81	−19.12	−16.14	−11.51	−11.88	16.53
1990	1991	−0.45	18.50	12.28	17.79	22.08	31.14	51.51	51.96
1991	1992	−1.18	22.64	14.17	8.47	5.44	0.43	12.45	13.62
1992	1993	21.22	18.77	14.44	9.45	7.33	5.64	3.35	−17.87
1993	1994	−14.71	−7.26	−3.17	−4.07	−2.86	−9.35	1.52	16.23
1994	1995	17.44	21.81	25.41	32.54	31.73	28.45	29.02	11.57
1995	1996	5.38	17.64	18.34	14.51	13.71	18.02	29.65	24.27
1996	1997	3.37	34.35	26.16	21.17	27.71	27.54	22.22	18.85
1997	1998	−7.37	−6.09	−0.99	−0.63	12.21	16.51	31.82	39.20
1998	1999	−17.35	−17.55	−9.51	1.20	0.22	31.34	57.98	75.33
1999	2000	−23.95	−1.23	8.74	14.82	5.78	0.02	−26.46	−2.50
2000	2001	−11.02	3.53	−14.41	−9.48	−5.48	−2.79	−52.09	−41.08
2001	2002	−3.26	−14.06	−14.71	−13.39	−18.92	−31.44	−46.53	−43.27
2002	2003	61.15	41.66	22.03	23.18	23.98	28.01	55.03	−6.12
2003	2004	10.16	26.60	18.88	16.89	9.60	8.39	−4.06	−14.22
2004	2005	6.56	0.85	2.75	2.57	3.44	3.26	1.44	−5.12
2005	2006	4.83	15.65	13.43	9.53	7.75	11.26	11.11	6.28
2006	2007	−13.27	12.99	−1.88	−1.57	7.57	7.66	1.51	14.78
2007	2008	−36.55	−22.48	−24.84	−35.30	−40.15	−52.41	−60.52	−23.97
2008	2009	11.32	29.50	12.89	35.12	26.63	40.36	35.67	24.35
2009	2010	8.67	9.59	12.54	17.22	24.11	25.04	19.59	10.92
2010	2011	3.48	14.68	7.41	4.64	−8.02	−20.42	−20.61	−24.09
2011	2012	26.83	8.12	15.10	18.62	19.19	16.04	35.77	8.94

该表展示了通过对 β 进行排序形成的市值加权组合的未来 1 年的超额收益。标记为 t 的列表示组合的形成年份。标记为 $t+1$ 的列表示组合的持有年份。标记为 1～7 的列表示出了 7 个排序组合的超额收益。标记为 7−1 的列表示组合 7 的收益与组合 1 的收益之间的差异。

5.1.4　结果总结

组合分析的主要目的是确定排序变量 X 和结果变量 Y 之间是否在横截面上存在相关关系。为此，我们首先计算每个组合 n_P 的结果变量在时间序列上不同时段的平均值

$\bar{Y}_{k,t}$和差异组合。我们将这些平均值定义为

$$\bar{Y}_k = \frac{\sum_{t=1}^{T} \bar{Y}_{k,t}}{T} \tag{5.5}$$

$$\bar{Y}_{Diff} = \frac{\sum_{t=1}^{T} \bar{Y}_{Diff,t}}{T} \tag{5.6}$$

其中 $t=1$ 表示样本中的第一个时段，T 是样本中的时段数。

时间序列平均值被用作对平均时段中的每个组合的结果变量的真实平均值的估计。类似地，组合差异的时间序列平均值估计了平均时段中第 n_P 个组合中的样本的结果变量的平均值与第一个组合的结果变量的平均值之间的差异。

5.1.5 结果解释

除了计算每个组合的时间序列均值，我们通常还想要测试每个组合的时间序列均值是否与某些零假设均值不同，该值通常为 0。最重要的是，我们想检验组合差异在时间序列上的均值是否在统计意义上显著不为 0。组合差异在统计意义上显著不为 0，是排序变量和结果变量之间平均时间段中横截面上存在相关关系的证据。为了做出这样的评估，我们计算每个 n_P 组合和组合差异的标准差、T 统计量和 P 值，以检验组合在时间序列上结果变量的均值等于 0 的原假设。由于对每个组合来说，组合的平均值（$\bar{Y}_{k,t}$）表示时间序列上的平均值，标准差常常要根据 Newey 和 West（1987）进行调整。根据 Newey 和 West（1987）调整的细节在第 1.3 节中已讨论。大多数研究者使用 5%的显著性水平来确定是否接受或者拒绝原假设。[①] 因此，当 T 统计量大于 2.00（大约）或 P 值小于 0.05 时，将拒绝时间序列上均值等于 0 的原假设。除了检验组合差异的时间序列均值是否在统计上显著不为 0，研究人员还经常检查在这 n_P 个组合（$\bar{Y}_k$，$k\in\{1, 2, \cdots, n_P\}$）中，$Y$ 的平均值的单调性。如果出现单调或接近单调的模式，就是一个表明组合差异的结果可信的强烈信号。[②]

我们的例子的结果在表 5.5 中给出。标记为均值的行展示了第 1～7 个组合以及差异组合（列 7－1）的年平均超额收益。标记为标准差、T 统计量和 P 值的行分别呈现了平均超额收益的标准差以及根据 Newey 和 West（1987）六期滞后调整得到的 T 统计量和 P 值。

结果表明，第 1 个组合至第 7 个组合的平均超额收益分别为 16.47%、13.89%、14.55%、12.79%、11.99%、10.92%和 10.43%。这些平均收益率均高度显著，因为它们的 T 统计量介于第 7 个组合的 3.43 和第 4 个组合的 6.73 之间，并且所有 P 值都

① Harvey，Liu 和 Zhu（2015）认为，由于存在数据挖掘和检验横截面上期望收益的大量研究，5%的显著性水平作为阈值太低，他们赞成对接受真实经济现象的实证结果使用更严格的要求。

② Patton 和 Timmermann（2010）提出了单调性的统计检验。

非常接近于 0。这表明平均每年，这七个组合中的每一个都产生正超额收益。这并不奇怪，因为众所周知，股票产生的平均收益高于无风险证券的收益。差异组合的平均收益为−6.04%，该值展示在以“7−1”标记的列中。此差异不是统计意义上的显著异于 0，因为其 T 统计量是−1.31 且 P 值是 0.20。因此，我们的组合分析未能检测到 β 和下一年股票的超额收益（r_{t+1}）存在横截面上的相关关系。

表 5.5　单变量组合的等权重超额收益统计

	1	2	3	4	5	6	7	7−1
均值	16.47	13.89	14.55	12.79	11.99	10.92	10.43	−6.04
标准差	3.62	2.42	2.50	1.90	1.83	1.80	3.04	4.61
T 统计量	4.55	5.74	5.83	6.73	6.57	6.06	3.43	−1.31
P 值	0.00	0.00	0.00	0.00	0.00	0.00	0.00	0.20

该表展示了单变量组合分析中 β 和股票未来的收益 r_{t+1} 之间的关系。标记为均值的行表示每个组合的等权重平均年收益率。标记为标准差的行表示被估计的收益率均值的标准差。标准差根据 Newey 和 West（1987）六期滞后调整得到。标记为 T 统计量的行表示，原假设为组合平均收益等于 0 时的 T 统计量。标记为 P 值的行表示，原假设为组合平均收益等于 0 时的双侧 P 值。标记为 1～7 的列表示七个排序组合的超额收益。标记为 7−1 的列表示组合 7 的收益与组合 1 的收益之间的差异。

我们不再检验市值加权组合的结果，因为分析过程与等权重组合的分析过程相同。但在本章的第 5.2 节中的很多地方，我们都将对等权重组合和市值加权组合进行研究。

5.1.6　结果展示

存在许多不同的方法来呈现一个或多个组合分析的结果，选择哪种方法取决于分析的目标。在这里，我们讨论一些呈现组合分析结果最常见的方法。

单一组合分析

我们从呈现本章讨论的 β 和 r_{t+1} 的分析结果开始。尽管表 5.5 对该分析的结果进行了很好的总结，但表 5.5 中的几个结果是多余的，因为标准差、T 统计量和 P 值都包含基本相同的信息，因此可以只呈现这些值中的一个，最常见的是 T 统计量。此外，T 统计量经常被放在括号中以增强展示。因此，组合分析的结果可以只展示平均超额收益以及根据 Newey 和 West（1987）调整（六期滞后）的 T 统计量，如表 5.6 所示。

表 5.6　根据 β 排序的组合超额收益

1	2	3	4	5	6	7	7−1
16.47	13.89	14.55	12.79	11.99	10.92	10.43	6.04
(4.55)	(5.74)	(5.83)	(6.73)	(6.57)	(6.06)	(3.43)	(−1.31)

该表展示了单变量组合分析中 β 和股票未来收益 r_{t+1} 之间的关系。该表展示了 7 个排序组合中每个组合的平均超额收益和买入-卖出零成本组合的平均超额收益，买入-卖出零成本组合指买入第 7 个组合的股票同时卖出第 1 个组合中的股票。Newey 和 West（1987）T 统计量是使用六期滞后调整得到的，检验的是原假设为组合平均收益等于 0，该值在括号中展示。

多重分析，相同的排序变量，不同的结果变量

通常，我们想检验排序变量 X 和许多不同结果变量 Y 之间的横截面关系。为此，我们对每个结果变量 Y 重复单变量组合分析。注意，因为排序变量没有改变，所以确定断点的步骤不需要重复。然后，我们可以在一个表中展示所有这些组合分析的结果。通常，检验任何组合中的结果变量的均值是否等于 0 并不具有特别意义。例如，我们知道所有股票都有正的市值。因此，测试某一组股票的平均市值是否为 0 并没有意义。我们可能只对差异组合的平均值是否等于 0 感兴趣，因为差异不为 0 意味着排序变量 X 和结果变量 Y 之间存在横截面上的关系。因此，有时仅需提供差异组合的 T 统计量。这样分析的目的通常是为了理解通过对变量 X 排序形成的每个组合的整体情况。

举例说明，表 5.7 给出了使用相同的 β 排序组合的组合分析结果，这次我们分别将 β、*MktCap* 和 *BM* 作为结果变量。值得注意的是，在这个分析中，结果变量 β、*MktCap* 以及 *BM* 和用来进行排序的 β 同期。因此，对于每个组合，我们有这些变量的 25 年的平均值，而不是使用未来超额收益时的 24 年。这里，差异组合的 T 统计量在表末的单独列中报告，而不是在平均值下的括号中报告。

因为组合是通过对 β 进行排序形成的，所以 β 的平均值在 7 个组合中单调增加，并且其在第 7 个组合和第 1 个组合之间的差异在时间序列上的平均值为 2.16，其 T 统计量为 21.08，在统计意义上具有高度显著性。该表表明，β 低的股票往往是低市值股票，因为第 1 个组合的股票的平均市值 *MktCap* 只有 1.53 亿美元。市值的平均值在前 4 个组合中单调增加，而在第 4～7 个组合中表现得非常相似，每一个略高于前一个 25 亿美元。第 7 个组合中的股票与第 1 个组合中的股票的市值差异超过 23 亿美元，T 统计量为 3.98，在统计意义上具有高度显著性。最后，组合在平均的账面市值比（*BM*）中呈现出几乎单调递减的模式（第 1 个组合例外）。*BM* 为−0.42 的组合 7 和组合 1 之间的平均差异具有高度统计显著性（T 统计量=−3.69）。总之，组合分析检测得到 β 和 *MktCap* 正相关，β 和 *BM* 负相关。值得注意的是，组合分析得出的关系的正负与表 3.2 中提供的通过相关分析得出的结果一致。

表 5.7　　单变量组合中 β、*MktCap* 和 *BM* 的平均值

结果变量	1	2	3	4	5	6	7	7−1	7−1 的 T 统计量
β	−0.22	0.14	0.41	0.71	1.03	1.37	1.94	2.16	21.08
MktCap	153	1 065	2 307	2 572	2 529	2 519	2 523	2 369	3.98
BM	0.94	0.96	0.77	0.71	0.64	0.53	0.51	−0.42	−3.69

该表给出了对于每个按照 β 排序的组合，其 β、*MktCap*（单位为百万美元）和 *BM* 的平均值。表的第一列表示用来计算平均值的变量。标记为 1～7 的列表示组合中给定变量在时间序列上的年平均值。标记为 7−1 的列表示组合 7 和组合 1 之间的平均差异。标记为 7−1 的 T 统计量的列表示经过 Newey 和 West（1987）六期滞后进行调整的 T 统计量，用以检验组合差异的均值是否为 0 的原假设。

多重分析，不同的排序变量，相同的结果变量

有时我们想用不同的排序变量 X，但是用相同的结果变量 Y 来表示组合分析的结果。这通常是在我们检验许多不同变量对股票未来收益的预测能力时的情况。

表 5.8 提供了如何呈现这种组合分析结果的例子。该表展示了分别由 β、*MktCap* 和 *BM* 排序产生的每个组合的平均超额收益和相对应的 T 统计量。通过对 β 排序形成的组合的分析结果与表 5.5 中所示的相同。对 *MktCap* 排序得到的组合表明，市值和未来股票超额收益之间存在显著的负相关关系，因为组合差异的年平均超额收益为 −20.89%，T 统计量为−4.80。结果还表明，账面市值比（*BM*）与未来股票超额收益之间存在显著的正相关关系，因为组合差异的年平均超额收益为 17.59%（$T=8.28$）。在 *MktCap* 和 *BM* 的例子中，7 个组合的平均超额收益几乎都呈单调变化。这些结果分别被称为小盘股效应和价值效应，将分别在第 9 章和第 10 章详细讨论。

表 5.8　依据 β、*MktCap* 和 *BM* 排序的组合的平均超额收益

排序变量	1	2	3	4	5	6	7	7−1
β	16.47	13.89	14.55	12.79	11.99	10.92	10.43	−6.04
	(4.55)	(5.74)	(5.83)	(6.73)	(6.57)	(6.06)	(3.43)	(−1.31)
MktCap	29.08	16.85	12.16	10.12	8.47	9.25	8.19	−20.89
	(7.00)	(5.48)	(4.55)	(5.23)	(5.97)	(5.93)	(4.32)	(−4.80)
BM	7.61	6.65	11.06	13.55	13.74	17.50	25.21	17.59
	(3.47)	(4.21)	(6.67)	(7.43)	(6.51)	(6.37)	(8.77)	(8.28)

该表展示了分别对 β、*MktCap* 和 *BM* 进行排序而形成的等权重组合的平均超额收益。表的第一列表示排序变量。标记为 1～7 的列表示时间序列上组合的一年期超额收益均值。标记为 7−1 的列表示组合 7 和组合 1 之间的平均超额收益的差异。括号里为 T 统计量，用于检验组合的平均超额收益等于 0 的原假设，并根据 Newey 和 West（1987）六期滞后进行调整。

一般来说，没有一个绝对正确的方法来展示组合分析的结果。应该选择确切的展示方式，以突出重点分析结果。上述例子给出了一些最常见的结果展示格式。

5.1.7　收益分析

当样本中的个体是证券，并且结果变量 Y 测量的是证券的收益时，平均值 $\overline{Y}_{k,t}$ 表示持有每个证券组合的收益。[①] 在这种情况下，通常需要执行一些额外的分析，这些分析旨在检验组合的平均收益展示出的现象是否由组合对系统性风险因素的敏感性在横截面上的变化所驱动。换句话说，我们想检验在控制组合对系统性风险因素的敏感性后，组合的平均收益出现的模式能否持续。[②]

① 值得注意的是，Asparouhova、Bessembinder 和 Kalcheva（2013）发现，基本面上价值的偏离可能会使组合分析的期望收益估计产生偏差。

② Ang（2014）提供了对因子投资的全面概述。

金融文献中普遍使用三种常见的风险调整模型。虽然本章的目的不是详细讨论这些模型，但是我们将对此提供一个简要的概述。风险模型将在第二部分中详细讨论。第一个模型是基于 Sharpe（1964）、Lintner（1965）和 Mossin（1966）的资本资产定价模型（Capital Asset Pricing Model，CAPM），也被称为单因子市场模型，该模型旨在针对整个股票市场收益调整组合收益的效果。单因子市场模型的规范形式是

$$r_{p,t}=\alpha+\beta_{MKT}MKT_t+\varepsilon_t \tag{5.7}$$

其中 $r_{p,t}$ 是组合的超额收益，MKT_t 是时段 t 市场因子模拟组合的超额收益。

第二个风险模型最初由 Fama 和 French（1993）提出，被称为 Fama-French(FF) 三因子模型，该模型使用两个额外的风险因子衡量规模效应（见第 9 章）和价值（见第 10 章）效应。[①] 规模效应是指小规模股票（低市值股票），平均而言，长期能跑赢大规模股票（高市值股票）。承担一个单位的规模因子风险组合在时间序列的均值是由零成本组合的收益来代表，零成本组合即买入小规模股票，同时卖出大规模股票。这种零成本组合及其收益被称为“小减大”（small minus big，*SMB*）。价值效应是指具有高账面市值比的股票（价值股）在历史上能跑赢低账面市值比的股票（成长股）。用承担一个单位的价值因子风险组合在时间序列上的平均值由零成本组合的收益来代表，即买入高账面市值比的股票，同时卖出低账面市值比的股票。形成的价值组合及其收益被称为“高减低”（high minus low，*HML*）。因此，FF 模型如下

$$r_{p,t}=\alpha+\beta_{MKT}MKT_t+\beta_{SMB}SMB_t+\beta_{HML}HML_t+\varepsilon_t \tag{5.8}$$

其中 SMB_t 和 HML_t 分别是在时段 t 内模拟规模因子组合和模拟价值因子组合的收益。

第三个常用的风险模型在 FF 模型中增加了 Jegadeesh 和 Titman（1993）以及 Carhart（1997）证明的动量因子。这个模型被称为 Fama、French 和 Carhart（FFC）四因子模型。动量因子，记为 *MOM*，由“momentum”而来［有时研究者使用 *UMD*，即“上减下”（up minus down）来表述动量因子］，表示买入最近表现最好的股票，同时卖出最近表现最差的股票所形成的组合的收益，其中“最近表现”被定义为股票在 12 个月前到上一个月之间的 11 个月内的表现。FFC 模型可以写成

$$r_{p,t}=\alpha+\beta_{MKT}MKT_t+\beta_{SMB}SMB_t+\beta_{HML}HML_t+\beta_{MOM}MOM_t+\varepsilon_t \tag{5.9}$$

由于这些用于对组合收益进行风险调整的回归都是时间序列回归，因此通常需要经过 Newey 和 West（1987）调整。回归的结果是一组系数（截距和斜率）以及相应的标准差、T 统计量和 P 值。截距项（α）被解释为组合的平均超额收益，该收益不是由于对选定因子模型中的任何因子具有敏感性引起的。通常将该值称为组合的 α，Jensen（1968）的 α 或者平均异常收益。为了检验组合是否产生统计意义上显著的平均异常收益，我们使用与截距项对应的 T 统计量和/或 P 值。

---

① Fama 和 French（2015）最近的一篇论文提出了一个五因子模型，其中包括 FFC 因子以及基于盈利能力和投资的因子。在另一篇文章中，Hou、Xue 和 Zhang（2015）提出了一个排除了价值因子的类似模型。

每个斜率系数是组合对相应因子的敏感性估计。系数及其相应的统计量可以被用于确定哪个因素或哪些因素与组合的收益相关。

为了举例说明组合分析中风险调整的使用，我们调整了本章前面根据 β 排序的组合收益。表 5.9 展示了 7 个组合以及组合差异中各自的 α 和因子敏感性（β_{MKT}、β_{SMB}、β_{HML} 和 β_{MOM}）。

表 5.9　　根据 β 排序的组合的风险调整后收益

模型	系数	1	2	3	4	5	6	7	7−1
超额收益	超额收益	16.47	13.89	14.55	12.79	11.99	10.92	10.43	−6.04
		(4.55)	(5.74)	(5.83)	(6.73)	(6.57)	(6.06)	(3.43)	(−1.31)
CAPM	α	8.89	6.78	6.75	5.32	3.58	0.45	−2.49	−11.38
		(1.41)	(1.32)	(1.33)	(1.31)	(1.13)	(0.19)	(−1.11)	(−1.72)
	β_{MKT}	1.02	0.96	1.05	1.01	1.13	1.41	1.74	0.72
		(3.30)	(3.05)	(3.80)	(3.75)	(5.20)	(7.63)	(8.70)	(1.89)
FF	α	3.44	1.57	2.20	1.44	0.86	−0.77	−1.32	−4.76
		(1.36)	(1.01)	(1.79)	(1.39)	(0.69)	(−0.53)	(−0.69)	(−1.82)
	β_{MKT}	1.12	1.08	1.13	1.06	1.12	1.31	1.50	0.38
		(7.55)	(6.11)	(7.64)	(7.72)	(12.01)	(11.55)	(11.20)	(1.83)
	β_{SMB}	1.53	1.17	1.35	1.25	1.37	1.47	1.64	0.12
		(8.98)	(6.99)	(7.55)	(10.29)	(29.78)	(11.01)	(9.86)	(0.41)
	β_{HML}	0.71	0.76	0.57	0.46	0.18	−0.16	−0.72	−1.43
		(7.36)	(13.40)	(6.39)	(5.19)	(1.66)	(−1.45)	(−6.25)	(−11.97)
FFC	α	5.54	6.21	6.49	4.54	2.37	−0.01	−0.12	−5.66
		(2.43)	(4.91)	(5.16)	(5.53)	(2.35)	(−0.01)	(−0.04)	(−1.14)
	β_{MKT}	1.06	0.95	1.00	0.97	1.07	1.29	1.47	0.41
		(8.59)	(9.30)	(18.20)	(13.77)	(16.98)	(15.76)	(11.21)	(1.62)
	β_{SMB}	1.42	0.92	1.12	1.08	1.29	1.43	1.58	0.16
		(6.57)	(3.94)	(5.47)	(6.29)	(13.85)	(8.25)	(7.61)	(0.69)
	β_{HML}	0.66	0.65	0.47	0.38	0.14	−0.18	−0.75	−1.41
		(5.27)	(9.15)	(7.96)	(7.38)	(1.53)	(−1.79)	(−6.96)	(−11.95)
	β_{MOM}	−0.16	−0.36	−0.33	−0.24	−0.12	−0.06	−0.09	0.07
		(−1.91)	(−3.38)	(−5.83)	(−2.90)	(−2.05)	(−0.51)	(−0.44)	(0.29)

该表提供了基于 β 排序形成的组合的经风险调整的 α 和因子敏感性。每年 t，样本中的所有股票被按照 β 升序排序分为 7 个组合，其中断点被设置为给定年份中的 β 的第 10、第 20、第 40、第 60、第 80 和第 90 百分位数。然后计算等权重组合的年平均超额收益。该表展示了 7 个组合以及买入第 7 个组合并卖出第 1 个组合的零成本组合中每个组合的平均超额收益（模型＝超额收益）。此外，还给出了使用 CAPM（模型＝CAPM）、Fama 和 French (1993) 三因子模型（模型＝FF），以及 Fama 和 French (1993) 及 Carhart (1997) 四因子模型（模型＝FFC）的每个组合的阿尔法（系数＝α）和因子敏感性（系数＝β_{MKT}、β_{SMB}、β_{HML} 和 β_{MOM}）。T 统计量展示在括号中，根据 Newey 和 West (1987) 六期滞后进行了调整。

表 5.9 中超额收益的部分复制了表 5.3 中的结果。注意，7 个组合中的每一个都产生了大且高度显著的平均超额收益，因为每个组合的 T 统计量都为正且明显大于 2.00。这表明平均而言，每个组合都产生了正的超额收益。这并不奇怪，因为每个组合是股票组合。众所周知，平均而言，股票产生的收益高于无风险证券的收益。因此，包含大量股票的组合表现出类似的特点并不奇怪。差异组合的平均收益为每年 -6.04%，但在统计意义上并不显著异于 0。

当使用 CAPM 风险模型调整暴露在市场中的风险后，所有的 T 统计量都显著小于 2.00，这表明 7 个组合中没有一个组合能产生统计意义上显著不为 0 的异常收益。这表明组合产生的超额收益是组合暴露于市场风险的表现。在控制了市场风险之后，每个组合的平均异常收益在统计意义上都不显著。该表还列出了每个组合对市场因子的敏感性，结果表明所有组合对市场组合都具有正的敏感度，并且在统计意义上显著。此外，从第 1 个组合到第 7 个组合，敏感度几乎呈单调增加。这不足为奇，因为组合是通过对 β 进行排序形成的，而 β 衡量了股票对市场组合的敏感度。当使用 CAPM 风险模型时，差异组合的异常收益在统计意义上仍然不显著，另外，差异组合对市场组合的敏感度为 0.72，在统计意义上具有边际显著性。

表 5.9 的其余部分给出了 FF 和 FFC 模型的结果。尽管其中一些结果很有趣，但此处的目标是讨论组合分析的实施和解释，而不是查看这些结果的经济意义，这些内容我们将在本章的第 5.2 节进行。

在几乎所有情况下，论文都仅提供了表 5.9 中的一部分结果，除非因子敏感度特别令人感兴趣，否则通常不报告。此外，常常也只需要展示一个风险调整模型的结果。FFC 模型是最常见的选择。

至此，读者可能会好奇为什么在整章中，我们使用了股票的超额收益，也就是股票的收益减去无风险证券的收益，而不是简单的股票收益。这样做的原因是，超额收益代表通过放弃与无风险证券相关的某些收益去追求风险收益能够实现的额外收益。资产定价理论认为，对投资者而言，当该证券的收益大于无风险证券的收益时，人们才愿意承担该证券的风险。实证资产定价研究的一个主要目标是准确了解投资者关注的风险，以及分析收益超过无风险证券的收益多少时，投资者才愿意承担这些风险。正是由于这个原因，CAPM、FF 和 FFC(以及所有其他）风险因子模型是基于超额收益而不是原始收益进行调整的。因此，当对 n_P 个组合的时间序列平均收益进行分析时，一定要确保在风险调整的回归中，因变量使用的是组合的超额收益而不是组合的原始收益。也因此，在组合分析中建议使用股票的超额收益，而不是股票的原始收益作为结果变量 Y。不管是把超额收益还是原始收益用作结果变量 Y，最后一个组合与第一个组合之间的收益差都被解释为一种超额收益。事实上，无论是否使用超额收益或原始收益，这种差异都是相同的。尽管收益的这种差异被解释为超额收益，但它通常被称为差异组合的收益、组合收益的差异，或是高减低组合的收益。我们会在本书中使用这些术语。

5.2 双变量独立排序的组合分析

上一节介绍了组合分析的最简单形式，旨在评估当不考虑任何其他变量的影响时，两个变量在横截面上的关系。在本节中，我们提出双变量组合分析。双变量组合分析非常类似于单变量组合分析，不同的是，在双变量组合分析中我们将有两个排序变量。

在双变量组合分析中，排序程序通常有两种不同的类型：独立排序和序贯排序。在本节中，我们会讨论独立排序组合分析。在第 5.3 节中，我们将讨论序贯排序组合分析。

双变量独立排序组合分析旨在评估两个排序变量（我们称其为 $X1$ 和 $X2$）与结果变量 Y 在横截面上的相关关系。

5.2.1 断点

顾名思义，在双变量独立排序的组合分析中，组合是通过独立地对两个变量进行排序而形成的。因此在每个时段中，将计算两组断点。第一组断点对应第一个排序变量 $X1$ 的值，第二组断点对应第二个排序变量 $X2$ 的值，并且其计算完全独立于 $X1$ 的断点计算。因此，该排序方法被称为独立排序。事实上，排序是独立的意味着它选择哪一个排序变量为第一个或第二个排序变量对结果没有影响。

双变量独立排序组合分析的第一步是根据每个排序变量将样本中的所有个体分组。我们在这里使用“组”表示由一个变量排序形成的组，从而与最终形成的“组合”加以区别。“组合”表示基于第一个排序变量和第二个排序变量的排序形成的交叉组。令 n_{P1} 表示基于第一个排序变量创建的组的数量，n_{P2} 表示基于第二个排序变量创建的组的数量，最终形成的组合的数量是 $n_{P1} \times n_{P2}$。因此，对第一个和第二个排序变量分别存在 n_{P1} 个和 n_{P2} 个断点。

对于两个排序变量的任何一个变量而言，其断点的计算方法与单变量组合分析中的断点的计算方法完全相同。用于形成第一个排序变量的组的断点（用于计算断点的百分位数）表示为 $B1_{j,t}(p1_j)$，其中 $j \in \{1, 2, \cdots, n_{P1}-1\}$；用于形成第二个排序变量的组的断点（用于计算断点的百分位数）表示为 $B2_{k,t}(p2_k)$，其中 $k \in \{1, 2, \cdots, n_{P2}-1\}$。断点的实际计算公式为：

$$B1_{j,t} = Pctl_{p1_j}(\{X1_t\}) \tag{5.10}$$

$$B2_{k,t} = Pctl_{p2_k}(\{X2_t\}) \tag{5.11}$$

其中 $Pctl_p(Z)$ 是集合 Z 的第 p 百分位数，$\{X1_t\}$ 和 $\{X2_t\}$ 分别是时段 t 内的 $X1$ 和 $X2$ 的有效值的集合。应该注意的是，样本中的 $X1$ 有效值的集合可能不同于 $X2$ 有效值的集合。在这种情况下，研究者必须决定是仅使用两个变量都有效的个体来计算断点，还是使用每个变量全部有效值的个体来计算断点。在一些情况下，用于计算 $X1$ 的断点的集合可以不同于用于计算 $X2$ 的断点的集合。此外，这些集合都不必与最终实施分组的集合相同。正如我们在单变量分析中，对每个时段 t 分别计算断点。在本章的双变量组合分析中，我们仅使用 $X1$ 和 $X2$ 都是有效值的个体来计算双变量（独立排序和序贯排序）组合分析的断点。

我们举例说明了如何使用 $\beta(X1=\beta)$ 和市值（$X2=MktCap$）作为双变量独立排序组合分析中的排序变量来计算断点。我们基于 $\beta(n_{P1}=3)$ 和 $MktCap(n_{P2}=4)$ 将样本分组。我们使用第 30 和第 70 百分位数来计算 β 的断点，另外，用第 25、第 50 和第 75 百分位数来计算 $MktCap$ 的断点。

用于分析的每年的断点如表 5.10 所示。该表展示了 1988 年的第一个 β 的断点是 0.18，第二个 β 的断点是 0.66；$MktCap$ 第一、第二和第三个的断点分别为 9.65、34.83 和 159.85。其他年份的断点展示在了表的后续行中。

表 5.10　双变量独立排序断点

t	$B1_{1,t}$	$B1_{2,t}$	$B2_{1,t}$	$B2_{2,t}$	$B2_{3,t}$
1988	0.18	0.66	9.65	34.83	159.85
1989	0.17	0.70	9.77	37.04	184.14
1990	0.23	0.86	6.53	25.90	149.54
1991	0.24	0.85	9.70	41.56	223.70
1992	0.26	0.97	16.21	62.88	284.60
1993	0.29	0.92	22.48	78.32	345.67
1994	0.36	0.97	20.72	72.17	304.26
1995	0.27	0.90	26.03	91.38	382.85
1996	0.32	0.90	28.54	102.21	438.55
1997	0.26	0.72	32.62	119.62	521.35
1998	0.41	0.94	28.78	106.66	509.71
1999	0.15	0.53	33.79	128.21	623.06
2000	0.25	0.85	24.36	102.25	610.68
2001	0.31	0.95	34.09	142.62	717.07
2002	0.33	0.89	33.28	130.81	635.43
2003	0.38	0.97	70.06	270.53	1 054.81
2004	0.63	1.36	90.64	334.90	1 308.59
2005	0.60	1.30	96.99	349.11	1 410.58
2006	0.61	1.40	108.61	406.64	1 592.96
2007	0.56	1.18	92.95	352.91	1 513.62
2008	0.57	1.14	38.11	197.13	879.62
2009	0.65	1.45	68.54	307.83	1 352.40
2010	0.76	1.33	95.47	420.44	1 850.99

续前表

t	$B1_{1,t}$	$B1_{2,t}$	$B2_{1,t}$	$B2_{2,t}$	$B2_{3,t}$
2011	0.82	1.38	80.78	393.16	1 771.85
2012	0.76	1.31	105.41	485.94	2 034.15

该表提供了双变量独立排序组合分析的断点。第一个排序变量是 β，第二个排序变量是 $MktCap$。基于 β 的第 30 和第 70 百分位数，基于 $MktCap$ 的第 25、第 50 和第 75 百分位数，分别将样本分为 3 组（因此有 2 个断点）和 4 组（因此有 3 个断点）。标记为 t 的列表示计算断点的年份。标记为 $B1_{1,t}$ 和 $B1_{2,t}$ 的列分别表示 β 的第一个和第二个断点。标记为 $B2_{1,t}$、$B2_{2,t}$ 和 $B2_{3,t}$ 的列分别表示 $MktCap$ 的第一个、第二个和第三个断点。

如第 5.1.1 节所述，需要分成多少组取决于对每组股票数量与排序变量在组间的分散度两者之间的权衡。在双变量独立排序组合分析中，还有一个附加标准用于决定使用多少个断点以及用作断点的百分位数。如果两个排序变量高度正相关，这可能会导致大量的个体被分入两个排序变量值都高或者值都低的组合中，由一个排序变量为低值而另一个排序变量为高值的个体形成的组合将包含相对较少的个体。当排序变量负相关时，情况则相反。两个排序变量之间的相关性越极端，那么这种效应将会越加剧。因此，决定根据每个排序变量形成的组的数量时，应该考虑这种相关性，并且确保对整个样本期中的每个时段，即 $n_{P1} \times n_{P2}$ 个组合都包含足够数量的个体。当我们讨论组合形成时，这点将更加清楚。除了需要额外考虑排序变量之间的相关性之外，双变量独立排序中影响分组个数的因素以及断点百分位的选择与单变量排序类似，我们已经在第 5.1.1 节中讨论过，此处不再赘述。

5.2.2 组合形式

与单变量组合分析一样，双变量组合分析的下一步是周期性分组。如前所述，如果存在基于第一个排序变量 $X1$ 形成的 n_{P1} 个组，基于第二个排序变量 $X2$ 形成的 n_{P2} 个组，则每个时间段都将形成 $n_{P1} \times n_{P2}$ 个组合。在时段 t 内的组合表示为 $P_{j,k,t}$，其中第一个下标表示第一个排序变量的组序，第二个下标表示第二个排序变量的组序。在一般意义上，组合被定义为

$$P_{j,k,t} = \{i \mid B1_{j-1,t} \leqslant X1_{i,t} \leqslant B1_{j,t}\} \cap \{i \mid B2_{k-1,t} \leqslant X2_{i,t} \leqslant B2_{k,t}\} \tag{5.12}$$

其中，$j \in \{1, 2, \cdots, n_{P1}\}$，$k \in \{1, 2, \cdots, n_{P2}\}$，$B1_{0,t} = B2_{0,t} = -\infty$，$B1_{n_{P1},t} = B2_{n_{P2},t} = \infty$，$\cap$ 是交集运算符号。因此对于被分到组合 $P_{j,k,t}$ 中的任何一个个体，必定满足在时段 t 内，第一个排序变量的值在 $X1$ 的第 $j-1$ 个（包括）和第 j 个（包括）断点值之间，第二个排序变量的值在 $X2$ 的第 $k-1$ 个（包括）和第 t 个（包括）断点值之间。

在双变量独立排序组合分析中，每个组合包含的个体数占样本个体总数的百分比可能不能反映用于计算断点的百分位数，原因是两个排序变量之间很可能具有非零的相关性。由于每个组合代表的是基于独立排序形成的集合的交集，因此 $X1$ 和 $X2$ 之间的正相关关系将导致包含两个排序变量的高（或低）值的组合中被不成比例地分得了大量个体，而那些包含一个排序变量值低、另一个排序变量值高的组合则包含较少的

个体。当排序变量是负相关时，将出现相反的情况。如第 5.1.2 节所述，当断点样本和全样本不相同时，除了相关性效应之外，每个组合中的个体数量也将取决于排序变量在不同样本中的分布情况。但当断点样本和分组样本相同时，对应于 $X1$ 的第 j 组的所有组合（包括了不同水平的 $X2$ 组）中的个体的总数将反映基于第一个排序变量 $X1$ 计算断点的百分位数。对应于 $X2$ 的组合，这也同样成立。

在我们的例子中，每年组合包含的股票数量列于表 5.11 中。值得提醒的是，表 3.3 中展示的相关性分析以及表 5.7 中展示的组合分析都表明 β 和 $MktCap$ 在横截面上呈现正相关。这表现在拥有高值 β 和高值 $MktCap$ 的组合中有大量股票。类似地，包括拥有两个排序变量低值的组合中也能分到大量股票。此外，持有一个排序变量低值和另一个排序变量高值的组合包含相对较少的股票。例如，表 5.7 显示，1988 年持有低 β(β 1) 和低 $MktCap$($MktCap$ 1) 股票的组合有 730 只股票，持有高 β(β 3) 和高 $MktCap$($MktCap$ 4) 股票的组合有 788 只股票。包括高 β(β 3) 和低 $MktCap$($MktCap$ 1) 股票的组合只包含 217 只这样的股票，并且包含低 β(β 1) 和高 $MktCap$($MktCap$ 4) 的组合中只有 95 只股票。在大多数年份中也都能观察到类似的情况，尽管这些情况并不总是像 1988 年的那么完美。

表 5.11　双变量独立排序各个组合中的股票数量

t		β 1	β 2	β 3	t		β 1	β 2	β 3
1988	$MktCap$ 1	736	468	217	1993	$MktCap$ 1	738	409	270
	$MktCap$ 2	539	585	297		$MktCap$ 2	531	579	307
	$MktCap$ 3	335	683	403		$MktCap$ 3	330	611	475
	$MktCap$ 4	95	538	788		$MktCap$ 4	102	667	648
1989	$MktCap$ 1	736	419	224	1994	$MktCap$ 1	767	437	333
	$MktCap$ 2	537	574	268		$MktCap$ 2	596	593	348
	$MktCap$ 3	298	663	418		$MktCap$ 3	352	684	501
	$MktCap$ 4	84	549	746		$MktCap$ 4	130	744	663
1990	$MktCap$ 1	725	439	187	1995	$MktCap$ 1	784	430	358
	$MktCap$ 2	507	574	269		$MktCap$ 2	584	595	392
	$MktCap$ 3	287	604	459		$MktCap$ 3	373	698	500
	$MktCap$ 4	102	543	706		$MktCap$ 4	145	791	636
1991	$MktCap$ 1	763	393	169	1996	$MktCap$ 1	792	518	336
	$MktCap$ 2	508	570	247		$MktCap$ 2	623	581	441
	$MktCap$ 3	254	606	465		$MktCap$ 3	421	676	548
	$MktCap$ 4	65	551	709		$MktCap$ 4	139	857	650
1992	$MktCap$ 1	681	428	237	1997	$MktCap$ 1	865	571	280
	$MktCap$ 2	507	530	309		$MktCap$ 2	688	654	374
	$MktCap$ 3	306	562	478		$MktCap$ 3	415	779	520
	$MktCap$ 4	121	634	591		$MktCap$ 4	91	740	885

续前表

t		β 1	β 2	β 3	t		β 1	β 2	β 3
1998	*MktCap* 1	842	557	252	2006	*MktCap* 1	816	251	46
	MktCap 2	622	667	361		*MktCap* 2	357	427	329
	MktCap 3	368	709	574		*MktCap* 3	19	467	626
	MktCap 4	149	708	794		*MktCap* 4	144	635	334
1999	*MktCap* 1	785	484	253	2007	*MktCap* 1	808	236	39
	MktCap 2	635	608	279		*MktCap* 2	390	351	341
	MktCap 3	338	729	455		*MktCap* 3	28	451	604
	MktCap 4	69	613	840		*MktCap* 4	74	693	316
2000	*MktCap* 1	609	522	342	2008	*MktCap* 1	742	247	77
	MktCap 2	663	455	354		*MktCap* 2	429	289	347
	MktCap 3	290	640	542		*MktCap* 3	43	548	474
	MktCap 4	205	738	530		*MktCap* 4	65	620	381
2001	*MktCap* 1	686	465	225	2009	*MktCap* 1	690	219	85
	MktCap 2	612	459	305		*MktCap* 2	264	322	408
	MktCap 3	190	647	539		*MktCap* 3	75	509	409
	MktCap 4	163	631	582		*MktCap* 4	164	539	291
2002	*MktCap* 1	759	387	126	2010	*MktCap* 1	715	184	52
	MktCap 2	649	397	225		*MktCap* 2	158	398	395
	MktCap 3	93	641	537		*MktCap* 3	69	472	410
	MktCap 4	25	609	638		*MktCap* 4	199	468	284
2003	*MktCap* 1	835	275	73	2011	*MktCap* 1	721	152	48
	MktCap 2	488	454	241		*MktCap* 2	155	337	428
	MktCap 3	51	587	545		*MktCap* 3	49	460	411
	MktCap 4	46	577	560		*MktCap* 4	180	523	218
2004	*MktCap* 1	772	265	106	2012	*MktCap* 1	662	151	74
	MktCap 2	405	390	348		*MktCap* 2	135	396	355
	MktCap 3	55	485	603		*MktCap* 3	85	444	356
	MktCap 4	140	688	315		*MktCap* 4	182	426	279
2005	*MktCap* 1	834	231	58					
	MktCap 2	400	434	289					
	MktCap 3	33	429	662					
	MktCap 4	81	704	339					

该表展示了分别根据β分类形成的 3 个组和根据 *MktCap* 分类形成的 4 个组，以及它们共同形成的 12 个组合中每个组合中的股票数量。标记为 t 的列表示组合形成的年份。标记为β 1、β 2 和β 3 的列表示β的分组。标记为 *MktCap* 1、*MktCap* 2、*MktCap* 3 和 *MktCap* 4 的行指代 *MktCap* 的分组。

5.2.3 组合平均值

在创建组合之后，下一步是针对每个时段 t 计算 $n_{P1} \times n_{P2}$ 个组合中每一个组合的结果变量 Y 的平均值。如在第 5.1.3 节中所讨论的那样，平均值可以是等权重的或根据一些权重变量 W 加权所得，这里通常使用市值进行加权（价值加权）。因此，$P_{j,k,t}$ 组合的结果变量的平均值是

$$\overline{Y}_{j,k,t} = \frac{\sum_{i \in P_{j,k,t}} W_{i,t} Y_{i,t}}{\sum_{i \in P_{j,k,t}} W_{i,t}} \tag{5.13}$$

其中，$j \in \{1, 2, \cdots, n_{P1}\}$，$k \in \{1, 2, \cdots, n_{P2}\}$。分子和分母中的求和都是针对组合 $P_{j,k,t}$ 中的所有个体进行的。如果没有使用权重变量，则 $W_{i,t}$ 对于所有 i 和 t 都为 1。这与单变量的情况完全相同。

除了计算每个组合的 Y 的平均值之外，对于第一个排序变量 $X1$ 分组形成的 n_{P1} 个组的每一个组，我们都需要计算持有 $X2$ 最高值和最低值的组合的 Y 的平均值的差异。因此，对于每个时段 t，我们有

$$\overline{Y}_{j,Diff,t} = \overline{Y}_{j,n_{P2},t} - \overline{Y}_{j,1,t} \tag{5.14}$$

其中，$j \in \{1, \cdots, n_{P1}\}$。类似地，对于由第二个排序变量 $X2$ 得到的每个组，我们需要计算持有第一排序变量 $X1$ 最高值和最低值的组合之间的 Y 的平均值的差值，即

$$\overline{Y}_{Diff,k,t} = \overline{Y}_{n_{P1},k,t} - \overline{Y}_{1,k,t} \tag{5.15}$$

其中，$k \in \{1, \cdots, n_{P2}\}$。

除了计算差异之外，在双变量独立排序组合分析中，我们还可以在给定一个排序变量的组里计算另一个排序变量的所有组的结果变量的平均值。因此，将 $X2$ 的第 k 组内的所有 $X1$ 的组中 $\overline{Y}$ 的平均值定义为

$$\overline{Y}_{Avg,k,t} = \frac{\sum_{j=1}^{n_{P1}} \overline{Y}_{j,k,t}}{n_{P1}} \tag{5.16}$$

该计算不仅可以用于所有 $k \in \{1, 2, \cdots, n_{P2}\}$ 的组合，而且也可用于计算差异组合 ($k = Diff$)。类似地，我们可以计算 $X1$ 的第 j 组内的所有 $X2$ 的组中 $\overline{Y}$ 的平均值

$$\overline{Y}_{j,Avg,t} = \frac{\sum_{k=1}^{n_{P2}} \overline{Y}_{j,k,t}}{n_{P2}} \tag{5.17}$$

其中，$j \in \{1, 2, \cdots, n_{P1}, Diff\}$。

此外，还有两个值可能每月会计算。第一个是平均值的平均值，该值有很多计算方法。第一种方法是将第一个排序变量分组形成的 n_{P1} 个组的平均值（$\overline{Y}_{j,Avg,t}$，$j \in \{1, 2, \cdots, n_{P1}\}$）进行平均。第二种方法是将第二个排序变量分组形成的 n_{P2} 个组的平均值

（$\bar{Y}_{Avg,k,t}$，$k\in\{1, 2, \cdots, n_{P2}\}$）进行平均。第三种方法是将所有 $n_{P1}\times n_{P2}$ 个组合的平均值（$\bar{Y}_{j,k,t}$，$j\in\{1, 2, \cdots, n_{P1}\}$，$k\in\{1, 2, \cdots, n_{P2}\}$）求平均。这些方法中都将产生相同的结果。因此我们有

$$\bar{Y}_{Avg,\,Avg,\,t}=\frac{\sum_{j=1}^{n_{P1}}\bar{Y}_{j,\,Avg,\,t}}{n_{P1}}=\frac{\sum_{k=1}^{n_{P2}}\bar{Y}_{Avg,\,k,\,t}}{n_{P2}}=\frac{\sum_{j=1}^{n_{P1}}\sum_{k=1}^{n_{P2}}\bar{Y}_{j,\,k,\,t}}{n_{P1}\times n_{P2}} \tag{5.18}$$

最后，我们来看双重差分。双重差分可以用于检验，相较于当 $X2$ 的值较低时，Y 的平均值与 $X1$ 的值的联系，当 $X2$ 的值较高时，Y 的平均值与 $X1$ 的值的联系。换一个说法，双重差分组合可以被解释为，当 $X1$ 的值较高时，Y 的平均值与 $X2$ 的值的联系与当 $X1$ 的值较低时，Y 的平均值与 $X2$ 的值的联系之间的比较。这从图表中很容易看明白。

在表 5.12 中，我们说明了 Y 的均值之间双重差分的计算。为了简化符号，我们令 $A=\bar{Y}_{1,1,t}$，$B=Y_{n_{P1},1,t}$，$C=\bar{Y}_{1,n_{P2},t}$ 和 $D=\bar{Y}_{n_{P1},n_{P2},t}$，这些值对应于表 5.12 内部的值（在方框内）。在对应于 $X2$ 的最低值的组中，具有最高值的 $X1$ 的组合（$X1\ n_{P1}$）与具有最低值的 $X1$ 的组合（$X1\ 1$）的 Y 均值的差异为 $B-A=\bar{Y}_{Diff,1,t}$。类似地，在对应于 $X2$ 的最高值的组中，相应的值为 $D-C=\bar{Y}_{Diff,n_{P2},t}$。这些值在表 5.12 的右边中间部分展示。沿着另一个方向，在对应于 $X1$ 的最低值的组中，具有最高值的 $X2$ 的组合与具有最低值的 $X2$ 的组合的 Y 均值的差异为 $C-A=\bar{Y}_{1,Diff,t}$，对应于 $X1$ 的最高值的组中的差异为 $D-B=\bar{Y}_{n_{P1},Diff,t}$。这些值在表的中下位置处。因此，如果我们沿着 $X2$ 的维度对 $X1$ 的差异继续作差，则得到 $\bar{Y}_{Diff,n_{P2},t}-\bar{Y}_{Diff,1,t}=(D-C)-(B-A)=D-C-B+A$，如果我们沿着 $X1$ 维度对 $X2$ 的差异继续作差，也将得到相同的结果，$\bar{Y}_{n_{P1},Diff,t}-\bar{Y}_{1,Diff,t}=(D-B)-(C-A)=D-C-B+A$。

表 5.12　　双重差分组合中的平均值

	$X1\ 1$	$\cdots$	$X1\ n_{P1}$	$X1\ Diff$
$X2\ 1$	$\bar{Y}_{1,1,t}$ A	$\cdots$	$\bar{Y}_{n_{P1},1,t}$ B	$\bar{Y}_{Diff,1,t}$ $B-A$
$\vdots$	$\vdots$	$\ddots$	$\vdots$	$\vdots$
$X2\ n_{P2}$	$\bar{Y}_{1,n_{P2},t}$ C	$\cdots$	$\bar{Y}_{n_{P1},n_{P2},t}$ D	$\bar{Y}_{Diff,n_{P2},t}$ $D-C$
$X2\ Diff$	$\bar{Y}_{1,Diff,t}$ $C-A$	$\cdots$	$\bar{Y}_{n_{P1},Diff,t}$ $D-B$	$(D-C)-(B-A)$ $=$ $(D-B)-(C-A)$ $=$ $D-C-B+A$

该表描述了如何构建双变量组合分析中的双重差分组合。

综上所述，我们得到

$$
\begin{aligned}
\overline{Y}_{Diff,\,Diff,\,t} &= \overline{Y}_{n_{P1},\,n_{P2},\,t} - \overline{Y}_{n_{P1},\,1,\,t} - \overline{Y}_{1,\,n_{P2},\,t} + \overline{Y}_{1,\,1,\,t} \\
&= \overline{Y}_{Diff,\,n_{P2},\,t} - \overline{Y}_{Diff,\,1,\,t} \\
&= \overline{Y}_{n_{P1},\,Diff,\,t} - \overline{Y}_{1,\,Diff,\,t}
\end{aligned} \tag{5.19}
$$

为了帮助理解双重差分组合，考虑如下的例子：当 $\overline{Y}_{j,k,t}$ 表示在时段 t 中第 j、k 个组合能获得的收益时，那么双重差分组合可以被认为是买入组合 D 和 A，并且卖出相同金额的组合 B 和 C 获得的收益。在更一般的意义上，该值反映了 $X1$ 和 Y 之间的关系如何随 $X2$ 水平的变化而变化。类似地，这也反映了 $X2$ 和 Y 之间的关系如何随 $X1$ 水平的变化而变化。

我们使用未来 1 年股票的超额收益（r_{t+1}）作为结果变量来举例分析均值因变量的计算。我们在这个分析中使用等权重求平均，因此 $W_{i,t}$ 对于所有 i 和 t 都为 1。表 5.13 列出了每个组合 $n_{P1} \times n_{P2}$、差异和平均组合的未来 1 年平均超额收益。表中的 t 表示了组合形成年，$t+1$ 表示组合持有年。以 $t=1988$ 年和 $t+1=1989$ 为例，表中展示了低 β(β 1) 和低 *MktCap*(*MktCap* 1) 的股票组合产生 1.13%的超额收益，高 β 和低 *MktCap* 的股票组合产生 1.69%的超额收益。在低 *MktCap* 的股票中，高 β 与低 β 的股票的组合产生的超额收益之差为 0.56%(=1.69%−1.13%)。低 *MktCap* 的股票组合产生的平均收益为 0.62%，这个过程适用于所有四个 *MktCap* 组和三个 β 组。对于平均水平的市值（*MktCap* Avg)，高 β 和低 β 组合的收益差异为 0.05%[=(0.56%−8.47%+0.97%+7.15%)/4]。对于平均水平的 β 值，高市值和低市值组合的超额收益的差异（*MktCap* Diff）为 13.20%[=(8.80%+15.40%+15.39%)/3]。接下来，我们看差异组合的差异（β Diff，*MktCap* Diff）的超额收益为 6.59%(=17.08%−1.69%−9.92%+1.13%=7.15%−0.56%=15.39%−8.80%)。最后，均值组合平均产生 3.57%(β Avg，*MktCap* Avg）的超额收益。

表 5.13　　双变量独立排序组合的超额收益

$t/t+1$		β 1	β 2	β 3	β Diff	β Avg
1988/1989	*MktCap* 1	1.13	−0.96	1.69	0.56	0.62
	MktCap 2	−2.02	−1.49	−10.49	−8.47	−4.67
	MktCap 3	4.48	3.62	5.45	0.97	4.52
	MktCap 4	9.92	14.45	17.08	7.15	13.82
	MktCap Diff	8.80	15.40	15.39	6.59	13.20
	MktCap Avg	3.38	3.90	3.43	0.05	3.57
1989/1990	*MktCap* 1	−27.14	−31.81	−15.01	12.14	−24.65
	MktCap 2	−32.32	−37.25	−39.78	−7.46	−36.45
	MktCap 3	−27.72	−31.88	−32.50	−4.78	−30.70
	MktCap 4	−24.15	−20.04	−19.69	4.46	−21.29
	MktCap Diff	2.99	11.77	−4.69	−7.68	3.36
	MktCap Avg	−27.83	−30.25	−26.75	1.09	−28.28

续前表

$t/t+1$		β 1	β 2	β 3	β Diff	β Avg
1990/1991	*MktCap* 1	54.21	64.97	106.14	51.92	75.11
	MktCap 2	38.00	44.27	73.81	35.80	52.03
	MktCap 3	22.96	41.38	53.57	30.60	39.30
	MktCap 4	15.71	28.61	47.77	32.06	30.69
	MktCap Diff	−38.50	−36.37	−58.37	−19.86	−44.41
	MktCap Avg	32.72	44.81	70.32	37.60	49.28
1991/1992	*MktCap* 1	56.71	41.73	64.00	7.30	54.15
	MktCap 2	24.66	25.09	18.36	−6.30	22.71
	MktCap 3	24.28	18.93	10.83	−13.45	18.01
	MktCap 4	16.09	14.16	9.64	−6.45	13.29
	MktCap Diff	−40.62	−27.57	−54.37	−13.75	−40.85
	MktCap Avg	30.43	24.98	25.71	−4.73	27.04
1992/1993	*MktCap* 1	42.33	46.82	35.10	−7.23	41.42
	MktCap 2	21.13	25.05	13.77	−7.37	19.98
	MktCap 3	18.02	15.32	5.55	−12.47	12.96
	MktCap 4	15.89	11.82	11.96	−3.93	13.22
	MktCap Diff	−26.44	−35.00	−23.14	3.30	−28.19
	MktCap Avg	24.34	24.75	16.59	−7.75	21.90
1993/1994	*MktCap* 1	−1.88	0.31	−7.36	−5.48	−2.98
	MktCap 2	−8.69	−4.96	−8.41	0.28	−7.35
	MktCap 3	−5.71	−4.23	−10.38	−4.68	−6.77
	MktCap 4	−4.93	−6.19	−6.00	−1.07	−5.71
	MktCap Diff	−3.05	−6.50	1.36	4.41	−2.73
	MktCap Avg	−5.30	−3.77	−8.04	−2.74	−5.70
1994/1995	*MktCap* 1	28.18	29.95	26.75	−1.43	28.29
	MktCap 2	25.19	34.46	35.39	10.20	31.68
	MktCap 3	22.53	26.73	29.23	6.71	26.17
	MktCap 4	19.72	23.67	24.42	4.70	22.60
	MktCap Diff	−8.46	−6.28	−2.33	6.13	−5.69
	MktCap Avg	23.90	28.71	28.95	5.04	27.19
1995/1996	*MktCap* 1	24.86	15.18	15.79	−9.07	18.61
	MktCap 2	13.64	12.10	8.62	−5.01	11.45
	MktCap 3	19.98	16.12	7.56	−12.42	14.56
	MktCap 4	15.87	15.41	9.42	−6.45	13.57
	MktCap Diff	−8.98	0.23	−6.36	2.62	−5.04
	MktCap Avg	18.59	14.70	10.35	−8.24	14.55

续前表

$t/t+1$		β 1	β 2	β 3	β Diff	β Avg
1996/1997	*MktCap* 1	27.39	15.21	0.38	−27.01	14.33
	MktCap 2	34.26	21.36	0.33	−33.93	18.65
	MktCap 3	33.10	24.20	−0.22	−33.32	19.02
	MktCap 4	24.78	24.34	14.43	−10.35	21.18
	MktCap Diff	−2.62	9.14	14.05	16.66	6.86
	MktCap Avg	29.88	21.28	3.73	−26.15	18.30
1997/1998	*MktCap* 1	−6.19	−7.08	−9.26	−3.07	−7.51
	MktCap 2	−12.35	−13.48	−18.68	−6.32	−14.84
	MktCap 3	−5.25	−9.09	−10.07	−4.82	−8.13
	MktCap 4	−2.88	−2.48	5.52	8.40	0.05
	MktCap Diff	3.31	4.59	14.79	11.47	7.56
	MktCap Avg	−6.67	−8.03	−8.12	−1.45	−7.61
1998/1999	*MktCap* 1	32.76	66.89	114.46	81.70	71.37
	MktCap 2	9.58	38.21	79.21	69.63	42.33
	MktCap 3	−8.57	17.84	56.12	64.69	21.80
	MktCap 4	−14.56	−4.59	46.49	61.05	9.11
	MktCap Diff	−47.32	−71.48	−67.97	−20.65	−62.26
	MktCap Avg	4.80	29.59	74.07	69.27	36.15
1999/2000	*MktCap* 1	−6.74	−14.10	−33.47	−26.74	−18.10
	MktCap 2	−8.91	−10.52	−26.62	−17.71	−15.35
	MktCap 3	−0.22	4.16	−13.24	−13.01	−3.10
	MktCap 4	7.68	13.11	−8.71	−16.39	4.03
	MktCap Diff	14.42	27.20	24.76	10.34	22.13
	MktCap Avg	−2.05	−1.84	−20.51	−18.46	−8.13
2000/2001	*MktCap* 1	44.30	53.06	20.51	−23.79	39.29
	MktCap 2	29.88	43.64	0.82	−29.06	24.78
	MktCap 3	31.84	22.49	0.29	−31.55	18.21
	MktCap 4	−2.73	4.54	−20.47	−17.74	−6.22
	MktCap Diff	−47.03	−48.52	−40.98	6.05	−45.51
	MktCap Avg	25.82	30.93	0.29	−25.53	19.01
2001/2002	*MktCap* 1	7.03	−6.41	−31.57	−38.60	−10.32
	MktCap 2	14.58	−8.38	−41.64	−56.22	−11.82
	MktCap 3	3.14	−10.19	−42.42	−45.56	−16.49
	MktCap 4	−7.97	−8.65	−38.66	−30.69	−18.43
	MktCap Diff	−15.01	−2.24	−7.09	7.91	−8.11
	MktCap Avg	4.19	−8.41	−38.57	−42.77	−14.26

续前表

$t/t+1$		β 1	β 2	β 3	β Diff	β Avg
2002/2003	*MktCap* 1	104.77	132.30	184.10	79.34	140.39
	MktCap 2	56.30	100.00	108.86	52.56	88.39
	MktCap 3	36.95	45.07	71.55	34.61	51.19
	MktCap 4	23.00	30.87	49.36	26.36	34.41
	MktCap Diff	−81.76	−101.43	−134.74	−52.98	−105.98
	MktCap Avg	55.25	77.06	103.47	48.22	78.59
2003/2004	*MktCap* 1	28.52	24.02	23.09	−5.44	25.21
	MktCap 2	20.52	17.48	7.45	−13.07	15.15
	MktCap 3	23.70	22.21	6.76	−16.94	17.56
	MktCap 4	27.28	19.84	10.89	−16.39	19.34
	MktCap Diff	−1.24	−4.18	−12.19	−10.96	−5.87
	MktCap Avg	25.01	20.89	12.05	−12.96	19.31
2004/2005	*MktCap* 1	2.77	3.03	−28.68	−31.45	−7.63
	MktCap 2	4.73	−2.27	−7.45	−12.19	−1.66
	MktCap 3	14.58	4.23	−0.63	−15.21	6.06
	MktCap 4	3.06	7.56	4.59	1.53	5.07
	MktCap Diff	0.29	4.53	33.27	32.98	12.70
	MktCap Avg	6.28	3.14	−8.04	−14.33	0.46
2005/2006	*MktCap* 1	13.00	13.66	−5.47	−18.47	7.06
	MktCap 2	14.45	13.71	11.06	−3.39	13.08
	MktCap 3	11.97	9.42	11.62	−0.35	11.00
	MktCap 4	9.24	9.24	8.07	−1.17	8.85
	MktCap Diff	−3.76	−4.41	13.54	17.30	1.79
	MktCap Avg	12.17	11.51	6.32	−5.85	10.00
2006/2007	*MktCap* 1	−12.82	−10.28	−28.89	−16.07	−17.33
	MktCap 2	−11.36	−12.18	−11.42	−0.06	−11.65
	MktCap 3	−12.44	−9.85	−5.79	6.65	−9.36
	MktCap 4	−0.45	−0.98	8.37	8.82	2.32
	MktCap Diff	12.37	9.30	37.26	24.89	19.64
	MktCap Avg	−9.27	8.32	−9.43	−0.16	−9.01
2007/2008	*MktCap* 1	−46.58	−49.30	−56.63	−10.05	−50.84
	MktCap 2	−38.65	−48.25	−45.66	−7.01	−44.19
	MktCap 3	−37.78	−34.51	−37.15	0.63	−36.48
	MktCap 4	−32.35	−34.83	−50.83	−18.48	−39.34
	MktCap Diff	14.22	14.47	5.79	−8.43	11.50
	MktCap Avg	−38.84	−41.72	−47.57	−8.73	−42.71

续前表

$t/t+1$		β 1	β 2	β 3	β Diff	β Avg
2008/2009	*MktCap* 1	94.97	156.50	150.77	55.80	134.08
	MktCap 2	29.40	49.10	87.00	57.60	55.17
	MktCap 3	15.41	37.43	51.26	35.85	34.70
	MktCap 4	16.16	32.86	48.35	32.19	32.46
	MktCap Diff	−78.81	−123.64	−102.42	−23.61	−101.62
	MktCap Avg	38.99	68.97	84.35	45.36	64.10
2009/2010	*MktCap* 1	22.10	34.09	30.45	8.36	28.88
	MktCap 2	20.57	25.63	37.38	16.81	27.86
	MktCap 3	13.03	24.95	34.39	21.36	24.12
	MktCap 4	17.52	23.59	29.29	11.77	23.46
	MktCap Diff	−4.58	−10.50	−1.17	3.41	−5.41
	MktCap Avg	18.30	27.07	32.88	14.57	26.08
2010/2011	*MktCap* 1	−8.37	−19.22	−39.11	−30.73	−22.23
	MktCap 2	−5.42	−8.15	−15.23	−9.82	−9.60
	MktCap 3	4.75	−0.11	−7.95	−12.70	−1.11
	MktCap 4	10.67	1.62	−10.53	−21.20	0.59
	MktCap Diff	19.04	20.84	28.58	9.54	22.82
	MktCap Avg	0.41	−6.47	−18.21	−18.61	−8.09
2011/2012	*MktCap* 1	27.77	9.70	−9.06	−36.83	9.47
	MktCap 2	28.61	19.69	19.03	−9.59	22.44
	MktCap 3	9.71	17.22	20.34	10.64	15.76
	MktCap 4	12.35	17.85	16.67	4.32	15.62
	MktCap Diff	−15.42	8.16	25.73	41.15	6.15
	MktCap Avg	19.61	16.11	11.74	−7.87	15.82

该表展示了独立地根据 β 分类成 3 个投资组和根据 *MktCap* 分类成 4 个投资组所形成的 12 个组合、差异组合和平均组合的等权重超额收益。标记为 $t/t+1$ 的列表示组合形成年份和组合持有期（$t+1$）。标记为 β 1、β 2、β 3、β Diff 和 β Avg 的列表示 β 的分组。标记为 *MktCap* 1、*MktCap* 2、*MktCap* 3、*MktCap* 4、*MktCap* Diff 和 *MktCap* Avg 的行表示 *MktCap* 分组。

5.2.4 汇总结果

对于每个时段 t，在对每个组合以及其差异组合和平均组合计算了 Y 的平均值之后，为了完成双变量独立排序组合分析，我们还要再计算时间序列上各时段的平均值以及对应的标准差、T 统计量和 P 值。这与单变量组合分析的计算方式完全相同。通常，标准差以及相应的 T 统计量和 P 值要经过 Newey 和 West(1987) 调整。

表 5.14 展示了我们例子中使用 β 和 *MktCap* 排序得到的组合的年均超额收益。我

们用 FF 和 FFC 模型对超额收益进行风险调整。为了节省篇幅，我们这里只使用一个风险模型示例。我们也只展示了年均超额收益、阿尔法的值，以及经过 Newey 和 West (1987) 调整（六期滞后）后的 T 统计量。我们省略了标准差、P 值以及所有的敏感度系数。该表展示，低的 $MktCap$($MktCap$ 1) 和低的 β(β 1) 组合的年均超额收益为 20.96%，T 统计量为 6.12，经 FFC 调整后的 α 为 11.96%/年(T 统计量=5.05)。在低 β 组合中，高 $MktCap$ 组合和低 $MktCap$ 组合之间的年均超额收益的差异是 −14.51%(T 统计量=−4.81)，相应的 FFC 模型中的 α 为−12.87%/年（T 统计量=−3.83)。差异组合的差异（β Diff，$MktCap$ Diff）的平均超额收益是 1.95%/年 (T 统计量=0.60)，该组合的 α 是 1.56%/年(T 统计量=0.43)。

表 5.14　双变量独立排序组合的超额收益和异常收益

	系数	β 1	β 2	β 3	β Diff	β Avg
$MktCap$ 1	超额收益	20.96	23.68	21.20	0.24	21.95
		(6.12)	(6.81)	(3.62)	(0.06)	(5.66)
	FFC α	11.96	18.63	9.90	−2.06	13.50
		(5.05)	(5.46)	(1.31)	(−0.38)	(3.44)
$MktCap$ 2	超额收益	11.07	13.45	11.49	0.41	12.00
		(4.13)	(4.03)	(4.98)	(0.13)	(5.20)
	FFC α	0.18	1.42	0.92	0.74	0.84
		(0.08)	(0.45)	(0.43)	(0.16)	(0.65)
$MktCap$ 3	超额收益	8.86	10.48	8.51	−0.36	9.28
		(3.01)	(5.50)	(5.18)	(−0.11)	(5.52)
	FFC α	−0.27	1.33	−1.14	−0.87	−0.02
		(−0.09)	(1.21)	(−0.88)	(−0.20)	(−0.03)
$MktCap$ 4	超额收益	6.45	8.99	8.64	2.19	8.03
		(3.85)	(6.74)	(4.00)	(1.17)	(5.37)
	FFC α	−0.91	1.78	−1.41	−0.50	−0.18
		(−0.81)	(3.23)	(−0.94)	(−0.24)	(−0.25)
$MktCap$ Diff	超额收益	−14.51	−14.69	−12.55	1.95	−13.92
		(−4.81)	(−4.37)	(−2.16)	(0.60)	(−3.67)
	FFC α	−12.87	−16.85	−11.31	1.56	−13.68
		(−3.83)	(−5.23)	(−1.57)	(0.43)	(−3.29)
$MktCap$ Avg	超额收益	11.84	14.15	12.46	0.62	12.82
		(4.90)	(6.59)	(5.14)	(0.25)	(6.29)
	FFC α	2.74	5.79	2.07	−0.67	3.53
		(1.72)	(5.12)	(0.84)	(−0.19)	(3.00)

该表展示了根据 β 分类成 3 个投资组和根据 $MktCap$ 分类成 4 个投资组所形成的组合的平均超额收益（标记为超额收益的行）和 FFC 阿尔法（标记为 FFC α 的行）。括号中的数字是 T 统计量，并根据 Newey 和 West (1987) 六期滞后进行了调整，以检验组合时间序列平均超额收益或 FFC α 为 0 的零假设。

5.2.5 解释结果

在大多数情况下，组合分析的重点结果是给定变量的高值和低值的组合之间的差异。高 $X1$ 和低 $X1$ 组合的 Y 均值的差异（$X1$ Diff 组合）能够反映在控制 $X2$ 之后，$X1$ 和 Y 之间在横截面上是否存在相关关系。同样，也可以控制 $X1$($X1$ Diff 组合)，以检验 $X2$ 和 Y 之间的横截面关系。

回到表 5.14 中的例子，在低 β 组合中，高 *MktCap* 组合要显著低于低 *MktCap* 值组合产生的平均超额收益，因为 *MktCap* 差异组合（*MktCap* Diff）产生的平均超额收益为−14.51%(T 统计量=−4.81)，FFC 模型中的 α 为−12.87%/年(T 统计量=−3.83)。对于具有中等水平的 β(β 2) 也有类似的情况，此时 *MktCap* 差异组合产生的平均超额收益为−14.69%，FFC α 为−16.85%，两者均具有统计意义上的高度显著性。对于高 β 股票组合（β 3)，*MktCap* 差异组合的平均超额收益为−12.55%(T 统计量=−2.16)，且具有统计意义上的显著性，但在使用 FFC 模型对风险因子调整后，超额收益为−11.31%，不再具有统计显著性。在控制 *MktCap* 的影响之后，我们发现 β 与股票未来收益之间并没有显著的关系，因为我们发现在四个 *MktCap* 组的每一个组中，差异组合之间的平均收益及其 FFC 中的 α 数值很小且不显著，相应的 T 统计量远小于 2。

在一些情况下，观察 $X2$ 不同组内的 $X1$ 差异组合可反映不同的 $X2$ 组的特点。例如，在一些情况下，具有低 $X2$ 值时，$X1$ 和 Y 之间存在统计上显著的关系，但是对于具有高 $X2$ 值的组合，该现象可能不存在，或者甚至出现相反的符号。此时，检验 $X2$ 平均组中的 $X1$ 差异组合具有启发性意义。该组合的结果可以表明，对于 $X2$ 的平均组而言，$X1$ 和 Y 之间是否存在某种关系。此外，研究 $X1$ 和 Y 之间任何被观察到的关系是否由低值 $X2$ 样本或者高值 $X2$ 样本所驱动也十分有意思。为此，我们可以检验在低 $X2$ 组中的 $X1$ 平均组合和在高 $X2$ 组中的 $X1$ 平均组合。如果在低（高）$X2$ 组中 $X1$ 的平均组合产生统计意义上显著的结果，但是在高（低）$X2$ 组中的 $X1$ 的平均组合中没有出现，则说明 $X1$ 和 Y 关系由具有低（高）值的 $X2$ 所驱动。如果高 $X2$ 和低 $X2$ 组的 $X1$ 平均组合产生了统计意义上显著的结果但符号相反，则表明差异同时由具有 $X2$ 高值和低值所驱动。显然，$X1$ 和 $X2$ 的角色可以进行交换，以检验 $X2$ 和 Y 之间的关系。

表 5.14 展示了，在我们的例子中，对于 β 的平均组（β Avg)，市值的差异组合(*MktCap* Diff）产生的年收益为−13.92%，相应的 T 统计量为−3.67。该组合经 FFC 调整得到的 α 为−13.68%/年，T 统计量为−3.29。然而，如果我们检查 β 平均组下不同水平的 *MktCap* 组合经 FFC 调整得到的 α，就会发现只有低 *MktCap* 组(*MktCap* 1)能产生统计意义上显著的超额收益。这个组合的 α 是 13.50%/年，相应的 T 统计量为 3.44。在 β 平均组下，*MktCap* 的第二组到第四组中超额收益分别为 0.84%/年(T 统计量=0.65)、−0.02%/年(T 统计量=−0.03) 和−0.18%/年(T 统计量=

−0.25)，都不是显著异于 0。在 β 的其他三个组中也有同样的现象。因此，该结果表明，通过买入高 *MktCap* 组合，同时卖出低 *MktCap* 股票所得到的负超额收益是由低 *MktCap* 股票导致的。一个类似的分析检验了 β 与组合的超额收益和 α 的关系，该分析表明，对于 *MktCap* 的平均组(*MktCap* Avg)，高 β 组(β 3) 和低 β 组(β 1) 的年均超额收益的差值为 0.62%，FFC 模型中的 α 的差值为−0.67%，并且都不显著。因此考虑到我们从任何 *MktCap* 的组中都未能检测到 β 和股票的未来收益之间的关系，这一点并不奇怪。

在某些情况下，研究者可能会对差异组合的差异感兴趣。该组合表示 $X1$ 和 Y 之间的关系是否会随着高 $X1$ 组和低 $X1$ 组而变化。它还能指出 $X2$ 和 Y 之间的关系会否由于 $X1$ 的不同水平而改变。如果差异组合的差异在统计意义上显著为正（负），则表明相对于低水平的 $X2$，在越高水平的 $X2$ 下，$X1$ 和 Y 之间正（负）相关的程度越大。交换 $X1$ 和 $X2$ 的位置，这一点同样成立。

观察例子中的结果，我们发现对于任何水平的 β，*MktCap* 和未来收益都没有显著关系，因为差异组合的差异并不能产生显著的超额收益。该证据也说明了 β 和未来股票的收益之间的关系并不会因 *MktCap* 的高低而不同。

对平均组合的平均分析很少，即使存在，也都是出现在资产定价的文献中。然而，如果对所有个体分类赋予相等的权重，而且组合是基于 $X1$ 和 $X2$ 组的交集来分类，则其可以被粗略地解释为 Y 的平均值。当 Y 是超额收益时，其平均值表示买入平均组合获得的收益，并且该组合对包含较少股票的组合给予了较高的权重。因此，它可以被用于评估不同加权方案对组合收益的影响。

5.2.6 展示结果

存在许多不同的方法来呈现双变量独立排序的结果。在这里，我们讨论一些呈现组合分析结果最常见的方法。一如往常，最佳的方法很大程度上取决于分析中需要强调的因素。

单一分析

一种常见的方法是仅呈现 $n_{P1}\times n_{P2}$ 个组合中每个组合的 Y 平均值 ($\overline{Y}$)，并呈现差异组合和平均组合 $\overline{Y}$ 的值及相关联的 T 统计量。有时，平均组合的结果也不呈现。当结果变量 Y 是收益时，通常报告经因子模型调整后得到的 α，而不报告平均收益或超额收益。

在表 5.15 中，我们给出了双变量独立排序组合分析例子的结果。该表只展示了通过 β 和 *MktCap* 排序形成的 12 个组合的 FFC 模型中的 α。虽然研究人员通常展示组合的平均收益或超额收益，及仅展示差异组合的 α，然而我们还在表中报告了差异组合和平均组合的 FFC 模型的 α 及其 T 统计量。由于研究人员很少使用平均组合的结果，所以我们在这里也不将其呈现。

表 5.15 双变量独立分组结果

	β 1	β 2	β 3	β 3−1	β Avg
MktCap 1	11.96	18.63	9.90	−2.06	13.50
				(−0.38)	(3.44)
MktCap 2	0.18	1.42	0.92	0.74	0.84
				(0.16)	(0.65)
MktCap 3	−0.27	1.33	−1.14	−0.87	−0.02
				(−0.20)	(−0.03)
MktCap 4	−0.91	1.78	−1.41	−0.50	−0.18
				(−0.24)	(−0.25)
MktCap 4−1	−12.87	−16.85	−11.31	1.56	−13.68
	(−3.83)	(−5.23)	(−1.57)	(0.43)	(−3.29)
MktCap Avg	2.74	5.79	2.07	−0.67	—
	(1.72)	(5.12)	(0.84)	(−0.19)	

该表展示了根据 β 排序得到的 3 个组和根据 *MktCap* 排序得到的 4 个组，所形成的组合的 FFC 模型的平均异常收益。其中 β 的断点是第 30 和第 70 百分位数，*MktCap* 的断点是第 25、第 50 和第 75 百分位数。表中的值是 FFC 模型的 α，括号中的数值为相应的 T 统计量。

多重分析，值得探讨的相同关系

另一种常见的方法是仅展示差异组合或平均组合的结果。通常是在以下情况下使用：当分析的目的是控制一个排序变量（$X1$）后，检查另一个排序变量（例如 $X2$）和 Y 之间是否存在相关关系，但我们在控制 $X2$ 之后，对 $X1$ 和 Y 之间的关系并不感兴趣。这种呈现方式还允许研究者以精简的方式报告多个双变量组合分析的结果。在举例说明这些方法时，我们不仅展示了使用 β 和 *MktCap* 作为排序变量的分析结果，而且展示了使用 *BM* 和 *MktCap* 作为排序变量的类似分析的结果。在第二个分析中，我们再次使用 *BM* 的第 30 和第 70 百分位数来计算断点，使用 *MktCap* 的第 25、第 50 和第 75 百分位数来计算断点。

表 5.16 给出了仅展示差异组合的结果。标记为控制变量的列表示在排序过程中使用的第一个排序变量（$X1$）。因此，对 β 和 *MktCap* 的排序结果展示在控制变量为 β 的行中，对 *BM* 和 *MktCap* 的排序结果展示在控制变量为 *BM* 的行中。标记为 1、2、3、Avg 和 3−1 的列表示根据控制变量排序形成的组合。例如，标记为 2 的列展示的是给定控制变量（β 或者 *BM*）中间组的组合结果。该表展示了通过买入和卖出形成的零成本组合（*MktCap* Diff 组合）的平均超额收益和 FFC 模型中的 α，其中零成本组合指的是买入 *MktCap* 排序形成的第 4 组和卖出 *MktCap* 排序形成的第 1 组。因此，当控制变量为 β 时，FFC 模型中的 α 与表 5.15 中标记为 *MktCap* 4−1 的行中的 α 的值相同。在某些情况下，没有必要同时报告平均超额收益和 FFC 模型中的 α。事实上，当结果变量不是收益时，就不存在 FFC 模型中的 α，故无须再报告。我们这里将平均超额收益和 FFC 模型中的 α 都呈现了，以保证分析的完整性。

表 5.16　　双变量独立排序的结果——基于差异值

控制变量	系数	1	2	3	Avg	3−1
β	超额收益	−14.51	−14.69	−12.55	−13.92	1.95
		(−4.81)	(−4.37)	(−2.16)	(−3.67)	(0.60)
	FFC α	−12.87	−16.85	−11.31	−13.68	1.56
		(−3.83)	(−5.23)	(−1.57)	(−3.29)	(0.43)
BM	超额收益	−7.74	−13.31	−18.18	−13.08	−10.44
		(−2.17)	(−3.41)	(−6.57)	(−3.97)	(−6.53)
	FFC α	−6.19	−11.24	−22.04	−13.15	−15.85
		(−2.23)	(−3.00)	(−8.32)	(−4.73)	(−7.75)

该表展示了买入-卖出零成本组合的 FFC 模型的平均异常收益，该组合为买入 *MktCap* 最高百分位数组的股票和卖出 *MktCap* 最低百分位数组的股票。组合通过基于 β 和 *MktCap* 将所有股票独立排序分组形成。用于形成 β 组的断点是第 30 和第 70 百分位数。表中的值是 FFC 模型的 α，括号中的数值为相应的 T 统计量。

表 5.16 中的结果表明，在控制了 β 和 *BM* 后，*MktCap* 和股票未来收益之间的负相关关系具有持续性。此外，如前所述，展示每个控制变量组中的 *MktCap* 差异组合结果，使得我们能够看到该结果在 β 和 *BM* 的所有水平下都是稳健的。因为在每个控制变量的每个组中，该关系都能被观测到。值得强调的是，在分析中没有同时控制 β 和 *BM*，每一个分析仅包括一个控制变量。标记为 Avg 的列展示了在 β 为平均值时，*MktCap* 和未来超额收益之间的负向关系仍然存在。这不足为奇，因为这种关系存在于每个单独的 β 组中。当控制 *BM* 时，类似的结果成立。最后，标记为 3－1 的列展示了双重差分组合的结果，与高 β 值股票相比，该结果未能检测到 *MktCap* 同低 β 值股票期望超额收益之间的关系有任何差异。然而，结果却表明 *MktCap* 和股票未来收益之间的关系受 *BM* 水平高低的强烈影响，因为该差异组合的差异为－10.44%，且 T 统计量为－6.53，在统计意义上具有高度显著性。经风险调整后的超额收益更加佐证了这一结果，因为该组合的 FFC 模型中的 α 为－15.85%/年（T 统计量＝－7.75）。这些结果表明，*BM* 值高的股票相对于 *BM* 值低的股票而言，其 *MktCap* 和股票未来收益的负相关关系更强烈。

虽然表 5.16 使得我们能检查到 *MktCap* 与不同水平的 β 或 *BM* 股票未来超额收益之间的关系，但它并没有告诉我们是低 *MktCap* 组合还是高 *MktCap* 组合产生的这一结果。展示分析结果的另一种方式是仅呈现在 $X1$（该例中的 β 或 *BM*）平均值组下，不同 $X2$（该例中的 *MktCap*）的每个水平的组合结果。这便于读者理解在控制 $X1$ 之后，Y 的平均值如何随 $X2$ 的变化而变化。单变量排序组合分析结果展示 $X2$ 和 Y 之间存在相关关系，但双变量独立排序组合分析却表明在控制 $X1$ 之后，这种关系消失了，此时我们就可以用这种方法来展示。因为通过展示每个 $X2$ 组的结果，可以强调在 $X2$ 高值组和低值组（在控制 $X1$ 之后）中 Y 的平均值没有差别。另外，当 $X2$ 和 Y 在单变量排序组合分析中没有相关关系，但在控制 $X1$ 之后又有相关关系时，该方法也适用。在例子中，我们发现 *MktCap* 和股票未来收益之间呈负向单变量关系，但控制 β 或 *BM*

并没能解释这种关系。尽管如此，我们还是在表 5.17 中演示了这种风格。

表 5.17　　双变量独立排序的结果——基于平均值

控制变量	系数	1	2	3	Avg	3−1
β	超额收益	21.95	12.00	9.28	8.03	−13.92
		(5.66)	(5.20)	(5.52)	(5.37)	(−3.67)
	FFC α	13.50	0.84	−0.02	−0.18	−13.68
		(3.44)	(0.65)	(−0.03)	(−0.25)	(−3.29)
BM	超额收益	22.04	11.78	9.27	8.97	−13.08
		(6.48)	(5.59)	(6.70)	(6.76)	(−3.97)
	FFC α	13.98	1.76	0.56	0.82	−13.15
		(5.00)	(1.31)	(1.33)	(1.21)	(−4.73)

该表展示了通过对 β 和 *MktCap* 独立排序而形成的组合的 FFC 模型的平均异常收益。该表展示了组合的每个 *MktCap* 组内 FFC α 以及根据 Newey 和 West（1987）六期滞后调整所得到的 T 统计量（括号中）。

多重分析，值得探讨的不同关系

表 5.16 和表 5.17 的结果检验了在控制 β 和 *BM* 之后 *MktCap* 和股票未来收益之间的关系。然而有时候，我们可能想要在控制一个变量后，检验几个不同变量之间的关系。例如，在控制 β 后，检验 *MktCap* 和 *BM* 之间的关系。在这种情况下，我们可以生成类似表 5.16 和表 5.17 的表，不同的是表示控制变量的列不同，它将用来指示与结果变量 Y 可能存在关系的变量。

在表 5.18 中，我们给出了两个双变量组合分析的结果。第一个是我们在本节中一直在使用的例子，将 β 和 *MktCap* 作为排序变量。第二个则是使用 β 和 *BM* 作为排序变量。表 5.18 展示了每个 β 组下，我们感兴趣的排序变量（*MktCap* 和 *BM*）的差异组合的平均超额收益和 FFC 模型中的 α。

表 5.18　　双变量独立排序的结果——基于差异值

排序变量	系数	β 1	β 2	β 3	β Avg	β 3−1
MktCap	超额收益	−14.51	−14.69	−12.55	−13.92	1.95
		(−4.81)	(−4.37)	(−2.16)	(−3.67)	(0.60)
	FFC α	−12.87	−16.85	−11.31	−13.68	1.56
		(−3.83)	(−5.23)	(−1.57)	(−3.29)	(0.43)
BM	超额收益	10.21	10.52	11.79	10.84	1.58
		(3.74)	(3.90)	(4.34)	(5.46)	(0.55)
	FFC α	8.93	8.97	7.72	8.54	−1.21
		(3.91)	(2.74)	(2.71)	(3.68)	(−0.35)

该表展示通过对 β 和第二个排序变量（*MktCap* 或 *BM*）独立排序形成的组合的平均超额收益和 FFC α。该表还展示了第二个排序变量（*MktCap* 或 *BM*）的高值组和低值组的差异组的平均超额收益和 FFC α，以及相关联的 Newey 和 West（1987）的六期滞后调整的 T 统计量（括号中）。如表头所示，第一列标识了第二个排序变量，剩余各列分别对应于不同的 β 组。

结果表明，在控制 β 后，*MktCap* 与股票未来收益之间存在负向关系。这与表 5.15 和表 5.16 中所示的结果相同。该表还检测到了在控制 β 后，*BM* 和股票未来收益之间强烈的正向相关性。这些结果表明，在控制 β 之后，在单变量分析中检测到的 *BM* 与股票未来收益之间的正相关关系（见表 5.8）仍然存在。表中的最后一列展示出这种相关关系在具有低 β 值和高 β 值的组合之间似乎是非常相似的。

最后，在表 5.19 中，我们展示了与表 5.18 相同的组合分析结果。唯一的区别是，我们展示的不是差异组合的结果，而是在分组变量 $X2$（本例中的 *MktCap* 和 *BM*）的各组下，控制变量 $X1$（在本示例中为 β）平均值组合的结果。因此，标记为 1～4 的列表示的是排序变量（*MktCap* 或 *BM*）的给定组内的 β 的平均值组合的结果。标为 4－1 的列表示的是排序变量的第 4 组和第 1 组中该平均值的差异（与差异组合的平均值相同）。

表 5.19　　双变量独立排序的结果——基于平均值

排序变量	系数	1	2	3	4	4－1
MktCap	超额收益	21.95	12.00	9.28	8.03	－13.92
		(5.66)	(5.20)	(5.52)	(5.37)	(－3.67)
	FFC α	13.50	0.84	－0.02	－0.18	－13.68
		(3.44)	(0.65)	(－0.03)	(－0.25)	(－3.29)
BM	超额收益	8.92	12.63	12.98	19.76	10.84
		(4.92)	(7.75)	(6.35)	(7.88)	(5.46)
	FFC α	1.41	4.37	4.28	9.95	8.54
		(0.88)	(3.90)	(2.32)	(5.41)	(3.68)

该表展示通过对 β 和第二个排序变量（*MktCap* 或 *BM*）独立排序形成的组合的平均超额收益和 FFC α。该表还展示了第二个排序变量（*MktCap* 或 *BM*）的高值组和低值组的差异组的平均超额收益和 FFC α，以及相关联的经 Newey 和 West（1987）六期滞后调整的 T 统计量（括号中）。如表头所示，第一列标识第二个排序变量，剩余各列分别对应于不同的 β 组。

5.3　双变量序贯排序的组合分析

双变量序贯排序组合分析与其对应的独立排序类似，都是通过基于两个排序变量 $X1$ 和 $X2$ 的值对样本中的个体进行排序而形成的。序贯排序和独立排序分析的唯一区别是，在序贯排序分析中，第二个排序变量的断点是根据第一个排序变量排序形成的每个组形成。因此，当目标是分析在给定 $X1$ 之后，$X2$ 和 Y 之间的关系时，可以使用序贯排序分析。在双变量序贯排序分析中，我们不再检验 $X1$ 和 Y 之间的关系，$X1$ 仅用作控制变量。

5.3.1　断点

双变量序贯排序组合分析中的断点在前期的计算与独立排序分析中完全相同。然而，在序贯排序分析中，区分哪个变量是控制变量 $X1$，哪个变量是兴趣变量 $X2$ 是非常重要的。序贯排序分析与独立排序分析不一样，排序的顺序至关重要。

序贯排序的组合分析将从计算第一个排序变量（$X1$，控制变量）的断点开始。令 n_{P1} 为基于 $X1$ 排序形成的组数。$p1_j\{j\in\{1, \cdots, n_{P1}-1\}\}$ 为用于计算断点的百分位数，$X1$ 的断点的计算完全如第 5.2 节和式（5.10）所述。一如往常，可以使用不同于最终分类的样本集的集合来计算断点。

在计算了每个时段 t 的第一个排序变量 $X1$ 的断点之后，我们得到了基于断点 $B1_{j,t}$ 形成的 n_{P1} 个组。下一步将不同于独立排序组合分析。在序贯排序分析中，基于 $X2$ 的值的排序将在由第一个排序变量的断点创建的每个 n_{P1} 组中分别完成。因此，基于第二个独立变量 $X2$ 确定样本如何分组的断点在根据第一个排序变量排序形成的每个 n_{P1} 组中是不同的。因此，我们定义第二个排序变量的断点为

$$B2_{j,k,t}=Pctl_{p2_k}(\{X2_t \mid B1_{j-1,t}\leqslant X1_t\leqslant B1_{j,t}\}) \tag{5.20}$$

其中 $j\in\{1, \cdots, n_{P1}\}$，$k\in\{1, \cdots, n_{P2}-1\}$，$p2_k$ 是基于第二个排序变量的第 k 个断点的百分位数，n_{P2} 是基于第二个排序变量 $X2$ 所形成的组数，$B1_{0,t}=-\infty$，$B1_{n_{p1},t}=\infty$，$\{X2_t \mid B1_{j-1,t}\leqslant X1_t\leqslant B1_{j,t}\}$ 是样本中 $X1$ 的值位于 $B1_{j-1,t}$ 和 $B1_{j,t}$ 之间的所有个体的 $X2$ 的值的集合。因此，对于在 $X1$ 上形成的 n_{P1} 个组中的每一组，第二个排序变量 $X2$ 的断点数为 $n_{P2}-1$。

在进行示例之前，对选择每个排序变量形成的组数需要做一下简要讨论。一如往常，我们需要在每个组合包含的个体数量和组合数量之间找到合理的平衡。在序贯排序组合分析中，组数的选择与在独立排序组合分析中有一个主要区别。在序贯排序分析中，因为基于第二个排序变量 $X2$ 的排序是在由第一个排序形成的每个组的组内进行的，所以排序变量之间的相关性不会影响对合适断点数目的确定。只要在通过基于第一个排序变量 $X1$ 排序形成 n_{P2} 组的每个组中，都存在足够的个体供第二次排序，序贯排序分析就会提供 $X2$ 与 Y 之间的关系的准确分析。

我们通过计算使用 β 作为控制变量 $X1$ 和 $MktCap$ 作为感兴趣的排序变量 $X2$ 形成的组合的断点，举例说明双变量序贯排序过程。如先前的分析，β 的断点是第 30 和第 70 百分位数，$MktCap$ 的断点是第 25、第 50 和第 75 百分位数。表 5.20 展示了我们样本期间内每年的断点。该表显示，在 1988 年，断点是 0.18（列 $B1_{1,t}$）和 0.66（列 $B1_{2,t}$）。这些断点与在独立排序组合分析中使用的 β 断点（见表 5.10）相同。由于 β 是第一个排序变量，β 的断点是在不考虑 $MktCap$ 水平的情况下，根据 β 对股票进行分组所形成的。在具有 β 最低值（$\beta<0.18$）的股票组合内，我们看到 $MktCap$ 的第一、第二和第三个断点分别是 4.57、12.36 和 35.38。因此，组合 $P_{1,1}$ 包含了低 $MktCap$（$MktCap\leqslant 4.57$）和低 β 值（$\beta\leqslant 0.18$）的股票。组合 $P_{1,2}$ 包含了 $\beta\leqslant 0.18$ 和 $4.57\leqslant MktCap\leqslant 12.36$ 的股票。组合 $P_{1,3}$ 包含了 $\beta\leqslant 0.18$ 和 $12.36\leqslant MktCap\leqslant 35.38$ 的股票。最后，低 β 值和高 $MktCap$ 的股票组合包含了 $\beta\leqslant 0.18$ 和 $MktCap\geqslant 35.38$ 的股票。

表 5.20　　双变量独立排序的断点值

t	k	$B2_{1,k,t}$	$B1_{1,t}$	$B2_{2,k,t}$	$B1_{2,t}$	$B2_{3,k,t}$	t	k	$B2_{1,k,t}$	$B1_{1,t}$	$B2_{2,k,t}$	$B1_{2,t}$	$B2_{3,k,t}$
1988	1	4.57	0.18	12.49	0.66	25.31	2001	1	16.71	0.31	45.87	0.95	91.00
	2	12.36		39.76		126.79		2	44.75		231.86		350.97
	3	35.38		142.60		796.57		3	113.32		886.00		1 162.14
1989	1	4.29	0.17	14.05	0.70	26.72	2002	1	12.80	0.33	56.33	0.89	140.84
	2	12.05		46.16		135.74		2	33.43		234.04		415.02
	3	33.94		183.14		929.26		3	69.34		851.28		1 455.45
1990	1	2.74	0.23	8.62	0.86	21.50	2003	1	26.39	0.38	151.58	0.97	302.73
	2	8.40		30.99		98.69		2	57.59		415.27		714.81
	3	24.50		151.58		583.68		3	110.03		1 480.06		2 090.83
1991	1	3.76	0.24	14.27	0.85	38.90	2004	1	34.44	0.63	203.14	1.36	250.79
	2	10.60		55.37		169.80		2	75.35		702.06		562.28
	3	31.59		242.53		909.57		3	151.62		2 530.95		1 211.46
1992	1	8.16	0.26	23.08	0.97	38.17	2005	1	34.51	0.60	211.76	1.30	344.26
	2	22.05		79.97		140.75		2	72.25		748.77		680.42
	3	67.79		384.71		681.30		3	135.07		3 277.05		1 414.81
1993	1	11.03	0.29	34.12	0.92	43.02	2006	1	37.80	0.61	226.34	1.40	382.07
	2	28.81		101.77		180.90		2	82.29		778.31		734.76
	3	79.28		480.49		789.78		3	161.21		2 900.79		1 588.50
1994	1	11.60	0.36	30.21	0.97	35.30	2007	1	33.25	0.56	208.68	1.18	316.60
	2	26.86		105.28		144.17		2	67.62		848.39		607.85
	3	76.27		439.81		694.79		3	127.17		3 253.81		1 474.95
1995	1	13.60	0.27	41.60	0.90	38.33	2008	1	12.40	0.57	136.70	1.14	137.59
	2	34.46		145.19		152.81		2	31.09		475.72		356.81
	3	105.74		611.37		739.47		3	63.84		1 611.62		1 122.37
1996	1	14.99	0.32	40.72	0.90	49.92	2009	1	22.53	0.65	180.11	1.45	185.19
	2	41.62		163.43		177.91		2	54.22		632.27		427.60
	3	120.22		692.85		769.25		3	149.12		2 220.07		1 311.04
1997	1	15.50	0.26	42.75	0.72	80.59	2010	1	26.98	0.76	219.47	1.33	263.99
	2	44.11		155.84		346.42		2	61.05		721.38		609.64
	3	116.47		603.98		1 524.24		3	259.80		2 455.43		1 828.61
1998	1	14.04	0.41	37.38	0.94	74.16	2011	1	22.28	0.82	246.05	1.38	215.12
	2	38.47		126.92		323.19		2	49.47		891.90		514.69
	3	109.89		568.93		1 175.07		3	123.80		3 048.15		1 281.89
1999	1	17.39	0.15	48.04	0.53	95.04	2012	1	28.27	0.76	254.37	1.31	245.38
	2	43.43		165.40		477.36		2	64.96		797.94		680.17
	3	109.53		626.78		2 278.61		3	498.84		2 779.50		2 144.59
2000	1	15.66	0.25	29.98	0.85	39.78							
	2	42.57		203.66		192.66							
	3	117.48		915.58		908.20							

该表展示了通过将样本中的所有股票基于 β 的第 30 百分位数和第 70 百分位数分成 3 个组而形成的组合的断点，然后在每个 β 组中，根据 $MktCap$ 的第 25、第 50 和第 75 百分位数将给定 β 组中的股票分为 4 个组所形成的断点。标记为 t 的列表示断点的年份。标记为 $B1_{1,t}$ 和 $B1_{2,t}$ 的列为 β 的断点。标记为 $B2_{1,k,t}$、$B2_{2,k,t}$ 和 $B2_{3,k,t}$ 的列分别表示在第 1、第 2 和第 3 个 β 组股票的第 k 个 $MktCap$ 断点，其中 k 在标记为 k 的列中指示。

接下来查看基于β进行第二次排序形成的股票组，我们看到该组包含 $0.18 \leqslant \beta \leqslant 0.66$ 的股票。在该组内，*MktCap* 断点为 12.49、39.76 和 142.60。因此，例如组合 $P_{2,3}$，其对应于β在第 30 和第 70 百分位数之间和 *MktCap* 在第 50 和第 75 百分位数之间的股票，即 $0.18 \leqslant \beta \leqslant 0.66$ 和 $39.76 \leqslant MktCap \leqslant 142.60$。请注意，第 2 个$\beta$组中 *MktCap* 的断点与第 1 个$\beta$组中 *MktCap* 的断点非常不同，即为实施了序贯排序。最后，在第 3 个β组中，*MktCap* 的断点是 25.31、126.79 和 796.57。在不同β组中逐渐增加的 *MktCap* 断点值表明了β和 *MktCap* 之间是正相关关系。

5.3.2 组合形成

按照序贯排序分析步骤对断点进行计算后，我们预期会形成若干组合。在每个时段 t，样本中的所有个体首先基于第一个排序变量 $X1$ 计算的断点被分到组中。其次，基于第二个排序变量 $X2$ 的条件断点，将这些组中的每一组继续进行分组。一般来说，我们可以描述组合的股票在第一个分类变量 $X1$ 组 j 中和第二个分类变量 $X2$ 组 k 中为

$$P_{j,k,t}=\{i \mid B1_{j-1,t} \leqslant X1_{i,t} < B1_{j,t}\} \cap \{i \mid B2_{j,k-1,t} \leqslant X2_{i,t} < B2_{j,k,t}\} \quad (5.21)$$

其中 $j \in \{1, 2, \cdots, n_{P1}\}$，$k \in \{1, 2, \cdots, n_{P2}\}$。与独立排序分析一样，分组的结果是样本中每个时段 t 的所有个体都被放入 $n_{P1} \times n_{P2}$ 个组合的其中之一。当用于计算断点的样本与进行分组的样本相同时，任何给定组合中的个体百分比很容易由用于计算断点的百分位数计算得出。当计算断点的样本与用于形成组合的样本不相同时，则不能计算得出。

表 5.21 展示了我们样本期间每年 t 每个组合中的股票数量。注意，对于每个年度 t 的每个β组，每个 *MktCap* 组合大约有 25%的股票。这是因为我们选择使用的是 4 分位断点。有两个原因使得在给定的β组中，每个投资组合中的股票数量并不是精确为该β组中股票数量的 25%，第一个原因是，给定β组中的股票数量可能不能被 4 整除；第二个原因是，当股票某个变量的值完全等于其中一个断点值时，该股票会被放入多个组合中。但是，这些问题非常小。如果这些问题对从组合分析得出的结论有显著的影响，这意味着每个组合中的股票（或一般意义上的个体）的数量太少，此时要么必须调整断点，要么必须调整样本中的少量股票（或个体），以进行有效的双变量组合分析。

5.3.3 组合均值

在组合创建完成之后，下一步是对每个时段 t 计算每个组合中因变量 Y 的平均值。对 $n_{P1} \times n_{P2}$ 个组合中的每一组，用于计算因变量平均值的过程与独立排序分析中的过程相同［见式（5.13）］。类似地，对于第一个分类变量形成的每个组计算第 n_{P2} 组和第二个分类变量的第 1 组之间的平均值之差［$\overline{Y}_{j,Diff,t}$，式（5.14）］和所有 $X1$ 组下的每个 $X2$ 组的平均组合值｛$\overline{Y}_{Avg,k,t}$，式（5.17），$k \in \{1, 2, \cdots, n_{P2}, Diff\}$｝都保持不变。

表 5.21　　　　双变量序贯排序每个组合中的股票数量

t		β 1	β 2	β 3
1988	*MktCap* 1	426	568	426
	MktCap 2	426	569	426
	MktCap 3	427	568	426
	MktCap 4	426	569	427
1989	*MktCap* 1	414	551	414
	MktCap 2	413	551	413
	MktCap 3	413	551	413
	MktCap 4	414	552	414
1990	*MktCap* 1	406	540	406
	MktCap 2	405	540	406
	MktCap 3	406	540	405
	MktCap 4	406	540	405
1991	*MktCap* 1	398	530	398
	MktCap 2	397	530	397
	MktCap 3	397	530	397
	MktCap 4	398	530	398
1992	*MktCap* 1	404	538	404
	MktCap 2	404	538	404
	MktCap 3	404	538	403
	MktCap 4	404	539	404
1993	*MktCap* 1	425	567	425
	MktCap 2	425	567	425
	MktCap 3	425	565	425
	MktCap 4	425	567	425
1994	*MktCap* 1	461	615	462
	MktCap 2	462	614	462
	MktCap 3	462	614	460
	MktCap 4	462	615	462
1995	*MktCap* 1	472	629	472
	MktCap 2	471	628	471
	MktCap 3	471	628	471
	MktCap 4	472	629	472
1996	*MktCap* 1	494	658	494
	MktCap 2	494	658	493
	MktCap 3	494	658	494
	MktCap 4	494	658	494
1997	*MktCap* 1	514	686	515
	MktCap 2	515	687	515
	MktCap 3	515	686	514
	MktCap 4	515	685	515
1998	*MktCap* 1	496	661	495
	MktCap 2	496	660	496
	MktCap 3	496	660	495
	MktCap 4	496	661	495
1999	*MktCap* 1	457	609	457
	MktCap 2	457	608	456
	MktCap 3	456	608	457
	MktCap 4	457	609	457
2000	*MktCap* 1	442	589	442
	MktCap 2	441	589	442
	MktCap 3	442	589	441
	MktCap 4	442	589	442
2001	*MktCap* 1	413	551	413
	MktCap 2	413	550	412
	MktCap 3	413	550	413
	MktCap 4	413	551	413
2002	*MktCap* 1	382	509	382
	MktCap 2	381	508	381
	MktCap 3	381	508	381
	MktCap 4	382	509	382
2003	*MktCap* 1	355	473	355
	MktCap 2	355	472	355
	MktCap 3	355	473	355
	MktCap 4	355	474	354
2004	*MktCap* 1	343	457	343
	MktCap 2	343	457	343
	MktCap 3	343	457	343
	MktCap 4	343	457	343
2005	*MktCap* 1	337	450	337
	MktCap 2	337	449	337
	MktCap 3	337	448	337
	MktCap 4	337	450	337
2006	*MktCap* 1	334	444	334
	MktCap 2	334	445	333
	MktCap 3	334	446	334
	MktCap 4	334	446	334
2007	*MktCap* 1	325	432	325
	MktCap 2	325	434	325
	MktCap 3	325	432	325
	MktCap 4	325	434	325
2008	*MktCap* 1	320	426	320
	MktCap 2	320	426	319
	MktCap 3	319	426	320
	MktCap 4	320	426	320
2009	*MktCap* 1	298	398	298
	MktCap 2	299	396	298
	MktCap 3	298	398	298
	MktCap 4	299	397	299
2010	*MktCap* 1	285	381	286
	MktCap 2	285	380	285
	MktCap 3	286	380	284
	MktCap 4	286	381	286
2011	*MktCap* 1	276	368	277
	MktCap 2	277	368	276
	MktCap 3	277	368	275
	MktCap 4	276	368	277
2012	*MktCap* 1	266	354	266
	MktCap 2	266	355	266
	MktCap 3	266	355	266
	MktCap 4	266	354	266

该表展示了通过将样本中的所有股票独立地基于 β 分为 3 个组，再基于 *MktCap* 分为 4 个组后形成的 12 个组合中的股票数量。标记为 t 的列表示组合形成的年份。标记为 β 1、β 2、β 3 的组表示 β 的分组，标记为 *MktCap* 1、*MktCap* 2、*MktCap* 3 和 *MktCap* 4 的行指示 *MktCap* 的分组。

序贯排序分析和独立排序分析之间的唯一区别是，在序贯排序分析中，我们不计算组 n_{P1} 和第一个排序变量 $X1$ 的组合 1［式（5.15）］之间平均值的差异。其原因是序贯排序分析仅被用作评估第二个排序变量 $X2$ 和结果变量 Y 之间的关系。组合形成过程的条件性质导致无法解释组合 n_{P1} 和给定 $X2$ 组第一个排序变量 $X1$ 的组合 1 之间的 Y 均值差异。该规则的一个例外是差分组合，其可以用于检验具有不同 $X1$ 水平的个体的 $X2$ 和 Y 之间的关系的差异。我们对第一个排序变量的每个组中的平均组合［式（5.16）］也不感兴趣。

在我们的双变量序贯排序的例子中，每个组合的平均未来 1 年超额收益如表 5.22 所示。虽然该表中的数字与独立排序分析表中的数字不同，但对这些结果的讨论类似于之前在第 5.2.3 节中的讨论，因此并不需要做进一步的讨论。我们给出这些结果，为试图复制分析过程的读者提供一个参考。

表 5.22　双变量序贯排序组合的平均值

$t/t+1$		β 1	β 2	β 3	β Avg
1988/1989	*MktCap* 1	−3.02	−0.24	−3.63	−2.29
	MktCap 2	3.22	−1.67	1.44	1.00
	MktCap 3	−0.91	3.96	12.38	5.14
	MktCap 4	5.75	13.61	19.98	13.11
	MktCap Diff	8.77	13.84	23.61	15.41
1989/1990	*MktCap* 1	−20.67	−32.48	−27.18	−26.78
	MktCap 2	−34.95	−38.05	−33.72	−35.58
	MktCap 3	−31.57	−30.87	−25.74	−29.39
	MktCap 4	−27.67	−19.88	−15.97	−21.17
	MktCap Diff	−7.00	12.60	11.21	5.60
1990/1991	*MktCap* 1	75.86	57.12	86.67	73.22
	MktCap 2	32.31	47.48	63.18	47.66
	MktCap 3	35.88	41.68	51.85	43.14
	MktCap 4	20.89	28.56	39.91	29.79
	MktCap Diff	−54.97	−28.57	−46.75	−43.43
1991/1992	*MktCap* 1	78.25	38.34	37.76	51.45
	MktCap 2	31.13	23.22	10.40	21.58
	MktCap 3	24.36	18.48	11.07	17.97
	MktCap 4	24.93	14.20	8.67	15.94
	MktCap Diff	−53.31	−24.14	−29.09	−35.51
1992/1993	*MktCap* 1	45.88	42.00	25.77	37.89
	MktCap 2	31.54	23.36	7.28	20.73
	MktCap 3	21.03	15.09	9.93	15.35
	MktCap 4	17.84	11.34	12.12	13.77
	MktCap Diff	−28.04	−30.67	−13.65	−24.12
1993/1994	*MktCap* 1	1.63	−1.48	−8.00	−2.62
	MktCap 2	−6.68	−4.60	−10.08	−7.12

续前表

$t/t+1$		β 1	β 2	β 3	β Avg
	MktCap 3	−9.21	−4.70	−7.91	−7.28
	MktCap 4	−5.38	−6.10	−5.52	−5.66
	MktCap Diff	−7.00	−4.62	2.49	−3.05
1994/1995	*MktCap* 1	28.15	27.40	30.11	28.55
	MktCap 2	27.43	36.11	33.51	32.35
	MktCap 3	24.75	24.16	22.22	23.71
	MktCap 4	21.69	25.31	27.22	24.74
	MktCap Diff	−6.46	−2.09	−2.89	−3.82
1995/1996	*MktCap* 1	34.29	13.58	13.95	20.61
	MktCap 2	13.10	12.84	10.80	12.25
	MktCap 3	11.36	18.16	2.11	10.54
	MktCap 4	20.16	14.54	12.97	15.89
	MktCap Diff	−14.13	0.96	−0.98	−4.72
1996/1997	*MktCap* 1	26.75	16.86	2.99	15.53
	MktCap 2	31.27	21.71	−2.49	16.83
	MktCap 3	33.86	25.86	1.50	20.40
	MktCap 4	30.37	22.93	17.32	23.54
	MktCap Diff	3.63	6.08	14.33	8.01
1997/1998	*MktCap* 1	−2.22	−8.19	−16.45	−8.95
	MktCap 2	−12.88	−13.97	−6.83	−11.23
	MktCap 3	−11.64	−6.85	−10.62	−9.71
	MktCap 4	−4.84	−2.75	14.63	2.34
	MktCap Diff	−2.63	5.44	31.08	11.30
1998/1999	*MktCap* 1	43.73	59.50	93.85	65.69
	MktCap 2	18.83	42.90	70.65	44.13
	MktCap 3	4.90	11.46	53.39	23.25
	MktCap 4	−10.56	−4.72	37.46	7.39
	MktCap Diff	−54.29	−64.21	−56.39	−58.30
1999/2000	*MktCap* 1	−4.05	−13.45	−31.33	−16.28
	MktCap 2	−7.70	−8.89	−13.70	−10.10
	MktCap 3	−11.01	5.20	−10.31	−5.37
	MktCap 4	−0.19	13.59	−8.62	1.59
	MktCap Diff	3.86	27.04	22.71	17.87
2000/2001	*MktCap* 1	42.66	49.62	16.59	36.29
	MktCap 2	35.91	45.46	−3.51	25.95
	MktCap 3	31.95	12.97	3.05	15.99
	MktCap 4	14.93	2.80	−23.98	−2.08
	MktCap Diff	−27.73	−46.82	−40.57	−38.37
2001/2002	*MktCap* 1	7.86	−6.53	−34.32	−10.99
	MktCap 2	7.17	−9.37	−44.22	−15.47

续前表

$t/t+1$		β 1	β 2	β 3	β Avg
	MktCap 3	16.93	−9.66	−42.12	−11.62
	MktCap 4	−0.45	−8.74	−37.27	−15.49
	MktCap Diff	−8.31	−2.21	−2.95	−4.49
2002/2003	*MktCap* 1	126.16	126.13	130.07	127.45
	MktCap 2	83.70	77.30	76.57	79.19
	MktCap 3	60.81	38.73	56.68	52.08
	MktCap 4	44.81	30.37	44.05	39.74
	MktCap Diff	−81.35	−95.76	−86.01	−87.71
2003/2004	*MktCap* 1	35.21	21.61	10.52	22.45
	MktCap 2	25.11	17.13	7.53	16.59
	MktCap 3	22.03	24.40	8.80	18.41
	MktCap 4	20.05	19.33	10.48	16.62
	MktCap Diff	−15.15	−2.28	−0.05	−5.83
2004/2005	*MktCap* 1	3.31	0.26	−15.96	−4.13
	MktCap 2	1.76	1.13	−0.99	0.64
	MktCap 3	5.06	5.89	0.06	3.67
	MktCap 4	5.28	8.37	3.59	5.75
	MktCap Diff	1.97	8.12	19.55	9.88
2005/2006	*MktCap* 1	16.66	14.56	8.44	13.22
	MktCap 2	11.25	8.20	12.91	10.79
	MktCap 3	7.71	12.13	9.98	9.94
	MktCap 4	17.20	8.79	8.22	11.40
	MktCap Diff	0.53	−5.77	−0.22	−1.82
2006/2007	*MktCap* 1	−11.31	−11.33	−13.36	−12.00
	MktCap 2	−12.62	−13.25	−9.96	−11.94
	MktCap 3	−15.20	−4.46	−2.81	−7.49
	MktCap 4	−5.24	−0.24	8.37	0.96
	MktCap Diff	6.07	11.09	21.74	12.97
2007/2008	*MktCap* 1	−45.41	−51.23	−47.10	−47.91
	MktCap 2	−46.82	−37.86	−37.19	−40.62
	MktCap 3	−45.96	−33.62	−38.36	−39.31
	MktCap 4	−34.59	−35.08	−50.46	−40.05
	MktCap Diff	10.82	16.15	−3.36	7.87
2008/2009	*MktCap* 1	144.10	115.09	112.15	123.78
	MktCap 2	66.00	39.84	52.92	52.92
	MktCap 3	37.20	33.54	49.62	40.12
	MktCap 4	18.80	31.57	48.88	33.09
	MktCap Diff	−125.30	−83.52	−63.27	−90.69
2009/2010	*MktCap* 1	21.77	31.15	38.62	30.51
	MktCap 2	22.93	24.74	32.02	26.56

续前表

$t/t+1$		β 1	β 2	β 3	β Avg
	MktCap 3	20.63	25.66	36.43	27.58
	MktCap 4	16.79	21.93	28.51	22.41
	MktCap Diff	−4.97	−9.22	−10.11	−8.10
2010/2011	*MktCap* 1	−10.16	−14.32	−19.46	−14.64
	MktCap 2	−7.71	−4.01	−12.26	−7.99
	MktCap 3	−5.92	0.35	−7.94	−4.50
	MktCap 4	8.45	2.10	−10.49	0.02
	MktCap Diff	18.61	16.42	8.97	14.67
2011/2012	*MktCap* 1	32.28	18.52	14.59	21.80
	MktCap 2	23.86	13.74	18.93	18.85
	MktCap 3	29.16	17.57	19.85	22.19
	MktCap 4	13.06	19.13	18.04	16.74
	MktCap Diff	−19.22	0.62	3.44	−5.05

该表展示了通过将样本中的所有股票独立地基于 β 分为 3 个组，然后在每个 β 组中再基于 *MktCap* 分为 4 个组所形成的 12 个组合的等权重超额收益。标记为 $t/t+1$ 的列表示组合形成的年份（t）和组合的持有时期（$t+1$）。标记为 β 1、β 2、β 3 和 β Avg 的列表示 β 的分组，标记为 *MktCap* 1、*MktCap* 2、*MktCap* 3、*MktCap* 4 和 *MktCap* Diff 的行指示 *MktCap* 的分组。

5.3.4 汇总结果

在双变量序贯排序组合分析中，汇总时间序列上各组合平均值的过程与单变量组合分析和双变量独立排序组合分析的过程相同，分别如第 5.1.4 节和第 5.2.4 节所述。对于每个组合，都需要计算时间序列均值和相应的统计量。如果结果变量是收益，则还需要对其进行风险调整。通常采用 Newey 和 West(1987) 进行调整。

例子的汇总结果如表 5.23 所示。与双变量独立排序分析一样，这里仅提供上一年的平均超额组合收益、使用 FFC 模型经风险调整后的 α 以及相应的 T 统计量的结果。其中 T 统计量经过了 Newey 和 West(1987) 六期滞后调整。如前所述，在序贯排序组合分析中，我们不计算 *MktCap* 平均值组合以及 β 差异组合的结果。

5.3.5 解释结果

对双变量序贯排序组合分析的解释的主要区别是，我们有兴趣了解的唯一关系是在控制 $X1$ 后 $X2$ 和 Y 之间的关系。因此，对结果的解释将集中在第二个排序变量形成的差异组合。差异在统计意义上的显著性表明在控制 $X1$ 之后 $X2$ 和 Y 之间在横截面上存在相关关系。除此之外，对双变量序贯排序组合分析结果的解释类似于对双变量独立排序组合分析结果的解释。

表 5.23　　双变量序贯排序组合的风险调整结果汇总

	系数	β 1	β 2	β 3	β Avg
MktCap 1	超额收益	27.82	20.52	16.89	21.74
		(7.29)	(6.18)	(5.56)	(6.95)
	FFC α	21.91	12.30	6.83	13.68
		(7.49)	(5.44)	(2.09)	(5.08)
MktCap 2	超额收益	14.05	12.65	9.30	12.00
		(4.82)	(4.05)	(5.06)	(5.34)
	FFC α	4.39	0.73	−1.84	1.09
		(2.45)	(0.29)	(−1.35)	(0.91)
MktCap 3	超额收益	10.67	10.21	8.46	9.78
		(3.62)	(6.21)	(4.87)	(6.20)
	FFC α	0.24	1.10	−0.54	0.27
		(0.09)	(1.75)	(−0.37)	(0.42)
MktCap 4	超额收益	8.84	8.79	8.67	8.77
		(4.17)	(6.55)	(3.46)	(5.62)
	FFC α	0.31	1.51	−0.45	0.46
		(0.17)	(2.35)	(−0.33)	(1.33)
MktCap Diff	超额收益	−18.98	−11.73	−8.22	−12.98
		(−6.08)	(−3.74)	(−2.66)	(−4.50)
	FFC α	−21.60	−10.79	−7.27	−13.22
		(−5.74)	(−4.26)	(−3.00)	(−4.87)

该表展示了在控制了 β 后，*MktCap* 和股票未来收益之间的双变量序贯排序组合分析结果。

表 5.23 中的结果表明，*MktCap* 和组合未来收益之间在横截面上存在强的负相关关系，因为在每个 β 组中，包含高 *MktCap* 股票的组合和包含低 *MktCap* 股票的组合之间的收益差异为负，数值很大，并且具有高度统计意义上的显著性。这些结果在使用 FFC 风险模型进行风险调整后仍然存在。因为低 *MktCap* 组合(*MktCap* 1）的 α 具有统计意义上的显著性，但 *MktCap* 的第二、第三和第四个组合并不这样（有两个例外），所以相对于 FFC 模型的异常收益是由低 *MktCap* 组合驱动的。因此，可以看出，在这种情况下，双变量序贯排序组合分析的结果与在第 5.2.4 节中讨论的独立排序分析得到的定性结果相同。虽然在通常情况下，两种类型的双变量排序组合分析会产生类似的结果，但是不一定都是这种情况。因此，标准的做法是使用两种排序方法来检验排序组合分析结果的稳健性。

5.3.6　展示结果

双变量序贯排序组合分析结果的展示方式与独立排序分析结果的展示方式基本相

同，除了没有展示 $X1$ 的差异组合和 $X2$ 的平均组合的分析结果。其原因是，如前所述，序贯排序分析的目的是在控制 $X1$ 之后检查 $X2$ 和 Y 之间的关系，而排除在外的组合对评估此关系没有作用。由于双变量独立排序分析和双变量序贯排序分析在结果呈现上具有相似性，因此我们仅简要描述序贯排序结果的不同的呈现风格。但为了完整性，我们给出了类似于第 5.2.6 节中的所有分析结果。当然，在本节中，因为结果是由序贯排序而不是独立排序分析生成的，所以自然不同。

在表 5.24 中，我们给出了先对 β 再对 *MktCap* 进行排序形成的 12 个组合以及 β 均值组合对应的 *MktCap* 组内收益。在表的底部，我们给出了 *MktCap* 差异组合的平均超额收益和 FFC α，以及根据 Newey 和 West(1987) 调整的 T 统计量。结果表明，*MktCap* 和股票未来收益之间的负相关关系在控制 β 后仍然存在，这种关系在每个 β 组中都很强。

注意，在表 5.24 中，对于 *MktCap* 的第 1～4 组，我们只提供了平均超额收益，而非如表 5.15 中的 FFC α。对所有组合展示超额收益，并对差异组合仅仅展示 FFC α 是一种常见的做法。这样做的原因是，如果超额收益没能在 $X2$(此处的 *MktCap*) 的不同组中表现出一种模式，通常没有必要对收益进行风险调整。然而可能会出现超额收益没有显著模式但在经风险调整后出现显著模式这样的结果，尽管这种情况很少见。

表 5.24　　双变量序贯排序组合分析的结果

	β 1	β 2	β 3	β Avg
MktCap 1	27.82	20.52	16.89	21.74
MktCap 2	14.05	12.65	9.30	12.00
MktCap 3	10.67	10.21	8.46	9.78
MktCap 4	8.84	8.79	8.67	8.77
MktCap 4−1	−18.98	−11.73	−8.22	−12.98
	(−6.08)	(−3.74)	(−2.66)	(−4.50)
FFC α	−21.60	−10.79	−7.27	−13.22
	(−5.74)	(−4.26)	(−3.00)	(−4.87)

该表展示了 FFC 模型的平均异常收益，这些组合先基于 β 分为 3 个组，然后在每个 β 组中分别根据 *MktCap* 的值排序分为 4 个组。β 的断点是第 30 和第 70 百分位数，*MktCap* 的断点是第 25、第 50 和第 75 百分位数。表中的值表示 FFC 模型中的 α，括号中的数是其对应的 T 统计量。

表 5.25 中的结果展示了在控制每个 β 和 *BM* 中的任何一个变量之后，*MktCap* 与股票未来收益之间的双变量序贯排序分析的结果。该表展示了在控制变量的每个组内，*MktCap* 差异组合的平均超额收益和 FFC α，其中，表的第一列中指明了控制变量。结果表明，在控制每个 β 和 *BM* 后，*MktCap* 和股票未来收益之间的关系是显著的。因此，序贯排序分析的结果与之前得到的结果相似，由此得出的结论与相应的独立排序分析的结论相同（见表 5.16）。唯一的例外是差分组合（列 3－1）。结果表明，*MktCap* 和未来股票超额收益之间的负相关关系对于低 β 股票比高 β 股票更强，因为差分组合的平均超额收益是每年 10.77%，相应的 T 统计量为 6.60。该组合的 FFC α 甚

至更大，为每年 14.32%（T 统计量=5.99）。此外，*MktCap* 和未来股票超额收益的负相关关系对于高 *BM* 股票比低 *BM* 股票更强，因为差分组合产生每年−15.18%的平均收益（T 统计量=8.17），α 为每年−23.76%（T 统计量=−6.86）。

表 5.25　　双变量序贯排序组合分析结果——基于差异值

控制变量	系数	1	2	3	Avg	3−1
β	超额收益	−18.98	−11.73	−8.22	−12.98	10.77
		(−6.08)	(−3.74)	(−2.66)	(−4.50)	(6.60)
	FFC α	−21.60	−10.79	−7.27	−13.22	14.32
		(−5.74)	(−4.26)	(−3.00)	(−4.87)	(5.99)
BM	超额收益	−6.79	−10.31	−21.98	−13.03	−15.18
		(−2.01)	(−3.10)	(−7.04)	(−4.10)	(0.17)
	FFC α	−4.26	−9.05	−28.02	−13.77	−23.76
		(−1.64)	(−2.81)	(−8.06)	(−5.59)	(−6.86)

该表展示了买入-卖出零成本组合的 FFC 模型的平均异常收益，零成本组合是买入 *MktCap* 的最高四分位数的股票和卖出 *MktCap* 的最低四分位数的股票。组合是通过基于 β 和 *MktCap* 将所有股票序贯排序分组形成的。β 的断点是第 30 和 70 百分位数。表中的值表示 FFC 模型中的 α，其中括号中的数为对应的 T 统计量。

在表 5.26 中，我们给出了每个 *MktCap* 组内所有控制变量组的平均值组合的超额收益和 FFC α。这些结果有助于证明 *MktCap* 与股票未来收益之间显著的负相关关系主要是由 *MktCap* 较低的股票所驱动的。定性的结果类似于独立排序分析的结果（表 5.17）。

表 5.26　　双变量序贯排序组合分析结果——基于平均值

控制变量	系数	*MktCap* 1	*MktCap* 2	*MktCap* 3	*MktCap* 4	*MktCap* 4−1
β	超额收益	21.74	12.00	9.78	8.77	−12.98
		(6.95)	(5.34)	(6.20)	(5.62)	(−4.50)
	FFC α	13.68	1.09	0.27	0.46	−13.22
		(5.08)	(0.91)	(0.42)	(1.33)	(−4.87)
BM	超额收益	22.01	12.78	10.06	8.99	−13.03
		(6.84)	(6.27)	(6.66)	(6.62)	(−4.19)
	FFC α	14.64	3.48	0.54	0.87	−13.77
		(5.45)	(2.47)	(1.29)	(2.00)	(−5.59)

该表展示了基于 β 和 *MktCap* 序贯排序分组得到的组合的 FFC 模型的平均异常收益。该表在展示每个 *MktCap* 的 β 组的组合的平均 FFC α 时，还列出了相关的 Newey 和 West（1987）六期滞后调整后的 T 统计量（括号中）。

在表 5.27 中，我们展示了控制 β 后，股票未来收益与 *MktCap*、*BM* 关系的双变量序贯排序组合分析的结果。该表展示了每个 β 组内的 *MktCap* 和 *BM* 差异组合的平均超额收益和 FFC α。与独立排序分析（表 5.18）一致，*MktCap* 和股票未来收益之间的负相关关系以及 *BM* 和股票未来收益之间的正相关关系在使用序贯排序分析时都很显著。*BM* 和股票未来收益之间的正相关关系的强度对于具有高 β 和低 β 的股票很相似，因为差分组合（列 3－1）的平均超额收益和 α 在统计意义上不显著。

表 5.27　　双变量序贯排序组合分析结果——基于差异值

排序变量	系数	β 1	β 2	β 3	β Avg	β 3－1
MktCap	超额收益	－18.98	－11.73	－8.22	－12.98	10.77
		(－6.08)	(－3.74)	(－2.66)	(－4.50)	(6.60)
	FFC α	－21.60	－10.79	－7.27	－13.22	14.32
		(－5.74)	(－4.26)	(－3.00)	(－4.87)	(5.99)
BM	超额收益	12.33	9.29	9.84	10.48	－2.49
		(4.72)	(3.21)	(3.77)	(5.27)	(－1.09)
	FFC α	12.38	6.82	7.38	8.86	－5.00
		(5.54)	(2.07)	(2.25)	(3.45)	(－1.46)

该表展示了通过排序变量 β 和第二个排序变量（*MktCap* 或 *BM*）独立排序形成的组合的平均超额收益和 FFC α。该表还展示了第二个排序变量（*MktCap* 或 *BM*）的高低值组合的差异组合的平均超额收益和 FFC α，以及相关的经 Newey 和 West（1987）六期滞后调整后的 T 统计量（括号中）。第一列表示第二个排序变量。剩余列分别对应不同的 β 组，如表头所示。

最后，在表 5.28 中，我们给出了与表 5.27 类似的双变量序贯排序组合分析的结果，但在表 5.28 中我们展示的是 *MktCap* 和 *BM* 的每个不同组中 β 的平均组合的结果。标记为 1、2、3、4 的列和 4－1 的列用来展示 *MktCap* 或 *BM* 组下 β 的平均组合的结果。标记为 4－1 的列的结果表明了 *MktCap* 和股票未来收益之间的负相关关系以及 *BM* 和股票未来收益之间的正相关关系，在控制 β 之后，这些关系仍然存在。这些定性结果类似于独立排序分析的结果（表 5.19）。

表 5.28　　双变量序贯排序组合分析结果——基于平均值

排序变量	系数	1	2	3	4	4－1
MktCap	超额收益	21.74	12.00	9.78	8.77	－12.98
		(6.95)	(5.34)	(6.20)	(5.62)	(－4.50)
	FFC α	13.68	1.09	0.27	0.46	－13.22
		(5.08)	(0.91)	(0.42)	(1.33)	(－4.87)
BM	超额收益	8.63	11.93	13.89	19.11	10.48
		(4.98)	(7.38)	(8.09)	(7.68)	(5.27)
	FFC α	0.97	3.80	4.85	9.83	8.86
		(0.59)	(3.23)	(4.47)	(5.34)	(3.45)

该表展示了通过排序变量 β 和第二个排序变量（*MktCap* 或 *BM*）独立排序形成的组合的平均超额收益和 FFC α。该表还展示了第二个排序变量（*MktCap* 或 *BM*）的高低值组合的差异组合的平均超额收益和 FFC α，以及相关的经 Newey 和 West（1987）六期滞后调整后的 T 统计量（括号中）。第一列表示第二个排序变量。剩余列分别对应不同的 β 组，如表头所示。*

* 原书的这部分的文字与表 5.27 的重复。表 5.28 中展示的是 *MktCap* 和 *BM* 的每个不同组中 β 的平均组合的结果。标记为 1、2、3、4 的列和 4－1 的列用来展示 *MktCap* 或 *BM* 组下 β 的平均组合的结果。——译者注

总之，我们的例子表明，双变量独立排序和序贯排序组合分析会产生类似的结果。虽然通常如此，但不一定总是这样。因此，使用这两种方法同时进行分析是一个好主意。如果独立排序和序贯排序分析的结果产生完全不同的结论，就有必要做进一步调查。

5.4 独立排序与序贯排序

在分别提出了双变量独立排序和序贯排序组合分析方法后，我们继续来比较这两个排序分析方法。虽然在大多数情况下，两个排序方法会产生相似的定性结果，但情况并非总是如此。当情况不是这样时，重要的是了解驱动差异的可能原因。如前所述，两种类型的双变量组合分析方法之间最显著的差异在于，序贯排序分析只能用于在控制 $X1$ 之后检查第二个排序变量 $X2$ 和结果变量 Y 之间的关系，而独立排序分析则允许检查这种关系以及控制 $X2$ 之后 $X1$ 和 Y 之间的关系。因此，我们的讨论集中在控制 $X1$ 之后查看 $X2$ 和 Y 之间的关系的差异，因为这种关系是两种方法的共同点。我们举例说明两种排序过程之间的差异，令 β 为第一个排序变量，$MktCap$ 为第二个排序变量。

当使用独立排序方法时，每个排序是无条件排序，这意味着在所有个体上执行 $X2$（示例中为 $MktCap$）上的排序，而不管 $X1$ 的值（示例中为 β）。因此，任何给定的组合 $P_{j,k,t}$ 包含基于排序变量 $X1$ 的第 j 组和基于排序变量 $X2$ 的无条件第 k 组的个体集合。例如，低 β 和低 $MktCap$ 组合中的股票既代表具有无条件排序下的低 β 值股票，更重要的是，还包含了无条件排序下的低 $MktCap$ 的股票。同样，低 β 和高 $MktCap$ 组合包含了具有无条件排序下的低 β 值的股票，更重要的是，还包括了无条件排序下的高 $MktCap$ 的股票。因此，在考虑高 $MktCap$ 组合和低 $MktCap$ 组合之间的收益差异时，我们只比较了低 β 值的组合中无条件排序下的高 $MktCap$ 和低 $MktCap$ 股票的平均收益。类似地，当取高 $MktCap$ 和低 $MktCap$ 组合之间的收益差时，我们仅在具有高 β 值的组中比较具有无条件的高 $MktCap$ 和低 $MktCap$ 的股票。

为了说明该结果，表 5.29 展示了双变量独立排序形成的 12 个组合中每一个组合的平均 $MktCap$。结果表明，无论 β 多大，每个 $MktCap$ 四分位中的平均 $MktCap$ 都很相似（除了高 $MktCap$ 组中的小部分不一致）。因此，不管我们正在研究哪一个 β 组，高 $MktCap$ 和低 $MktCap$ 组合之间的平均超额收益的差异表示具有无条件排序的高 $MktCap$ 和低 $MktCap$ 股票之间的平均超额收益的差异。我们在检验 $MktCap(X2)$ 和股票未来收益（Y）之间的关系时，尽管只是在一定程度上控制了 $\beta(X1)$ 产生的效果，但是独立排序组合分析的结果依然必须被解释为 $MktCap(X2)$ 和未来股票超额收益（Y）之间的无条件关系的一个指示。

表 5.29　　双变量独立排序组合的平均 *MktCap*

	β 1	β 2	β 3
MktCap 1	21	22	25
MktCap 2	85	110	117
MktCap 3	421	432	421
MktCap 4	8 767	7 427	6 983

该表展示了通过对 β 和 *MktCap* 独立排序形成的组合的平均 *MktCap*。

当使用序贯排序方法时，第二个排序变量上的分组取决于第一个排序变量的值。因此，任何给定的组合 $P_{j,k,t}$ 包含基于排序变量 $X1$ 第 j 组的个体，并且在 $X1$ 的第 j 组个体中基于排序变量 $X2$ 的第 k 组的个体。为了举例说明，我们首先回顾表 3.3 中给出的相关性和表 5.7 中所示的组合分析，这些表明了 β 和 *MktCap* 在横截面上存在强的正相关关系。因此，低 β 组可能具有相对于整个样本的低 *MktCap*。当在低 β 范围内执行第二次排序时，我们正在有效地将一组大多数为低 *MktCap* 的股票分到有条件限制的 *MktCap* 的不同水平中。因此，低 β 和低 *MktCap* 组合可能包含了 *MktCap* 非常低的股票。低 β 和高 *MktCap* 组合包含了在低 β 条件下拥有最高（有限制条件的）*MktCap* 的股票，但是这些 *MktCap* 实际上相对于整个样本可能仍然相当低，因为低 β 组主要包含低 *MktCap* 股票。因此，当我们在计算低 β 组中高 *MktCap* 组合和低 *MktCap* 组合之间的平均超额收益的差异时，有效地将有限制条件的高值的股票与有限制条件的低值的股票进行比较，而 β 则是限制条件变量。对 $\beta(X1)$ 的任何组都是这样。

在表 5.30 中，我们给出了使用序贯排序方法形成的每个组合的 *MktCap* 均值。结果正如预期的那样，低 β 和高 *MktCap* 组合中的股票相对于其他具有低 β 值组合的股票而言，具有更高的 *MktCap*，但是在无限制条件下，这些股票的平均 *MktCap* 不如第二个、第三个或者更高 β 组中高 *MktCap* 组合中的股票的平均 *MktCap* 高。类似地，高 β 和低 *MktCap* 组合中包含有限制条件的低值股票，但这些股票没有无限制条件下的 *MktCap* 的值低，尤其是与第一个和第二个 β 组的低 *MktCap* 组相比。因此，序贯排序分析的结果表示了在 $\beta(X1)$ 条件下，*MktCap*$(X2)$ 和未来股票超额收益（Y）之间的关系。

表 5.30　　双变量序贯排序组合的平均 *MktCap*

	β 1	β 2	β 3
MktCap 1	10	44	76
MktCap 2	29	202	237
MktCap 3	69	726	689
MktCap 4	3 974	9 523	9 008

该表展示了先基于 β 排序分组，然后在 β 的每组中基于 *MktCap* 进行排序分组而形成的组合的平均 *MktCap*。

总之，尽管独立排序和序贯排序分析都在检查一个排序变量（$X2$）和结果变量（Y）之间的关系时控制了另一个排序变量（$X1$）的效果，但是对第一个变量的效果的控制是不同的。独立排序分析检查的是 $X2$ 和 Y 的无条件相关关系，而序贯排序检查的是在 $X1$ 条件下 $X2$ 和 Y 之间的关系。

5.5 三变量排序分析

虽然单变量排序和双变量排序组合分析是最常见的，但是一些研究人员也使用三变量排序分析来评估三个排序变量和结果变量之间的关系。与双变量排序分析一样，三变量排序在本质上可以是独立或序贯的。事实上，第二次排序可以取决于第一次排序，而第三次排序又独立于第二次排序，反之亦然。用于实施三变量排序组合分析的过程可以从上述对双变量独立排序和序贯排序分析的讨论中很容易地推断出，因此这里不再详细讨论。三变量组合分析的主要缺点或许在于，除非使用的样本非常大或每次分类中使用的断点数量很少，不然每个组合中的个体数量可能相当少，特别是在使用横截面上具有显著相关性的排序变量进行独立排序分析时。

5.6 总结

总之，在本章中，我们讨论了实现单变量排序、双变量序贯排序和双变量独立排序组合分析的过程。单变量排序分析，顾名思义，被用以检验两个变量之间的横截面相关关系。双变量排序分析是在控制其他排序变量的影响后检查给定排序变量和结果变量之间的关系。虽然不同类型的双变量排序分析的结果的解释略有不同，但在大多数情况下，它们得出的结果都很类似。当结果变量是证券的收益时，平均组合价值代表证券的投资收益。在这种情况下，通常需要使用因子模型对超额收益进行风险调整。

参考文献

[1] Ang, A. Asset Management: A Systematic Approach to Factor Investing. Oxford University Press, Oxford, 2014.

[2] Asparouhova, E., Bessembinder, H., and Kalcheva, I. 2013. Noisy prices and inference regarding returns. Journal of Finance, 68 (2), 665-714.

[3] Carhart, M. M. 1997. On persistence in mutual fund performance. Journal of Finance, 52 (1), 57-82.

[4] Fama, E. F. and French, K. R. 1993. Common risk factors in the returns on stocks and bonds. Journal of Financial Economics, 33 (1), 3-56.

[5] Fama, E. F. and French, K. R. 2015. A five-factor asset pricing model. Journal of

Financial Economics, 116 (1), 1-22.
[6] Harvey, C. R., Liu, Y., and Zhu, H. 2015. ... and the cross-section of expected returns. Review of Financial Studies, forthcoming.
[7] Hou, K., Xue, C., and Zhang, L. 2015. Digesting anomalies: an investment approach. Review of Financial Studies, 28 (3), 650-705.
[8] Jegadeesh, N. and Titman, S. 1993. Returns to buying winners and selling losers: implications for stock market efficiency. Journal of Finance, 48 (1), 65-91.
[9] Jensen, M. C. 1968. The performance of mutual funds in the period 1945-1964. Journal of Finance, 23 (2), 389-416.
[10] Lintner, J. 1965. Security prices, risk, and maximal gains from diversification. Journal of Finance, 20 (4), 687-615.
[11] Mossin, J. 1966. Equilibrium in a capital asset market. Econometrica, 34 (4), 768-783.
[12] Newey, W. K. and West, K. D. 1987. A simple, positive semi-definite, heteroskedasticity and autocorrelation consistent covariance matrix. Econometrica, 55 (3), 703-708.
[13] Patton, A. J. and Timmermann, A. 2010. Monotonicity in asset returns: new tests with applications to the term structure, the CAPM, and portfolio sorts. Journal of Financial Economics, 98 (3), 605-625.
[14] Sharpe, W. F. 1964. Capital asset prices: a theory of market equilibrium under conditions of risk. Journal of Finance, 19 (3), 425-442.

第 6 章 Fama 和 MacBeth 回归分析

在第 5 章中，我们呈现了一种检验两个变量之间横截面关系的方法，即组合分析。组合分析的主要益处在于它是一种非参数的方法，这意味着在分析过程中它不需要对两变量间关系的性质做出任何假设。它的缺点在于，在检验变量间关系时，它很难包含较多的控制变量。Fama 和 MacBeth（Fama and MacBeth，1973，以下简称“FM”）回归分析则是检验变量间关系的另一种统计方法。与组合分析不同，FM 回归分析允许我们在检验变量间关系时控制大量的其他变量。然而，这种方法也有其成本。这个成本就是我们必须对变量间关系的性质做出假设。在多数情形中，我们假设被研究的这种变量间关系以及每个控制变量和结果变量间的关系都是线性的。

在本章中，我们展示了 FM 回归分析的方法并用我们的样本例证了它的实施方法。具体而言，我们采用未来股票超额收益（r_{t+1}）作为因变量，股票 β、规模（*Size*）和账面市值比（*BM*）作为自变量。这里的 *Size* 是 *MktCap*（以百万美元为单位的市值）的自然对数，而不是 *MktCap*。我们采用 *Size* 是因为 *MktCap* 的横截面分布可能会给回归分析带来一些潜在的问题（更多细节见表 2.3 和第 2.2 节的相关讨论）。

6.1 实施

FM 回归分析的实施需要两步。第一步是使用每个时期 t 的数据，运行被研究的因变量 Y 对自变量 $X1$、$X2$ 等的周期性横截面回归。这样可以得到每个自变量每个时期的斜率和截距系数（假设在回归检验中包含了常数项）。第二步是分析每个回归系数的时间序列，判断平均系数是否异于 0。[①]

6.1.1 周期性的横截面回归

FM 回归方法的第一步是以 Y 为因变量，对自变量 $X1$、$X2$ 等进行横截面回归。在多数情形中，横截面回归都包含一个截距项。因此，我们的横截面回归检验方程是

$$Y_{i,t}=\delta_{0,t}+\delta_{1,t}X1_{i,t}+\delta_{2,t}X2_{i,t}+\cdots+\varepsilon_{i,t} \tag{6.1}$$

所有的自变量都进行了缩尾处理，以确保少数极值不会对回归结果产生太大影响。在某些情形下，因变量也同样被缩尾处理。当因变量是证券收益或超额收益时，该变量通常不被缩尾处理。在其他情形下，对因变量进行缩尾处理是较常见的。

回归结果是截距和斜率系数 $\delta_{0,t}$、$\delta_{1,t}$、$\delta_{2,t}$ 等的时间序列。每个时期也会产生回归统计结果，如R^2、调整的R^2 和回归中的观测个数。我们记这些时期 t 的横截面回归值分别为R_t^2、Adj. R_t^2 和 n_t。

在举例之前有必要提醒一点，实施 FM 回归过程所使用的横截面回归不一定非是标准最小二乘回归分析（ordinary-least-square，OLS）。如果因变量是二元的，那么可以直接以加权最小二乘法甚或 logistic 回归、probit 模型来替代 OLS 回归。[②] 多项式模型同样是可行的。因此，这个过程是比较有弹性的，而且可以应用它检验大量的经济现象。

我们采用了在第 1.1 节中讨论的方法举例说明 *FM* 回归分析的方法。我们用了四种不同的回归检验来执行这种方法。在所有的检验中，因变量 Y 是给定股票的一年后超额收益（r_{t+1}）。第一个检验只包含了 β 作为自变量的情况。第二个检验中的唯一自变量是 *Size*。第三个检验中将 *BM* 作为唯一自变量。第四个检验中自变量包含所有三个变量，即 β、*Size*、*BM*。因此，横截面回归的完整检验（第四个检验）是

$$r_{i,t+1}=\delta_{0,t}+\delta_{1,t}\beta_{i,t}+\delta_{2,t}Size_{i,t}+\delta_{3,t}BM_{i,t}+\varepsilon_{i,t+1} \tag{6.2}$$

表 6.1 呈现了年度横截面回归的结果。A 部分表明只用 β 作为自变量的回归检验在 $t=1988$(自变量被测量的年份）和 $t+1=1989$(超额收益被计算的年份）时，估计的截距（$\delta_{0,t}$）为 1.68，β 的斜率为 5.53($\delta_{1,t}$)。回归的 R 平方是 0.17%(R_t^2)，调整的 R 平方是 0.16%(Adj. R_t^2)。最后，回归中使用的观测个数为 5 646(n_t)。每个时期的第一个回归检验的结果呈现在 A 部分中。相应地，第二、三、四个回归检验的结果呈现在 B 部分、C 部分、D 部分中。

---

① Pastor、Stambaugh 和 Taylor（2015）表明对于单回归检验（一个自变量），当所使用的数据构成了一个平衡面板（每个横截面实体相同）以及自变量的横截面变动在各时期皆为常数时，FM 回归分析所产生的平均斜率系数和由固定时间效应下的面板回归所产生的斜率系数相同。

② Asparouhova、Bessembinder 和 Kalcheva（2010，2013）阐述了当自变量与测量噪声的数量横截面相关以及采用加权最小二乘法缓和微观结构问题时，微观结构问题会在 OLS 回归分析结果中引入偏差。

表 6.1　　周期性 FM 回归结果

A 部分

$$r_{i,t+1}=\delta_{0,t}+\delta_{1,t}\beta_{i,t}+\varepsilon_{i,t}$$

$t/t+1$	$\delta_{0,t}$	$\delta_{1,t}$	R_t^2	Adj. R_t^2	n_t
1988/1989	1.68	5.53	0.002	0.002	5 646
1989/1990	−29.52	2.28	0.001	0.000	5 470
1990/1991	41.11	11.66	0.002	0.002	5 360
1991/1992	36.36	−17.58	0.008	0.008	5 265
1992/1993	28.09	−9.24	0.009	0.009	5 353
1993/1994	−5.21	−0.52	0.000	−0.000	5 634
1994/1995	25.42	2.87	0.001	0.000	6 100
1995/1996	18.27	−5.41	0.004	0.004	6 234
1996/1997	31.02	−17.29	0.024	0.024	6 528
1997/1998	−9.34	4.41	0.001	0.001	6 796
1998/1999	1.49	45.88	0.017	0.017	6 520
1999/2000	−0.85	−14.61	0.010	0.010	6 036
2000/2001	37.13	−24.58	0.028	0.028	5 817
2001/2002	7.81	−27.26	0.114	0.114	5 449
2002/2003	72.17	2.28	0.000	−0.000	5 038
2003/2004	28.59	−13.70	0.018	0.018	4 698
2004/2005	7.83	−5.93	0.008	0.008	4 537
2005/2006	12.73	−1.54	0.000	0.000	4 466
2006/2007	−12.06	4.39	0.004	0.004	4 412
2007/2008	−41.07	−0.76	0.000	−0.000	4 310
2008/2009	62.76	−1.42	0.000	−0.000	4 229
2009/2010	18.21	7.70	0.008	0.008	3 949
2010/2011	0.68	−6.91	0.009	0.009	3 782
2011/2012	25.92	−5.87	0.003	0.003	3 661

B 部分

$$r_{i,t+1}=\delta_{0,t}+\delta_{1,t}Size_{i,t}+\varepsilon_{i,t}$$

$t/t+1$	$\delta_{0,t}$	$\delta_{2,t}$	R_t^2	Adj. R_t^2	n_t
1988/1989	−7.72	3.17	0.011	0.011	5 999
1989/1990	−32.77	1.10	0.002	0.002	5 803
1990/1991	66.78	−5.40	0.007	0.007	5 669
1991/1992	52.95	−7.16	0.020	0.019	5 724
1992/1993	44.74	−5.43	0.021	0.020	5 849

1993/1994	−3.69	−0.66	0.001	0.000	6 387
1994/1995	30.69	−0.63	0.000	0.000	6 682
1995/1996	18.45	−1.10	0.001	0.001	6 902
1996/1997	14.79	0.57	0.000	0.000	7 383
1997/1998	−17.49	2.12	0.004	0.004	7 364
1998/1999	68.12	−6.88	0.007	0.007	6 918
1999/2000	−16.07	1.07	0.001	0.001	6 588
2000/2001	56.73	−8.08	0.030	0.030	6 271
2001/2002	4.70	−3.48	0.017	0.017	5 592
2002/2003	143.02	−13.83	0.047	0.047	5 169
2003/2004	32.95	−2.45	0.007	0.007	4 859
2004/2005	−3.72	1.00	0.001	0.001	4 796
2005/2006	14.57	−0.57	0.001	0.000	4 724
2006/2007	−24.23	2.76	0.011	0.011	4 665
2007/2008	−51.14	1.50	0.006	0.005	4 597
2008/2009	130.95	−13.13	0.020	0.019	4 316
2009/2010	29.28	−0.56	0.000	0.000	4 062
2010/2011	−21.58	2.36	0.015	0.014	3 934
2011/2012	27.20	−1.33	0.003	0.002	3 771

C 部分

$$r_{i,t+1}=\delta_{0,t}+\delta_{2,t}BM_{i,t}+\varepsilon_{i,t}$$

$t/t+1$	$\delta_{0,t}$	$\delta_{3,t}$	R_t^2	Adj. R_t^2	n_t
1988/1989	2.94	3.52	0.002	0.002	4 316
1989/1990	−24.94	−0.69	0.000	−0.000	4 259
1990/1991	55.16	−6.58	0.001	0.001	4 186
1991/1992	12.65	8.50	0.010	0.010	4 180
1992/1993	16.30	5.82	0.006	0.006	4 179
1993/1994	−11.08	7.61	0.011	0.011	4 471
1994/1995	25.08	1.99	0.000	−0.000	4 834
1995/1996	5.32	12.27	0.010	0.010	5 023
1996/1997	6.09	13.13	0.013	0.012	5 205
1997/1998	−9.61	5.11	0.002	0.002	5 483
1998/1999	46.75	−10.65	0.001	0.001	5 298

1999/2000	−10.46	2.97	0.001	0.001	4 905
2000/2001	12.24	9.47	0.005	0.005	4 630
2001/2002	−24.12	5.94	0.021	0.021	4 454
2002/2003	74.51	7.04	0.002	0.002	4 102
2003/2004	15.07	5.12	0.009	0.009	3 843
2004/2005	−1.71	7.32	0.006	0.006	3 702
2005/2006	7.68	7.23	0.004	0.004	3 902
2006/2007	−5.03	−2.51	0.001	0.000	3 852
2007/2008	−40.50	−1.50	0.000	−0.000	3 743
2008/2009	51.47	23.12	0.004	0.003	3 702
2009/2010	25.33	1.76	0.003	0.003	3 526
2010/2011	−5.84	−0.54	0.000	−0.000	3 375
2011/2012	12.70	9.01	0.011	0.011	3 299

D 部分

$$r_{i,t+1}=\delta_{0,t}+\delta_{1,t}\beta_{i,t}+\delta_{2,t}Size_{i,t}+\delta_{3,t}BM_{i,t}+\varepsilon_{i,t}$$

$t/t+1$	$\delta_{0,t}$	$\delta_{1,t}$	$\delta_{2,t}$	$\delta_{3,t}$	R_t^2	Adj. R_t^2	n_t
1988/1989	−11.10	−1.18	3.60	4.65	0.016	0.015	4 301
1989/1990	−28.76	0.21	0.85	−0.34	0.002	0.001	4 239
1990/1991	80.00	25.11	−10.50	−9.59	0.024	0.023	4 176
1991/1992	42.12	−7.59	−5.53	6.15	0.025	0.025	4 176
1992/1993	40.71	−3.83	−4.56	3.48	0.024	0.023	4 166
1993/1994	−9.61	2.46	−0.70	7.93	0.013	0.012	4 464
1994/1995	28.95	4.12	−1.53	1.92	0.002	0.001	4 826
1995/1996	12.87	−4.09	−0.82	10.97	0.013	0.012	5 009
1996/1997	6.39	−12.53	2.06	11.34	0.024	0.024	5 203
1997/1998	−21.03	2.24	1.83	7.34	0.006	0.005	5 475
1998/1999	69.93	61.01	−14.24	−9.63	0.036	0.035	5 288
1999/2000	−31.70	−23.89	5.93	5.00	0.029	0.029	4 885
2000/2001	70.83	−20.93	−6.95	−3.40	0.044	0.043	4 617
2001/2002	−2.91	−22.14	−0.11	3.73	0.091	0.091	4 444
2002/2003	152.96	30.13	−18.95	−0.46	0.062	0.061	4 097
2003/2004	30.12	−15.71	−0.38	4.03	0.032	0.031	3 831
2004/2005	−7.37	−7.93	2.52	6.35	0.022	0.022	3 697
2005/2006	12.72	−0.50	−0.71	6.72	0.005	0.004	3 893
2006/2007	−23.73	1.09	2.68	−0.24	0.013	0.013	3 849
2007/2008	−49.72	−3.17	1.91	−0.42	0.007	0.007	3 740

2008/2009	133.77	24.19	−17.69	8.21	0.029	0.029	3 699
2009/2010	24.38	9.40	−1.49	1.17	0.014	0.013	3 516
2010/2011	−15.02	−11.60	3.33	0.59	0.032	0.031	3 372
2011/2012	16.92	−1.90	−0.28	8.33	0.012	0.011	3 298

该表呈现了未来1年股票超额收益（r_{t+1}）对贝塔（β）、规模（*Size*）、账面市值比（*BM*）进行年度横截面回归，得到的估计截距（$\delta_{0,t}$）和斜率（$\delta_{1,t}$、$\delta_{2,t}$、$\delta_{3,t}$），以及 R 平方（R_t^2）、调整的 R 平方（Adj. R_t^2）、观测值个数（n_t）。A 部分、B 部分、C 部分呈现的分别是只用 β、*Size* 和 *BM* 作为自变量的单变量检验结果。D 部分呈现的是采用这三个变量作为自变量的多变量检验结果。所有的自变量在运行回归之前都进行了 0.5%的年度基础水平的缩尾处理。列标记 $t/t+1$ 表示自变量在年份 t 内计算，因变量超额收益在年份 $t+1$ 计算。

6.1.2 平均横截面回归结果

FM 回归分析的第二步是计算周期性横截面回归系数和其他回归结果（R 平方、调整的 R 平方、观测值个数）的时间序列平均值。在计算回归系数的时间序列平均值时，我们想要检验平均系数是否显著异于 0。因此，我们计算标准差、相关的 T 统计量和 P 值来对平均系数等于 0 的零假设进行检验。在大多数情形下，标准差按照 Newey 和 West(1987) 的方法进行调整。

我们回归检验的汇总结果呈现在表 6.2 中。标准差、T 统计量和 P 值都采用 Newey 和 West(1987) 的方法以六期滞后进行调整计算。该表采用 β、*Size*、*BM* 作为自变量的回归检验［列（4）］说明，截距的平均值（δ_0）为 21.74，其标准差为 4.58，T 统计量为 4.75，P 值非常接近 0。β 的平均值（δ_1）为 0.96，其标准差为 1.68，T 统计量为 0.57，P 值为 0.57。对于 *Size*，其系数平均（δ_2）为 −2.49，标准差为 0.57，T 统计量为 −4.37，P 值接近于 0。*BM* 系数的平均值为 3.08，其标准差为 0.79，T 统计量为 3.89，P 值接近于 0。横截面回归的 R 平方（R^2）和调整的 R 平方（AR^2）的均值分别为 0.024 和 0.023。最后，横截面回归中观测值的平均个数为 4 261。只有 β［列（1）］、只有 *Size*［列（2）］和只有 *BM*［列（3）］的汇总回归结果也呈现在该表中。

表 6.2　　FM 回归结果汇总

系数	值	(1)	(2)	(3)	(4)
δ_0	平均值	14.97	23.23	9.83	21.74
	标准差	2.70	4.36	1.65	4.58
	T 统计量	5.55	5.32	5.94	4.75
	P 值	0.00	0.00	0.00	0.00
δ_1	平均值	−2.73	—	—	0.96
	标准差	1.86	—	—	1.68
	T 统计量	−1.47	—	—	0.57
	P 值	0.16	—	—	0.57

续前表

系数	值	(1)	(2)	(3)	(4)
δ_2	平均值	—	−2.29	—	−2.49
	标准差	—	0.62	—	0.57
	T 统计量	—	−3.69	—	−4.37
	P 值	—	0.00	—	0.00
δ_3	平均值	—	—	4.77	3.08
	标准差	—	—	0.73	0.79
	T 统计量	—	—	6.51	3.89
	P 值	—	—	0.00	0.00
R^2		0.011	0.010	0.005	0.024
Adj. R^2		0.011	0.009	0.005	0.023
n		5 221	5 584	4 270	4 261

该表呈现了股票未来超额收益（r_{t+1}）对贝塔（β）、规模（*Size*）、账面市值比（*BM*）的 *FM* 回归结果汇总。列（1）、列（2）、列（3）分别代表只用β、*Size* 和 *BM* 作为自变量的单变量检验结果。列（4）呈现的是采用这三个变量作为自变量的多变量检验结果。δ_0 代表截距系数，δ_1 代表 β 的系数，δ_2 代表 *Size* 的系数，δ_3 代表 *BM* 的系数。标准差、T 统计量和 P 值都经 Newey 和 West（1987）六期滞后调整。

6.2 对 FM 回归作解释

解析 FM 回归结果是比较直接的。一个统计上显著的平均斜率系数表明在平均时期中给定的自变量 X 和因变量 Y 之间存在一个横截面关系。当回归检验中包含不止一个自变量时，统计显著性表明在控制了包含在回归检验中的其他自变量的效应之后 X 和 Y 之间仍然存在关系。[①] 大多数学者需要 5%置信水平下的统计显著性以得出这样的结论。[②] 这意味着 P 值必须小于 0.05，或者，等价地，T 统计量必须比 1.96 大。通常为了简化，研究者要求 T 统计量大于 2.00。10%置信水平下的统计显著性常被看作边际统计显著性，需要 T 统计量大于 1.645。研究者常常用许多不同的回归检验去检验某个回归结果在包含了不同的控制变量时是否稳健。如果被研究的系数在一个统计检验中显著但是在加入其他变量后不显著，那么 X 和 Y 的关系可能可以被这些加入的变量的线性组合所解释。相似地，如果在包含了其他的变量后统计显著性出现，那么这就表明为了检验需要研究的变量间关系，控制其他新加入变量带来的效应是必要的。

除了检验统计显著关系是否存在，理解关系大小的经济意义也非常重要。例如当

① 值得注意的是，在某些情形下，被估计的平均斜率系数的标准差会向下偏差，带来高估的统计显著性。具体而言，Shanken(1992) 表明当使用标准统计方法时，变量带误差的问题会导致风险溢价的统计显著性被高估。Shanken 和 Zhou(2007) 及 Bai 和 Zhou(2015) 的研究检验了 FM 回归分析中例如偏差和准确性等的实证问题。

② Harvey、Liu 和 Zhu(2015) 指出，由于存在数据挖掘和大量检验横截面期望收益的研究，5%的置信水平作为边界值太低，他们赞成使用更加严格的准则，才能接受实证结果可以作为真实经济现象的证据。

一个单位 X 变化的经济重要性易于理解时，系数本身的平均大小具有信息含量。在这种情况下，不需要额外的计算就可以评估这种关系的经济重要性。然而在通常情形下，X 的大小可能不易于理解。在这种情况下，还有很多其他的方法可以评估 X 和 Y 之间关系的经济重要性。第一种方法是评估 X 的一个标准差的变化对 Y 期望值产生的效应。其简单的做法是在每个平均时期用 X 的平均斜率系数乘以 X 的横截面标准差，它通常被呈现在描述性统计结果中（见第 2 章）。不使用横截面标准差的另一种合理方法是，使用 X 横截面分布的两个百分位数之差。例如，我们可以使用四分位差，它是指 X 的第 3 和第 1 四分位数之差。我们同样可以采用第 95 和第 5 百分位之差来评估在较大 X 值和较小 X 值下 Y 期望值的差异。另一个相似的方法是在组合分析中分析由较大 X 值和较小 X 值构成的组合 X 平均值的差值（见第 5 章）。之后这个差值可以与平均斜率系数相乘，以评估在较大 X 值和较小 X 值下 Y 期望值的差。在多数情况下，差值是由以 X 作为排序变量的单变量组合分析所产生的。

平均 R 平方和调整的 R 平方可以用来决定在平均时期内被自变量解释的因变量变动的数量。最后，观测值的平均数量不需要做说明。

对 FM 回归分析结果的检验见表 6.2，检验结果中显示 β 和股票未来收益并不存在关系，因为在所有包含 β 为自变量的回归检验中，β 系数（δ_1）的平均值显著地不异于 0。在只有 β 作为自变量的回归中［列（1）］，平均系数为－2.73，其 T 统计量为－1.47。当 *Size* 和 *BM* 也被作为自变量时［列（4）］，β 的平均系数为 0.96，其 T 统计量为 0.57。

尽管统计上 β 与股票未来收益并不相关，我们仍然通过检验 β 与股票未来收益关系的经济重要性来例证这个检验是怎样完成的。考虑到 β 测量的是给定股票对市场组合收益的敏感性，β 的平均系数就是承担一单位市场风险所获得溢价的估计值。使用完整回归检验［列（4）］结果，平均系数为 0.96 表明一单位市场风险要求每年 0.96%的溢价。这个估计值明显比我们所期望的要低。而且，当采用单变量回归检验［列（1）］时，其结果表明市场风险溢价为负。我们将会在第 8 章更细致地检验这些结果。我们依然可以通过将每年 β 的平均系数与其标准差相乘来评估 β 与股票未来收益关系的经济重要性。回顾表 2.3，我们发现平均每年 β 的横截面标准差是 0.62。用它乘以完整回归检验结果中的 β 的平均系数等于 0.59(＝0.62×0.96)。这表明 β 一个标准差的变化带来股票期望收益每年 0.59%的增加。这个值看起来也较低。最后，我们可以通过平均系数 0.96 与高 β 股票组合和低 β 股票组合的平均 β 值之差相乘，检验 β 与股票未来收益关系的经济重要性。从表 5.7 中可以找出这个差值为 2.16，乘以 0.96 后表明 β 最高分位与最低分位的期望收益之差为每年 2.07(＝2.16×0.96)%。

我们的分析表明了 *Size* 和股票未来收益之间存在极其显著的负相关关系，因为在单变量回归检验［列（2）］中，*Size* 的平均斜率（δ_2）为－2.29，其 T 统计量为－3.69。这种关系在包含了 β 和 *BM* 作为自变量［列（4）］后也是稳健的，在完整回归检验中平均系数为－2.49，T 统计量为－4.37。用这个平均系数与每年 *Size* 的标准差 2.07 相乘，表明 *Size* 的标准差变动 1 会带来股票期望收益每年 5.15(＝2.07×2.49)%

的变动。[①] 这个变动在经济意义上是非常重要的。为了评估在最高和最低的 *Size* 下股票期望收益的差值，我们用平均系数－2.49 乘以 *Size* 横截面分布的第 95 和第 5 百分位数的差值。这个差值是 6.81(＝8.70－1.89，见表 2.3)。相乘后的结果表明，大规模股票的年均期望收益比小规模股票低 16.96%。

最后，我们发现了 *BM* 和股票未来收益之间存在的显著的正相关关系。在单变量回归检验［列（3)］中，*BM* 的平均系数是 4.77，*T* 统计量是 6.51。当 β 和 *Size* 都包含在回归模型［列（4)］中时，平均系数为 3.08，其 *T* 统计量为 3.89，保持了较高的统计显著性。用这个系数乘以 *BM* 的平均横截面标准差（即 0.71，见表 2.3)，我们发现 *BM* 的标准差变动 1 可以带来股票期望收益每年 8.93(＝2.90×3.08)%的变动，这个变动在经济意义上是非常重要的。

在包含了所有三个自变量的回归中，*R* 平方和调整 *R* 平方的平均值分别为 0.024 和 0.023，表明了股票未来收益的总横截面变动中只有稍大于 2%的部分可以被 β、*Size* 和 *BM* 解释。像这样较低的 *R* 平方值在检验对股票未来收益预测能力的研究中是极为常见的。

总而言之，我们的分析发现了期望收益分别与 *Size*、*BM* 在统计上和在经济上有着重要关系，*Size* 与期望收益负相关，而 *BM* 与期望收益正相关。结果也表明股票期望收益与 β 之间无关。这些结果都与第 5 章中我们用组合分析得出的结果一致。

6.3 展示 FM 回归

FM 回归结果通常以类似表 6.2 但略做修改的方式呈现。在多数情况下，只有一个推论统计量被展示出来。因此，不是将标准误、*T* 统计量和 P 值全部展示，而是只展示其中之一。在多数情形下，学者们都选择展示 *T* 统计量，而且通常将其呈现在括号里，这样可以不需要太多如表 6.2 中名为“值”的列。为了减少回顾上文的回归检验以分辨每个系数所指代的自变量，常见的简便做法是用自变量表示而不是用代表斜率的字母（例如，用 β 而不是 δ_1)。

表 6.3 呈现了 FM 回归结果的表示方式。我们将一直在本书中沿用这种表示方式。这个表提供了各个方面结果的所有信息。由于这些结果与前文中的完全一致，在这里就不需要进一步讨论了。

表 6.3　FM 回归结果

	(1)	(2)	(3)	(4)
Intercept	14.97	23.23	9.83	21.74
	(5.55)	(5.32)	(5.94)	(4.75)

① 在多数情况下，自变量的标准差变动 1 所带来的期望结果的变动被表示为正值。

续前表

	(1)	(2)	(3)	(4)
β	−2.73	—	—	0.96
	(−1.47)			(0.57)
Size	—	−2.29	—	−2.49
		(−3.69)		(−4.37)
BM	—	—	4.77	3.08
			(6.51)	(3.89)
Adj. R^2	0.011	0.009	0.005	0.023
n	5 221	5 584	4 270	4 261

该表呈现了股票未来超额收益（r_{t+1}）对贝塔（β）、规模（*Size*）、账面市值比（*BM*）的 FM 回归结果汇总。列（1）、列（2）、列（3）分别代表只用β、*Size* 和*BM* 作为自变量的单变量检验结果。列（4）呈现的是采用这三个变量作为自变量的多变量检验结果。标准差、T 统计量和 P 值都经 Newey 和 West（1987）六期滞后期调整。

6.4 总结

在本章中，我们展示了 FM 回归分析的实施、解析和呈现方式。FM 回归分析可以用来检验自变量与一个或多个因变量在平均时期中的横截面关系。它的主要优点在于允许我们在研究某种现象时控制大量其他的潜在解释变量。其缺点是需要对自变量和因变量关系的性质做出假设。在多数情形下，这种关系都被假设为线性的，因此就可以采用 OLS 回归（或可能的加权最小二乘回归）来完成周期性横截面分析。

参考文献

[1] Asparouhova, E., Bessembinder, H. and Kalcheva, I. 2010. Liquidity biases in asset pricing tests. Journal of Financial Economics, 96 (2), 215-237.

[2] Asparouhova, E., Bessembinder, H. and Kalcheva, I. 2013. Noisy prices and inference regarding returns. Journal of Finance, 68 (2), 665-714.

[3] Bai, J. and Zhou, G. 2015. Fama MacBeth Two-Pass Regressions: Improving Risk-Premia Estimates. SSRN eLibrary.

[4] Fama, E. F. and MacBeth, J. D. 1973. Risk, return and equilibrium: empirical tests. Journal of Political Economy, 81 (3), 607.

[5] Harvey, C. R., Liu, Y., and Zhu, H. 2015. ... and the cross-section of expected returns. Review of Financial Studies, forthcoming.

[6] Newey, W. K. and West, K. D. 1987. A simple, positive semi-definite, heteroske-

dasticity and autocorrelation consistent covariance matrix. Econometrica, 55 (3), 703–708.

[7] Pastor, L., Stambaugh, R. F., and Taylor, L. A. 2015. Do Funds Make More When They Trade? SSRN eLibrary.

[8] Shanken, J. 1992. On the estimation of beta-pricing models. Review of Financial Studies, 5 (1), 1–33.

[9] Shanken, J. and Zhou, G. 2007. Estimating and testing beta pricingmodels: alternative methods and their performance in simulations. Journal of Financial Economics, 84 (1), 40–86.

第二部分

股票收益横截面

第7章　CRSP样本和市场因子

本书第二部分的主要目的是识别并理解股票期望收益的横截面类型。在第8章进行这项任务之前，我们将对美国股票市场以及在整个第二部分的实证分析中使用的样本进行概述。我们这样做的理由非常简单：第一，为了有效地执行实证资产定价研究，深入理解所使用的样本和数据特征十分重要；第二，由于我们在本书这一部分的大多数分析中会一直使用这个样本，所以我们在此介绍这个样本以减少在接下来的章节中重复介绍的需要。

7.1　美国股票市场

在这一节，我们提供了在实证资产定价研究中最经常使用的股票全集的概述。这个全集由在美国纽约证券交易所（NYSE）、美国证券交易所（AMEX）、全国证券交易商自动报价系统协会（NASDAQ）上市的普通股组成。这个股票集合的主要数据来源是由芝加哥大学布斯商学院所维持的证券价格研究中心（CRSP）的数据库。CRSP提供从1925年12月31日至今在NYSE、AMEX和NASDAQ上市证券的数据。在本书中，正如其他几乎所有对美国股票市场的研究一样，我们采用CRSP作为美国股票数据的主要来源。

获取进入CRSP数据库有多种方法。第一种，也是最常用的方法是通过沃顿研究数据服务（Wharton Research Data Service，WRDS）中心获取进入，这也就是由宾夕法尼亚大学沃顿商学院所运行的提供的允许进入多个金融研究数据库的网页界面系统。第二种方法是直接进入 WRDS 保存的 CRSP 文件。这也是本书所使用的获取 CRSP 数据的方法，它是通过使用 SSH 客户登录 WRDS 系统来完成的。只要登录了 WRDS 系统，就可以获得包含数据的 SAS 文件。第三种方法是从 CRSP 直接取得数据。虽然每个方法获得的都是相同的数据，但是在不同的界面上数据的呈现方式是不同的。因此，本书的文件和字段都假定为来自 WRDS 系统的 SAS 文件。此外，以其他方法所获取的相应字段名也不难识别。

7.1.1 CRSP 基于美国的普通股样本

本书第二部分以及大量实证资产定价研究所使用的样本都是包含了美国所有普通股的 CRSP 数据库中的月度样本。因此，对于每个月份 t，样本都是由给定月份月底的 CRSP 数据库中所有美国公司普通股票构成的。这些股票可以用 CRSP 月度股票名称（msenames）文件来识别。在月份 t 的月底可获得的所有股票集合包括了在月度股票名称文件中的所有股票，这个文件的起始日期（NAMEDT 字段）小于或等于月份 t 的最后一天，终止日期（NAMEENDT 字段）大于或等于月份 t 的最后一天。[①] 可以通过共享代码（月度股票名称文件中的 SHRCD 字段）值为 10 或 11 的证券子集识别美国公司普通股票。[②] 我们称这个样本为 CRSP 美国公司普通股票样本，或将其简称为 CRSP 样本。

此时读者可能想知道在构造样本时为什么只包括在指定月份 t 的月底 CRSP 数据库中的股票，而不是整个月份 t 所有时点的股票。其原因纯粹是基于概念上的便利。本书中的大多数分析检验了特定变量对股票未来收益横截面变动的解释能力。本书中预测变量只使用在月份 t 的月底可用的数据来计算。这些变量随后可以用于预测月份 $t+1$ 的股票收益。因此，对一个想要在月份 t 的月底做出投资决策的投资者而言，他可用的普通股集合可以通过 CRSP 样本获得。

7.1.2 CRSP 样本的组成

我们现在把注意力转移到 CRSP 样本的组成上。我们将样本分解为两个维度：股票交易所和股票部门公司。顺着这两个维度，我们对检验样本中的股票数量和股票总市值予以检验。

股票 i 在月份 t 的市值是月份 t 最后一个交易日的未偿付发行在外的股份数量乘以股

① CRSP 数据库中的大部分股票在月度股票名称文件中有多种入口。然而，用 NAMEDT 和 NAMEENDT 字段表示的采用给定入口的数据范围不会与相同证券的其他入口覆盖的数据范围重复。

② SHRCD 字段的第一个数字表示股票的类型，为 1 表示普通股。第二个数字更进一步定义股票类型。第二个数字为 0 表示还没有被进一步定义的股票，为 1 表示不需要进一步被定义的股票，为 2 表示该股票的公司不在美国境内因此不考虑为美国股票。SHRCD 字段不同值意义的详细介绍参见 CRSP 文件。

票价格。以千为单位的未偿付发行在外的股份数量在 CRSP 月度股票文件（msf）中以 SHROUT 字段表示。股票月底价格由相同文件中的 ALTPRC 字段表示。[①] 因此，我们定义市值变量为 SHROUT 和 ALTPRC 字段乘积的绝对值除以 1 000，并用 *MktCap* 表示。除以 1 000 后，*MktCap* 以一百万美元为单位计量市值。[②] 这里我们取绝对值是因为当某只股票没有交易时，CRSP 把其价格记为最近买卖价格平均值的负数。在某些情形下，SHROUT 或者 ADJPRC 字段在 CRSP 中缺失，这时 *MktCap* 被当作缺失。

CRSP 样本的股票交易所组成

图 7.1 描绘的是从 1925 年 12 月到 2012 年 12 月每个月 CRSP 样本中包含的股票数量。实线表示的是股票总数量，其余的表示在给定交易所交易的股票数量。股票交易的交易所在 WRDS 的月度股票名称在 CRSP 文件中由交易所代码（EXCHCD）字段表示。在 NYSE、AMEX 和 NASDAQ 上市的股票分别在 EXCHCD 字段中表示为 1 或 31、2 或 32、3 或 33。短虚线表示的是在 NYSE 上市的股票数量。在 AMEX 上市的股票数量由虚线表示。点划线是在 NASDAQ 上市的股票数量。CRSP 数据库也包含了少

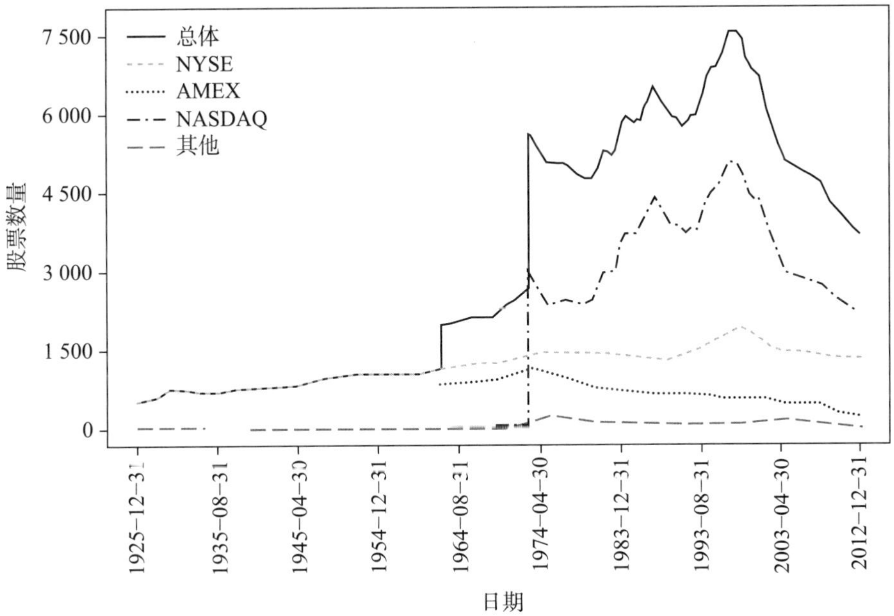

图 7.1　CRSP 样本中各交易所股票数量

该图展示了 1925 年 12 月—2012 年 12 月，每月底 CRSP 样本中股票总数量以及在 NYSE、AMEX、NASDAQ 和其他交易所上市的股票数量。

① 我们使用 ALTPRC 字段而不是 PRC 是因为如果在给定月份的最后一个交易日没有交易活动或没有可获得的买卖价格，PRC 字段要么为 0 要么缺失。设定 ALTPRC 字段为最后的交易价格，或者是最后交易日买卖价格平均值的相反数，在该最后交易日必要的价格和买卖数据都是可以获得的。当 PRC 字段可用时（非 0 或非缺失），ALTPRC 字段和 PRC 字段的值相同。然而，在很多情形下，当月度股票文件中 PRC 字段缺失时，ALTPRC 字段是可用的。

② CRSP 以一千股为单位计量未偿付发行在外的股份数量。

量在其他交易所交易的股票数量，例如地区股票市场（EXCHCD=4）、波士顿股票交易所（EXCHCD=10）、芝加哥股票交易所（EXCHCD=13）、太平洋股票交易所（EXCHCD=16）、费城股票交易所（EXCHCD=17）、多伦多股票交易所（EXCHCD=19）或柜台市场（EXCHCD=20）等。最后，交易所代码为−2表示NYSE或AMEX停止了该股票交易，交易所代码为−1表示该股票被NYSE、AMEX或NASDAQ暂停交易，交易所代码为0表示该股票不在NYSE、AMEX或NASDAQ交易并且没有其他信息。我们将不在NYSE、AMEX或NASDAQ的股票分为一组，称之为其他，在这些交易所交易的股票数量由长虚线表示。

1925年12月（样本的第一个月），CRSP样本包含499只股票，并且所有股票均在NYSE上市。从此以后直至1962年6月，虽然股票总数的增长不具有太强的单调性，但是股票总数仍然不断增长，虽然不具有太强的单调性，但是它增长到了1 130，其中1 121只在NYSE上市，其余9只在其他交易所交易。1962年7月，834只AMEX股票被加入样本中，导致股票总数量从1962年6月的1 130只跳跃到1962年7月的1 963（1 125 NYSE，834 AMEX，4其他）只。此次突然增长的原因在于，在1962年7月以前CRSP数据库不包含AMEX股票。因此，许多研究将它们的样本时期限制为1963年到现在。当NASDAQ股票被加入CRSP数据库中时，一个类似的跳跃在1972年12月发生了。1972年11月，样本由2 666（1 378 NYSE，1 133 AMEX，102 NASDAQ，53其他）只股票构成。在1972年12月，市场组合的所有股票数量跳跃上升至5 534（1 386 NYSE，1 135 AMEX，2 896 NASDAQ，117其他）只。值得注意的是，大多数NASDAQ股票是在1972年12月被加入CRSP数据库中的，但也有少数NASDAQ股票在前些年就已经被加入样本中了。事实上，第一只NASDAQ股票被加入发生在1969年1月。样本股票数量在1997年11月达到最大值，当时CRSP样本中有7 544（1 862 NYSE，572 AMEX，5 029 NASDAQ，81其他）只股票。截至样本时期末（2012年12月），该数量减少了一半以上。2012年12月，CRSP样本由3 675只股票构成，其中1 319只在NYSE上市，226只在AMEX上市，2 130只在NASDAQ上市，剩下2只在其他交易所交易。

我们通过描绘样本所有股票以一百万美元为单位的总价值和其交易所组成部分来继续分析CRSP样本的组成。我们采用消费者价格指数（consumer price index，CPI）①为调整市值调整通货膨胀部分。这个结果呈现在图7.2中。CPI调整值表示以美元为单位的市场价值。

截至1925年12月底，CRSP样本的CPI调整值总额为3 410亿美元。比较而言，在没有调整前，这些股票市值是270亿美元。1962年6月，AMEX股票没有被加入样本以前，所有样本中的股票都来自NYSE，其CPI调整值总额超过2.15万亿美元。1962年7月，当AMEX股票被加入CRSP数据库后，CPI调整市值总额仅增加到2.45万亿美元，其中大约23亿美元来自NYSE股票，剩下1.45亿美元来自AMEX股票。

① CPI数据可从劳动统计部网站下载。我们使用的是所有城市消费者系列数据。

因此，虽然 AMEX 股票的加入使得 CRSP 样本股票数量有了实质性增加，但是由于这些股票市值非常小，样本总市值的增加幅度也很小。类似地，当 NASDAQ 股票在 1972 年被加入样本时，CPI 调整市值总额只有 6 690 亿美元，或者说 5.3 万亿美元中的 12.6%来自 NASDAQ 股票。2000 年 3 月，样本 CPI 调整市值总额达到了其最大值，即约为 22.5 万亿美元。正如图中所显示的那样，没有一个时间点是 AMEX 股票或者其他交易所交易的股票占到了总市值的重要比重。最后，2012 年 12 月，市场组合总价值为 15.7 万亿美元：其中 11.4 万亿美元来自 NYSE 股票，4.3 万亿美元来自 NASDAQ 股票。此时所有 AMEX 股票总市值小于 360 亿美元，或者说只占到样本市场总值的 0.23%。概括来说，CRSP 样本股票市值的大部分一直来源于 NYSE 股票。随着 NASDAQ 股票在 1972 年 12 月被加入样本后，它们逐渐成为样本总市值的重要组成部分，特别是在 20 世纪 90 年代末的互联网泡沫时期。CRSP 样本总市值来源于 AMEX 股票的比例一直很小。

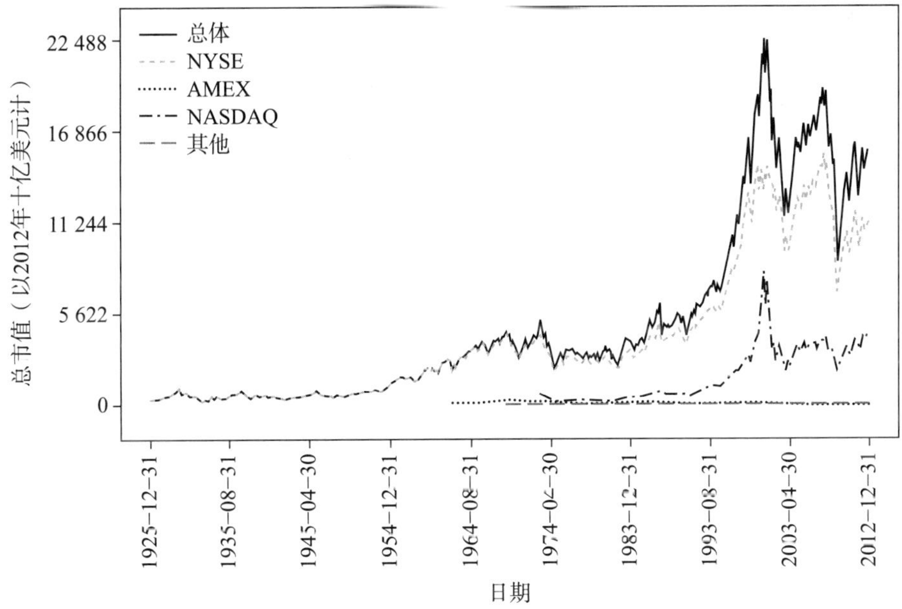

图 7.2　CRSP 样本中各交易所股票价值

该图显示了从 1925 年 12 月到 2012 年 12 月，每月底 CRSP 样本中股票总市值以及在 NYSE、AMEX、NASDAQ 和其他交易所上市的股票总市值。

CRSP 样本的行业成分

在考察了 CRSP 样本的交易所组成成分后，我们现在考察它的行业成分。我们采用标准行业分类代码将股票按行业分类。[①] SIC 代码是从 1 到 9999 的数字，表示一个

① SIC 代码由美国政府在 1937 年创立。更多有关 SIC 的信息参见美国劳工部职业安全与健康管理局网站的 SIC 手册。

公司所经营的业务种类。CRSP 样本中每只股票的 SIC 代码来源于 CRSP 月度股票名称文件的 SICCD 字段。表 7.1 展示了 SIC 代码的主要分类。我们在分析 CRSP 样本的行业情况时，根据这些分类来对股票进行分组。

表 7.1　SIC 行业划分代码

SIC 代码	行业
1～999	农业、林业、渔业
1000～1499	采矿业
1500～1799	建筑业
2000～3999	制造业
4000～4999	交通、通信、电力、天然气以及卫生服务业
5000～5199	批发贸易
5200～5999	零售贸易
6000～6799	金融、保险和房地产
7000～8999	服务业
9000～9999	公共管理

该表列举了不同 SIC 行业代码所对应的行业。

在 CRSP 样本中每个 SIC 行业在 CRSP 样本中所拥有的股票数量呈现在图 7.3 中。图例表示行业的首个词组，如同表 7.1 中所列举的。名为“缺失”的黑实线表明 SICCD 字段为 0 的股票数量。[①] 该表反映了在所有时间点，制造业企业构成了 CRSP 样本股票的绝大部分。1925 年 12 月，CRSP 样本中 499 只股票有 305 只都来源于制造业。样本中制造业企业占比在 1946 年 6 月达到了其最大值 67%(864 只股票中有 583 只)。在随后的样本时期，金融企业和服务企业构成了样本的重要部分，但是这两个行业之和在除了 1999 年 4 月—2006 年 3 月这个时期以外的所有时期内都小于制造业。[②] 最后，1972 年 12 月，样本中农业股票数量从 1972 年 11 月的 87 只突增到 810 只。类似地，金融企业数量从 1972 年 11 月的 247 只突增到 1972 年 12 月的 748 只。这两个突增的原因都是 1972 年 12 月 NASDAQ 股票被加入了 CRSP 数据库中。

最后，图 7.4 呈现了所有 CRSP 样本按行业分解的市值分布。所有图中的市值都是 CPI 调整市值并且以 2012 年 12 月十亿美元为单位表示。图中行业层面的总市值与其股票数量是一致的。在所有时间点，制造业企业都构成了 CRSP 样本总市值的绝大部分。在趋于样本时期末时，金融企业开始在组合的市值中占重要比例。随着互联网泡沫的增长，运输业（这个分类中包含了通信业）和服务业的市值有了实质性的增长，但是在泡沫破灭时，这个现象也相应地发生了反转。

① 0 并非一个有效的 SIC 行业代码。

② 存在少量例外情况。从 2004 年 11 月到 2005 年 4 月再到 2005 年 8 月，样本中制造业企业比金融业企业和服务业企业之和更多。2006 年 5 月，制造业企业数量与金融业企业和服务业企业数量之和相等。

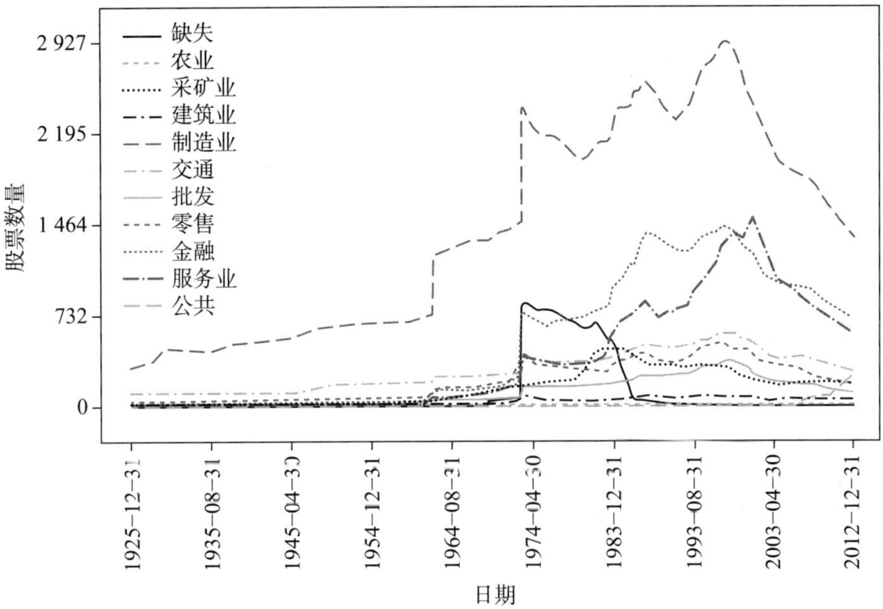

图 7.3　CRSP 样本中各行业的股票数量

该图展示了 1925 年 12 月—2012 年 12 月，每月底 CRSP 样本中每个 SIC 代码代表的行业所拥有的股票数量。

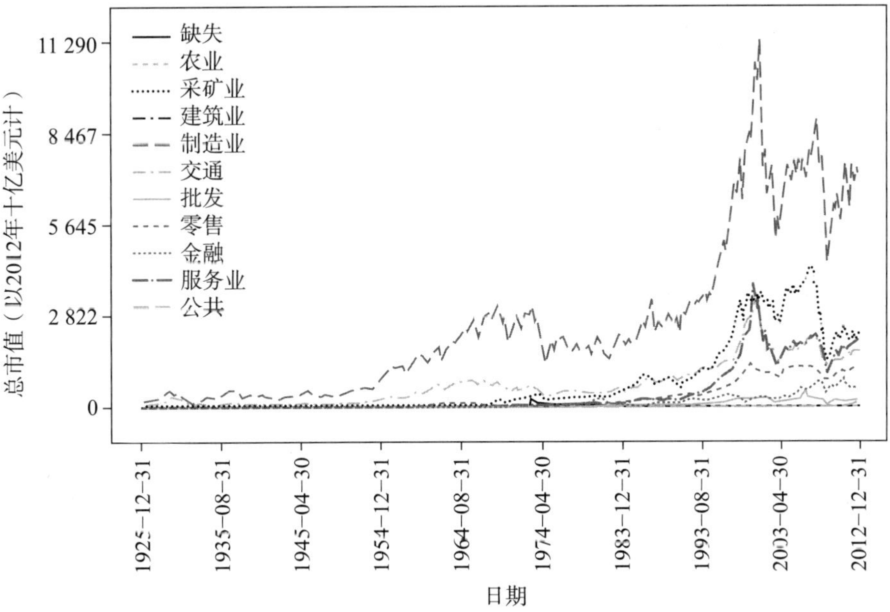

图 7.4　CRSP 样本中各行业的股票价值

该图展示了 1925 年 12 月—2012 年 12 月，每月底 CRSP 样本中每个 SIC 代码代表的行业所拥有的股票总市值。

7.2 股票收益和超额收益

我们现在将注意力转移到计算和考察 CRSP 样本中股票的收益上来。月度股票收益是本书和其他实证资产价格定价研究的主要关注点。事实上，本书的所有目标就是识别和解释股票收益的模式。

月度股票收益可以在 CRSP 数据库内月度股票文件的 RET 字段中获得。CRSP 计算的 RET 字段是从股票前一月最后交易日持有至当月最后交易日所取得的收益。对于 CRSP 样本的大多数观测值而言，股票月度收益可以被简单看作 CRSP 月度股票文件中 RET 字段的值。例外的情况是股票在某月被交易所退市。在这些情况下，给定月份的最后交易价格不能反映出一个投资者在上月末投资于该股票并持有至下月末所能实现的收益。原因是当股票退市时，如果投资者没有在退市前平仓，那么这个投资者会一直持有这只不会再交易的股票。因此，这只股票的价值（或交易价格）不会被公开观察到，使得计算其月度收益变得更复杂。因为在多数情况下，退市是不可预测的而且也不会对平仓进行必要的提醒，所以通常我们假设投资者会在退市前平仓是不合理的。

为了处理退市情况，CRSP 保留了一个月度退市文件。除了其他数据之外，这个文件还包括了股票退市日期（DLSTDT 字段）、表示退市原因的代码（DLSTCD 字段）和在上月以最后交易价格买进股票并在退市期间一直持有的投资者所实现的收益（DL-RET 字段）。DLRET 字段被称为退市收益。如果可能，CRSP 会在退市后决定股票价格，基于这个价格计算股票收益（随着所有分布进行调整），并且在 DLRET 字段公布这个价值。不幸的是，在多数情况下，CRSP 不能够决定股票的退市后价格。在这种情况下，DLRET 字段会缺失。为了处理这种情况，我们采用 Shumway（1997）的方法调整退市收益。具体来说，如果 CRSP 退市收益可用，我们将把退市收益看作股票收益。如果退市收益不可用，我们则依靠 DLSTCD 字段所表示的退市原因来决定收益。如果 DLSTCD 是 500、520、551 至 573、574、580 或 584，我们把退市期间的股票收益设为－30%。[①] 如果退市收益不可得并且 DLSTCD 不是前面提到的这些值，那么我们把退市月的股票收益设为－100%。

总之，为了计算给定月的股票收益，我们要么采用 CRSP 月度股票文件的收益，要么当股票在该月退市时采用退市收益。如果在股票退市期间的退市收益不可用，我们根据退市代码所表示的退市原因决定收益是－30%还是－100%。

---

① DLSTCD 500 表示原因不可知。DLSTCD 520 表示在柜台交易。DLSTCD 551 表示股票持有者数量不足。DLSTCD 552 表示价格跌至低于可接受的范围。DLSTCD 560 表示资本、盈余或权益不足。DLSTCD 561 表示流通量或资产不足（或不满足规则）。DLSTCD 570 表示公司要求（没有给出原因）。DLSTCD 572 表示公司流动性要求。DLSTCD 573 表示公司注销要求。DLSTCD 574 表示宣布破产。DLSTCD 580 表示申请失败、不付费。DLSTCD 584 表示股票不符合交易所继续上市的财务要求。不同停牌代码含义的更多信息参见 CRSP 文件。

在多数情况下，考察股票超额收益的做法优于仅考虑股票收益的做法。股票超额收益被定义为股票收益和相同时期下无风险证券收益的差值。本书所使用的月度无风险证券收益数据来自肯·弗兰奇（Ken French）数据库。无风险收益数据的可用起始日期为 1926 年 7 月，因此所有在此之前的月度超额收益无法获得。因为在给定月份所有股票的无风险证券收益相同，因此股票收益的横截面类型性质与超额收益的相同。然而，如在第 5.1.7 节中所讨论的一样，当使用因子模型评估收益的时间序列时，用超额收益而不是收益来分析是非常重要的。原因在于时间序列中无风险利率不是常数。因此，无风险利率的时间序列变动可能会影响时间序列分析的结果，例如可能会影响因子回归分析。另外，在因子回归中，截距系数通常是分析中的重要环节。基于这些理由，我们在本书的分析中采用超额收益。

我们记月份 t 股票 i 的收益为 $R_{i,t}$，超额收益为 $r_{i,t}$，这两个收益都按照前文所述的方法计算。我们采用百分数记录所有收益，这意味着 1.25 表示收益为 1.25%而不是 125%。在此我们简要基于此提醒读者注意，由于本书分析的主要焦点在于检验不同变量对横截面股票未来收益的预测能力，因此，月度收益是在预测变量被计算后的下一个月计算的收益。本书中我们用 t 表示预测变量计算的月份。因此，被预测的收益从月份 $t+1$ 开始。我们将这些收益称为一个月后收益或未来收益。当超额收益和收益的区别不重要时，我们可能在提到超额收益时简单地使用收益的概念。然而，本书所有分析除非特别说明，都使用超额收益。

在表 7.2 中，我们展现了一个月后超额收益（r_{t+1}）和收益（R_{t+1}）的描述性统计。为了说明退市调整对统计分析所产生的影响之大，我们同样也呈现了未调整的超额收益和收益，它们分别被定义为 RET 字段的值减去无风险证券收益的值（记为 ret_{t+1}）和 RET 字段的值（记为RET_{t+1}）。由于无风险利率数据在 1926 年 7 月以前不可得，计算描述性统计的第一个月份 $t(t+1)$ 是 1926 年 6 月（7 月）。类似地，因为 CRSP 数据库可得收益的最后一个月是 2012 年 12 月，所以描述性统计的最后一个月份 $t(t+1)$是 2012 年 11 月（12 月）。因此，该描述性统计表的样本时期 t 从 1926 年 6 月到 2012 年 11 月，与此对应的一个月后收益则从 1926 年 7 月到 2012 年 12 月。

表 7.2 表明平均每月的超额收益均值（r_{t+1}）是 0.96%，其中值是−0.08%。与均值比中值大的现象一致，超额收益的平均横截面偏度为正，其值是 2.38。这在很大程度上是因为股票收益以−100%为下边界，使得超额收益以−100%减去无风险证券收益为下边界，但是股票超额收益又不存在上边界。平均每月的超额收益最低值为−65.20%，其他的第 5 百分位数是−16.44%，第 25 百分位数是 5.76%，第 75 百分位数是 6.17%，第 95 百分位数是 21.13%，最大值是 208.10%。月度超额收益横截面标准差是 13.64%。最后，月度超额收益横截面分布的峰度为 47.92，表明平均每月超额收益的分布比正态分布有更大的尾部。收益（R_{t+1}）的结果与超额收益相似。收益的各项值（均值、最小值、5%、25%、中值、75%、95%和最大值）都大约比相应超额收益的值高 0.29%（真实差值是完全一样的，这里的报告值取整了），表明平均每月无风险证券收益大约是 0.29%。收益的标准差、偏度以及峰度都与超额收益的相应值

相同。最后，CRSP 数据库中每月平均有 3 112 只股票的超额收益（或收益）是有效的。

表 7.2　　　　收益描述性统计表（1926—2012 年）

	Mean	*SD*	*Skew*	*Kurt*	*Min*	5%	25%	*Median*	75%	95%	*Max*	*n*
r_{t+1}	0.96	13.64	2.38	47.92	−65.20	−16.44	−5.76	−0.08	6.17	21.13	208.10	3 112
R_{t+1}	1.25	13.64	2.38	47.92	−64.90	−16.15	−5.47	0.21	6.46	21.42	208.40	3 112
ret_{t+1}	1.00	13.28	2.38	39.32	−54.40	−16.34	−5.75	−0.09	6.18	21.13	186.80	3 095
RET_{t+1}	1.28	13.27	2.38	39.34	−54.11	−16.04	−5.46	0.21	6.47	21.42	187.07	3 095

该表呈现了利用 CRSP 样本计算的收益变量的描述性统计，样本月份 t 从 1926 年 6 月到 2012 年 11 月，或者收益月份 $t+1$ 从 1926 年 7 月到 2012 年 12 月。每个月每个变量横截面分布的均值、标准差、偏度、峰度、最小值、第 5 百分位数（5%）、第 25 百分位数（25%）、中值、第 75 百分位数（75%）、第 95 百分位数（95%）及最大值都计算出来了。该表呈现了每个横截面值的时间序列均值。列标记"n"表示给定变量可用的平均股票数量。r_{t+1}是股票超额收益，按照 Shumway（1997）的研究处理退市，用月份 $t+1$ 的股票收益［根据 Shumway（1997）调整退市］减去无风险证券收益计算所得。R_{t+1}是月份 $t+1$ 的股票收益，根据按照 Shumway（1997）的研究处理退市并调整退市。ret_{t+1}是未调整的月份 $t+1$ 的股票超额收益。RET_{t+1}是未调整的月份 $t+1$ 的股票收益。所有收益都以百分数计算。

现在我们转向未调整的超额收益（ret_{t+1}）和收益（RET_{t+1}）的描述性统计，可以看到这些变量的平均值比相应退市调整后的值稍高一点。其原因是包含许多收益是−30%或−100%的退市结果。基于同样的理由，平均每月调整后变量的最小值比未调整变量的相应值更小。有趣的是，未调整变量的最大值比调整变量稍小。其原因是，在有些情况下，退市收益非常高。最后，未调整收益的标准差、偏度以及峰度都比其相应调整收益的值更低。然而，在很大程度上，未调整收益的横截面分布与退市调整收益的分布十分相似。因此，选择未调整或调整收益对大部分实证分析几乎没有影响。这意味着，为了更准确地反映一个投资者在月份 t 投资并持有到月份 $t+1$ 月底所实现的收益，我们在本书中将采用退市调整未来超额收益（r_{t+1}）作为主要收益变量。

7.2.1　CRSP 样本（1963—2012 年）

在本章的前面部分，我们已经展示了 1926—2012 年的股票市场分析。然而，大部分实证资产定价研究只使用了这个样本的后面部分。具体而言，大多数学者使用的样本只包括 1963 年 6 月—2012 年 11 月或者 CRSP 数据库中最后可用年份中的样本。其理由正如前面所讨论过的，AMEX 股票从 1962 年 6 月开始被加入 CRSP 数据库中。实证资产定价文献中许多被研究的变量只需要用一年历史数据计算。因此，AMEX 股票的这些变量可用的第一个月份是 1963 年 6 月。在本书中，我们将遵循这个惯例。因此，本书所使用的样本月份 t 主要为 1963 年 6 月—2012 年 11 月。

为了对本书的分析重点，即样本期间收益分布，有更确切的理解，我们将样本期间收益的描述性统计情况呈现在表 7.3 中。我们重点考察退市调整超额收益（r_{t+1}）的结果，因为这是本书所使用的主要收益变量。为了便于比较，其他变量的描述性统计也一并呈现。

表 7.3　　收益描述性统计表（1963—2012 年）

	Mean	*SD*	*Skew*	*Kurt*	*Min*	5%	25%	*Median*	75%	95%	*Max*	*n*
r_{t+1}	0.75	16.06	3.18	73.46	−82.42	−19.52	−6.70	−0.36	6.49	23.77	302.74	4 782
R_{t+1}	1.17	16.06	3.18	73.46	−82.00	−19.10	−6.28	0.06	6.91	24.20	303.16	4 782
ret_{t+1}	0.80	15.50	3.12	59.74	−67.88	−19.36	−6.69	−0.36	6.50	23.79	266.66	4 754
RET_{t+1}	1.22	15.50	3.12	59.74	−67.45	−18.93	−6.26	0.06	6.93	24.21	267.08	4 754

该表呈现了利用 CRSP 样本计算的收益变量的描述性统计，样本月份 t 从 1963 年 6 月到 2012 年 11 月，或者收益月份 $t+1$ 从 1963 年 7 月到 2012 年 12 月。每个月每个变量横截面分布的均值、标准差、偏度、峰度、最小值、第 5 百分位数（5%）、第 25 百分位数（25%）、中值、第 75 百分位数（75%）、第 95 百分位数（95%）及最大值都计算出来了。该表呈现了每个横截面值的时间序列均值。列标记“n”表示给定变量可用的平均股票数量。r_{t+1}是股票超额收益，按照 Shumway（1997）的研究处理退市，用月份 $t+1$ 的股票收益减去无风险证券收益计算。R_{t+1}是月份 $t+1$ 的股票收益，按照 Shumway（1997）的研究处理退市。ret_{t+1}是未调整的月份 $t+1$ 的股票超额收益。RET_{t+1}是未调整的月份 $t+1$ 的股票收益。所有收益都以百分数计算。

表 7.3 指出平均每月的月度超额收益是 0.75%，超额收益中值是−0.36%，与 3.18 的正偏度一致。超额收益的范围是−82.42%～302.74%，第 5、25、75、95 百分位数分别是−19.52%、−6.70%、6.49%和 23.77%。平均每月超额收益的横截面分布的标准差是 16.06%。超额收益的分布是高度尖峰的，因为其平均横截面的峰度为 73.46。最后，每月一个有效的超额收益由平均 4 782 只股票计算得出。

7.3　市场因子

在考察了单只股票的超额收益之后，我们现在将股票市场看作一个整体来考察其超额收益。市场因子的定义为市场组合的超额收益，它在资产定价中扮演着重要的角色。根据资本资产定价模型［Capital Asset Pricing Model，CAPM，Sharpe(1964)；Linter(1965)；Mossin(1966)］，预期资产收益的横截面变动是资产收益和市场组合收益协方差的一个函数。从理论上来说，市场组合包括所有投资之和，不仅包含如股票、债券等金融证券，也包含其他投资，如房地产和人力资本。因为该市场组合的价值不可能被观测或计算，所以在需要运用市场组合的价值或收益时，我们可以使用更加简单的替代算法。最受欢迎的替代方法是使用所有金融证券的组合，但是因为这样的组合包含了价格罕有甚至没有价格的一些证券，所以即使是获得这种有着最直接概念的组合也是难以实现的，因为这包含了价格罕有甚至没有的一些证券。因此在实践中，大多数实证研究把市场组合看作由在美国股票交易所交易的证券集合构成。这种组合的价值和收益可以从被广泛使用的证券价格数据计算得到。

在实证资产定价研究中还有两种被广泛使用的市场组合的替代方法。第一种是使用在 CRSP 数据库中所有美国公司普通股票的市值加权组合。这个组合的日度和月度超额收益在 Ken French 网站和 WRDS 的 Fama-French 数据库中都可以得到。我们遵循惯例，将这个组合及它的超额收益记为 MKT，代表市场收益减去无风险收益。第二种常见方法是，使用的市场组合就是 CRSP 市值加权组合，这包含了 CRSP 数据库的所有证券，而不仅限于普通股，但也排除了美国存托凭证（American Depository Receipts，ADRs）[①]。根据 CRSP，我们将这个组合记为 $VWRETD$。$VWRETD$ 组合和 MKT 组合的主要区别在于 $VWRETD$ 组合包含了企业不在美国的那些股票、封闭式基金和其他不是普通股的证券。这个组合的日度和月度收益可以从 CRSP 获取。

MKT 组合和 $VWRETD$ 组合的超额收益几乎是相同的。[②] 在 1926 年 7 月—2012 年 12 月这一时期内，MKT 组合的平均月度超额收益是 0.627%，$VWRETD$ 组合的是 0.624%。这两个组合超额收益的标准差分别是 5.43%和 5.44%。最后，这两个组合超额收益的相关系数是 0.999 5。因此，这两个组合的收益几乎是完全相同的，而在实证研究中究竟选择哪一个组合完全取决于研究者。在本书中，我们采用 MKT 组合作为市场组合的替代。因此，这个组合的超额收益将作为市场因子超额收益的替代。

在 1926 年 7 月—2012 年 12 月这一时期内，MKT 组合的平均月度超额收益（对数超额收益）是每月 0.627%(0.478%)，月度超额收益（对数超额收益）的标准差是 5.43%(5.44%)。[③] 因此，MKT 组合超额收益（对数超额收益）的年化夏普比率是 0.400(0.304)。[④] 在这个时期内 MKT 组合的总复合超额收益是 14 209%，对数超额收益总累积值为 496%。

1926 年 7 月—2012 年 12 月投资于市场组合所实现的累积超额收益描绘在图 7.5 中。实线代表的是复合超额收益，这条线的比例标尺在图的左边。虚线代表对数超额收益的累积值，它的比例标尺在图的右边。同时呈现复合超额收益和累积对数超额收益的原因是，复合超额收益表示 1926 年 6 月底在市场组合投入了 1 美元购买市场组合后投资者将会赚到的超过无风险投资的金额。然而，代表这个价值的这条线有时可能会带来误导，因为快速地看一眼会觉得市场组合收益在样本期间的末尾比开端时波动得更剧烈。然而这完全是标尺的原因，因为相同比例的增加或减少在更近的时间点上拥有更大的纵向距离，因此累积超额收益从样本区间的开端到末尾在不断增大。对数收益的累积值没有这个缺点，但是累积对数超额收益的标尺值解析不像复合超额收益那样简单。特别是在样本开始时，这一点更加明显，此时虚线所代表的累积对数超额收益有了实质性的下降，但是实线所代表的复合超额收益并没有明显的下降。这个时

① ADRs 是那些在 CRSP 数据库中股票代码（SHRCD）在 30 到 39 之间的证券。

② $VWRETD$ 组合的超额收益等于 CRSP 中 $VWRETD$ 组合的收益减去无风险资产收益。

③ 对数超额收益定义为 1 加上超额收益的自然对数，其中超额收益用小数形式表示。

④ 年化夏普比率是月度收益或对数收益的均值除以相应的标准差，再乘以 $\sqrt{12}$。乘以 $\sqrt{12}$ 是基于月度收益独立的假设，使得年平均值等于 12 乘以月均值，而且年标准差等于 $\sqrt{12}$ 乘以月标准差。因此，年化夏普比率等于 $\mu\times\frac{12}{\sigma\times\sqrt{12}}=\mu\times\frac{\sqrt{12}}{\sigma}$，其中 μ 和 σ 分别是月度均值和标准差。

期是 1929 年的萧条时期，当时市场经历了历史上最大比例的亏损。然而，实线所代表的复合超额收益就会产生误导，因为几乎很难从实线上察觉到任何亏损，但实际上从高到低，亏损接近 85%。

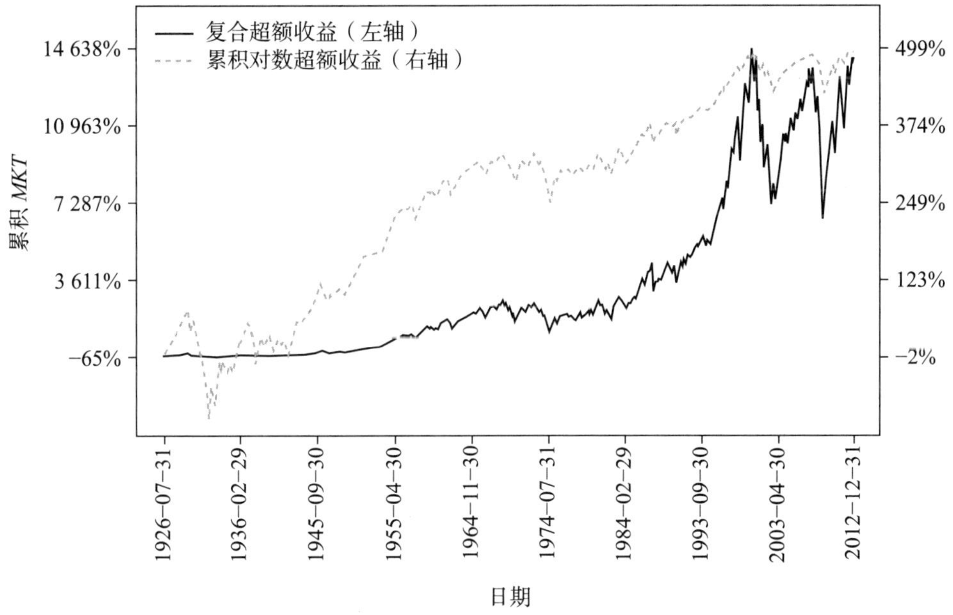

图 7.5 *MKT* 的累积超额收益

该图描绘了 1926 年 7 月—2012 年 12 月 *MKT* 因子的累积收益。月份 t 的复合超额收益的计算方法是 1 与截至该月且包括该月的月度收益之和的累积乘方，再乘以 100。累积对数超额收益是截至该月且包括该月的月度超额收益的对数之和。

图 7.5 同时呈现了投资于市场组合的收益与风险。从图中可以看出，长期平均超额收益非常显著地表现为正，但是也存在组合出现大量且持续亏损的时期，存在一些实质及持续的亏损。例如，1929 年 9 月—1932 年 6 月底，市场组合的复合超额收益经历了 85%的亏损。这包括 1929 年 10 月 28 日—1929 年 10 月 29 日间超过 23%的亏损。直到 1945 年 4 月底，复合超额收益才重新达到它以前的最大值，这花费了超过 15 年 6 个月的时间。这是我们样本期内最大、最长的跌幅。第二大、第二长的跌幅开始于 1968 年 12 月。从那时起直至 1974 年 9 月底，市场组合的复合超额收益是−56%。曾经在 1968 年 11 月底达到的最大复合超额收益，直到 1983 年 4 月底才再次达到，其间经历了 14 年 5 个月。第三大、第三长的跌幅开始于 2000 年 4 月。从那时起直至 2009 年 2 月底，市场组合的复合超额收益是−54%。直到 2012 年底，再也没有达到过曾经的高位。从图 7.5 中可以看出，这两次下跌涵盖了市场两次显著的低点。从 2000 年 3 月开始的这次下跌常被称为互联网泡沫的破灭。在此之前，基于互联网的股票可以获得非常好的收益。从 2000 年 3 月开始，这些股票的价格暴跌，市场组合也同样下跌。截至 2007 年 5 月，（复合超额收益）回升至接近泡沫破灭前的高点。这次回升被始于 2007 年的金融和次贷危机打断，在这次危机中贝尔斯登投资银行于 2008 年 3 月 16 日

破产，另一个投资银行雷曼兄弟也于 2008 年 9 月 15 日破产。最后，第四大、第四长的跌幅发生于 1987 年 9 月。在 1987 年 10 月，市场的超额收益是−23%。该月 19 日发生了被称为“黑色星期一”的暴跌。在那一天，市场组合下跌了近 17.5%。这次跌幅的低点发生在 1987 年 11 月底，那时市场组合的复合超额收益比之前的高点低了 31%，直到 1991 年 5 月底才再次达到之前的这个高点，从开始下跌共历经了近 4 年。

7.4 CAPM 风险模型

本章讨论的最后一个话题是 CAPM 风险模型。CAPM 风险模型是在解释考虑了组合或证券对市场组合的风险暴露后，被用来计算一个组合或一个证券的平均异常收益的模型。异常收益也被称为 α，任何组合（或证券）的异常收益（也被称为 α）都是通过其超额收益对市场组合超额收益的时间序列回归的截距系数来估计的。这个回归检验是

$$r_{p,t}=\alpha_p+\beta_p MKT_t+\varepsilon_{p,t} \tag{7.1}$$

这里 $r_{p,t}$ 和 MKT_t 分别是被计算的组合和市场组合在时期 t 的超额收益。为了根据 CAPM 风险模型判断组合是否存在异常收益，我们评估拟合的截距系数在统计上是否异于 0，拟合的截距系数也就是每个时期平均异常收益的估计值。如果截距系数显示非零，这表明组合产生非零平均超额收益并非由于组合超额收益对市场组合超额收益敏感所致，而取得了非零的平均超额收益。

CAPM 风险模型最常见的应用是在组合分析中检验给定变量（除了 β 以外的任意变量）对股票未来收益的预测能力。典型地，不同差异组合的异常收益是分析的重点。不同差异组合都获得了统计上异于零的异常收益可以被解析为：考察的变量具有对股票未来收益横截面变动的预测能力。采用 CAPM 风险模型对组合收益进行风险调整与控制横截面变动对市场因子（β）的敏感性类似。这样做是基于被研究组合（或证券）的 β 在样本期间内保持不变的假设。

7.5 总结

我们从研究美国股票市场的组成开始本章内容。我们所有分析的数据都来源于 CRSP 数据库，这是一个在实证资产定价研究中股票价格和收益数据的主要来源。从 1925 年到 1962 年 6 月，CRSP 数据库只包含了在 NYSE 上市的股票。1962 年 7 月，AMEX 股票被加入 CRSP 数据库，1973 年 1 月，NASDAQ 股票被加入该数据库。虽然这两次加入的股票市值只在市场组合总市值中占了很小的比例，但是组合中的股票数量得到了大量实质性的增加。从数量和总市值两方面而言，CRSP 数据库中主要股票

都在 NYSE 上市。在从 1926 年到 2012 年的整个样本期间内，制造业是拥有最多股票数量和最高市值的行业。

然后我们讨论了收益和超额收益的计算，并检验了它们的横截面分布。在本书呈现的分析中，我们使用的股票样本期间为 1963—2012 年。在此期间，样本股票的月度超额收益均值（中值）是 0.75%(−0.36%)。描述性统计表明，超额收益的横截面分布是高度右偏和正尖峰的。

接着我们研究了市场组合，即市场因子的超额收益。虽然长期来看市场因子的平均超额收益为正，但是在此期间仍然存在一些市场经历严重亏损的时期。最著名和持续最长的几次亏损是 1929 年的暴跌、2001 年的互联网泡沫破灭、2007 年和 2008 年的金融和次贷危机以及 1987 年 10 月的暴跌。

最后我们介绍了用 CAPM 风险模型来调整组合或单个证券收益对市场因子的敏感性的方法。CAPM 风险模型常被用于在组合分析中检验不同差异组合是否产生了正的异常收益（α）。

参考文献

[1] Linter, J. 1965. Security prices, risk, and maximal gains from diversification. Journal of Finance, 20 (4), 687-615.

[2] Mossin, J. 1966. Equilibrium in a capital asset market. Econometrica, 34 (4), 768-783.

[3] Sharpe, W. F. 1964. Capital asset prices: a theory of market equilibrium under conditions of risk. Journal of Finance, 19 (3), 425-442.

[4] Shumway, T. 1997. The delisting bias in CRSP data. Journal of Finance, 52 (1), 327-340.

第 8 章　贝　塔

根据 Sharpe（1964）、Linter（1965）和 Mossin（1966）的资本资产定价模型（CAPM），任一证券的期望收益等于无风险证券收益加上证券的市场 β 乘以市场风险溢价。用数学表达式表示 CAPM 为

$$E[R_{i,t}]=R_{f,t}+\beta_i(E[R_{m,t}]-R_{f,t}) \tag{8.1}$$

这里证券的 β 等于

$$\beta_i=\frac{Cov(R_{i,t},R_{m,t})}{Var(R_{m,t})} \tag{8.2}$$

$R_{i,t}$、$R_{f,t}$和$R_{m,t}$分别是在时期 t 内证券 i 的收益、无风险证券收益和市场组合收益。$E[\cdot]$代表期望形式，$E[R_{m,t}]-R_{f,t}$代表市场风险溢价，$Cov(R_{i,t},R_{m,t})$ 代表时期 t 证券 i 收益和市场收益的协方差，$Var(R_{m,t})$ 代表市场收益的方差。

CAPM 有一些可检验的实证预测，我们会在本章检验其中的两个。首先，CAPM 预测不同证券期望收益的横截面变动仅仅是由于证券 β 的横截面变动引起的。这个假说可能是所有实证资产定价假说中研究最为广泛，同时也是被最强烈反驳的一个。这个预测的实证检验可以分为两类。第一类研究检验了 β 在横截面上预测未来超额收益率的能力。这类实证分析的结果较杂乱。Blume 和 Friend（1973）以及 Fama 和 MacBeth（1973）的早期分析发现了 β 估计值和股票未来收益的正相关关系，但是最近的研究未能发现这种预测关系［Reinganum（1981）；Lakonishok and Shapiro（1986）；Fama and French（1992，1993）］。本章的大部分内容都致力于检验这个关系。第二类研究了其他

变量在横截面上预测未来超额收益率的能力。CAPM 理论认为除了市场 β，其他变量都不应该具有这种预测能力。令 CAPM 狂热者十分失望的是，很多其他变量都与股票未来收益率有显著相关性，例如市场价值［Benz (1981)；Fama and French (1992, 1993)］、账面市值比［Rosenberg, Reid, and Lanstein (1985)；Fama and French (1992, 1993)］、动量［Jegadeesh and Titman (1993)］及流动性［Amihud and Mendelson (1986)；Amihud (2002)］等。本书剩余的大部分内容将致力于检验这些现象。

CAPM 第二个可检验的实证预测是在控制了 β 的效应后，平均超额收益应该为 0。为了检验这个假说，研究者常常检验证券超额收益对 β 估计值的横截面回归的截距项。CAPM 预测这个回归的截距应该为 0，但是实证分析始终发现截距项在统计上表现为正值（Friend and Blume，1970；Stambaugh，1982）。虽然本章的分析将着重于 β 和股票收益的横截面关系，但是也会提供一些对 CAPM 预测可行性的见解。

本章有两个重要目标：第一个目标是介绍研究者用于估计股票 β 和实证检验该变量的几种不同方法；第二个目标是分析市场 β 和股票收益的横截面关系。

8.1 估计 β

在本节中，我们介绍几种估计 β 的不同方法，所有这些方法都是基于股票超额收益对市场组合超额收益的回归而展开的。估计股票市场 β 的最常用的方法是简单地运行一个 CAPM 回归，这个回归也被称为单因子市场模型回归。这个回归检验是

$$r_{i,t}=\alpha_i+\beta_i MKT_t+\varepsilon_{i,t} \tag{8.3}$$

其中 $r_{i,t}$ 是股票 i 在时段 t 内的超额收益，MKT_t 是市场组合（市场因子）在时段 t 内的超额收益，$\varepsilon_{i,t}$ 是回归残差。如果式（8.3）描述的股票 i 的收益和 α_i 都为 0，那么两边同时取期望则可以得到 CAPM。股票市场 β 则可以看作回归结果中斜率系数的估计值（β_i）。

研究者在估计市场 β 时所采用的数据频率和周期长度不同。在多数情况下，任一给定时段 t 的市场 β 只需采用时段 t 以前包括时段 t 的数据。一个常用的方法是用一年的日度超额收益数据来估计式（8.3）。当采用这种方法时，在每个月底可以使用从月份 $t-11$ 到月份 t 的共 12 个月的日度收益数据来估计式（8.3）。通常回归需要满足数据最小数目的要求，以确保回归估计值的质量。在使用一年的日度数据的情况下，一个合理的要求是回归至少需要 200 个数据点。虽然用一年的日度数据估计 β 是常用的方法，但是其他估计时段长度和数据频率的方法也同样可以使用。另一个常用方法是使用过去 5 年的月度超额收益数据。

我们考察了 9 种不同的估计时段和数据频率的组合，其中 5 种采用日度数据、4 种采用月度数据。对于日度数据，我们使用的周期长度分别是 1 个月、3 个月、6 个月、12 个月、24 个月，分别需要 15 天、50 天、100 天、200 天和 450 天的有效收益数据来

完成计算。我们记这些用日度超额收益数据计算的市场 β 估计值为 β^{kM}，其中 $k\in\{1, 3, 6, 12, 24\}$。因此，用日度数据计算的市场 β 估计值，可以用表明计算它们时所使用的月份数量的上标来识别。日度股票收益数据来源于 CRSP 日度股票文件（dsf）。日度 MKT 因子收益和日度无风险证券收益（需要用该收益处理来源于 CRSP 的原始收益数据以计算超额收益）来源于 Ken French 数据库。

我们同样使用过去 1 年、2 年、3 年、5 年的月度超额收益观测值来计算市场 β，它们至少需要 10 个、20 个、24 个和 24 个可用月度超额收益观测值。遵循使用月度数据计算 β 的惯常做法，我们计算 β 所要求的最大月度观测值为 24 个（即使是针对 5 年的数据周期亦如此）。为了标记采用月度数据计算的市场 β 估计值，我们采用了可以表示计算所需数据的年份数量的上标。因此，这些市场 β 的估计值表示为 β^{kY}，$k\in\{1, 2, 3, 5\}$。月度股票收益数据来源于 CRSP 月度股票文件（msf），月度 MKT 因子和无风险证券收益数据来源于 Ken French 数据库。

另外，为了检验这些用简单 CAPM 回归计算得出的市场 β，我们介绍另外两种 β 的估计方法。Scholes 和 Williams(1977) 表明非同步交易会影响采用 CAPM 计算的 β 估计值。为了解释这种非同步性，他们运行了一系列回归

$$r_{i,t}=a_i+b_i^- MKT_{t-1}+e_{i,t}^- \tag{8.4}$$

$$r_{i,t}=a_i+b_i MKT_t+e_{i,t} \tag{8.5}$$

$$r_{i,t}=a_i+b_i^+ MKT_{t+1}+e_{i,t}^+ \tag{8.6}$$

并且定义 β 为

$$\beta_i^{SW}=\frac{\widehat{b_i^-}+\widehat{b_i}+\widehat{b_i^+}}{1+2\rho} \tag{8.7}$$

其中 ρ 是市场组合超额收益的一阶序列相关系数，$\widehat{b_i^-}$、$\widehat{b_i}$、$\widehat{b_i^+}$ 分别是式（8.4）～式(8.6) 的斜率系数估计值。Scholes 和 Williams(1977) β 最好采用日度股票收益数据计算，因为月度收益数据受非同步交易影响的可能性较小。计算 Scholes 和 Williams(1977) β 的样本长度也是由研究者自主选择的。在我们的研究中，我们采用从月份 $t-11$ 到月份 t 月底的一年周期内的日度数据计算股票 i 的 β^{SW}。我们需要估算这一期间内 200 个有效超额收益观测值以计算 β^{SW}。

我们最后的市场 β 测量方法来自 Dimson(1979)，他的研究表明，当一只股票的交易不频繁时，采用 CAPM 估计的 β 可能会产生严重偏误。为了解释这个现象，Dimson (1979) β 被定义为[①]

$$\beta_i^D=\sum_{k=-5}^{k=5}\widehat{b_i^k} \tag{8.8}$$

① 式（8.8）和式（8.9）中 b^k 的上标不是乘方形式，而是代表不同的回归系数。

这里$\widehat{b_i^k}$是以下回归模型的斜率系数估计值

$$r_{i,t}=a_i+\sum_{k=-5}^{k=5} b_i^k MKT_{t+k}+e_{i,t} \tag{8.9}$$

虽然 Dimson(1979) β 是设计来提高对不经常交易的股票（或其他证券）β 的估计质量的，但是用它来计算频繁交易股票也不会带来不可预期的偏差，因此这个算法可以被应用到所有股票中。与我们计算 β 的其他方法一样，我们采用从月份 $t-11$ 到月份 t 月底的一年期内的日度数据计算股票 i 的 β^D，这需要估算这一期间内至少 200 个数据点。

虽然人们也提出了其他一些估计 β 的方法，但是前文中介绍的方法是最常用的。现在我们将采用 1963 年 6 月—2012 年 11 月的 CRSP 美国公司普通股票样本进行这些估计值的实证研究。

8.2 描述性统计

我们从研究每种 β 测量值的描述性统计开始我们的实证分析。表 8.1 呈现的是前述 β 估计值的描述性统计情况。表中由 CAPM 计算的 β 采用了日度股票收益（β^{1M}、β^{3M}、β^{6M}、β^{12M}、β^{24M}），这些 β 均值的区间为 0.74～0.79，并且随着测量周期从 1 个月增加到 24 个月而逐渐增加。[①] 每个变量的中值都稍微低于其均值，中值从测量周期为 1 个月的 0.64 变动到 24 个月的 0.73。与均值相同，中值也表现出了随着测量周期长度增加而增加的现象。类似地，小于中值的各个百分位数（最小值、5%、25%）存在随着测量周期增加而增加的现象，而高于中值的各个百分位数（75%、95%、最大值）则呈递减趋势。这些趋势可能是以下两种现象的结果。第一，随着测量周期变长，β 估计值的标准差变小，意味着由回归得出的值更有可能接近 β 的真实值。沿着同一条线，回归检验中使用的数据点越来越多，异常值的影响渐渐变小。因此可以预测，随着回归检验周期增加，估计值的极限值会越来越靠近中值。例如，用一个月的日度数据计算的 β 最小估计值（β^{1M}）是-14.32。造成这个值的原因很可能是当只有 15～23 个观测值可以用来运行回归时，其中一两个异常值会对回归结果产生很大的影响，这个估计值就不能准确反映股票的真实 β 值。当样本周期变长时，这些数据点的影响就会减少。

第二，造成该现象的原因可能在于某种机制。考虑到计算 β 测量值的数据要求是一只股票有 24 个月有效 β 值（β^{24M}）、股票必须是公开交易的，并且部分 CRSP 数据库中的数据必须有至少 450 个历史交易日，由此造成股票样本略微偏向于更大、更成熟的公司，这种股票更可能会表现得与中值股票相似。从表中可以看出，满足最小数据

① 我们将 β^{1M}、β^{3M}、β^{6M}、β^{12M}、β^{24M}，β^{1Y}、β^{2Y}、β^{3Y}、β^{5Y}称为 β 的 CAPM 估计值，因为它们都是用标准 CAPM 回归计算得出的。我们用 CAPM 来将这些变量与 β^{SW}、β^D 区分，这两个变量不是纯粹基于 CAPM 回归计算得出的。

点要求的观测值平均数量从β^{1M}的 4 742 减少到β^{24M}的 4 019，表明数据筛选移除了部分股票。被移除的股票可能是最近才刚开始公开交易的小型股，这潜在地造成了当使用 24 个月估计值时，更偏向于更成熟的公司。最后一个值得提及的现象是，根据日度数据计算的不同β值的分布差异随着测量周期变长而变小。因此，β^{24M}的分布与β^{12M}分布的相似程度比β^{3M}的分布与β^{1M}的相似程度更高。随着测量周期的增加，β估计值的分布更加稳定。这表明更长的测量周期可以算出更准确的β值。当对β估计值进行持续性分析时，我们会对其进行更详细的探究。

现在考察采用月度数据计算的β值（β^{1Y}、β^{2Y}、β^{3Y}、β^{5Y}），表 8.1 表明这些测量的均值都为 1.13～1.14，比前文讨论的基于日度收益的 CAPM 测量的均值更高。中值也有相同的结果，这里的中值在 1.01～1.05 的范围内变动。与基于日度收益的 CAPM 测量相似，基于月度收益的 CAPM 测量的最小值随着计算周期变长而变大，最大值随着计算周期变长则会变小，β^{1Y}、β^{2Y}、β^{3Y}、β^{5Y}的最小（最大）值分别是−9.48(16.17)、−4.74(9.12)、−3.43(7.12)、−3.28(6.19)。

表 8.1　　　描述性统计表

	Mean	*SD*	*Skew*	*Kurt*	*Min*	5%	25%	*Median*	75%	95%	*Max*	*n*
β^{1M}	0.74	1.39	0.18	23.63	−14.32	−1.14	0.05	0.64	1.38	2.90	15.44	4 742
β^{3M}	0.76	0.87	0.30	9.12	−6.34	−0.42	0.23	0.68	1.23	2.23	7.88	4 697
β^{6M}	0.77	0.71	0.41	3.87	−3.71	−0.19	0.30	0.70	1.18	2.02	5.46	4 611
β^{12M}	0.78	0.61	0.49	1.46	−2.16	−0.05	0.35	0.71	1.15	1.89	3.90	4 440
β^{24M}	0.79	0.54	0.55	0.57	−1.22	0.04	0.39	0.73	1.12	1.79	3.09	4 019
β^{1Y}	1.13	1.34	0.93	21.15	−9.48	−0.66	0.37	1.01	1.78	3.33	16.17	4 423
β^{2Y}	1.14	0.94	0.73	7.38	−4.74	−0.12	0.55	1.04	1.63	2.76	9.12	4 072
β^{3Y}	1.14	0.80	0.64	4.26	−3.43	0.06	0.62	1.05	1.57	2.56	7.12	3 958
β^{5Y}	1.14	0.72	0.50	6.68	−3.28	0.17	0.66	1.05	1.53	2.41	6.19	3 992
β^{SW}	0.88	0.68	0.41	1.67	−2.68	−0.07	0.42	0.82	1.29	2.08	4.73	4 440
β^{D}	1.06	1.01	0.52	10.64	−6.21	−0.34	0.44	0.97	1.60	2.76	9.22	4 440

该表呈现的是采用 1963 年 6 月—2012 年 11 月的 CRSP 样本计算的市场β的描述性统计情况。我们计算了每个月每个变量横截面分布的均值、标准差、偏度、峰度、最小值、第 5 百分位数（5%）、第 25 百分位数（25%）、中值、第 75 百分位数（75%）、第 95 百分位数（95%）、最大值。该表呈现了每个横截面值的时间序列均值。列标记 n 表示计算给定变量可用的股票平均数量。β^{1M}、β^{3M}、β^{6M}、β^{12M}、β^{24M}分别是用 1 个月、3 个月、6 个月、12 个月、24 个月日度收益数据计算的股票超额收益对市场组合超额收益的时间序列回归得到的斜率系数。同上，β^{1Y}、β^{2Y}、β^{3Y}、β^{5Y}采用的分别是 1 年、2 年、3 年和 5 年的月度收益数据。β^{SW}采用了 12 个月的日度收益数据，按照 Scholes 和 Williams（1977）计算得出。β^{D}采用了 12 个月的日度收益数据，按照 Dimson（1979）计算得出。

对 Scholes 和 Williams(1977) β 和 Dimson(1979) β(分别是β^{SW}、β^{D}）的研究表明，β^{SW}的分布与基于日度收益的 CAPM 测量相似，而β^{D}与基于月度收益的 CAPM 测量更相似。Scholes 和 Williams(1977) β 平均每月的均值和中值分别是 0.88 和 0.82，比基于日度收益的 CAPM 测量的相应值稍高，但比基于月度收益的 CAPM 测量的相应值更低。β^{D}的均值和中值分别是 1.06 和 0.97，与基于月度收益的 CAPM 测量的相应值更相似。β^{SW}的横截面标准差是 0.68，比β^{D}的 1.01 要小。与β^{D}具有更大变动的现象一致，它的极值（最小和最大值）比 β^{SW} 的相应值更大。因此，虽然 Scholes 和 Williams (1977) β 以及 Dimson(1979) β 都采用的是日度收益数据来计算，但是与基于日度收益的 CAPM 测量相比，Scholes 和 Williams(1977) 的计算对 β 估计值的分布没有显著的影响。Dimson(1979) β 的分布则不同，它与基于日度收益的 CAPM 测量的 β 分布明显不同，特别是 12 个月的测量（β^{12M}），这个测量是最好的比较变量，因为 β^{D} 也是采用 12 个月的日度收益数据计算得来的。β^{D} 的分布与所有采用日度收益数据计算的 β 估计值分布都明显不同，这个事实表明 β^{D} 包含了一些在其他测量中未包含的信息。

8.3 相关系数

表 8.2 呈现的是不同市场 β 测量之间的月度横截面相关系数的时间序列平均值。矩阵的下对角是皮尔逊积矩相关系数，上对角是斯皮尔曼等级相关系数。在计算皮尔逊积矩相关系数之前，对所有 β 测量都进行了 5%月度水平的缩尾处理。因为两种相关系数都可以得到相同的结论，并且它们十分相似，从而无须对数据产生担忧，所以我们这里主要关注皮尔逊积矩相关系数。

我们考察采用日度收益计算的 CAPM 测量 β 值间的相关关系，表 8.2 的结果表明每一对测量的平均相关系数在 0.43～0.89 之间变动，其中 0.43 是 β^{1M} 和 β^{24M} 的相关系数，0.89 是 β^{12M} 和 β^{24M} 的相关系数。采用相似的测量周期的测量间的相关系数比测量周期不同的那些测量要高。然而，这个现象的很大一部分原因可能是由于某种机制造成的。进一步地，采用较长测量周期的测量间的相关系数比采用较短测量周期的测量间的相关系数也更大，这表明更短的计算周期会带来更多的噪声。基于月度收益的 CAPM 测量间的相关关系也表现出了同样的规律，相关系数在 0.58～0.89 之间变动，其中 0.58 是 β^{1Y} 和 β^{5Y} 的相关系数，0.89 是 β^{3Y} 和 β^{5Y} 的相关系数。那些都采用日度收益数据或都采用月度收益数据的 β 测量间的相关系数比那些一个采用日度收益数据和一个采用月度收益数据的 β 测量间的相关系数更大，后者的平均值在 0.19～0.56 之间变动，其中 0.19 是 β^{1M} 和 β^{1Y} 的相关系数，0.56 代表 β^{24M} 和 β^{5Y} 的相关系数。同样，相关系数随着计算周期增加而增大。

与描述性统计表显示的结论一致，β^{SW} 与基于日度收益数据的 CAPM 测量 β 值（除了 β^{1M} 以外）间的相关系数比与基于月度收益数据的 CAPM 测量 β 值间的相关系数更大，β^{SW} 与采用 3～24 个月日度数据计算的各个 β 之间的相关系数为 0.60～0.76，而与采用月度数据计算的各个 β 之间的相关系数为 0.50～0.53。同样与描述性统计一致，β^{D} 与基于日度收益数据的 CAPM 测量间的相关系数比与基于月度收益数据的 CAPM 测量间的相关系数更小，这两者之间的相关系数变动范围分别为 0.25～0.51 和 0.51～0.63。最后，β^{SW} 与 β^{D} 的相关系数为 0.65。

总而言之，所有 β 测量之间都存在极其相似的成分。测量周期更长的测量间的相关系数更大，这表明更长的测量周期提供了更稳定和准确的估计值。Scholes 和

Williams(1977) β 与基于日度收益计算的 β 更相似，而 Dimson(1979) β 与基于月度收益计算的 β 更相似。

表 8.2　　相关系数

	β^{1M}	β^{3M}	β^{6M}	β^{12M}	β^{24M}	β^{1Y}	β^{2Y}	β^{3Y}	β^{5Y}	β^{SW}	β^{D}
β^{1M}	—	0.67	0.57	0.51	0.47	0.22	0.25	0.26	0.26	0.43	0.29
β^{3M}	0.67	—	0.83	0.72	0.65	0.34	0.37	0.38	0.38	0.62	0.42
β^{6M}	0.56	0.83	—	0.87	0.77	0.40	0.44	0.45	0.45	0.73	0.51
β^{12M}	0.48	0.72	0.87	—	0.89	0.45	0.50	0.51	0.51	0.83	0.57
β^{24M}	0.43	0.64	0.77	0.89	—	0.43	0.55	0.57	0.57	0.77	0.54
β^{1Y}	0.19	0.31	0.38	0.43	0.40	—	0.74	0.65	0.58	0.52	0.64
β^{2Y}	0.22	0.35	0.42	0.48	0.53	0.75	—	0.87	0.77	0.54	0.58
β^{3Y}	0.23	0.35	0.43	0.50	0.55	0.66	0.87	—	0.89	0.55	0.55
β^{5Y}	0.23	0.35	0.43	0.49	0.56	0.58	0.78	0.89	—	0.54	0.52
β^{SW}	0.40	0.60	0.73	0.83	0.76	0.50	0.53	0.53	0.52	—	0.66
β^{D}	0.25	0.39	0.48	0.55	0.51	0.63	0.57	0.54	0.51	0.65	—

该表呈现了市场 β 的各个估计测量之间的年度横截面相关系数的时间序列均值，下对角线是皮尔逊积矩相关系数，上对角线是斯皮尔曼等级相关系数。

8.4　持续性

在我们的研究和大多数实证资产定价研究中，都会用历史数据计算的 β 测量当作未来股票 β 的估计值，这样做的重要前提是 β 具有股票持续性特征。为了检验 β 的持续性，我们在表 8.3 中呈现了每个不同 β 测量的持续性分析。表中持续性测量采用的是非重叠数据计算。表中对应周期重叠滞后项的条目为空白，以避免出现机械的持续性结果。该表中呈现的是 1 个月、3 个月、6 个月、12 个月、24 个月、36 个月、48 个月、60 个月、120 个月滞后的持续性分析。在计算持续性时，每个测量都基于 0.5%的月度水平进行缩尾处理。

我们先考察采用日度数据计算的 CAPM 测量，表中的结果与我们从描述性统计和相关系数表中推测的结论一致，采用较短测量周期计算的测量噪声较大。β^{1M} 1 个月长度的持续性只有 0.23。3 个月日度数据得出的测量似乎是一个更好的测量，其 3 个月长度持续性为 0.41。该表结果表明，随着测量周期长度的增加，采用日度收益数据、标准 CAPM 回归计算出的 β 持续性也在增大，6 个月、12 个月、24 个月测量的 β^{6M}、β^{12M}、β^{24M} 的持续性分别为 0.54、0.63 和 0.68。12 个月、24 个月测量的 β^{SW} 持续性分别为 0.53 和 0.45。对于 β^{D}，其 12 个月、24 个月长度的持续性分别为 0.30 和 0.26。有趣的是，尽管 Scholes 和 Williams(1977) 以及 Dimson(1979) 表示非同步和不频繁交易会带来较差的 β 估计值，但是采用 12 个月日度收益数据计算的简单 CAPM β 测量 (β^{12M}) 在 12 个月和 24 个月长度的持续性上表现出了比这两种复杂测量 (β^{SW}、β^{D}) 更高的值。这个结果说明，没有证据表明应用 Scholes 和 Williams(1977) 以及 Dimson (1979) 的方法能得到一个更准确的 β 测量。

表 8.3　　持续性

τ	β^{1M}	β^{3M}	β^{6M}	β^{12M}	β^{24M}	β^{SW}	β^{D}	β^{1Y}	β^{2Y}	β^{3Y}	β^{5Y}
1	0.23	—	—	—	—	—	—	—	—	—	—
3	0.20	0.41	—	—	—	—	—	—	—	—	—
6	0.19	0.39	0.54	—	—	—	—	—	—	—	—
12	0.18	0.36	0.49	0.63	—	0.53	0.30	0.20	—	—	—
24	0.16	0.31	0.43	0.55	0.68	0.45	0.26	0.18	0.31	—	—
36	0.15	0.29	0.40	0.50	0.61	0.41	0.24	0.16	0.29	0.37	—
48	0.13	0.26	0.37	0.47	0.57	0.38	0.22	0.15	0.27	0.34	—
60	0.12	0.25	0.34	0.44	0.53	0.36	0.21	0.14	0.25	0.32	0.41
120	0.10	0.20	0.28	0.35	0.43	0.30	0.17	0.11	0.20	0.26	0.33

该表呈现了市场 β 各个测量的持续性分析结果。在每个月份 t，计算给定变量月份 t 和月份 $t+\tau$，β 值的横截面皮尔逊积矩相关系数。该表是月度横截面相关系数的时间序列平均值。标记 τ 的行表明了计算持续性的滞后时期。

采用月度数据的 β 测量表现出了与日度数据的 β 测量相似的持续性特征。表 8.3 说明 β^{1Y}1 年长度的持续性只有 0.20。然而，β^{2Y}2 年长度的持续性增加到了 0.31；β^{3Y}3 年长度的持续性为 0.37；β^{5Y}5 年长度的持续性为 0.41。

正如所预期的一样，每个 β 测量的持续性随着测量周期增长而增大。然而，不论计算持续性的滞后期 τ 的大小，对于每种数据频率（日度和月度），采用更长测量周期计算的测量的持续性都比更短测量周期的要大。唯一的例外是 β^{D}，它所有滞后期长度的持续性都比除了 β^{1M} 以外的其他日度收益数据测量的持续性小。

无论数据频率大小，采用更长的测量周期计算的测量持续性都比更短的测量周期的更大。这一事实说明用更长的测量周期计算得来的 β 值更准确，同时 β 是高度持久的。如果 β 不是高度持久的，那么我们可以预期在估计 β 时，对于一些估计周期，缺乏持续性会导致较低的准确性，因为长测量周期采用了时期较远的数据，这些数据不会反映股票现在的 β 值。即使是在对采用 5 年的月度收益数据的 β（β^{5Y}）的研究中，我们的分析也未能发现这一现象。因此，虽然一只股票的 β 不是完美持久的，但是我们的结果表明，在长达至少 5 年的时段内，β 是高度持久的。

比较基于日度收益的测量和基于月度收益的测量，我们发现对于所有滞后期，采用 12 个月或 24 个月的日度收益数据的测量（β^{12M} 和 β^{24M}）比其他所有基于月度收益的测量的持续性都高。甚至对于 10 年的滞后期（$\tau=120$），β^{12M}（持续性=0.35）和 β^{24M}（持续性=0.43）的持续性都比 β^{5Y}（持续性=0.33）的 10 年持续性更高。

总的来说，分析结果说明采用更长的测量周期可以得出更准确的 β 测量。另外，采用日度收益数据计算的 β 测量最准确。① Scholes 和 Williams(1977)、Dimson(1979)

① 虽然我们的分析表明采用日度数据能对 β 进行最好的估计，但是也存在很多支持月度或更长时段频率收益的变量的争论（Gilbert，Hrdlicka，Kalodimos，and Siegel，2014）。

的方法并没有提高采用简单 CAPM 回归的方法得到的 β 的准确性。

8.5 β 和股票收益

在单独分析了市场 β 的各个测量后，我们接着探究 β 和股票未来收益的关系。Sharpe(1964)、Linter(1965) 和 Mossin(1966) 的 CAPM 基本预测是：市场 β 和股票期望收益之间存在正相关关系，并定义这种关系的斜率代表了市场风险溢价。因此，我们期望可以预测 β 和未来超额收益横截面的正相关关系。正如将要简短说明的一样，与预期相反，组合分析和回归分析都没有检测到 β 和未来收益的显著关系，并且在某些情况下两者呈现的是负相关关系。因此，理论资产定价中最基本的预测未能得到实证支持。这个结果可能是所有实证资产定价中持续最长的实证异象。

8.5.1 组合分析

我们以 β 不同的测量作为排序变量来研究单变量排序组合，由此开始，对 β 和股票未来收益的关系展开分析。

等权重组合

表 8.4 表示的是给定 β 测量的平均值、等权重组合的平均组合超额收益和 CAPM α 以及第 10 和第 1 十分位数组合的差值。

我们从检验不同 β 测量的每个十分位数组合的 β 平均值开始分析。结果表明，对于每个测量，β 的平均值在十分位数组合中单调增加。这个结果是显而易见的，因为这些组合是按照 β 排序构造的。前文的描述性统计结果表明，采用更短测量周期计算的 β 测量有着更大的标准差，同时持续性分析说明，更短测量周期的 β 测量存在更多噪声，与这些结果一致，这里的结果表示对于基于日度收益数据和基于月度收益数据的 β 测量而言，测量周期越长，其第 10 十分位数组合和第 1 十分位数组合的平均 β 差值越小。

按 β 排序的组合的平均收益模式非常有趣。与 β 和期望收益之间存在正相关关系的理论预测相反，这里的结果表明，不论采用哪一种 β 测量，第 10 十分位数组合和第 1 十分位数组合的平均收益差值都为负。对于 6 个月（β^{6M}）、12 个月（β^{12M}）、24 个月（β^{24M}）长度的日度收益数据，采用简单 CAPM 回归计算的相应测量，它们的上述差值不仅为负，而且在 5%的水平上是统计显著的。对于 1 个月测量（β^{1M}）和 Scholes 和 Williams(1977) 测量（β^{SW}）而言，该差值也为负，并在 10%的水平上统计显著。对于所有基于日度收益数据的 β 测量，差异组合的平均收益具有十分重要的经济意义，该值在－0.33%～－0.54%变动，前者按 β^{1M} 排序所得，后者按 β^{24M} 排序所得。

表 8.4 **单变量组合分析——等权重**

排序变量	系数	1	2	3	4	5	6	7	8	9	10	10−1
β^{1M}	β^{1M}	−1.55	−0.31	0.04	0.29	0.52	0.77	1.04	1.38	1.88	3.29	4.84
	超额收益	0.77	0.77	0.78	0.84	0.82	0.83	0.78	0.76	0.69	0.44	−0.33
		(2.16)	(2.76)	(3.05)	(3.28)	(3.13)	(3.05)	(2.72)	(2.49)	(2.00)	(1.05)	(−1.90)
	CAPM α	0.31	0.38	0.42	0.42	0.36	0.34	0.24	0.17	0.03	−0.32	−0.63
		(1.32)	(2.29)	(2.58)	(3.04)	(2.68)	(2.57)	(1.80)	(1.27)	(0.16)	(−1.39)	(−3.77)
β^{3M}	β^{3M}	−0.62	0.01	0.23	0.42	0.59	0.78	0.98	1.23	1.58	2.41	3.04
	超额收益	0.74	0.76	0.85	0.79	0.83	0.80	0.30	0.76	0.68	0.43	−0.30
		(2.18)	(2.79)	(3.22)	(3.03)	(3.21)	(2.89)	(2.74)	(2.39)	(1.95)	(1.02)	(−1.37)
	CAPM α	0.34	0.41	0.47	0.37	0.38	0.30	0.25	0.15	−0.00	−0.34	−0.67
		(1.49)	(2.39)	(3.03)	(2.57)	(2.89)	(2.19)	(1.78)	(1.05)	(−0.00)	(−1.31)	(−2.85)
β^{6M}	β^{6M}	−0.32	0.12	0.30	0.47	0.62	0.78	0.96	1.18	1.48	2.14	2.46
	超额收益	0.84	0.76	0.84	0.84	0.84	0.81	0.74	0.78	0.62	0.37	−0.47
		(2.69)	(2.94)	(3.12)	(3.23)	(3.15)	(2.86)	(2.50)	(2.45)	(1.74)	(0.87)	(−1.97)
	CAPM α	0.49	0.43	0.46	0.42	0.38	0.31	0.19	0.19	−0.07	−0.45	−0.94
		(2.25)	(2.60)	(2.84)	(2.94)	(2.76)	(2.12)	(1.32)	(1.12)	(−0.43)	(−1.93)	(−4.13)
β^{12M}	β^{12M}	−0.13	0.18	0.35	0.50	0.64	0.79	0.95	1.15	1.42	1.98	2.11
	超额收益	0.92	0.87	0.91	0.85	0.86	0.87	0.77	0.65	0.60	0.38	−0.53
		(3.25)	(3.36)	(3.38)	(3.22)	(3.22)	(3.08)	(2.53)	(2.04)	(1.67)	(0.91)	(−2.04)
	CAPM α	0.61	0.55	0.53	0.43	0.40	0.40	0.21	0.04	−0.10	−0.45	−1.05
		(3.05)	(3.26)	(3.28)	(2.89)	(2.74)	(2.33)	(1.41)	(0.24)	(−0.61)	(−2.01)	(−4.45)
β^{24M}	β^{24M}	−0.00	0.24	0.39	0.53	0.66	0.80	0.95	1.12	1.37	1.86	1.86
	超额收益	0.97	0.89	0.94	1.01	0.91	0.85	0.86	0.73	0.63	0.43	−0.54
		(3.84)	(3.47)	(3.51)	(3.86)	(3.31)	(2.96)	(2.82)	(2.30)	(1.79)	(1.05)	(−2.00)
	CAPM α	0.69	0.57	0.56	0.62	0.44	0.35	0.31	0.13	−0.06	−0.39	−1.08

续前表

排序变量	系数	1	2	3	4	5	6	7	8	9	10	10−1
		(3.87)	(3.45)	(3.35)	(3.52)	(2.97)	(2.24)	(2.01)	(0.80)	(−0.34)	(−1.85)	(−4.47)
β^{SW}	β^{SW}	−0.17	0.23	0.42	0.58	0.74	0.90	1.08	1.29	1.58	2.19	2.36
	超额收益	0.90	0.84	0.91	0.81	0.87	0.79	0.84	0.71	0.62	0.39	−0.50
		(3.15)	(3.46)	(3.79)	(3.15)	(3.18)	(2.81)	(2.78)	(2.16)	(1.68)	(0.89)	(−1.88)
	CAPM α	0.58	0.52	0.58	0.40	0.41	0.29	0.28	0.09	−0.08	−0.44	−1.02
		(2.88)	(3.35)	(3.49)	(2.69)	(2.80)	(1.99)	(1.89)	(0.60)	(−0.46)	(−1.88)	(−4.44)
β^{D}	β^{D}	−0.54	0.17	0.44	0.66	0.86	1.08	1.31	1.60	2.01	3.00	3.54
	超额收益	0.72	0.74	0.78	0.84	0.86	0.88	0.88	0.80	0.68	0.52	−0.20
		(2.40)	(3.06)	(3.19)	(3.34)	(3.31)	(3.15)	(2.89)	(2.47)	(1.85)	(1.16)	(−0.77)
	CAPM α	0.35	0.39	0.40	0.43	0.40	0.37	0.32	0.19	−0.01	−0.24	−0.58
		(1.67)	(2.63)	(2.87)	(3.09)	(3.04)	(2.75)	(2.24)	(1.26)	(−0.03)	(−0.85)	(−2.36)
β^{1Y}	β^{1Y}	−0.95	0.03	0.37	0.63	0.88	1.14	1.43	1.79	2.30	3.70	4.65
	超额收益	0.69	0.68	0.76	0.82	0.84	0.83	0.87	0.91	0.73	0.59	−0.10
		(2.12)	(2.60)	(3.03)	(3.31)	(3.24)	(3.00)	(2.93)	(2.86)	(2.05)	(1.40)	(−0.46)
	CAPM α	0.30	0.30	0.37	0.40	0.39	0.33	0.32	0.32	0.07	−0.16	−0.47
		(1.34)	(1.91)	(2.58)	(3.00)	(2.95)	(2.45)	(2.34)	(2.08)	(0.40)	(−0.65)	(−2.05)
β^{2Y}	β^{2Y}	−0.27	0.31	0.55	0.75	0.94	1.14	1.36	1.63	2.02	2.99	3.26
	超额收益	0.73	0.71	0.87	0.86	0.91	0.92	0.90	0.84	0.80	0.64	−0.09
		(2.56)	(2.93)	(3.64)	(3.48)	(3.50)	(3.30)	(2.99)	(2.58)	(2.19)	(1.46)	(−0.36)
	CAPM α	0.38	0.36	0.53	0.44	0.45	0.41	0.35	0.24	0.13	−0.14	−0.52
		(2.03)	(2.47)	(3.26)	(3.29)	(3.39)	(2.95)	(2.39)	(1.45)	(0.69)	(−0.56)	(−2.16)
β^{3Y}	β^{3Y}	−0.06	0.40	0.62	0.79	0.96	1.14	1.34	1.58	1.92	2.74	2.80
	超额收益	0.82	0.78	0.86	0.90	0.85	0.87	0.88	0.88	0.84	0.69	−0.13
		(3.22)	(3.43)	(3.61)	(3.64)	(3.19)	(3.00)	(2.90)	(2.65)	(2.21)	(1.57)	(−0.45)

续前表

排序变量	系数	1	2	3	4	5	6	7	8	9	10	10−1
	CAPM α	0.53	0.44	0.48	0.47	0.38	0.36	0.33	0.28	0.16	−0.09	−0.63
		(2.71)	(3.19)	(3.59)	(3.67)	(2.75)	(2.41)	(2.12)	(1.68)	(0.81)	(−0.36)	(−2.49)
β^{5Y}	β^{5Y}	0.07	0.47	0.66	0.82	0.98	1.14	1.31	1.53	1.84	2.56	2.49
	超额收益	0.83	0.76	0.86	0.89	0.91	0.92	0.84	0.81	0.78	0.75	−0.08
		(3.53)	(3.45)	(3.72)	(3.58)	(3.31)	(3.24)	(2.68)	(2.40)	(2.04)	(1.69)	(−0.27)
	CAPM α	0.57	0.43	0.48	0.47	0.43	0.40	0.28	0.20	0.11	−0.03	−0.60
		(3.05)	(3.18)	(3.76)	(3.63)	(3.02)	(2.83)	(1.74)	(1.18)	(0.52)	(−0.11)	(−2.35)

该表呈现的是每种市场 β 测量和股票未来收益间关系的单变量组合分析结果。月度组合的构建是用 CRSP 样本的所有股票基于给定排序变量计算十分位数，并将所有 CRSP 样本股票按照十分位数排序分组。该表展示了每个十分位数组以及买多第 10 十分位数组、卖空第 1 十分位数组形成的零成本组合的排序变量平均值、等权重未来 1 个月超额收益（每月按百分位数表示）和 CAPM α。T 统计量经过 Newey 和 West（1987）六期滞后调整，以检验组合的平均超额收益或平均 CAPM α 等于 0 的零假设，该值在括号中表示。

按照基于月度收益计算的 β 测量排序的组合表现出的结果稍有不同。无论哪种 β 测量方式，不同组合的平均超额收益都为负，但是其绝对值很小，其范围是在按 β^{3Y} 排序所得的－0.13％和按 β^{5Y} 排序所得的－0.08％之间变动。在每种情况下，差异组合的平均收益都显著等于 0。

虽然没有一组组合的平均收益在 β 的所有十分位数上都呈现单调性，但是平均收益最低的组合总是第 10 十分位数组合。这个结果显得有些奇怪，因为从理论上来说，第 10 十分位数组合的平均收益应该最高而不是最低。并且，对于按照基于日度收益计算的 β 测量排序的组合而言，第 9 十分位数组合和第 10 十分位数组合平均收益之间的差额太大。例如，当按照 β^{12M} 排序时，第 9 十分位数组合的平均月度超额收益为 0.60％，而第 10 十分位数组合的平均超额收益只有 0.38％。事实上，当按照 β^{12M} 排序时，不仅第 10 十分位数组合的平均收益最低，而且第 1 十分位数组合的超额收益最高（每月 0.92％）。然而这并非对所有 β 测量都适用，特意提起这一点是因为 β^{12M} 是迄今为止在实证资产定价研究中最常用的 β 测量。

对组合 CAPM α 的检验表明，差异组合的 α 比平均收益具有更大的负值并且在统计上更加显著。事实上，不管是哪种 β 测量，差异组合的 α 都为负并且在统计上高度显著，异常收益（α）的范围是从按 β^{1Y} 排序的组合的－0.47％到按 β^{24M} 排序的组合的－1.08％，前者的 T 统计量为－2.05，后者的为－4.47。对于每一种 β 测量，第 10 十分位数组合的 CAPM α 最低，尽管这个组合的异常收益只有当按照 β^{12M} 排序时在 5％的置信水平下显著（CAPM α＝－0.45％/月，T 统计量＝－2.01*）、按照 β^{6M} 排序时在 10％的置信水平下显著（CAPM α＝－0.45％/月，T 统计量＝－1.93）和按照 β^{24M} 排序时在 10％的置信水平下显著（CAPMα＝－0.39％/月，T 统计量＝1.85）。如果 β 是采用超过 6 个月的数据（β^{D} 和 β^{1Y} 除外）计算的，那么第 1 十分位数组合的平均超额收益为正并且显著。而且，除了按 β^{1Y} 排序的第 2 十分位数组合外，每种 β 测量的第 2、第 3、第 4、第 5、第 6 十分位数组合都存在正的异常收益。这些结果似乎表明 CAPM 并不能很好地解释按照 β 排序组合的收益。

考虑到对超额收益的分析结果，就不会感到意外：采用 CAPM 调整收益会导致负的 α，它在数量上比差异组合的收益更大。产生这种结果的原因是采用 CAPM 调整的是收益对 MKT 因子的敏感度，该因子同样也被用来计算 β。因此，第 10 十分位数组合的股票有更强的敏感性，而那些低十分位数组合的股票敏感性也较低。通过买多高 β 股票且卖空低 β 股票形成的差异组合对市场组合具有更高的敏感性。因为 MKT 因子在长期中会带来正的平均收益，并且差异组合对市场组合有着正的敏感性，调整这种敏感性所产生的效应就是风险调整的收益比不调整的收益更低。

市值加权组合

现在我们重复组合分析，这次采用市值加权组合。市值加权组合分析的结果呈现在表 8.5 中，结果表明，等权重组合表现出的 β 和股票未来收益之间的负相关关系在市值

* 原书中 T 统计量为－0.45，有误。——译者注

表 8.5　单变量组合分析——市值加权

排序变量	系数	1	2	3	4	5	6	7	8	9	10	10−1
β^{1M}	超额收益	0.37	0.43	0.44	0.50	0.47	0.46	0.47	0.57	0.44	0.24	−0.13
		(1.44)	(2.13)	(2.43)	(2.78)	(2.69)	(2.43)	(2.37)	(2.54)	(1.69)	(0.62)	(−0.50)
	CAPM α	−0.04	0.09	0.10	0.14	0.09	0.06	0.03	0.06	−0.16	−0.51	−0.47
		(−0.25)	(0.91)	(1.15)	(1.83)	(1.46)	(0.81)	(0.47)	(0.91)	(−1.66)	(−2.58)	(−1.83)
β^{3M}	超额收益	0.16	0.45	0.48	0.45	0.54	0.45	0.55	0.50	0.44	0.35	0.19
		(0.64)	(2.37)	(2.59)	(2.50)	(2.99)	(2.39)	(2.75)	(2.25)	(1.63)	(0.93)	(0.64)
	CAPM α	−0.17	0.16	0.17	0.11	0.18	0.06	0.10	0.01	−0.15	−0.40	−0.24
		(−0.95)	(1.42)	(1.64)	(1.22)	(2.55)	(0.68)	(1.44)	(0.12)	(−1.45)	(−2.09)	(−0.83)
β^{6M}	超额收益	0.32	0.56	0.42	0.46	0.53	0.40	0.50	0.41	0.42	0.37	0.05
		(1.45)	(3.05)	(2.52)	(2.59)	(3.01)	(2.11)	(2.49)	(1.80)	(1.57)	(1.00)	(0.17)
	CAPM α	0.03	0.29	0.13	0.14	0.18	0.02	0.06	−0.08	−0.17	−0.38	−0.41
		(0.18)	(2.34)	(1.33)	(1.56)	(2.21)	(0.23)	(0.73)	(−1.07)	(−1.65)	(−2.12)	(−1.55)
β^{12M}	超额收益	0.39	0.53	0.54	0.43	0.56	0.48	0.51	0.43	0.39	0.34	−0.05
		(1.92)	(3.00)	(3.21)	(2.41)	(3.27)	(2.59)	(2.44)	(1.92)	(1.41)	(0.95)	(−0.18)
	CAPM α	0.14	0.26	0.27	0.11	0.21	0.10	0.07	−0.06	−0.20	−0.40	−0.54
		(0.95)	(2.26)	(2.66)	(1.10)	(2.65)	(1.23)	(0.78)	(−0.72)	(−1.93)	(−2.28)	(−2.13)
β^{24M}	超额收益	0.36	0.62	0.48	0.53	0.49	0.49	0.55	0.45	0.32	0.35	−0.01
		(1.81)	(3.34)	(2.82)	(3.15)	(2.79)	(2.66)	(2.68)	(1.92)	(1.19)	(1.01)	(−0.04)
	CAPM α	0.11	0.38	0.20	0.23	0.14	0.11	0.12	−0.02	−0.25	−0.37	−0.48
		(0.79)	(2.86)	(1.81)	(2.37)	(1.63)	(1.28)	(1.29)	(−0.23)	(−2.49)	(−2.46)	(−2.08)
β^{SW}	超额收益	0.31	0.44	0.52	0.44	0.47	0.59	0.38	0.50	0.47	0.26	−0.05
		(1.60)	(2.64)	(3.19)	(2.55)	(2.61)	(3.00)	(1.70)	(1.98)	(1.62)	(0.67)	(−0.15)
	CAPM α	0.06	0.18	0.24	0.11	0.11	0.18	−0.09	−0.05	−0.16	−0.54	−0.60
		(0.39)	(1.71)	(2.41)	(1.34)	(1.46)	(1.93)	(−1.22)	(−0.60)	(−1.38)	(−2.87)	(−2.22)

续前表

排序变量	系数	1	2	3	4	5	6	7	8	9	10	10−1
β^{D}	超额收益	0.29	0.43	0.54	0.49	0.54	0.54	0.53	0.47	0.42	0.17	−0.12
		(1.47)	(2.59)	(3.20)	(2.75)	(2.92)	(2.53)	(2.25)	(1.75)	(1.26)	(0.40)	(−0.38)
	CAPM α	−0.02	0.14	0.22	0.14	0.12	0.07	0.01	−0.13	−0.28	−0.66	−0.64
		(−0.12)	(1.38)	(2.43)	(1.63)	(1.86)	(1.29)	(0.10)	(−1.47)	(−2.03)	(−3.10)	(−2.34)
β^{1Y}	超额收益	0.21	0.40	0.44	0.56	0.69	0.51	0.48	0.47	0.47	0.52	0.31
		(0.99)	(2.12)	(2.46)	(3.03)	(3.66)	(2.43)	(2.10)	(1.80)	(1.54)	(1.29)	(0.97)
	CAPM α	−0.16	0.05	0.08	0.18	0.27	0.04	−0.04	−0.11	−0.19	−0.27	−0.10
		(−1.24)	(0.47)	(0.81)	(2.37)	(3.95)	(0.65)	(−0.56)	(−1.21)	(−1.40)	(−1.21)	(−0.36)
β^{2Y}	超额收益	0.39	0.39	0.54	0.65	0.54	0.52	0.52	0.43	0.54	0.38	−0.02
		(2.09)	(2.13)	(3.07)	(3.50)	(2.86)	(2.54)	(2.21)	(1.67)	(1.66)	(0.94)	(−0.04)
	CAPM α	0.08	0.07	0.19	0.27	0.12	0.04	−0.02	−0.15	−0.13	−0.42	−0.50
		(0.63)	(0.64)	(2.17)	(3.28)	(1.65)	(0.56)	(−0.20)	(−1.71)	(−0.94)	(−2.04)	(−1.75)
β^{3Y}	超额收益	0.33	0.42	0.50	0.60	0.46	0.47	0.53	0.41	0.54	0.50	0.17
		(1.93)	(2.34)	(2.90)	(3.28)	(2.33)	(2.20)	(2.21)	(1.49)	(1.68)	(1.23)	(0.47)
	CAPM α	0.05	0.11	0.16	0.22	0.03	−0.02	−0.01	−0.19	−0.13	−0.31	−0.37
		(0.43)	(0.96)	(1.86)	(2.51)	(0.35)	(−0.27)	(−0.10)	(−2.11)	(−0.98)	(−1.59)	(−1.34)
β^{5Y}	超额收益	0.43	0.43	0.59	0.44	0.47	0.54	0.49	0.45	0.51	0.50	0.08
		(2.46)	(2.61)	(3.55)	(2.36)	(2.32)	(2.43)	(1.94)	(1.59)	(1.53)	(1.23)	(0.21)
	CAPM α	0.16	0.14	0.25	0.05	0.03	0.05	−0.06	−0.16	−0.17	−0.31	−0.47
		(1.22)	(1.36)	(2.83)	(0.65)	(0.43)	(0.61)	(−0.77)	(−1.73)	(−1.10)	(−1.64)	(−1.73)

该表呈现的是每种市场 β 测量和股票未来收益间关系的单变量组合分析结果。月度组合的构建是用 CRSP 样本的所有股票基于给定排序变量计算十分位数，并将所有 CRSP 样本股票按照十分位数排序分组。该表展示了每个十分位数组以及买多第 10 十分位数组、卖空第 1 十分位数组形成的零成本组合的市值加权未来 1 个月超额收益（每月按百分位数表示）和 CAPM α。T 统计量经 Newey 和 West（1987）按照六期滞后调整，以检验组合的平均超额收益或平均 CAPM α 等于 0 的零假设，该值在括号中表示。

加权组合中变弱了。对于每个 β 测量，差异组合的平均收益较小且不显著。这些平均收益的范围从按照 β^{1M} 排序组合的每月－0.13％到按照 β^{1Y} 排序组合的每月 0.31％，前者的 T 统计量为－0.50，后者的为 0.97。在多数情况下，第 10 十分位数组合的平均超额收益为最低或第二低。具体来说，对于按照 β^{1M}、β^{12M}、β^{SW}、β^{D}、β^{2Y} 排序的市值加权组合而言，股票 β 最高组合的平均收益最低。对于按照 β^{3M}、β^{6M}、β^{24M} 排序的组合，其第 10 十分位数组合的平均超额收益是第二低的。有趣的是，对于按照 β^{3M}、β^{6M}、β^{1Y}、β^{3Y}、β^{5Y} 排序的组合，最低平均收益来自第 1 十分位数组合，而对于按照 β^{1M}、β^{12M}、β^{SW}、β^{D}、β^{2Y} 排序的组合，第 1 十分位数组合的平均收益是第二低的。对于 11 种 β 测量中的 7 种（β^{1M}、β^{3M}、β^{6M}、β^{12M}、β^{SW}、β^{D}、β^{2Y}），平均超额收益最低的两组都是第 1 十分位数和第 10 十分位数组合。没有任何一种 β 测量的平均收益在十分位数组合中会呈现单调性。

不同组合的 CAPM 的平均异常收益的范围是从按照 β^{D} 排序组合的每月 0.64％（T 统计量＝－2.34）到按照 β^{1Y} 排序组合的每月－0.10％（T 统计量＝－0.36）。按照 β^{12M}、β^{24M}、β^{SW} 排序组合的不同组合的 α 是统计上高度显著的，而按照 β^{1M}、β^{2Y}、β^{5Y} 排序组合的则是统计上边际显著的。因此，虽然当按照一些 β 测量排序时，差异组合存在负异常收益，但是这个结果在市值加权组合中并没有像在等权重组合中表现得那样强烈。对于所有 β 测量，高 β 组合的异常收益最低，并且对于每一个基于日度收益数据计算的测量以及 β^{2Y}，第 10 十分位数组合的 CAPM α 为负且统计显著。这些结果总体上比等权重组合的结果更好。没有任何一个价值加权的第 1 十分位数组合存在统计上显著的异常收益率。

总结起来看，这一节呈现的组合分析结果给出了强烈反对 CAPM 预测的证据。根据 CAPM，十分位数组合的平均收益应该呈现单调递增趋势，并且 CAPM 预测在使用 CAPM 对组合收益进行风险调整之后，每个组合的平均异常收益应该很小并且在统计上接近 0。然而正如表 8.4 和表 8.5 的结果一样，我们不仅没有发现 β 和期望收益的正相关关系，而且在有的情况下我们实际检测到了它们之间的负相关关系。

8.5.2 Fama 和 MacBeth 回归分析

现在我们采用 Fama 和 MacBeth(1973) 回归分析探究 β 和股票收益的关系。每个月对每种 β 测量，我们都做一个未来 1 个月股票超额收益（r_{t+1}）对给定 β 测量的横截面回归。回归中的自变量（任一种 β 测量）在计算回归系数之前都在 0.5％的月度基础上进行缩尾处理。表 8.6 是每种 β 测量月度横截面回归系数的时间序列均值。表中的列标记代表自变量所采用的 β 测量的种类。每个给定 β 测量的平均斜率呈现在标记为“β”的行中，并且平均截距系数表示在行“Intercept”中。T 统计量是检验平均系数等于 0 的零假设，按照 Newey 和 West(1987) 对 T 统计量进行六期滞后调整，该值在括号中标示。标记为“Adj. R^2”和“n”的行分别表示平均调整的 R 平方和横截面回归中所使用的观测值平均数量。

表 8.6　　　　Fama-MacBeth 回归分析

	β^{1M}	β^{3M}	β^{6M}	β^{12M}	β^{24M}	β^{SW}	β^{D}	β^{1Y}	β^{2Y}	β^{3Y}	β^{5Y}
β	−0.06	−0.08	−0.17	−0.26	−0.30	−0.19	−0.01	0.02	0.01	−0.03	−0.04
	(−1.19)	(−0.90)	(−1.45)	(−1.96)	(−1.97)	(−1.46)	(−0.12)	(0.39)	(0.08)	(−0.22)	(−0.30)
Intercept	0.79	0.80	0.87	0.97	1.06	0.93	0.79	0.74	0.80	0.87	0.89
	(2.85)	(2.95)	(3.32)	(3.85)	(4.33)	(3.97)	(3.26)	(2.77)	(3.35)	(3.95)	(4.34)
Adj. R^2	0.01	0.01	0.02	0.02	0.02	0.02	0.01	0.01	0.01	0.02	0.02
n	4 732	4 686	4 599	4 426	4 007	4 426	4 426	4 410	4 058	3 935	3 948

该表呈现了对股票期望收益和市场β之间关系的 Fama 和 MacBeth（1973）回归分析。表中的各列代表不同横截面回归检验的结果。所有回归检验的因变量是未来 1 个月的股票超额收益。每个检验的自变量用列标题表示。自变量基于 0.5%的月度基础水平进行缩尾处理。该表展示了平均斜率、截距系数以及 T 统计量（在括号中标示），其中 T 统计量经过 Newey 和 West（1987）六期滞后调整，用于检验平均系数等于 0 的零假设。标记为“Adj. R^2”和“n”的行分别表示平均调整的 R 平方和横截面回归中所使用的观测值平均数量。

表 8.6 的结果表明，对每个基于日度收益数据的β，β 的平均系数为负。用β^{12M}进行回归，其平均系数为−0.26，T 统计量为−1.96，在 5%的水平下显著。用β^{24M}进行回归的结果与此类似，其平均系数为−0.30，T 统计量为−1.97。β^{SW}的平均斜率是−0.19但不显著（T 统计量＝−1.32）。使用β^{D}的结果相同，其平均系数为−0.01（T 统计量=0.19）。采用月度收益数据的β测量的回归结果未表现出β和未来 1 个月股票超额收益的关系，平均系数值非常小，在 0.01～−0.04 变动，且显著不异于 0。对表 8.6 的一种解释是，采用β^{12M}和β^{24M}所得出的β与股票未来收益的负相关关系并不十分稳健，因为当使用别的β测量时，该结论便不再成立。另一种对结果的解释则依赖于描述性统计、相关系数分析和持续性分析，上述分析中的主要结论是：β^{12M}和β^{24M}是最准确的β测量。因此，其他测量未能检测出与β^{12M}和β^{24M}相同的结果可能是因为其他测量中含有太多噪声。无论是哪种解释，这些结果显然无法支持 CAPM 的主要预测结论，即β和股票期望收益有正相关关系。

如果我们假设用β^{12M}和β^{24M}作为自变量进行回归得出的结论确实表明β和股票期望收益存在负相关关系，那么检验这种关系的经济上的数量大小非常重要。我们采取了多种方法去进行这种检验。我们使用β^{12M}的回归结果来进行分析，因为β^{12M}是资产定价文献中最常用的β测量。

解释β和股票期望收益之间经济关系重要性的最直接的方法是，将回归结果中的平均斜率系数−0.26 作为β每增加一单位所带来的期望收益增加的大小。因此，结果表明，每一单位β的增加可以使期望收益每月减少 0.26%或每年减少 3.12%。另一种研究结果经济意义大小的方法是，计算β每变动一个标准差所带来的期望收益的变动大小。采用这种方法就是将平均系数−0.26 乘以β^{12M}的每月横截面分布的标准差 0.61（见表 8.1），得到−0.16。因此，回归结果表明β每增加一个标准差，则期望收益每月减少 0.16%或每年减少 1.92%。最后，我们可以用平均斜率系数检验高β^{12M}股票和低β^{12M}股票期望收益的差值。为了得出结果，我们用回归系数−0.26 乘以β^{12M}最高值和最低值的平均差值。表 8.4 显示按β^{12M}排序的组合平均β差值是 2.11，用它乘以−0.26

得到－0.55。因此，我们可以得出结论，即高 β^{12M} 股票和低 β^{12M} 股票期望收益的差值约为每月－0.55%（每年－6.6%）。这里值得注意的是，组合分析得出的差值组合平均月度收益是－0.53%，与这里的－0.55%非常接近。

CAPM 的第二个可以用表 8.6 的回归分析进行研究的预测是，在控制了 β 的效应后，平均超额收益应该为 0。我们通过检验回归分析中的平均截距系数来检验这个预测。

表 8.6 的结果表明，不论在回归分析中使用的是哪一种 β 测量，平均截距系数都为正且高度显著。平均系数的变动范围从以 β^{1Y} 为自变量的 0.74 到以 β^{24M} 为自变量的 1.06，前者的 T 统计量为 2.77，后者为 4.33。因此，这个结果再一次与 CAPM 的预测形成了鲜明对比，该结果表明在控制了 β 效应后，股票可以获得非常显著的正平均超额收益。β^{1Y} 的回归系数为 0.74，表示在控制了 β 效应后，股票可以获得每月 0.74%（每年 8.88%）的平均超额收益。β^{24M} 的回归结果则表明，在控制了 β 效应后，我们可以获得每月 1.06%（每年 12.72%）的平均超额收益。

最后，值得注意的是，表 8.6 中调整的 R 平方均值非常小，对于不同的 β 测量，其变动范围为 0.01～0.02。当因变量为股票未来收益时，低 R 平方值是实证资产定价研究中常见的现象。正如本书所分析的一样，不管回归检验中自变量的组合怎样，R 平方都是非常低的值。其主要原因是很难准确预测股票未来收益，同时实现的股票收益对估计股票期望收益而言包含了太多噪声［见 Elton(1999)］。

总之，我们的实证研究未能支持 CAPM 的预测结论。我们没有找到证据支持 β 和股票未来收益之间存在正相关关系，甚至某些分析还检测到了负相关关系。用 Fama 和 MacBeth(1973) 回归分析得出的平均截距系数估计了 β 为 0 的股票的期望收益，估计值表明零 β 股票具有较大且较显著的平均超额收益。

8.6 总结

我们从讨论证券 β 的估计开始了本章的内容。最常用的方法是运行股票历史超额收益对市场因子的回归，然后将斜率系数当作股票 β 的估计值。采用这个方法时一般要么使用日度要么使用月度超额收益数据。在实证资产定价文献中最常用的 β 测量是用一年的日度收益数据来运行回归模型得到估计值。在本书中我们将这个测量简单称为 β，并记作 β^{12M}。其他 β 的测量方法，用以解决非同步和不频繁交易的问题，是 Scholes 和 Williams(1977)、Dimson(1979) 提出的。

本章的描述性统计、相关系数分析和持续性分析都表明采用更长的测量周期计算的 β 是更准确的估计值。另外，结果还表明在回归中采用日度收益而不是月度收益也可以得到更准确的 β 估计值。Scholes 和 Williams(1977)、Dimson(1979) 提出的调整方法并没有提高 β 测量的准确度。

采用不同股票 β 的估计变量，我们对 β 和股票期望收益之间的横截面关系进行了实证分析。CAPM 预测 β 和期望收益之间存在正相关关系。具体而言，CAPM 模型发现 β 和期望超额收益的关系可以用一条斜率等于市场风险差价、截距为 0 的线来描绘。

这些预测的实证检验都未能得出支持它们的结论。单变量组合分析以及 Fama 和 MacBeth(1973) 回归分析都发现 β 和未来超额收益之间要么存在负相关关系要么不存在关系。具体的结果取决于分析中所使用的 β 测量。对于最常用的 β 测量，即采用一年日度数据的股票超额收益对市场因子的回归结果（β^{12M}，或者在本书的后续部分的 β），这些分析大致的结果都是负相关关系。另外，为了检验 β 和股票未来收益的负相关关系，Fama 和 MacBeth(1973) 回归分析得到了非常大的截距系数，这与 CAPM 的第二个预测矛盾，CAPM 预测零 β 证券的期望超额收益为零。

这些实证结果可能是所有实证资产定价文献中最持久且最被广泛研究的异象。买多高 β 股票、卖空低 β 股票构建的组合，其负异常收益最先被 Black、Jensen 和 Scholes (1972) 发现。接着许多其他文献也得出了相似结论，如 Blume 和 Friend(1973)、Fama 和 MacBeth(1973)、Reinganum(1981)、Lakonishok 和 Shapiro(1986) 以及 Fama 和 French (1992，1993)。最近，许多文献也提出了对这个谜题的可能解释。Baker、Bradley 和 Wurgler(2011) 发现该效应可能是由机构投资者的基准行为引起的。Baker、Bradley 和 Taliaferro(2014) 认为这个异象由微观和宏观两方面组成。Frazzini 和 Pedersen (2014) 提供了理论和确凿的实证证据，他们指出产生这个现象的原因是，受杠杆约束的投资者会买多高 β 股票以增加他们组合的期望收益。这样做的结果就是使得高 β 股票的价格升高，从而降低了它们的期望收益。Bali、Brown、Murray 和 Tang(2014) 发现了证明他们观点的实证证据，表示 β 和股票未来收益的负相关关系是由投资者对博彩型股票的需求引起的，这类股票恰好就是高 β 股票。对博彩型股票的需求提高了其价格，从而使得高 β 股票的未来收益变低。

参考文献

[1] Amihud，Y. 2002. Illiquidity and stock returns：cross-section and time-series effects. Journal of Financial Markets，5 (1)，31-56.

[2] Amihud，Y. and Mendelson，H. 1986. Asset pricing and the bid-ask spread. Journal of Financial Economics，17 (2)，223-249.

[3] Baker，M.，Bradley，B.，and Taliaferro，R. 2014. The low-risk anomaly：a decomposition into micro and macro effects. Financial Analysts Journal，70 (2)，43-58.

[4] Baker，M.，Bradley，B.，and Wurgler，J. 2011. Benchmarks as limits to arbitrage：understanding the low-volatility anomaly. Financial Analysts Journal，67 (1)，40-54.

[5] Bali，T. G.，Brown，S. J.，Murray，S.，and Tang，Y. 2014. A Lottery Demand-Based Explanation of the Beta Anomaly. SSRN eLibrary.

[6] Banz, R. W. 1981. The relationship between return and market value of common stocks. Journal of Financial Economics, 9 (1), 3-18.

[7] Black, F., Jensen, M. C., and Scholes, M. S. Studies in the Theory of Capital Markets, The capital asset pricing model: some empirical tests. Praeger, New York, 1972.

[8] Blume, M. E. and Friend, I. 1973. A new look at the capital asset pricing model. Journal of Finance, 28 (1), 19-33.

[9] Dimson, E. 1979. Risk measurement when shares are subject to infrequent trading. Journal of Financial Economics, 7 (2), 197-226.

[10] Elton, E. J. 1999. Expected return, realized return, and asset pricing tests. Journal of Finance, 54, 1199-1220.

[11] Fama, E. F. and French, K. R. 1992. The cross-section of expected stock returns. Journal of Finance, 47 (2), 427-465.

[12] Fama, E. F. and French, K. R. 1993. Common risk factors in the returns on stocks and bonds. Journal of Financial Economics, 33 (1), 3-56.

[13] Fama, E. F. and MacBeth, J. D. 1973. Risk, return, and equilibrium: empirical tests. Journal of Political Economy, 81 (3), 607.

[14] Frazzini, A. and Pedersen, L. H. 2014. Betting against beta. Journal of Financial Economics, 111 (1), 1-25.

[15] Friend, I. and Blume, M. 1970. Measurement of portfolio performance under uncertainty. American Economic Review, 60 (4), 607-636.

[16] Gilbert, T., Hrdlicka, C., Kalodimos, J., and Siegel, S. 2014. Daily data is bad for beta: opacity and frequency-dependent betas. Review of Asset Pricing Studies, 4 (1), 78-117.

[17] Jegadeesh, N. and Titman, S. 1993. Returns to buying winners and selling losses: implications of stock market efficiency. Journal of Finance, 48 (1), 65-91.

[18] Lakonishok, J. and Shapiro, A. 1986. Systematic risk, total risk and size as determinants of stock market returns. Journal of Banking & Finance, 10 (1), 115-132.

[19] Linter, J. 1965. Security prices, risk, and maximal gains from diversification. Journal of Finance, 20 (4), 587-615.

[20] Mossin, J. 1966. Equilibrium in a capital asset market. Econometrica, 34 (4), 768-783.

[21] Newey, W. K. and West, K. D. 1987. A simple, positive semi-definite, heteroskedasticity and autocorrelation consistent covariance matrix. Econometrica, 55 (3), 703-708.

[22] Reinganum, M. R. 1981. A new empirical perspective of the CAPM. Journal of Quantitive and Empirical Finance, 16 (4), 439-462.

[23] Rosenberg, B., Reid, K., and Lanstein, R. 1985. Persuasive evidence of market inefficiency. Journal of Portfolio Management, 11 (3), 9-16.
[24] Scholes, M. and Williams, J. T. 1977. Estimating betas from nonsynchronous data. Journal of Financial Economics, 5 (3), 309-327.
[25] Sharpe, W. F. 1964. Capital asset prices: a theory of market equilibrium under conditions of risk. Journal of Finance, 19 (3), 425-442.
[26] Stambaugh, R. F. 1982. On the exclusion of assets from tests of the two-parameter model. Journal of Financial Economics, 10 (3), 237-268.

第 9 章　规模效应

规模效应指的是这种现象：大市值股票的收益常常比小市值股票的收益低。这个结论已经成为预测股票收益的实证检验中的基本发现。尽管 Fama 和 French(1992, 1993) 的文章是关于规模效应文章中最常被引用的，但这个现象已由 Banz(1981) 在十余年前证明，后来又被 Lakonishok 和 Shapiro(1986) 再次证明。Fama 和 French(2012) 证明了国际资本市场中规模效应的存在。

Fama 和 French(1992) 关于规模的主要结论是：市值有预测未来股票横截面收益的能力。特别地，小市值股票获得了显著高于大市值股票的平均历史收益。建立在这个发现之上，Fama 和 French(1993) 设计并构造了一个组合，该组合的收益拟合了与规模效应相关的收益，他们进一步提出将这个组合的收益作为一个风险因子，记为“小减大”（*SMB*）。他们发现，Fama-French 三因子模型在解释资产组合收益方面比 Sharp(1964)、Lintner(1965) 和 Mossin(1966) 的资本资产定价模型（CAPM）表现更优。[①]

本章的目的在于讨论衡量市值变量指标的计算、实证证明这些变量预测股票未来收益的能力，以及检验 Fama 和 French(1993) 构造的 *SMB* 因子的性质。

9.1　计算市值

股票的市值定义为这只股票所有流通股的总价值。因此，市值的计算即为发行的

① Fame-French 三因子模型包括市场因子（*MKT*），规模因子（*SMB*）和价值因子（*HML*），其中价值因子是基于资产的账面价值比来构造的，这将会在第 10 章进行讨论。

股份总数乘以单股价格。

市值的计算看似简单，但在计算实施中还是有问题值得讨论。大部分研究人员从证券价格研究中心（CRSP）数据库获取计算市值所需的数据。CRSP 提供的日度股票文件和月度股票文件中的 SHROUT 栏表示流通股股数。SHROUT 栏的单位是 1 000 股。在日度和月度股票文件中，在某些情况下 SHROUT 栏的值为 0。造成这些情况的原因目前还不清楚。因此，我们将 SHROUT 栏的值为 0 的情况认作流通股股数缺失。在日度股票文件中，CRSP 把股票的价格记作 PRC 栏。PRC 栏的值表示股票的收盘价，即这只股票在当日最后一次交易的价格。如果收盘价不可得，最常见的原因是这只股票在当日没有进行交易，CRSP 则报告这只股票最后买价与最后卖价的平均值的负数。如果收盘价和最后买价卖价平均值都不可得（因为买价或卖价不可得），CRSP 则将 PRC 栏设置为 0 或让它缺失。[①]如果用日度股票文件中的数据来计算市值，那么建议将 PRC 栏值为 0 的情况视为股票价格缺失。CRSP 在月度股票文件中也提供股票价格数据。在月度股票文件中，有两个价格栏，PRC 和 ALTPRC（备用价格）。月度股票文件中 PRC 栏的计算与日度股票文件中 PRC 栏的计算方式完全相同，是给定月份中最后一个交易日的股票价格。ALTPRC 栏包含给定月份内所有交易日的最后一个非缺失价格。这个非缺失价格取为实际收盘价或买价卖价平均值的负值。和 PRC 栏一样，ALTPRC 栏值为负值时表示这个价格是由买价和卖价的平均值计算的。最后，如果在给定月份内每个交易日的价格都不可得，那么就将 ALTPRC 栏设置为 0 或空。和 PRC 栏一样，我们将 ALTPRC 值为 0 的情况视为股票价格缺失。[②]

除了上一段所述的数据问题之外，实际上研究人员通常还有几种不同的方法来计算市值。最简单的方法是计算市值测算期期末的股票价格和流通股数量。例如，如果研究使用的是月度样本，如本书所用样本的情况一样，那么计算市值所用的数据就是给定月份最后一个交易日的股票价格和流通股数量。用这种方法来计算市值可能最直观，而且还有利于使用最新的可用数据。因此，股票 i 在月份 t 的市值变量 $MktCap$ 的公式为

$$MktCap_{i,t}=\frac{|SHROUT_{i,t}\times ALTPRC_{i,t}|}{1\ 000} \tag{9.1}$$

其中 $SHROUT_{i,t}$ 是月份 t 月底的流通股股数，取自 CRSP 数据库中月度股票文件的 SHROUT 栏，$ALTPRC_{i,t}$ 是股票的价格，取自同一文件中同一月份的 ALTPRC 栏。因为 CRSP 中 SHROUT 栏的单位是 1 000 股，所以在式（9.1）中除以 1 000 之后，$MktCap$ 所度量的股票市值的单位是百万美元。取绝对值是考虑到下述情况：当股票价格是由买价卖价平均值计算的时，导致其是负数。当 SHROUT 或 ALTPRC 栏为缺省

① 沃顿研究数据服务中心的 CRSP 文档表明，如果没有可用价格，则 PRC 字段将设置为 0。然而，我们的调查未能找到任何这样的条目，却有很多 PRC 字段未填充的条目。

② 和日度股票文件一样，尽管 CRSP 文档中有所指示，但我们未能在月度股票文件中找到任何 PRC 字段或 ALTPRC 字段为 0 的条目，却有很多这两个字段未填充的条目。

值或 0 值时，我们将 $MktCap$ 取为缺省值。

另一种计算市值的方法是 Fama 和 French（1992，1993，以下简称“FF”）提出的，并被后来的许多研究所采用。FF 用第 y 年 6 月最后一个交易日的数据来计算市值，并在第 y 年 6 月到第 $y+1$ 年 5 月间保持该值不变。在第 $y+1$ 年，重新计算市值。这种方法的优点在于，市值指标不会受到股票价格短期波动的影响，而股价短期波动可能会导致市值指标显示出与股票收益时间序列相关。为了检验 FF 提出的市值计算方法的结果，我们将其对市值的度量定义为

$$MktCap_{i,t}^{FF}=\frac{|SHROUT_{i,\text{June}}\times ALTPRC_{i,\text{June}}|}{1\,000} \tag{9.2}$$

其中 $SHROUT_{i,\text{June}}$ 和 $ALTPRC_{i,\text{June}}$ 分别取自于 CRSP 数据库中离月份 t 最近的 6 月的月度股票文件的 SHROUT 和 ALTPRC 栏，这个 6 月落在月份 t 之前或月份 t 就是 6 月。用这种方法来计算市值，每只股票的市值只会在每年 6 月变化一次，并在同年 6 月到次年 5 月间都保持不变。与 $MktCap$ 的计算一样，当 SHROUT 或 ALTPRC 栏为缺省值或 0 时，我们将 $MktCap^{FF}$ 取为缺省值。

大部分资产定价实证研究中所用的市值变量都是由以上两种方法计算的。在几乎所有情况下，不论用哪种方法来计算市值，对实证分析的结果产生的影响都微乎其微，因为这两种度量是高度相关的，并且大小非常相似。

尽管不同市值计算的时点所产生的影响可以忽略，但在一种情况下，不同度量会对实证分析产生重大影响。如接下来的表 9.1 所示：市值的横截面分布是高度偏态分布。这种现象的产生是由于有一小部分股票的市值非常大。这些大市值股票的存在会削弱回归分析或其他分析的能力，而这些分析都依赖指标的大小（而不仅仅是顺序，例如组合分析）以产生精确的参数估计。因此，研究人员通常使用市值的自然对数，记作 $Size$，来度量回归分析中的市值。我们将此方法运用到 $MktCap$ 和 $MktCap^{FF}$ 中，得到

$$Size_{i,t}=\ln(MktCap_{i,t}) \tag{9.3}$$

和

$$Size_{i,t}^{FF}=\ln(MktCap_{i,t}^{FF}) \tag{9.4}$$

表 9.1　描述性统计

	Mean	*SD*	*Skew*	*Kurt*	*Min*	5%	25%	*Median*	75%	95%	*Max*	*n*
$MktCap$	1 101	5 568	17.71	459.09	0	6	29	107	446	4 108	161 217	4 794
$Size$	4.33	1.92	0.38	−0.08	−1.18	1.46	2.93	4.16	5.57	7.74	11.48	4 794
$MktCap^{CPI}$	1 735	8 834	17.71	459.09	2	13	55	188	751	6 428	261 951	4 794
$Size^{CPI}$	5.17	1.92	0.38	−0.08	−0.34	2.30	3.77	5.01	6.41	8.59	12.32	4 794
$MktCap^{FF}$	1 099	5 509	17.44	442.14	1	7	30	108	449	4 128	157 490	4 601
$Size^{FF}$	4.35	1.90	0.41	−0.08	−0.85	1.54	2.96	4.18	5.58	7.75	11.46	4 601

续前表

	Mean	*SD*	*Skew*	*Kurt*	*Min*	5%	25%	*Median*	75%	95%	*Max*	*n*
$MktCap^{FF,CPI}$	1 733	8 758	17.44	442.14	2	14	55	189	754	6 446	256 799	4 601
$Size^{FF,CPI}$	5.20	1.90	0.41	−0.08	−0.00	2.38	3.80	5.03	6.43	8.59	12.30	4 601

该表展示了 1963 年 6 月—2012 年 11 月期间每个月份 t 由 CRSP 样本计算的公司规模指标的描述性统计。每个变量每个月份横截面分布的平均值（*Mean*）、标准差（*SD*）、偏度（*Skew*）、峰度（*Kurt*）、最小值（*Min*）、第 5 百分位数（5%）、第 25 百分位数（25%）、中位数（*Median*）、第 75 百分位数（75%）、第 95 百分位数（95%）和最大值（*Max*）展现在表中。该表展示了每个横截面值的时间序列平均。列 n 表示给定变量的有效股票数量。$MktCap$ 等于月份 t 月底的流通股股数乘以股票价格，单位是百万美元。$Size$ 是 $MktCap$ 的自然对数。$MktCap^{CPI}$ 是对 $MktCap$ 用 2012 年美元消费者价格指数进行调整后得到的变量。$Size^{CPI}$ 是 $MktCap^{CPI}$ 的自然对数。$MktCap^{FF}$ 是用距离月份 t 最近的 6 月的流通股股数乘以股票价格来计算的，单位是百万美元。$Size^{FF}$ 是 $MktCap^{FF}$ 的自然对数。$MktCap^{FF,CPI}$ 是对 $MktCap^{FF}$ 用 2012 年美元消费者价格指数进行调整后得到的变量。$Size^{FF,CPI}$ 是 $MktCap^{FF,CPI}$ 的自然对数。

在市值计算中出现的最后一个问题是通货膨胀导致对市值的解释随时间而改变。1963 年的 5 亿美元市值和 2012 年的 5 亿美元市值是非常不同的。为了使不同时期的实证分析结果可比较，通常需要对市值的度量进行通货膨胀调整。为了实现这一目的，我们使用了消费者价格指数（CPI）。CPI 的数据来源于美国劳动统计局（Bureau of Labor Statistic，BLS）网站。[①] 我们用 2012 年美元价格对市值变量进行通货膨胀调整后得到的值为

$$MktCap_{i,t}^{CPI} = MktCap_{i,t} \times \frac{CPI_{12/2012}}{CPI_t} \tag{9.5}$$

和

$$MktCap_{i,t}^{FF,CPI} = MktCap_{i,t}^{FF} \times \frac{CPI_{12/2012}}{CPI_t} \tag{9.6}$$

其中 $CPI_{12/2012}$ 和 CPI_t 分别代表 2012 年 12 月月底和月份 t 月底的 CPI 指数。我们也计算了相应的规模（对数变换）变量，分别是

$$Size_{i,t}^{CPI} = \ln(MktCap_{i,t}^{CPI}) \tag{9.7}$$

和

$$Size_{i,t}^{FF,CPI} = \ln(MktCap_{i,t}^{FF,CPI}) \tag{9.8}$$

9.2 描述性统计

我们现在来介绍 1963—2012 年间 CRSP 股票样本中的不同规模指标的描述性统计。表 9.1 显示了对所有市值指标的描述性统计。结果显示，平均每月来看，市值

① 我们使用其中“所有城市消费者”系列的数据。

（$MktCap$）的均值超过 11 亿美元而中位数仅为 1.07 亿美元，这说明市值的横截面分布是高度右偏的。甚至是市值的第 75 百分位数——4.46 亿美元，也基本上小于市值均值的一半。市值的第 95 百分位数和最大值分别超过 41 亿美元和 1 610 亿美元，如上述特征证明的那样，我们的股票样本是由大量中小市场股票和少数非常高市值的股票构成的。与这些特征一致的是，$MktCap$ 横截面分布的偏度平均每月是 17.17，非常高。$MktCap$ 的峰度也非常大，平均每月达到 459.09。$MktCap$ 的平均横截面标准差超过 55 亿美元。最后，该表显示，平均每月存在 4 794 只股票可以计算出有效的 $MktCap$ 值。

通过检验 $Size$ 变量，我们可以看到，对 $MktCap$ 取自然对数可以得到一个分布偏度更小的变量，因为 $Size$ 的偏度平均每月只有 0.38。此外，$Size$ 的最大值不像 $MktCap$ 的最大值那么极端。为了看清楚这一点，应注意到 $MktCap$ 的最大值比 $MktCap$ 的中值几乎高了 29［=(161 217－107)/5 568］个标准差，而 $Size$ 的最大值仅比其中值高 3.8[=(11.48－4.16)/1.92]个标准差。因此，表 9.1 说明了对市值进行对数变换后能得到的期望的效果。

对 $MktCap$ 进行通货膨胀调整后的结果显示，对于描述性统计的每个项目，除了偏度和峰度，$MktCap^{CPI}$ 的都比 $MktCap$ 的更大。样本中股票的 $MktCap^{CPI}$ 的均值（中位数）超过了 17 亿美元（1.88 亿美元），而与之对比的未调整的 $MktCap$ 的均值（中位数）只有 11 亿美元（1.07 亿美元）。必须指出的是，$MktCap^{CPI}$ 的偏度和峰度与相对应的 $MktCap$ 的偏度和峰度是相同的，因为在横截面上 $MktCap^{CPI}$ 是 $MktCap$ 的简单线性变换。$MktCap^{CPI}$ 的平均横截面标准差超过 88 亿美元。对于进行对数变换和通货膨胀调整后的变量 $Size^{CPI}$，其平均每月的均值（中位数）是 5.17(5.01)，标准差是 1.92，偏度和峰度与 $Size$ 的相同，分别是 0.38 和－0.08.

至于 FF 度量的市值（$MktCap^{FF}$、$MktCap^{FF,CPI}$、$Size^{FF}$、$Size^{FF,CPI}$），该表显示，这些变量的分布与相应的用每月月底的而不是每年 6 月底的数据计算出的变量的分布非常相似。平均每月只有 4 601 只股票可以计算出有效的 FF 度量值。原因在于，在计算这些变量在月份 t 的值时，需要长达 11 个月前的数据（当月份 t 是 5 月时就需要 11 个月前的数据），对于那些刚进入 CRSP 数据库的股票而言，计算这些变量可能是不可行的。除此之外，FF 变量的分布与每月月底度量的变量的分布十分相似，以至可以放弃对 FF 变量的进一步讨论。

我们现在通过测算高市值股票占所有股票市值总额的百分比来进一步研究市值（$MktCap$）的分布。图 9.1 绘制了在我们的样本涵盖的时段内，市值最高的 1%、5%、10%和 25%股票的市值占所有股票总市值的百分比。该图表明，市值最大的 1%股票的市值占所有股票总市值的比重至少为 31%，至多为 52%，其中最大值 52%出现在 1999 年 5 月。为了更直观地理解这个数字，我们的样本在 1999 年 5 月有 6 838 只股票，52%意味着这些股票中市值最高的 68 只股票的总市值超过了剩下 6 770 只股票的总市值。市值最高的 5%股票的总市值等于所有股票总市值的 53%～79%。市值最高的 10%股票的总市值相当于所有股票总市值的 66%～88%。市值最高的 25%股票的总市值则达到了所有股票总市值的 84%～96%。

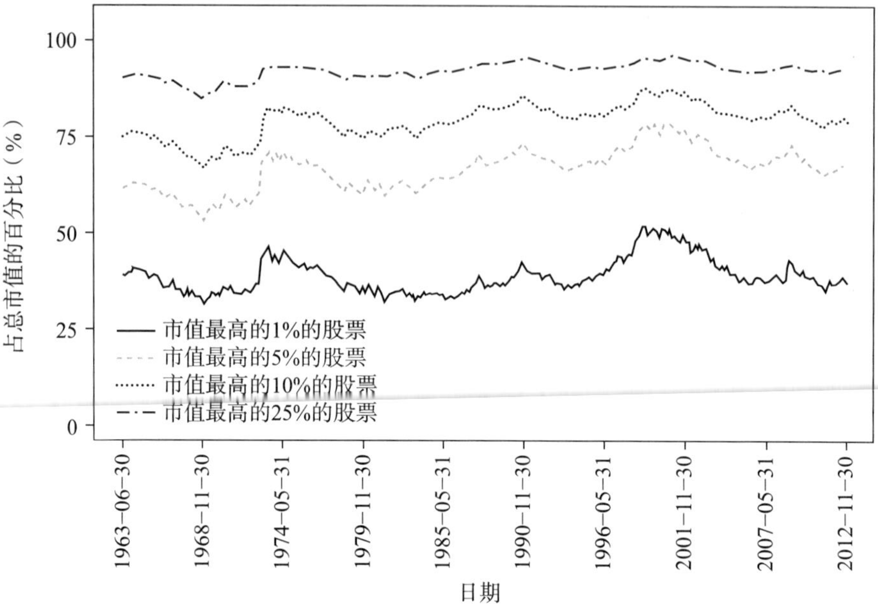

图 9.1　最高市值股票占总市值的百分比

该图绘制了在 1963 年 6 月—2012 年 11 月期间，CRSP 样本中市值最高的 1%、5%、10%和 25%股票其市值占总市值的百分比，市值是根据每月月底的数据进行计算的。

我们非常关注对市值分布的偏度的测算，因为它会在许多实证资产定价分析中有所体现，特别是在组合分析的过程中。因此，对于实证资产定价的研究人员而言，理解市值分布的偏度对其手头的分析可能产生的影响是十分重大的。市值的分布可能会对实证分析产生的影响将会在本章的后面进行阐述。

9.3　相关性

在分析了市值变量的单变量分布之后，现在我们把注意力转移到这些变量之间的相关性以及这些变量与市场贝塔（β）之间的相关性上。表 9.2 显示了每对变量之间的平均月度横截面相关系数。对角线下方是皮尔逊积矩相关系数，对角线上方是斯皮尔曼等级相关系数。因为通货膨胀调整后的变量与未调整的变量是完全线性相关的，所以我们只检验了未调整的变量。

$MktCap$ 和 $MktCap^{FF}$ 之间的皮尔逊积矩相关系数是 0.99。类似地，$Size$ 和 $Size^{FF}$ 的皮尔逊积矩相关系数是 0.98。这些极高的相关性是在意料之中的，因为在大多数情况下，一个公司的总市值在 1 年内的变化很小（度量 $MktCap^{FF}$ 的最长滞后期是 1 年）。结果表明这些变量之间几乎没有任何差异。因此，在比较一个变量和另一个变量时，使用这些变量的任何实证分析的结果不可能存在极大的不同。$MktCap$ 和 $MktCap^{FF}$、

$Size$ 和 $Size^{FF}$ 每对变量之间的斯皮尔曼等级相关系数都是 0.98，也可以由此得出上述结论。$MktCap$ 和 $Size$ 之间的相关性是 0.58。在大多数情况下，这个量级上的相关度可被认为是相当高的。然而，在本章中，$Size$ 是 $MktCap$ 的对数变换，意味着这二者是通过函数相联系的，而且因为它们之间完全是由彼此确定的，将该相关性解释为对数变换效果的指标会更好。这表明，至少对于线性分析的目的而言，例如线性回归，使用 $Size$ 的结果可能会与用 $MktCap$ 得到的结果有些不同。这可能在表 9.1 的描述性统计中是显而易见的。然而，相关分析允许我们更准确地量化两个变量在线性意义上的不同。用 FF 方法来度量的这两个变量之间的相关性也是 0.58。必然地，由于自然对数函数是严格单调递增函数，所以 $MktCap$ 和 $Size$ 之间、$MktCap^{FF}$ 和 $Size^{FF}$ 之间的斯皮尔曼等级相关系数都是 1.00。

最后，我们来看市值变量和市场贝塔之间的相关度。表 9.2 显示，$MktCap$ 和 β 之间的皮尔逊积矩相关系数是 0.12，$Size$ 和 β 之间的皮尔逊积矩相关系数是 0.31。这些结果表明，市值更高的股票常常会有更高的市场贝塔。当市值的度量是 $Size$ 而不是 $MktCap$ 时，这种效果在线性程度上更强。$MktCap$ 和 β 之间的斯皮尔曼等级相关系数是 0.33，比 0.12 的皮尔逊积矩相关系数更高，可能说明这两个变量之间的关系是非线性的。$Size$ 和 β 之间 0.33 的斯皮尔曼等级相关系数和 0.31 的皮尔逊积矩相关系数十分相近，这个事实说明在线性回归中，把 $Size$ 和 β 作为自变量与仅使用其中一个变量可以产生非常不同的结果。$MktCap$ 和 β 之间 0.33 的斯皮尔曼等级相关系数与 $Size$ 和 β 之间的斯皮尔曼等级相关系数必然相等，因为 $Size$ 是 $MktCap$ 的一个严格递增函数。用 FF 方法度量的变量之间的相关性结果与上述结果很相似，不需要进一步讨论。

表 9.2　　相关性

	$MktCap$	$Size$	$MktCap^{FF}$	$Size^{FF}$	β
$MktCap$	—	1.00	0.98	0.98	0.33
$Size$	0.58	—	0.98	0.98	0.33
$MktCap^{FF}$	0.99	0.57	—	1.00	0.34
$Size^{FF}$	0.58	0.98	0.58	—	0.34
β	0.12	0.31	0.12	0.31	—

该表展示了度量公司规模的变量之间的年横截面皮尔逊积矩相关系数（对角线下方）和斯皮尔曼等级相关系数（对角线上方）的时间序列平均值。

9.4　持续性

在研究规模和股票未来收益之间的关系之前，我们对市值的度量研究的最后一个问题是持续性分析。正如相关性分析一样，我们只检验未经过通货膨胀调整的规模变量。经通货膨胀调整后的变量必然会产生与之相同的结果。

表 9.3 显示了对不同股票规模变量进行持续性分析的结果。结果表明，不管用哪

种市值变量，持续性都很高。测量滞后 1 个月（$\tau=1$）的持续性，*MktCap* 有 0.998 的持续性和 *Size* 有 0.997 的持续性表明了几乎完美的横截面持续性。与所预期的一样，持续性在一定程度上随时间衰减。然而，对于滞后 1 年（$\tau=12$）的持续性，*MktCap* 和 *Size* 的持续性分别为 0.980 和 0.967，仍然高得令人难以置信。甚至对于很长的滞后期，这些变量依然显示出很高的持续性。测量滞后 5 年（$\tau=60$）的持续性，*MktCap* 的持续性为 0.909，*Size* 的持续性为 0.888。甚至测量滞后 10 年（$\tau=120$）的持续性，*MktCap* 和 *Size* 的持续性分别为 0.842 和 0.844。用 FF 方法度量的指标的持续性与上述结果非常相似。尽管滞后期少于 1 年使得 Fama 和 French 变量在机制上存在持续性（因为这些变量仅在每年 6 月进行更新），但是由于每月更新的变量的持续性已经很高了，所以这只具有非常小的影响。

表 9.3　　持续性

τ	*MktCap*	*Size*	$MktCap^{FF}$	$Size^{FF}$
1	0.998	0.997	0.998	0.997
3	0.995	0.991	0.995	0.992
6	0.990	0.983	0.990	0.984
12	0.980	0.967	0.980	0.968
24	0.960	0.939	0.960	0.941
36	0.942	0.918	0.942	0.922
48	0.926	0.902	0.926	0.906
60	0.909	0.888	0.910	0.892
120	0.842	0.844	0.842	0.848

该表展示了对 *MktCap*、*Size*、$MktCap^{FF}$ 和 $Size^{FF}$ 进行持续性分析的结果。对每个月份 t，计算给定变量在月份 t 和月份 $t+\tau$ 的值之间的皮尔逊积矩相关系数。该表给出了月度横截面相关性的时间序列均值。列 τ 表明计算持续性的滞后期数。

9.5　规模和股票收益

现在我们将注意力转移到市值和股票未来收益之间的横截面关系。有几篇论文［Banz（1981）；Fama and French(1992，1993)］研究了根据市值预测股票未来收益的能力，其中几乎所有论文的结论都是小规模股票（即市值较低的股票）有较高的平均未来收益。在这一部分中，我们给出了组合和回归分析的结果，旨在研究市值和股票未来收益之间的关系。

9.5.1　单变量组合分析

我们对市值和股票未来收益之间关系的研究开始于月度单变量组合分析。在我们的初步组合分析中有一个小的差异，这与本书所执行的大多数组合分析有所不同。计算组合的断点仅使用在纽约证券交易所（NYSE）交易的股票，而不是使用我们的CRSP普通股样本中的所有股票来计算。[①]这种基于股票NYSE市值来构造组合的方法，由Fama和French(1992，1993）提出，并在实证资产定价研究中被广泛运用。这样做的原因在于，对于样本区间（1963—2012年）的大部分时段而言，NYSE的股票的市值要比在美国证券交易所（AMEX）或纳斯达克（NASDAQ）上市的股票的市值高得多。这一事实在第7.1.2小节和图9.1、图9.2中已经讨论过了。因此，如果断点是用CRSP样本中所有股票来计算的，结果将是断点会有效地分离NYSE的股票与AMEX及NASDAQ的股票。仅用NYSE股票来计算断点确保了在每个组合中NYSE股票的数量是相等的，但这并没有确保不同组合中AMEX和NASDAQ股票的分布是相同的。如预期一样并将很快会看到，无论使用哪一组股票来形成断点，大部分AMEX和NASDAQ股票最终都会进入由低市值股票组成的组合中。

在表9.4中，我们给出了单变量组合分析的结果，其中断点仅用NYSE的股票来计算，我们把样本中的所有股票都归类到了不同组合中。每个月，我们形成了10个十分位数组合。我们用$MktCap$和$MktCap^{FF}$作为排序变量。由于对数变换后的变量（$Size$和$Size^{FF}$）和通货膨胀调整后的变量（$MktCap^{CPI}$、$Size^{CPI}$、$MktCap^{FF,CPI}$和$Size^{FF,CPI}$）都是$MktCap$或$MktCap^{FF}$的单调递增函数，并且组合分析仅依赖于排序变量的顺序，所以，用其他变量（非$MktCap$或$MktCap^{FF}$）进行排序而形成的组合的结果可以从该表中完全辨别出来。

表9.4的A部分展示了每个组合的一些特征。每个部分的前两行给出了每个十分位数组合中排序变量的平均值和通货膨胀调整后的排序变量的平均值。我们关注用$MktCap$进行分组而构造的组合，因为其结果与用$MktCap^{FF}$分组的结果非常相似。在这10个十分位数组合中股票的平均市值（用通货膨胀调整后的市值）从第1十分位数组合的0.32亿美元（0.57亿美元）增加到第10十分位数组合的近200亿美元（300亿美元）。标记为%$MktCap$的第三行为每个十分位数组合持有的股票市值占样本总市值的平均百分比。平均每个月，第1十分位数组合只持有市场组合总市值的1.82%，而第10十分位数组合持有58.90%。也就是说，第10十分位数组合平均每月的市值超过了总市值的一半。实际上，第1～5十分位数组合的总市值平均每月不到总市值的11%。标记%NYSE的行为每个组合中在纽交所挂牌的股票占组合股票总数的百分比。结果显示，低市值股票组合（第1十分位数组合）中只有7.46%的股票是在纽交所挂牌的。高市值股票组合（第10十分位数组合）中在纽交所挂牌的股票的比例则单调地上升到了92.89%。列n显示了每个组合中的平均股票数量。因为断点是用NYSE股票来计算的，然后将样本中的所有股票分入不同的组合，所以每个组合中的股票数量不会是相同的。实际上，每个组合中股票数量差别很大。第1十分位数组合平均每月有2 372只股票，而这个数字单调下降到了第10十分位数组合的155只。这个结果体现了我们样本中股票市值的偏态分布。尽管第1十分位数组合的股票数量几乎是样本

① NYSE的股票是CRSP中EXCHCD字段值为1的股票。

股票总数的一半，但其市值只占总市值的7.46%。此外，第10十分位数组合平均只有155只股票，略多于样本股票总数的3%，然而其市值占总市值的59%。最后，标记β的列为每个十分位数组合中股票的平均市场β值。结果显示，高市值股票的市场β通常比低市值股票的大，每个组合中的股票的β平均值（几乎单调地）从第1十分位数组合的0.60增加到第10十分位数组合的1.04。值得注意的是，从第1十分位数组合

表9.4　单变量组合分析——NYSE断点

A部分：组合特性											
排序变量	值	1	2	3	4	5	6	7	8	9	10
MktCap	*MktCap*	32	126	226	354	538	806	1 225	2 034	4 078	19 987
	$MktCap^{CPI}$	57	211	365	565	854	1 278	1 953	3 239	6 288	29 989
	% *MktCap*	1.82	1.64	1.85	2.32	2.96	3.73	5.18	7.95	13.65	58.90
	% NYSE	7.46	28.75	41.95	50.81	59.61	69.84	77.05	83.30	[illegible]	[illegible]
	n	2 372	592	383	303	252	211	189	176	162	155
	β	0.60	0.91	0.96	0.97	0.97	0.96	0.97	0.98	0.99	1.03
$MktCap^{FF}$	$MktCap^{FF}$	33	129	227	354	534	799	1 212	2 019	4 040	19 676
	$MktCap^{FF,CPI}$	58	212	364	561	842	1 259	1 922	3 195	6 196	29 468
	% *MktCap*	1.84	1.61	1.84	2.28	2.91	3.71	5.13	8.00	13.67	59.02
	% NYSE	7.69	30.07	43.18	52.46	61.07	70.75	78.25	82.48	89.22	93.17
	n	2 275	555	367	289	242	206	183	173	159	152
	β	0.60	0.93	0.96	0.98	0.98	0.96	0.97	0.99	0.99	1.04

B部分：等权重组合收益												
排序变量	系数	1	2	3	4	5	6	7	8	9	10	10−1
MktCap	超额收益	0.91	0.63	0.73	0.71	0.71	0.66	0.62	0.61	0.51	0.42	−0.49
		(2.53)	(2.13)	(2.56)	(2.69)	(2.76)	(2.69)	(2.60)	(2.73)	(2.40)	(2.18)	(−1.92)
	CAPM α	0.41	0.07	0.16	0.16	0.17	0.13	0.10	0.11	0.04	−0.03	−0.44
		(1.85)	(0.50)	(1.22)	(1.48)	(1.69)	(1.50)	(1.40)	(1.86)	(0.79)	(−0.82)	(−1.79)
$MktCap^{FF}$	超额收益	0.92	0.62	0.70	0.68	0.69	0.62	0.65	0.59	0.54	0.42	−0.50
		(2.62)	(2.06)	(2.53)	(2.50)	(2.64)	(2.49)	(2.66)	(2.55)	(2.45)	(2.11)	(−2.03)
	CAPM α	0.44	0.05	0.14	0.12	0.15	0.09	0.13	0.08	0.06	−0.04	−0.47
		(1.99)	(0.33)	(1.11)	(1.03)	(1.47)	(0.98)	(1.65)	(1.14)	(0.94)	(−0.92)	(−1.93)
MktCap	超额收益	0.65	0.63	0.73	0.71	0.71	0.65	0.62	0.62	0.51	0.39	−0.27
		(1.94)	(2.13)	(2.57)	(2.68)	(2.76)	(2.67)	(2.63)	(2.77)	(2.39)	(2.09)	(−1.09)
	CAPM α	0.13	0.07	0.16	0.16	0.17	0.13	0.11	0.11	0.04	−0.03	−0.17
		(0.69)	(0.50)	(1.24)	(1.47)	(1.69)	(1.46)	(1.51)	(1.97)	(0.77)	(−0.79)	(−0.73)

C部分：市值加权组合收益												
排序变量	系数	1	2	3	4	5	6	7	8	9	10	10−1
$MktCap^{FF}$	超额收益	0.74	0.60	0.70	0.68	0.70	0.62	0.66	0.60	0.53	0.40	−0.34
		(2.22)	(2.02)	(2.53)	(2.50)	(2.65)	(2.50)	(2.68)	(2.59)	(2.42)	(2.11)	(−1.38)
	CAPM α	0.22	0.04	0.14	0.12	0.15	0.09	0.13	0.09	0.05	−0.03	−0.2
		(1.12)	(0.25)	(1.11)	(1.04)	(1.52)	(1.01)	(1.70)	(1.22)	(0.87)	(−0.64)	(−1.07)

该表展示了对不同市值变量和股票未来收益之间关系进行单变量组合分析得到的结果。用CRSP样本中在美国证券交易所上市的股票子集来计算给定排序变量的十分位数断点，将CRSP样本中的所有股票分成不同组合，形成了每月组合。A部分展示了平均市值（单位为百万美元）、CPI（2012年美元）调整后的市值、占总市值的百分比、在美国证券交易所上市的股票的百分比、股票总数和每个十分位数组合的β。B部分（C部分）展示了这10个十分位数组合以及做多第10十分位数组合、做空第1十分位数组合得到的多空零成本组合未来1个月的等权重（市值加权）平均超额收益和CAPM α（以每月百分比计）。使用六期滞后调整的Newey和West（1987）T统计量显示在括号中，检验的零假设是平均组合超额收益或CAPM α等于0。

（平均 β 为 0.60）到第 2 十分位数组合（平均 β 为 0.91）的平均 β 值有大幅度增加。第 2～10 十分位数组合的平均 β 值在大小上相差不大。

表 9.4 的 B 部分显示了按市值排序的组合的等权重平均收益的相关分析。先来看差异组合，即做多高市值股票（第 10 十分位数组合）和做空低市值股票（第 1 十分位数组合），结果表明，该组合产生了在经济上较大的－0.49％的平均收益率，Newey 和 Wes(1987) T 统计量为－1.92，这在一定程度上具有统计学意义。该组合相对于 CAPM 的风险调整后超额收益平均每月为－0.44％(T 统计量＝－1.79)，在大小和统计意义上都与未调整的收益相似。因此这个结果表明，$MktCap$ 和股票未来收益之间的关系是具有非常重要的经济意义和统计意义的。

检验单独的十分位数组合的收益，我们看到第 1 十分位数组合产生的平均超额收益和 CAPM α 比其他每个十分位数组合的都显著更高。这个结果表明第 1 和第 2 十分位数组合的收益之间会有一个大幅的下降。对于用 $MktCap$ 来排序的组合，第 1 十分位数组合的月平均超额收益和 α 分别为 0.91％和 0.41％，然而第 2 十分位数组合只有 0.63％的月平均超额收益和 0.07％的 α。第 2～第 10 十分位数组合的平均超额收益和 α 相对来说相差不大。因此 $MktCap$ 和股票未来收益之间的横截面关系似乎是由样本中市值最低的股票的高超额收益所驱动的。对于用 $MktCap^{FF}$ 分组形成的组合，也存在类似的规律。

我们接下来分析的对象是市值加权组合，而不是等权重组合。这些分析的结果呈现在表 9.4 的 C 部分中。值得注意的是，在这些分析中，当 $MktCap$ 被用作排序变量时，它也被用作组合的权重变量。当 $MktCap^{FF}$ 被用作排序变量时，我们也把 $MktCap^{FF}$ 设为组合的权重变量。

C 部分说明了，当组合是市值加权时，市值与股票未来收益之间不存在负向关系。用 $MktCap$ 来排序的组合的月平均超额收益和 CAPM α 分别是－0.27％(T 统计量＝－1.09)和－0.17％(T 统计量＝－0.73)，在统计上都不显著。此外，市值加权的 10－1 组合的平均收益和 α 在大小上比等权重组合的小得多。通过对第 1～第 10 十分位数组合的检验表明，市值加权组合和等权重组合之间的主要差异来自第 1 十分位数组合。第 1 市值加权十分位数组合的月平均超额收益（CAPM α）是 0.65％(0.13％)，而第 1 等权重十分位数组合的则是 0.91％(0.41％)。对于第 2～第 10 个十分位数组合，市值加权组合和等权重组合的超额收益和 α 非常相近。市值加权对第 1 十分位数组合收益的影响特别有趣，因为组合是通过市值排序形成的。这样第 1 十分位数组合只包含市值较低的股票。结果表明，即使在市值较低的众多股票中，具有最低市值的股票，即具有极低市值的股票，是产生高收益的股票并且导致了上一段所述的等权重组合的结果。

为了更深入地研究表 9.4 所示的等权重组合分析中检测到的市值和股票未来收益之间的负向关系的驱动因素，我们现在重复这些分析，这次使用我们样本中的所有股票来计算断点而不是只使用 NYSE 股票。因为 CRSP 数据库包含了在 NYSE、AMEX 和 NASDAQ 上市的股票，所以我们将这次计算出来的断点称为 NYSE/AMEX/NAS-

DAQ 断点。

表 9.5 显示了用 NYSE/AMEX/NASDAQ 断点计算的单变量组合分析的结果。我们通过检验 B 部分中给出的等权重组合收益来开始讨论，另外我们关注用 *MktCap* 排序的组合，因为其与用 $MktCap^{FF}$ 排序的组合产生的结果非常相似。当用 NYSE/AMEX/NASDAQ 断点进行排序时，等权重组合分析检测到市值和股票未来收益之间存在很强的负向关系。10－1 组合的平均收益和 CAPM α 分别是－1.59%(T 统计量＝－4.94）和－1.62%(T 统计量＝－4.95)，在经济意义上都是很大的，并且在统计上都是很显著的。用 NYSE/AMEX/NASDAQ 断点分析的结果比用 NYSE 断点分析的结果更强。然而，和 NYSE 断点分析结果很类似，这种结果似乎主要是由第 1 十分位数组合驱动的，这个组合的月平均超额收益（CAPM α）是 2.08%(1.63%)。同样与 NYSE 断点分析结果很类似，用 NYSE/AMEX/NASDAQ 断点分析的结果表明，第 2～第 10 十分位数组合的收益和 α 很相近。实际上，当使用 NYSE/AMEX/NASDAQ 断点时，由低市值股票组成的第 1 十分位数组合是唯一的 CAPM α 显著的十分位数组合。C 部分呈现了市值加权组合分析的结果，表明了当使用 NYSE/AMEX/NASDAQ 断点时，即使是市值加权差异组合也产生了很强的负收益和 CAPM α，因为市值加权 10－1 组合产生了经济上重要的和统计上高度显著的－1.11%(－1.10%）的月平均收益（CAPM α)。

为了更深入地理解上述结论，我们现在来看表 9.5 的 A 部分，它对每个组合进行了总结概述。我们主要关注第 1 十分位数组合，因为似乎是这个组合驱动了市值与股票未来收益之间的负向关系。A 部分表明第 1 十分位数组合的平均市值只有 600 万美元或用 2012 年美元价格进行通货膨胀调整后的 1 300 万美元。虽然第 1 十分位数组合的股票数量占样本总股数的 10%，但这些股票的市值只占样本股票总市值的 0.08%。因此，整体规模效应（已知市值与股票未来收益之间的负相关关系）似乎是由不到总价值 1%、占整个股票市场十分之一数量的股票子集驱动的。因此，尽管有些人会说表 9.5 的 B 部分和 C 部分表明规模效应是很强的，但其他人也许会认为规模效应在经济上是不重要的，因为它是由极小一部分股票驱动的，并且这些股票占总市值的比例非常小。此外，驱动这种现象的股票很可能是流动性极其不足的，从而使得旨在捕捉基于规模的策略收益的交易策略如果可实施，实施起来也相当困难。

综上所述，这一部分的单变量组合分析表明了市值和股票未来收益之间存在负相关关系。这个结果似乎是由样本中市值最低的股票所驱动的，并且结果的强度随不同的实证操作而有显著的变化。无论是用每月更新的 *MktCap* 还是每年 6 月更新的 $MktCap^{FF}$ 作为排序变量，结果都很相似。因此，在本章后续的组合分析中我们只用 *MktCap* 作为市值的度量。在本书的后续章节里，我们会使用 *MktCap* 和它的对数变换变量 *Size* 作为市值的基本度量。

表 9.5　　　　单变量组合分析——NYSE/AMEX/NASDAQ 断点

A 部分：组合特征

排序变量	值	1	2	3	4	5	6	7	8	9	10
$MktCap$	$MktCap$	6	16	29	50	84	141	244	458	1 049	8 923
	$MktCap^{CPI}$	13	31	55	92	149	244	417	771	1 759	13 810
	% $MktCap$	0.08	0.19	0.33	0.55	0.88	1.43	2.42	4.51	10.49	79.12
	% NYSE	1.07	3.17	7.46	13.70	21.77	31.28	41.90	54.27	70.45	87.09
	n	480	479	479	479	479	479	479	479	479	480
	β	0.42	0.51	0.60	0.73	0.83	0.90	0.94	0.95	0.94	0.99
$MktCap^{FF}$	$MktCap^{FF}$	7	16	30	51	85	142	247	461	1 055	8 891
	$MktCap^{FF,CPI}$	14	32	56	93	150	246	420	776	1 769	13 767
	% $MktCap$	0.09	0.20	0.34	0.56	0.89	1.45	2.45	4.56	10.60	78.86
	% NYSE	1.00	3.09	7.56	14.38	23.06	32.84	43.71	56.18	71.91	87.72
	n	461	460	460	460	460	460	460	460	460	461
	β	0.40	0.51	0.60	0.73	0.85	0.91	0.95	0.95	0.94	1.00

B 部分：等权重组合收益

排序变量	系数	1	2	3	4	5	6	7	8	9	10	10−1
$MktCap$	超额收益	2.08	0.64	0.53	0.56	0.59	0.64	0.66	0.67	0.63	0.49	−1.59
		(4.75)	(1.70)	(1.55)	(1.68)	(1.89)	(2.23)	(2.38)	(2.60)	(2.68)	(2.38)	(−4.94)
	CAPM α	1.63	0.16	0.04	0.04	0.05	0.09	0.10	0.12	0.12	0.02	−1.62
		(4.95)	(0.65)	(0.19)	(0.19)	(0.30)	(0.64)	(0.83)	(1.29)	(1.57)	(0.47)	(−4.95)
$MktCap^{FF}$	超额收益	1.64	0.86	0.73	0.67	0.63	0.65	0.61	0.63	0.63	0.51	−1.13
		(3.98)	(2.32)	(2.08)	(2.04)	(2.05)	(2.25)	(2.20)	(2.43)	(2.58)	(2.40)	(−3.89)
	CAPM α	1.23	0.40	0.23	0.15	0.09	0.10	0.06	0.08	0.11	0.03	−1.20
		(4.01)	(1.63)	(1.08)	(0.76)	(0.53)	(0.69)	(0.47)	(0.81)	(1.31)	(0.60)	(−3.92)

C 部分：市值加权组合收益

排序变量	系数	1	2	3	4	5	6	7	8	9	10	10−1
$MktCap$	超额收益	1.53	0.63	0.54	0.56	0.59	0.65	0.66	0.67	0.63	0.42	−1.11
		(3.69)	(1.67)	(1.57)	(1.70)	(1.88)	(2.25)	(2.41)	(2.59)	(2.68)	(2.20)	(−3.47)
	CAPM α	1.08	0.15	0.05	0.04	0.04	0.10	0.11	0.12	0.12	−0.02	−1.10
		(3.61)	(0.61)	(0.22)	(0.20)	(0.26)	(0.69)	(0.90)	(1.26)	(1.63)	(−0.85)	(−3.47)
$MktCap^{FF}$	超额收益	1.41	0.85	0.72	0.66	0.63	0.65	0.62	0.63	0.63	0.43	−0.98
		(3.55)	(2.30)	(2.05)	(2.02)	(2.06)	(2.24)	(2.23)	(2.43)	(2.60)	(2.22)	(−3.28)
	CAPM α	1.01	0.39	0.22	0.14	0.09	0.10	0.06	0.08	0.11	−0.01	−1.02
		(3.40)	(1.60)	(1.03)	(0.72)	(0.52)	(0.68)	(0.53)	(0.85)	(1.37)	(−0.41)	(−3.25)

该表展示了对不同市值变量和股票未来收益之间关系进行单变量组合分析得到的结果。用 CRSP 样本中的所有股票来计算给定排序变量的十分位数断点，将 CRSP 样本中的所有股票分成不同的组合，形成了每月组合。A 部分展示了平均市值（单位为百万美元）、CPI（2012 年美元）调整后的市值、占总市值的百分比、在美国证券交易所上市的股票的百分比、股票总数和每个十分位数组合的 β。B 部分（C 部分）展示了这 10 个十分位数组合以及做多第 10 十分位数组合、做空第 1 十分位数组合得到的多空零成本组合未来 1 个月的等权重（市值加权）平均超额收益和 CAPM α（以每月百分比计）。使用六期滞后调整的 Newey 和 West（1987）T 统计量显示在括号中，检验的零假设是平均组合超额收益或 CAPM α 等于 0。

9.5.2 双变量组合分析

在用单变量组合分析检验市值和股票未来收益之间的关系之后，现在我们用双变量组合分析来继续检验二者的关系。特别地，我们检验了在控制市场贝塔（β）的影响之后，市值和股票未来收益之间的关系。我们使用了序贯排序和独立排序的组合，也进行了等权重和市值加权分析。在每个分析中，我们根据排序变量把股票分成了五组，断点是排序变量的五分位数。最后，我们分别用 NYSE 断点和 NYSE/AMEX/NASDAQ 断点进行了分析。

理论上，市场 β 值高的股票应该具有高的期望收益。考虑到市值低的股票常常具有低的 β 值，所以没有理论可以期望 β 能解释极低市值的股票会有高收益这一现象。然而，在第 8 章中，我们展示了一些实证分析，发现了 β 和股票未来收益之间存在负相关关系。这一结论表明，控制 β 可能能解释规模效应。

表 9.6 呈现了双变量序贯组合分析的结果，先按 β 的五分位数对样本股票进行排序分组，然后在每个 β 的五分位数组合内部再按 *MktCap* 的五分位数进行排序分组。我们仅用 NYSE 的股票来计算断点。样本中所有股票的排序分组都是基于 NYSE 断点进行的。

我们先关注标记为 β Avg 的列所示的平均 β 组合的结果。A 组合显示的等权重组合的结果表明，在控制 β 之后，*MktCap* 5－1 组合（对每个 β 组，做多高市值股票并做空低市值股票）产生了统计上边际显著的－0.37%的月平均超额收益率和－1.76 的 T 统计量。然而，当用 CAPM 计算组合收益时，结果表明大部分收益是由于对市场因子（MKT）的敏感性而产生的。*MktCap* 差异组合的 CAPM α 为－0.22%，在统计学上不显著异于0，因为相关的 T 统计量仅为－1.08。B 部分显示了用市值加权组合进行分析的结果，该结果与上述结果很相似。平均 β 分位的 *MktCap* 5－1 组合每月产生－0.32%的超额收益，相关 T 统计量为－1.73，但该组合的 CAPM α 为－0.15%，T 统计量仅为－0.86。

表 9.6 双变量序贯组合分析——NYSE 断点

A 部分：等权重组合收益						
	β 1	β 2	β 3	β 4	β 5	β Avg
MktCap 1	1.06	0.98	0.96	0.83	0.45	0.85
MktCap 2	0.75	0.85	0.85	0.83	0.62	0.78
MktCap 3	0.72	0.71	0.79	0.84	0.70	0.75
MktCap 4	0.50	0.66	0.81	0.62	0.63	0.64
MktCap 5	0.41	0.50	0.49	0.53	0.50	0.48
MktCap 5－1	－0.65	－0.48	－0.47	－0.30	0.05	－0.37
	(－3.46)	(－2.32)	(－2.06)	(－1.23)	(0.17)	(－1.76)
MktCap 5－1 CAPM α	－0.56	－0.32	－0.29	－0.12	0.20	－0.22
	(－3.03)	(－1.61)	(－1.34)	(－0.53)	(0.78)	(－1.08)

B部分：市值加权组合收益						
	β 1	β 2	β 3	β 4	β 5	β Avg
MktCap 1	0.77	0.83	0.86	0.77	0.40	0.73
MktCap 2	0.76	0.84	0.85	0.83	0.64	0.78
MktCap 3	0.71	0.70	0.79	0.81	0.72	0.74
MktCap 4	0.50	0.65	0.81	0.63	0.59	0.64
MktCap 5	0.34	0.46	0.38	0.47	0.38	0.41
MktCap 5−1	−0.43	−0.37	−0.48	−0.30	−0.02	−0.32
	(−2.74)	(−1.94)	(−2.35)	(−1.37)	(−0.09)	(−1.73)
MktCap 5−1 CAPM α	−0.34	−0.19	−0.30	−0.10	0.17	−0.15
	(−2.20)	(−1.07)	(−1.54)	(−0.48)	(0.74)	(−0.86)

该表展示了研究在控制 β 之后 *MktCap* 和股票未来收益之间关系的双变量序贯排序组合分析的结果。每个月，将 CRSP 样本中所有股票基于 β 的升序分为五组。在每个 β 组中，组内所有股票再基于 *MktCap* 的升序分为五组。用来构造组合的五分位数断点是仅在纽约证券交易所上市的股票。该表展示了 25 个组合中每个组合和平均 β 组合中每个 *MktCap* 组合未来 1 个月的等权重（市值加权）平均超额收益（以每月百分比计）。还展示了一个零成本的多空组合的平均收益和 CAPM α，这个组合在每个 β 组合中做多 *MktCap* 的第 5 五分位数组合并做空 *MktCap* 的第 1 五分位数组合。根据 Newey 和 West（1987）以六期滞后调整的 T 统计量显示在括号中，其零假设是平均收益或 α 等于 0。A 部分展示了等权重组合的结果。B 部分展示了市值加权组合的结果。

在每个五分位数 β 组中，检验 *MktCap* 和股票未来收益之间的关系，结果表明，在低 β 股票中的规模效应实际上是相当强的，因为在 β 的第 1 五分位数组合中的 *MktCap* 5−1 组合的平均收益和 CAPM α 在统计学上是显著的。用等权重组合和市值加权组合进行分析得到的结论是一样的，尽管前者的结果更强一点。在 β 的第 2～第 5 五分位数组合中，*MktCap* 5−1 组合相对于 CAPM 产生的超额收益在统计上与 0 没有区别。

表 9.6 中的结果表明，当仅用由 NYSE 股票计算而得的断点来构造组合时，控制 β 解释了在平均 β 五分位数中的规模效应，但规模效应仍然存在于低 β 值的股票中。我们现在用样本中所有股票计算的断点构造的组合来重新进行分析。

用 NYSE/AMEX/NASDAQ 断点构造的组合进行双变量序贯排序组合分析的结果呈现在表 9.7 中。结果表明，当用样本中所有股票计算断点时，在平均 β 分位中，规模效应相当强。A 部分显示，平均 β 五分位数中的等权重 *MktCap* 5−1 组合产生了 −0.8%的月平均收益，相应的 T 统计量是−3.07。*MKT* 因子对这个结果的解释力很小，因为这个组合的 CAPM α 是−0.68%（T 统计量＝−2.64）。然而，B 部分显示，当使用市值加权组合时，尽管平均 β 五分位数中 *MktCap* 5−1 组合的−0.49%的月平均收益仍然是显著的（T 统计量＝−1.96），但是−0.32%的月 CAPM α 在统计上不显著异于 0（T 统计量＝−1.32）。

与用 NYSE 断点构造组合得到的结果类似，用 NYSE/AMEX/NASDAQ 断点构造组合的结果表明规模效应在低 β 值的股票中更强。表 9.7 的 A 部分显示，在最低 NYSE/AMEX/NASDAQ β 的五分位数组合中，等权重 *MktCap* 5−1 组合的月平均收益和 CAPM α 分别是−1.53%（T 统计量＝−5.95）和−1.40%（T 统计量＝−5.54）。当使用市值加权组合时（B部分），月平均收益和 CAPM α 分别是−1.08%（T 统计量＝

-4.32）和-0.95%（T 统计量$=-3.86$）。*MktCap* 5－1 组合的平均收益和 CAPM α 在β的五分位数上具有单调性。当使用等权重组合时，β 的第 1～第 3 五分位数组合中的 *MktCap* 5－1 组合产生的平均收益和 CAPM α 在经济意义上是足够大的、在统计上是显著的。对于市值加权组合，只有最低的两个 β 五分位数组合的 *MktCap* 5－1 组合能产生在经济上重要、在统计上显著的 CAPM α。

表 9.7　　双变量序贯组合分析——NYSE/AMEX/NASDAQ 断点

A 部分：等权重组合收益						
	β 1	β 2	β 3	β 4	β 5	β Avg
MktCap 1	2.08	1.48	1.43	0.98	0.70	1.33
MktCap 2	0.70	0.79	0.71	0.51	0.27	0.60
MktCap 3	0.56	0.79	0.84	0.72	0.48	0.68
MktCap 4	0.58	0.79	0.70	0.77	0.58	0.70
MktCap 5	0.56	0.55	0.57	0.58	0.43	0.54
MktCap 5－1	－1.53	－0.93	－0.86	－0.40	－0.27	－0.80
	(－5.95)	(－3.67)	(－2.77)	(－1.34)	(－0.84)	(－3.07)
MktCap 5－1 CAPM α	－1.40	－0.79	－0.78	－0.25	－0.17	－0.68
	(－5.54)	(－3.17)	(－2.51)	(－0.86)	(－0.54)	(－2.64)
B 部分：市值加权组合收益						
	β 1	β 2	β 3	β 4	β 5	β Avg
MktCap 1	1.53	1.07	0.97	0.63	0.34	0.91
MktCap 2	0.66	0.78	0.70	0.51	0.26	0.58
MktCap 3	0.57	0.79	0.82	0.73	0.48	0.68
MktCap 4	0.59	0.78	0.77	0.76	0.60	0.70
MktCap 5	0.45	0.40	0.47	0.43	0.34	0.42
MktCap 5－1	－1.08	－0.68	－0.50	－0.20	－0.00	－0.49
	(－4.32)	(－2.68)	(－1.83)	(－0.71)	(－0.01)	(－1.96)
MktCap 5－1 CAPM α	－0.95	－0.50	－0.31	－0.01	0.17	－0.32
	(－3.86)	(－2.06)	(－1.16)	(－0.04)	(0.53)	(－1.32)

该表展示了研究在控制 β 之后 *MktCap* 和股票未来收益之间关系的双变量序贯排序组合分析的结果。每个月，将 CRSP 样本中所有股票基于 β 的升序分为五组。在每个 β 组中，组内所有股票再基于 *MktCap* 的升序分为五组。用来构造组合的五分位数断点是 CRSP 样本中的所有股票。该表展示了 25 个组合中每个组合和平均 β 五分位数组合中每个 *MktCap* 组合未来 1 个月的平均超额收益（以每月百分比计）。还展示了一个零成本的多空组合的平均收益和 CAPM α，这个组合是在每个 β 组合中做多 *MktCap* 的第 5 五分位数组合并做空 *MktCap* 的第 1 五分位数组合。根据 Newey 和 West（1987）使用六期滞后调整的 T 统计量显示在括号中，其零假设是平均收益或 α 等于 0。A 部分展示了等权重组合的结果。B 部分展示了市值加权组合的结果。

我们现在使用独立排序而不是序贯排序的组合分析来计算组合断点。用独立排序的组合分析，我们不仅可以检验在控制 β 之后 *MktCap* 和期望收益之间的关系，而且可以检验在控制 *MktCap* 之后 β 和期望收益之间的关系。

表 9.8 显示了仅用 NYSE 股票计算断点的独立排序组合分析的结果。等权重（A 部分）和市值加权（B 部分）组合的结果和表 9.6 显示的序贯排序组合分析的结果相当相似。规模效应只存在于 β 最低的五分位数组中。在 β 的第 1 五分位数组合中，等权重（市值加权）*MktCap* 5－1 组合的月平均收益是-0.71%（0.48%），对应的 T 统计量是-2.92（-2.36）。这个组合的等权重（市值加权）CAPM α 是-0.60%（-0.38%），在经

济意义上是足够大的，并且在统计上是显著的。在 β 的其他五分位数组合和平均 β 分位中，*MktCap* 5－1 组合的 CAPM α 在统计上不显著异于 0。

表 9.8　　双变量独立排序的组合分析——NYSE 断点

A 部分：等权重组合

	β 1	β 2	β 3	β 4	β 5	β Avg	β 5－1	β 5－1 CAPM α
MktCap 1	1.02	0.99	0.95	0.82	0.48	0.85	－0.54	－0.98
							(－2.22)	(－4.97)
MktCap 2	0.69	0.87	0.89	0.84	0.60	0.78	－0.09	－0.57
							(－0.33)	(－2.58)
MktCap 3	0.67	0.68	0.84	0.84	0.66	0.74	－0.01	－0.46
							(－0.03)	(－2.08)
MktCap 4	0.52	0.66	0.82	0.60	0.60	0.64	0.08	－0.36
							(0.31)	(－1.78)
MktCap 5	0.31	0.54	0.49	0.53	0.43	0.46	0.11	－0.29
							(0.44)	(－1.43)
MktCap Avg	0.64	0.75	0.80	0.72	0.55	—	－0.09	－0.53
							(－0.36)	(－2.84)
MktCap 5－1	－0.71	－0.45	－0.45	－0.30	－0.05	－0.39	—	—
	(－2.92)	(－1.64)	(－1.71)	(－1.07)	(－0.20)	(－1.56)		
MktCap 5－1 CAPM α	－0.60	－0.26	－0.27	－0.13	0.08	－0.24	—	—
	(－2.71)	(－1.10)	(－1.16)	(－0.50)	(0.33)	(－1.05)		

B 部分：市值加权组合

	β 1	β 2	β 3	β 4	β 5	β Avg	β 5－1	β 5－1 CAPM α
MktCap 1	0.75	0.83	0.82	0.73	0.34	0.69	－0.41	－0.87
							(－1.51)	(－4.17)
MktCap 2	0.69	0.86	0.85	0.85	0.61	0.77	－0.08	－0.55
							(－0.29)	(－2.54)
MktCap 3	0.65	0.66	0.83	0.83	0.64	0.72	－0.01	－0.46
							(－0.02)	(－2.08)
MktCap 4	0.50	0.64	0.83	0.62	0.59	0.64	0.10	－0.35
							(0.37)	(1.75)
MktCap 5	0.26	0.49	0.38	0.47	0.35	0.39	0.09	－0.29
							(0.35)	(－1.46)
MktCap Avg	0.57	0.70	0.74	0.70	0.51	—	－0.06	－0.50
							(－0.25)	(－2.74)
MktCap 5－1	－0.48	－0.34	－0.44	－0.26	0.01	－0.30	—	—
	(－2.36)	(－1.38)	(－1.79)	(－0.99)	(0.05)	(－1.32)		
MktCap 5－1 CAPM α	－0.38	－0.14	－0.24	－0.06	0.20	－0.12	—	—
	(－1.97)	(－0.67)	(－1.10)	(－0.24)	(0.78)	(－0.61)		

该表展示了研究在控制 β 之后 *MktCap* 和股票未来收益之间关系的双变量独立排序组合分析的结果。每个月，将 CRSP 样本中所有股票基于 β 的升序分为五组。所有股票独立地基于 *MktCap* 的升序分为五组。用来构造组合的五分位数断点是在纽约证券交易所上市的股票。β 组和 *MktCap* 组的交集形成了 25 个组合。该表展示了这 25 个组合中每个组合和平均 β 组合中每个 *MktCap* 组合未来 1 个月的平均超额收益（以每月百分比计）。还展示了一个零成本的多空组合的平均收益和 CAPM α，这个组合是在每个 *MktCap*(β) 组合中做多 β(*MktCap*) 的第 5 五分位数组合并做空 β(*MktCap*) 的第 1 五分位数组合。根据 Newey 和 West（1987）使用六期滞后调整的 T 统计量显示在括号中，其零假设是平均收益或 α 等于 0。A 部分展示了等权重组合的结果。B 部分展示了市值加权组合的结果。

对于在控制 *MktCap* 后 β 与股票未来收益之间的关系，如表 9.8 所示，对平均 *MktCap* 五分位数而言，β 5－1 组合相对于 CAPM 的负超额收益在经济上和统计上都是显著的。这个结果在市值最低的三个五分位数组合中依然存在，在 *MktCap* 的第 4 五分位数组合中勉强存在，在市值最高的五分位数组合中不存在。

我们最后的双变量组合分析使用的是独立排序组合，断点是由样本（NYSE/AMEX/NASDAQ 断点）中所有股票计算而得的。这些分析的结果呈现在表 9.9 中。与使用 NYSE/AMEX/NASDAQ 断点的序贯排序组合分析一样，独立排序组合分析也在等权重组合中发现了很强的规模效应。平均 β 分位中的 *MktCap* 5－1 组合产生了－0.84%的月平均收益（T 统计量＝－2.69）和－0.75%的 CAPM α。除了 β 的第 4 五分位数组合，在每个 β 组合中，*MktCap* 差异组合的收益和 α 在经济上都是足够大的，并且在统计上都是高度显著的。然而，当使用市值加权（B 部分）组合时，所有 β 的五分位数组合中，*MktCap* 5－1 组合的 α 在统计上都不显著。[①]平均 β 五分位数的结果也是如此。

无论用等权重还是市值加权组合，用 NYSE/AMEX/NASDAQ 断点的独立排序组合分析都表明，做多高 β 股票并做空低 β 股票的组合产生了相对于 CAPM 的负超额收益。在 *MktCap* 的每个五分位数组合和平均 *MktCap* 五分位数中，β 5－1 组合的 CAPM α 都是负的，在数值上很大，在统计上高度显著。[②]

表 9.9　　双变量独立排序的组合分析——NYSE/AMEX/NASDAQ 断点

A 部分：等权重组合								
	β 1	β 2	β 3	β 4	β 5	β Avg	β 5－1	β 5－1 CAPM α
MktCap 1	1.36	1.40	1.62	1.24	1.19	1.36	－0.17	－0.54
							(－0.56)	(－2.02)
MktCap 2	0.59	0.74	0.72	0.56	0.21	0.56	－0.38	－0.90
							(－1.12)	(－3.35)
MktCap 3	0.59	0.77	0.81	0.62	0.42	0.64	－0.18	－0.69
							(－0.56)	(－2.81)
MktCap 4	0.66	0.74	0.79	0.76	0.50	0.69	－0.16	－0.69
							(－0.53)	(－2.78)
MktCap 5	0.39	0.51	0.60	0.64	0.44	0.52	0.05	－0.42
							(0.17)	(－1.92)
MktCap Avg	0.72	0.83	0.91	0.76	0.55	—	－0.17	－0.65
							(－0.61)	(－3.07)
MktCap 5－1	－0.97	－0.89	－1.02	－0.60	－0.75	－0.84	—	—
	(－3.34)	(－2.87)	(－2.62)	(－1.54)	(－2.00)	(－2.69)		
MktCap 5－1 CAPM α	－0.85	－0.74	－0.98	－0.46	－0.72	－0.75	—	—
	(－3.20)	(－2.67)	(－2.23)	(－1.27)	(－2.01)	(－2.54)		

① 在 β 的第 1 五分位数组合中，β 5－1 组合的 α 是－0.43%，其 T 统计量为－1.68，在统计上是勉强显著的。

② 在 *MktCap* 的第 5 五分位数组合中，β5－1 组合的 α 在统计上只是勉强显著的。

B部分：市值加权组合								
	β 1	β 2	β 3	β 4	β 5	β Avg	β 5−1	β 5−1 CAPM α
MktCap 1	0.89	1.01	1.15	0.77	0.67	0.90	−0.21	−0.63
							(−0.65)	(−2.20)
MktCap 2	0.61	0.75	0.73	0.58	0.18	0.57	−0.43	−0.95
							(−1.27)	(−3.56)
MktCap 3	0.60	0.76	0.82	0.64	0.42	0.65	−0.18	−0.69
							(−0.58)	(−2.86)
MktCap 4	0.63	0.74	0.78	0.75	0.53	0.68	−0.10	−0.62
							(−0.34)	(−2.49)
MktCap 5	0.35	0.38	0.48	0.44	0.33	0.40	−0.02	−0.41
							(−0.06)	(−1.87)
MktCap Avg	0.62	0.73	0.79	0.64	0.43	—	−0.19	−0.66
							(−0.70)	(−3.24)
MktCap 5−1	−0.54	−0.63	−0.67	−0.33	−0.34	−0.50	—	—
	(−1.93)	(−1.99)	(−1.81)	(−0.84)	(−0.84)	(−1.57)		
MktCap 5−1 CAPM α	−0.43	−0.46	−0.50	−0.13	−0.22	−0.35	—	—
	(−1.68)	(−1.62)	(−1.44)	(−0.36)	(−0.58)	(−1.22)		

该表展示了研究在控制 β 之后 *MktCap* 和股票未来收益之间关系的双变量独立排序组合分析的结果。每个月，将 CRSP 样本中所有股票基于 β 的升序分为五组。所有股票独立地基于 *MktCap* 的升序分为五组。用来构造组合的五分位数断点是由 CRSP 样本中的所有股票来计算的。β 组和 *MktCap* 组的交集形成了 25 个组合。该表展示了这 25 个组合中每个组合和平均 β 组合中每个 *MktCap* 组合未来 1 个月的平均超额收益（以每月百分比计），还展示了一个零成本的多空组合的平均收益和 CAPM α，这个组合是在每个 *MktCap*(β) 组合中做多 β(*MktCap*) 的第 5 五分位数组合并做空 β(*MktCap*) 的第 1 五分位数组合。根据 Newey 和 West（1987）使用六期滞后调整的 T 统计量显示在括号中，其零假设是平均收益或 α 等于 0。A 部分展示了等权重组合的结果。B 部分展示了市值加权组合的结果。

综上所述，双变量组合分析得出了与单变量组合分析相似的结论。市值和股票期望收益之间的负相关关系的强度在很大程度上取决于所使用的分析方法。等权重组合分析产生的结果比市值加权组合分析产生的结果更强。用 NYSE 股票计算断点进行分析的结果比用样本中所有股票计算断点进行分析的结果更弱。实际上，在双变量序贯排序的组合分析中，只有用样本中所有股票计算断点的等权重组合，其平均 β 分位中的规模效应在统计上才是显著的。在其他所有双变量组合分析中，都没有发现规模效应。最后，在计算断点时是序贯排序还是独立排序对结果的影响很小。

9.5.3 Fama 和 MacBeth 回归分析

第 9.5.1 节和第 9.5.2 节中的组合分析给出了市值和股票收益之间负相关关系的基本证据。在这一小节中，我们使用 Fama 和 MacBeth(1973)（以下简称“FM”）回归分析来检验这种关系。每个月，我们用规模（*Size*）或规模和贝塔（β）对未来 1 个月的股票平均超额收益进行横截面回归。我们强调在回归分析中使用的是 *Size*（市值的自然对数）而不是 *MktCap*。其原因在于，如前所述，*MktCap* 具有高度偏态分布。

因此，如果我们使用 $MktCap$ 作为自变量，则有可能几个极端的数据点会对回归的系数估计产生很大的影响，而这种影响是我们不期望发生的。因此，资产定价文献中的标准做法是在回归分析中使用市值的对数。我们用 FF 版本的规模变量 $Size^{FF}$ 重复了这些分析。

表 9.10 显示了 FM 回归分析的结果。列（1）显示，当 $Size$ 是回归方程式中唯一的自变量时，截面回归的月平均斜率为－0.14，相应的 Newey 和 West(1987) 调整的 T 统计量为－2.93，表明 $Size$ 和股票未来收益之间存在统计上显著的负相关关系。回归模型列（2）表明，在控制 β 的影响之后，规模和股票未来收益之间的负横截面关系仍然存在，因为 $Size$ 上的平均斜率为－0.15，对应的 T 统计量为－2.48。与第 8 章的结果一致，β 的平均系数在统计上不显著异于 0。回归模型列（3）和列（4）重复了上述回归分析，使用的是 $Size^{FF}$ 而不是 $Size$ 来度量市值，结果非常相似。列（3）中唯一的自变量是 $Size^{FF}$，其系数为－0.12，对应的 T 统计量为－2.62。当使用 β 作为控制变量时，$Size^{FF}$ 的平均斜率也是－0.12，对应的 T 统计量则是－2.16。因此，不管市值的度量是哪一种，FM 回归分析的结果都表明，规模和股票未来收益之间存在统计上很强的负横截面关系。

表 9.10　　Fama 和 MacBeth 回归分析

	(1)	(2)	(3)	(4)
$Size$	－0.14	－0.15	—	—
	(－2.93)	(－2.48)		
$Size^{FF}$	—	—	－0.12	－0.12
			(－2.62)	(－2.16)
β	—	－0.06	—	－0.11
		(－0.34)		(－0.63)
Intercept	1.31	1.42	1.23	1.35
	(2.81)	(3.33)	(2.70)	(3.23)
Adj. R^2	0.01	0.03	0.01	0.03
n	4 781	4 426	4 578	4 420

该表展示了研究股票期望收益和企业规模关系的 Fama 和 MacBeth (1973) 回归分析的结果。该表中的每一列都展示了一个不同的横截面回归方程式的结果。在所有方程式中，因变量都是未来 1 个月的股票平均超额收益。自变量呈现在第一列中。对自变量进行每月 0.5%水平的缩尾处理。该表呈现了平均斜率系数和平均常数系数以及对应的 T 统计量（在括号中），T 统计量是根据 Newey 和 West (1987) 使用六期滞后进行调整的，其零假设是平均系数等于 0。行 Adj. R^2 和 n 分别给出了横截面回归的平均调整后 R 平方和数据点数量。

为了检验规模和股票未来收益的关系在经济上的显著性，我们将包含控制变量 β 的回归方程式［列（2）］中 $Size$ 的平均斜率系数－0.15 乘以 $Size$ 的平均横截面标准差 1.92（见表 9.1），得到－0.29(＝－0.15×1.92)。这表明，当所有其他条件相同时，$Size$ 的一个标准差偏差与每月 0.29%的股票期望收益差额相关。类似地，我们也计算了 $Size$ 落在第 25 百分位数和第 75 百分位数的股票的期望收益差额。这表示这两类股票的期望收益差额为每月－0.40%［＝－0.15%×(5.57－2.93)，见表 9.1］。最后，我们通过将 *Size* 的第 95 和第 5 百分位数之差乘以股票的 *Size* 平均斜率系数，来检验市值非常高的股票与非常低的股票的期望收益的差额，即每月－0.94%[＝－0.15%×(7.74－1.46)] 的期望收益差额。因此，这个结果表明，*Size* 和股票未来收益之间的关系不仅是在统计上显著的，在经济上也是十分重要的。

总而言之，这部分呈现的组合分析和 FM 回归分析的结果，表明了市值和股票未来收益之间的负相关关系。这种现象通常被称为规模效应。组合和 FM 回归分析的不同变化产生了显著不同的结果。当使用样本中所有股票计算而得的断点时，规模效应是最强的，但仅使用 NYSE 股票计算断点时，规模效应会弱很多。市值加权组合产生的规模效应会比等权重组合的弱一些。与 Banz(1981)、Fama 和 French(1992，1993)的发现一致，我们说明了规模效应是由市值最低十分位数组合中的股票的极大收益驱使的。规模效应也似乎集中在低市场贝塔的股票中。与最强的组合分析结果一致，FM 回归分析表明规模和股票未来收益之间的负相关关系在经济上和统计上都是显著的。在控制了市场贝塔后，二者的关系依然存在，它与 CAPM(Sharpe，1964；Lintner，1965；Mossin，1966）的预测矛盾，后者认为市场贝塔是期望收益横截面变化的唯一决定因素。

考虑到市值和股票超额收益之间存在的负相关关系，一个很重要的问题就出现了，即为什么这种关系存在？正如 Ball(1978）所指出的，第 9.5 节的组合和回归分析不一定表示市场无效率。另一个合理的解释是市值作为暴露于不包括在基准资产定价模型（在这种情况下是 CAPM）的风险的代理。

9.6 规模因子

考虑到市值指标是股票暴露在一个可定价但以前未定义的风险因素，Fama 和 French（1993）创建了一个零成本的多空组合，旨在产生一个收益，这个收益近似于与该未知规模因子一个单位风险相关联的收益，且对其他因子的敏感性很小。为了构造一个模拟规模因子的组合，Fama 和 French(1993）构造了一个做多低市值股票并做空等值的高市值股票的组合。他们把这个组合称为 *SMB*，即“小减大”。

在每年（记为 y）的 6 月，Fama 和 French(1993）将 CRSP 数据库中所有的美国普通股分成两组。所有市值低于 NYSE 股票市值中值的股票组成了组 S（小）。组 B（大）包含所有市值高于 NYSE 股票市值中值的股票。整个股票样本也基于账面市值比（*BM*）独立地分为三组。*BM* 在第 y 年的 6 月计算，等于上一个日历年（第 $y-1$ 年）的财年年底的普通股账面价值除以上一个日历年（第 $y-1$ 年）12 月底的股票市值（计算 *BM* 的更多细节见第 10 章）。组 H（高）只包含 *BM* 值高于 NYSE 股票 *BM* 的第 70 百分位数的股票，组 M（中）包含 *BM* 值介于 NYSE 股票 *BM* 的第 30 和第 70 百分位数之间的股票，而组 L（低）则包含 *BM* 值低于 NYSE 股票 *BM* 的第 30 百分位数的股票。

这两个市值组和三个账面市值比组的交集形成了六个组合，分别为 S/H、S/M、S/L、B/H、B/M 和 B/L。S/H 组合的股票是小市值股票组合 S 和高账面市值比股票组合 H 的交集。其他组合中的股票持有情况类似。六个组合中的每个组合中的股票都是市值加权的，其中市值是权重，在第 y 年的 6 月底计算而得，之前定义为 $MktCap^{FF}$。然后 Fama 和 French(1993）计算了这六个组合从第 y 年 7 月至第 $y+1$ 年 6 月间各自的月收益率，其中每个月都会重新构造组合。最后，模拟规模因子的组合（*SMB*）在任一月 m 的收益等于三个低市值股票组合（S/H、S/M 和 S/L）收益的简单平均值减去三个高市值股票组合（B/H、B/M 和 B/L）收益的简单平均值。该组合设计的目的是创建一个多空组合，其收益率对高市值股票和低市值股票之间的收益差异非常敏感，并且对高和低账面市值比股票之间的收益差异相对不敏感。*SMB* 组合的月（日）收益可在 Kenneth French 的网站获取

1926 年 7 月—2012 年 12 月，*SMB* 组合的平均月度收益（对数收益）是 0.23%(0.18%)，对应的标准差是 3.26%(3.17%)。因此 *SMB* 组合月度收益（对数收益）的年化夏普比率是 0.24(0.20)。*SMB* 组合在这段时期内的累积收益率为 537%，累积对数收益因此为 185%。*SMB* 组合的收益率与市场因子（*MKT*）之间存在 0.34 的显著相关性。

图 9.2 描绘了投资 *SMB* 组合所实现的累积收益。实线表示通过投资月度 *SMB* 组合所实现的复合收益，此线的纵坐标轴在图的左侧。虚线表示的是 *SMB* 组合每月对数收益的累积和，其纵坐标轴在图的右侧。该图表明，尽管从长期来看，*SMB* 组合的交易策略是有利可图的，但这种策略存在一些非常严重的风险。例如，从 1983 年 8 月开始，组合的价值长期大幅下降。这一下降的最低点是 1999 年 3 月底，这时该组合价值的下降幅度达到了以前最大值的约 53%。组合的价值再一次达到以前 1983 年 7 月底的高点是在 2010 年 4 月底，经历了超过 26 年的时间。尽管这一次下跌是 *SMB* 组合经历的时间最长和幅度最大的下跌，但它绝不代表该组合产生深度或长期损失的唯一时期。时间第二长的下跌开始于 1946 年 6 月，从那时起，*SMB* 组合的复合收益一直为负，直到 1967 年 9 月底才结束，时间跨度超过 21 年。最后，从 1968 年 12 月底到 1974 年 12 月底，*SMB* 组合的损失超过了其价值的 46%。直到 1978 年 8 月底才再次达到以前的高点，这差不多是下跌开始的 10 年后。

除了 *SMB* 因子的长期表现不佳之外，值得注意的是，如果我们用 CAPM 来评估 *SMB* 组合的超额收益，即把市场（市场因子，*MKT*）的月度超额收益向 *SMB* 月度收益回归，我们发现风险调整后的 α 虽然是正的，但在统计学上并不显著。特别地，使用 1926 年 7 月—2012 年 12 月的数据，*SMB* 组合的月度 CAPM α 只有 0.10%，对应的 Newey 和 West(1987）T 统计量只有 1.12。类似地，对于 1963 年 7 月—2012 年 12 月的时间区间（我们在整本书中研究收益率所选的时间区间），*SMB* 组合的月度 CAPM α 为 0.15%，对应的 T 统计量为 1.25。这些结果似乎表明，*SMB* 组合的超额收益可以由 *SMB* 组合对市场组合的敏感度来解释，如 CAPM 所预测的一样。事实上，即使没有调整 *SMB* 因子的收益以考虑其对市场因子的敏感性，1963 年 7 月—2012 年 12 月

SMB 因子的平均月度收益只有 0.13%（在经济意义上很小，相应的 T 统计量为 1.86），但这表明 *SMB* 因子在近 50 年的这段时间内产生了只在统计上显著的正的平均收益。虽然有这些事实，Fama 和 French(1993) 还是证明了 *SMB* 组合有能力解释那些不能由市场因子解释的组合超额收益。因此，*SMB* 因子是资产定价实证研究的支柱之一，任何研究如果证明了解释或预测股票收益的能力，那么它也应证明在控制规模效应之后这种能力仍然存在。

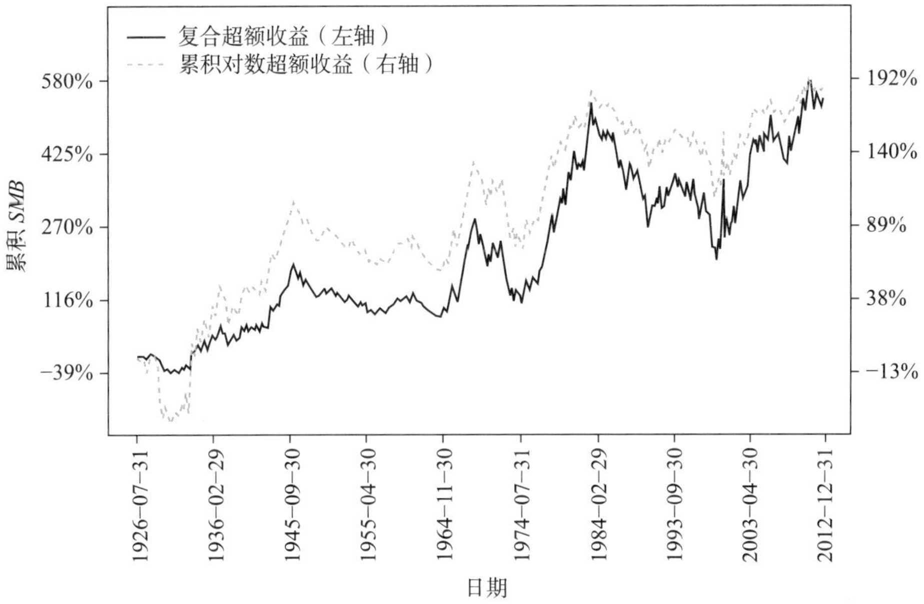

图 9.2 *SMB* 组合的累积收益

该图描绘了 *SMB* 因子在 1926 年 7 月—2012 年 12 月的累积收益。月份 t 的复合超额收益等于给定月份及其之前所有月份的月收益率加 1 后累乘的结果的 100 倍。累积对数超额收益等于给定月份及其之前所有月份的月度对数超额收益之和。

9.7 总结

在本章中，我们检验了市值与股票期望收益之间的关系。组合分析和回归分析都发现这二者之间存在很强的负相关关系。结果表明，小股票（市值低的股票）的表现比大股票（市值高的股票）更好。组合分析证明了，这个结果仅由市值极低的股票产生的非常高的平均收益所驱动，并且这些市值极低的股票的市值只占总市值的非常小一部分。规模现象不能由市场贝塔的横截面变化来解释，但是其效应的大小和统计显著性根据分析实施的不同而显著不同。市值加权组合产生的结果比等权重组合的结果更弱。仅使用在 NYSE 上市的股票计算组合断点，与使用所有股票计算断点形成的组合相比，前者大大减少了规模投资所产生的收益。

Fama 和 French(1993) 得出结论：高市值股票和低市值股票之间的期望收益差异一定是由与市值在横截面上相关的潜在定价因素的风险敞口所造成的。基于此，他们构造了 *SMB* 组合，做多低市值股票并做空高市值股票。这种模拟因子的组合的设计是为了产生一个收益，这个收益等于由暴露于一单位潜在风险因子并对其他风险因子的敏感性最小的组合所产生的收益，因此该组合是用于多因子风险模型的理想选择。我们发现，尽管 *SMB* 组合的收益率平均为正，但是其中也存在重大的风险，并且不良绩效可能会持续较长时间。

参考文献

[1] Ball, R. 1978. Anomalies in relationships between securities' yields and yield-surrogates. Journal of Financial Economics, 6 (2-3), 103-126.

[2] Banz, R. W. 1981. The relationship between return and market value of common stocks. Journal of Financial Economics, 9 (1), 3-18.

[3] Fama, E. F. and French, K. R. 1992. The cross-section of expected stock returns. Journal of Finance, 47 (2), 427-465.

[4] Fama, E. F. and French, K. R. 1993. Common risk factors in the returns on stocks and bonds. Journal of Financial Economics, 33 (1), 3-56.

[5] Fama, E. F. and French, K. R. 2012. Size, value, and momentum in international stock returns. Journal of Financial Economics, 105 (3), 457-472.

[6] Fama, E. F. and MacBeth, J. D. 1973. Risk, return, and equilibrium: empirical tests. Journal of Political Economy, 81 (3), 607.

[7] Lakonishok, J. and Shapiro, A. 1986. Systematic risk, total risk and size as determinants of stock market returns. Journal of Banking & Finance, 10 (1), 115-132.

[8] Lintner, J. 1965. Security prices, risk, and maximal gains from diversification. Journal of Finance, 20 (4), 587-615.

[9] Mossin, J. 1966. Equilibrium in a capital asset market. Econometrica, 34 (4), 768-783.

[10] Newey, W. K. and West, K. D. 1987. A simple, positive semi-definite, heteroskedasticity anautocorrelation consistent covariance matrix. Econometrica, 55 (3), 703-708.

[11] Sharpe, W. F. 1964. Capital asset prices: a theory of market equilibrium under conditions of risk. Journal of Finance, 19 (3), 425-442.

第 10 章　价值溢价

大量研究表明，价值股，即被宽松地定义为相对于盈利（Basu，1977；Jaffe，Keim，and Westerfield，1989）、股利（Lakonishok，Shleifer，and Vishny，1994）、债务（Bhandari，1988）或权益的账面价值（Rosenberg，Ried and Lanstein，1985；Fama and French，1992，1993；Chan，Jegadees and Lakonishok，1995）价格偏低的股票，能比成长股或价格相对于上述基本度量值偏高的股票产生更高的长期收益。Fama 和 French（1992）的研究指出，这些变量和股票未来收益的相关性可以归因为两个变量——股票市值和权益的账面市值比。正如我们在第 9 章讨论的，股票市值和股票收益呈负相关关系。本章的重点是对价值溢价的实证研究。特别地，我们将证明账面市值比和股票期望收益之间存在正相关关系。

对股票期望收益和账面市值比（或者其他相关度量）之间正相关关系的研究目前还充满着争议。下面列出两种主要的解释。第一种是由 Fama 和 French（1993）以及 Chen 和 Zhang（1998）提出的基于风险的解释。他们认为，价值股（成长股）有更高（低）的收益是由于其对定价风险因素的暴露程度更高（低）。第二种是 Lakonishok、Shleifer 和 Vishny（1994）、La Porta（1996）以及 La Porta、Lakonishok、Shleifer 和 Vishny（1997）提出的基于投资者行为本质的解释。这些学者认为，与价值投资相关的收益是由于“幼稚的”投资者对未来增长的预期导致的错误定价所带来的。

基于风险解释的支持者已经提出了关于风险特性的几种可能性。Fama 和 French（1992）指出，账面市值比（或其他衡量价值的比率）代表着潜在基本面风险因子的暴露程度。这一假设被 Fama 和 French（1995）、Chen 和 Zhang（1998）的研究所支持，他们的研究表明，价值型企业通常有着较低的收益、较高的收益不确定性和较高的杠杆水平。Fama和French（1993）在多因子资产定价模型（Merton，1973；Ross，1976）的背景下研究这一假设。他们证明了设计用于模拟这一因子的组合的收益捕捉到了股票收益的常见变化。另一种可能性也是由Fama和French（1992）提出的，他们认为账面市值比可能可以捕捉到由Chan和Chen（1991）假定的相对困境效应。根据这个解释，相对于基本面信息变量价格偏低的股票反映出市场对公司前景的预期不乐观。此外，由于低股价导致高市场杠杆，他们认为这种困境也可以用非自愿杠杆效应来解释。

更多的基于风险的最近研究表明，价值溢价可以用时变风险和风险溢价来解释（Lettau and Ludvigson，2001；Zhang，2005）。该理论的支持者认为，当经济条件很差（好）、风险溢价很高（低）时，做多价值股并做空成长股的组合的风险很高（低）。Lettau和Ludvigson（2001）的实证研究支持了这一论点——在经济下滑时期，相对于成长股的组合收益，价值股的组合收益与消费增长的相关性更高。Zhang（2005）从基于生产的资产定价模型中得出此理论，在该模型中，价值股比成长股的风险更高，尤其是在经济环境糟糕和风险溢价突增的国家表现得更为明显。Fama和French（1995）发现在此期间，高（低）账面市值比是公司持续盈利能力低（高）的表现。[①]

在行为金融学解释的支持者中，Lakonishok、Shleifer和Vishny（1994）最早指出，价值股的高收益是由投资者错误估计企业未来收益增长所导致的错误定价造成的。特别地，Lakonishok、Shleifer和Vishny（1994）提出的价值策略之所以有效果，是因为其与“幼稚的”投资者所奉行的策略正好相反，“幼稚的”投资者往往过分依据以往的增长情况来估计未来增长。“幼稚的”投资者往往对过去表现非常好的股票过于乐观，创造了对这些股票的需求，导致这些“魅力”股票的定价过高。类似地，“幼稚的”投资者往往对过去表现较差的股票过度反应，过度地抛售，导致这些“价值股”的定价过低。因此，价值价格比的预测能力只反映了对“幼稚”投资者过去所犯错误的解读。与这些观点一致，早期关于过度反应的研究（De Bondt and Thaler，1985，1987；Chopra，Lakonishok and Ritter，1992）表明，极端失败者在随后几年中会跑赢市场。La Porta（1996）以及La Porta、Lakonishok、Shleifer和Vishny（1997）检验了这些增长预测误差对价值股高收益解释的能力，支持了错误定价解释。Griffin和Lemmon（2002）的研究发现，具有高困境风险的公司在盈利公告发布前后有最大的收益反转，所以把困境风险效应归因于错误定价。Ali、Hwang和Trombley（2003）的研究表明，价值效应主要是由精明的投资者所投资的股票引起的。Lakonishok、Shleifer和Vishny（1994）通过研究一些常规的系统性风险指标，例如贝塔值和标准差等，发现高价值价格比的股票并不比成长股的风险高，以此对基于风险的解释进行反驳。Daniel和Titman（1997）

① Fama和French（2012）以及Asness、Moskowiz和Pedersen（2013）发现了价值溢价存在于许多不同资产类别和市场的证据，并将与价值投资相关的回报归因于一个共同的因素。

通过证明与 Fama 和 French（1993）提出的账面市值比因子有着高度相关关系的股票，其期望收益并没有显著地高于一般股票，质疑了高账面市值比股票具有高收益的风险因素解释。换句话说，上文提出的风险因子并不能解释期望收益。

总而言之，尽管很多研究为区别风险解释理论和错误定价解释理论之间的差异提供了证据，但结论仍然是未知的。到底反转策略能产生高收益是因为股票被错误定价，还是因为价值股的基本风险高于成长股，目前还没有定论。

在本章的剩余部分中，我们将对价值溢价进行实证研究，检验账面市值比和股票收益的相关性。我们先从账面市值比的计算开始讨论，接着利用组合与 Fama 和 MacBeth（1973）回归分析法，探究账面市值比和股票未来收益的横截面相关性。随后，我们讨论 Fama 和 French（1993）的 *HML* 组合，该组合的设计旨在捕捉暴露于与价值溢价相关的风险的收益。最后，我们介绍 Fama 和 French（1993）的三因子模型，其被广泛地运用于度量风险调整收益。

10.1 计算账面市值比

账面市值比，我们记为 BM，其定义为公司普通股的账面价值（BE）除以公司权益的市场价值（ME），如下式

$$BM=\frac{BE}{ME} \tag{10.1}$$

其中，账面价值取自公司资产负债表，市场价值与公司市值相同。从第 10.2 节提供的描述性统计结果中可以看到，BM 的横截面分布是高度右偏的。为了最小化数据分析中 BM 极端值的影响，我们使用 BM 的自然对数 $\ln BM$

$$\ln BM=\ln(BM) \tag{10.2}$$

值得注意的是，尽管 BM 的分布是右偏的，但大部分实证研究都使用未转换处理的 BM 进行回归分析和相关性分析。在本章中，我们将探究使用对数转换的办法是否会对研究结果产生质的改变。

最常见的账面市值比的计算方法来自 Fama 和 French(1992，1993)。普通股权益的账面价值（BE）的计算使用的是 Compustat 数据库中资产负债表的数据。尽管 Compustat 数据库中的文件经常变化，但是在本书撰写的时候（2015 年），用于计算 BE 的必要数据都可以在 Compustat 北美年度基本面数据文件中获得。

BE 的计算开始于股东权益的账面价值，这是 Compustat 数据库中的 *SEQ* 栏。我们通过加上递延税（*TXDB*）栏和投资税收抵免（*ITCB*）栏修正了税收效应对价值的影响。最后，我们再从中减去优先股的账面价值。优先股的账面价值被视作可用的赎回价值（*PSTKRV*）栏、清算价值（*PSTKL*）栏或面值（*PSTK*）栏，以给定的顺

序取值。如果 Compustat 数据库中缺少股东权益（SEQ）或递延税（$TXDB$）栏，则无法计算出普通股的账面价值，从而也无法计算出账面市值比。如果没有投资税收抵免（$ITCB$）的数据，就将其视为 0。最后，如果所有优先股相关数据都缺失，那么优先股的账面价值也被视为 0。因此，权益账面价值的定义如下

$$BE=SEQ+TXDB+ITCB-BVPS \tag{10.3}$$

其中

$$BVPS=\begin{cases} PRTKRV, & \text{如果其值可得} \\ PSTKL, & \text{如果其值可得且 } PRTKRV \text{ 不可得} \\ PSTK, & \text{如果其值可得且 } PRTKRV\text{、}PSTKL \text{ 不可得} \\ 0, & \text{其他} \end{cases}$$

在计算 BE 时使用的所有数据在 Compustat 数据库中都以百万美元为单位。在某些情况下，BE 的计算结果可能为负值。这些观测的 BE 值被认为是缺失，导致无法计算 BM。这确保了计算出的账面市值比是正的。因此，不计算 BE 为负的观测的 BM 值。值得一提的是，Compustat 数据库中许多公司/日期的观测值有多个条目，其观测值通过数据库中的 *gvkey* 和 *datadate* 栏的唯一组合来识别。通过选择将行业格式（*indfmt*）栏设定为“INDL”，将数据格式（*datafmt*）栏设定为“*STD*”来获取正确数据，计算账面市值比。实际上，计算权益账面价值时，只需要将行业格式栏和数据格式栏设置为上述值，就可以从北美年度基本面数据文件中读取数据。因此，当利用这个文件计算普通股的账面价值时，建议将这些栏中具有替代值的所有条目都删除，剩余的条目将表示唯一的公司/日期观察值。①

计算账面市值比的第二个步骤是计算市场权益。计算账面市值比所用的市场权益通常使用的是市场价值，即任意指定年份 12 月的流通股数量乘以价格。正如我们在第 9 章讨论的，用于计算市值的流通股票数量（$SHROUT$ 栏）和股票价格（$ALTPRC$ 或 PRC 栏）的数据来自证券价格研究中心（CRSP）的每日或每月文件。因为 CRSP 中流通股票数量的单位是千股，而之前账面价值的计算结果是以百万美元为单位的，因此计算账面市值比所用的市场权益的计算定义如下

$$ME=\frac{|ALTPRC\times SHROUT|}{1\,000} \tag{10.4}$$

其中，$ALTPRC$ 和 $SHROUT$ 是从 CRSP 每月股票文件中给定年份 12 月的最后一个交易日中获得的。取绝对值是因为在某些情况下，CRSP 会把股票价格记为负数，其原因在第 9.1 节讨论过了。

计算账面市值比的第三个步骤，是将 BE 和 ME 两个值的时间相匹配。最标准的

① 在写作本书所用的 Compustat 的北美基本面年度文件中，这个说法有一个例外：*gvkey* 175650 和 *datadate* 12/31/2005 分别有两个条目。我们从我们的分析中删除这个公司/日期组合的全部两个观察。

方法是按照 Fama 和 French(1992，1993）中的做法，将第 y 个财年底的数据计算的账面净值与同一年 y 年底计算的市场价值进行匹配。因此，对于那些以每年 1 月作为会计年底的公司，账面净值将于给定年度的 1 月底计算，市场价值将于同年 12 月底计算。所以账面净值和市场价值之间的时间差最多为 11 个月。Fama 和 French(1992）发现这个滞后期对实证研究的影响是微不足道的。Compustat 数据库的 *datadate* 栏代表会计年底的日期，我们只需要提取该日期的年份就得到了所需的所有数据。在某些情况下，公司会改变它们财年结束的月份，这就可能导致在同一个年份出现两个数据条目。在此情况下，我们使用给定年份 y 中最新的 *datadate* 数据。

因为计算年份 y 的账面市值比所使用的数据在年份 $y+1$ 的 6 月才公布，为了确保实证研究使用的账面市值比数据来源在分析假设时是可以公开获取的，因此，年份 $y+1$ 的 6 月（含 6 月）到年份 $y+2$ 的 5 月（含 5 月）的 $BM_{i,t}$（股票 i 在月份 t 的账面市值比）值都是使用年份 y 的数据计算而得的。使用这个方法的原因是，公司应在财年结束的 3 个月内按要求报告相关数据，但是大部分公司都没办法按时报告。因此 Fama 和 French(1992）假设会计年底到会计年底数据公布至少有 6 个月的间隔。简单来说，对本书中的月度分析而言，年度 $y+1$ 的 6 月到年度 $y+2$ 的 5 月期间月份 t 的账面市值比，可以看作每个自然年度 y 年底的权益账面价值除以年度 y 年底即 12 月的权益的市场价值。

在计算 *BM* 的时候，Compustat 数据库条目和 CRSP 数据库条目的匹配是很有必要的。这项工作并不简单，因为 CRSP 数据库和 Compustat 数据库没有共同的公司或股票标识符。CRSP 数据库的股票是用 *PERMNO* 栏来标识的，而 Compustat 数据库中的公司是用 *gvkey* 栏来标识的。如果由 CRSP 提供的 CRSP/Compustat 合并数据库接口可用，那么连接 Compustat 数据库（以获取计算普通股账面价值的数据）和 CRSP 数据库（以获取计算权益市场价值的数据）的最好方法是使用 CRSP/Compustat 数据库的链接使用表（CCMXPF _ LNKUSED)。链接使用表将同一家公司在 CRSP 数据库中的 *PERMNO* 与 Compustat 数据库中的 *gvkey* 相连接，并展示了链接在哪些日期可用。链接使用文件有不同的链接类型，显示在 ULINKTYPE 栏中。只有 ULINKTYPE 栏的值为“LU”或“LC”的链接才可以被使用。[①]此外，只有链接使用表中 USEDFLAG 栏的值为 1 的链接才能被使用。[②]链接使用表中的 ULINKDT 栏表示 CRSP 的 *PERMNO* 和 Compustat 数据库的 *gvkey* 之间的链接有效的初始日期，ULINK-ENDDT 栏表示链接有效的最后日期。如果 ULINKENDDT 栏未填充，则表示该链接在文件生成时仍保持有效。通过将链接使用文件中的 UGVKEY 栏与 Compustat 数据库文件中的 *gvkey* 栏进行匹配，同时要求归档于 Compustat 数据库文件的 *datadate* 栏

---

① ULINKTYPE 字段中“LU”值表示该链接是通过比较 Compustat 和 CRSP 数据库中的 CUSIP 值来建立的。ULINKTYPE 字段中“LV”值表示该链接已经被研究，并且研究已经证实链接是正确的。有关 ULINKTYPE 字段中不同值的确切含义的更多信息，请参见 CRSP/Compustat 合并数据库文档。

② 如果 *gvkey* 表示到相应 *PERMNO* 的直接链接，则 USEDFALG 字段被设置为 1。有关 USEDTYPE 字段中不同值的确切含义的更多信息，请参见 CRSP/Compustat 合并数据库文档。

大于或等于 ULINKDT 栏的日期、小于或等于链接使用文件中的 ULINKENDDT 栏（如果 ULINKENDDT 栏已填充），来标识 Compustat 数据库和 CRSP/Compustat 合并数据库中的链接使用文件之间的匹配。与 Compustat 数据库中给定条目相对应的 CRSP PERMNO 取自链接使用表中匹配条目的 UPERMNO 栏。

如果 CRSP/Compustat 合并数据库无法获取，则合并 CRSP 和 Compustat 数据库的最佳方法是将 CRSP 的每日股票名称（dsenames）或每月股票名称（msenames）文件的 cusip 代码（*NCUSIP* 栏）与 Compustat 的 CUSIP（*cusip* 栏）的前八个字符相匹配。在 CRSP 的每日和每月股票名称文件中，每个条目都有一个开始日期（*NAMEDT* 栏）和终止日期（*NAMEENDDT* 栏）。在匹配时，要求 CRSP 的起始日期要等于或早于 Compustat 数据库的 *datadate*，终止日期要等于或迟于 Compustat 数据库的 *datadate*。在实现这个匹配后，我们就可以使用 CRSP 的每日名称文件了。

为了最大化我们可以匹配到 Compustat 数据库的 CRSP PERMNO 数量，我们同时使用两种匹配方法。首先，使用由 CRSP/Compustat 合并数据库提供的链接使用表的连接。其次，对于剩下的、使用这个方法没有匹配成功的数据，我们尝试通过匹配两个数据库中的 CUSIP 代码创建连接。

10.2 描述性统计

我们从描述性统计开始进行实证调查，对象是 CRSP 数据库中美国普通股样本在 1963—2012 年期间的账面市值比（*BM*）和账面市值比的自然对数（ln *BM*）。除了 *BM* 和 ln *BM*，我们还给出了计算 *BM* 所用的股本账面价值（*BE*）和权益市场价值（*ME*）的描述性统计，并且用 2012 年的消费者价格指数（CPI）进行了调整，单位为百万美元。[①]

表 10.1 呈现了这些变量的描述性统计。第一行数据表明，平均每月 *BM* 的均值和中值分别为 0.94 和 0.72。*BM* 的标准差是 1.14，比平均值或者中值都要大。结合 *BM* 的下界为 0 的事实，这表明 *BM* 的大部分变化来自具有极高 *BM* 值的股票。与此一致，*BM* 横截面分布的偏度是 10.16，表明 *BM* 具有非常明显的正偏态分布。*BM* 的分布也有着肥尾的特性，因为 *BM* 的峰度系数平均每月为 285。*BM* 的百分位数显示，*BM* 值的跨度是从 0.01 到 32.92。第 95 百分位数是 2.32，只比平均值高出 1.21 倍的标准差，而最大值 32.92 比平均值高了 28 倍的标准差。

对 ln *BM* 的描述性统计表明，用自然对数处理后的账面市值比取得了预期的效果，在很大程度上减少了横截面分布的偏度。ln *BM* 平均每月的偏度是－0.66，为负值，与未转换的变量形成鲜明对比。尽管 ln *BM* 确实保持着显著的尖峰态，但尖峰也已经显著降低，平均峰度为 2.41。ln *BM* 的均值和中值分别为－0.47 和－0.39，二者比较

① CPI 的数据来源于美国劳动统计局网站。我们使用“全城市消费者”系列的数据。

接近。ln *BM* 的横截面标准差为 0.87。最后，ln *BM* 的最小值为−6.11，几乎比均值小 6.5 倍标准差，最大值是 3.07，大约比均值大 4 倍标准差。

表 10.1　　描述性统计

	Mean	*SD*	*Skew*	*Kurt*	*Min*	5%	25%	*Median*	75%	95%	*Max*	*n*
BM	0.94	1.14	10.16	284.75	0.01	0.15	0.41	0.72	1.15	2.32	32.92	3 409
ln *BM*	−0.47	0.87	−0.66	2.41	−6.11	−1.98	−0.95	−0.39	0.08	0.77	3.07	3 409
BE	1 043	4 799	16.95	450.54	1	11	50	158	542	3 946	129 735	3 409
ME	2 040	9 666	15.50	348.57	2	17	77	269	1 021	7 220	246 201	3 409
MktCap	1 234	6 035	15.27	338.07	1	7	34	128	530	4 574	159 003	3 397

该表展示了 CRSP 样本公司 1963 年 6 月—2012 年 11 月的股本账面价值与其权益市值的比率变量的描述性统计。每个月份每个变量的横截面分布的均值、方差、偏度系数、峰度系数、最小值、第 5 百分位数、第 25 百分位数、中值、第 75 百分位数、第 95 百分位数和最大值等指标均已计算得出。表中指出了每个横截面数值的时间序列均值。最后一列 *n* 指的是给定变量可用的股票的平均数量。*BM* 是截至年份 $y-1$ 结束的会计年底的普通股的账面价值与截至年份 $y-1$ 的 1 月底的普通股的市场价值的商。ln *BM* 是 *BM* 的自然对数。*BE* 和 *ME* 是账面价值和市场价值，用于计算 *BM*，以 2012 年为基期，以百万美元为单位。*MktCap* 由股票价格乘以发行股票数量得到。

与 *BM* 的均值小于 1 和 ln *BM* 的均值小于 0 的结论一致，表 10.1 的结果表明股本账面价值（*BE*）一般比权益市场价值（*ME*）小。CPI 调整后的 *BE* 和 *ME* 的均值（中值）刚刚超过 10 亿美元和 20 亿美元（1.58 亿美元和 2.69 亿美元）。正如表 9.1 所示的市值的偏度，*BE* 和 *ME* 的极端正偏差比预期的 15.00 更大。

平均只有 3 409 只股票的 *BM* 是有效且能获得的。与之对比的是用来计算市场 β 值的 4 440 只股票（见表 8.1）和用于计算 *MktCap* 的 4 794 只股票（见表 9.1）。其中的原因有三点：第一，主要缺失的数据是由于 Compustat 数据库和 CRSP 数据库的数据不匹配所造成的；第二，少量的数据缺失正如前文所讨论的，是因为 *BE* 值计算结果为负，而导致计算出的 *BM* 值被忽略；第三，会计年底和公布能被用于计算该年度 *BM* 的时间间隔最高达到了 17 个月，在这种情况下，在股票纳入 CRSP 数据库和 *BM* 的值首次可用之间有显著延迟。

为了检验 *BM* 值可得的股票样本与我们之前分析中所使用的全部样本之间的相似性，表 10.1 的最后一行给出了 *BM* 值非缺失的股票市值（*MktCap*）的分布。将这里的结果与全部样本市值的结果进行比较，发现 *BM* 值可得的股票的均值和中位数略大于全样本股票，因为 *BM* 值可得的股票的 *MktCap* 均值（中值）是 12 亿美元（1.28 亿美元），而全样本的为 11 亿美元（1.07 亿美元）。样本量从 *BM* 可得股票的 3 409 只减少到 *BM* 和 *MktCap* 可得股票的 3 397 只，这表明 *BM* 可得而 *MktCap* 不可得的股票很少。

10.3　相关性

我们现在开始检验 *BM* 和 ln *BM* 的横截面相关性，同时检验前文讨论的这些变量和本书之前章节讨论的主要变量之间的相关性，比如市场贝塔（β）和股票规模（*Size*，市值的自然对数）。表 10.2 给出了 *BM*、ln *BM*、β 和 *Size* 的相关系数值。用于计算这些相关性的样本仅包括 *BM* 值可得的股票。每个变量以月度为基础进行 0.5% 水平的缩尾处理。在对角线下方（上方）的值表示给定几组变量之间的平均横截面的皮尔逊积矩相关系数（斯皮尔曼等级相关系数）。

表 10.2　　相关性

	BM	ln *BM*	β	*Size*
BM	—	1.00	−0.23	−0.26
ln *BM*	0.84	—	−0.23	−0.26
β	−0.19	−0.22	—	0.32
Size	−0.27	−0.24	0.00	—

该表显示了 *BM*、ln *BM*、β 和 *Size* 两两之间的年横截面皮尔逊积矩相关系数（对角线下方）和斯皮尔曼等级相关系数（对角线上方）的时间序列平均值。

正如预期的一样，*BM* 和 ln *BM* 的皮尔逊积矩相关系数非常高，为 0.84，这个结果说明进行对数化处理不能对 *BM* 的横截面特征产生太大的影响。必然地，*BM* 和 ln *BM* 的斯皮尔曼等级相关系数正好等于 1。表 10.2 的结果也证明了 *BM* 与市场贝塔（β）、股票规模（*Size*）是负相关的。*BM* 和 β 的皮尔逊积矩相关系数的值为 −0.19，斯皮尔曼等级相关系数的值为 −0.23。*BM* 和 *Size* 之间的负皮尔逊积矩相关系数（斯皮尔曼等级相关系数）为 −0.27(−0.26)，这些数值或多或少是机械的，因为市场权益（*ME*），其计算方法与市值（*Size* 是其自然对数）完全相同，也是 *BM* 计算的分母。ln *BM* 和 β、*Size* 的皮尔逊积矩相关系数（−0.22、−0.24）与使用 *BM* 而非 ln *BM* 所对应的皮尔逊积矩相关系数很相近。[①]结合两种相关系数本质也比较类似的事实，上述结果表明 *BM* 偏态分布可能不是影响实证研究的关键问题，或者在 0.5% 水平下进行 *BM* 的极端值调整，已经可以充分有效地改善极端值对统计结果分析造成的任何可能的负面影响。

10.4　持续性

在这个部分，我们检验 *BM* 和 ln *BM* 的持续性。正如本章引言所说，关于账面市值比有两种备受关注的解释：第一种是其作为价格风险敏感性因子；第二种是其反映了错误定价的程度。如果因子敏感解释是正确的，并且对于给定股票，该敏感性具有持续性特征，那么预期账面市值比有显著的横截面持续性。此外，如果 *BM* 衡量了错误定价，或许在某种程度上可以预期账面市值比指标是股票瞬时指标，它的值会随着错误定价发生改变从而逐渐恢复到正常水平。

① 用 *BM* 和用 *HML* 计算的斯皮尔曼等级相关系数必然地相等。

在表 10.3 中，我们展示了 BM 和 $\ln BM$ 的持续性分析结果。我们计算的滞后时间量在 12 和 120 个月之间。我们之所以不计算短于 1 年的滞后期，是因为 BM 和 $\ln BM$ 只在每年 6 月公布一次。因此，度量短的滞后期没有意义且比较难以分析。

表 10.3　　持续性

β	BM	$\ln BM$
12	0.799	0.819
24	0.669	0.696
36	0.582	0.611
48	0.521	0.553
60	0.474	0.504
120	0.367	0.393

该表显示了 BM 和 $\ln BM$ 的持续性研究的结果。我们计算了每个变量每个月份 t，关于月份 $t+\tau$ 的横截面皮尔逊积矩相关系数。该表显示了月横截面相关的时间序列平均值，第一列的 τ 表示在衡量持续性时的滞后期。

分析结果表明 BM 和 $\ln BM$ 都具有比较显著的持续性。在滞后期为 1 年（$\tau=12$）的情况下，二者的持续性指标分别为 0.799 和 0.819。正如预期的那样，持续性随着滞后期的延长而衰退。然而，即使滞后期到了 5 年（$\tau=60$），二者的持续性也很高，分别为 0.474 和 0.504。当滞后期为 10 年时，持续性只是下降到了 0.367 和 0.393。在所有的滞后期中，$\ln BM$ 的持续性都比 BM 略高，这说明，$\ln BM$ 也许比 BM 能更好地衡量风险因子，尤其在变量都是线性相关假设的分析研究中。

BM 和 $\ln BM$ 的持续性显著地比市场风险 β 高（见表 8.3），尤其在短期更为明显。假设 β 衡量了一个风险的敏感性（关于市场因素的敏感性），同样作为衡量敏感性的 BM 和 $\ln BM$ 可能比 β 更适合。此外，BM 和 $\ln BM$ 的持续性比 $MktCap$ 和 $Size$（见表 9.3）弱一些。

总之，账面市值比在短滞后期表现出很高的持续性，但是持续性随着时间长度延伸减弱得比较慢。甚至在长达 10 年的滞后期中，该比率也表现出了一定的持续性。这表明不论其衡量的是何种股票的特征，不论是反映风险敏感性还是错误定价，一般的股票都有着比较持久的持续性。

10.5 账面市值比和股票收益

在对账面市值比进行了充分的统计研究后，我们现在可以通过检验账面市值比和股票期望收益的横截面相关性来研究价值溢价。正如我们早先所讨论的那样，价值股产生的超额长期收益是资产定价实证研究的主要发现之一。在本节中，我们使用组合以及 Fama 和 French(1973) 的回归分析来研究价值溢价。

10.5.1 单变量组合分析

我们先来研究账面市值比和股票未来收益的关系，使用的是依据 *BM* 排序而形成的十分位数组合进行的单变量组合分析。正如在第 9 章中使用组合分析来检验规模效应一样，我们设置了两个断点来检验 *BM* 和股票未来收益之间的相关性。第一种断点是使用所有的股票样本计算出的，我们将其称为使用 NYSE/AMEX/NASDAQ 断点；第二种断点是只使用在纽约股票交易所（NYSE）交易的股票计算的断点（NYSE 断点）。尽管大部分研究价值溢价的资产定价实证研究使用的断点都是全样本的断点[Fama 和 French(1992)，NYSE/AMEX/NASDAQ 断点]，但我们在单变量组合分析中使用两种断点的计算方法以证明其效应的稳健性。[①] 在所有的分析中，我们把所有股票样本分类构造组合（不仅仅是 NYSE 的股票）。因此，所有的区别只在于断点选择的不同。

研究 *BM* 和股票未来收益之间关系的单变量组合分析的结果都展示在表 10.4 中。A 部分展示的是使用全样本断点分析的结果，在表的最顶端是不同分位点组合中股票的一般性特征。*BM* 的平均值从第 1 组的 0.14 单调递增至第 10 组的 2.95，ln *BM* 的平均值从−2.18 单调递增至 0.89。市值的均值（*MktCap*）从 *BM* 的最低分位数组合的 20.2 亿美元单调递减到高 *BM* 分位数组合的 3.34 亿美元。贝塔（β）值也显示出了与 *BM* 的强负相关性，其均值从低 *BM* 分位数组合的 1.05 单调递减到高 *BM* 分位数组合的 0.60。从表 10.4 中观察得出的 *BM* 和 *MktCap*、β 的负相关性与表 10.2 中观察的结论一致。行% NYSE 显示的是给定股票组合中属于 NYSE 的股票的百分比。该表说明了 NYSE 的股票往往具有相对中等的 *BM* 值，因为具有高 *BM* 或者低 *BM* 值的股票组合中往往包含比较少的 NYSE 的股票。行 n 表明，由于使用相同的样本进行断点计算和组合构造，每个组合中的平均股票数量（341 只）是相同的。

A 部分的中间部分（EW 组合）给出了相对于等权重 *BM* 排序组合的平均超额收益和相对于 CAPM 的风险调整后收益。结果表明了 *BM* 和股票未来收益的强正相关性。组合的每个月的平均超额收益从第 1 十分位数组合的每个月的 0.08%单调递增到第 10 十分位数组合的 1.42%。差异组合的月平均收益是 1.34%，经 Newey 和 West (1987) 调整的 T 统计量为 6.06，具有高度的统计显著性。使用 CAPM 来调整组合收益率对结果的影响很小，CAPM α 从低 *BM* 值组合的−0.57%单调递增至高 *BM* 值组合的 0.94%。差异组合的 α 是 1.51%，依然是高度显著的（T 统计量为 6.57）。

---

① 值得注意的是，当检验市值和股票未来收益之间的关系时，Fama 和 French (1992) 用仅用 NYSE 股票计算而得的断点构造了单变量十分位数组合。然而，在基于账面市值比构造单变量十分位数组合时，Fama 和 French (1992) 使用它们样本中的所有股票来计算断点。此外，当 Fama 和 French (1992) 创造他们的规模（*BM*）和账面市值（*BE*，将在第 10.6 小节讨论）因子时，他们只使用在 NYSE 上市的股票来计算断点。

表 10.4 **单变量组合分析**

	值	1	2	3	4	5	6	7	8	9	10	10−1
						A 部分：NYSE/AMEX/NASDAQ 断点						
特征	*BM*	0.14	0.29	0.41	0.53	0.66	0.79	0.95	1.16	1.49	2.95	
	ln *BM*	−2.18	−1.32	−0.96	−0.70	−0.49	−0.30	−0.11	0.08	0.33	0.89	
	MktCap	2 190	2 157	1 694	1 428	1 232	1 042	899	760	597	334	
	β	1.05	0.98	0.90	0.85	0.81	0.77	0.74	0.70	0.66	0.60	
	% NYSE	28.55	35.40	40.50	43.29	45.78	47.29	45.65	43.94	40.13	32.15	
	n	341	341	341	341	341	341	341	341	341	341	
EW 组合	超额收益	0.08	0.36	0.50	0.68	0.83	0.85	0.94	1.03	1.18	1.42	1.34
		(0.21)	(1.12)	(1.70)	(2.43)	(2.99)	(3.17)	(3.52)	(3.69)	(4.17)	(4.04)	(6.06)
	CAPM α	−0.57	−0.24	−0.06	0.15	0.35	0.36	0.47	0.57	0.72	0.94	1.51
		(−2.87)	(−1.50)	(−0.44)	(1.11)	(2.00)	(2.69)	(3.38)	(3.75)	(4.48)	(4.33)	(6.57)
VW 组合	超额收益	0.31	0.33	0.45	0.44	0.46	0.53	0.59	0.67	0.68	0.88	0.57
		(1.17)	(1.54)	(2.25)	(2.08)	(2.24)	(2.78)	(2.88)	(3.15)	(3.37)	(3.60)	(2.40)
	CAPM α	−0.20	−0.15	−0.00	−0.02	0.03	0.12	0.17	0.26	0.26	0.43	0.62
		(−1.52)	(−1.98)	(−0.05)	(−0.32)	(0.28)	(1.50)	(1.77)	(2.15)	(2.10)	(2.93)	(2.55)
						B 部分：NYSE 断点						
	值	1	2	3	4	5	6	7	8	9	10	10−1
特征	*BM*	0.18	0.35	0.47	0.58	0.69	0.81	0.94	1.10	1.37	2.66	
	ln *BM*	−1.93	−1.11	−0.81	−0.60	−0.42	−0.27	−0.12	0.05	0.26	0.80	
	MktCap	2 342	1 894	1 590	1 277	1 186	1 093	908	807	632	360	
	β	1.05	0.94	0.87	0.82	0.80	0.76	0.72	0.70	0.67	0.61	
	% NYSE	31.29	38.94	43.19	44.71	47.00	47.80	47.64	45.44	41.80	33.60	
	n	544	360	318	298	283	276	279	289	323	439	
EW 组合	超额收益	0.22	0.53	0.64	0.78	0.82	0.86	0.87	0.99	1.16	1.35	1.13
		(0.62)	(1.75)	(2.25)	(2.75)	(2.99)	(3.23)	(3.35)	(3.67)	(4.11)	(3.96)	(5.71)
	CAPM α	−0.41	−0.04	0.09	0.30	0.31	0.38	0.41	0.53	0.69	0.87	1.29
		(−2.31)	(−0.31)	(0.69)	(1.58)	(2.34)	(2.82)	(3.15)	(3.71)	(4.43)	(4.24)	(6.26)
VW 组合	超额收益	0.35	0.49	0.45	0.46	0.43	0.53	0.61	0.62	0.71	0.77	0.42
		(1.48)	(2.45)	(2.18)	(2.11)	(2.22)	(2.80)	(2.99)	(3.06)	(3.53)	(3.28)	(2.10)
	CAPM α	−0.14	0.03	−0.01	−0.00	0.01	0.13	0.21	0.22	0.29	0.32	0.46
		(−1.42)	(0.48)	(−0.13)	(−0.00)	(0.11)	(1.53)	(1.91)	(1.86)	(2.53)	(2.42)	(2.23)

该表显示了对账面市值比和股票未来收益之间关系进行单变量组合分析得到的结果。用 CRSP 样本中所有股票（B 部分）和 CRSP 样本中在美国证券交易所上市的股票子集来计算 *BM* 的十分位数断点，将 CRSP 样本中的所有股票分成不同组合，形成了每月组合。每个部分中的特征部分展示了 *BM*、ln *BM*、*MktCap* 和 β 的值，在美国证券交易所上市的股票的百分比，以及每个十分位数组合中的股票数量。每个部分中 EW 组合（VW 组合）部分显示了这 10 个十分位数组合以及做多第 10 十分位数组合、做空第 1 十分位数组合得到的多空零成本组合的等权重（市值加权）未来 1 个月的平均超额收益和 CAPM α（以每月百分比计）。括号里为经过 Newey 和 West（1987）六期滞后调整的 T 统计量，检验的零假设是平均组合超额收益或 CAPM α 等于 0。

A 部分的最后一部分（VW 组合）是市值加权组合的平均收益和 CAPM α。结果表明，尽管市值加权造成差异组合的平均收益和 α 值大幅度减小，但价值溢价在市值加权组合中还是明显存在的。市值加权的 *BM* 分位组合的平均超额收益从第 1 组合的 0.31%单调递增至第 10 组合的 0.88%。10－1 组合的平均超额收益是 0.57%（*T* 统计量＝2.40），依然在经济上是足够大且在统计上高度显著的。与等权重组合一样，风险调整后的组合收益对结果的影响比较小。等权重差异组合的 α 值是 0.62%（*T* 统计量＝2.55），在量级和统计学意义上都与平均收益非常相似。此外，分位数组合的 α 值从第 1 组合的－0.20%单调递增（第 2 组合除外）至第 10 组合的 0.43%。

使用 NYSE 断点的组合分析结果显示在 B 部分。该表表明了每个分位数点组合的 *BM*、ln *BM*、*MktCap* 和 β 与 A 部分中使用 NYSE/AMEX/NASDAQ 断点的组合十分类似。有趣的是，在 B 部分中，用 NYSE 断点构造的组合中 NYSE 股票的占比要高于用 NYSE/AMEX/NASDAQ 断点构造的。这似乎不符合逻辑，但其实是有原因的——只使用 NYSE 股票计算断点时，每个组合中的股票数量已经不相等了。高 *BM* 组合和低 *BM* 组合往往比中等 *BM* 值的组合有更多的股票数量。这是因为组合中比重不均衡的非 NYSE 股票往往比 NYSE 股票有更极端的 *BM* 值。由于以上原因，包含着高 *BM* 股票的组合和包含着低 *BM* 股票的组合中通常股票数量更多。

以 NYSE 为断点的等权重组合和市值加权组合的平均超额收益与以全样本为断点的组合的平均超额收益十分相似，主要的区别在于 NYSE 断点的 10－1 组合的平均收益和 α 值比全样本断点组合的略低。当我们使用 NYSE 断点时，等权重 10－1 组合的平均收益和 α 的值为 1.13%（*T* 统计量＝5.71）和 1.29%（*T* 统计量＝6.26）。市值加权10－1 组合的平均收益和 α 值为 0.42%（*T* 统计量＝2.10）和 0.46%（*T* 统计量＝2.23）。等权重组合的平均收益和 α 值是 *BM* 组合的单调递增函数，而市值加权组合的单调性也成立。因此，尽管用 NYSE 断点的 10－1 组合的平均收益和 α 值相对低于用全样本断点的组合，但 *BM* 和两种单变量组合的正相关性还是很显著的。

总之，单变量组合研究的结果揭示了账面市值比和股票期望收益之间的强正相关性。这个现象被认为是价值溢出，即价值股（高 *BM* 值的股票）的表现比成长股（低 *BM* 值的股票）要好。用等权重组合和市值加权组合的实证结果是稳健的，同时等权重组合的结果更好。使用 NYSE 断点和 NYSE/AMEX/NASDAQ 断点的组合的实证结果也是稳健的。为了和学术界通用的方法保持一致，我们使用全样本断点组合作为研究的对象。

10.5.2　双变量组合分析

相关性分析和单变量组合分析的结果表明账面市值比（*BM*）与贝塔（β）、市值（*MktCap*）之间都存在很强的横截面相关性。在本节中，我们使用双变量组合分析来检验单变量组合分析检验出的价值溢价能否由这些变量的任意一个来解释。我们使用序贯排序分析和独立排序分析，基于控制变量（β 或 *MktCap*）将股票分为 5 个五分位数组合，再基于 *BM* 将股票分为 5 个五分位数组合。断点以样本中的所有股票计算而得。我们使用等权重和市值加权组合来逐个进行分析。

我们首先来看，控制 β 或 *MktCap* 影响后的 *BM* 和股票未来收益之间相关关系的序贯排序组合分析的结果。因此，β 或 *MktCap* 是第一个排序变量，*BM* 是第二个排序变量。表 10.5 的 A 部分显示了，在给定控制变量的每个分位数组合中做多高 *BM* 值股票并做空低 *BM* 值股票的差异组合的平均收益和 CAPM α。先来看控制 β 后的结果，该表的结果表明 β 不能解释价值溢价。等权重（权重＝EW）的平均 *BM* 差异组合（列 Control Avg）产生了 0.93％的平均月收益率和 0.97％的平均 CAPM α，对应的 Newey 和 West(1987) *T* 统计量分别为 6.51 和 6.74。当使用市值加权（权重＝VW）组合时，平均 *BM* 差异组合的平均月收益率和 CAPM α 分别为 0.46％(*T* 统计量＝3.37) 和 0.47％(*T* 统计量＝3.36)。这表明，在控制 β 后，即使在市值加权组合中，价值溢价也是具有重要的经济意义和统计意义的。

当使用等权重组合时，结果显示价值溢价不仅在平均 β 分位中是很强的，在每个 β 的五分位数组合中也是很强的。等权重的 *BM* 差异组合的平均月收益率（CAPM α）的范围从 β 的第 3 五分位数组合的 *T* 统计量为 4.85 的 0.72％(*T* 统计量为 5.10 的 0.76％) 到 β 的第 5 五分位数组合的 *T* 统计量为 6.56 的 1.21％(*T* 统计量为 6.80 的 1.25％)。当使用市值加权组合时，除了 β 值最高的那些股票，价值溢价存在于所有的股票中。在 β 的第 1～第 4 五分位数组合中，市值加权的 *BM* 5－1 组合的平均收益和 CAPM α 都是在经济上重要的、在统计上高度显著的。然而，在 β 的第 5 五分位数组合中，*BM* 差异组合的平均收益和 α 在统计上不异于 0。

当使用市值（*MktCap*）作为控制变量时，结果是类似的。当 *MktCap* 作为第一个排序变量时，序贯排序双变量组合分析显示，等权重的平均 *BM* 差异组合（列 Control Avg）产生了 0.76％的平均月收益（*T* 统计量＝3.90）和 0.93％的 CAPM α（*T* 统计量＝4.77）。当使用市值加权组合时，该组合的平均月收益和 CAPM α 分别是 0.76％（*T* 统计量＝3.90）和 0.90％（*T* 统计量＝4.64)，与等权重组合的结果非常相似。在这种情况下，等权重和市值加权组合产生了非常相似的结果，这并不奇怪。原因在于，先用 *MktCap* 进行排序时，我们就已经根据 *MktCap* 对股票进行了分组。因为每个组合中的股票都已经有相似的 *MktCap* 值了，所以用 *MktCap* 作为组合的权重可能不会对组合的持有情况和收益产生很大的影响。A 部分的结果也表明，除了 *MktCap* 的最高分位数组合，*BM* 和股票未来收益之间的正相关关系在 *MktCap* 的所有分位数组合中都是稳健的。即使是在 *MktCap* 的第 5 五分位数组合中，这个组合只包含样本中最大的股票，等权重的 *BM* 5－1 组合也产生了 0.30％的平均月收益和 0.46％的 CAPM α，后者在统计上是显著的（*T* 统计量＝2.25)。当使用市值加权组合时，在 *MktCap* 的第 5 五分位数组合中，*BM* 差异组合产生了在统计上不显著的 0.17％(*T* 统计量＝0.92) 的平均收益和 0.25％(*T* 统计量＝1.31) 的 α。这些结果与 Loughran(1997) 的发现一致，即价值效应在大市值股票中并不存在。

表 10.5　双变量序贯排序的组合分析

A 部分：*BM* 差异组合

控制	权重	值	Control 1	Control 2	Control 3	Control 4	Control 5	Control Avg
β	EW	收益	0.97	0.83	0.72	0.94	1.21	0.93
			(5.57)	(5.19)	(4.85)	(5.53)	(6.56)	(6.51)
		CAPM α	1.02	0.87	0.76	0.97	1.25	0.97
			(5.93)	(5.45)	(5.10)	(5.68)	(6.80)	(6.74)
	VW	收益	0.67	0.36	0.40	0.53	0.35	0.46
			(3.46)	(2.18)	(2.51)	(2.79)	(1.50)	(3.37)
		CAPM α	0.65	0.41	0.40	0.54	0.37	0.47
			(3.37)	(2.47)	(2.43)	(2.78)	(1.53)	(3.36)
MktCap	EW	收益	0.72	1.17	0.96	0.67	0.30	0.76
			(3.06)	(4.95)	(4.11)	(2.95)	(1.51)	(3.90)
		CAPM α	0.87	1.31	1.14	0.86	0.46	0.93
			(3.79)	(5.54)	(4.99)	(3.76)	(2.25)	(4.77)
	VW	收益	0.87	1.16	0.91	0.67	0.17	0.76
			(3.60)	(4.78)	(3.82)	(3.00)	(0.92)	(3.90)
		CAPM α	1.01	1.30	1.10	0.85	0.25	0.90
			(4.23)	(5.33)	(4.70)	(3.79)	(1.31)	(4.64)

B 部分：平均控制变量组合

控制	权重	值	*BM* 1	*BM* 2	*BM* 3	*BM* 4	*BM* 5	*BM* 5−1
β	EW	收益	0.32	0.65	0.79	0.94	1.25	0.93
			(1.00)	(2.29)	(2.96)	(3.45)	(3.83)	(6.51)
		CAPM α	−0.24	0.12	0.30	0.45	0.73	0.97
			(−1.47)	(0.92)	(2.24)	(3.32)	(4.05)	(6.74)
	VW	收益	0.34	0.42	0.51	0.59	0.81	0.46
			(1.62)	(2.15)	(2.62)	(3.06)	(3.71)	(3.37)
		CAPM α	−0.10	−0.01	0.10	0.18	0.38	0.47
			(−1.37)	(−0.20)	(1.51)	(2.35)	(3.58)	(3.36)
MktCap	EW	收益	0.33	0.71	0.87	0.93	1.10	0.76
			(0.93)	(2.39)	(3.14)	(3.50)	(3.86)	(3.90)
		CAPM α	−0.30	0.18	0.37	0.47	0.63	0.93
			(−1.52)	(1.15)	(2.71)	(3.42)	(4.02)	(4.77)
	VW	收益	0.23	0.57	0.76	0.83	0.99	0.76
			(0.67)	(2.02)	(2.82)	(3.25)	(3.57)	(3.90)
		CAPM α	−0.38	0.04	0.26	0.37	0.52	0.90
			(−2.08)	(0.33)	(2.08)	(2.97)	(3.45)	(4.64)

该表显示了在控制了 β 或 *MktCap*（控制变量）之后 *BM* 和股票未来收益之间关系的双变量序贯排序的组合分析的结果。每个月，CRSP 样本中所有股票基于其中一个控制变量的升序分为五组。在每个控制变量的组合中，所有股票再基于 *BM* 的升序分为五组。用来构造组合的五分位数断点由 CRSP 样本中所有股票计算而得。A 部分显示了在每个控制变量的 5 个五分位数组合和平均分位数组合的零成本多空组合的平均收益和 CAPM α（以每月百分比计），这个组合是做多 *BM* 的第 5 五分位数组合并做空 *BM* 的第 1 五分位数组合。B 部分显示了 5 个 *BM* 的五分位数组合和 *BM* 5−1 组合中的平均控制变量分位数组合的平均收益和 CAPM α。等权重（权重=EW）和市值加权（权重=VW）组合的结果也展示在表中。括号里为经过 Newey 和 West（1987）六期滞后调整的 T 统计量，其零假设是平均收益或 α 等于 0。

在表 10.5 的 B 部分中，我们给出了控制变量的所有五分位数组合间的平均组合和 *BM* 的每个五分位数组合内的平均组合的结果。我们可以从 B 部分中的结果检验出控制 β 或 *MktCap* 之后不同 *BM* 五分位数组合内的收益的模式。结果表明，在控制了 β 或 *MktCap* 之后，*BM* 组合的平均收益和 CAPM α 在 *BM* 的五分位数组合间单调增加。在大多数情况下，低 *BM* 的组合无法产生在统计上显著的平均收益或 α。这表明，价值溢价主要是由高 *BM* 的股票所驱使的。例外的情况是，在控制了 *MktCap* 之后，*BM* 第 1 五分位数组合中市值加权的 *MktCap* 平均分位数组合产生了在统计上显著为负的 -0.38% 的 CAPM α（T 统计量$=-2.08$）。

在用序贯排序组合分析检验控制了 β 或 *MktCap* 之后，我们检验了 *BM* 与股票未来收益之间的关系，然后我们通过使用独立排序的组合进行相似的分析，这次试用独立排序的组合。表 10.6 显示了将 β 和 *BM* 作为排序变量的双变量独立排序的组合分析的结果。等权重（市值加权）组合的结果展示在 A 部分(B 部分)。

我们先看在 β 的每个五分位数组合中做多高 *BM* 股票并做空低 *BM* 股票的等权重组合（A 部分）的收益和 α。行 *BM* 5－1 表明，在 β 的每个五分位数组合中，*BM* 5－1 组合产生了范围为 0.79%～1.12%的平均月收益，且在经济上是足够大的、在统计上是显著的。对于平均 β 五分位数而言，*BM* 5－1 组合产生了 0.93%的平均月收益，对应的 T 统计量为 6.05。将 *BM* 5－1 组合的收益放到 CAPM 中来衡量，对结果几乎不会产生影响。实际上，在 β 的每个五分位数组合和平均 β 五分位中，CAPM α 比对应的平均收益更高、更显著。β 的平均五分位数中，*BM* 5－1 组合产生了 0.99%（T 统计量$=6.39$）的 CAPM α。

我们也可以通过独立排序组合分析来检验控制了 *BM* 之后 β 和股票期望收益之间的关系。这些结果与第 8.5.1 节和表 8.4 中所示的用 β 作为排序变量的单变量组合的结果相当一致。在控制了 *BM* 之后，β 5－1 组合的收益是负的，在经济上是很小的、在统计上是不显著的，除了 *BM* 最低分位组合中的 β 5－1 组合。这个结果与 CAPM（Sharp，1964；Lintner，1965；Mossin，1966）的 β 和股票期望收益之间的正相关关系的主要预测相矛盾。β 5－1 组合的 CAPM α 都是负的，在经济上是很大的、在统计上是高度显著的。对于平均 *BM* 分位，β 5－1 组合产生了 -0.56%（T 统计量$=-3.10$）的 CAPM α。

表 10.6 的 B 部分显示，与序贯排序的分析结果一致，在独立排序组合分析中控制 β 后，即使使用市值加权组合也检测出了价值溢价。平均 *BM* 5－1 组合产生了 0.48%的月平均收益和 CAPM α，对应的 T 统计量分别是 3.30 和 3.28。*BM* 和股票未来收益之间的正相关关系存在于除 β 的最高五分位数组合之外的所有组合中。然而，即使在 β 的最高五分位数组合中，其结果也依然在统计上具有边际显著意义和重要的经济意义。

至于控制 *BM* 后 β 和股票未来收益之间的关系，结果表明，在 *BM* 的每个五分位组合中，β 5－1 组合产生了不显著的负的平均收益和至少边际显著的负 CAPM α。对于平均 *BM* 五分位数，β 5－1 组合-0.45%（T 统计量$=-2.33$）的 CAPM α 在经济上是足够大的、在统计上是高度显著的。

表 10.6　　　　双变量独立排序的组合分析——控制 β

A 部分：等权重组合								
	β 1	β 2	β 3	β 4	β 5	β Avg	β 5−1	β 5−1 CAPM α
BM 1	0.48	0.42	0.40	0.28	0.05	0.33	−0.42	−0.77
							(−1.93)	(−3.46)
BM 2	0.60	0.67	0.66	0.61	0.59	0.63	−0.01	−0.41
							(−0.06)	(−2.05)
BM 3	0.91	0.77	0.94	0.86	0.75	0.84	−0.16	−0.57
							(−0.75)	(−2.68)
BM 4	0.98	0.98	0.96	0.91	0.97	0.96	−0.01	−0.44
							(−0.05)	(−2.35)
BM 5	1.37	1.32	1.19	1.24	1.17	1.26	−0.20	−0.59
							([illegible])	(−2.70)
BM Avg	0.87	0.83	0.83	0.78	0.71	—	−0.16	−0.56
							(−0.83)	(−3.10)
BM 5−1	0.89	0.90	0.79	0.96	1.12	0.93	—	—
	(4.32)	(5.09)	(4.65)	(5.45)	(5.58)	(6.05)		
BM 5−1	0.99	0.94	0.83	1.00	1.17	0.99	—	—
CAPM α	(5.00)	(5.36)	(4.93)	(5.57)	(5.86)	(6.39)		

B 部分：市值加权组合								
	β 1	β 2	β 3	β 4	β 5	β Avg	β 5−1	β 5−1 CAPM α
BM 1	0.39	0.30	0.40	0.24	0.27	0.32	−0.12	−0.49
							(−0.40)	(−1.81)
BM 2	0.33	0.47	0.38	0.57	0.31	0.41	−0.02	−0.37
							(−0.10)	(−1.69)
BM 3	0.52	0.48	0.48	0.50	0.63	0.52	0.11	−0.25
							(0.44)	(−1.06)
BM 4	0.70	0.61	0.64	0.54	0.63	0.63	−0.07	−0.48
							(−0.29)	(−2.37)
BM 5	0.93	0.77	0.82	0.76	0.70	0.80	−0.23	−0.64
							(−0.90)	(−2.53)
BM Avg	0.57	0.52	0.54	0.53	0.51	—	−0.07	−0.45
							(−0.30)	(−2.33)
BM 5−1	0.55	0.47	0.42	0.52	0.43	0.48	—	—
	(2.36)	(2.66)	(2.48)	(2.63)	(1.87)	(3.30)		
BM 5−1	0.56	0.51	0.42	0.51	0.40	0.48	—	—
CAPM α	(2.43)	(2.94)	(2.45)	(2.53)	(1.70)	(3.28)		

该表显示了在控制了 β 之后 *BM* 和股票未来收益之间关系的双变量独立排序的组合分析的结果。每个月，CRSP 样本中所有股票基于 β 的升序分为五组。所有股票独立地基于 *BM* 的升序分为五组。用来构造组合的五分位数断点是由样本中所有股票来计算的。β 组和 *BM* 组的交集形成了 25 个组合。该表显示了这 25 个组合、每个 *BM* 五分位数组合中的平均 β 五分位数组合和每个 β 五分位数组合中的 *BM* 平均五分位数组合的未来 1 个月的平均超额收益（以每月百分比计）。还显示了一个零成本的多空组合的平均收益和 CAPM α，这个组合是在每个 *BM*(β) 组合中做多 β(*BM*) 的第 5 五分位数组合并做空 β(*BM*) 的第 1 五分位数组合。括号里为经过 Newey 和 West（1987）六期滞后调整的 T 统计量，其零假设是平均收益或 α 等于 0。A 部分显示了等权重组合的结果。B 部分显示了市值加权组合的结果。

使用 *MktCap* 和 *BM* 作为排序变量的双变量独立排序的组合分析的结果呈现在表 10.7 中。A 部分显示的等权重组合的结果表明，*MktCap* 不能解释价值溢价。在 *MktCap* 的每个五分位数组合中，*BM* 5－1 组合都产生了在经济上足够大、在统计上高度显著的平均收益和 CAPM α。[①]在平均 *MktCap* 五分位数中，*BM* 差异组合产生了 0.74％（T 统计量＝3.65）的平均月收益和 0.90％（T 统计量＝4.51）的 CAPM α。这些结果与表 10.5 呈现的序贯排序组合分析的结果非常相似。

表 10.7 显示，当使用等权重组合（A 部分）时，*MktCap* 和股票期望收益之间的负相关关系在控制了价值溢价的效应之后依然存在。在 *BM* 的每个五分位数组合中，*MktCap* 差异组合的平均收益和 α 都是负的、在量级上是大的、在统计上是显著的。[②]对于平均 *BM* 五分位数，*MktCap* 差异组合产生了－0.89％（T 统计量＝－3.24）的平均月收益和－0.87％（T 统计量＝－3.61）的 CAPM α。

现在转到 B 部分显示的市值加权组合的结果，与之前的单变量和序贯排序的双变量组合分析一致，结果显示价值溢价是稳健的。在平均 *MktCap* 五分位数中，*BM* 5－1 组合产生了 0.74％（T 统计量＝3.65）的月平均收益和 0.88％（T 统计量＝4.40）的 CAPM α。正如 Loughran（1997）所述和本章之前展示的序贯排序分析的结果一样，市值加权组合分析表明价值溢价在 *MktCap* 的最高五分位数组合中并不存在。

最后，我们把注意力转移到市值加权双变量独立排序的组合分析中，在控制了 *BM* 之后 *MktCap* 和股票期望收益之间的关系。结果表明，规模效应只存在于 *BM* 的第 4 和第 5 五分位数组合的股票中。在市值加权组合中，*BM* 值最低的股票没有显示出规模效应。对于平均 *BM* 五分位数，*MktCap* 5－1 组合的平均收益和 CAPM α 分别是－0.47％和－0.39％，尽管在经济上相当大，但在统计上与 0 没有区别。

综上所述，序贯排序和独立排序的双变量组合分析的结果表明，β 和市值都不能解释价值溢价。做多高 β 值股票并做空低 β 值股票的组合的负 α 在控制了账面市值比的影响之后依然存在，这表明价值溢价不能解释 β 和股票未来收益之间为何缺乏相关关系。类似地，只存在于等权重组合中的规模效应也不能由账面市值比来解释。

10.5.3 Fama 和 MacBeth 回归分析

我们接下来用 Fama 和 MacBeth（1973）（以下简称“FM”）回归分析来继续检验账面市值比（*BM*）和股票未来收益之间的关系。我们使用了一个 *BM* 是唯一的自变量的单变量横截面回归方程式以及控制了贝塔（β）和股票规模（*Size*，市值的对数）影响之后的单变量横截面回归方程式。考虑到 *BM* 的横截面分布的高偏度可能会导致使用 *BM* 进行 FM 回归的结果不可靠，我们使用账面市值比的自然对数（ln *BM*）代替 *BM* 重复这些分析。

① 在 *MktCap* 的第 5 五分位数组合中，*BM* 5－1 组合的平均收益在统计上只是边际显著。

② 在 *BM* 的第 1 五分位数组合中，*MktCap* 5－1 组合的 CAPM α 在统计上只是边际显著，其 T 统计量为－1.83。

表 10.7 双变量独立排序的组合分析——控制 *MktCap*

A 部分：等权重组合

	MktCap 1	*MktCap* 2	*MktCap* 3	*MktCap* 4	*MktCap* 5	*MktCap* Avg	*MktCap* 5−1	*MktCap* 5−1 CAPM α
BM 1	1.12	−0.09	0.04	0.29	0.37	0.34	−0.75	−0.68
							(−1.96)	(−1.83)
BM 2	1.25	0.38	0.60	0.61	0.50	0.67	−0.75	−0.71
							(−2.41)	(−2.33)
BM 3	1.65	0.76	0.77	0.72	0.60	0.90	−1.05	−1.13
							(−2.99)	(−2.48)
BM 4	1.52	0.84	0.87	0.88	0.65	0.95	−0.87	−0.82
							(−3.48)	(−3.35)
BM 5	1.73	1.06	0.96	0.96	0.70	1.08	−1.03	−1.02
							(−3.94)	(−3.89)
BM Avg	1.46	0.59	0.65	0.69	0.56	—	−0.89	−0.87
							(−3.24)	(−3.16)
BM 5−1	0.61	1.15	0.92	0.67	0.34	0.74	—	—
	(2.31)	(4.80)	(3.83)	(2.89)	(1.72)	(3.65)		
BM 5−1 CAPM α	0.80	1.31	1.09	0.83	0.46	0.90	—	—
	(3.21)	(5.51)	(4.66)	(3.45)	(2.33)	(4.51)		

B 部分：市值加权组合

	MktCap 1	*MktCap* 2	*MktCap* 3	*MktCap* 4	*MktCap* 5	*MktCap* Avg	*MktCap* 5−1	*MktCap* 5−1 CAPM α
BM 1	0.48	−0.07	0.08	0.30	0.35	0.23	−0.13	0.02
							(−0.32)	(0.04)
BM 2	0.76	0.37	0.59	0.61	0.43	0.55	−0.34	−0.24
							(−1.06)	(−0.78)
BM 3	1.01	0.75	0.79	0.70	0.45	0.74	−0.56	−0.52
							(−1.89)	(−1.64)
BM 4	1.09	0.87	0.87	0.89	0.53	0.85	−0.57	−0.50
							(−2.15)	(−1.96)

BM 5	1.31	1.05	0.95	0.96	0.55	0.97	−0.76	−0.72
							(−2.96)	(−2.86)
BM Avg	0.93	0.60	0.66	0.69	0.46	—	−0.47	−0.39
							(−1.66)	(−1.46)
BM 5−1	0.83	1.12	0.87	0.66	0.20	0.74	—	—
	(3.10)	(4.58)	(3.57)	(2.83)	(1.04)	(3.65)		
BM 5−1 CAPM α	1.01	1.28	1.05	0.81	0.27	0.88	—	—
	(3.92)	(5.22)	(4.39)	(3.39)	(1.38)	(4.40)		

该表显示了，在控制了 *MktCap* 之后 *BM* 和股票未来收益之间关系的双变量独立排序的组合分析的结果。每个月，CRSP 样本中所有股票基于 *MktCap* 的升序分为五组。所有股票独立地基于 *BM* 的升序分为五组。用来构造组合的五分位数断点是由样本中所有股票来计算的。*MktCap* 组和 *BM* 组的交集形成了 25 个组合。该表显示了这 25 个组合、每个 *BM* 五分位数组合中的平均 *MktCap* 五分位数组合和每个 *MktCap* 五分位数组合中的 *BM* 平均五分位数组合未来 1 个月的平均超额收益（以每月百分比计）。还显示了一个零成本的多空组合的平均收益和 CAPM α，这个组合是在每个 *BM*（*MktCap*）组合中做多 *MktCap*（*BM*）的第 5 五分位数组合并做空 *MktCap*（*BM*）的第 1 五分位数组合。括号里为经过 Newey 和 West（1987）六期滞后调整的 T 统计量，其零假设是平均收益或 α 等于 0。A 部分显示了等权重组合的结果。B 部分显示了市值加权组合的结果。

FM 回归分析的结果呈现在表 10.8 中，不论衡量账面市值比是用 *BM* 还是 ln *BM*，结果都表明账面市值比和股票期望收益之间存在很强的正相关关系。在使用 *BM* 作为唯一自变量的单变量回归方程式中［列（1）］，*BM* 的平均斜率系数是 0.41，对应的 Newey 和 West(1987) *T* 统计量为 5.30。当加入 β 作为控制变量后［列（2）］，平均系数下降到 0.34，*T* 统计量为 5.03. 当 *Size* 是唯一的控制变量时［列（3）］，*BM* 的平均斜率系数是 0.41，在统计上依然高度显著，对应的 *T* 统计量为 3.16。当使用 ln *BM* 而不是 *BM* 时［列（5）～列(8)］，结果是类似的。不管方程式中包含哪些控制变量，所有方程式都检测出 ln *BM* 和股票未来收益之间存在统计上高度显著的正相关关系。实际上，ln *BM* 系数的统计显著性甚至要比使用 *BM* 的相应方程式的更高。与之前章节的结果一致，无论用哪种方程式，OLS 回归都没有检测出 β 和股票未来收益之间存在任何关系，并且都检测出 *Size* 和股票未来收益之间存在很强的负相关关系。

接下来我们检验了 FM 回归分析得到的 *BM* 和 ln *BM* 的平均斜率系数的经济显著性。我们主要关注使用了所有控制变量的方程式［列（4）和列（8）］。将 *BM* 上 0.21 的系数乘以 *BM* 分布 1.14 的标准差（见表 10.1），表明 *BM* 上一个标准差偏差与每月 0.24(＝0.21×1.14)%的股票期望收益差额相关。使用 ln *BM* 进行相似的分析，其标准差是 0.87，表明 ln *BM* 上一个标准差偏差与每月 0.23(＝0.27×0.87)%的股票期望收益差额相关。使用 *BM* 和 ln *BM* 得到的结果似乎是高度相似的。为了检验 *BM* 值极高和极低的股票之间期望收益的差额，我们将 0.21 的平均回归系数乘以单变量组合分析中 *BM* 最高和最低五分位数组合的 *BM* 均值的差额 2.81(＝2.95－0.14，见表 10.4 的 A 部分)。这样做表明，*BM* 最高和最低五分位数组合中股票每月的平均收益差额是 0.59%。这个数字尽管经济性很高，但比等权重的 *BM* 10－1 组合 1.34%的平均收益小得多。用 ln *BM* 重复上述分析可知，ln *BM* 最高和最低五分位数组合中股票每月的平均收益差额是 0.83(＝0.27×3.07)%。尽管这个结果和 *BM* 10－1 组合产生的 1.34%非常相近，但依然低很多。这些结果表明价值溢价可能是由 *BM* 值极高和极低的股票所驱使的。

表 10.8　　Fama 和 MacBeth 回归分析

	(1)	(2)	(3)	(4)	(5)	(6)	(7)	(8)
BM	0.41	0.34	0.27	0.21	—	—	—	—
	(5.30)	(5.03)	(3.32)	(3.16)				
ln *BM*	—	—	—	—	0.44	0.39	0.31	0.27
					(6.18)	(6.26)	(3.78)	(4.13)
β	—	−0.17	—	0.03	—	−0.12	—	0.08
		(−1.30)		(0.16)		(−0.97)		(0.49)
Size	—	—	−0.15	−0.16	—	—	−0.14	−0.16
			(−3.00)	(−2.68)			(−2.81)	(−2.66)

续前表

	(1)	(2)	(3)	(4)	(5)	(6)	(7)	(8)
Intercept	0.42	0.62	1.20	1.28	0.98	1.04	1.56	1.56
	(1.44)	(2.55)	(2.37)	(2.88)	(3.48)	(4.18)	(3.35)	(3.68)
Adj. R^2	0.01	0.02	0.02	0.04	0.01	0.02	0.02	0.04
n	3 391	3 373	3 391	3 373	3 391	3 373	3 391	3 373

该表显示了研究股票期望收益和账面市值比之间关系的 Fama 和 MacBeth（1973）回归分析的结果。该表中的每一列都显示了一个不同的横截面回归方程式的结果。在所有方程式中，因变量都是未来 1 个月股票超额收益。自变量呈现在第一列中。对自变量进行每月 0.5%水平的缩尾处理。该表呈现了平均斜率系数和平均常数系数以及对应的 T 统计量（在括号中），括号里为经过 Newey 和 West（1987）六期滞后调整的 T 统计量，其零假设是平均系数等于 0。行 Adj. R^2 和 n 分别给出了横截面回归的平均调整后 R 平方和数据点数量。

总之，FM 回归分析为价值溢价提供了强有力的证据，却并没有提供任何证据证明价值溢价是 β 或 $MktCap$ 和股票未来收益之间关系的表现。此外，无论是用 BM 还是 ln BM 来度量价值，结果都很相似，这表明 BM 高度偏斜的分布对 FM 回归分析方法的有效性没有实质性影响。因此，为了与大多数实证资产定价研究保持一致，在本书的剩余部分中，我们将使用 BM 作为我们对价值的度量。

10.6 价值因子

Fama 和 French（1993）称，价值因子表明账面市值比度量了公司的困境风险。Fama 和 French（1993）建立了一个零成本因子模拟组合，持有高账面市值比的股票多头头寸和低账面市值比的股票空头头寸。他们把这个组合称为“高减低”（HML）。

为了构造 HML 组合，在每个月，Fama 和 French（1993）将所有 NYSE、美国证券交易所（AMEX）和 NASDAQ 的股票基于最近一个 6 月月底的市值（$MktCap^{FF}$，定义见第 9 章）和账面市值比（BM）分为六组。我们按照 NYSE 股票市值的中值将所有样本股票分为两组市值组。所有 NYSE、AMEX 和 NASDAQ 股票基于账面市值比独立地分为三组，断点是 NYSE 股票账面市值比的第 30 百分位数和第 70 百分位数。这两个市值组和三个账面市值比组的交集形成了六个组合。每个组合中的股票都是市值加权的。我们在构造 SMB 因子以模拟与规模效应相关的收益时（见第 9.6 节），也用了同样的六个组合。HML 组合的收益等于高账面市值比的两组股票（S/H 和 B/H，H 指的是高账面市值比，S 和 B 分别指低市值股票和高市值股票）的平均收益减去低账面市值比的两组股票（S/L 和 B/L，L 指的是低账面市值比）的平均收益。这个组合旨在隔离账面市值比与股票收益之间的关系，同时控制市值的影响。

1926 年 7 月—2012 年 12 月，HML 组合产生了 0.40%（0.34%）的平均月收益（对数收益）。这个组合月收益（对数收益）的标准差是 3.52%（3.42%），因此其年化夏普比率为 0.40(0.35)。[1]这段时间内 *HML* 组合的累积收益是 3 431%，累积对数收益为 3.56。*HML* 和市场因子（*MKT*）的月收益（对数收益）之间的相关性为 0.22 (0.19)，而 *HML* 和 *SMB* 之间的为 0.13 (0.10)。*HML* 组合关于 CAPM 的风险调整后 α 是将市场组合的超额收益对 *HML* 的收益进行回归得到的截距项，其值是 0.32%，对应的 T 统计量是经过 Newey 和 West(1987) 六期滞后调整得到的，其值为 2.66。结果表明 *HML* 组合的长期表现不能由市场因子解释。尽管其零成本性质，但 *HML* 组合确实表现出适度的市场因素暴露，因为其估计的市场敏感度或 β 是 0.14(T 统计量=1.73)。为了考察 *HML* 组合在考虑了市场因子和规模因子后的超额收益，我们用 *MKT* 和 *SMB* 因子的收益向 *HML* 组合的收益进行回归。这个回归估计的 α 为 0.31% (T 统计量=2.60)，对 *MKT* 和 *SMB* 因子估计的敏感性分别为 0.13(T 统计量=1.66) 和 0.07(T 统计量=0.07)。因此，*HML* 组合的收益并不是由股票对市场或规模因子的敏感性驱使的。

图 10.1 描绘了 1926 年 7 月—2012 年 12 月通过投资 *HML* 组合而实现的累积收益。实线表示通过投资所实现的复合收益。此线的纵坐标轴在图的左侧。虚线表示的是 *HML* 组合月度对数收益的累积和，其中月度对数收益等于月收益率与 1 之和的自然

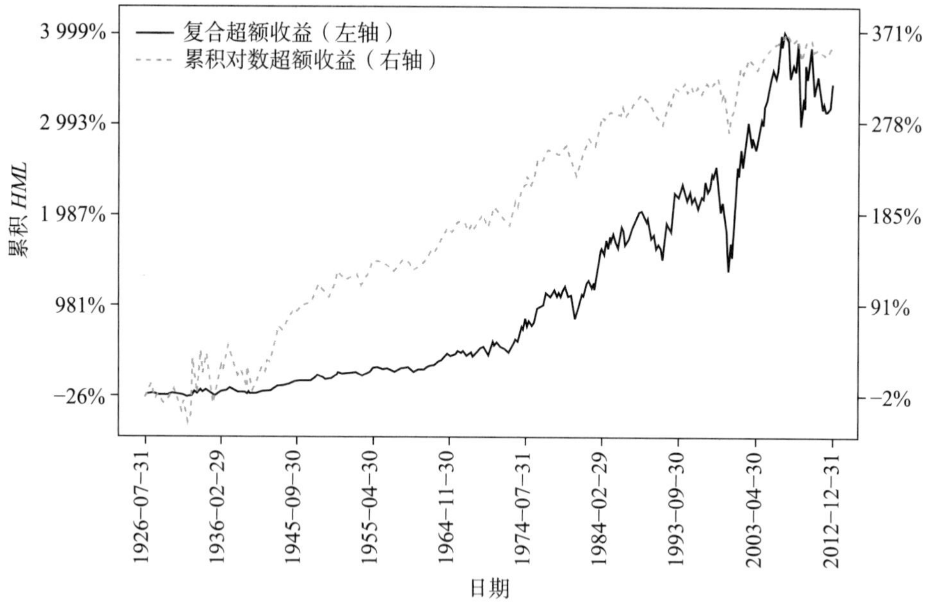

图 10.1　*HML* 组合的累积收益

该图描绘了 1926 年 7 月—2012 年 12 月 *HML* 因子的累积收益。月份 t 的累积超额收益等于给定月份及其之前所有月份的月收益率加 1 的 100 倍。累积对数超额收益等于给定月份及其之前所有月份的月度对数超额收益之和。

① *HML* 组合的月（日）收益在 Kenneth French 的数据库可见。

对数。此线的纵坐标轴在图的右侧。*HML* 组合的收益稳定得很合理，至少和 *SMB* 组合的收益相比而言是这样的（见第 9 章图 9.2）。*HML* 组合最严重的一次下跌开始于 1998 年 9 月。从 1998 年 9 月开始到 2000 年 2 月结束，*HML* 组合的损失达到了 45%。该组合在 2001 年 7 月重新达到了之前的最高点，距离以前的高水位线只过了两年零十一个月。第二次严重的下跌是从 1933 年 9 月到 1935 年 3 月，其跌幅达到了 42%。这次下跌一直持续到 1937 年 2 月才结束，持续时间达三年零六个月。不久之后，在 1937 年 4 月又开始了另一次长期下跌，在 1940 年 5 月达到最大损失 37%，并于 1943 年 2 月结束。这次长达五年零十一个月的下跌是 *HML* 组合经历的最长的下跌。尽管如此，样本的第二长下跌开始于 2007 年 4 月，并在 2009 年 2 月达到 25%的最大损失。截至 2012 年 12 月，下跌开始后的五年零九个月，*HML* 组合未达到以前的高水位线。因此，这次下跌很有可能取代从 1937 年开始的下跌而成为 *HML* 组合经历的时间最长的一次下跌。

10.7 Fama 和 French 三因子模型

在完成我们关于 *HML* 组合的讨论之后，本章的最后一个部分将介绍 Fama 和 French(1993) 的三因子（FF）风险模型。与所有风险模型一样，FF 风险模型常常被用于评估组合（或证券）是否产生不是由于对风险因素敏感所得的平均收益。如其名称所示，三因子模型包含三个风险因子：第一个是市场因子（*MKT*，在第 7 章讨论过），第二个是规模因子（*SMB*，在第 9 章讨论过），第三个是价值因子（*HML*）。这些组合中的每一个收益都旨在代替与获取一个单位的给定风险相关的收益，而同时与其他风险有最少的接触。

为了检验任一给定的组合 p（或证券）是否产生了不是由市场、规模或价值因子引发的平均超额收益，我们将 *MKT*、*SMB* 和 *HML* 因子模拟组合的超额收益向组合 p 的超额收益进行回归。因此，FF 因子模型就可以写成

$$r_{p,t}=\alpha_p+\beta_{MKT,p}MKT_t+\beta_{SMB,p}SMB_t+\beta_{HML,p}HML_t+\varepsilon_{p,t} \qquad (10.5)$$

其中 $r_{p,t}$是组合 p 在时段 t 的超额收益；MKT_t、SMB_t 和 HML_t 分别是 *MKT*、*SMB* 和 *HML* 因子模拟组合的超额收益。α_p 表示不归因于 *MKT*、*SMB* 和 *HML* 组合收益的平均超额收益。各个贝塔（$\beta_{MKT,p}$、$\beta_{SMB,p}$和 $\beta_{HML,p}$）表示组合 p 对相应的风险因素的敏感性。$\varepsilon_{p,t}$是时段 t 中组合 p 的收益的特殊部分。通过执行由式（10.5）指定的时间序列回归来估计参数 α_p、$\beta_{MKT,p}$、$\beta_{SMB,p}$和 $\beta_{HML,p}$。α_p 的估计值在统计上与 0 有区别，这表明组合 p 产生了非零的超额收益（α），意味着这个组合的期望超额收益的一部分不是其对市场、规模和价值因素的敏感性而产生的。

10.8 总结

在本章中，我们通过实证调查账面市值比（*BM*）和股票收益之间的关系来检验价值溢价。我们首先定义了账面市值比，即用股东权益的账面价值除以其市场价值，并详细讨论了价值最常用的衡量标准。计算中最具挑战性的方面是确保账面权益值和市场权益值的时间遵循 Fama 和 French(1992，1993）设置的约定。

其次，我们使用组合与 Fama 和 MacBeth(1973）回归分析证明了账面市值比与股票期望收益之间存在很强的正向横截面相关关系，即使在控制了 β 和规模的影响之后依然如此。接下来，我们介绍了 *HML* 因子模拟组合，其构造的目的是产生与价值溢价风险因子相关的收益。最后，我们讨论了 Fama 和 French(1993）的三因子风险模型，认为由市场因子、规模因子和价值因子组成的因子组合能够解释所有资产的收益。

参考文献

[1] Ali, A., Hwang, L.-S., and Trombley, M. A. 2003. Arbitrage risk and the book-to-market anomaly. Journal of Financial Economics, 69 (2), 355-373.

[2] Asness, C. S., Moskowitz, T. J., and Pedersen, L. H. 2013. Value and momentum everywhere. Journal of Finance, 68 (3), 929-985.

[3] Basu, S. 1977. Investment performance of common stocks in relation to their price-earnings ratios: a test of the efficient market hypothesis. Journal of Finance, 32 (3), 663-682.

[4] Bhandari, L. C. 1988. Debt/equity ratio and expected common stock returns: empirical evidence. Journal of Finance, 43 (2), 507-528.

[5] Chan, K. C. and Chen, N. -F. 1991. Structural and return characteristics of small and large firms. Journal of Finance, 46 (4), 1467-1484.

[6] Chan, L. K. C., Jegadeesh, N., and Lakonishok, J. 1995. Evaluating the performance of values versus glamour stocks: the impact of selection bias. Journal of Financial Economics, 38 (3), 269-296.

[7] Chen, N. -F. and Zhang, F. 1998. Risk and return of value stocks. Journal of Business, 71 (4), 501-535.

[8] Chopra, N., Lakonishok, J., and Ritter, J. 1992. Measuring abnormal performance: do stocks overreact? Journal of Financial Economics, 31 (2), 235-268.

[9] Daniel, K. and Titman, S. 1997. Evidence on the characteristics of cross-sectional variation in stock returns. Journal of Finance, 52 (1), 1-33.

[10] De Bondt, W. F. M. and Thaler, R. 1985. Does the stock market overreact? Journal of Finance, 40 (3), 793-805.

[11] De Bondt, W. F. M. and Thaler, R. 1987. Further evidence on investor overreaction and stock market seasonality. Journal of Finance, 42 (3), 557-581.

[12] Fama, E. F. and French, K. R. 1992. The cross-section of expected stock returns. Journal of Finance, 47 (2), 427-465.

[13] Fama, E. F. and French, K. R. 1993. Common risk factors in the returns on stocks and bonds. Journal of Financial Economics, 33 (1), 3-56.

[14] Fama, E. F. and French, K. R. 1995. Size and book-to-market factors in earnings and returns. Journal of Finance, 50 (1), 131-155.

[15] Fama, E. F. and French, K. R. 2012. Size, value, and momentum in international stock returns. Journal of Financial Economics, 105 (3), 457-472.

[16] Fama, E. F. and MacBeth, J. D. 1973. Risk, return, and equilibrium: empirical tests. Journal of Political Economy, 81 (3), 607.

[17] Griffin, J. M. and Lemmon, M. 2002. Book-to-market equity, distress risk and stock returns. Journal of Finance, 57 (5), 2317-2336.

[18] Jaffe, J., Keim, D. B., and Westerfield, R. 1989. Earnings yields, market values, and stock returns. Journal of Finance, 44 (1), 135-148.

[19] Lakonishok, J., Shleifer, A., and Vishny, R. W. 1994. Contrarian investment, extrapolation and risk. Journal of Finance, 49 (5), 1541-1578.

[20] La Porta, R. 1996. Expectations and the cross-section of stock returns. Journal of Finance, 51 (5), 1715-1742.

[21] La Porta, R., Lakonishok, J., Shleifer, A., and Vishny, R. W. 1997. Good news for value stocks: further evidence on market efficiency. Journal of Finance, 52 (2), 859-874.

[22] Lettau, M. and Ludvigson, S. 2001. Resurrecting the (C) CAPM: a cross-sectional test when risk premia are time-varying. Journal of Political Economy, 109 (6), 1238-1287.

[23] Lintner, J. 1965. Security prices, risk, and maximal gains from diversification. Journal of Finance, 20 (4), 687-615.

[24] Loughran, T. 1997. Book-to-market across firm size, exchange, and seasonality: is there an effect? Journal of Financial and Quantitative Analysis, 32 (3), 249-268.

[25] Merton, R. C. 1973. An intertemporal capital asset pricing model. Econometrica, 41 (5), 867-887.

[26] Mossin, J. 1966. Equilibrium in a capital asset market. Econometrica, 34 (4), 768-783.

[27] Newey, W. K. and West, K. D. 1987. A simple, positive semi-definite, heteroske-

dasticity and autocorrelation consistent covariance matrix. Econometrica, 55 (3), 703-708.

[28] Rosenberg, B., Reid, K., and Lanstein, R. 1985. Persuasive evidence of market inefficiency. The Journal of Portfolio Management, 11 (3), 9-16.

[29] Ross, S. A. 1976. The arbitrage theory of capital asset pricing. Journal of Economic Theory, 13 (3), 341-360.

[30] Sharpe, W. F. 1964. Capital asset prices: a theory of market equilibrium under conditions of risk. Journal of Finance, 19 (3), 425-442.

[31] Zhang, L. 2005. The value premium. Journal of Finance, 60 (1), 67-103.

第 11 章　动量效应

许多研究显示，在横截面上股票的历史收益可以用来预测未来收益。其中最著名的现象就是 Jegadeesh 和 Titman（1993）在论文中所记录的中期动量效应——股票在过去一段时间（通常是 6～12 个月）如果收益表现较好，那么在未来也可能会有超额收益。尽管 Jegadeesh 和 Titman（1993）是论证该现象引用率最高的论文，但此前已有大量关于动量效应的研究。例如，Levy（1967）研究发现股票的相对强度指标，即当前股票价格与过去 27 周股票价格的移动平均的比值，与股票未来收益正相关。[①] 其他论文，例如 Fama 和 French（2012），Asness、Moskowitz 和 Pedersen（2013），Jostova、Nikolova 和 Philipov（2013）均在国际股票市场和其他不同的资产类别当中发现了动量现象的证据。“中期动量效应”里的“中期”一词是指股票短期历史收益，通常是 1 周或 1 个月，与未来收益可能具有负相关关系。这一现象被称为短期反转，由 Jegadeesh（1990）和 Lehmann（1990）发现，我们会在第 12 章详细讨论。更重要的是，正如 Jegadeesh 和 Titman（1993）所展示的那样，当使用长期历史收益去预测未来收益时，反转效应就会出现。

动量效应被广泛地认为是一种行为现象，正如在统计分析中所包含的风险控制一样，无法改变最终结果。更重要的是，Jegadeesh 和 Titman（1993）发现当动量效应在未来持续 12 个月时，在第 13～31 个月中会出现一个长期的反转效应。他们认为这样的结果表示滞后的股票价格会对公司特定事件做出反应。随后的一些文章（Barberis，Shleifer，and

① Jensen 和 Benington（1970）认为 Levy（1967）的结果具有选择性偏误。

Vishny, 1998; Daniel, Hirshleifer, and Subrahmanyam, 1998; Hong and Stein, 1999）发展出一系列行为理论模型，在这些模型中，动量现象是投资者对信息滞后以及过度反应的结果。这些模型的预测结果与中期动量以及长期反转是一致的，即在长期中，由于投资者行为偏误而产生的无效定价会被纠正。

对于动量现象的合理解释由 Conrad 和 Kaul（1989）以及 MacKinlay（1990，a，b）在模型中给出。理性模型表明动量现象是股票期望收益在横截面上具有持续性的证据。过去具有相对较高（低）收益的股票之所以具有动量效应可能由于这些股票具有较高（低）的期望收益，因此在未来也会具有更高（低）的平均收益。然而这些模型无法解释长期反转现象，同时也很少有实证证据对这些可能的理性解释给予支持。Lewellen 和 Nagel（2006）发现条件 CAPM 无法解释动量现象，Bali 和 Engle（2010）证明了 Merton（1973）提出的跨期 CAPM 模型同样无法解释动量现象。

本章将对动量效应进行实证研究。我们首先介绍动量的衡量，接下来探究动量效应和未来收益率之间的关系，最后讨论 Carhart（1997）的动量因子，以及 Fama 和 French（1993）及 Carhart（1997）的四因子模型。

11.1 衡量动量

衡量股票动量最常见的方法是观测股票过去 12 个月到过去 1 个月这 11 个月间的收益状况。本书整个第二部分的分析都将使用月度样本，我们将在月份 t 月底所测量的股票 i 的动量水平记为$Mom_{i,t}$，测量股票收益的窗口期为月份 $t-11$ 到月份 $t-1$。具体而言，

$$Mom_{i,t}=100\left[\prod_{m\in\{t-11:t-1\}}(R_{i,m}+1)-1\right] \tag{11.1}$$

其中，$R_{i,m}$代表股票 i 在 m 月的收益，以小数形式表示（例如 0.01 表示 1%的收益率）。我们乘以 100 使得动量以百分比的形式表示（1.00 表示 1%的收益率）。计算 Mom 的月度收益主要从证券价格研究中心（CRSP）的股票月度文件中获取。[①]在本章中，为了实证分析计算动量，我们要求在 11 个月的衡量期内至少有 9 个月的月收益是可获取的，因此观测数少于 9 个月的股票将被忽略。

剔除月份 t 数据的惯例做法是为了将中期动量效应和短期反转效应分离，反转效应将在第 12 章中进行讨论。由于反转变量的标准测量方法是使用股票在月份 t 这一个月的收益，因此在计算 Mom 时剔除掉这个月的收益能够去掉动量效应与反转效应间的机制相关性，从而减少该相关性对统计分析结果带来的不必要误差。

值得一提的是，最常见的用于计算动量的方法与基本的动量论文中所使用的方法有些不同。Jegadeesh 和 Titman(1993) 在其论文中定义股票 i 在月份 t 内的动量是计算月份 k 直到月份 t（包含月份 t）的股票收益，$k\in\{3, 6, 9, 12\}$。他们通过在计算

① 相同的值可以通过月份 $t-11$ 至月份 $t-1$ 的日度数据计算，该数据可从 CRSC 日度收益文件中得到。在这种情况下，将对 11 个月计算期内的所有日期求和。

动量时剔除了前一星期的收益从而证明其结果的稳健性，进而解释了反转效应。更重要的是，原始论文中采用重叠的组合持有期方法，即新的组合以每月数据构建，持有3、6、9或12个月。该方法在资本资产定价的实证研究中并不常见，因此我们也不对该方法做精确的复制。然而我们将看到，方法会对结果和分析具有重要影响。我们以Jegadeesh 和 Titman(1993）的文章为参考，定义R^{12M}、R^{9M}、R^{6M}和R^{3M}分别为给定股票的距离月份t（包括月份t）12、9、6和3个月时的收益。在计算动量时，我们分别需要至少10、7、5和3个月的可用收益数据。

我们还研究了两种不太常用的用于计算动量的方法。这两种方法分别为计算月份$t-12$到月份$t-1$的12个月的收益（定义为$R^{t-12:t-1}$）以及月份$t-6$到月份$t-1$的6个月的收益（定义为$R^{t-6:t-1}$）。在计算$R^{t-12:t-1}$和$R^{t-6:t-1}$时至少分别需要10个月和5个月的可观测月度收益数据。我们的实证分析证明这两种方法与最常见的用于计算动量的方法 *Mom* 所得出的结论类似，但其对与股票未来收益的预测没有 *Mom* 准确。

11.2 描述性统计

我们给出基本的动量变量 *Mom* 以及在资产定价文献中使用其他方法衡量的动量变量的描述统计，我们的样本来源于CRSP数据库中的美国普通股。表11.1显示了所有变量在月度横截面上的时间序列均值的描述性统计。在分析这些变量时，读者需要记住每一种计算动量的方法仅仅是计算给定时段内股票的收益。

表 11.1 **描述性统计**

	Mean	*SD*	*Skew*	*Kurt*	*Min*	5%	25%	*Median*	75%	95%	*Max*	*n*
Mom	14.12	58.40	4.12	61.62	−89.41	−49.88	−17.11	5.70	31.98	102.73	1 064.02	4 426
$R^{t-12:t-1}$	15.55	62.23	4.31	66.48	−90.02	−51.34	17.59	6.29	34.08	109.48	1 164.03	4 389
$R^{t-6:t-1}$	7.38	39.53	3.63	57.52	−84.36	−39.84	−13.55	2.84	21.00	67.11	689.20	4 569
R^{12M}	15.54	62.39	4.30	66.24	−90.40	−51.69	−17.70	6.30	34.19	109.74	1 168.12	4 423
R^{9M}	11.34	51.02	3.84	55.89	−88.40	−46.79	−15.99	4.55	27.83	88.90	908.54	4 533
R^{6M}	7.39	39.69	3.61	57.06	−85.18	−40.13	−13.61	2.85	21.08	67.41	690.85	4 603
R^{3M}	3.63	26.69	3.16	48.69	−78.54	−30.25	−10.22	1.18	13.52	43.96	449.21	4 667

该表汇报了1963年6月—2012年11月衡量动量变量的描述性统计，数据来源于CRSP。对每个月的均值（*Mean*）、标准差（*SD*）、偏度（*Skew*）、超值峰度（*Kurt*）、最小值（*Min*）、第5百分位数（5%）、第25百分位数（25%）、中值（*Median*）、第75百分位数（75%）、第95百分位数（95%）、最大值（*Max*）的横截面分布进行了计算。列n表示给定变量的平均股票数量。*Mom* 在月份t的值为股票在月份$t-11$到月份$t-1$这11个月的收益。$R^{t-12:t-1}$为月份$t-12$到月份$t-1$的收益。$R^{t-6:t-1}$为月份$t-6$到月份$t-1$的收益。R^{12M}为股票在月份$t-11$到月份t月的收益。R^{9M}为股票在月份$t-8$到月份t的收益。R^{6M}为股票在月份$t-5$到月份t的收益。R^{3M}为股票在月份$t-2$到月份t的收益*。

* 原书为月份$t-3$到月份t，有误。——译者注

平均每月，*Mom* 的均值为 14.12%，横截面的标准差为 58.40%，最小值和最大值分别为−89.41%和 1 064.02%，有效观测数为 4 426 个。*Mom* 的横截面分布偏度为 4.12，正如预期具有强的正偏度一样，其中值为 5.70%，远低于均值。

R^{12M}、R^{9M}、R^{6M}和R^{3M}的分布与*Mom* 基本相似，主要的区别在于随着计算周期的减小，其横截面的描述性统计量也减小。① 这并不奇怪，因为随着持有期的增加，期望收益也应增大。② 最终，$R^{t-12:t-1}$和$R^{t-6:t-1}$的分布必然分别与R^{12M}和R^{6M}的分布基本相同。

11.3 相关性

表 11.2 显示了动量与本书在上一章中所检验的变量的平均横截面相关关系。具体来说，我们主要计算了动量与贝塔（β）、股票规模（*Size*，市值的自然对数）、账面市值比（*BM*）之间的相关关系。因为基于不同方法所计算的动量具有某些相关机制，使得结果很难解释，所以我们没有汇报用这些方法计算的动量的相关性信息。因此，表中仅显示部分标准相关性矩阵。A 部分显示了皮尔逊积矩相关系数，B 部分显示了斯皮尔曼等级相关系数。

表 11.2　　相关性

A 部分：皮尔逊积矩相关系数							
	Mom	$R^{t-12:t-1}$	$R^{t-6:t-1}$	R^{12M}	R^{9M}	R^{6M}	R^{3M}
β	0.07	0.08	0.01	0.06	0.03	−0.00	−0.02
Size	0.18	0.19	0.14	0.19	0.17	0.15	0.11
BM	0.02	0.01	0.06	0.03	0.06	0.06	0.04
B 部分：斯皮尔曼等级相关系数							
	Mom	$R^{t-12:t-1}$	$R^{t-6:t-1}$	R^{12M}	R^{9M}	R^{6M}	R^{3M}
β	0.04	0.05	−0.00	0.03	0.01	−0.01	−0.02
Size	0.25	0.26	0.20	0.26	0.24	0.20	0.16
BM	0.04	0.02	0.07	0.05	0.07	0.08	0.05

该表汇报了基于不同方法所计算的动量变量与β、*Size*、*BM* 之间的横截面皮尔逊积矩相关系数（A 部分）和斯皮尔曼等级相关系数（B 部分）的时间序列均值数据。

表 11.2 的结果显示了β与动量之间具有较低的相关性。*Mom* 与β的平均横截面皮尔逊积矩相关系数仅为 0.07，斯皮尔曼等级相关系数仅为 0.04。β与$R^{t-12:t-1}$的皮尔逊积矩相关系数为 0.08，与R^{3M}为−0.02；斯皮尔曼等级相关系数分别为 0.05 和

① 一个例外是：R^{6M}比R^{9M}有更大的峰度。

② 有人会质疑该理论对R^{12M}、R^{9M}、R^{6M}和R^{3M}在横截面分布的偏度（*Skew*）和峰度（*Kurt*）是无效的。偏度和峰度的这种模式可能是我们在计算动量时使用收益而非对数化后的收益所导致的。

−0.02。动量与规模呈中度的正相关关系。动量和规模的皮尔逊积矩（斯皮尔曼等级）相关系数为 0.18(0.25)，其余动量变量与规模的皮尔逊积矩（斯皮尔曼等级）相关系数则在 0.19(0.26) 和 0.11(0.16) 间变化。最后，*Mom* 与 *BM* 的平均横截面皮尔逊积矩（斯皮尔曼等级）相关系数为 0.02(0.04)，其余动量变量与 *BM* 的皮尔逊积矩（斯皮尔曼等级）相关系数则在 0.06(0.08) 和 0.01(0.02) 间变化，结果表明，动量与账面市值比之间具有较弱的横截面相关。

在本书上一章第二部分中，对变量的相关性分析是紧随持续性分析之后的。在对动量进行分析时，由于每一个动量变量都是衡量股票收益的一个指标，而持续性分析仅仅用于检验过去和股票未来收益之间的关系，并且这种关系所需关注的是后续组合以及 Fama 和 MacBeth(1973) 回归分析的结果（这些将在下一节中介绍），因此我们放弃对动量变量的持续性分析以突出其他方法的分析。

11.4 动量和股票收益

在本节中，我们将检验动量与股票未来收益之间的关系。我们不但证明了本章中所介绍的中期动量效应是一种局部现象，同时也证明了长期反转效应的存在。反转效应虽然著名，但却非资产定价研究的常用分析方法。最终结果也同样会提供短期反转效应的初步分析，我们在第 12 章中将对其进行进一步讨论。

11.4.1 单变量组合分析

我们以单变量组合分析来展开动量与股票未来收益之间关系的探究。对每一种衡量动量的方法，我们都进行了单变量组合分析。每种分析下组合断点的计算是由样本中所有的股票数据计算的给定动量变量的分位数所得。

为帮助理解包括每一种 *Mom* 排序的组合的股票特征，表 11.3 的 A 部分展示了按 *Mom* 排序所得的每种组合的 *Mom*、β、*MktCap* 和 *BM* 的等权重均值。我们以 *Mom* 而非其他动量变量为组合分类标准，是因为 *Mom* 在资本资产定价的实证研究中最为常见。

A 部分证明了 *Mom* 均值单调递增，从第 1 十分位数的−52.40%增加到第 10 十分位数的 132.10%。β 则在以 *Mom* 分类的组合下展现出 U 形特征，从第 1 十分位数的 0.85 减少到第 5 十分位数的 0.71，最后又增加到第 10 十分位数的 0.97。动量与市值之间呈现倒 U 形特征，市值（*MktCap*）由第 1 十分位数的 1.54 亿美元增加到第 7 十分位数的 17 亿美元，然而在第 8、第 9 和第 10 十分位数时市值逐渐减小，分别为低于 17 亿美元、约 14.5 亿美元以及 8.49 亿美元。最后，账面市值比（*BM*）则由第 1 十分位数的 0.89 增加到第 10 十分位数的 1.00。第 2～9 组合的 *BM* 均值相似，在 0.93 和 0.95 间变化。第 1 组合的 *BM* 均值较低，为 0.89，第 10 组合的值最高，为 1.00。因此，在相关性分析中 *Mom* 和 *BM* 之间呈现正相关关系，这似乎是由股票的 *Mom* 的极端值所导致。

表 11.3　　单变量组合分析

A 部分：按 *Mom* 排序的组合特征

值	1	2	3	4	5	6	7	8	9	10
Mom	−52.40	−29.83	−17.21	−7.33	1.44	10.11	19.81	32.24	52.22	132.10
β	0.85	0.80	0.75	0.72	0.71	0.71	0.73	0.76	0.83	0.97
MktCap	154	487	874	1 178	1 441	1 645	1 709	1 698	1 468	849
BM	0.89	0.93	0.93	0.93	0.93	0.94	0.94	0.95	0.95	1.00

B 部分：市值加权组合收益

排序变量	1	2	3	4	5	6	7	8	9	10	10−1	CAPM α	FF α
Mom	−0.76	−0.12	0.04	0.35	0.39	0.37	0.53	0.67	0.75	1.18	1.95	2.13	2.37
											(5.39)	(6.48)	(7.54)
R^{12M}	−0.36	0.01	0.26	0.39	0.37	0.43	0.54	0.62	0.73	1.05	1.42	1.66	1.93
											(3.64)	(4.81)	(5.82)
R^{9M}	0.02	0.40	0.40	0.40	0.43	0.44	0.44	0.58	0.65	0.97	0.95	1.24	1.45
											(2.51)	(3.67)	(4.48)
R^{6M}	0.21	0.48	0.48	0.50	0.53	0.47	0.51	0.47	0.53	0.78	0.58	0.85	0.98
											(1.71)	(2.76)	(3.30)
R^{3M}	0.33	0.54	0.60	0.60	0.61	0.51	0.46	0.48	0.47	0.63	0.31	0.57	0.69
											(1.07)	(2.08)	(2.40)
$R^{t-12:t-1}$	−0.71	−0.12	0.19	0.31	0.42	0.40	0.48	0.66	0.74	1.08	1.79	1.96	2.23
											(5.12)	(6.21)	(7.33)
$R^{t-6:t-1}$	−0.52	0.22	0.38	0.40	0.51	0.48	0.52	0.51	0.54	0.97	1.50	1.71	1.86
											(4.11)	(5.14)	(5.91)

C 部分：等权重组合收益

排序变量	1	2	3	4	5	6	7	8	9	10	10−1	CAPM α	FF α
Mom	0.29	0.34	0.48	0.64	0.68	0.78	0.92	1.04	1.19	1.37	1.08	1.14	1.36
											(3.42)	(3.85)	(4.62)
R^{12M}	1.10	0.29	0.45	0.52	0.59	0.72	0.84	0.94	1.09	1.20	0.10	0.21	0.45
											(0.28)	(0.64)	(1.36)
R^{9M}	1.27	0.43	0.45	0.50	0.61	0.67	0.75	0.77	0.93	1.18	−0.10	0.05	0.28
											(−0.27)	(0.16)	(0.84)
R^{6M}	1.49	0.53	0.54	0.54	0.55	0.69	0.68	0.72	0.80	0.91	−0.58	−0.43	−0.23
											(−1.75)	(−1.36)	(−0.74)
R^{3M}	1.89	0.68	0.60	0.58	0.66	0.63	0.61	0.64	0.66	0.50	−1.39	−1.23	−1.11
											(−4.72)	(−4.27)	(−3.58)
$R^{t-12:t-1}$	0.39	0.36	0.52	0.63	0.72	0.80	0.91	1.02	1.13	1.28	0.90	0.95	1.20
											(2.84)	(3.23)	(4.04)
$R^{t-6:t-1}$	0.46	0.39	0.56	0.71	0.72	0.78	0.80	0.86	1.00	1.23	0.77	0.87	1.01
											(2.65)	(3.11)	(3.81)

该表显示了每种动量计算方法与未来收益之间关系的单变量分析结果。月度组合由 CRSP 样本中所有股票构成，组合依据给定排序指标计算的十分位数断点进行排序，给定变量的数据均来源于 CRSP 样本中所有股票。A 部分展示了每种分位数组合下所有股票的 *Mom*、β、*MktCap* 和 *BM* 的均值。B 部分（C 部分）展示了每个十分位数组合在市值加权（等权重）下的未来 1 个月超额收益（以百分比表示）。该表同样展示了做多第 10 十分位数组合、做空第 1 分位数组合构建的组合的平均收益以及组合的 CAPM 和 FF α 的值。括号里为经过 Newey 和 West (1987) 六期滞后调整的 T 统计量，检验的零假设是平均组合超额收益或 CAPM α 等于 0。

表 11.3 的 B 部分展示了按每个动量变量排序分组后的十分位数组合的市值加权超额收益。最后三列分别为差异组合下的 10－1 组合收益、CAPM 的阿尔法（CAPM α），以及 Fama 和 French(1993）的三因子阿尔法（FF α），同时也汇报了 Newey 和 West(1987）六期滞后调整后的 T 统计量。

B 部分的结果显示，以标准的动量方法（*Mom*）作为排序变量，动量与股票期望收益间存在较强的正相关关系。每月第 1 十分位数组合的平均超额收益为－0.76%，第 10 十分位数组合为 1.18%，高动量组（第 10 十分位数组合）和低动量组（第 1 十分位数组合）的每月平均收益差为 1.95%，该值具有显著的经济效应，T 统计量为 5.39 意味着收益显著大于 0。差分组合经 CAPM 和 FF 调整后，每月平均异常收益分别为 2.13%(T 统计量＝6.48）和 2.37%(T 统计量＝7.54)，均显著高于原始的差额收益。值得注意的是，有一个例外（即第 6 十分位数组合），十分位数组合在 *Mom* 的不同十分位数间的超额收益均值逐渐增大。

现在我们将注意力转向测量动量的其他方法上。我们首先注意到，与存在的动量效应相一致，在计算第 10 十分位组合和第 1 十分位组合的收益差时，无论使用何种动量计算法，其值均为正。与使用较短的时间跨度相比，计算动量时所使用的时间跨度越长，10－1 组合的收益差以及 α 的值越大，且其结果也越显著。对于包含月份 t 的 6 个月（R^{6M}）和 3 个月（R^{3M}）动量计算方法而言，尽管风险调整后的 α 仍然显著，但 10－1 组合的收益差却不再显著。

在表 11.3 的 B 部分中需要我们格外关注的是，当持有期相同时，计算期和组合构成期之间跳过最后一期时，动量的预测能力明显提高。在包含最后一期的 12 个月方法（R^{12M}）中，其第 10 十分位数组合与第 1 十分位数组合的收益差为每月 1.42%，T 统计量为 3.64。而在不包含最后一期的 12 个月方法（$R^{t-12:t-1}$）中，相应的收益差为 1.79%，T 统计量为 5.12。当使用 6 个月的收益进行计算时，其差额更加明显。当以 $R^{t-6:t-1}$的值为组合分类标准时，在计算期和组合构成期间剔除最后一期，10－1 组合的收益为 1.50%(T 统计量＝4.11)，CAPM 和 FF α 的收益分别为 1.71%(T 统计量＝5.14）和 1.86%(T 统计量＝5.91)。在计算期和组合构成期之间包含最后一期的 6 个月计算方法（R^{6M}）中，10－1 组合的收益差为 0.58%，T 统计量为 1.71。与此相对应，CAPM 和 FF α 的收益分别为 0.85%(T 统计量＝2.76）和 0.98%(T 统计量＝3.30)，依然具有较高的经济收益且统计显著。与基于 $R^{t-6:t-1}$排序的组合相比，R^{6M}的收益和 α 明显更低。这样的结果意味着在计算动量时加入最近一期的信息，确实会产生影响。这与过去 1 个月的收益与未来收益之间呈负相关的结果相一致，这即是我们将要在第 12 章中讨论的短期反转效应。

使用市值加权组合证明了动量效应的存在，接下来我们使用等权重组合来重复单变量分析过程。分析的结果在表 11.3 的 C 部分中展示，结果表明权重会对动量现象产生实质性的影响，该结果在当计算动量时加入最近一期 t 的信息时尤为明显。

我们先来看以基本动量方法 *Mom* 进行排序的等权重组合。在 *Mom* 排序下其超额收益从第 1 十分位数组合的每月 0.29%单调增至第 10 十分位数组合的每月 1.37%。

10－1 组合的平均月收益为 1.08%（T 统计量＝3.42），CAPM α 为 1.14%（T 统计量＝3.85），FF α 为 1.36%（T 统计量＝4.62）。这样的结果意味着无论使用何种计算方法，都有强的动量效应。但其结果无论在经济收益上还是统计含义上都没有市值加权下的效果显著。当使用 R^{12M} 替代 Mom 作为分组依据时，结果有了实质性的变化。第 1 十分位数组合的平均收益为每月 1.10%，第 10 十分位数组合为每月 1.20%；10－1 组合的平均收益为每月 0.10%且 T 统计量仅为 0.28，经济收益较低且统计不显著，组合收益经风险调整后结论不变。CAPM α 为每月 0.21%，FF α 为每月 0.45%，在统计上均接近 0，T 统计量分别为 0.64 和 1.36。市值加权后的结果与之类似，这意味着动量现象在高市值股票中较为显著，而在低市值股票中则表现较弱。

在等权重加权组合下，依据 Mom 和 R^{12M} 进行排序的组合结果相差非常明显，尤其是考虑到 Mom 和 R^{12M} 之间的差异仅仅在于后者在计算时包括了最近月份 t 的收益，而前者没有。这样的结果意味着，相较于月份 $t-11$ 到月份 $t-1$，月份 t 的收益对于未来 1 个月（月份 $t+1$）的横截面收益更具有实质性的影响。使用 R^{9M}、R^{6M} 和 R^{3M} 作为排序变量，其结果意味着在计算动量时所使用的时间段越短，最近一期月份的收益对动量的影响则越大，组合收益差变为负数，且经济意义和统计意义均更显著。当使用 R^{9M} 作为排序变量时，平均收益、CAPM α、FF α 均在统计上不异于 0。而当使用 R^{6M} 时，平均收益为每月－0.58%，经济意义较大且统计显著，其 T 统计量为－1.75。组合的 CAPM 和 FF α 分别为每月－0.43%和－0.23%，但在统计上不显著。当使用 R^{3M} 作为排序变量时，10－1 组合的收益和及其 α 均为负，结果的经济意义较大且统计显著，平均收益为每月－1.39%（T 统计量＝－4.72），CAPM α 为每月－1.23%（T 统计量＝－4.27），FF α 为每月－1.11%（T 统计量＝－3.58%）。以 R^{3M} 分组的组合中第 1 十分位数组合的平均超额收益为每月 1.89%，远高于其余十分位数组合。由表 11.3 来看，其余十分位数组合的收益分布在 0.50%～0.68%之间。正如以 Mom 排序的组合一样，以 R^{12M}、R^{9M}、R^{6M} 和 R^{3M} 排序的组合在市值加权和等权重加权之间的差别很可能是由于高市值股票导致的。

当计算期和组合构成期之间跳过一个月时（以 $R^{t-12:t-1}$ 和 $R^{t-6:t-1}$ 作为排序变量），我们再次得到了动量和股票未来收益之间的正相关关系，并且其结果在经济意义和统计意义上都显著。当使用 $R^{t-12:t-1}$ 作为排序变量时，差异组合的平均收益为每月 0.90%（T 统计量＝2.84），CAPM α 为 0.95%（T 统计量＝3.23），FF α 为 1.20%（T 统计量＝4.04）。当使用 $R^{t-6:t-1}$ 作为排序变量时，虽然 10－1 组合的收益、α 和相应的 T 统计量都略微较低，但结果仍大致相同。结果表明，当计算期和组合构成期之间跳过最后一期时，组合后收益都会对组合分析的结果产生重要的影响。当在计算期和组合构成期之间没有时间被跳过时，使用短期测量方法得到的等权重组合会表现为反转效应而不是动量效应。当在计算期和组合构成期之间跳过最后一个月时，动量效应会表现强烈。

对于这样的结果，读者刚开始似乎会感到困惑和矛盾，接下来我们会对结果提供一种较好的解释。正如将在第 12 章中介绍的，股票在月份 t 的收益同其在月份 $t+1$ 的收益之间存在横截面上的强负相关关系。这种负相关关系在低市值股票上表现较为明显而在高市值股票上则表现较弱，该现象从多方面证明了我们对于动量效应的分析。首先，它描述了这样一种事实，当使用在动量计算期和组合构成期之间不剔除最后一个月的数据时，我们观测到了：同剔除最后一期数据相比，10－1 组合具有更低的收益率。其次，同高市值股票相比，反转效应多出现于低市值股票中，这也就解释了另一现象：在构建等权重加权组合前，若使用无时间滞后的数据来计算动量，则动量与未来收益之间会呈现负相关关系。同市值加权组合相比，等权重下组合的动量效应明显更低。无论使用何种动量指标，这一点都是成立的。当使用等权重加权组合且包含月份 t 的收益来计算动量时，不同加权方法和不同动量衡量法都显示结果对反转效应有利而对动量效应不利。因此在使用无时间滞后的数据进行等权重加权分析时，由月份 t 收益所产生的反转效应就会占优于由月份 $t-1$ 收益所产生的动量效应。

单变量分析：预测未来 k 个月的收益

由表 11.3 所显示的单变量分析结果可以得出一个结论，在动量与未来收益之间的关系中，计算动量所使用的时间扮演了重要的角色。为了更具体地衡量这一点，同时进一步检验动量是否具有预测多期而非仅一期收益的能力，我们使用未来 k 个月的超额收益作为结果变量来进行单变量分析，其中 $k\in\{1, 2, 3, \cdots, 12\}$。表 11.4 展示了平均收益、FF α 和每一种分析的 10－1 组合收益的 Newey-West(1987) T 统计量。前两列为排序变量和结果变量。列 r_{t+k} 代表使用未来 k 个月的超额收益作为结果变量计算所得的结果。A 部分展示了市值加权组合的结果，B 部分展示了等权重加权组合的结果。表 11.4 的 A 部分展示了市值加权组合的结果，该结果表明，在使用标准的动量 *Mom* 作为排序变量时，未来收益存在动量效应且时长持续 10 个月，这是因为 FF α 的收益在未来 10 个月（r_{t+10}）经济效果和统计意义均显著，尽管在 7 个月甚至更长时间内组合收益在统计上不再异于 0。对于组合构建期 11 个月和 12 个月后的收益而言，FF α 在统计上不异于 0，但是组合的收益实际上却变为负且统计显著。与 De Bondt 和 Thaler(1985) 以及 Jegadeesh 和 Titman(1993) 所提出的证据一致，即中期动量效应被长期反转效应所替代。尽管最终结果在形式上大体相近，但是我们在分析上却与上述两篇论文具有实质性的差别。

当使用其他动量指标作为排序变量时，表 11.4 A 部分的结果展现了与中期动量一致的模式，同时也为长期反转效应提供了线索。使用无滞后的 12 个月动量指标（R^{12M}）作为排序变量的结果与使用 *Mom* 的相似，主要的例外在于，就算使用了未来 12 个月的超额收益作为结果变量，但以该动量指标构建组合后，长期反转现象仍然未能出现。使用 9 个月的动量指标（R^{9M}）排序，组合的分析结果显示，在检验 FF α 时，动量现象一直持续到未来第 11 个月（r_{t+11}），但平均收益则在第 8 个月后不再显著。无论是平均收益还是 FF α，6 个月（R^{6M}）和 3 个月（R^{3M}）的计算结果均产生了未来长达 11 个月（r_{t+11}）的动量效应。[①] 有趣的是，当使用 R^{3M} 作为排序变

① 一个例外是：R^{6M} 差异组合的平均未来 11 个月收益在统计上不显著。

表 11.4　　单变量组合分析——*k* 个月后收益

A 部分：市值加权组合													
排序变量	值	r_{t+1}	r_{t+2}	r_{t+3}	r_{t+4}	r_{t+5}	r_{t+6}	r_{t+7}	r_{t+8}	r_{t+9}	r_{t+10}	r_{t+11}	r_{t+12}
Mom	收益	1.95	1.70	1.25	1.20	0.92	0.71	0.53	0.26	0.04	−0.06	−0.62	−0.63
		(5.39)	(5.00)	(3.47)	(3.25)	(2.85)	(2.50)	(1.62)	(0.82)	(0.15)	(−0.20)	(−1.96)	(−1.95)
	FF α	2.37	2.13	1.61	1.72	1.45	1.23	1.07	0.75	0.54	0.49	−0.05	−0.01
		(7.54)	(7.12)	(4.72)	(5.66)	(5.42)	(5.00)	(4.17)	(2.85)	(2.15)	(1.85)	(−0.20)	(−0.03)
R^{12M}	收益	1.42	1.60	1.37	1.28	1.04	0.93	0.58	0.41	0.08	0.08	−0.30	−0.61
		(3.64)	(4.38)	(3.82)	(3.45)	(2.88)	(2.78)	(1.73)	(1.27)	(0.24)	(0.24)	(−0.96)	(−1.56)
	FF α	1.93	2.06	1.83	1.78	1.60	1.50	1.17	0.95	0.66	0.65	0.23	0.06
		(5.82)	(6.62)	(5.78)	(5.67)	(5.70)	(5.58)	(4.56)	(3.55)	(2.44)	(2.56)	(0.87)	(0.22)
R^{9M}	收益	0.95	1.29	1.54	1.71	1.46	1.33	1.04	0.82	0.39	0.24	0.07	−0.60
		(2.51)	(3.41)	(4.44)	(4.95)	(4.13)	(3.99)	(3.07)	(2.57)	(1.16)	(0.82)	(0.25)	(−1.69)
	FF α	1.45	1.72	1.93	2.08	1.88	1.76	1.59	1.35	0.90	0.71	0.54	−0.01
		(4.48)	(5.27)	(6.24)	(6.94)	(6.33)	(5.89)	(5.74)	(5.24)	(3.40)	(2.86)	(2.26)	(−0.02)
R^{6M}	收益	0.58	1.26	1.21	1.19	1.20	1.35	1.65	1.38	0.94	0.81	0.42	−0.34
		(1.71)	(3.31)	(3.54)	(3.67)	(3.73)	(4.44)	(5.47)	(4.30)	(2.95)	(3.18)	(1.54)	(−1.03)
	FF α	0.98	1.62	1.51	1.43	1.54	1.68	1.99	1.70	1.29	1.17	0.87	0.20
		(3.30)	(5.00)	(4.88)	(4.59)	(5.09)	(5.93)	(7.80)	(6.20)	(4.77)	(5.17)	(3.93)	(0.85)
R^{3M}	收益	0.31	1.04	0.95	0.91	0.71	0.94	0.85	0.97	1.05	1.33	1.09	0.07
		(1.07)	(3.69)	(3.21)	(3.09)	(2.44)	(3.44)	(3.31)	(3.29)	(3.34)	(4.89)	(4.33)	(0.25)
	FF α	0.69	1.32	1.15	1.06	0.94	1.15	1.11	1.25	1.31	1.48	1.24	0.35
		(2.40)	(4.99)	(4.31)	(3.52)	(3.42)	(4.26)	(4.12)	(4.54)	(5.02)	(5.97)	(5.25)	(1.38)
$R^{t-12:t-1}$	收益	1.79	1.42	1.21	1.11	0.87	0.68	0.43	0.07	0.03	−0.26	−0.46	−0.42
		(5.12)	(4.11)	(3.37)	(3.13)	(2.53)	(2.29)	(1.38)	(0.22)	(0.10)	(−0.85)	(−1.41)	(−1.25)
	FF α	2.23	1.87	1.68	1.66	1.41	1.23	0.96	0.61	0.61	0.29	0.15	0.22
		(7.33)	(6.13)	(5.36)	(5.98)	(5.15)	(5.04)	(3.69)	(2.30)	(2.41)	(1.15)	(0.57)	(0.81)
$R^{t-6:t-1}$	收益	1.50	1.29	1.14	1.18	1.24	1.70	1.40	0.97	0.79	0.43	−0.24	−0.80
		(4.11)	(3.90)	(3.59)	(3.58)	(4.13)	(6.08)	(4.54)	(3.18)	(3.01)	(1.60)	(−0.88)	(−2.48)
	FF α	1.86	1.61	1.38	1.51	1.56	2.01	1.73	1.30	1.17	0.91	0.24	−0.29
		(5.91)	(5.43)	(4.44)	(4.96)	(5.56)	(7.85)	(6.46)	(4.97)	(5.08)	(4.03)	(1.08)	(−1.09)

B部分：等权重组合													
排序变量	值	r_{t+1}	r_{t+2}	r_{t+3}	r_{t+4}	r_{t+5}	r_{t+6}	r_{t+7}	r_{t+8}	r_{t+9}	r_{t+10}	r_{t+11}	r_{t+12}
Mom	收益	1.08	0.98	0.73	0.56	0.39	0.12	−0.06	−0.27	−0.34	−0.55	−0.79	−0.99
		(3.42)	(3.23)	(2.41)	(1.84)	(1.31)	(0.43)	(−0.22)	(−0.97)	(−1.44)	(−2.23)	(−3.32)	(−3.89)
	FF α	1.36	1.26	1.05	0.91	0.74	0.48	0.30	0.06	0.02	−0.17	−0.42	−0.58
		(4.62)	(4.49)	(3.31)	(3.44)	(2.85)	(1.93)	(1.21)	(0.24)	(0.07)	(−0.72)	(−1.89)	(−2.55)
R^{12M}	收益	0.10	0.90	0.31	0.60	0.47	0.25	0.04	−0.10	−0.37	−0.45	−0.63	−0.80
		(0.28)	(2.84)	(2.61)	(1.95)	(1.53)	(0.81)	(0.15)	(−0.34)	(−1.31)	(−1.77)	(−2.58)	(−3.23)
	FF α	0.45	1.20	1.11	0.96	0.86	0.63	0.41	0.29	−0.02	−0.06	−0.25	−0.42
		(1.36)	(4.01)	(3.96)	(3.45)	(3.21)	(2.39)	(1.65)	(1.14)	(−0.08)	(−0.23)	(−1.07)	(−1.84)
R^{9M}	收益	−0.10	0.77	0.95	1.08	0.90	0.58	0.34	0.13	−0.15	−0.25	−0.36	−0.61
		(−0.27)	(2.42)	(3.09)	(3.76)	(3.11)	(1.99)	(1.25)	(0.44)	(−0.56)	(−1.01)	(−1.52)	(−2.68)
	FF α	0.28	1.07	1.21	1.32	1.17	0.88	0.66	0.46	0.15	0.07	−0.02	−0.26
		(0.84)	(3.69)	(4.35)	(5.07)	(4.52)	(3.34)	(2.75)	(1.79)	(0.56)	(0.31)	(−0.09)	(−1.21)
R^{6M}	收益	−0.58	0.77	0.93	0.85	0.76	0.72	0.99	0.68	0.24	0.19	0.02	−0.42
		(−1.75)	(2.69)	(3.37)	(3.06)	(2.68)	(2.64)	(3.83)	(2.60)	(0.95)	(0.82)	(0.08)	(−1.88)
	FF α	−0.23	1.01	1.19	1.10	1.03	0.95	1.15	0.88	0.44	0.44	0.30	−0.12
		(−0.74)	(3.83)	(4.99)	(4.53)	(4.12)	(3.90)	(4.85)	(3.65)	(1.69)	(2.01)	(1.40)	(−0.57)
R^{3M}	收益	−1.39	0.47	0.64	0.54	0.61	0.72	0.53	0.37	0.43	0.85	0.59	0.09
		(−4.72)	(2.16)	(2.97)	(2.22)	(2.46)	(3.04)	(2.53)	(1.60)	(1.82)	(4.03)	(3.06)	(0.50)
	FF α	−1.11	0.62	0.80	0.70	0.76	0.93	0.71	0.54	0.53	0.88	0.70	0.27
		(−3.58)	(2.72)	(3.78)	(2.92)	(3.30)	(4.26)	(3.64)	(2.50)	(2.27)	(4.31)	(3.69)	(1.52)
$R^{t-12:t-1}$	收益	0.90	0.82	0.60	0.48	0.25	0.07	−0.10	−0.37	−0.45	−0.63	−0.79	−0.82
		(2.84)	(2.65)	(1.96)	(1.57)	(0.85)	(0.24)	(−0.37)	(−1.30)	(−1.78)	(−2.58)	(−3.18)	(−3.24)
	FF α	1.20	1.13	0.96	0.86	0.64	0.43	0.28	−0.02	−0.05	−0.25	−0.40	−0.42
		(4.04)	(4.02)	(3.48)	(3.25)	(2.42)	(1.76)	(1.12)	(−0.06)	(−0.21)	(−1.08)	(−1.78)	(−1.83)
$R^{t-6:t-1}$	收益	0.77	0.94	0.85	0.77	0.73	0.99	0.67	0.24	0.18	0.02	−0.41	−0.85
		(2.65)	(3.43)	(3.08)	(2.71)	(2.69)	(3.85)	(2.61)	(0.95)	(0.81)	(0.07)	(−1.82)	(−3.59)
	FF α	1.01	1.19	1.10	1.04	0.96	1.15	0.87	0.44	0.44	0.30	−0.10	−0.50
		(3.81)	(5.07)	(4.56)	(4.16)	(3.94)	(4.87)	(3.66)	(1.71)	(2.00)	(1.39)	(−0.50)	(−2.29)

该表显示了每种动量计算方法与未来收益之间关系的单变量分析结果。月度组合由 CRSP 样本中所有股票构成，组合依据给定排序指标计算的十分位数断点进行排序，给定变量的数据均来源于 CRSP 样本中所有股票。表中每一个部分展示了做多第 10 十分位数组合、做空第 1 十分位数组合所构建的组合收益，包括以每月百分比表示的 k 个月后的平均收益（如列上方所显示的），以及组合的 FF α。A 部分（B 部分）显示了市值加权（等权重加权）组合的结果。括号里为经过 Newey 和 West（1987）六期滞后调整的 T 统计量，检验的零假设是平均组合超额收益或 CAPM α 等于 0。

量时，随着 R^{3M} 衡量和组合构建期时长的增加，动量效应效果的强度不再下降。实际上，10－1 组合在 11 个月后的平均收益（r_{t+11}）以及 FF α 的值在数量级上与未来 2 个月的收益（r_{t+2}）相似，但统计上却更为显著。然而 R^{3M} 却未能预测未来第 12 个月的收益，这样的结果表明过去的收益与未来 11 个月的收益具有正相关关系。同在计算动量时加入月份 t 的收益可以降低动量效应的效果一样，对于每一个 R^{12M}、R^{9M}、R^{6M} 和 R^{3M} 来说，动量效应在预测 2 个月后的收益（r_{t+2}）上比预测 1 个月后的收益（r_{t+1}）的效果更好。最后使用滞后 1 个月的动量指标（$R^{t-6:t-1}$ 和 $R^{t-12:t-1}$）检验动量效应的持续性，我们发现了同未滞后的动量指标类似的结论。其中主要的差别在于，正如前面所讨论的那样，滞后时间计算法对于未来 1 个月的收益预测能力更强，且滞后时间计算动量没有被反转效应所影响。有趣的是，当使用 $R^{t-12:t-1}$ 作为排序变量时，长期反转现象不再统计显著；而当使用 $R^{t-6:t-1}$ 作为排序变量时，10－1 组合的未来第 12 个月的平均收益为每月－0.80％且统计显著，T 统计量为－2.48，FF α 的值仅为每月－0.29％且统计上不异于 0。

在表 11.4 的 B 部分中，我们给出了用不同方法计算的动量与 k 个月后股票收益之间关系的等权重加权组合分析结果，$k \in \{1, 2, 3, \cdots, 12\}$。当使用 Mom 作为排序变量时，结果显示 Mom 的不同组合会在未来 3 个月内有较为显著的平均收益（r_{t+3}），同时会有长达 6 个月（r_{t+6}）显著为正的 FF α。当使用 4 个月到 9 个月后的收益时，分析结果显示 Mom 和未来收益之间无关。当平均收益和不同组合的 FF α 在各种分析下呈现负相关时，Mom 同 11 个月和 12 个月后的收益也显示出负相关，且该结果在经济上和统计上均显著。

当以 R^{12M}、R^{9M}、R^{6M} 和 R^{3M} 作为排序依据并构建等权重加权组合时，在检验了 2 个月（r_{t+2}）的收益后，结果显示出较强的动量效应。忽略使用何种动量计算法，随着构建组合所使用数据的滞后期的增加，动量效应的效果也趋于减弱。而以 R^{12M}（R^{9M}）作为排序变量且使用 12 个月后的超额收益作为结果变量时，平均收益出现了长期反转效应，但 FF α 仅轻微显著。

最后，当以滞后 1 期的 12 个月收益计算动量（$R^{t-12:t-1}$）并将其作为排序变量进行等权重加权组合分析时，结果显示使用 1 个月（r_{t+1}）到 6 个月（r_{t+6}）的收益时差异组合的 FF α 均为正。而从 10 个月后（r_{t+10}）开始，组合的平均收益出现长期反转效应，FF α 也在使用 11 个月和 12 个月后的收益时统计较显著。当以滞后 1 个时段的 6 个月收益计算动量（$R^{t-6:t-1}$）并作为排序变量时，收益直到 7 个月（r_{t+7}）都出现了中期动量效应，而以 12 个月后的收益（r_{t+12}）作为结果变量时，则出现了长期反转现象。

根据表 11.4，组合结果有必要列出一些附加意见。在等权重加权组合（B 部分）下，使用 R^{12M} 作为排序变量的结果模式与 $R^{t-12:t-1}$ 的相似，除了后者反转效应出现的时间比前者稍早 1 个时段。这并非巧合，因为无滞后的 12 时段计算法（R^{12M}）对于 k 个月后收益的预测能力与存在滞后的 12 时段计算法（$R^{t-12:t-1}$）对于 $k-1$ 个月后收益的预测能力相同。因此两者最终的实证检验结果间的差异完全是由样本变化所导致的。

由表 11.4 可以看出，这样的差异很小且并无重要的经济意义，同理，R^{6M}和$R^{t-6:t-1}$的结果也是如此。例如根据 R^{12M} 排序所得组合 2 个月后的收益与根据 $R^{t-12:t-1}$ 排序下 1 个月后的收益均为每月 0.90%且 T 统计量均为 2.84。然而回顾 A 部分中的市值加权分析，相应的结果却无法表现出相似的模式。在市值加权分析下，无滞后 12 时段算法（R^{12M}）中 2 个月后的收益为 1.60%（T 统计量=4.38），而在滞后 12 时段算法排序下的 1 个月后的收益为 1.79%（T 统计量=5.12）。结合这两者的结果（等权重加权和市值加权）表明在持续性分析中权重具有重要影响，至少在该例中，其影响力要比样本变化大。该例对于研究者来说是一个警示，在分析样本时仅改变小部分条件可能会产生意想不到的结果。因此对于一个高质量的资产定价实证研究来说，把握细节十分重要。

以上就完成了我们在单变量组合分析下对动量现象的检验，结果不但证明了中期动量效应，同时也证明了长期和短期反转效应的存在。我们将在第 12 章中讨论短期反转效应。由于长期反转效应在学术研究中不常见，因此本书也不做介绍。本章既然已对动量效应做了基础性分析，接下来将进一步验证，在控制了一些已知的与股票收益相关的变量后，动量效应是否仍然存在。因此我们使用最常见的动量指标 *Mom*，即覆盖了月份 $t-11$ 到月份 $t-1$ 收益的方法来计算动量。之所以使用 *Mom* 有两点原因：其一是当使用 *Mom* 时，动量效应最强，在预测 1 个月后的收益时表现尤为明显；其二，这是在资产定价类文献中最常见的计算动量的方法。第二点原因有可能是第一点的结果。

11.4.2 双变量组合分析

现在我们继续利用双变量组合分析，通过控制 β、市值、账面市值比和期望收益的关系，从而检验动量与期望收益之间的关系。

双变量序贯排序的组合分析

我们首先依据市值（*MktCap*）排序，随后依照动量（*Mom*）排序分组构建组合来分析收益，从而开始动量效应的双变量组合分析。之所以这样排序是由于在单变量分析下，市值加权与等权重加权之间存在显著差异，即在市值加权时资产组合的中期动量效应比在等权重下更为明显。我们首先将数据依照 *MktCap* 和 *Mom* 排序，在五分位数点处将数据各分为五组，从而进行序贯排序组合分析。此分析下的结果变量是股票在 1 个月后的超额收益。

表 11.5 A 部分中展示了使用市值加权的资产组合分析结果，证明了在控制了市值后动量现象依然较强。在平均市值的五分之一处，*Mom* 5－1 组合的收益为每月 1.29%，T 统计量为 5.61。CAPM 和 FF 无法解释该组合收益，因为 CAPM α 的值为每月 1.40%，FF α 为每月 1.55%且在经济上和统计上均显著，T 统计量分别为 6.76 和 7.76。对于 *MktCap* Avg 组合而言，*Mom* 五分位数组合的平均收益单调递增，从 －0.08%（*Mom* 1）的低动量水平到每月 1.21%（*Mom* 5）的高动量水平。因为结果显示在所有 *MktCap* 五分位数组合中，*Mom* 5－1 组合的平均收益、CAPM α、FF α 均

为正，且无论在经济上还是统计上均显著，因此市值加权组合的分析结果也表明动量效应在所有市值水平上均表现较强。更重要的是，在每一个 *MktCap* 五分位数组合下，组合的平均收益从动量的第 1 五分位数到第 5 五分位数单调递增。

表 11.5　双变量序贯排序组合分析——控制市值（*MktCap*）

A 部分：市值加权组合						
	MktCap 1	*MktCap* 2	*MktCap* 3	*MktCap* 4	*MktCap* 5	*MktCap* Avg
Mom 1	0.26	−0.63	−0.31	0.04	0.24	−0.08
Mom 2	0.67	0.35	0.49	0.56	0.36	0.48
Mom 3	0.92	0.72	0.75	0.74	0.33	0.69
Mom 4	1.13	1.01	0.97	0.89	0.54	0.91
Mom 5	1.40	1.38	1.31	1.17	0.81	1.21
Mom 5−1	1.13	2.01	1.62	1.13	0.56	1.29
	(3.55)	(7.56)	(6.12)	(4.78)	(2.41)	(5.61)
Mom 5−1 CAPM α	1.35	2.16	1.72	1.19	0.59	1.40
	(4.74)	(9.11)	(6.95)	(5.42)	(2.57)	(6.76)
Mom 5−1 FF α	1.42	2.30	1.87	1.37	0.79	1.55
	(5.29)	(9.63)	(8.04)	(6.28)	(3.61)	(7.76)
B 部分：等权重组合						
	MktCap 1	*MktCap* 2	*MktCap* 3	*MktCap* 4	*MktCap* 5	*MktCap* Avg
Mom 1	1.48	−0.61	−0.29	0.02	0.20	0.16
Mom 2	1.29	0.36	0.47	0.58	0.49	0.64
Mom 3	1.24	0.72	0.78	0.75	0.51	0.80
Mom 4	1.38	1.01	0.99	0.92	0.64	0.99
Mom 5	1.57	1.37	1.30	1.18	1.01	1.29
Mom 5−1	0.09	1.99	1.60	1.16	0.80	1.13
	(0.27)	(7.61)	(6.06)	(4.84)	(3.57)	(4.97)
Mom 5−1 CAPM α	0.30	2.14	1.70	1.22	0.83	1.24
	(0.97)	(9.18)	(6.91)	(5.51)	(3.78)	(6.08)
Mom 5−1 FF α	0.36	2.27	1.85	1.39	1.03	1.38
	(1.16)	(9.72)	(8.10)	(6.40)	(4.74)	(6.96)

该表显示了在控制了市值因素的影响后，动量与股票未来收益之间关系的双变量序贯排序组合分析的结果。在 CRSP 样本中的所有股票每月先以市值进行升序排列分为五组，随后每组再根据动量升序排列分为五组。使用 CRSP 样本中的所有股票来计算组合五分位数点。该表显示了所有 25 个市值-动量组合的未来 1 个月的平均超额收益。同样也展示了零成本多空组合的平均收益、CAPM α 和 FF α，零成本多空组合即做多每一组市值下的 *Mom* 第 5 五分位数组合、做空第 1 五分位数组合。括号里为经过 Newey 和 West（1987）六期滞后调整的 T 统计量，检验的零假设是平均组合超额收益或 CAPM α 等于 0。A 部分显示了市值加权组合的结果；B 部分显示了等权重加权组合的结果。

接下来使用等权重分析法进行相似的双变量组合分析。结果在表 11.5 的 B 部分中显示。关注资产组合五分位数的平均值（*MktCap* Avg），等权重分析的结果再次为动量现象提供了强有力的支持，因为差异组合的平均收益为每月 1.13%且 T 统计量为

4.97，无论是在经济上还是统计上均显著。由于经风险调整后的 CAPM 和 FF 模型的 α 比原始收益差值更加显著，从而表明了市场（MKT）、规模（SMB）和价值（HML）因子都无法解释这样的超额收益。在市值加权分析下，Mom 五分位数组合的等权重收益由 1 到 5 单调递增。总之，等权重组合分析证明了动量效应的存在。

在研究市值五分位数组合时得出了有趣的结论。在动量组合的截面上可以看到所有以市值分类的 2～5 的组合其超额收益单调递增，且原始的组合收益差和经风险调整后的 α 值在经济上和统计上均显著。然而我们发现在使用等权重组合分析时，市值的五分之一组合中所有低市值股票均不存在动量现象。实际上，对于市值最低的五分位数组合，其 Mom 5－1 组合的月平均收益为 0.09%（T 统计量＝0.27），无论是统计上还是经济上均不显著。同时 CAPM 和 FF α 的值也分别仅为 0.30%（T 统计量＝0.97）和 0.36%（T 统计量＝1.16），也为低市值股票中不存在动量效应提供了证据。

低市值股票不存在中期动量效应，这样的结果与单变量组合分析的结果相一致，即市值加权组合比等权重组合有更强的动量效应。为了更进一步调查该现象，我们通过将低市值股票再次分为 4 组来优化排序步骤，此分析中每组有 5%的股票。第 1 组持有最低市值 5%的股票，第 2 组、第 3 组和第 4 组分别持有 5%～10%、10%～15%和 15%～20%的股票。在这 4 组中我们对每一组再依照动量（Mom）分为 5 组。如前所述，依然分别使用市值加权和等权重加权来进行这些分析。

表 11.6 的 A 部分显示了使用市值加权重新构建的组合结果。该结果表明当股票市值极低时，也就是在市值的 5%以下时，不存在动量效应。在这样的股票中（市值在 0～5%），多空组合（Mom 5－1），即做多高市值股票、做空低市值股票的平均收益为每月－0.86%，意味着其表现出的是反转效应而非动量效应。尽管平均收益的值较高，但其值在统计上不异于 0，T 统计量为－1.67。使用 CAPM 和 FF 对收益进行调整，α 值在统计上不显著，分别为－0.06（T 统计量＝－1.25）和－0.56（T 统计量＝－1.13）。对于那些市值分布在 5%～10%、10%～15%和 15%～20%的股票来说，中期动量效应的效果较强。在依照市值分组下的 Mom 5－1 组合，其平均收益和经风险调整的 α 在经济上和统计上均显著。

表 11.6 的 B 部分所列出的等权重组合分析的结果比市值加权组合的结果更为明显。当使用等权重组合时，对于那些分布在最低的 5%市值的股票来说，动量和未来收益之间呈较强的负相关关系。而这些极低市值股票的等权重 Mom 5－1 组合的月度平均收益为－1.60%，T 统计量为－2.84，在经济上和统计上均显著。对组合的收益进行风险调整也无法解释这部分超额收益，因为 CAPM α 为每月－1.34%（T 统计量＝－2.53）且 FF α 为每月－1.30%（T 统计量＝－2.39），数值较大且统计显著。对于那些市值分布在 5%～10%、10%～15%和 15%～20%的股票来说，等权重加权的结果与市值加权的结果相似，因为在这些市值组下的 Mom 5－1 组合均有显著为正的收益和 α。

表 11.6 的结果证明，那些分布在最低市值 5%以下的股票都存在较强的动量效应。而对于市值极低的股票来说，尤其是那些市值分布在 5%以下的股票，使用市值加权组合时动量效应会消失，而在使用等权重加权组合时反转效应则会出现。即使市值是在

5%以下的股票，市值加权和等权重加权组合的结果也会有实质性的差异，这也就意味着正是这些极低市值的股票导致了5%以下市值股的动量和未来收益之间呈负相关关系。然而我们并没有探究低市值股中的反转效应（而非动量效应）出现的原因，我们假设收益反转效应的产生至少部分是由一些微观因素导致的，例如买卖价差、非流动性因素等。①

表 11.6　　双变量序贯排序组合分析——低市值股票

	MktCap Pctls 0～5	*MktCap* Pctls 5～10	*MktCap* Pctls 10～15	*MktCap* Pctls 15～20
A 部分：市值加权组合				
Mom 1	3.16	0.48	−0.35	−0.44
Mom 2	3.26	1.07	0.41	0.41
Mom 3	2.23	1.00	1.00	0.84
Mom 4	2.20	1.00	1.03	1.09
Mom 5	2.30	1.60	1.33	1.26
Mom 5−1	−0.86	1.12	1.68	1.70
	(−1.67)	(3.17)	(5.20)	(4.83)
Mom 5−1 CAPM α	−0.60	1.36	1.86	1.88
	(−1.25)	(4.23)	(6.20)	(5.80)
Mom 5−1 FF α	−0.56	1.43	1.92	1.94
	(−1.13)	(4.44)	(6.61)	(6.43)
B 部分：等权重组合				
	MktCap Pctls 0～5	*MktCap* Pctls 5～10	*MktCap* Pctls 10～15	*MktCap* Pctls 15～20
Mom 1	4.17	0.52	−0.32	−0.42
Mom 2	3.70	1.13	0.45	0.41
Mom 3	2.70	1.00	1.00	0.84
Mom 4	2.51	1.33	1.02	1.08
Mom 5	2.56	1.59	1.35	1.25
Mom 5−1	−1.60	1.07	1.67	1.68
	(−2.84)	(2.99)	(5.13)	(4.79)
Mom 5−1 CAPM α	−1.34	1.31	1.85	1.86
	(−2.53)	(4.03)	(6.12)	(5.77)
Mom 5−1 FF α	−1.30	1.37	1.92	1.91
	(−2.39)	(4.21)	(6.54)	(6.35)

该表显示了在控制了低市值股票因素的影响后，动量与股票未来收益之间关系的双变量序贯排序组合分析的结果。在 CRSP 的样本中，将股票市值依升序排列，随后将市值低于第 20 百分位数的股票分为 4 组。在每一个市值组中，再将股票的 *Mom* 依升序排列等分为 5 组。该表显示了所有 20 个市值-动量组合的未来 1 个月的平均超额收益。同样也展示了零成本多空组合（即做多每一组市值下的 *Mom* 第 5 五分位数组合、做空第 1 五分位数组合）的平均收益、CAPM α、FF α。括号里为经过 Newey 和 West（1987）六期滞后调整的 T 统计量，检验的零假设是平均组合超额收益或 CAPM α 等于 0。A 部分显示了市值加权组合的结果；B 部分显示了等权重加权组合的结果。

① 关于市场不完美与股票收益自相关之间关系的检验已有大量研究。简要列举，包括 Fisher（1966）；Roll（1984）；Atchison、Butler 和 Simonds（1987）；Lo 和 MacKinlay（1990a）；Campbell、Grossman 和 Wang（1993）；Boudoukh、Richardson 和 Whitelaw（1994）；Ahn、Boudoukh、Richardson 和 Whitelaw（2002）；Connolly 和 Stivers（2003）。

使用双变量序贯排序组合分析法充分地检验了控制了市值因素对动量现象的影响，我们接下来使用相同的方法来探究控制了贝塔（β）和账面市值比（*BM*）后的结果。表 11.7 列出了使用贝塔（β）和账面市值比（*BM*）作为排序变量检验动量效应的双变量序贯排序组合分析的结果。该表展示了在每一个控制变量的五分位数组合下，*Mom* 5－1 组合的平均收益、CAPM α、FF α 的值，该表同样列出了等权重分析（权重＝EW）和市值加权分析（权重＝VW）的结果。在双变量序贯排序组合分析法中，使用 β 作为第一排序变量且在每一个 β 五分位数组合下，*Mom* 5－1 市值加权组合的平均收益显著为正，其收益值在 β 第 3 五分位数组合的每月 0.75%（T 统计量＝2.87）到 β 第 5 五分位数组合的 1.78%（T 统计量＝5.12）之间变动。相应地，经 CAPM 和 FF 调整后的 α 也表现出相似的性质，α 值分布在每月 0.86% 到 2.13% 之间。在所有 β 的五分位数组合下，平均 *Mom* 5－1 组合的月平均收益为每月 1.16%（T 统计量＝5.01），FF α 为每月 1.43%（T 统计量＝6.85）。等权重加权分析下的结果与之类似，但是在统计上没有市值加权分析的结果显著。每一个 *Mom* 5－1 组合均具有显著的平均收益、CAPM α 和 FF α，唯有在最小 β 的五分位数组合中，5－1 的平均收益为每月 0.35% 且 T 统计量为 1.36，不显著。而对于平均 β 组合来说，加权分析的 *Mom* 5－1 组合的月平均收益为 0.94%（T 统计量＝4.12）、CAPM α 为 1.00%（T 统计量＝4.82）以及 FF α 为 1.17%（T 统计量＝5.76）。因此在控制了 β 因素后，市值加权和等权重加权分析均证明了动量效应的稳健性。

表 11.7　　双变量序贯排序组合分析

控制	权重	值	Control 1	Control 2	Control 3	Control 4	Control 5	Control Avg
β	VW	收益	1.15	0.96	0.75	1.14	1.78	1.16
			(4.31)	(4.02)	(2.87)	(4.27)	(5.12)	(5.01)
		CAPM α	1.25	1.05	0.86	1.24	1.90	1.26
			(5.08)	(4.60)	(3.38)	(4.77)	(5.86)	(5.92)
		FF α	1.41	1.19	1.02	1.38	2.13	1.43
			(6.09)	(5.35)	(4.13)	(5.26)	(6.53)	(6.85)
	EW	收益	0.35	0.89	0.67	1.31	1.48	0.94
			(1.36)	(3.90)	(2.51)	(5.84)	(4.48)	(4.12)
		CAPM α	0.48	0.97	0.67	1.36	1.53	1.00
			(2.11)	(4.75)	(2.19)	(6.59)	(5.14)	(4.82)
		FF α	0.60	1.11	0.78	1.55	1.83	1.17
			(2.80)	(5.41)	(2.47)	(7.27)	(6.02)	(5.76)
BM	VW	收益	1.75	0.58	0.78	0.55	0.73	0.88
			(5.42)	(1.96)	(2.38)	(1.58)	(2.36)	(3.21)
		CAPM α	1.91	0.71	0.89	0.67	0.85	1.01
			(6.38)	(2.54)	(2.83)	(2.06)	(3.11)	(4.09)

续前表

控制	权重	值	Control 1	Control 2	Control 3	Control 4	Control 5	Control Avg
		FF α	2.17	0.88	1.06	0.88	1.12	1.22
			(7.21)	(3.13)	(3.38)	(2.88)	(4.45)	(5.23)
	EW	收益	1.13	0.70	0.44	0.56	0.47	0.66
			(3.96)	(2.60)	(1.39)	(2.22)	(1.63)	(2.64)
		CAPM α	1.23	0.79	0.39	0.63	0.53	0.71
			(4.72)	(3.23)	(1.03)	(2.79)	(2.07)	(3.10)
		FF α	1.46	0.99	0.55	0.81	0.67	0.90
			(5.41)	(3.83)	(1.39)	(3.58)	(2.95)	(3.95)

该表显示了在控制了 β 和 *BM* 因素的影响后，*Mom* 与股票未来收益之间关系的双变量序贯排序组合分析的结果。在 CRSP 样本中的所有股票每月先以其中之一的控制变量（β 或者 *BM*）进行升序排序分为五组，随后每组再根据 *Mom* 升序排序分为五组。使用 CRSP 中的样本来计算组合分位数点。该表显示了在每一种控制变量下零成本多空组合（即做多每一分位组合下的 *Mom* 的第 5 五分位数组合、做空第 1 五分位数组合）的平均收益、CAPM α 和 FF α 的值（以每月百分比的形式）。该表对等权重分析（权重=EW）和市值加权分析（权重=VW）分别进行汇报。括号里为经过 Newey 和 West（1987）六期滞后调整的 T 统计量，检验的零假设是平均组合超额收益或 CAPM α 等于 0。

在控制了账面市值比（*BM*）和股票期望收益之间的关系后，动量效应依然强烈。当使用市值加权组合分析时，每一个 *Mom* 5－1 组合的月平均收益、CAPM α、FF α 的值在统计上均显著，唯一例外的是 *BM* 的第 4 五分位数组合，该组合的平均收益为每月 0.55%（T 统计量=1.58)。对于平均 *BM* 组合而言，平均收益为 0.88%（T 统计量=3.21)、CAPM α 为 1.01%（T 统计量=4.09）以及 FF α 为 1.22%（T 统计量=5.23)，该结果意味着即使控制了账面市值比（*BM*）和股票未来收益之间的关系，依然无法解释动量效应。等权重分析法的结果与市值加权相似。主要的差别在于，在 *BM* 的第 3 五分位数上，*Mom* 5－1 的等权重平均收益和 α 的值在统计上不异于 0，而在第 5 五分位数上，组合的平均收益不显著。然而对组合收益进行风险调整后，结果则变得显著。在 *BM* 分类下，对 *Mom* 5－1 组合进行等权重处理，平均收益为 0.66%（T 统计量=2.64)，CAPM α 为 0.71%（T 统计量=3.10)，FF α 为每月 0.90%（T 统计量=3.95)。同本章之前得到的结论再次一致：市值加权分析的结果所产生的动量效应较等权重分析的更强。

双变量独立排序组合分析

接下来我们使用双变量独立排序代替双变量序贯排序组合分析法，以继续探究动量效应是不是 β、市值或账面市值比与股票未来收益之间的关系的表示。

表 11.8 列出了在分别控制了贝塔（β）、市值（*MktCap*）和账面市值比（*BM*）后，动量与股票未来收益之间的双变量独立排序组合分析的描述性统计结果。除了独立排序组合的特例外，这些组合分析的参数和前面章节所介绍的序贯排序的参数基本相同。该表仅列出了每个控制变量的五分位数所对应的 *Mom* 5－1 组合的平均收益、CAPM α 和 FF α 的值以及与之相对应的 T 统计量。总之两者结果相近，因此我们对表

的结果仅做简单介绍。

表 11.8 的上半部分证明了在双变量独立排序法下，控制了 β 后，动量效应依然存在。在每一个 β 五分位数组合下，无论是等权重加权还是市值加权，组合的平均收益、CAPM α 和 FF α 的值在经济上和统计上均显著。

表 11.8 的中间部分显示，在使用市值加权分析且控制了 *MktCap* 后，每一个 *MktCap* 五分位数组合包括平均 *MktCap* 组合的动量效应依然很强，因为平均收益和 α 均显著为正。然而当使用等权重分析法时，动量效应仅存在于除最低市值外的组合中。这样的结果与序贯排序分析法所观测到的结果相似。

同时，在独立排序组合分析法下，即使控制了 *BM*，*Mom* 和股票未来收益之间依然存在稳健的正相关关系。表 11.8 的下半部分表明在使用市值加权分析法后，在所有 *BM* 五分位数组合下，*Mom* 5－1 组合的平均收益和 α 显著为正。而当使用等权重分析法后，除了第 3 五分位数 *BM* 组合外，其余结果均与市值加权相似。因此无论排序的步骤如何，结果中的性质均相同。

表 11.8　　双变量独立排序组合分析

控制	权重	值	Control 1	Control 2	Control 3	Control 4	Control 5	Control Avg
β	VW	收益	1.16	1.20	0.72	0.94	1.39	1.08
			(4.06)	(4.79)	(2.13)	(3.17)	(4.46)	(4.40)
		CAPM α	1.25	1.29	0.85	1.07	1.51	1.19
			(4.74)	(5.29)	(2.68)	(3.87)	(5.19)	(5.33)
		FF α	1.37	1.49	1.02	1.30	1.72	1.38
			(5.29)	(6.36)	(3.19)	(4.90)	(5.82)	(6.40)
	EW	收益	0.47	0.99	0.65	1.28	1.42	0.96
			(1.75)	(3.97)	(2.15)	(5.51)	(4.86)	(4.01)
		CAPM α	0.58	1.08	0.66	1.34	1.46	1.02
			(2.40)	(4.79)	(1.93)	(6.39)	(5.53)	(4.68)
		FF α	0.69	1.21	0.77	1.54	1.77	1.19
			(2.92)	(5.32)	(2.18)	(7.29)	(6.83)	(5.59)
MktCap	VW	收益	0.95	1.90	1.72	1.37	0.97	1.38
			(3.89)	(7.65)	(6.27)	(5.34)	(3.08)	(5.78)
		CAPM α	1.05	2.02	1.84	1.49	1.12	1.50
			(4.70)	(9.00)	(7.26)	(6.39)	(3.85)	(7.03)
		FF α	1.13	2.17	2.00	1.66	1.29	1.65
			(5.30)	(9.52)	(8.39)	(7.52)	(4.72)	(8.22)
	EW	收益	0.26	1.88	1.70	1.40	1.15	1.28
			(1.00)	(7.62)	(6.21)	(5.27)	(4.00)	(5.42)
		CAPM α	0.33	2.00	1.82	1.52	1.28	1.39
			(1.34)	(8.97)	(7.23)	(6.34)	(4.74)	(6.54)

续前表

控制	权重	值	Control 1	Control 2	Control 3	Control 4	Control 5	Control Avg
		FF α	0.39	2.14	1.98	1.69	1.43	1.53
			(1.58)	(9.53)	(8.48)	(7.50)	(5.69)	(7.67)
BM	VW	收益	1.49	0.61	0.89	0.72	0.66	0.87
			(5.12)	(2.08)	(2.49)	(1.98)	(2.12)	(3.13)
		CAPM α	1.64	0.75	1.01	0.86	0.78	1.01
			(6.14)	(2.70)	(2.91)	(2.55)	(2.69)	(3.98)
		FF α	1.87	0.91	1.14	1.06	1.01	1.20
			(7.33)	(3.37)	(3.28)	(3.24)	(3.61)	(4.98)
	EW	收益	1.21	0.72	0.48	0.59	0.44	0.69
			(4.52)	(2.64)	(1.42)	(2.22)	(1.71)	(2.77)
		CAPM α	1.30	0.80	0.43	0.66	0.49	0.74
			(5.34)	(3.25)	(1.04)	(2.77)	(2.13)	(3.20)
		FF α	1.51	1.00	0.60	0.84	0.62	0.91
			(6.34)	(3.95)	(1.40)	(3.44)	(2.81)	(4.01)

该表显示了在控制了 β、*MktCap* 和 *BM*（控制变量）的影响后，*Mom* 与股票未来收益之间关系的双变量独立排序组合分析的结果。在 CRSP 样本中的所有股票每月以控制变量（β、*MktCap* 或者 *BM*）进行升序排列分为五组。同时所有的股票根据 *Mom* 升序排列分为五组。使用 CRSP 中的样本来计算组合五分位数。控制变量和 *Mom* 分组的交集构成了 25 个组合。该表显示了在每一种控制变量下零成本多空组合（即做多每个五分位数组合下 *Mom* 第 5 五分位数组合、做空第 1 五分位数组合）的平均收益、CAPM α 和 FF α 的值（以每月百分比的形式呈现）。该表对等权重分析（权重＝EW）和市值加权分析（权重＝VW）分别进行汇报。括号里为经过 Newey 和 West (1987) 六期滞后调整的 T 统计量，检验的零假设是平均组合超额收益或 CAPM α 等于 0。

动量因子能否解释其他关系

通过以上分析可知，在双变量组合分析下，期望收益与 β、市值或是账面市值比之间的关系均无法解释动量效应，因此我们接下来使用该分析法检验动量能否被用于解释组合的负的 α，包括做多高 β 做空低 β 策略、规模效应或价值溢价。

接下来我们以 *Mom* 作为第一排序变量，使用双变量序贯排序组合分析法展开研究。我们检验在每种 *Mom* 组合下未来收益同 β、*MktCap* 和 *BM* 之间的关系。组合分析系数同之前的序贯排序分析相同。这里唯一的区别在于，第一排序变量为 *Mom*，第二排序变量为分析与期望收益的关系时所要关注的变量，即 β、*MktCap* 或者 *BM*。对于使用 *MktCap* 作为第二排序变量的分析，即在控制了 *Mom* 后，随后进行 *MktCap* 和股票未来收益之间关系的检验，当对组合的收益进行 FF 调整时，我们排除了规模因子 (*SMB*)，因为包含规模因子等于在控制了规模效应之后再检验规模效应。同样的，我们将从因子模型中排除价值因子来计算 *BM* 差异组合的 FF α。

表 11.9 展示了组合分析的结果。当控制了 *Mom* 后，在每一种 *Mom* 五分位数组合下，市值加权的 β 5－1 组合的平均收益为负但不显著。然而，与之相对应的是这些组

合的 CAPM α 值在经济上和统计上均显著为负。对于平均 *Mom* 五分位数组合，β 5－1 组合的 CAPM α 为每月－0.57%，对应的 T 统计量为－3.33。当使用 FF 来调整收益时，β 5－1 组合仅在 *Mom* 的第 2 五分位数和第 3 五分位数组合中显著为负，在第 4 五分位数组合上仅略微显著。然而在平均 *Mom* 五分位数组合下，5－1 组合具有显著为负的 FF α，其值为每月－0.35%（T 统计量＝－2.08）。等权重组合具有更有力的经验证据，能够证明 β 与未来收益之间呈负相关关系，因为除了在第 3 五分位数和第 5 五分位数的 *Mom* 组合下，当使用等权重分析法时，β 5－1 组合的平均收益均显著为负。最重要的是，在平均 *Mom* 五分位数组合下，β 5－1 组合的平均收益和 α 均显著为负。因此该分析没有发现任何证据可以证明控制动量能够解释做多高 β 股票和做空低 β 股票的组合中的负异常收益现象。

同样，序贯排序分析在控制 *Mom* 并检验了 *MktCap* 和期望收益之间的关系后，没有发现任何证据证明 *Mom* 能够解释 *MktCap* 和未来收益之间的负相关关系。在所有的 *Mom* 五分位数组合下，同样包括平均 *Mom* 五分位数组合，无论市值加权分析或是等权重加权分析，*MktCap* 5－1 组合的平均收益、CAPM α、FF α 均显著为负。

表 11.9 的后面部分证明了动量无法解释 *BM* 与股票未来收益之间的正相关关系。当使用市值加权分析时，在 *Mom* 的第 1、第 2 和第 3 五分位数组合，同样也包括平均 *Mom* 五分位数组合中，*BM* 5－1 组合的平均收益和 α 的值均显著为正。在 *Mom* 的第 4 五分位数组合中，*BM* 5－1 组合的平均收益和 CAPM α 仅略微显著为正，但 FF α 不显著（在剔除 *HML* 因子之后）。在 *Mom* 的第 5 五分位数组合中，*BM* 差值组合的平均收益和 α 在统计上不异于 0。最后，当使用等权重分析时，在每一种 *Mom* 分位数组下，*BM* 5－1 组合的平均收益和 α 值均显著为正。这与在第 10 章中所介绍的结果相一致，即价值溢价在等权重组合中的效果更强。

表 11.9　　双变量序贯排序组合分析——控制 *Mom*

第二排序变量	权重	值	*Mom* 1	*Mom* 2	*Mom* 3	*Mom* 4	*Mom* 5	*Mom* Avg
β	VW	收益	－0.27	－0.33	－0.25	－0.22	－0.20	－0.25
			(－0.88)	(－1.54)	(－1.31)	(－1.13)	(－0.75)	(－1.32)
		CAPM α	－0.62	－0.66	－0.55	－0.51	－0.53	－0.57
			(－2.16)	(－3.38)	(－3.06)	(－2.74)	(－2.13)	(－3.33)
		FF α	－0.35	－0.47	－0.38	－0.32	－0.23	－0.35
			(－1.24)	(－2.29)	(－2.14)	(－1.76)	(－0.85)	(－2.08)
	EW	收益	－1.44	－0.46	－0.28	－0.32	－0.34	－0.57
			(－6.49)	(－2.40)	(－1.41)	(－1.59)	(－1.36)	(－3.04)
		CAPM α	－1.78	－0.83	－0.66	－0.71	－0.73	－0.94
			(－8.00)	(－4.65)	(－3.98)	(－4.08)	(－3.25)	(－5.62)
		FF α	－1.70	－0.74	－0.61	－0.60	－0.47	－0.83

续前表

第二排序变量	权重	值	*Mom* 1	*Mom* 2	*Mom* 3	*Mom* 4	*Mom* 5	*Mom* Avg
			(−7.78)	(−4.59)	(−3.97)	(−3.80)	(−2.15)	(−5.41)
MktCap	VW	收益	−2.11	−0.63	−0.60	−0.68	−0.58	−0.92
			(−5.58)	(−2.47)	(−2.74)	(−3.00)	(−2.50)	(−4.08)
		CAPM α	−2.30	−0.70	−0.64	−0.71	−0.59	−0.99
			(−5.40)	(−2.64)	(−2.86)	(−3.05)	(−2.48)	(−4.17)
		FF α	−2.33	−0.70	−0.59	−0.66	−0.45	−0.95
			(−5.21)	(−2.63)	(−2.56)	(−2.65)	(−1.86)	(−3.80)
	EW	收益	−2.96	−0.90	−0.73	−0.76	−0.55	−1.18
			(−7.39)	(−3.90)	(−3.49)	(−3.40)	(−2.63)	(−5.52)
		CAPM α	−3.17	−1.01	−0.81	−0.82	−0.60	−1.28
			(−7.01)	(−4.09)	(−3.71)	(−3.52)	(−2.76)	(−5.54)
		FF α	−3.18	−1.01	−0.81	−0.81	−0.46	−1.25
			(−6.76)	(−4.03)	(−3.66)	(−3.27)	(−2.11)	(−5.25)
BM	VW	收益	0.92	0.67	0.40	0.30	0.20	0.50
			(3.39)	(2.57)	(2.38)	(1.69)	(0.82)	(2.91)
		CAPM α	1.02	0.73	0.45	0.32	0.24	0.55
			(3.60)	(2.58)	(2.55)	(1.77)	(0.96)	(3.05)
		FF α	0.99	0.69	0.42	0.29	0.22	0.52
			(3.47)	(2.45)	(2.39)	(1.59)	(0.92)	(2.93)
	EW	收益	1.41	1.05	1.05	0.88	0.73	1.03
			(6.80)	(5.73)	(6.64)	(4.84)	(3.36)	(6.24)
		CAPM α	1.57	1.19	1.18	1.01	0.84	1.16
			(7.16)	(6.23)	(7.42)	(5.73)	(3.91)	(6.89)
		FF α	1.58	1.17	1.15	0.99	0.85	1.15
			(7.24)	(6.14)	(7.34)	(5.63)	(3.95)	(6.84)

该表显示了在控制了动量效应的影响后，β、*MktCap* 和 *BM*（第二排序变量）与股票未来收益之间关系的双变量序贯排序组合分析的结果。在 CRSP 样本中的所有股票每月以 *Mom* 升序排列分为五组。同时所有股票依照第二排序变量（β、*MktCap* 或者 *BM*）分别进行升序排列分为五组。使用 CRSP 中的样本来计算组合五分位数。该表显示了所有 25 个市值-动量组合的未来 1 个月的平均超额收益。该表显示了在每一种 *Mom* 五分位数组合（包括 *Mom* 的平均五分位数组合）下零成本多空组合的平均收益、CAPM α 和 FF α 的值（以每月百分比的形式），多空组合即做多每一个第二排序变量分位组合下的第 5 五分位数组合同时做空第 1 五分位数组合。该表对等权重分析（权重＝EW）和市值加权分析（权重＝VW）分别进行汇报。括号里为经过 Newey 和 West（1987）六期滞后调整的 T 统计量，检验的零假设是平均组合超额收益或 CAPM α 等于 0。

接下来我们使用独立排序分析法代替序贯排序分析法对在控制了 *Mom* 后，β、*MktCap* 和 *BM* 之间的关系进行重复分析。这里所使用的正是与产生表 11.8 的结果一致的独立排序分析。唯一的差别在于，我们报告了在控制了动量后，股票未来收益与 β、*MktCap* 和 *BM* 之间的关系，而非在控制了每个其他变量后，探究收益和动量之间的关系。

独立排序分析法的结论与序贯排序分析法相似，该结果在表 11.10 中列出。在对组合进行市值加权独立排序分析，并考察平均组合收益时，β 和股票未来收益之间的关系为负但并不显著。当使用风险调整收益时，与我们之前的发现相同，即在做多高 β 股票和做空低 β 股票的组合中存在负异常收益，在控制了 *Mom* 后 β 5−1 组合的 CAPM 和 FF α 为负且统计显著。[①] 当使用等权重加权组合时，该结果表现得更强烈，因为除了 *Mom* 的第 3～5 五分位数组外，β 5−1 组合的平均收益和 α 均显著为负。因为 *MktCap* 5−1 组合的平均收益和 α 均显著为负，因此独立排序组合的结果表明没有证据能够说明规模效应能够被动量现象所解释。最后，在控制了 *Mom* 后，使用独立排序组合分析与使用序贯排序组合分析对 *BM* 和股票未来收益之间关系研究的结果相同。当使用市值对组合进行加权时，在平均 *Mom* 组合下，*BM* 与股票未来收益之间的关系为正且结果稳健，但随着 *Mom* 的增加，其效力却逐渐降低。然而，在平均 *Mom* 组合下，市值加权的 *BM* 组合的平均收益和 α 为正且高度显著。所有等权重加权的 *BM* 5−1 组合的平均收益、CAPM α 和 FF α 均显著为正。

表 11.10　　双变量独立排序组合分析——控制 *Mom*

第二排序变量	权重	值	*Mom* 1	*Mom* 2	*Mom* 3	*Mom* 4	*Mom* 5	*Mom* Avg
β	VW	收益	−0.49	−0.26	−0.31	−0.30	−0.26	−0.32
			(−1.79)	(−1.11)	(−1.24)	(−1.23)	(−0.98)	(−1.51)
		CAPM α	−0.86	−0.62	−0.67	−0.65	−0.60	−0.68
			(−3.26)	(−2.91)	(−2.87)	(−3.00)	(−2.46)	(−3.56)
		FF α	−0.67	−0.40	−0.44	−0.39	0.33	−0.45
			(−2.66)	(−1.85)	(−1.98)	(−1.96)	(−1.23)	(−2.43)
	EW	收益	−1.31	−0.48	−0.37	−0.35	−0.36	−0.57
			(−6.12)	(−2.24)	(−1.57)	(−1.49)	(−1.51)	(2.85)
		CAPM α	−1.65	0.88	−0.79	−0.78	−0.77	−0.98
			(−7.56)	(−4.30)	(−3.87)	(−3.77)	(−3.46)	(−5.23)
		FF α	−1.59	−0.77	−0.68	−0.63	−0.51	−0.83
			(−7.30)	(−4.43)	(−3.86)	(−3.36)	(−2.28)	(−5.08)
MktCap	VW	收益	−0.57	−0.66	−0.78	−0.79	−0.56	−0.67
			(−1.84)	(−2.53)	(−3.39)	(−3.29)	(−2.26)	(−2.89)
		CAPM α	−0.66	−0.71	−0.83	−0.83	−0.59	−0.72
			(−2.07)	(−2.66)	(−3.51)	(−3.38)	(−2.34)	(−3.03)
		FF α	−0.68	−0.71	−0.78	−0.78	−0.45	−0.68
			(−2.04)	(−2.63)	(−3.29)	(−2.97)	(−1.76)	(−2.75)

① 唯一的例外是 *Mom* 第 5 五分位数下的 β 5−1 组合的 FF α。处于 *Mom* 第 2 五分位数下的 β 5−1 组合的 FF α 在统计上略微显著。

续前表

第二排序变量	权重	值	*Mom* 1	*Mom* 2	*Mom* 3	*Mom* 4	*Mom* 5	*Mom* Avg
	EW	收益	−1.49	−0.91	−0.88	−0.86	−0.60	−0.95
			(−4.84)	(−3.86)	(−4.05)	(−3.68)	(−2.67)	(−4.36)
		CAPM α	−1.62	−1.00	−0.97	−0.93	−0.68	−1.04
			(−4.96)	(−4.02)	(−4.26)	(−3.82)	(−2.88)	(−4.48)
		FF α	−1.64	−1.00	−0.98	−0.92	−0.51	−1.01
			(−4.76)	(−3.99)	(−4.26)	(−3.60)	(−2.18)	(−4.25)
BM	VW	收益	0.91	0.70	0.53	0.34	0.09	0.51
			(3.63)	(2.65)	(3.04)	(1.78)	(0.39)	(3.07)
		CAPM α	1.00	0.76	0.60	0.36	0.14	0.57
			(3.85)	(2.71)	(3.30)	(1.87)	(0.59)	(3.26)
		FF α	0.96	0.73	0.57	0.33	0.12	0.54
			(3.70)	(2.57)	(3.14)	(1.70)	(0.53)	(3.13)
	EW	收益	1.45	1.07	1.15	0.92	0.68	1.05
			(6.95)	(5.66)	(6.23)	(4.77)	(3.31)	(6.24)
		CAPM α	1.61	1.21	1.28	1.06	0.80	1.19
			(7.34)	(6.25)	(7.04)	(5.62)	(3.90)	(6.93)
		FF α	1.61	1.19	1.26	1.04	0.80	1.18
			(7.37)	(6.20)	(6.96)	(5.54)	(3.95)	(6.89)

该表显示了在控制了动量效应的影响后，β、*MktCap* 和 *BM*（第二排序变量）与股票未来收益之间关系的双变量独立排序组合分析的结果。在 CRSP 样本中的所有股票每月以 *Mom* 升序排列分为五组。同时所有股票独立地依照第二排序变量（β、*MktCap* 或者 *BM*）分别进行升序排列分为五组。使用 CRSP 中的样本来计算组合五分位数。控制变量和 *Mom* 分组的交集构成了 25 个组合。该表汇报了在每一种 *Mom* 五分位数组合（包括 *Mom* 的平均五分位数组合）下零成本多空组合的平均收益、CAPM α 和 FF α 的值（以每月百分比的形式），多空组合即做多每一个第二排序变量五分位数组合下的第 5 五分位数组合同时做空第 1 五分位数组合。该表对等权重分析（权重＝EW）和市值加权分析（权重＝VW）分别进行汇报。括号里为经过 Newey 和 West(1987) 六期滞后调整的 T 统计量，检验的零假设是平均组合超额收益或 CAPM α 等于 0。

总之，在本部分，我们展示了，无论是单变量还是双变量组合分析均为动量现象的存在提供了强有力的支持。虽然与等权重组合相比，市值加权组合分析结果的效果更强，但无论组合的权重如何，主要结论仍然成立。通过对导致市值加权与等权重加权分析结果不同的驱动因素进行更细致的探究，我们发现虽然动量效应存在于样本中市值最高的 95%的股票当中，然而实际在市值最低的 5%股票中，标准的动量衡量指标与未来 1 个月股票的收益之间为负相关关系。在控制了 β、市值或账面市值比后，双变量分析的结果依然稳健。相似的分析依然没有证据证明动量效应导致了股票未来收益与 β、市值或账面市值比之间的关系。

11.4.3 Fama 和 MacBeth 回归分析

我们使用 Fama 和 MacBeth（1973）（以下简称“FM”）回归分析来继续检验动量效应。通过 FM 回归，我们可以在研究动量效应时，同时控制不同的用于预测股票未来收益的变量。我们分析了几个不同的横截面回归。在所有的横截面回归中，因变量均为未来 1 个月的超额收益。我们首先仅使用 *Mom* 作为自变量进行单变量分析。我们也会将 β、规模以及 *BM* 作为控制变量考虑进去。在月度数据的基础上，所有的自变量均进行了 0.5%的缩尾处理。

表 11.11 显示了横截面回归系数的时间序列均值，同时列出了经 Newey 和 West（1987）六期滞后调整的 T 统计量（以此来检验原假设系数的平均值为 0 是否成立）。因为忽略其他截面的影响，*Mom* 的平均系数显著为正，所以 FM 回归结果意味着在控制了贝塔（β）、规模（*Size*）和账面市值比（*BM*）后，动量与股票未来收益之间呈正相关。当动量作为回归中唯一的自变量时［列(1)］，*Mom* 的平均系数为 0.007，T 统计量为 3.01。而当包括所有控制变量时［列(8)］，*Mom* 的平均系数也为 0.007，T 统计量为 3.70。对于其他包括不同控制变量组合的回归方程［列(2)～列(7)］，*Mom* 的平均系数在 0.005 和 0.007 之间变化，相应的 T 统计量也在 2.51 和 3.77 间变化。因此，控制其他股票收益的预测因子对动量和股票未来收益之间的关系几乎没有影响。

与第 8 章观测到的结果相同，当在回归时加入 β 因子后［列(2)、列(5)、列(6) 和列(8)］，β 系数为负，且在某些方程中结果显著。然而，当方程中包含所有控制变量时，β 的系数为－0.059，T 统计量为－0.38。所有考虑 *Size* 因素的方程［列(3)、列(5)、列(7) 和列(8)］，*Size* 系数显著为负，值在－0.173 到－0.182 之间变化，T 统计量则分布在－3.27 和－3.98 之间。因此回归结果表明动量效应无法解释规模效应。同样，动量效应也无法解释价值溢价，因为当方程中加入 *BM* 作为自变量时［列(4)、列(6)～列(8)］，*BM* 的斜率总是为正且显著。

为了对动量与股票未来收益之间关系的经济重要性做评估，我们关注加入所有控制变量的方程中 *Mom* 的系数 0.007［列(8)］。平均系数为 0.007 意味着动量每变化 100 个单位，对应的在动量计算期内的实际收益会变化 100%，导致未来 1 个月的期望收益变化 0.70%。如果我们用平均月份中的动量标准差 58.40（见表 11.11）乘以平均系数 0.007，我们发现动量每增减一个标准差，对应的期望收益会增加 0.41%（＝0.007×58.40%）。最后检验股票在 *Mom* 最高和最低十分位数组合中的期望收益的差异，我们用 0.007 乘以股票在 *Mom* 最高和最低十分位数组合中的平均 *Mom* 差值 184.50%［＝132.10%－(－52.40%)，见表 11.3 的 A 部分］，从而可知最高动量和最低动量组合的期望收益之间相差 1.29%。该值与使用等权重单变量组合分析（见表 11.3 的 C 部分）下 *Mom* 10－1 组合的平均收益 1.08%相似，但要略大。无论使用何种方法，这样的结果都意味着 *Mom* 的平均系数 0.007 是一个具有重要经济意义的量。

表 11.11　Fama 和 MacBeth 回归

	(1)	(2)	(3)	(4)	(5)	(6)	(7)	(8)
Mom	0.007	0.006	0.007	0.006	0.007	0.005	0.007	0.007
	(3.01)	(3.06)	(3.77)	(2.51)	(4.28)	(2.52)	(3.33)	(3.70)
β	—	−0.373	—	—	−0.124	−0.285	—	−0.059
		(−2.91)			(−0.73)	(−2.32)		(−0.38)
Size	—	—	−0.182	—	−0.178	—	−0.173	−0.177
			(−3.98)		(−3.27)		(−3.69)	(−3.28)
BM	—	—	—	0.405	—	0.319	0.246	0.183
				(5.41)		(4.93)	(3.09)	(2.84)
Intercept	0.607	0.877	1.356	0.261	1.448	0.544	1.178	1.310
	(2.22)	(3.62)	(3.15)	(0.95)	(3.62)	(2.36)	(2.51)	(3.13)
Adj. R^2	0.01	0.03	0.02	0.02	0.04	0.03	0.03	0.04
n	4 410	4 410	4 410	3 370	4 409	3 370	3 370	3 370

该表显示了股票期望收益与动量之间关系的 Fama 和 MacBeth (1973) 回归结果。表中每一列表明了方程中加入不同因素的回归结果。所有方程的因变量均为股票未来 1 个月的超额收益。自变量在第一列中给出，并且均在月度数据基础上进行了 0.5%的缩尾处理。表中列出了平均斜率和截距项系数以及对应的 T 统计量（括号中），T 统计量经 Newey 和 West (1987) 六期滞后调整，用于检验组合平均收益或 α 等于 0 的原假设是否成立。Adj R^2 和 n 分别表示截面回归上调整后的 R 平方以及数据量。

总之，FM 回归分析的结果为证明动量效应的存在提供了强有力的支持。即使各 FM 回归方程中所包含的控制变量不尽相同，但动量（*Mom*）的平均系数均显著为正，这样的系数值在经济上具有重要意义。

11.5　动量因子

Carhart(1997) 通过检验动量现象对共同基金表现持续性的解释能力[①]，发现当风险模型中包含基于动量的因子时，会显著降低共同基金中基于动量所构建的组合的风险调整 α 的值。根据 Carhart(1997)，动量因子是由 *Mom* 前 30%的股票等权重平均收益减去 *Mom* 后 30%的股票等权重平均收益构建所得。随后，研究者又通过 Fama 和 French(1993) 的方法来调整动量因子从而构建月度（日度）收益序列。在本部分，我们将介绍该因子的构建及其性质。

在资本资产定价的实证研究中最常见的是月度动量因子，其构建方法是首先将股票依照最近的 6 月底的市值进行排序分为两组，随后依据动量排序分为三组。两个市

① 关于共同基金表现的持续性研究包括 Grinblatt 和 Titman (1992)；Hendricks、Patel 和 Zeckhauser (1993)；Elton、Gruber、Das 和 Hlavka (1993)；Goetzmann 和 Ibbotson (1994)；Grinblatt、Titman 和 Wermers (1995)；Elton、Gruber 和 Blake (1996)。

值组的分位点是依照 NYSE 所记载的中间市值进行分组。动量组的分位点同样使用 NYSE 的股票来计算第 30 百分位数和第 70 百分位数的动量值并分组。市值和动量分位点的计算相互独立。市值和动量组的交集会产生六个组合，我们记为 L/U、L/M、L/D、S/U、S/M 和 S/D，这里 L 和 S 分别表示“大”和“小”，从而代表股票市值高低，U、M 和 D 分别代表“上”“中”“下”，意味着股票收益所处的动量范围。需要指出的是，因为处于 $U(D)$ 的组合不一定具有正（负）的动量值，所以这里使用“上”和“下”似乎不甚准确。动量因子的计算采用两个 U 组合未来 1 个月的平均收益减去两个 D 组合未来 1 个月的平均收益。因此，与 *SMB* 和 *HML* 因子一样，将动量因子设计为对市值中性的零成本组合，从而剔除动量对组合收益的影响。动量因子常简称为 *UMD*，即“上减下”（up minus down），或 *MOM*，即动量。我们将动量因子简称为 *MOM*（所有字母均大写），从而容易区分它和股票动量变量 *Mom*（仅第一个字母大写）。*MOM* 同样也是收录在 Kenneth French 数据库中的动量因子，这也是我们获取 *MOM* 因子收益的方式[①]。由于需要过去 1 年的数据来计算 *Mom*，因此可获得的动量因子收益是从 1927 年 1 月而非 1926 年 7 月开始，市场因子（*MKT*）、规模因子（*SMB*）以及价值因子（*HML*）也是如此。

1927 年 1 月—2012 年 12 月，动量组合的月平均收益（自然对数收益）为 0.69%（0.56%），月（自然对数）收益标准差为 4.78%(5.31%)。*MOM* 组合的月（自然对数）收益的年化夏普比率为 0.50(0.36)。在这一时期，*MOM* 组合的累积收益为 31 207%，累积对数收益为 575%。*MOM* 因子与 *MKT* 因子、*SMB* 因子以及 *HML* 因子之间的相关性分别为−0.34、−0.17、−0.39。在 FF 模型中，即使用 *MKT*、*SMB* 和 *HML* 回归，得出 *MOM* 组合的风险调整后的 α 为每月 1.02%，相应的 Newey 和 West(1987) 六期滞后调整的 T 统计量为 8.24。因此，*MOM* 组合的收益无法被 *MKT*、*SMB* 和 *HML* 所解释。在 FF 模型中，*MOM* 组合与 *MKT* 因子的敏感性为−0.22，对应的 T 统计量为−3.13，表明 *MOM* 组合的收益同市场组合收益之间具有负的敏感性。*MOM* 与 *SMB* 组合的敏感性统计不显著，为−0.058($T=-0.66$)。最后，*MOM* 组合同 *HML* 组合的敏感性高度显著，为−0.45($T=-3.16$)。

图 11.1 描绘了 *MOM* 组合从 1926 年 12 月底到 2012 年 12 月底的累积收益（实线）和累积对数收益（虚线）。该图显示从 20 世纪 40 年代早期到 2000 年左右，*MOM* 因子模拟组合的收益率基本为正，仅部分存在下调，这段时间组合长期持续盈利。而在此之前和之后，组合经历了大幅波动和下调。最大的一次下调发生在 1932 年 6 月底，从该点开始直到 1939 年 9 月，*MOM* 组合的价值损失超过 76%。从 1939 年 10 月开始组合收益才变为正值，但直到自下降之日起的 24 年后，也就是 1956 年 6 月也未达到之前的最大值。组合收益的第二大下调发生在 2007 年和 2008 年的金融危机期间。2008 年

---

① 月度和日度动量因子收益可以从 Kenneth French 数据图书馆获取。值得注意的是，该网站上月度和年度动量因子收益记为 *MOM*，日度动量因子记为 *UMD*。另外，由 Wharton Research Data Services（WRDS）提供的 Fama French & Liquidy Factors 数据库所提供的月度动量因子记为“UMD”。

11 月—2009 年 9 月，*MOM* 组合的价值损失超过 57%。如图 11.1 所示，在 2012 年底组合依然未恢复或接近损失前的价值。第三大下调发生在金融市场危机后期，从 2002 年 9 月开始，NASDAQ 指数也大约在同一时刻受之前互联网泡沫破裂的影响，*MOM* 组合收益开始下降，截止到 2004 年 8 月损失超过 31%。组合最终在 2008 年 6 月再次达到之前的水平，但仅在 5 个月之后，几轮下跌行情再次出现。由图中很容易看出，*MOM* 组合在 2012 年 12 月底的价值依然低于 2002 年 9 月开始下降时的价值。实际上，在样本期末之前，*MOM* 组合达到其曾经的价值是 1999 年 12 月。在该点以前，收益曲线有明显的上涨和下跌，*MOM* 组合的累积收益率也几乎为 0。

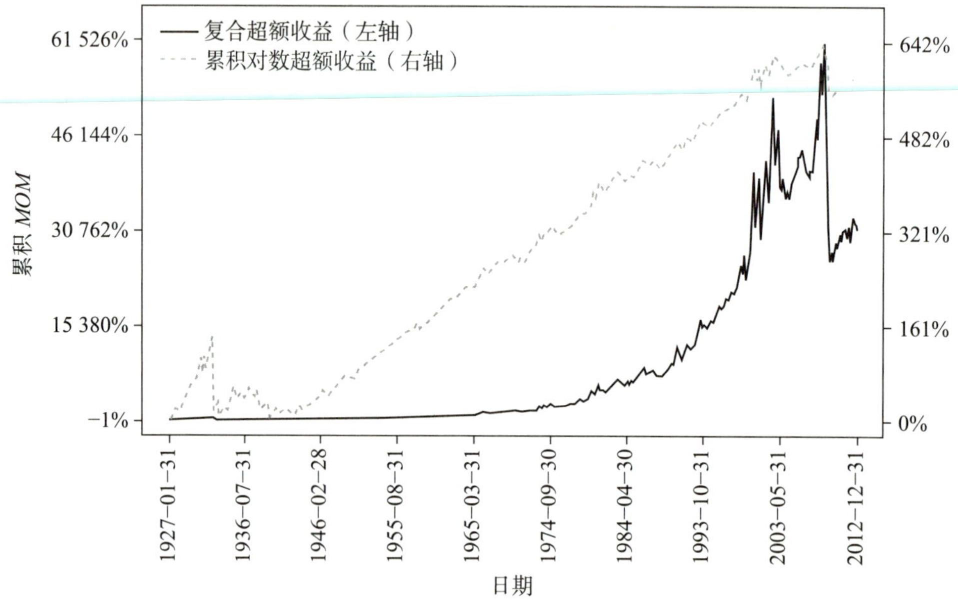

图 11.1　*MOM* 组合的累积收益

该图描绘了 *MOM* 因子 1927 年 1 月—2012 年 12 月的累积收益。月份 t 的复合超额收益等于此前各个月份（包含给定月份 t）的月度收益加上 1 的累积，再乘以 100。月份 t 的累积对数超额收益等于此前各个月份（包含给定月份 t）的月度对数超额收益的累积相加。

11.6　Fama、French 和 Carhart 四因子模型

Carhart(1997) 将动量因子引入风险模型中。在 Carhart(1997) 以后，研究者很快适应了现在众所周知的 Fama 和 French(1993) 以及 Carhart(1997) 四因子模型，或者简称为 FFC 模型。该模型包括 Fama 和 French(1993) 的三因子模型中的三个因子（*MKT*、*SMB* 和 *HML*），并加入了获取与动量策略投资相关的收益的动量因子 *MOM*。*FFC* 风险模型可以写为

$$r_{p,t}=\alpha_p+\beta_{MKT,p}MKT_t+\beta_{SMB,p}SMB_t+\beta_{HML,p}HML_t+\beta_{MOM,p}MOM_t+\varepsilon_{p,t} \tag{11.2}$$

其中 $r_{p,t}$ 指组合（或证券）p 在时段 t 的超额收益，MKT_t、SMB_t、HML_t 和 MOM_t 分别指模拟组合在时段 t 的市场、规模、价值以及动量因子的收益。FFC 风险模型中的贝塔（$\beta_{MKT,p}$、$\beta_{SMB,p}$、$\beta_{HML,p}$ 和 $\beta_{MOM,p}$）代表组合 p 对应因子的收益敏感度，$\varepsilon_{p,t}$ 指组合 p 在时段 t 未能被风险模型中的因子所解释的复合收益。最后，α_p 是经 MKT、SMB、HML 和 MOM 等组合敏感度因子解释的风险调整后的平均收益。α_p 若具有非零的统计估计值，则认为组合能产生非零的超额平均收益，该收益与风险模型中的因子无关。理论上，如果风险模型正确，模型中包含了所有投资者在定价时所考虑的因子，那么 α_p 应该为 0。FFC 模型是研究者最常用的进行资本资产定价实证研究的风险因子模型。

11.7 总结

本章中，我们证明了，动量（*Mom*）——即按照月份 $t-11$ 到月份 $t-1$ 期间的股票收益率计算所得，与股票在月份 $t+1$ 的收益之间存在横截面上的正相关关系。该现象是由 Jegadeesh 和 Titman(1993）论文中所记载的，即著名的动量效应，在控制了股票期望收益与 β、市值和账面市值比之间的关系后依然成立。有趣的是，我们发现在市值极低的股票中，即股票在按市值升序排列后处于前 5%的股票，动量效应可能会反转。然而对于大多数股票来说，动量效应均表现强烈。

根据 Carhart(1997)，在风险模型中引入动量因子 *MOM* 来解释资产收益，已被研究者广为使用。因此我们对 Fama 和 French(1993）以及 Carhart(1997）的四因子（FFC）模型进行介绍，该模型中包括市场组合的超额收益（*MKT*），以及 *SMB*、*HML* 和 *MOM* 组合的收益来作为解释证券收益的相关因子。尽管在资本资产定价实证研究的文献中介绍并使用了几种不同的模型，但是 FFC 模型依然是使用最为广泛的风险模型。

参考文献

[1] Ahn, D. -H., Boudoukh, J., Richardson, M. P., and Whitelaw, R. F. 2002. Partial adjustment or stale prices? implications from stock index and futures return autocorrelations. Review of Financial Studies, 15 (2), 655-689.

[2] Asness, C. S., Moskowitz, T. J., and Pedersen, L. H. 2013. Value and momentum everywhere. Journal of Finance, 68 (3), 929-985.

[3] Atchison, M. D., Butler, K. C., and Simonds, R. R. 1987. Nonsynchronous security

trading and market index autocorrelation. Journal of Finance, 42 (1), 111-118.
[4] Bali, T. G. and Engle, R. F. 2010. The intertemporal capital asset pricing model with dynamic condition correlations. Journal of Monetary Economics, 57 (4), 377-390.
[5] Barberis, N., Shleifer, A., and Vishny, R. 1998. A model of investor sentiment. Journal of Financial Economics, 49 (3), 307-343.
[6] Boudoukh, J., Richardson, M. P., and Whitelaw, R. F. 1994. A tale of three schools: insights on autocorrelations of short-horizon stock returns. Review of Financial Studies, 7 (3), 539-573.
[7] Campbell, J. Y., Grossman, S. J., and Wang, J. 1993. Trading volume and serial correlation in stock returns. Quarterly Journal of Economics, 108 (4), 905-939.
[8] Carhart, M. M. 1997. On persistence in mutual fund performance. Journal of Finance, 52 (1), 57-82.
[9] Connolly, R. and Stivers, C. 2003. Momentum and reversals in equity-index returns during periods of abnormal turnover and return dispersion. Journal of Finance, 58 (4), 1521-1556.
[10] Conrad, J. and Kaul, G. 1989. Mean reversion in short-horizon expected returns. Review of Financial Studies, 2 (2), 225-240.
[11] Daniel, K., Hirshleifer, D., and Subrahmanyam, A. 1998. Investor psychology and security market under- and overreactions. Journal of Finance, 53 (6), 1839-1885.
[12] De Bondt, W. F. M. and Thaler, R. 1985. Does the stock market overreact? Journal of Finance, 40 (3), 793-805.
[13] Elton, E. J., Gruber, M. J., and Blake, C. R. 1996. The persistence of risk-adjusted mutual fund performance. Journal of Business, 69 (2), 133-157.
[14] Elton, E. J., Gruber, M. J., Das, S., and Hlavka, M. 1993. Efficiency with costly information: a reinterpretation of evidence from managed portfolios. Review of Financial Studies, 6 (1), 1-22.
[15] Fama, E. F. and French, K. R. 1993. Common risk factors in the returns on stocks and bonds. Journal of Financial Economics, 33 (1), 3-56.
[16] Fama, E. F. and French, K. R. 2012. Size, value, and momentum in international stock returns. Journal of Financial Economics, 105 (3), 457-472.
[17] Fama, E. F. and MacBeth, J. D. 1973. Risk, return, and equilibrium: empirical tests. Journal of Political Economy, 81 (3), 607-636.
[18] Fisher, L. 1966. Some new stock-market indexes. Journal of Business, 39 (1), 191-225.
[19] Goetzmann, W. N. and Ibbotson, W. N. 1994. Do winners repeat. Journal of Portfolio Management, 20 (2), 9-18.
[20] Grinblatt, M. and Titman, S. 1992. The persistence of mutual fund performance.

Journal of Finance, 47 (5), 1977-1984.

[21] Grinblatt, M., Titman, S., and Wermers, R. 1995. Momentum investment strategies, portfolio performance, and herding: a study of mutual fund behavior. American Economic Review, 85 (5), 1088-1105.

[22] Hendricks, D., Patel, J., and Zeckhauser, R. 1993. Hot hands in mutual funds: short-run persistence of relative performance, 1974-1988. Journal of Finance, 48 (1), 93-130.

[23] Hong, H. and Stein, J. C. 1999. A unified theory of underreaction, momentum trading, and overreaction in asset markets. Journal of Finance, 54 (6), 2143-2184.

[24] Jegadeesh, N. 1990. Evidence of predictable behavior of security returns. Journal of Finance, 45 (3), 881-898.

[25] Jegadeesh, N. and Titman, S. 1993. Returns to buying winners and selling losers: implications for stock market efficiency. Journal of Finance, 48 (1), 65-91.

[26] Jensen, M. C. and Benington, G. A. 1970. Random walks and technical theories: some additional evidence. Journal of Finance, 25 (2), 469-482.

[27] Jostova, G., Nikolova, S., and Philipov, A. 2013. Momentum in corporate bond returns. Review of Financial Studies, 26 (7), 1649-1693.

[28] Lehmann, B. N. 1990. Fads, martingales, and market efficiency. Quarterly Journal of Economics, 105 (1), 1-28.

[29] Levy, R. A. 1967. Relative strength as a criterion for investment selection. Journal of Finance, 22, 595-610.

[30] Lewellen, J. and Nagel, S. 2006. The conditional CAPM does not explain asset-pricing anomalies. Journal of Financial Economics, 82 (2), 289-314.

[31] Lo, A. W. and MacKinlay, A. C. 1990a. An econometric analysis of nonsynchronous trading. Journal of Econometrics, 45 (1-2), 181-211.

[32] Lo, A. W. and MacKinlay, A. C. 1990b. When are contrarian profits due to stock market overreaction? Review of Financial Studies, 3 (2), 175-205.

[33] Merton, R. C. 1973. An intertemporal capital asset pricing model. Econometrica, 41 (5), 867-887.

[34] Newey, W. K. and West, K. D. 1987. A simple, positive semi-definite, heteroskedasticity and autocorrelation consistent covariance matrix. Econometrica, 55 (3), 703-708.

[35] Roll, R. 1984. A simple implicit measure of the effective bid-ask spread in an efficient market. Journal of Finance, 39 (4), 1127-1139.

第 12 章　短期反转效应

在本章中，我们将探究由 Jegadeesh（1990）和 Lehmann（1990）所提出的短期反转效应。短期反转效应是在资本资产定价实证研究的文献中记载的最明显（尤其是在等权重分析下）、最直观的现象。正如前一章所介绍的那样，短期反转效应是股票收益在短期内出现的现象，像 Lehmann（1990）论文中记载的是一周或 Jegadeesh（1990）论文中记载的是一个月，即过去的股票收益会与未来一周或是一个月的股票收益之间具有负的横截面关系。因此，购买最近表现较差的股票同时卖出最近表现较好的股票的策略能够产生正的收益，该收益在任何标准风险模型中均未被解释。

反转现象常归因于流动性和微观结构因子。有几篇论文已经证明了流动性和微观结构问题对股票和组合收益时间序列特性的影响。Roll（1984）提出的模型认为买卖价差会使得股票收益产生负的序列相关。许多其他论文，例如 Lo 和 MacKinlay（1990），Conrad、Gultekin 和 Kaul（1997），Keim（1989），Hasbrouck（1991），Admati 和 Pfleiderer（1989），Mech（1993）已经证明了如报价反弹和交易成本等微观问题会使得股票收益产生自相关。Boudoukh、Richardson 和 Whitelaw（1994）证明了很大一部分序列相关是由机构因素，如交易和非交易期、市场摩擦如买卖价差，或其他微观因素所造成的。Nagel（2012）提出短期反转策略可以代表与流动性供应有关的收益，并为此提供了证据。

在这些论文中，一个共同的主题就是验证证券收益中所包含的反转现象或是自相关都不反映公司的基本面信息。Jegadeesh（1990）和 Lehmann（1990）的实证结果与

Fama（1970）有效市场假说并不一致。Lehmann（1990）进一步提出短期反转现象是近期股票价格大幅波动，即市场流动性无效的表现。

我们在本章剩余部分将对短期反转现象进行实证研究并讨论反转因子，部分学者已将其加入增强型风险模型中。

12.1 短期反转因子的计算

短期反转因子可能是在所有资产定价实证研究中最容易计算的变量。在大多数情况下，股票 i 在月份 t 的短期反转因子可以简单地记为股票在月份 t 的收益。因此，我们有

$$Rev_{i,t}=100\times R_{i,t} \tag{12.1}$$

其中$Rev_{i,t}$代表短期反转，$R_{i,t}$代表股票 i 在月份 t 的收益。在多数情况下，月份 t 的收益可以从证券价格研究中心（CRSP）中的 RET 下的月度股票收益文件获得。收益乘以 100 代表 Rev 是由百分比表示的。在分析中使用小于 1 个月的数据计算反转结果可能会更好，例如用小于 1 个月的数据分析未来收益（Lehmann，1990），一些学者计算反转时所采用的时期更短。大于 1 个月的计算期并不常见。

12.2 描述性统计

表 12.1 显示了基于美国普通股的反转变量 Rev 的描述性统计，所有数据均来源于 CRSP 数据库，时段为 1963—2012 年。结果显示平均每月 Rev 的均值为 1.21%，中值为 0.06%，表明反转的横截面分布具有较强的正偏度。实际上平均每月 Rev 的偏度为 3.11。Rev 的值分布为−67.35%～266.45%，其横截面标准差为 15.49%。除高度偏斜外，平均每月 Rev 的横截面分布也具有高度的尖峰特征，峰度值为 59.45。Rev 平均每月的有效观测数为 4 750。

表 12.1　　描述性统计

	Mean	*SD*	*Skew*	*Kurt*	*Min*	5%	25%	*Median*	75%	95%	*Max*	*n*
Rev	1.21	15.49	3.11	59.45	−67.35	−18.93	−6.27	0.06	6.92	24.20	266.45	4 750

该表给出了反转变量（*Rev*）的描述性统计，*Rev* 的值由股票在月份 t 的收益计算得出，所有数据均来源于 CRSP 数据库，时段为 1963 年 6 月—2012 年 11 月。对所有变量每个月的横截面分布均值（*Mean*）、标准差（*SD*）、偏度（*Skew*）、超值峰度（*Kurt*）、最小值（*Min*）、第 5 百分位数（5%）、第 25 百分位数（25%）、中值（*Median*），第 75 百分位数（75%）、第 95 百分位数（95%）和最大值（*Max*）进行了计算。该表列出了每个横截面指标的时间序列均值。标签为 n 的列表示 *Rev* 的平均有效观测数。

12.3 相关性

表 12.2 列出了 *Rev* 与市场贝塔（β）、市值对数（*Size*）、账面市值比（*BM*）和动量（*Mom*）之间的横截面平均皮尔逊积矩相关系数以及斯皮尔曼等级相关系数。该结果证明 *Rev* 与这些变量的相关性并不高。反转与 *Size* 之间的相关性最高，然而它们的截面皮尔逊积矩相关系数平均值仅为 0.07，且对应的斯皮尔曼等级相关系数仅为 0.11。*Rev* 与 β、*BM* 和 *Mom* 的平均皮尔逊积矩（斯皮尔曼等级）相关系数分别为 −0.02(−0.01)、0.02(0.03) 和 0.02(0.04)，均较低。

正如对动量值 *Mom* 的分析那样，我们不对 *Rev* 进行持久性分析，这是因为持久性分析仅仅是检验 *Rev* 对股票未来收益的预测能力，这是本章剩余部分的重点。

表 12.2　　相关性

相关系数	β	*Size*	*BM*	*Mom*
皮尔逊积矩	−0.02	0.07	0.02	0.02
斯皮尔曼等级	−0.01	0.11	0.03	0.04

该表给出了 *Rev* 与 β、*Size*、*BM* 和 *Mom* 之间的年化横截面平均皮尔逊积矩相关系数以及斯皮尔曼等级相关系数在时间序列上的均值。

12.4 反转与股票收益

现在，我们利用组合以及 Fama 和 MacBeth(1973) 回归分析来检验反转与股票期望收益之间的关系。

12.4.1 单变量组合分析

我们从单变量十分位数组合分析开始对短期反转现象进行实证研究。十分位数组合的分位点由样本中所有股票计算得出。该结果在表 12.3 中列出。

在 A 部分中我们展示了每个根据 *Rev* 进行排序的组合的 *Rev*、贝塔（β）、市值（*MktCap*）、账面市值比（*BM*）和动量（*Mom*）的等权重加权均值。根据组合的设计，*Rev* 的均值由第 1 十分位数组合的 −21.38% 增加到了第 10 十分位数组合的 30.80%。β 呈现 U 形反转，其均值先由第 1 十分位数组合的 0.89 降低至第 5 十分位数组合的 0.70，紧接着又增至第 10 十分位数组合的 0.84。*Rev* 和市值之间呈倒 U 形结构，因为市值由 *Rev* 的第 1 十分位数组合的 2.79 亿美元增至第 6 十分位数组合的 15.47 亿美元，随后又降至第 10 十分位数组合的 4.89 亿美元。除高 *Rev* 值导致高

表 12.3 **单变量分析**

A 部分：根据 *Rev* 排序的组合特征										
值	1	2	3	4	5	6	7	8	9	10
Rev	−21.38	−10.50	−6.29	−3.41	−1.07	1.23	3.75	6.97	12.06	30.80
β	0.89	0.84	0.78	0.73	0.70	0.71	0.73	0.77	0.83	0.84
MktCap	279	716	1 048	1 316	1 435	1 547	1 524	1 485	1 110	489
BM	0.93	0.93	0.93	0.94	0.96	0.94	0.94	0.92	0.93	1.02
Mom	11.71	13.72	13.70	13.26	12.80	13.71	14.16	15.03	16.24	14.42

B 部分：等权重组合收益											
值	1	2	3	4	5	6	7	8	9	10	10−1
超额收益	2.31	0.99	0.83	0.78	0.76	0.72	0.66	0.50	0.34	−0.38	−2.69
	(5.56)	(2.93)	(2.74)	(2.71)	(2.73)	(2.73)	(2.52)	(1.78)	(1.12)	(−1.02)	(−9.72)
CAPM α	1.61	0.40	0.30	0.29	0.29	0.30	0.25	0.04	−0.15	−0.91	−2.52
	(5.90)	(2.12)	(1.91)	(1.90)	(2.10)	(2.01)	(1.72)	(0.28)	(−0.98)	(−4.15)	(−9.44)
FF α	1.32	0.12	0.03	0.00	0.01	0.05	0.01	−0.19	−0.37	−1.10	−2.42
	(5.97)	(1.01)	(0.31)	(0.02)	(0.16)	(0.49)	(0.09)	(−2.48)	(−4.39)	(−7.13)	(−8.35)
FFC α	1.86	0.42	0.22	0.14	0.12	0.15	0.10	−0.12	−0.32	−1.07	−2.93
	(6.40)	(2.99)	(2.36)	(1.73)	(1.78)	(1.53)	(0.87)	(−1.42)	(−3.22)	(−6.41)	(−8.31)

C 部分：市值加权组合收益											
值	1	2	3	4	5	6	7	8	9	10	10−1
超额收益	0.72	0.50	0.73	0.68	0.58	0.47	0.48	0.44	0.33	0.12	−0.60
	(2.07)	(1.79)	(3.22)	(3.16)	(2.84)	(2.46)	(2.41)	(2.08)	(1.52)	(0.45)	(−2.40)
CAPM α	0.01	−0.09	0.20	0.21	0.13	0.04	0.06	0.00	−0.12	−0.40	−0.40
	(0.03)	(−0.72)	(2.34)	(2.98)	(2.21)	(0.78)	(1.08)	(0.00)	(−1.43)	(−2.80)	(−1.69)
FF α	−0.09	−0.15	0.17	0.18	0.10	0.03	0.04	0.01	−0.11	−0.39	−0.31
	(−0.46)	(−1.09)	(1.89)	(2.60)	(1.87)	(0.67)	(0.62)	(0.11)	(−1.25)	(−2.85)	(−1.21)
FFC α	0.28	0.05	0.28	0.24	0.13	0.02	0.03	−0.02	−0.17	−0.48	−0.76
	(1.58)	(0.37)	(2.47)	(2.86)	(2.00)	(0.34)	(0.48)	(−0.28)	(−1.67)	(−3.49)	(−3.21)

该表显示了反转与股票未来收益之间单变量组合分析的结果。月度组合由 CRSP 样本中所有股票构成，分组依据是根据 CRSP 样本中所有股票形成的 *Rev* 十分位数。A 部分展示了每种十分位数组合下所有股票的 *Rev*、β、*MktCap*、*BM* 和 *Mom* 的均值。B 部分（C 部分）展示了每个十分位数组合在市值加权（等权重）下的未来 1 个月的超额收益（以百分比表示）。该表同时展示了做多第 10 十分位数组合、做空第 1 十分位数组合的零成本多空组合策略的 CAPM α、FF α 和 FFC α 的值。括号里为经过 Newey 和 West（1987）六期滞后调整的 T 统计量，检验的零假设是平均组合超额收益或 CAPM α 等于 0。

BM 值外，账面市值比与反转之间的关系较为平缓。第 1 十分位数组合到第 9 十分位数组合的 *BM* 值在 0.92～0.96 之间变化，而在第 10 十分位数组合时平均值达到 1.02。最后，*Mom* 的平均值趋于增加，然而并不单调，由第 1 十分位数组合的 11.71%增至第 9 十分位数组合的 16.24%，随后在第 10 十分位数组合下降到 14.42%。

B 部分列出了以 *Rev* 为排序变量所构建的组合以及做多高 *Rev*、做空低 *Rev* 股票（10－1）的组合的等权重加权平均超额收益、资本资产定价模型的 α（CAPM α），Fama 和 French(1993) 三因子模型的 α（FF α），Fama、French 和 Carhart(1997) 四因子模型的 α（FFC α），以及这些值所对应的 Newey 和 West(1987) 调整后的 T 统计量（六期滞后）。从超额收益数值可以看出，*Rev* 与股票未来收益之间呈负相关。十分位数组合的月度超额收益呈单调递减趋势，由第 1 十分位数组合的每月 2.31%降至第 10 十分位数组合的－0.38%。10－1 组合的平均超额收益为－2.69%，对应的 T 统计量为－9.72，非常显著。反转效应大部分是由极端分位组合导致的。与第 2 组合的 0.99%的平均超额收益相比，第 1 组合的平均超额收益极高，为每月 2.31%，类似地，第 10 组合的平均超额收益为每月－0.38%，远低于第 9 组合的 0.34%。第 1 组合和第 2 组合的收益差为 1.32%，第 9 组合和第 10 组合之间相差 0.72%，每一个都比第 2 组合和第 9 组合之间的差额 0.65%要高。

对等权重组合收益进行风险调整几乎不能解释以上超额收益的差异。所有十分位数组合的 CAPM、FF 以及 FFC 的 α 由第 1 到第 10 组合几乎全部单调递减。差异组合的 CAPM α 值为每月－2.52%(T 统计量＝－9.44)，FF α 值为每月－2.42%(T 统计量＝－8.35)，FFC α 值为每月－2.93%(T 统计量＝－8.31)，每一个值无论在经济上还是统计上都高度显著。在所有情况中，第 1 十分位数组合正的 α 值和第 10 十分位数组合负的 α 值在统计意义上均高度显著。这说明反转效应是由股票 *Rev* 值的高低导致的。

表 12.3 的 C 部分表明使用市值加权组合而非等权重组合对分析结果会产生实质性的影响，前者反转效应的效果要比后者更弱。市值加权的十分位数组合的平均超额收益非单调递减，由第 1 组合的每月 0.72%降至第 10 组合的每月 0.12%。10－1 组合的差额收益为－0.60%，T 统计量为－2.40，统计意义显著。然而此差额收益仅为－0.60%，无论在数量级上还是在统计上均小于等权重加权下 10－1 组合收益的－2.69%。当使用 CAPM 和 FF 模型对组合收益进行风险调整以后，10－1 组合不再统计显著，其 CAPM α 为每月－0.40%(T 统计量＝－1.69)，FF α 为每月－0.31%(T 统计量＝－1.21)。有趣的是，*Rev* 差异组合的 FFC α 的值为－0.76%，对应的 T 统计量为－3.21。无论使用哪一种风险调整模型，第 1 十分位数组合都无法产生统计上显著的超额收益。然而，第 10 十分位数组合却有统计上显著为负的超额收益，其相应的 CAPM、FF 和 FFC 风险模型的值分别为－0.40%(T 统计量＝－2.80)、－0.39%(T 统计量＝－2.85) 和－0.48%(T 统计量＝－3.49)。因此，等权重组合结果表明，反转现象是由前 1 个月高收益的股票所导致的。

预测未来 k 月的收益

到目前为止我们已经证明了由 Rev 计算的月份 t 的股票收益可以用于预测月份 $t+1$ 的股票收益。我们现在检验月份 t 之前更久的收益是否具有预测月份 $t+1$ 收益的能力。为此，首先定义 $R_{i,t-k}$ 代表股票 i 在月份 $t-k$ 的收益，$k\in\{1, 2, 3, \cdots, 11\}$。其次，分别按不同滞后期计算股票历史收益，并用单变量组合分析法检验在月份 t 月底所构建组合的月份 $t+1$ 的收益。表 12.4 中列出了等权重分析法（A 部分）和市值加权分析法（B 部分）的结果，其中 Rev 是无滞后期收益。

表 12.4 表明，当在反转计算和组合构建中有一期滞后时，反转现象很快变为动量现象，根据 Rev_{t-k}（$k\in\{1, 2, 3, \cdots, 11\}$）进行排序的 10－1 组合的月平均收益为正且在大多数情况下显著，该结果无论在等权重分析法还是市值加权分析法中均成立。唯一的差别在于当使用等权重分析法时根据 Rev_{t-1}、Rev_{t-7}、Rev_{t-8} 和 Rev_{t-9} 进行排序的组合的平均收益为正但不显著。当使用市值加权分析法时 Rev_{t-3}、Rev_{t-7} 和 10－1 组合的平均收益仅略微显著。经 FF 模型调整后的结果与以上相似。如预期一样，在经包含了动量（Mom）因子的 FFC 模型调整风险后，10－1 组合的收益在大多数情况下不再显著。有趣的是，当以 Rev_{t-10} 和 Rev_{t-11} 作为排序变量时，差异组合的 FFC α 仍显著为正，这意味着在加入 MOM 因子后的风险模型无法完全捕捉到滞后期延长后的收益中的动量效应。因此中期动量现象存在于 2～12 个月的收益中，而反转仅仅是一种十分短期的效应。

12.4.2 双变量组合分析

单变量分析为短期反转效应提供了强有力的支持。现在我们使用双变量组合分析来检验市场贝塔（β）、市值（$MktCap$）、账面市值比（BM）和动量（Mom）能否解释反转效应。参见表 12.2 的相关性分析和表 12.3 的单变量组合特征的结果，我们看到贝塔与 Rev 在横截面上几乎没有关系，也因此无法解释反转效应。Rev 第 10 十分位数组合的 BM 和 Mom 的值略高于第 1 十分位数组合。因为这两个变量与未来收益正相关，且 Rev 的第 10 十分位数组合产生的平均收益低于第 1 十分位数组合，所以 BM 和 Mom 不太可能解释反转效应。第 10 十分位数组合的平均市值要明显大于第 1 十分位数组合的平均市值。由于市值与未来期望收益之间呈负相关关系，因此股票在 Rev 分组下的第 10（第 1）十分位数组合的高（低）平均市值可能导致了反转效应的出现。

序贯排序分析

接下来我们使用市值（$MktCap$）作为第一排序变量、反转（Rev）作为第二排序变量对短期反转效应进行双变量序贯排序组合分析。使用样本中所有股票来计算五个五分位数的临界点并进行分组。分析结果在表 12.5 中给出。

表 12.4　　单变量组合分析——滞后的反转值

排序变量	1	2	3	4	5	6	7	8	9	10	10−1	FF α	FFC α
A 部分：等权重组合权益													
Rev	2.31	0.99	0.83	0.78	0.76	0.72	0.66	0.50	0.34	−0.38	−2.69	−2.42	−2.93
											(−9.72)	(−8.35)	(−8.31)
R_{t-1}	0.53	0.82	0.87	0.91	0.90	0.82	0.77	0.70	0.68	0.54	0.01	0.18	−0.38
											(0.08)	(0.94)	(−1.66)
R_{t-2}	0.25	0.59	0.71	0.78	0.88	0.83	0.85	0.81	0.90	0.87	0.62	0.70	0.15
											(4.36)	(4.53)	(0.83)
R_{t-3}	0.36	0.57	0.81	0.90	0.96	0.87	0.83	0.75	0.80	0.71	0.35	0.39	−0.09
											(2.29)	(2.62)	(−0.46)
R_{t-4}	0.42	0.63	0.73	0.77	0.85	0.91	0.85	0.84	0.81	0.73	0.31	0.45	−0.03
											(2.06)	(3.45)	(−0.23)
R_{t-5}	0.51	0.57	0.68	0.78	0.85	0.78	0.79	0.83	0.89	0.87	0.36	0.46	−0.06
											(1.83)	(2.31)	(−0.29)
R_{t-6}	0.42	0.56	0.66	0.76	0.81	0.81	0.91	0.86	0.93	0.91	0.49	0.58	0.20
											(3.06)	(4.50)	(1.39)
R_{t-7}	0.63	0.60	0.70	0.78	0.74	0.81	0.84	0.85	0.85	0.85	0.22	0.33	−0.03
											(1.33)	(2.00)	(−0.13)
R_{t-8}	0.65	0.65	0.71	0.76	0.80	0.78	0.77	0.82	0.86	0.91	0.26	0.35	−0.14
											(1.35)	(1.67)	(−0.53)
R_{t-9}	0.66	0.76	0.69	0.76	0.81	0.85	0.93	0.82	0.79	0.79	0.13	0.20	−0.14
											(0.83)	(1.39)	(−1.00)
R_{t-10}	0.46	0.59	0.72	0.75	0.81	0.92	0.91	0.89	0.90	0.96	0.50	0.56	0.32
											(3.34)	(3.94)	(2.29)
R_{t-11}	0.29	0.47	0.55	0.73	0.86	0.85	0.93	0.97	1.10	1.20	0.91	0.89	0.75
											(6.50)	(6.72)	(4.94)

B部分：市值加权组合收益													
排序变量	1	2	3	4	5	6	7	8	9	10	10－1	FF α	FFC α
Rev	0.72	0.50	0.73	0.68	0.58	0.47	0.48	0.44	0.33	0.12	－0.60	－0.31	－0.76
											(－2.40)	(－1.21)	(－3.21)
R_{t-1}	－0.07	0.50	0.52	0.61	0.58	0.43	0.48	0.40	0.51	0.49	0.57	0.74	0.12
											(2.53)	(3.27)	(0.60)
R_{t-2}	－0.17	0.36	0.37	0.55	0.56	0.54	0.54	0.48	0.51	0.66	0.83	1.02	0.37
											(3.61)	(4.52)	(1.75)
R_{t-3}	0.08	0.32	0.48	0.52	0.50	0.43	0.50	0.54	0.48	0.42	0.34	0.33	－0.24
											(1.71)	(1.58)	(－1.11)
R_{t-4}	0.05	0.31	0.47	0.51	0.50	0.47	0.55	0.54	0.53	0.57	0.51	0.66	0.07
											(2.34)	(3.20)	(0.34)
R_{t-5}	0.09	0.15	0.30	0.44	0.48	0.54	0.43	0.55	0.54	0.66	0.57	0.70	0.15
											(2.19)	(2.68)	(0.62)
R_{t-6}	0.08	0.28	0.40	0.36	0.51	0.42	0.49	0.47	0.52	0.62	0.53	0.60	0.15
											(2.55)	(2.81)	(0.61)
R_{t-7}	0.37	0.32	0.34	0.44	0.39	0.50	0.42	0.52	0.55	0.75	0.38	0.48	0.14
											(1.90)	(2.25)	(0.58)
R_{t-8}	0.21	0.32	0.25	0.33	0.43	0.45	0.41	0.47	0.77	0.85	0.64	0.79	0.28
											(2.69)	(3.35)	(1.28)
R_{t-9}	0.15	0.26	0.25	0.45	0.49	0.50	0.65	0.48	0.61	0.65	0.50	0.59	0.18
											(2.23)	(2.81)	(0.82)
R_{t-10}	－0.09	0.22	0.24	0.36	0.46	0.48	0.59	0.58	0.73	0.79	0.88	1.00	0.58
											(4.95)	(5.58)	(2.79)
R_{t-11}	0.04	0.19	0.27	0.31	0.42	0.47	0.53	0.64	0.77	0.31	0.77	0.80	0.49
											(3.54)	(4.10)	(2.59)

该表显示了前期的反转值和未来收益之间关系的单变量组合分析结果。月度组合由 CRSP 样本中所有股票构成，组合依据给定分类指标计算十分位数进行分类，数据均来源于 CRSP 样本中所有股票。用于构成月份 t 月底组合的变量为股票月份 t（Rev）或月份 $t-k$（R_{t-k}）的反转值（股票收益）。A 部分（B 部分）展示了每一个十分位数组合在市值加权分析（等权重加权分析）下的月份 $t+1$ 的超额收益。该表同样展示了做多第 10 十分位数组合、做空第 1 十分位数组合策略在月份 $t+1$ 的平均收益以及组合的 CAPM、FF 和 FFC α 的值。括号里为经过 Newey 和 West（1987）六期滞后调整的 T 统计量，检验的零假设是平均组合超额收益或 α 等于 0。

表 12.5　　　　双变量序贯排序组合分析——控制市值（*MktCap*）

A 部分：等权重组合						
	MktCap 1	*MktCap* 2	*MktCap* 3	*MktCap* 4	*MktCap* 5	*MktCap* Avg
Rev 1	3.91	1.28	1.00	0.99	0.82	1.60
Rev 2	1.31	0.66	0.71	0.83	0.73	0.85
Rev 3	1.12	0.62	0.66	0.73	0.60	0.75
Rev 4	1.03	0.54	0.60	0.50	0.43	0.62
Rev 5	−0.38	−0.42	0.09	0.20	0.22	−0.06
Rev 5−1	−4.29	−1.70	−0.91	−0.79	−0.61	−1.66
	(−12.38)	(−6.57)	(−4.23)	(−4.47)	(−4.02)	(−8.74)
Rev 5−1 CAPM α	−4.13	−1.55	−0.78	−0.67	−0.49	−1.52
	(−12.10)	(−6.02)	(−3.70)	(−3.95)	(−3.31)	(−8.26)
Rev 5−1 FF α	−4.07	−1.48	−0.69	−0.64	−0.44	−1.46
	(−11.17)	(−5.64)	(−3.11)	(−3.32)	(−2.70)	(−7.40)
Rev 5−1 FFC α	−4.57	−1.84	−0.98	−0.83	−0.65	−1.77
	(−10.51)	(−6.20)	(−4.25)	(−4.22)	(−3.86)	(−7.99)
B 部分：市值加权组合						
	MktCap 1	*MktCap* 2	*MktCap* 3	*MktCap* 4	*MktCap* 5	*MktCap* Avg
Rev 1	2.80	1.26	1.00	0.98	0.57	1.32
Rev 2	1.03	0.67	0.74	0.85	0.58	0.77
Rev 3	0.82	0.63	0.67	0.72	0.47	0.66
Rev 4	0.72	0.56	0.58	0.50	0.35	0.54
Rev 5	−0.54	−0.36	0.12	0.21	0.25	−0.06
Rev 5−1	−3.34	−1.62	−0.89	−0.77	−0.33	−1.39
	(−10.60)	(−6.20)	(−4.10)	(−4.35)	(−2.12)	(−7.48)
Rev 5−1 CAPM α	−3.17	−1.46	−0.75	−0.66	−0.22	−1.25
	(−10.16)	(−5.65)	(−3.59)	(−3.84)	(−1.47)	(−6.93)
Rev 5−1 FF α	−3.09	−1.40	−0.67	−0.62	−0.16	−1.19
	(−9.69)	(−5.27)	(−2.97)	(−3.19)	(−0.96)	(−6.22)
Rev 5−1 FFC α	−3.55	−1.77	−0.95	−0.81	−0.37	−1.49
	(−9.02)	(−5.90)	(−4.15)	(−4.12)	(−2.01)	(−6.82)

该表显示了在控制了市值因素的影响后，*Rev* 与股票未来收益之间关系的双变量序贯排序组合分析结果。每月先对 CRSP 样本中所有股票以市值进行升序排列分为五组，随后每组再根据 *Rev* 升序排列分为五组。使用 CRSP 中的样本来计算组合五分位数。该表展示了所有 25 个市值-*Rev* 组合未来 1 个月（$t+1$）的平均超额收益（以每月百分比的形式）。同时也展示了零成本多空组合的平均收益、CAPM α、FF α 和 FFC α，零成本多空组合即做多每一组市值下的 *Rev* 第 5 五分位数组合同时做空第 1 五分位数组合。括号里为经过 Newey 和 West（1987）六期滞后调整的 T 统计量，检验的零假设是平均组合超额收益或 α 等于 0。A 部分展示了市值加权组合的结果，B 部分展示了等权重加权组合的结果。

当使用等权重分析法时，A 部分显示所有依市值分组的五分位数组合都出现了较强的反转现象，小盘股尤为明显。在平均市值下 5－1 组合的月平均收益为－1.66%，相应的 T 统计量为－8.74。该结果无法被任何一个 FFC 模型中的因子所解释，因为组合收益的 CAPM α、FF α 和 FFC α 分别为每月 －1.52%（T 统计量＝ －8.26）、－1.46%（T 统计量＝－7.40）和－1.77%（T 统计量＝－7.99）。更重要的是，在平均市值组合下，Rev 组合的收益单调递减，对每一个市值组合下的结果进行检验产生了类似的结果。在每一个五分位数市值组合中，根据 Rev 进行排序的组合的平均收益由 1 到 5 单调递减，同时 Rev 5－1 组合也具有显著为负的平均收益和风险调整后的 α。该结果在最低市值组中尤为明显，并且随着市值的增加结果越来越弱，因为从市值组合 1 到 5，Rev 5－1 的平均收益和 α 值单调递减。

表 12.5 的 B 部分中列出的市值加权分析结果同样证明了在等权重分析法中所发现的大部分结果。差别在于当使用市值加权分析时，Rev 差异组合的平均收益和 α 为负的程度更小。实际上，当使用市值加权分析时，在市值第 5 五分位数组合中 Rev 5－1 组合的 CAPM α 为每月－0.22%（T 统计量＝－1.47），FF α 为－0.16%（T 统计量＝－0.96），均在统计上不显著。组合的 FFC α 为每月 －0.37%，T 统计量显著，为－2.01。最后在市值第 5 五分位数组合中，组合的平均超额收益在 Rev 截面上并非单调递减，因为 Rev 1 组合的超额收益（每月 0.57%）比 Rev 2 组合的（每月 0.58%）略低。除此之外，市值加权分析与等权重分析的结果基本相似。因此，很难证明控制市值可以解释反转效应。不过结果依然显示，反转效应在小盘股中最强。

接下来我们再次使用双变量排序组合分析来探究控制市场贝塔（β）、账面市值比（BM）和动量（Mom）后对反转效应的影响。然而，依据 Rev 和 β、BM 以及 Mom 之间的横截面关系，我们的初步分析结果显示，以上变量仍旧无法解释反转效应。然而，这样的探索是有意义的，因为即使这些变量完全无法解释反转效应，我们依然可以观察在不同的控制变量值下，股票之间反转效应的强度。因此我们使用 β、BM 以及 Mom 作为第一排序变量来重复进行双变量排序组合分析。表 12.6 展示了每一个控制变量的五分位数组合下 Rev 5－1 组合的平均收益、CAPM α、FF α 和 FFC α 的值，该表同时列出了等权重分析（权重＝EW）和市值加权分析（权重＝VW）的结果。

在使用等权重分析法并控制了 β 后，表 12.6 中的结果显示，在每一个 β 组下 Rev 差异组合的平均收益、CAPM α、FF α 和 FFC α 的值无论在经济上还是统计上均显著为负。在 β 平均值组合下，Rev 5－1 组合的 FFC α 为每月－1.94%，对应的 T 统计量为－8.01。更重要的是，在等权重分析下，不同 β 排序下的 Rev 5－1 组合的表现没有太大差异。然而在市值加权分析下，股票 β 值最低的三个组合具有强烈的反转效应，且 Rev 5－1 的平均收益、CAPM α、FF α 和 FFC α 的值在统计上均显著为负，且绝对值较大。但是在 β 值最高的两组中，Rev 差异组合的平均收益为负，但统计意义上并不显著异于 0。对于平均 β 组来说，由于平均收益、CAPM α、FF α 和 FFC α 的值分别为每月 －0.55%（T 统计量＝－3.67）、－0.35%（T 统计量＝－2.21）和 －0.66%（T 统计量＝－4.15），无论在经济上还是统计上均显著，表明市值加权组合呈现较强的反转现象。

表 12.6　　　　双变量序贯排序组合分析

控制	权重	值	Control 1	Control 2	Control 3	Control 4	Control 5	Control Avg
β	EW	收益	−1.81	−1.56	−1.81	−1.75	−1.82	−1.75
			(−8.72)	(−7.81)	(−8.72)	(−7.52)	(−6.80)	(−8.90)
		FF α	−1.61	−1.39	−1.62	−1.48	−1.60	−1.54
			(−7.73)	(−6.73)	(−7.97)	(−6.18)	(−5.73)	(−7.71)
		FFC α	−1.96	−1.69	−1.97	−1.92	−2.17	−1.94
			(−9.02)	(−7.52)	(−8.22)	(−5.76)	(−6.31)	(−8.01)
	VW	收益	−0.72	−0.78	−0.95	−0.19	−0.13	−0.55
			(−3.41)	(−4.21)	(−5.33)	(−1.03)	(−0.54)	(−3.67)
		FF α	−0.53	−0.61	−0.74	0.03	0.10	−0.35
			(−2.39)	(−2.98)	(−4.17)	(0.14)	(0.39)	(−2.21)
		FFC α	−0.74	−0.85	−1.02	−0.28	−0.38	−0.66
			(−3.49)	(−4.00)	(−5.54)	(−1.31)	(−1.62)	(−4.15)
BM	EW	收益	−2.09	−1.78	−1.73	−1.66	−2.20	−1.89
			(−8.78)	(−7.54)	(−8.62)	(−8.06)	(−9.05)	(−9.57)
		FF α	−1.90	−1.59	−1.52	−1.42	−1.99	−1.68
			(−7.27)	(−6.14)	(−6.90)	(−6.96)	(−8.62)	(−8.12)
		FFC α	−2.37	−2.01	−1.86	−1.74	−2.27	−2.05
			(−7.54)	(−6.08)	(−7.18)	(−7.20)	(−9.12)	(−8.09)
	VW	收益	−0.28	−0.64	−0.45	−0.56	−0.54	−0.49
			(−1.21)	(−2.90)	(−2.00)	(−2.71)	(−2.08)	(−2.82)
		FF α	−0.06	−0.42	−0.19	−0.23	−0.24	−0.23
			(−0.25)	(−1.77)	(−0.79)	(−1.08)	(−0.90)	(−1.22)
		FFC α	−0.44	−0.74	−0.49	−0.52	−0.42	−0.52
			(−1.82)	(−2.93)	(−2.07)	(−1.90)	(−1.38)	(−2.62)
Mom	EW	收益	−5.04	−1.74	−1.00	−0.81	−0.62	−1.84
			(−13.19)	(−7.72)	(−5.83)	(−5.14)	(−3.55)	(−10.10)
		FF α	−4.78	−1.55	−0.81	−0.58	−0.38	−1.62
			(−12.11)	(−7.12)	(−4.85)	(−3.64)	(−2.19)	(−8.92)
		FFC α	−5.37	−1.92	−1.11	−0.82	−0.63	−1.97
			(−11.97)	(−8.15)	(−6.57)	(−5.07)	(−3.49)	(−9.96)
	VW	收益	−2.17	−0.94	−0.53	−0.39	−0.20	−0.85
			(−6.36)	(−3.80)	(−2.82)	(−2.35)	(−0.99)	(−5.16)

续前表

控制	权重	值	Control 1	Control 2	Control 3	Control 4	Control 5	Control Avg
		FF α	−1.90	−0.73	−0.35	−0.25	0.02	−0.64
			(−6.38)	(−2.72)	(−1.88)	(−1.36)	(0.09)	(−3.98)
		FFC α	−2.52	−1.02	−0.57	−0.44	−0.20	−0.95
			(−8.14)	(−3.14)	(−2.87)	(−2.45)	(−1.04)	(−5.63)

该表显示了在控制了 β、*BM* 和 *Mom* 因素的影响后，*Rev* 与股票未来收益之间关系的双变量序贯排序组合分析的结果。在 CRSP 样本中的所有股票每月先依照控制变量进行升序排列分为五组，随后每组再根据 *Rev* 升序排列分为五组。使用 CRSP 中的样本来计算组合五分位数。该表展示了在每一种控制变量下，零成本多空组合的平均收益、CAPM α、FF α 和 FFC α 的值（以每月百分比的形式），零成本多空组合即做多每一组控制变量下 *Rev* 第 5 五分位数组合、做空第 1 五分位数组合。该表对等权重分析（权重＝EW）和市值加权分析（权重＝VW）分别进行展示。括号里为经过 Newey 和 West（1987）六期滞后调整的 T 统计量，检验的零假设是平均组合超额收益或 α 等于 0。

使用账面市值比（*BM*）作为第一排序变量进行等权重双变量序贯排序组合分析，结果表明在每一个 *BM* 组合中 *Rev* 和未来一个月的超额收益呈强烈的负相关关系，因为在每一个 *BM* 组合中，*Rev* 5－1 组合的平均收益、CAPM α、FF α 和 FFC α 的值均为负，数值较大且统计意义显著。在平均 *BM* 组合中，等权重的 *Rev* 5－1 组合的平均收益为每月－1.89%（T 统计量＝－9.57）、FF α 为－1.68%（T 统计量＝－8.12）以及 FFC α 为－2.05%（T 统计量＝－8.09）。当使用市值加权分析时，结果变动较大。在 *BM* 的第 1 五分位数组合中，*Rev* 差异组合的平均收益和 FF α 在统计上趋于 0。然而该组合的 FFC α 值则为每月－0.44%，T 统计量略微显著，为－1.82。在任何一个 *BM* 的五分位数组合中，*Rev* 5－1 的 FF α 均不显著（*BM* 组合第 2 五分位数组合中的 FF α 略微显著）。然而该组合的 FFC α 从 *BM* 第 1 五分位数组合到 *BM* 第 4 五分位数组合均显著，即使该结果仅略微显著。在 *BM* 的第 5 分位组合中，*Rev* 差异组合的 FF 和 FFC α 在统计上均趋于 0。然而，对于平均 *BM* 五分位数组合，市值加权的 *Rev* 5－1 组合的月平均收益为每月－0.49%（T 统计量＝－2.82），FFC α 为每月－0.52%（T 统计量＝－2.62），在经济上和统计上均显著。组合的 FF α 为每月－0.23%，对应的 T 统计量为－1.22，不显著。

最后，我们检验了控制动量是否能够解释反转现象。等权重组合的分析结果表明，在每个动量五分位数下，同样包括平均 *Mom* 分位值，组合的平均收益、FF α 和 FFC α 的值在统计上均高度显著为负，因此动量也未能解释。然而不同动量水平上的反转效应的强度明显不同。等权重 *Rev* 5－1 组合的月平均收益在不同的 *Mom* 五分位数下单调递减，由 *Mom* 第 1 五分位数的－5.04%降到第 5 五分位数的－0.62%。FF 和 FFC α 的模式与之相似。该结果意味着相较于动量较高的股票，低动量股票的反转效应表现更强。正如之前的分析一样，在控制了 *Mom* 的影响后，市值加权组合分析下的反转效应强度要比等权重分析下更弱。但是在平均 *Mom* 五分位数下，市值加权 *Rev* 5－1 组合的平均收益、FF α 和 FFC α 的数值较大且在统计上高度显著。该组合的平均收益为

每月 −0.85%，对应的 T 统计量为 −5.16，而 FFC α 为 −0.95%（T 统计量 = −5.63）。在 *Mom* 第 5 五分位数下，*Rev* 5−1 组合的平均收益、FF α 和 FFC α 的值在统计上趋于 0。在 *Mom* 的第 1 至第 5 五分位数的 *Rev* 5−1 组合具有显著为负的平均收益和 FFC α。*Rev* 5−1 组合的 FF α 仅在 *Mom* 的第 1 和第 2 五分位数下显著，第 3 五分位数下略微显著。因此市值加权组合的结果证明了虽然反转效应在平均 *Mom* 五分位数下效果很强，但是相较于高动量组，股票中的反转效应在低动量中表现得更强。

独立排序分析

表 12.5 和表 12.6 表明了，使用双变量序贯排序组合分析控制了股票收益与 β、市值、账面市值比或规模的关系后，仍然可以检测到反转现象的存在。该结果在等权重组合中表现最强，在市值加权分析法中依然存在，至少在控制变量的平均五分位数组合下是存在的。我们接下来用双变量独立排序代替序贯排序来对组合结果进行稳健性检验。

表 12.7 列出了在控制了贝塔（β）、市值（*MktCap*）、账面市值比（*BM*）和动量（*Mom*）因素的影响后，*Rev* 与股票未来收益之间关系的双变量独立排序组合分析的结果。该结果表明当使用等权重组合时，在每个控制变量下的所有五分位数，包括平均五分位数，反转效应均较强，且 *Rev* 5−1 组合的平均收益和 FFC α 的值显著为负。与序贯排序分析的结果相似，独立排序的结果表明在控制了 *MktCap* 和 *Mom* 后，具有低控制变量值的股票，反转效应显著更强，而具有高 *MktCap* 或 *Mom* 值的股票，反转效应则相对较弱。

表 12.7　　双变量独立排序组合分析

控制	权重	值	Control 1	Control 2	Control 3	Control 4	Control 5	Control Avg
β	EW	收益	−1.96	−1.68	−1.85	−1.77	−1.75	−1.80
			(−8.71)	(−7.95)	(−8.45)	(−7.91)	(−7.42)	(−9.08)
		FFC α	−2.12	−1.84	−2.03	−1.94	−2.01	−1.99
			(−8.39)	(−7.41)	(−8.05)	(−6.55)	(−7.38)	(−8.25)
	VW	收益	−0.56	−0.92	−0.91	−0.22	−0.23	−0.57
			(−2.37)	(−4.34)	(−4.68)	(−1.18)	(−1.06)	(−3.61)
		FFC α	−0.58	−0.89	−1.02	−0.33	−0.41	−0.65
			(−2.43)	(−3.79)	(−5.32)	(−1.58)	(−2.07)	(−4.13)
MktCap	EW	收益	−3.31	−1.56	−0.90	−0.75	−0.48	−1.40
			(−12.19)	(−6.52)	(−4.21)	(−3.98)	(−2.59)	(−7.59)
		FFC α	−3.51	−1.70	−0.99	−0.84	−0.55	−1.52
			(−10.44)	(−6.33)	(−4.32)	(−4.01)	(−2.74)	(−7.22)
	VW	收益	−2.69	−1.47	−0.87	−0.72	−0.13	−1.18
			(−10.70)	(−6.09)	(−4.05)	(−3.77)	(−0.68)	(−6.53)

续前表

控制	权重	值	Control 1	Control 2	Control 3	Control 4	Control 5	Control Avg
		FFC α	−2.86	−1.62	−0.96	−0.80	−0.22	−1.29
			(−8.93)	(−5.99)	(−4.20)	(−3.80)	(−1.03)	(−6.23)
BM	EW	收益	−1.88	−1.74	−1.81	−1.83	−2.18	−1.89
			(−8.69)	(−7.21)	(−8.47)	(−8.47)	(−9.51)	(−9.52)
		FFC α	−2.12	−1.96	−1.97	−1.94	−2.25	−2.05
			(−7.58)	(−6.07)	(−7.09)	(−7.31)	(−9.24)	(−8.04)
	VW	收益	−0.45	−0.57	−0.37	−0.39	−0.53	−0.46
			(−2.12)	(−2.49)	(−1.61)	(−1.72)	(−2.24)	(−2.56)
		FFC α	−0.60	−0.66	−0.45	−0.37	−0.41	−0.50
			(−2.74)	(−2.46)	(−1.84)	(−1.27)	(−1.53)	(−2.47)
Mom	EW	收益	−3.98	−1.73	−1.03	−0.85	−0.60	−1.64
			(−13.81)	(−7.78)	(−5.25)	(−4.84)	(−3.41)	(−9.11)
		FFC α	−4.23	−1.89	−1.16	−0.88	−0.64	−1.76
			(−12.43)	(−8.21)	(−5.93)	(−4.56)	(−3.12)	(−8.89)
	VW	收益	−1.68	−0.93	−0.37	−0.30	−0.16	−0.69
			(−5.59)	(−3.97)	(−1.68)	(−1.63)	(−0.79)	(−4.10)
		FFC α	−1.93	−1.06	−0.37	−0.42	−0.20	−0.79
			(−6.99)	(−3.74)	(−1.64)	(−2.14)	(−0.95)	(−4.63)

该表显示了在控制了β、*MktCap*、*BM* 和 *Mom* 因素的影响后，*Rev* 与股票未来收益之间关系的双变量独立排序组合分析的结果。在 CRSP 样本中的所有股票每月先以控制变量进行升序排列分为五组，随后再独立地依据 *Rev* 升序排列将所有股票分为五组。使用 CRSP 中的样本来计算组合五分位数。控制变量和 *Rev* 分组的交集构成了 25 个组合。该表展示了在每一种控制变量下零成本多空组合的 FFC α 的值（以每月百分比的形式），零成本多空组合即做多每一个五分位数下的 *Rev* 第 5 五分位数组合、做空第 1 五分位数组合。该表对等权重分析（权重＝EW）和市值加权分析（权重＝VW）分别进行汇报。括号里为经过 Newey 和 West（1987）六期滞后调整后的 *T* 统计量，用以检验组合平均收益或 α 等于 0 的原假设是否成立。

类似于等权重组合的结果，使用独立排序的市值加权组合与序贯排序组合的结果相似。在分别控制了β、*MktCap*、*BM* 和 *Mom* 因素的影响后，使用独立排序的市值加权组合法，在平均控制变量五分位数下的 *Rev* 5−1 组合的平均收益和 FFC α 值显著为负。而在每个控制变量的某些五分位数下，使用市值加权组合无法证明反转效应的存在。特别是，市值加权 *Rev* 差异组合的平均收益在β的第 4 和第 5 五分位数下在统计上趋于 0，且 FFC α 在β的第 4 五分位数下不显著。在 *MktCap* 的第 5 五分位数下，市值加权的 *Rev* 5−1 组合的平均收益或 FFC α 均不显著。在 *BM* 的第 3 五分位数下，*Rev* 5−1 组合的市值加权平均收益不显著，在第 4 五分位数下仅略微显著。市值加权的 *Rev* 5−1 组合的 FFC α 在 *BM* 的第 4 和第 5 五分位数下不显著，在第 3 五分位数下略微显著。最后，当控制了 *Mom* 后，市值加权的 *Rev* 5−1 组合的平均收益仅在 *Mom*

的第 1 和第 2 五分位数下显著，在第 3 五分位数下略微显著。市值加权的 *Rev* 5－1 组合的 FFC α 在 *Mom* 的第 3 和第 5 五分位数下不显著。

总之，双变量组合分析的结果表明了在控制了市值、β、账面市值比和动量后，反转现象稳健，等权重组合下的结果较市值加权更明显。同时在高市值和高动量的股票中，反转现象很弱，当使用市值加权组合时，该现象甚至不存在。独立排序组合的结果与序贯排序组合分析的结果相似。

反转能否解释其他关系

在证明了反转无法被股票收益和 β、规模、价值或是动量因子之间的关系所解释后，我们接下来继续探究反转现象能否解释在前述章节中已经介绍过的关于这些变量的期望收益。为此，表 12.8 展示了双变量序贯排序组合分析的等权重和市值加权的结果，其中第一分类变量为 *Rev*，第二分类变量为 β、*MktCap*、*BM* 或 *Mom*。对于在控制了 *Rev* 后的 *MktCap* 与股票未来收益之间关系的检验分析，我们需要计算 FFC α 的值，该值由包括市场（*MKT*）、价值（*HML*）和动量（*MOM*）因子，但不包括规模（*SMB*）因子的模型计算所得。之所以剔除规模因子，是因为加入规模因子将控制规模效应，而该效应正是我们需要验证的量。同样，当以 *BM* 作为第二排序变量时，在计算 FFC α 时需要剔除 *HML* 因子。出于同样的考虑，当以 *Mom* 作为第二排序变量时，我们将使用 Fama 和 French（1993）的 FF 三因子而非四因子风险模型回归，因为该模型中不包括动量因子。

表 12.8　　双变量序贯排序组合分析——控制 *Rev*

第二排序变量	权重	值	*Rev* 1	*Rev* 2	*Rev* 3	*Rev* 4	*Rev* 5	*Rev* Avg
β	EW	收益	−0.77	0.06	−0.15	−0.43	−0.39	−0.34
			(−3.19)	(0.26)	(−0.70)	(−1.87)	(−1.63)	(−1.62)
		FFC α	−0.77	−0.09	−0.38	−0.64	−0.48	−0.47
			(−3.37)	(−0.53)	(−2.16)	(−3.61)	(−2.33)	(−2.94)
	VW	收益	−0.77	0.09	−0.09	0.20	0.15	−0.09
			(−2.57)	(0.39)	(−0.40)	(0.80)	(0.52)	(−0.38)
		FFC α	−0.66	0.13	−0.18	0.15	0.14	−0.08
			(−2.65)	(0.62)	(−0.86)	(0.73)	(0.60)	(−0.47)
MktCap	EW	收益	−2.75	−0.01	−0.46	−0.55	0.54	−0.65
			(−8.60)	(−0.04)	(−1.68)	(−2.02)	(2.04)	(−2.70)
		FFC α	−3.05	−0.13	−0.74	−0.87	0.47	−0.86
			(−7.51)	(−0.48)	(−2.21)	(−2.41)	(1.75)	(−3.26)
	VW	收益	−2.34	0.09	−0.33	−0.31	0.78	−0.42
			(−7.14)	(0.33)	(−1.19)	(−1.16)	(2.78)	(−1.68)
		FFC α	−2.59	0.05	−0.48	−0.50	0.70	−0.56
			(−6.14)	(0.20)	(−1.68)	(−1.69)	(2.51)	(−2.17)

续前表

第二排序变量	权重	值	*Rev* 1	*Rev* 2	*Rev* 3	*Rev* 4	*Rev* 5	*Rev* Avg
BM	EW	收益	1.37	0.93	0.85	0.92	1.08	1.03
			(6.36)	(4.96)	(4.90)	(5.07)	(4.40)	(5.75)
		FFC α	1.51	1.10	1.07	1.11	1.30	1.22
			(6.58)	(6.20)	(6.74)	(6.45)	(5.38)	(6.92)
	VW	收益	0.49	0.41	0.51	0.38	0.62	0.48
			(1.99)	(1.88)	(2.36)	(1.84)	(2.56)	(2.66)
		FFC α	0.53	0.56	0.66	0.51	0.75	0.60
			(1.89)	(2.75)	(3.13)	(2.66)	(3.27)	(3.53)
Mom	EW	收益	−0.82	0.83	0.83	1.06	2.96	0.97
			(−2.32)	(3.25)	(3.11)	(3.96)	(11.25)	(3.97)
		FF α	−0.57	1.07	0.99	1.19	3.21	1.18
			(−1.73)	(4.78)	(3.45)	(3.91)	(13.17)	(5.29)
	VW	收益	0.37	0.82	0.83	1.03	2.14	1.04
			(0.86)	(2.53)	(3.04)	(3.78)	(6.92)	(3.69)
		FF α	0.73	1.13	1.02	1.25	2.47	1.32
			(2.17)	(3.90)	(3.86)	(4.83)	(8.35)	(5.44)

该表显示了在控制了 *Rev* 后，β、*MktCap*、*BM* 和 *Mom*（第二排序变量）与股票未来收益之间关系的双变量序贯排序组合分析的结果。在 CRSP 样本中的所有股票每月先以 *Rev* 进行升序排列分为五组，随后每组再根据第二排序变量分别进行升序排列分为五组。使用 CRSP 中的样本来计算组合五分位数。控制变量和 *Rev* 分组的交集构成了 25 个组合。该表展示了在每一种控制变量下零成本多空组合的平均收益和 FFC α 的值（以每月百分比的形式），零成本多空组合即做多每一个 *Rev* 下的第二排序变量的第 5 五分位数组合、做空第 1 五分位数组合，同样包括 *Rev* 的平均分位组合。该表对等权重分析（权重＝EW）和市值加权分析（权重＝VW）分别进行展示。括号里为经过 Newey 和 West（1987）六期滞后调整的 T 统计量，检验的零假设是平均组合超额收益或 α 等于 0。

表 12.8 展示了在控制了反转效应后，未来收益与 β 之间呈负相关但并不显著，在平均 *Rev* 五分位数下，等权重（市值加权）β 差异组合的平均收益为每月 −0.34%（−0.09%），对应的 T 统计量为 −1.62（−0.38）。等权重组合的 FFC α 为每月 −0.47%（T 统计量＝−2.94）且高度显著，市值加权组合的 FFC α 为 −0.08%（T 统计量＝−0.47），结果不显著。该结果与第 8 章[①]表 8.4 和表 8.5 的单变量组合分析的结果有轻微差异。在第 8 章中，使用等权重组合分析时，以 β 分组的差异组合，其平均收益和 CAPM α 均显著为负，而在本章中，在控制了 *Rev* 后仅 α 显著。在市值加权组合下，第 8 章中 β 差异组合的平均收益不显著但 α 显著为负。而本章中，在平均 *Rev* 五分位数下，市值加权的 β 5−1 组合的月平均收益和 FFC α 为负，但不显著。虽然第 8 章和本章所使用的分析方法有所不同，包括使用不同的风险模型来估计异常收益，但这不影响本书第一次发现做多高 β 值股票、做空低 β 值股票这一组合策略的异常收益

① 在第 8 章，变量 β 是 β^{12M}。

不显著。一般认为至少有两个原因导致了这样的结果。第一，这是第一次对价值加权组合进行四因子风险模型回归，这也就意味着是动量因子（MOM）导致了该结果的产生。第二，可能是因为控制了 Rev 从而导致了该结果的产生。在平均 Rev 五分位数下，市值加权的 β 5－1 组合具有非显著的异常收益表明该组合无法产生异常收益，正如 Sharpe（1964）、Lintner（1965）和 Mossin（1966）的 CAPM 模型中所预测的那样，没有任何迹象表明 β 和股票未来收益之间具有正相关关系。因此，反转现象似乎无法解释理论预测与实证结果之间的差异。

双变量序贯排序组合分析的检验结果，即检验在控制了 Rev 后 MktCap 与股票未来收益之间的关系，与之前的分析相似。在控制了 Rev 后，等权重组合分析下 MktCap 与股票未来收益之间的负相关关系较强。在平均 Rev 五分位数下的等权重 MktCap 的差异组合，其平均收益为每月－0.65%（T 统计量＝－2.70），FFC（不包括 SMB 因子）α 为每月－0.86%（T 统计量＝－3.26）。该结果意味着在等权重分析下，Rev 无法解释规模效应。与之前的结果相同，规模效应在市值加权分析下效果较弱。然而在平均 Rev 分位点下的市值加权 MktCap 5－1 组合的平均收益和 FFC（不包括 SMB 因子）α 的值分别为－0.42%（T 统计量＝－1.68）和－0.56%（T 统计量＝－2.17），结果至少略微显著。有趣的是，MktCap 与股票未来收益之间的关系在 Rev 上变化很大。当处于最低的 Rev 五分位数组合时，MktCap 与股票未来收益之间具有很强的负相关关系。然而在接下来的第 2、第 3、第 4 五分位数时，该关系逐渐减弱。在 Rev 的第 5 五分位数时，MktCap 与股票未来收益之间的关系变得显著为正，且在第 5 五分位数下，无论是等权重还是市值加权，MktCap 5－1 组合的平均收益和 FFC（不包括 SMB 因子）α 的值在经济上意义较大且统计上也略微显著。

在使用双变量序贯排序组合分析法下，无论控制 Rev 与否，BM 与股票未来收益之间的关系似乎没有明显变化。在等权重组合中，每一个 Rev 五分位数（包括 Rev 平均五分位数）下的 BM 5－1 组合的平均收益和 FFC α（不包括 HML 因子）均显著为正。而在市值加权组合中，该效果变弱，但是每一个 Rev 五分位数（包括 Rev 平均五分位数）下的 BM 5－1 组合的收益和 FFC α（不包括 HML 因子）至少略微显著。

最后，结果表明反转现象无法解释动量现象，因为在 Rev 平均五分位数下，等权重和市值加权的 Mom 5－1 组合的平均收益和 FF α 值均显著为正。股票未来收益与 Mom 之间的关系在各 Rev 五分位数上变化很大，该结果在等权重组合中尤为明显。在最低的 Rev 五分位数中，当使用等权重组合时，Mom 5－1 组合的平均收益和 FFC α 值实际上是显著为负的，结果略微显著。这样的结果意味着，在低 Rev 值中股票具有中期反转效应而非中期动量效应。然而在市值加权组合中，组合的平均收益不显著但 FF α 显著为正。

现在，我们将使用双变量独立排序组合分析法，继续检验在控制了反转因子后股票期望收益与 β、市值、账面市值比和动量之间的关系。该分析结果与表 12.7 中所列出的结果相同。在这里我们的关注重点不是 Rev 与股票未来收益之间的关系，而是在控制了 Rev 后 β、MktCap、BM 和 Mom 与股票未来收益之间的关系。表 12.9 所列出的独立排序分析结果与表 12.8 的序贯排序分析结果相似。这两组结果均可以总结为：反转效应无法解释 β 与股票期望收益、规模、价值和动量效应之间缺乏正相关关系的现象。然而对于普通股来说，在不同的反转水平上，这些现象中存在有趣的变化模式，即每种效应似乎都对应着不同的现象。

表 12.9　双变量独立排序组合分析——控制 *Rev*

第二排序变量	权重	值	*Rev* 1	*Rev* 2	*Rev* 3	*Rev* 4	*Rev* 5	*Rev* Avg
β	EW	收益	−0.67	0.10	−0.24	−0.60	−0.45	−0.37
			(−2.75)	(0.40)	(−0.95)	(−2.31)	(−1.89)	(−1.65)
		FFC α	−0.66	−0.03	−0.44	−0.76	−0.55	−0.49
			(−2.92)	(−0.14)	(−2.24)	(−3.97)	(−2.75)	(−2.85)
	VW	收益	−0.46	0.19	−0.17	−0.09	−0.13	−0.13
			(−1.75)	(0.79)	(−0.61)	(−0.33)	(−0.45)	(−0.57)
		FFC α	−0.34	0.25	−0.20	−0.15	−0.18	−0.12
			(−1.23)	(1.15)	(−0.83)	(−0.70)	(−0.75)	(−0.65)
MktCap	EW	收益	−2.16	−0.02	−0.48	−0.59	0.66	−0.52
			(−7.05)	(−0.09)	(−1.72)	(−2.12)	(2.38)	(−2.08)
		FFC α	−2.43	−0.16	−0.78	−0.89	0.59	−0.74
			(−6.16)	(−0.59)	(−2.37)	(−2.57)	(2.08)	(−2.72)
	VW	收益	−1.64	0.07	−0.35	−0.40	0.91	−0.28
			(−5.30)	(0.24)	(−1.19)	(−1.41)	(3.13)	(−1.07)
		FFC α	−1.86	0.00	−0.53	−0.58	0.83	−0.43
			(−4.81)	(0.00)	(−1.77)	(−1.93)	(2.83)	(−1.60)
BM	EW	收益	1.36	0.99	0.94	1.05	1.07	1.08
			(6.57)	(5.18)	(4.84)	(5.40)	(4.32)	(5.89)
		FFC α	1.49	1.17	1.18	1.26	1.28	1.28
			(6.84)	(6.48)	(6.60)	(6.65)	(5.29)	(7.07)
	VW	收益	0.69	0.40	0.65	0.47	0.61	0.56
			(2.87)	(1.68)	(2.77)	(2.14)	(2.72)	(2.99)
		FFC α	0.70	0.57	0.79	0.58	0.74	0.68
			(2.78)	(2.46)	(3.36)	(2.76)	(3.38)	(3.74)
Mom	EW	收益	−0.51	0.85	0.90	1.20	2.86	1.06
			(−1.65)	(2.87)	(2.78)	(4.00)	(11.88)	(4.05)
		FF α	−0.27	1.11	1.05	1.33	3.12	1.27
			(−0.99)	(4.27)	(3.09)	(3.86)	(13.74)	(5.31)

续前表

第二排序变量	权重	值	*Rev* 1	*Rev* 2	*Rev* 3	*Rev* 4	*Rev* 5	*Rev* Avg
	VW	收益	0.42	0.84	1.02	1.05	1.94	1.05
			(1.10)	(2.40)	(3.12)	(3.36)	(6.38)	(3.59)
		FF α	0.75	1.21	1.29	1.34	2.26	1.37
			(2.59)	(4.12)	(4.26)	(4.68)	(7.71)	(5.57)

该表显示了在控制了 *Rev* 后，β、*MktCap*、*BM* 和 *Mom*（第二排序变量）与股票未来收益之间关系的双变量独立排序组合分析的结果。在 CRSP 样本中的所有股票每月先以 *Rev* 进行升序排列分为五组，随后再根据第二排序变量独立进行升序排列分为五组。使用 CRSP 中的样本来计算组合五分位数。第二排序变量和 *Rev* 分组的交集构成了 25 个组合。该表显示了在每一种控制变量下零成本多空组合的平均收益和 FFC α 的值（以每月百分比的形式），零成本多空组合即做多每一 *Rev* 下的第二排序变量的第 5 五分位数组合，做空第 1 五分位数组合，同样包括 *Rev* 的平均五分位数组合。该表对等权重分析（权重＝EW）和市值加权分析（权重＝VW）分别进行汇报。括号里为经过 Newey 和 West（1987）六期滞后调整的 T 统计量，检验的零假设是平均组合超额收益或 α 等于 0。

12.5 Fama 和 MacBeth 回归

接下来，我们将使用 Fama 和 MacBeth（1973）（以下简称“FM”）回归来继续分析反转效应。通过 FM 回归，我们可以在研究反转效应时，同时控制 β、规模、价值或动量因子。我们将分别检验仅包含 *Rev* 作为自变量的回归方程，包含 *Rev* 与 β、*MktCap*、*BM* 或 *Mom* 其中之一的因子作为自变量的回归方程，以及最后包含 *Rev*、β、*MktCap*、*BM* 和 *Mom* 作为自变量的回归方程。所有的自变量均在月度数据的基础上进行了 0.5%的缩尾处理。所有回归方程的因变量均为未来 1 个月的超额收益。

表 12.10 给出了 FM 回归结果。当仅包含 *Rev* 作为自变量时［列（1）］，*Rev* 的平均系数为−0.048 且 T 统计量为−10.07，这意味着 *Rev* 与股票未来收益在横截面上存在显著为负的相关关系。在包含了 β［列（2）］、规模［列（3）］、账面市值比［列（4）］和动量［列（5）］的模型中，*Rev* 的平均系数分别为−0.053（T 统计量＝−10.78），−0.051（T 统计量＝−10.65），−0.055（T 统计量＝−10.85）和−0.054（T 统计量＝−11.08）。当在回归模型中加入所有控制变量时［列（6）］，*Rev* 的平均系数为−0.063，其绝对值大于其余任意回归下的数值，且 T 统计量为−12.54，高度显著。因此 FM 回归结果表明，在控制了 β、*Size*、*BM* 和 *Mom* 后反转效应依然存在。该回归结果同样证明了当回归中加入 *Rev* 后，之前已经确定的控制变量与股票未来收益之间的关系依然存在。β 的平均系数为负但在统计上趋于 0。在控制了反转效应后，规模效应依然强烈，因为当回归方程中加入 *Size* 作为自变量时，平均系数显著为负。价值效应也依然存在，因为 *BM* 的平均系数为正且高度显著。最后，该结果表明当回归方程包含 *Rev* 时，*Mom* 和股票未来收益之间依然存在显著为正的关系，这也就意味着动量效应无法被反转效应所解释。

表 12.10　　Fama 和 MacBeth 回归分析

	(1)	(2)	(3)	(4)	(5)	(6)
Rev	−0.048	−0.053	−0.051	−0.055	−0.054	−0.063
	(−10.07)	(−10.78)	(−10.65)	(−10.85)	(−11.08)	(−12.54)
β	—	−0.235	—	—	—	−0.099
		(−1.67)				(−0.61)
Size	—	—	−0.106	—	—	−0.132
			(−2.13)			(−2.36)
BM	—	—	—	0.415	—	0.229
				(5.13)		(3.35)
Mom	—	—	—	—	0.007	0.006
					(2.89)	(3.05)
Intercept	0.760	0.977	1.182	0.439	0.628	1.114
	(2.44)	(3.66)	(2.40)	(1.41)	(2.17)	(2.52)
Adj. R^2	0.01	0.03	0.02	0.02	0.02	0.05
n	4 740	4 423	4 740	3 389	4 407	3 368

该表显示了股票期望收益与反转值之间关系的 Fama 和 MacBeth（1973）的回归结果。表中每一列表示不同横截面的回归方程。所有方程的因变量均为股票未来 1 个月的超额收益。自变量则在第一列中给出。所有的自变量均以月度数据为基础进行了 0.5%的缩尾处理。表中列出了平均斜率和截距项系数以及对应的 T 统计量（括号中），T 统计量经 Newey 和 West（1987）六期滞后调整，用于检验组合平均收益或 α 等于 0 的原假设是否成立。Adj. R^2 和 n 分别表示截面回归调整后的 R 平方以及数据量。

接下来，我们将利用加入所有控制变量的回归方程［列（6）］中 *Rev* 的平均系数 −0.063 来检验反转现象的经济规模。首先，用反转因子在横截面上的标准差 15.49% 乘以 *Rev* 的平均系数，数据来自表 12.1。结果表明反转因子的一个标准偏差将会导致月度期望收益率产生 0.98%(=0.063×15.49%）的显著变动。用 *Rev* 最高组平均值和最低组平均值的差额 51.18%[−30.80%−(−21.38%)，见表 12.3］乘以平均系数，得到两组股票间的月度平均期望收益率差额为 3.28%，该值与在等权重单变量组合分析下得到的 2.69%近似相似。两种方法均证明了平均回归系数−0.063 所表示的反转现象在经济意义上高度显著。

分解反转和动量

在第 12.4.1 节中，我们检验了通过对 *Rev* 排序分组构建的组合的收益，同时包括月份 $t-k$ 的收益，$k\in\{1, 2, \cdots, 11\}$，我们将其记为 R_{t-k}。同时我们用 FM 回归分析代替单变量组合分析进行了相同的研究。除了可以分别检验过去月份的收益预测未来收益的能力，FM 回归使得我们可以在控制其他月份收益影响的条件下检验每一个月份收益的条件预测能力。

表 12.11 给出了 FM 回归的分析结果，结果表明当仅使用 R_{t-k} 作为自变量进行回归［列（3）～（12）］时，对于每一个 $k\in\{2, 3, \cdots, 11\}$，月份 $t+1$ 的股票的收益与

表 12.11　　Fama 和 MacBeth 回归分析——滞后反转

	(1)	(2)	(3)	(4)	(5)	(6)	(7)	(8)	(9)	(10)	(11)	(12)	(13)
Rev	−0.048	—	—	—	—	—	—	—	—	—	—	—	−0.060
	(−10.07)												(−12.08)
R_{t-1}	—	−0.000	—	—	—	—	—	—	—	—	—	—	−0.006
		(−0.09)											(−1.75)
R_{t-2}	—	—	0.012	—	—	—	—	—	—	—	—	—	0.010
			(3.84)										(3.32)
R_{t-3}	—	—	—	0.005	—	—	—	—	—	—	—	—	0.006
				(1.68)									(2.13)
R_{t-4}	—	—	—	—	0.007	—	—	—	—	—	—	—	0.008
					(2.11)								(2.63)
R_{t-5}	—	—	—	—	—	0.007	—	—	—	—	—	—	0.009
						(1.73)							(2.48)
R_{t-6}	—	—	—	—	—	—	0.010	—	—	—	—	—	0.009
							(3.31)						(3.37)
R_{t-7}	—	—	—	—	—	—	—	0.007	—	—	—	—	0.008
								(1.72)					(2.44)
R_{t-8}	—	—	—	—	—	—	—	—	0.008	—	—	—	0.010
									(2.27)				(3.00)
R_{t-9}	—	—	—	—	—	—	—	—	—	0.004	—	—	0.006
										(1.09)			(2.00)
R_{t-10}	—	—	—	—	—	—	—	—	—	—	0.010	—	0.010
											(3.21)		(3.57)
R_{t-11}	—	—	—	—	—	—	—	—	—	—	—	0.021	0.019
												(6.64)	(7.65)

续前表

	(1)	(2)	(3)	(4)	(5)	(6)	(7)	(8)	(9)	(10)	(11)	(12)	(13)
Intercept	0.760	0.690	0.726	0.722	0.697	0.729	0.764	0.724	0.792	0.793	0.765	0.780	0.595
	(2.44)	(2.35)	(2.52)	(2.51)	(2.49)	(2.59)	(2.71)	(2.54)	(2.85)	(2.84)	(2.73)	(2.76)	(2.39)
Adj. R^2	0.01	0.00	0.00	0.00	0.00	0.00	0.00	0.00	0.00	0.00	0.00	0.00	0.04
n	4 740	4 703	4 665	4 628	4 591	4 555	4 519	4 483	4 447	4 412	4 377	4 341	4 306

该表显示了股票期望收益与前期反转值之间关系的 Fama 和 MacBeth（1973）回归结果。表中每一列表示不同的横截面回归方程。所有方程的因变量均为股票未来 1 个月的超额收益。自变量则在第一列中给出。R_{t-k} 为股票在月份 $t-k$ 的收益，所有的自变量均以月度数据为基础进行了 0.5%的缩尾处理。表中列出了平均斜率和截距项系数以及对应的 T 统计量（括号中），T 统计量经过了 Newey 和 West（1987）六期滞后数据调整，用于检验组合平均收益或 α 等于 0 的原假设是否成立。Adj. R^2 和 n 分别表示截面回归调整后的 R 平方以及数据量。

R_{t-k}存在横截面上的正向相关关系。除 R_{t-9} 结果不显著外，其他结果在统计意义上至少都能达到显著的标准。同时，单变量回归结果还表明股票的 R_{t-1} 与其在月份 $t+1$ 的收益之间无相关关系［列（2）］。当在回归中加入之前所有月份的收益时［列（13)］，每一个单独月份所携带的关于月份 $t+1$ 的收益信息与包含其他月份的信息正交。正如本章一直所描述的那样，股票在月份 t 的收益（Rev）与月份 $t+1$ 的超额收益（因变量）之间的关系显著为负。多变量回归方程的结果还显示，R_{t-1} 与股票未来收益之间具有负的且略微显著的关系，同时对于所有 $k\in\{2, 3, \cdots, 11\}$，R_{t-k}与股票未来收益之间具有正的且高度显著的关系。有趣的是，股票在月份 $t-11$ 期间的收益 R_{t-11}，即因变量（R_{t+1}）之前第 12 个月的收益，似乎扮演了一个特殊的角色，因为其系数较其余系数更大且更显著（除 Rev 之外）。

现在我们将 β、$Size$、BM 和 Mom 分别单独加入和同时加入包含之前所有月份收益信息的方程中重复进行 FM 回归分析。表 12.12 给出了 FM 回归结果。在方程中加入 β 作为控制变量［列（1)］，除了使 R_{t-1}的系数不再显著外，对于其他自变量系数几乎没有影响。有趣的是，在该方程中 β 的系数变成显著为负，其平均系数为 -0.409，对应的 T 统计量为 -3.66。当使用 $Size$ 作为控制变量时［列（2)］，结果与之相同，同预料一样，$Size$ 系数显著为负。而当使用 BM 作为控制变量时［列（3)］，R_{t-3}、R_{t-4}、R_{t-5} 的平均系数仅略微显著，R_{t-1}的系数为负且高度显著。BM 前的系数始终保持显著为正。当在方程中加入 Mom 时，对于 $k\in\{2, 3, \cdots, 11\}$，R_{t-k}的系数在统计上趋于 0。这样的结果并不令人惊讶，因为 Mom 与这些收益率之间具有某种相关的机制，虽然动量捕获到了每一个月收益率的影响，而非解释动量预测能力的单月收益率。回归结果展示了在控制了每个月的收益（包含了由 Mom 所覆盖的 11 个月，即月份 $t-11$ 到月份 $t-1$）后，Mom 和股票未来收益之间的关系依然存在。该结果似乎表明了正是股票收益的相对持久性导致了动量现象的产生。同时该结果再次证明了 R_{t-11}与月份 $t+1$ 收益之间具有较强的关系。在该方程中，R_{t-1}系数为负且依旧高度显著。最后，方程中包含所有控制变量时［列（5)］，结果表明 Rev 和R_{t-1}与股票未来收益之间具有显著为负的相关关系。对于 $k\in\{2, 3, \cdots, 11\}$，R_{t-k}的系数在统计上依然趋于 0。同时，在该方程中 R_{t-11}的系数也变得不显著，意味着 R_{t-11}的预测能力虽然无法被 β、$Size$、BM 或是Mom 单独捕捉到，但是可以被这些变量的某种线性组合所代替。最后，与全书结果相一致，β 的平均斜率为负但是不显著，$Size$ 的系数显著为负，而 BM 和Mom 具有显著为正的斜率。

总之，FM 回归的结果表明反转现象无法由 β、规模、账面市值比或动量与股票未来收益之间的关系解释。同样，其他现象也无法由反转现象解释。从月份 $t-2$ 到月份 $t-11$ 之间每个月的收益均与月份 $t+1$ 的收益正相关。然而，这几个单月收益的影响却可以被由 β、规模、账面市值比和动量所组成的组合的影响替代。

表 12.12　　Fama 和 MacBeth 回归分析——加入控制变量后的滞后反转

	(1)	(2)	(3)	(4)	(5)
Rev	−0.061	−0.061	−0.063	−0.061	−0.066
	(−11.97)	(−12.28)	(−12.27)	(−12.07)	(−12.66)
R_{t-1}	−0.005	−0.005	−0.008	−0.013	−0.020
	(−1.52)	(−1.60)	(−2.17)	(−3.14)	(−3.84)
R_{t-2}	0.011	0.012	0.007	0.003	−0.002
	(3.73)	(4.05)	(2.23)	(0.86)	(−0.49)
R_{t-3}	0.006	0.007	0.006	−0.001	−0.005
	(2.24)	(2.61)	(1.85)	(−0.42)	(−1.33)
R_{t-4}	0.008	0.010	0.007	0.001	−0.003
	(2.62)	(3.29)	(1.91)	(0.18)	(−0.67)
R_{t-5}	0.009	0.010	0.006	0.002	−0.002
	(2.88)	(2.99)	(1.79)	(0.38)	(−0.47)
R_{t-6}	0.008	0.010	0.007	0.002	−0.004
	(3.00)	(4.05)	(2.47)	(0.59)	(−1.08)
R_{t-7}	0.009	0.009	0.008	0.001	−0.002
	(2.63)	(2.67)	(2.23)	(0.26)	(−0.49)
R_{t-8}	0.010	0.012	0.009	0.002	−0.001
	(3.26)	(3.93)	(2.63)	(0.66)	(−0.33)
R_{t-9}	0.006	0.007	0.005	−0.002	−0.005
	(2.30)	(2.68)	(1.64)	(−0.53)	(−1.06)
R_{t-10}	0.010	0.010	0.007	0.002	−0.004
	(3.95)	(4.00)	(2.51)	(0.73)	(−1.06)
R_{t-11}	0.019	0.017	0.017	0.012	0.003
	(7.80)	(7.29)	(6.51)	(4.19)	(0.96)
β	−0.409	—	—	—	−0.165
	(−3.66)				(−1.21)
Size	—	−0.162	—	—	−0.136
		(−3.85)			(−2.75)
BM	—	—	0.372	—	0.229
			(5.32)		(3.34)
Mom	—	—	—	0.009	0.012
				(4.46)	(4.05)
Intercept	0.791	1.281	0.254	0.583	1.094
	(3.27)	(3.23)	(1.03)	(2.36)	(2.64)
Adj. R^2	0.05	0.05	0.05	0.04	0.06
n	4 306	4 306	3 332	4 306	3 332

该表显示了股票期望收益与前期反转值之间关系的 Fama 和 MacBeth（1973）的回归结果。表中每一列表示不同横截面的回归方程。所有方程的因变量均为股票未来 1 个月的超额收益。自变量则在第一列中给出。R_{t-k} 为股票在月份 $t-k$ 的收益，所有的自变量均在月度数据基础上进行了 0.5%的缩尾处理。表中列出了平均斜率和截距项系数以及对应的 T 统计量（括号中），T 统计量经 Newey 和 West（1987）的六期滞后调整，用于检验组合平均收益或 α 等于 0 的原假设是否成立。Adj. R^2 和 n 分别表示截面回归调整后的 R 平方以及数据量。

12.6 反转因子

与之前介绍的与股票收益相关的变量一样，部分研究者将反转因子加入风险模型以估计组合或证券的超额收益。最常见的反转因子与价值因子（*HML*）和动量因子（*MOM*）一样，具有相同的形式。每个月将 CRSP 数据库中的所有股票基于市值分为两组，两个市值组的分位点为纽约证券交易所所记载的市值中值。依据反转值将股票分为三组，反转组的分位点同样使用 NYSE 的股票来计算第 30 百分位数和第 70 百分位数的反转值并分组。两个市值组和三个反转组的交集构成了六个市值加权组合。我们用 *STR* 短期反转来表示月反转因子，计算方法是将两个低反转组合未来 1 个月的平均收益减去两个高反转组合未来 1 个月的平均收益。[①][②]

1926 年 7 月—2012 年 12 月，短期反转因子的月平均收益（对数收益）为 0.75%（0.68%），月收益的标准差为 3.50%（3.43%），从而得到年化夏普比率为 0.74（0.69）。在整个 86 年半的时间中，*STR* 因子的月复合收益（对数收益）为 121 104%（710%），与市场（*MKT* 因子）、规模（*Size*）、账面市值比（*HML*）以及动量因子（*MOM*）所对应的超额收益相比，该值明显更高。*STR* 因子与 *MKT* 因子之间的相关系数为 0.21，与 *SMB*、*HML* 和 *MOM* 因子之间的相关系数分别为 0.16、0.04 和 −0.19。将 *STR* 因子加入 FFC 四因子风险模型中，我们发现风险调整后的 α 值为每月 0.77%，Newey 和 West（1987）调整后（滞后 6 期）的 T 统计量为 6.37，这也就意味着在 FFC 模型中考虑了短期反转因子的影响后，*STR* 因子能够产生具有经济意义且统计上高度显著的收益。*STR* 因子对 *MKT* 因子的敏感性为 0.09（T 统计量＝2.27），对 *SMB* 因子、*HML* 因子和 *MOM* 因子的敏感性分别为 0.10（T 统计量＝1.49）、−0.06（T 统计量＝−0.83）和−0.11（T 统计量＝−1.39），均不显著。

图 12.1 描绘了 *STR* 因子 1926 年 7 月—2012 年 12 月的累积收益曲线。实线代表了 *STR* 因子的复合超额收益，刻度线位于左侧。虚线代表每月对数超额收益的累积和，刻度线位于右侧。如图 12.1 所示，*STR* 因子不存在像其他因子那样的大幅下跌的过程。反转因子最大的一次下跌始于 1927 年 1 月，自该点起到 1929 年 11 月底，反转因子损失了大约 36%，直到 1931 年 10 月底才再次回到下跌前水平，自下跌起大约花了 5 年时间。尽管此次下跌幅度最大，然而仅处于经历 *STR* 因子所花费的时间长度的第三位。最长的一次下跌，其跌幅仅排在第五位，始于 1989 年 9 月底，直到 1997 年 7 月才结束。1993 年 4 月达到了在整个下跌过程中累积损失的最大点，*STR* 因子较前一个高点下降了 22%。*STR* 因子所经历的跌幅第二、时长第四的一次下跌始于 1999 年 7 月，从该点起到 2000 年 12 月，*STR* 组合的损失已超过 33%，直到 2002 年 3 月才恢复

① 学术界关于反转因子还没有普遍认可的首字母缩写，*STR*、*STRev*、*ST _ Rev* 和 *Rev* 都比较常见。

② 反转因子的日度数据和月度数据均可以在 Kenneth French 数据库中获得。

到之前的高位，此次下跌历经了 32 个月。最后，值得一提的是，在本次分析所使用的样本期末，*STR* 因子处于一段下跌当中，这也可能是组合所经历的时间最长、跌幅最大的一次下跌。*STR* 因子在整个样本期内的最高点为 2007 年 2 月，到 2009 年 5 月底组合已经损失了 32%，从现在来看，这使得此次下跌成为反转因子模拟组合所经历的第三大下跌。由图中可以看出，截止到 2012 年 12 月，距大跌发生已超过 70 个月，*STR* 组合的累积复合收益率仍比以前的高峰低 17%以上。

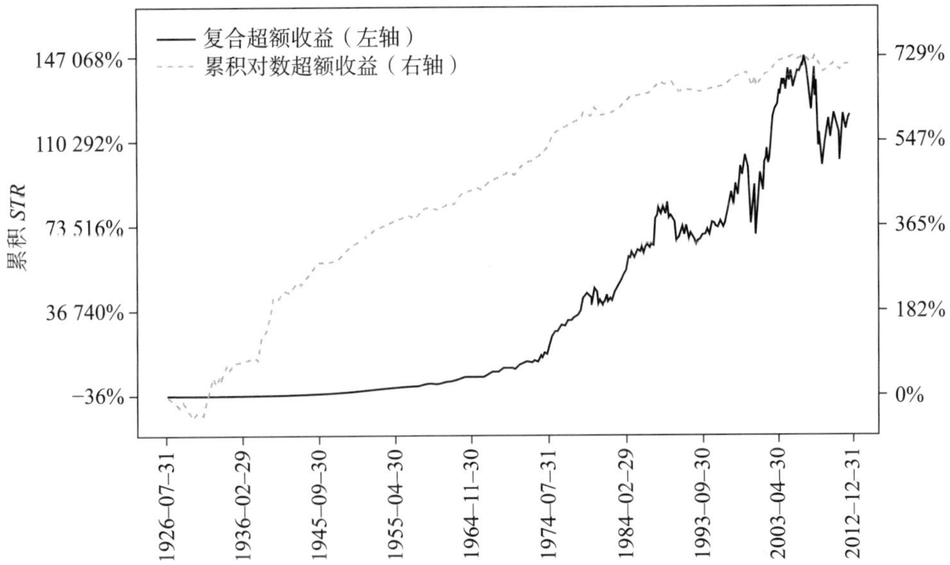

图 12.1　*STR* 组合的累积收益

该图描绘了 *STR* 因子 1926 年 7 月—2012 年 12 月的累积收益。月份 t 的复合超额收益等于此前各个月份（包含月份 t）的月度收益加上 1 的累积再乘以 100。月份 t 的累积对数超额收益等于此前各个月份（包含月份 t）的月度对数超额收益累积相加。

尽管有较强的实证支持且被广泛接受，但是反转现象即 *STR* 因子的使用频率依然明显低于 *MKT*、*SMB*、*HML* 和 *MOM* 因子，后者包含在 Fama 和 French（1993）以及 Carhart（1997）的四因子模型中，该模型依然是在资本资产定价实证领域的文献中所使用的标准模型。在大部分使用 *STR* 因子的例子中，均将该因子附加入四因子模型中，并且主要是作为稳健性检验而非主要的基准模型。

12.7　总结

在本章中，我们主要讨论并对 Jegadeesh（1990）和 Lehmann（1990）所记录的反转现象做了实证检验。主要的实证结果为，由最近月份所计算得出的反转变量同下一个月的收益有很强的负相关关系。该结果很大程度上是由低市值股票造成的，与等权重加权组合相比，这一结果在市值加权下表现较弱。与之前经常使用和讨论的因子不同，反转因子模拟组合（记为 *STR*）所产生的收益更大，相较于市场、规模、价值和动量因子的模拟组合，其下跌幅度更小、时长更短。

参考文献

[1] Admati, A. R. and Pfleiderer, P. 1989. Divide and conquer: a theory of intraday and day-of-the-week mean effects. Review of Financial Studies, 2 (2), 189-223.

[2] Boudoukh, J., Richardson, M. P., and Whitelaw, R. F. 1994. A tale of three schools: insights on autocorrelations of short horizon stock returns. Review of Financial Studies, 7 (3), 539-573.

[3] Carhart, M. M. 1997. On persistence in mutual fund performance. Journal of Finance, 52 (1), 57-82.

[4] Conrad, J., Gultekin, M. N., and Kaul, G. 1997. Profitability of short-term contrarian strategies: implications for market efficiency. Journal of Business and Economic Statistics, 15 (3), 379-386.

[5] Fama, E. F. 1970. Efficient capital markets: a review of theory and empirical work. Journal of Finance, 25 (2), 383-417.

[6] Fama, E. F. and French, K. R. 1993. Common risk factors in the returns on stocks and bonds. Journal of Financial Economics, 33 (1), 3-56.

[7] Fama, E. F. and MacBeth, J. D. 1973. Risk, return, and equilibrium: empirical tests. Journal of Political Economy, 81 (3), 607.

[8] Hasbrouck, J. 1991. The summary informativeness of stock trades: an economic analysis. Review of Financial Studies, 4 (3), 571-595.

[9] Jegadeesh, N. 1990. Evidence of predictable behavior of security returns. Journal of Finance, 45 (3), 881-898.

[10] Keim, D. B. 1989. Trading patterns, bid-ask spreads, and estimated security returns: the case of common stocks at calendar turning points. Journal of Financial Economics, 25 (1), 75-97.

[11] Lehmann, B. N. 1990. Fads, martingales, and market efficiency. Quarterly Journal of Economics, 105 (1), 1-28.

[12] Lintner, J. 1965. Security prices, risk, and maximal gains from diversification. Journal of Finance, 20 (4), 687-615.

[13] Lo, A. W. and MacKinlay, A. C. 1990. When are contrarian profits due to stock market over-reaction? Review of Financial Studies, 3 (2), 175-205.

[14] Mech, T. S. 1993. Portfolio return autocorrelation. Journal of Financial Econom-

ics, 34 (3), 307–344.

[15] Mossin, J. 1966. Equilibrium in a capital asset market. Econometrica, 34 (4), 768–783.

[16] Nagel, S. 2012. Evaporating liquidity. Review of Financial Studies, 25 (6), 2005–2039.

[17] Newey, W. K. and West, K. D. 1987. A simple, positive semi-definite, heteroskedasticity and autocorrelation consistent covariance matrix. Econometrica, 55 (3), 703–708.

[18] Roll, R. 1984. A simple implicit measure of the effective bid-ask spread in an efficient market. Journal of Finance, 39 (4), 1127–1139.

[19] Sharpe, W. F. 1964. Capital asset prices: a theory of market equilibrium under conditions of risk. Journal of Finance, 19 (3), 425–442.

第 13 章　流动性

在本章中，我们将检验流动性对证券期望收益的影响。虽然很难给流动性下准确的定义，但在这里，一只证券的流动性指的是它被买进或卖出的容易程度。难以达成交易或交易成本昂贵的证券被认为是流动性不足，同时低交易成本甚至交易成本可忽略不计的证券被认为具有更强的流动性。

检验流动性在证券定价中的作用，可以作为对 Sharpe（1964）、Lintner（1965）和 Mossin（1966）提出的资本资产定价模型（CAPM）与 Ross（1976）提出的套利定价理论共同的一个核心假设的检验，在这些假设中所有的证券都是完全流动的，即交易成本为 0。然而，大多数从业者与学者也承认这一假设存在缺陷。

一些理论和实证论文研究了流动性在决定股票期望收益中的作用。[①] 在其中的一个开创性研究中，Amihud 和 Mendelson（1986）提出了一个理论模型，预测买卖价差与证券期望收益之间存在正相关关系，其中买卖价差是衡量流动性的常用指标之一。[②] Amihud 和 Mendelson（1989）实证检验了上述模型并发现在控制了诸如市场 β、市值（Banz，1981）、特质波动率（Levy，1978；Merton，1987）[③] 等其他相关变量后，买卖价差与股票未来收益存在正向横截面关系。在研究流动性与股票期望收益关系的文献中，被引用最广泛的是 Amihud（2002）的研究。他提出了衡量股票流动性不足的指标，

① Holden 等（2014）对流动性的实证研究文献做了一个完整的回顾。

② 买卖价差是流动性不足的衡量指标，即证券的买卖价差越大，流动性越差。

③ 继 Amihud 和 Mendelson（1986）的研究成果发表后，其他研究期望收益与市值及特质波动率之间关系的论文也相继发表。例如，Fama 和 French（1992，1993）证明了市值与股票未来收益率之间的显著负相关性。Ang 等（2006）证明了股票特质波动率与未来收益率呈显著负相关，这一结论与 Amihud 和 Mendelson（1989）提出的理论预测恰恰相反。

该指标仅用收益率和交易量数据就可以计算出来。实证结果表明，在时间维度和截面维度上，流动性不足都与股票期望收益正相关。Brennan 和 Subrahmanyam（1996）采用日内数据衡量股票流动性也发现了类似的结论。Acharya 和 Pedersen（2005）证明理论上流动性越高的股票当期收益越高，而未来收益越低。[①②] Easley、Hvidkjaer 和 O' Hara（2002）提出，获取基于信息的交易数量可以部分地反映某只股票的流动性，并且按此形成的指标与股票期望收益呈正相关关系。Bali、Peng、Shen 和 Tang（2014）的研究发现，对股票流动性的冲击与股票未来的收益之间呈正相关，并将此归因于投资者对相关信息的反应不足。Chordia 等（2001b）的研究结果表明流动性波动率与期望收益之间呈负相关。Pereira 和 Zhang（2010）对此在理论上给予了证明。

很多其他的研究检验了总流动性对证券定价的影响。Chordia、Roll 和 Subrahmanyam（2000）研究认为个股的流动性与股票市场的总流动性高度相关。他们发现对组合流动性的冲击并不能被分散，这也支持了总流动性因子对资产定价有影响这一观点。Hasbrouck 和 Seppi（2001）也发现股票的系统流动性对道琼斯工业平均指数有重要的影响。Pastor 和 Stambaugh（2003）证明了总流动性因子不仅在决定个股收益率的横截面波动上发挥了重要作用，而且在决定市场风险溢价的时间序列波动上亦是如此。[③] Kamara、Lou 和 Sadka（2008）论证了随着时间推进，系统流动性的截面波动程度有所下降，并将此与系统性风险的类似现象和机构投资者持股的变动相联系。

其他研究深入描述了流动性在金融市场中所扮演的角色。Chordia、Roll 和 Subrahmanyam（2001a）研究了在美国股票市场上市场层面总流动性的几个特性。他们发现，当市场低迷、市场波动大或周五时，市场流动性差；在主要宏观经济信息披露前或周二时，市场流动性好；单日总流动性呈序列负相关。Chordia、Roll 和 Subrahmanyam（2002）发现买单和卖单的不均衡会导致流动性降低，甚至可能会导致个股单日收益的反转形态。Chordia、Roll 和 Subrahmanyam（2008）还发现，流动性趋好会导致套利活动的增加，转而提高市场的有效性。

在本章中，我们将介绍在资产定价实证研究中衡量股票市场流动性最常用的指标。这一指标由 Amihud（2002）提出，且该指标与股票期望收益之间存在显著的正相关关系。此外，我们也介绍了由 Pastor 和 Stambaugh（2003）提出的总流动性因子。这一因子也被广泛地用于强化 Fama 和 French（1993）以及 Carhart（1997）的四因子模型理论。

13.1 流动性的度量

金融文献中提出的度量流动性的方法数不胜数。Roll（1984）提出了计算有效价差

---

① 其他一些研究，例如 Eleswarapu（1997），Berman、Chordia 和 Subrahmanyam（1998），Datar、Naik 和 Radcliffe（1998）和 Hasbrouck（2009），认为正溢价与非流动性相关。

② Eleswarapu 和 Reinganum（1993）论证了这一现象存在季节性成分。

③ 其他研究，例如 Huberman 和 Halka（2001），研究了流动性的时间变化特征。

的方法，即用某只股票的连续价格变化序列的协方差的相反数的平方根的两倍来表示有效价差，并发现截面数据中有效价差与市值负相关，而市值与流动性是正相关的。有效价差被认为是投资者关于该股票交易的实际的（而非报价）成本。Chordia 等（2001a）定义了几种度量流动性的方法。他们把买入价和卖出价之差作为报价价差，而将有效价差定义为最佳买卖报价的中点与交易价格之差。不管是报价价差还是有效价差，都可以以美元为单位的绝对值或证券价格的百分比来表示。市场深度以在最佳买卖报价上可交易的股票数的均值来衡量。以美元表示的深度等于最高买价乘以在该价位上可交易的股票数量和最低卖价乘以在该价位上可交易的股票数量的平均值。Chordia 等（2001a）在度量流动性时也会考虑到交易量，包括交易金额和成交次数。

在本章中，我们重点介绍了 Amihud（2002）在流动性度量方面的研究成果。虽然 Amihud 本人也承认，这一度量指标也许并不是最为精确的，但我们仍然需要认识到，这一指标有着特有的优势。首先，Amihud 测度的计算仅需要日收益率、交易量和价格，而其他的度量方法（也许更精确），例如 Chordia 等（2001a）的研究以及 Brennan 和 Subrahmanyam（1996）的研究，却需要日内数据。其次，由于 Amihud 测度只需要极小的数据量，在对更大范围的资产种类与更长的时间序列做分析时，这些数据比用其他方法所需的数据更容易得到。使用这一指标，人们可以对流动性与证券期望收益之间的关系进行更为全面和深入的研究。正因为以上原因，同时兼具有效性，这一度量指标成了实证资产定价中被用于度量流动性最广泛使用的变量。

Amihud 测度实际上是度量非流动性，而不是流动性的指标，因此，流动性越好的证券，其计算值会越低；流动性越差的证券，其计算值会越高。这一度量方法的核心思想是计算出成交量对于证券收益率的影响程度。如果一只证券能在一个很小的交易量上实现很高的绝对收益，这说明该证券流动性很差，因为一个少量交易就能对其价格产生重要影响。反之，如果一只证券交易量很大但却只能获得很小的绝对收益，说明该交易对价格的影响很小，这样的证券被认为是富有流动性的。据此，Amihud 将非流动性表示为估计期间内证券日绝对收益除以日美元交易额这一比值的日平均值，用公式表示为

$$Illiq_i = \frac{1}{D}\sum_{d=1}^{D}\frac{|R_{i,d}|}{VOLD_{i,d}} \tag{13.1}$$

式中，$R_{i,d}$代表股票 i 在第 d 天以小数表示的日收益率（0.01 代表 1%的收益率）；$VOLD_{i,d}$代表股票 i 在第 d 天的美元交易额，以当日收盘价与当日交易量的乘积来计算；D 代表在估计期间的天数。在计算非流动性指标时，$R_{i,d}$ 的数据一般选取美国证券价格研究中心（CRSP）每日股票交易收益率数据（RET 版块）。$VOLD_{i,d}$ 的数据选取 CRSP 的每日股票交易价格与数量的数据（VOL 字段和 PRC 字段）。因为交易量以股票数额计、价格以美元计，在使用这两个字段的数据前要先除以 100 万。在计算时，

将交易量或交易价格为负的数据剔除。[1] 对计算期内所有交易日的数据求和。$Illiq$ 的数值可以解释为每一百万美元的交易额导致股票价格变动的百分比，这一百分比以小数表示。

在计算股票 i 在月份 t 的 $Illiq$ 数值时，Amihud 使用从月份 $t-11$ 到月份 t 共 12 个月的数据。不同的研究会采用不同的计算期间。[2] 我们检验了本章介绍的在实证分析中表示非流动性的四种方式，我们用包括月份 t（月份 t 是指要计算 $Illiq$ 数值的当月）在内，数据长度为 1 个月、3 个月、6 个月、12 个月的数据，分别计算了 Amihud (2002) 提出的 $Illiq$ 的数值，分别用$Illiq^{1M}$、$Illiq^{3M}$、$Illiq^{6M}$、$Illiq^{12M}$来表示。正如在第 13.2 节看到的那样，$Illiq$ 数值的分布是高度倾斜的。因此，我们对不同的非流动性变量进行对数化，并定义 $\ln Illiq^{1M}$ 为 1 加 $Illiq^{1M}$ 的自然对数，$\ln Illiq^{3M}$、$\ln Illiq^{6M}$、$\ln Illiq^{12M}$ 的定义与 $\ln Illiq^{1M}$ 类似。在计算 $Illiq^{1M}$、$Illiq^{3M}$、$Illiq^{6M}$、$Illiq^{12M}$时，分别至少需要 15 天、50 天、100 天、200 天的有效日度数据。一个有效日度数据必须在 CRSP 股票日度数据库里有日收益率（RET 字段）、正的交易量（VOL 字段）和非负的收盘价（PRC 字段）。

13.2 描述性统计

表 13.1 显示了在 1963—2012 年期间，我们选取的美国股票市场样本股票的非流动性描述性统计。结果显示，从月度数据来看，$Illiq^{1M}$的截面数据的均值为 3.79，中位数为 0.26，标准差为 27.73，偏度为 22.15，峰度为 827.12，这些反映到数据形态上表现为高度正偏与尖峰分布。这是由一小部分股票流动性非常差所导致的。在第 95 百分位数上，$Illiq^{1M}$的值为 13.39，略低于均值之上 0.35 个标准差的偏离值；$Illiq^{1M}$的最大值为 1 174.73，高于均值之上 42 个标准差的偏离值。个别$Illiq^{1M}$极端值的存在使人们在进行诸如相关性分析与回归分析等一些对极端值敏感的统计分析时，对这些数据的可靠性存疑。平均每个月都会有 3 604 只股票提供有效的$Illiq^{1M}$数据。

尽管随着测量期间的延长，极端值对结果的影响显得不那么严重，但$Illiq^{3M}$、$Illiq^{6M}$、$Illiq^{12M}$的截面数据分布在形态上有与$Illiq^{1M}$数据分布类似的几个特点。非流动性数值的最大值随着测量期间的延长而减小，$Illiq^{3M}$、$Illiq^{6M}$、$Illiq^{12M}$平均每月的最大值分别为 687.71、560.23 和 452.60。与之类似，均值、标准差、偏度、峰度等统计量也随着样本测量期间的延长而减小。$Illiq^{3M}$、$Illiq^{6M}$、$Illiq^{12M}$的均值分别减小到了 2.88、2.76 和 2.70；标准差分别减小到了 18.03、15.75 和 14.01；偏度减小到了

---

① 在第 9.1 节中，我们已经讨论了价格出现负值的原因。

② Amihud (2002) 也用日历年份的数据计算了每只股票的 $Illiq$ 数值，这样任意给定股票的 $Illiq$ 数值在一整年中都不会发生变化。随后大多数采用此模型进行的研究都在计算月份 t 的 $Illiq$ 数值的时候，使用从月份 $t-k+1$ 开始到月份 t 共 k 个月的数据。这样，$Illiq$ 的数值每个月都可以更新。在 Fama 和 Macbeth (1973) 的回归分析中，Amihud (2002) 也对特定月份 $Illiq$ 的数值的横截面数据进行分级，这一方法并没有被应用到大多数研究中。

20.09、18.35 和 16.51；峰度也相应减小到了 684.53、568.03 和 451.68。

表 13.1　　　　　　　　　　　　描述性统计

	Mean	*SD*	*Skew*	*Kurt*	*Min*	5%	25%	*Median*	75%	95%	*Max*	*n*
$Illiq^{1M}$	3.79	27.73	22.15	827.12	0.00	0.01	0.05	0.26	1.35	13.39	1 174.73	3 604
$Illiq^{3M}$	2.88	18.03	20.09	684.53	0.00	0.01	0.05	0.24	1.17	10.70	687.71	3 438
$Illiq^{6M}$	2.76	15.75	18.35	568.03	0.00	0.01	0.05	0.25	1.19	10.65	560.23	3 370
$Illiq^{12M}$	2.70	14.01	16.51	451.68	0.00	0.01	0.05	0.26	1.23	10.81	452.60	3 247
$\ln Illiq^{1M}$	0.57	0.84	2.50	8.08	0.00	0.01	0.05	0.20	0.73	2.39	6.22	3 604
$\ln Illiq^{3M}$	0.53	0.79	2.50	8.07	0.00	0.01	0.05	0.20	0.68	2.24	5.85	3 438
$\ln Illiq^{6M}$	0.54	0.79	2.43	7.50	0.00	0.01	0.05	0.20	0.70	2.26	5.72	3 370
$\ln Illiq^{12M}$	0.55	0.79	2.34	6.81	0.00	0.01	0.05	0.21	0.72	2.29	5.59	3 247

该表展示了 1963 年 6 月—2012 年 11 月间的月份 t 非流动性指标变量的描述性统计，样本来自 CRSP 数据库。我们计算了每个变量每个月的截面数据均值（*Mean*）、标准差（*SD*）、偏度（*Skew*）、峰度（*Kurt*）、最小值（*Min*）、第 5 百分位数（5%）、第 25 百分位数（25%）、中位数（*Median*）、第 75 百分位数（75%）、第 95 百分位数（95%）、最大值（*Max*）。表中显示了这些截面值的时间序列均值。表中的最后一列 n 表示在给定变量的情况下，可用于计算的股票只数的均值。$Illiq^{1M}$、$Illiq^{3M}$、$Illiq^{6M}$、$Illiq^{12M}$ 分别表示数据长度为 1 个月、3 个月、6 个月、12 个月的并以小数表示的日收益率与该日交易额的比值的平均值，日交易额以百万美元为计价单位。$\ln Illiq^{1M}$、$\ln Illiq^{3M}$、$\ln Illiq^{6M}$、$\ln Illiq^{12M}$ 分别是 $Illiq^{1M}$、$Illiq^{3M}$、$Illiq^{6M}$、$Illiq^{12M}$ 的自然对数。

对非流动性数值进行对数变换后（$\ln Illiq^{1M}$、$\ln Illiq^{3M}$、$\ln Illiq^{6M}$、$\ln Illiq^{12M}$）的描述性统计显示，对数变换对这些变量左尾的分布并没有很大的影响，但是明显地降低了右尾的数值。与未进行对数变换时相比，进行对数变换后的对应变量明显在均值、标准差、偏度、峰度上都更小。$\ln Illiq^{1M}$、$\ln Illiq^{3M}$、$\ln Illiq^{6M}$、$\ln Illiq^{12M}$ 的均值分别为 0.57、0.53、0.54、0.55，这些数值都非常相近；截面数据的标准差也落在一个非常窄的区间，除了 $\ln Illiq^{1M}$ 的标准差为 0.84 外，$\ln Illiq^{3M}$、$\ln Illiq^{6M}$、$\ln Illiq^{12M}$ 的标准差均为 0.79；偏度从 $\ln Illiq^{1M}$、$\ln Illiq^{3M}$ 的 2.50 减小到 $\ln Illiq^{6M}$ 的 2.43，直至 $\ln Illiq^{12M}$ 的 2.34；峰度也从 $\ln Illiq^{1M}$ 的 8.08 减小到 $\ln Illiq^{3M}$ 的 8.07、$\ln Illiq^{6M}$ 的 7.50 直至 $\ln Illiq^{12M}$ 的 6.81。因此，虽然采用自然对数变量可以降低非流动性度量值的偏度和峰度，但是结果表明，即使是取自然对数，这些变量也依然呈现出高度正偏与尖峰分布的形态。

13.3　相关性

表 13.2 显示了流动性的不同衡量指标、市场贝塔（β）、规模因子（*Size*，取市值的自然对数）、账面市值比因子（*BM*）、动量因子（*Mom*）、反转因子（*Rev*）之间的月度横截面相关系数的时间序列均值。每个变量在分析计算前都经过了缩尾处理。皮尔逊积矩相关系数在对角线下方区域，斯皮尔曼等级相关系数在对角线上方区域。

表 13.2 **相关性**

	$Illiq^{1M}$	$Illiq^{3M}$	$Illiq^{6M}$	$Illiq^{12M}$	$\ln Illiq^{1M}$	$\ln Illiq^{3M}$	$\ln Illiq^{6M}$	$\ln Illiq^{12M}$	β	$Size$	BM	Mom	Rev
$Illiq^{1M}$	—	0.98	0.97	0.96	1.00	0.98	0.97	0.96	−0.32	−0.92	0.25	−0.24	−0.08
$Illiq^{3M}$	0.91	—	0.99	0.98	0.98	1.00	0.99	0.98	−0.30	−0.93	0.24	−0.23	−0.05
$Illiq^{6M}$	0.87	0.95	—	0.99	0.97	0.99	1.00	0.99	−0.30	−0.93	0.25	−0.20	−0.05
$Illiq^{12M}$	0.81	0.89	0.95	—	0.96	0.98	0.99	1.00	−0.30	−0.93	0.25	−0.14	−0.04
$\ln Illiq^{1M}$	0.81	0.79	0.78	0.75	—	0.98	0.97	0.96	−0.32	−0.92	0.25	−0.24	−0.08
$\ln Illiq^{3M}$	0.78	0.83	0.82	0.79	0.96	—	0.99	0.98	−0.30	−0.93	0.24	−0.23	−0.05
$\ln Illiq^{6M}$	0.75	0.80	0.83	0.82	0.93	0.98	—	0.99	−0.30	−0.93	0.25	−0.20	−0.05
$\ln Illiq^{12M}$	0.71	0.77	0.80	0.83	0.90	0.94	0.97	—	−0.30	−0.93	0.25	−0.14	−0.04
β	−0.15	−0.15	−0.15	−0.15	−0.27	−0.25	−0.26	−0.25	—	0.33	−0.23	0.04	−0.01
$Size$	−0.42	−0.44	−0.45	−0.46	−0.69	−0.70	−0.71	−0.71	0.31	—	−0.26	0.25	0.11
BM	0.18	0.18	0.20	0.21	0.26	0.25	0.26	0.27	−0.19	−0.27	—	0.04	0.03
Mom	−0.16	−0.16	−0.14	−0.09	−0.22	−0.20	−0.17	−0.10	0.07	0.18	0.02	—	0.04
Rev	−0.04	−0.01	−0.01	−0.00	−0.05	−0.02	−0.01	−0.00	−0.02	0.07	0.02	0.02	—

该表展示了非流动性指标、β、$Size$、BM、Mom、Rev 之间每对变量的年度皮尔逊积矩相关系数（对角线下方区域）、斯皮尔曼等级相关系数（对角线上方区域）的时间序列均值。

我们首先检验了不同度量区间的 $Illiq$ 变量之间的相关性。表 13.2 显示，不管度量区间长短如何，$Illiq$ 在横向上都高度相关——皮尔逊积矩相关系数最小的是$Illiq^{1M}$与$Illiq^{12M}$的 0.81；$Illiq^{6M}$与$Illiq^{12M}$、$Illiq^{3M}$与$Illiq^{6M}$两对的皮尔逊积矩相关系数都最大，为 0.95。虽然指标构建机制上的相似性起了一定作用，但它们之间的相关性已经高到不能仅用此来解释了。而斯皮尔曼等级相关系数则更高，它们的数值在 0.96 到 0.99 之间，这说明 $Illiq$ 度量区间的长度对股票非流动性排序的结果几乎没有影响。皮尔逊积矩相关系数和斯皮尔曼等级相关系数之间的差异说明一些极端数据点对结果的影响巨大。

经过对数变换后的 $\ln Illiq$ 与对应的未经变换的 $Illiq$ 之间的相关系数在 0.81 至 0.83 之间——$Illiq^{1M}$与 $\ln Illiq^{1M}$的相关系数为 0.81，$Illiq^{3M}$与 $\ln Illiq^{3M}$、$Illiq^{6M}$与 $\ln Illiq^{6M}$、$Illiq^{12M}$与 $\ln Illiq^{12M}$的相关系数均为 0.83。因为未经对数变换与经过对数变换的变量是相互增进的，所以它们之间的相关性使得非线性的对数变换的影响明晰起来。这几对变量之间的相关性之低，足以使我们担忧经过对数变换后的变量在进行线性分析时，如 Fama 和 Macbeth（1973）回归，会产生与未经对数变换的原变量不同的结果。$Illiq$ 变量与其对应的 $\ln Illiq$ 变量之间的斯皮尔曼等级相关系数均为 1。

分析表中的斯皮尔曼等级相关系数，可以发现，经过对数变换后的变量，其与其他变量间的斯皮尔曼等级相关系数比该变量对应的未经对数变换的变量与其他变量间的斯皮尔曼等级相关系数都要高。例如，$Illiq^{1M}$与$Illiq^{12M}$的平均月度数据的相关系数为 0.81，而与之对应，$\ln Illiq^{1M}$与 $\ln Illiq^{12M}$的平均相关系数为 0.90。经对数变换后的变量相关性高从另一个角度说明了在未经变换的变量中的极端数据点对数据分析会产生负面影响。经过对数变换的变量间的斯皮尔曼等级相关系数必然与未经对数变换的原变量间的斯皮尔曼等级相关系数相等。

现在我们来看不同计算区间的 $Illiq$ 值与其他股票特征值之间的相关性。结果显示，非流动性与 β 之间负相关，所有的 $Illiq$ 与 β 之间的皮尔逊积矩相关系数均为 −0.15，而不同度量区间的 $\ln Illiq$ 与 β 之间的相关系数在 −0.25 至 −0.27 之间。$Illiq$ 变量与 β 之间的斯皮尔曼等级相关系数在 −0.30 至 −0.32 之间。β 与 $Illiq$ 变量之间的相关系数在绝对值上显著低于 β 与 $\ln Illiq$ 变量的相关系数，说明在线性回归分析中使用 $Illiq$ 变量来控制变量 β 可能无法捕捉到 β 和非流动性之间的关系，控制变得无效。$\ln Illiq$ 与 β 之间的斯皮尔曼等级相关系数与皮尔逊积矩相关系数相近，说明 $\ln Illiq$与 β 可能线性相关。

非流动性与股票规模明显负相关。$Illiq$ 值与 $Size$ 变量之间的皮尔逊积矩相关系数在 −0.42 至 −0.46 之间，这比 $\ln Illiq$ 与 $Size$ 变量之间的 −0.69 至 −0.71 在绝对值上要小。但以上这些相关系数的绝对值都显著低于 $Illiq$ 值与 $Size$ 变量之间的斯皮尔曼等级相关系数，其值为 −0.92 至 −0.93，这说明了 $Illiq$ 值与 $Size$ 变量之间存在显著为负且高度单调的负相关性。当用皮尔逊积矩相关系数表示这些变量间的相关关系时，相关系数显著下降，这说明规模变量与非流动性之间的关系可能不是线性的。当用 $Illiq$ 代替 $\ln Illiq$ 时，相关系数绝对值下降，说明在做线性分析时，选用 $\ln Illiq$ 会更合适。需要强调的是，非流动性与规模因子之间呈现显著的负相关性存在一定的指标构建原因。*Illiq* 的形成是通过将股票日均绝对收益率除以以美元表示的日交易额得到的，而日交易额与公司规模在截面上是高度相关的，因为大公司股票的交易额比小公司股票的交易额更高。既然 *Illiq* 值的计算以公司规模变量作为分母，那么这二者之间序列显著负相关也就不足为奇了。

相关性分析显示非流动性与账面市值比也是正相关的。*Illiq* 与 *BM* 变量之间的皮尔逊积矩相关系数的范围在 0.18 至 0.21 之间，具体取决于计算 *Illiq* 值所选取数据的期间。ln *Illiq* 与 *BM* 变量间的皮尔逊积矩相关系数稍高，在 0.25 至 0.27 之间。最后，*Illiq* 值与 *BM* 变量间的平均斯皮尔曼等级相关系数均为 0.24 或 0.25，这在数值上与 ln *Illiq* 和 *BM* 变量的相关系数相近。因此没有证据表明，在分析非流动性与股票未来收益的相关性时，对 *BM* 变量与股票未来收益之间关系进行控制的效果会因为 *BM* 变量与非流动性之间存在非线性关系而减弱，尤其是在使用 ln *Illiq* 衡量非流动性的情况下。

非流动性与动量因子负相关。用于计算非流动性所选取的时间区间越短，这种负相关性表现得越明显。当用 ln *Illiq* 时，相关系数会比用 *Illiq* 稍大一些。斯皮尔曼等级相关系数的数值比对应的皮尔逊积矩相关系数更大、负相关性更强。斯皮尔曼等级相关系数的取值范围在 $Illiq^{1M}$（或 ln $Illiq^{1M}$）与 *Mom* 的 −0.24 至 $Illiq^{12M}$（或 ln $Illiq^{12M}$）与 *Mom* 的−0.14 之间，并且随着用于计算 *Illiq* 的时间区间缩短，呈现出相同的下降模式。

相关性分析的结果显示，非流动性与反转因子弱负相关。当用 1 个月的数据来度量非流动性时，这种相关性最强，而随着度量时间区间的延长，相关系数的绝对值减小。但不管是何种情况，相关系数的绝对值都非常小。*Illiq* 与 *Rev* 因子的皮尔逊积矩相关系数只有−0.04，而 ln $Illiq^{1M}$ 与 *Rev* 因子的相关系数在数值上稍大，但也只有−0.05。最后，$Illiq^{1M}$（或 ln $Illiq^{1M}$）与 *Rev* 因子的斯皮尔曼等级相关系数也只有−0.08，但不管是看斯皮尔曼等级相关系数还是皮尔逊积矩相关系数，这已经是所有度量非流动性的形式中，与 *Rev* 变量之间的相关系数绝对值最高的两种了。因此，虽然非流动性与 *Rev* 变量可能存在弱负相关性，但这种关系并不显著。

概括来说，结果显示用于度量非流动性选取的时间区间长短在实证分析中影响并不显著，因为用不同的数据量所计算出的非流动性值在截面数据上都非常相近。经过对数变换的度量值（ln *Illiq*）与股票未来收益的预测因子有着更强的线性关系，这说明也许在回归分析中，用 ln *Illiq* 代替 *Illiq* 所得出的结果将更可信，尤其是在控制了其他影响因素后要检验非流动性与股票未来收益相关性的情况下。最后，斯皮尔曼等级相关系数比皮尔逊积矩相关系数稍大，说明即使使用经过对数变换后的度量值，非流动性与股票收益的预测因子在一定程度上也是非线性的。

13.4 持续性

紧接着，我们来检验 $Illiq$ 与 $\ln Illiq$ 的持续性。表 13.3 展示了对 $Illiq$ 与 $\ln Illiq$ 变量持续性检验的结果。持续性检验是通过对每个变量滞后 1 个月、3 个月、6 个月、12 个月、24 个月、36 个月、48 个月、60 个月、120 个月计算得出的。表中缺失的部分是因为度量的时间区间比滞后期长而被删除的非流动性变量。因为在这种情况下所得出的持续性存在很大程度的失真。表 13.3 显示，当 $Illiq^{1M}$、$Illiq^{3M}$、$Illiq^{6M}$ 和 $Illiq^{12M}$ 分别度量滞后 1 个月、3 个月、6 个月、12 个月的持续性时，其值分别为 0.80、0.84、0.81 和 0.75，说明 $Illiq$ 是一个持续性很高的变量。在经济学上，这说明历史非流动性是预测未来非流动性很好的工具，这就使得基于历史数据的值在进行预测流动性与未来收益相关性分析时，能够成为非常有用的变量。$Illiq^{1M}$、$Illiq^{3M}$、$Illiq^{6M}$ 和 $Illiq^{12M}$ 分别对应滞后 1 个月、3 个月、6 个月、12 个月的持续性的值，分别为 0.91、0.92、0.91 和 0.87。虽然考虑到 $Illiq$ 的分布可能使一部分数量非常少但 $Illiq$ 值非常大、持续性好的股票对未经对数变换的持续性指标（$Illiq$）产生很大影响，但以上结论还是相当可信的。因为 $\ln Illiq$ 的持续性比 $Illiq$ 的持续性好，这说明前述情况并没有发生。

表 13.3　　持续性

τ	$Illiq^{1M}$	$Illiq^{3M}$	$Illiq^{6M}$	$Illiq^{12M}$	$\ln Illiq^{1M}$	$\ln Illiq^{3M}$	$\ln Illiq^{6M}$	$\ln Illiq^{12M}$
1	0.80	—	—	—	0.91	—	—	—
3	0.74	0.84	—	—	0.87	0.92	—	—
6	0.67	0.76	0.81	—	0.83	0.88	0.91	—
12	0.58	0.64	0.68	0.75	0.76	0.80	0.83	0.87
24	0.45	0.49	0.53	0.57	0.66	0.69	0.71	0.75
36	0.38	0.41	0.43	0.47	0.60	0.62	0.64	0.67
48	0.33	0.36	0.38	0.42	0.56	0.57	0.59	0.62
60	0.31	0.33	0.35	0.38	0.53	0.54	0.56	0.59
120	0.24	0.27	0.28	0.30	0.47	0.47	0.49	0.51

该表是对测量非流动性的各类变量的持续性分析的结果。每个月份 t，计算了给定变量月份 t 和月份 $t+\tau$ 的横截面皮尔逊积矩相关系数。该表展示了月度横截面相关系数的时间序列均值。τ 栏表示在测量流动性时滞后的月份数。

结果显示，对任意给定的滞后期数，度量非流动性所选用的时间区间越长，其持久性越好。此外，经对数变换的度量方式（$\ln Illiq$）其持续性的值显著高于对应的未经对数变换的度量方式（$Illiq$）。这也许可以说明，在分析横截面数据的持久性时，用 $\ln Illiq$ 要优于用 $Illiq$，因为 $Illiq$ 在一定程度上可能会被噪声干扰，尤其是当 $Illiq$ 处于极端值的情况下。总而言之，持续性分析的结果表明，经过对数变换的度量方式也许在测量股票流动性时更适用。

13.5 流动性与股票收益

现在我们来检验流动性与股票未来收益间的关系。前文我们提到 *Illiq* 与 ln *Illiq* 是度量非流动性的指标，因此，其值与流动性呈反向关系。*Illiq*（或 ln *Illiq*）与股票未来收益正相关说明流动性差的股票未来期望收益高而流动性好的股票未来期望收益低。

13.5.1 单变量组合分析

为探究流动性与股票未来收益间的横截面关系，我们先从单变量排序组合的分析开始。我们每月进行一次排序分组，按照每个 *Illiq* 变量①的升序排列将所有样本股票分为十个等分的组合。组合分析的结果如表 13.4 所示。

表 13.4　　单变量组合分析

A 部分：以 $Illiq^{12M}$ 排序的组合特征

值	1	2	3	4	5	6	7	8	9	10
$Illiq^{12M}$	0.01	0.02	0.05	0.10	0.19	0.35	0.65	1.27	3.01	21.29
ln $Illiq^{12M}$	0.01	0.02	0.05	0.09	0.16	0.27	0.45	0.73	1.24	2.49
β	1.11	1.06	1.06	1.03	1.00	0.95	0.86	0.76	0.66	0.60
MktCap	10 263	1 455	690	392	241	154	102	62	36	17
BM	0.64	0.70	0.70	0.75	0.79	0.87	0.94	1.01	1.15	1.47
Mom	15.80	16.55	17.25	16.94	16.39	15.40	15.39	14.52	11.64	7.02
Rev	0.92	1.06	1.06	1.10	1.04	1.12	1.21	1.27	1.31	1.79

B 部分：等权重组合收益

排序变量	1	2	3	4	5	6	7	8	9	10	10－1	FFC α	FFCSTR α
$Illiq^{1M}$	0.53	0.64	0.73	0.76	0.71	0.71	0.79	0.81	0.73	1.11	0.58	0.43	0.35
											(1.93)	(2.09)	(1.74)
$Illiq^{3M}$	0.49	0.62	0.65	0.66	0.67	0.68	0.73	0.83	0.76	1.11	0.62	0.44	0.40
											(1.98)	(2.09)	(1.96)
$Illiq^{6M}$	0.48	0.59	0.62	0.62	0.60	0.63	0.74	0.83	0.79	1.13	0.65	0.42	0.40
											(2.11)	(2.04)	(1.99)
$Illiq^{12M}$	0.46	0.60	0.58	0.61	0.59	0.65	0.77	0.82	0.83	1.23	0.77	0.45	0.44
											(2.49)	(2.11)	(2.14)

① 因为 ln *Illiq* 是关于 *Illiq* 的增函数，因此按照 *Illiq* 排序构造组合的结果与按照 ln *Illiq* 排序所得结果相同。

C部分：未经调整的等权重组合收益													
排序变量	1	2	3	4	5	6	7	8	9	10	10－1	FFC α	FFCSTR α
$Illiq^{1M}$	0.53	0.63	0.72	0.76	0.72	0.72	0.82	0.85	0.82	1.36	0.83	0.68	0.60
											(2.75)	(3.20)	(2.90)
$Illiq^{3M}$	0.49	0.61	0.65	0.66	0.68	0.70	0.76	0.87	0.85	1.35	0.86	0.68	0.65
											(2.76)	(3.18)	(3.11)
$Illiq^{6M}$	0.47	0.59	0.63	0.63	0.62	0.65	0.77	0.88	0.87	1.37	0.90	0.67	0.65
											(2.88)	(3.13)	(3.12)
$Illiq^{12M}$	0.46	0.60	0.58	0.62	0.61	0.67	0.79	0.87	0.92	1.47	1.01	0.68	0.68
											(3.23)	(3.13)	(3.18)

D部分：市值加权组合收益													
排序变量	1	2	3	4	5	6	7	8	9	10	10－1	FFC α	FFCSTR α
$Illiq^{1M}$	0.42	0.54	0.60	0.62	0.55	0.57	0.64	0.66	0.50	0.24	−0.18	−0.46	−0.52
											(−0.65)	(−3.16)	(−3.48)
$Illiq^{3M}$	0.41	0.57	0.58	0.61	0.61	0.62	0.69	0.78	0.60	0.39	−0.02	−0.34	−0.38
											(−0.07)	(−2.27)	(−2.45)
$Illiq^{6M}$	0.41	0.55	0.58	0.60	0.60	0.62	0.76	0.85	0.67	0.50	0.09	−0.28	−0.28
											(0.32)	(−1.83)	(−1.77)
$Illiq^{12M}$	0.41	0.57	0.58	0.61	0.64	0.70	0.79	0.86	0.80	0.67	0.27	−0.21	−0.19
											(0.89)	(−1.40)	(−1.26)

E部分：市值加权按 $Illiq^{1M}$ 排序组合的 FFCSTR 及因子敏感度											
值	1	2	3	4	5	6	7	8	9	10	10－1
FFCSTR α	0.03	−0.02	0.01	−0.03	−0.10	−0.10	−0.04	−0.04	−0.23	−0.50	−0.52
	(1.83)	(−0.38)	(0.13)	(−0.60)	(−2.04)	(−1.67)	(−0.62)	(−0.49)	(−2.49)	(−3.34)	(−3.48)
β_{MKT}	0.99	1.06	1.04	1.01	0.99	0.98	0.96	0.93	0.84	0.82	−0.16
	(186.17)	(73.36)	(84.67)	(62.89)	(59.17)	(54.77)	(48.47)	(28.43)	(21.73)	(14.57)	(−2.86)
β_{SMB}	−0.17	0.25	0.45	0.63	0.74	0.82	0.84	0.90	0.98	1.22	1.40
	(−12.04)	(9.91)	(15.23)	(19.02)	(20.36)	(15.81)	(15.18)	(12.54)	(11.04)	(9.85)	(10.39)
β_{HML}	−0.05	0.11	0.11	0.13	0.19	0.27	0.31	0.35	0.39	0.47	0.53
	(−5.10)	(3.65)	(4.34)	(4.79)	(5.60)	(6.49)	(6.56)	(4.81)	(4.67)	(3.87)	(4.16)
β_{MOM}	0.02	−0.05	−0.07	−0.09	−0.14	−0.18	−0.17	−0.19	−0.16	−0.25	−0.27
	(3.40)	(−2.80)	(−3.49)	(−3.91)	(−7.58)	(−6.97)	(−7.00)	(−4.87)	(−3.27)	(−4.43)	(−4.66)
β_{STR}	−0.02	0.01	0.04	0.09	0.08	0.09	0.08	0.09	0.11	0.11	0.13
	(−2.45)	(0.52)	(1.64)	(3.28)	(2.82)	(2.54)	(2.23)	(1.87)	(1.98)	(1.43)	(1.69)

该表展示了非流动性与股票未来收益关系的单变量组合分析结果。我们基于给定的排序变量并使用 CRSP 所有股票计算十分位数，将 CRSP 的所有股票根据分位数划分形成每月的组合。A 部分展示了由 $Illiq^{12M}$ 排序的十分位数组合的平均 $Illiq^{12M}$、ln $Illiq^{12M}$、β、$MktCap$、BM、Mom 和 Rev。使用不同度量非流动性的指标作为排序变量划分成十个等分位组合，B 部分（D 部分）展示了这些组合未来 1 个月的等权重加权（市值加权）平均超额收益（百分数形式，月度），C 部分则展示了这些组合未来 1 个月未经退市调整的等权重加权平均超额收益（百分数形式，月度）。同时 B～C 部分也展示了做多第 10 十分位数组合并做空第 1 十分位数组合的组合平均收益、FFC 和 FFCSTR α。E 部分展示了由 $Illiq^{1M}$ 排序的十分位数组合的 FFCSTR α 以及各因子敏感度。括号里为经过 Newey 和 West（1987）六期滞后调整的 T 统计量，该统计量检验的原假设为 10－1 组合的平均收益率、α 或者因子敏感度为 0。

在 A 部分中，我们展示了按照$Illiq^{12M}$进行排序分组的组合的$Illiq^{12M}$、β、$MktCap$、BM、Mom和Rev等权重加权均值。根据构造规则，组合的$Illiq^{12M}$均值呈现单调增加趋势，从第 1 十分位数组合的 0.01 增加到第 10 十分位数组合的 21.29。相关性分析发现β与$Illiq^{12M}$存在负相关关系，与此相一致，组合分析的结果表明β从第 1 十分位数组合的 1.11 单调减少到第 10 十分位数组合的 0.60。组合分析发现股票非流动性与市值存在较强的负相关性。在$Illiq^{12M}$第 1 十分位数组合中，股票市值均值为 103 亿美元。而$Illiq^{12M}$第 2 十分位数组合的市值均值为 15 亿美元，两者相比减少了 85%。第 3 十分位数组合的市值均值为 6.9 亿美元，比第 2 十分位数组合的 50%还要少。随着$Illiq^{12M}$增加，市值继续保持递减的趋势。到了$Illiq^{12M}$第 7 十分位数组合，其市值平均仅为 1.02 亿美元，少于第 1 十分位数组合平均市值的 1%。最后，$Illiq^{12M}$第 10 十分位数组合的市值只有 1 700 万美元，比第 1 十分位数组合市值的 2‰还低。虽然$MktCap$与$Illiq^{12M}$之间的强负相关性让人影响深刻，但也在情理之中，因为我们都知道低市值股票的流动性较差而高市值股票的流动性更强。

组合分析的结果还表明股票的非流动性与账面市值比之间呈正相关关系。BM从$Illiq^{12M}$排序的第 1 十分位数组合的 0.64 单调增加到第 10 十分位数组合的 1.47。Mom的均值则先由第 1 十分位数组合的 15.80 渐增到第 3 十分位数组合的 17.25，之后从第 3 十分位数组合到第 10 十分位数组合呈单调递减趋势。在流动性最差的组合中，股票的Mom平均可达 7.02，显著低于其他十分位数组合。组合分析还表明Rev与$Illiq^{12M}$呈正相关关系。它们之间的强正相关结果表明具有较高$Illiq^{12M}$的组合可能倾向于包含高Rev的股票。在相关性分析中，由于将每个变量 0.5%水平的异常值都进行了缩尾处理，Rev与$Illiq^{12M}$的相关程度不太明显。然而在计算每个组合的均值时Rev没有进行缩尾处理，所以Rev与$Illiq^{12M}$的正相关性在组合分析中被体现出来了。

表 13.4 的 B 部分展示了$Illiq$变量与股票组合超额收益的分析结果，其中股票组合的异常收益是通过对未来 1 个月的股票收益率进行等权重加权平均计算得出的。同时表 13.4 还展示了$Illiq$ 10－1 组合的平均收益率、Fama 和 French（1993）及 Carhart（1997）的四因子（FFC）组合α、增加短期反转因子的四因子（FFCSTR）组合α，以及经 Newey 和 West（1987）六期滞后调整的T统计量检验，检验的原假设为 10－1 组合的平均收益率或者异常收益率为 0。

对于用$Illiq^{1M}$排序形成的组合，平均的月度超额组合收益从第 1 十分位数组合的每月 0.53%增加到第 10 十分位数组合的每月 1.11%，尽管这一增长不是单调的。等权重的$Illiq^{1M}$10－1 组合每月 0.58%的平均收益在经济意义上较明显，其经 Newey 和 West（1987）六期滞后调整的T统计量为 1.93，在统计上略微显著。在用 FFC 模型对收益进行调整后，差异组合产生了每月 0.43%的异常收益，相应的T统计量为 2.09。然而在风险模型中加入短期反转因子或许可以解释一小部分的 FFC α，因为$Illiq^{1M}$差异组合关于 FFCSTR 模型的每月 0.35%的α，其T统计量为 1.74，仅在统计上略微显著。尽管与用$Illiq^{1M}$作为排序变量的分析结果很相似，但是在使用$Illiq^{3M}$作为排序变量时，组合分析的结果还是更显著一些。等权重$Illiq^{3M}$排序的 10－1 组合的平均收益为每月 0.62%

（T 统计量＝1.98）。这个组合关于 FFC 模型产生每月 0.44%（T 统计量＝2.09）的异常收益，关于 FFCSTR 风险模型产生每月 0.40%（T 统计量＝1.96）的异常收益。

以$Illiq^{6M}$作为排序变量的组合分析结果和以$Illiq^{3M}$排序的组合产生的结果非常相似。第 1 个等权重$Illiq^{6M}$排序组合产生每月 0.48%的平均超额收益。平均超额收益同样非单调地增长至第 10 十分位数组合的每月 1.13%。$Illiq^{6M}$ 10－1 组合产生每月 0.65%（T 统计量＝2.11）的平均月度收益。这一组合关于 FFC 和 FFCSTR 模型的 α 分别为每月 0.42%（T 统计量＝2.04）和每月 0.40%（T 统计量＝1.99），均在统计上显著、在经济上重要。

当以$Illiq^{12M}$作为排序变量时，非流动性和股票期望收益之间的关系变得最强。$Illiq^{12M}$排序的十分位数组合的平均超额收益从第 1 十分位数组合的每月 0.46%几乎单调地增长至第 10 十分位数组合的每月 1.23%。每月 0.77%的平均收益差异的 T 统计量为 2.49，在统计上高度显著。风险调整并不能解释组合的收益，因为 FFC α 为每月 0.45%（T 统计量＝2.11），FFCSTR α 为每月 0.44%（T 统计量），均在经济上和统计上显著。

在每一个等权重组合分析中，第 10 十分位数组合产生了大大高于其他任何分位组合的平均超额收益。实际上，在不考虑用于测算 $Illiq$ 的时期长度的情况下，第 10 十分位数组合与第 9 十分位数组合的平均收益差异比第 9 十分位数组合和第 1 十分位数组合的平均收益差异还要大。因此这一结果说明正是高度流动性不足的股票，尤其是那些位于最缺乏流动性的十分位数中的股票，驱动着非流动性和平均收益之间的正相关关系。然而回顾 A 部分，我们发现这些股票往往具有非常低的市值。流动性的结果与规模效应非常相似，主要由占整个股票市场总市值比重非常小的股票所驱动。

而表 13.4 的 B 部分所展示的等权重组合结果表明 $Illiq$ 和股票未来收益之间的正相关关系没有基于之前研究结果所想象的那么强。不过每个研究都有它自己方法的差异［例如，Amihud(2002) 只使用了在 NYSE 上市的股票］，对此一种可能的解释是流动性匮乏的股票或者根本难以交易的股票更容易退市。在计算样本股票的超额收益的过程中，我们追随 Shumway(1997) 的研究并且基于股票退市的原因针对退市做出了调整。① 在大多数情况下，当一只股票退市后，我们为其退市月份分配－100%的收益率。因此，B 部分中展示出的等权重组合结果的疲弱性可能是因为最缺乏流动性的十分位数组合中的大量股票更容易在接下来的月份中退市。导致的结果可能是相较于未经调整的收益来说，第 10 十分位数组合的收益更低。为了检验这一可能性，我们使用未调整的股票超额收益而不是退市调整的股票超额收益作为结果变量，再次进行了等权重单变量组合分析。②

表 13.4 的 C 部分展现了使用未调整的股票超额收益作为结果变量的等权重单变量

① 第 7.2 节详细讨论了我们分析中使用的未来 1 个月的超额收益是如何计算的。

② 未调整的股票超额收益等于 CRSP 中股票月度数据集中 RET 字段的收益减去无风险证券的收益（详见第 7.2 节）。

组合分析的结果。相较于使用退市处理的收益作为结果变量，这些分析的结果显示了 $Illiq$ 和股票未来收益更强烈的关系。$Illiq^{1M}$ 10－1 组合每月 0.83％的平均收益的 T 统计量为 2.75，统计上高度显著。这一组合的收益不能被 FFCSTR 模型的因子解释，因为 FFC α 为每月 0.68％，FFCSTR α 为每月 0.60％，两者都在经济上和统计上显著。这一组合的收益和 α 各自比使用退市调整的收益作为结果变量的情况下每月高出 0.25％。在 FFCSTR α 中，这代表着组合产生的异常收益增加超过 70％。当使用 $Illiq^{3M}$、$Illiq^{6M}$和$Illiq^{12M}$作为排序变量时，差异组合产生每月 1.01％（T 统计量＝3.23）的平均收益，FFC α 为每月 0.68％（T 统计量＝3.23），FFCSTR α 为每月 0.68％（T 统计量＝3.18）。每一个结果在经济上和统计上都比使用退市调整的超额收益作为结果变量进行分析的相应结果更显著。

尽管表 13.4 的 C 部分展示的使用未调整的超额收益作为结果变量的分析结果与大部分实证资产定价研究者的主流观点更为一致，即在等权重组合中非流动性效应非常强烈，但这并不意味着这些结果就是真实情况的反映。展示不同结果的目的不是为了声明哪一组是正确的，而是为了向读者证明，在这种情况下，使用退市调整的收益和使用未调整的收益所带来的差异实际上是很重要的。但在其他大多数情况下，从经验上来说，这一差异并不重要。以上分析表明即使是方法上很小的改变也可能对结果产生实质性的影响。

现在我们使用市值加权而不是等权重组合来继续重复单变量组合分析。在这些分析以及随后的分析中，除非我们明确做出声明，否则我们会继续使用在这本书第二部分分析中使用过的退市调整超额收益作为结果变量。除了每个组合内部的股票加权机制不同，其他都和 A 部分中单变量组合分析一样。市值加权的组合分析结果展示在表 13.4 的 D 部分中。

不考虑用于计算 $Illiq$ 的测量时期，市值加权的组合分析没有发现 $Illiq$ 和股票未来收益之间的正相关关系，这与我们关于等权重组合分析中发现的非流动性之间的关系是由非常小部分股票驱动的假设是一致的。以$Illiq^{1M}$、$Illiq^{3M}$、$Illiq^{6M}$和$Illiq^{12M}$排序形成的市值加权的 10－1 组合的平均月度收益分别为－0.18％（T 统计量＝－0.65）、－0.02％（T 统计量＝－0.07）、0.09％（T 统计量＝0.32）和 0.27％（T 统计量＝－0.89），统计上均不显著。有趣的是，这些组合的 FFC、FFCSTR 异常收益都为负，并且除了$Illiq^{12M}$排序形成的组合，在统计上均显著。①②

以$Illiq^{1M}$、$Illiq^{3M}$和$Illiq^{6M}$排序形成的市值加权组合的平均收益是不显著的，而 FFCSTR α 是显著的，这说明在 FFCSTR 因子模型中，一个或多个因子的敏感性导致了负的 α。我们重点关注$Illiq^{1M}$排序的组合结果。假设$Illiq^{1M}$排序的十分位数组合市值

① 以$Illiq^{6M}$排序的组合的 α 在统计上仅略微显著。

② 在未报告的结果中，我们使用未调整的股票超额收益而不是退市调整的股票超额收益作为结果变量来重复市值加权组合分析。这些分析的结果与表 13.4 的 D 部分展示的结果定性相似，尽管略微弱化。因此当运用市值加权的组合时，使用调整的收益和未调整的收益之间的区别就相对不重要了。

加权特征的形式和表 13.4 中 A 部分展示的等权重组合相似（未报告的分析表明情况的确如此），$Illiq^{1M}$和β之间的负相关关系应导致$Illiq^{1M}$ 10－1 组合对市场因子的负敏感性，意味着组合存在负的期望收益，而且组合的异常收益应比平均未调整收益更高。因此，对 MKT 因子的敏感性不应导致$Illiq^{1M}$ 10－1 组合的负的异常收益。位于$Illiq^{1M}$的第 10 十分位数组合的股票比位于第 1 十分位数组合的股票有更低的 $MktCap$。因为 SMB 因子由低 $MktCap$ 的股票多头和高 $MktCap$ 的股票空头组成，所以我们预期$Illiq^{1M}$组合对 SMB 因子有正的敏感性。正的敏感性再加上没有产生正的收益可能导致了负的异常收益。类似地，位于高（低）$Illiq^{1M}$十分位数组合的股票有高（低）平均 BM 值，表明$Illiq^{1M}$ 10－1 组合应当对 HML 因子有正的敏感性，而且这一敏感性可能导致负的异常收益。高$Illiq^{1M}$的组合的 Mom 更低，这应当导致差异组合对 MOM 因子负的敏感性，因此 MOM 因子不会导致组合负的α。最后，高$Illiq^{1M}$的股票往往是低 Rev 的股票。$Illiq^{1M}$ 10－1 组合可能对 STR 因子有正的敏感性，STR 因子可能导致了负的α。然而应当注意$Illiq^{1M}$ 10－1 组合的 FFC α 和 FFCSTR α 非常相似，这表明不可能是 STR 因子的敏感性驱动着组合的α。

为了进一步研究我们的假设，表 13.4 的 E 部分展示了每个按$Illiq^{1M}$排序的十分位数组合以及差异组合的 FFCSTR 的 α 和关于 MKT（β_{MKT}）、SMB（β_{SMB}）、HML（β_{HML}）、MOM（β_{MOM}）和 STR（β_{STR}）的因子敏感性。括号内列示的 T 统计量检验原假设，即给定的系数等于 0。与我们的预测一致，结果显示 10－1 组合对市场因子具有负的敏感性－0.16（T 统计量＝－2.86），对 SMB 和 HML 因子分别具有正的敏感性 1.40（T 统计量＝10.39）和 0.53（T 统计量＝4.16）。$Illiq^{1M}$ 10－1 价值加权组合对 MOM 因子的敏感性系数是负的，为－0.27（T 统计量＝－4.66），这一点正如我们预期的一样。最后，组合对 STR 因子的敏感性是 0.13，如我们所预测的敏感性为正一样，但是在统计上不显著（或者至多略微显著），因为相应的 T 统计量仅为 1.69。此外，不同十分位数组合的因子敏感性遵循的模式与我们的预期一致。从第 1 十分位数组合进展到第 10 十分位数组合时，β_{MKT}下降（组合 1 除外），β_{SMB}和β_{HML}上升，β_{MOM}下降（组合 7 和 9 除外），β_{STR}上升（组合 5 和 9 除外）。这些结果显示了市值加权$Illiq^{1M}$排序组合的因子敏感性的明显的横截面模式。更重要的是，正如之前讨论过的一样，这些结果表明基于组合对 SMB 和 HML 因子的高敏感性，我们预期这一组合可以产生较大的正的平均收益。没有实现这一点的组合产生了负的α。最后，值得注意的是，10－1 以$Illiq^{1M}$排序的 10－1 组合的绝大多数负的异常收益是由第 10 十分位数组合产生的。只有这一个组合的 FFCSTR α 是每月－0.50%，T 统计量为－3.34。第 1 十分位数组合的 α 是每月 0.03%，在经济上是非常小的。

13.5.2 双变量组合分析

我们继续检验非流动性和期望收益之间的关系，通过使用双变量排序的组合分析来检验在单变量组合分析中发现的非流动性和股票收益之间的正相关关系在控制了β、市值、账面市值比、动量和反转后是否持续存在。在这种情况下，我们使用退市调整超额收益作为结果变量。本书几乎所有分析都采用这种方法来衡量超额收益。另外，我们选择使用$Illiq^{12M}$衡量非流动性。我们之所以选择滞后 12 个月衡量非流动性是因为这个变量在单变量组合分析中产生了最显著的结果，而且这也是 Amihud(2002) 使用的变量。

在我们继续推进下文之前，关于控制市值分析的简短提醒是必要的。表 13.2 显示的相关性分析结果表明在平均月份中，$Illiq^{12M}$和$Size$之间的斯皮尔曼等级相关系数是－0.93。① 这意味着，在平均横截面中，以$Illiq^{12M}$排序的股票的顺序和以$MktCap$排序的股票的顺序几乎是相反的。因此，使用组合分析来分清规模和非流动性对期望收益的影响可能是具有挑战性的，因为以$Illiq^{12M}$和以$MktCap$的排序（倒序）是非常相似的。

双变量序贯排序组合分析

考虑到分解非流动性和市值对股票期望收益影响的预料中的各种挑战，我们的第一个双变量组合分析是对于控制市值后的非流动性和股票收益之间关系的序贯排序分析。每个月同一个样本中的所有股票都基于$MktCap$的升序分配到五个五分位数组合中。我们重点关注对等权重组合的检验，因为只有等权重单变量$Illiq^{12M}$ 10－1 组合产生了统计上显著的平均收益和α，而市值加权的$Illiq^{12M}$ 10－1 组合的收益和α都是较小且统计上不显著的。

检验控制了$MktCap$后的$Illiq^{12M}$和未来 1 个月股票超额收益之间关系的等权重组合分析的结果展示在表 13.5 中。A 部分表明对于平均$MktCap$五分位数组合，$Illiq^{12M}$ 5－1 组合产生了平均每月 0.49%的收益，且T统计量为 3.75，在统计上高度显著。这一结果似乎表明在控制了$MktCap$后$Illiq^{12M}$和股票未来收益之间的正相关关系持续存在。组合关于 FFC 模型的异常月度收益是每月 0.12%，但这在统计上并非显著不为0，其相应的T统计量仅为 0.77。有趣的是，当短期反转因子被加入风险模型（FFC-STR）中时，异常收益增长到在统计上略微显著的每月 0.24%(T统计量－1.78)。检验每个$MktCap$五分位数中的$Illiq^{12M}$组合的收益和α，我们可以看到$Illiq^{12M}$和未来收益之间的正相关关系在$MktCap$第 1 五分位数组合中最强且这种关系的强度随着组合中股票市值的升高而减弱。FFC 和 FFCSTR 的α仅在$MktCap$第 1 五分位数组合中在统计上显著，而平均收益在第 1 和第 2 五分位数组合中显著，在第 3 五分位数组合中略微显著。尽管我们不禁想得出结论：在低市值股票中流动性最重要，但$Illiq^{12M}$和$MktCap$之间非常强的负的斯皮尔曼等级相关关系让我们质疑这一结果，因为可能即使在$MktCap$五分位数组合中$Illiq^{12M}$的升序排列实际上是$MktCap$的降序排列。结果显示在$MktCap$第 1 五分位数组合中的$Illiq^{12M}$第 5 五分位数组合产生了每月 1.73%的平

① $Illiq^{12M}$和$MktCap$之间的斯皮尔曼等级相关系数与$Illiq^{12M}$和$Size$之间的相关系数是相同的，因为$Size$和$MktCap$互为单调递增函数而且斯皮尔曼等级相关系数的度量仅仅依赖于基于每个变量的观测值的顺序而不依赖于变量的重要性。

均收益，远高于其他任何一个$Illiq^{12M}$和 *MktCap* 排序的组合。*MktCap* 第 1 五分位数组合中的$Illiq^{12M}$ 5－1 组合，以及平均 *MktCap* 五分位数组合的正的平均收益和α可能是由这个组合导致的。如果这个组合的确含有市值非常低的股票，事实很可能如此，那么这个结果就与关于 *MktCap* 和股票未来收益之间关系的单变量组合分析的结果（见表 9.5）一致，即在之前的分析中我们发现规模效应似乎是由占整体股票市值很小比例的市值非常低的股票驱动的。

表 13.5　　双变量序贯排序组合分析——控制 *MktCap*

A 部分：组合收益

	MktCap 1	*MktCap* 2	*MktCap* 3	*MktCap* 4	*MktCap* 5	*MktCap* Avg
$Illiq^{12M}$ 1	0.46	0.25	0.48	0.57	0.40	0.43
$Illiq^{12M}$ 2	0.79	0.76	0.71	0.68	0.51	0.69
$Illiq^{12M}$ 3	0.79	0.76	0.70	0.75	0.57	0.72
$Illiq^{12M}$ 4	1.04	0.89	0.79	0.70	0.63	0.81
$Illiq^{12M}$ 5	1.73	0.85	0.81	0.75	0.49	0.93
$Illiq^{12M}$ 5－1	1.27	0.59	0.34	0.18	0.08	0.49
	(4.85)	(2.67)	(1.94)	(1.37)	(0.87)	(3.75)
$Illiq^{12M}$ 5－1 FFC α	0.76	0.14	−0.07	−0.09	−0.16	0.12
	(2.44)	(0.60)	(−0.44)	(−0.74)	(−1.67)	(0.77)
$Illiq^{12M}$ 5－1 FFCSTR α	0.98	0.26	0.05	0.02	−0.11	0.24
	(3.39)	(1.19)	(0.33)	(0.16)	(−1.33)	(1.78)

B 部分：平均 *MktCap*

	MktCap 1	*MktCap* 2	*MktCap* 3	*MktCap* 4	*MktCap* 5	*MktCap* Avg
$Illiq^{12M}$ 1	24	73	198	642	19 705	4 128
$Illiq^{12M}$ 2	21	66	180	557	4 589	1 083
$Illiq^{12M}$ 3	18	62	165	488	2 494	645
$Illiq^{12M}$ 4	15	57	152	429	1 658	462
$Illiq^{12M}$ 5	9	51	141	392	1 330	385

该表展示了在控制了 *MktCap* 效应后对于$Illiq^{12M}$和股票未来收益之间关系的双变量序贯排序组合分析的结果。每个月，CRSP 样本中的所有股票按照 *MktCap* 升序被排序分为五组。在每个 *MktCap* 组内，所有的股票基于$Illiq^{12M}$的升序被排序分为五组。用于构造组合的五分位数间断点是用 CRSP 样本中的所有股票计算的。A 部分展示了 25 个等权重组合以及每个$Illiq^{12M}$五分位数中的平均 *MktCap* 五分位数组合的超前 1 个月的平均超额收益。表中还展示了多空零成本组合的平均收益、FFC α 和 FFCSTR α，多空零成本组合即在每个 *MktCap* 五分位数组合中持有$Illiq^{12M}$第 5 五分位数组合同时卖空第 1 五分位数组合。括号里为经过 Newey 和 West（1987）六期滞后调整的 T 统计量，检验的零假设是平均组合超额收益或 CAPM α 等于 0。B 部分展示了每个组合中股票的 *MktCap* 平均值。

为了进一步检验在每个 *MktCap* 五分位数组合内以$Illiq^{12M}$排序实质上与以 *MktCap* 降序排列一样的假设，在表 13.5 的 B 部分中我们展示了在 25 个以 *MktCap* 和$Illiq^{12M}$排序的组合中的股票的 *MktCap* 的平均值。结果证实了我们对于排序过程的担心。在每个 *MktCap* 五分位数组合中，各个 $Illiq^{12M}$ 五分位数组合中股票的 *MktCap* 平均值从第 1 五分位数组合单调递减至第 5 五分位数组合。同样重要的是，*MktCap* 第 1 五分位数组合中的 $Illiq^{12M}$ 第 5 五分位数组合貌似主导了双变量排序的分析结果，而这个组合中含有的股票的 *MktCap* 的平均值仅为 900 万美元。这是到目前为止 25 个以 *MktCap* 和 $Illiq^{12M}$ 排序的组合中最小的 *MktCap* 平均值。这些结果证明 *MktCap* 和 $Illiq^{12M}$ 之间的斯皮尔曼等级相关性太高了，以至很难区分双变量组合分析中非流动性和规模对股票期望收益的影响。双排序过程对于控制 *MktCap* 变量并不是有效的。实际上，较高的相关性可能表明这两种影响是难以区分的。在看到本章剩余的分析结果之前，我们保留对这一问题的判断。

我们继续检验通过控制 β、*BM*、*Mom* 或者 *Rev* 是否可以解释 $Illiq^{12M}$ 和股票未来收益之间的正相关关系。为了达到这一目的，我们使用双变量序贯排序的五分位数组合分析，首先按控制变量（β、*BM*、*Mom* 或者 *Rev*）排序，再按 $Illiq^{12M}$ 排序。表 13.6 展示了每个五分位数组合中的 $Illiq^{12M}$ 5－1 组合和平均五分位数组合的等权重（权重＝EW）的和市值加权（权重＝VW）的平均收益和 FFCSTR α。

表 13.6　　双变量序贯排序组合分析

控制	权重	值	Control 1	Control 2	Control 3	Control 4	Control 5	Control Avg
β	EW	收益	1.00	0.57	0.36	0.26	0.27	0.49
			(3.28)	(1.99)	(1.28)	(0.91)	(0.99)	(1.85)
		FFC α	0.79	0.39	0.16	0.03	0.00	0.27
			(3.58)	(2.02)	(0.92)	(0.13)	(0.01)	(1.53)
		FFCSTR α	0.79	0.38	0.14	−0.01	−0.06	0.25
			(3.77)	(1.91)	(0.80)	(−0.06)	(−0.23)	(1.46)
	VW	收益	0.51	0.49	0.29	0.33	0.24	0.37
			(1.72)	(1.82)	(1.08)	(1.15)	(0.86)	(1.46)
		FFC α	0.19	0.13	−0.09	−0.18	−0.19	−0.03
			(1.01)	(0.80)	(−0.60)	(−1.14)	(−0.85)	(−0.23)
		FFCSTR α	0.24	0.14	−0.09	−0.17	−0.19	−0.01
			(1.27)	(0.76)	(−0.59)	(−0.95)	(−0.86)	(−0.11)
BM	EW	收益	0.17	0.25	0.27	0.55	0.85	0.42
			(0.62)	(1.04)	(1.25)	(2.33)	(2.95)	(1.80)
		FFC α	−0.08	0.21	0.25	0.51	0.93	0.37
			(−0.37)	(1.05)	(1.45)	(3.17)	(4.00)	(2.16)
		FFCSTR α	−0.12	0.16	0.21	0.51	0.92	0.34
			(−0.59)	(0.88)	(1.34)	(3.30)	(3.93)	(2.14)
	VW	收益	−0.19	0.12	0.20	0.40	0.63	0.23
			(−0.70)	(0.53)	(0.94)	(1.58)	(2.28)	(1.04)

续前表

控制	权重	值	Control 1	Control 2	Control 3	Control 4	Control 5	Control Avg
		FFC α	−0.50	−0.03	0.03	0.24	0.52	0.05
			(−2.98)	(−0.22)	(0.27)	(1.64)	(2.73)	(0.46)
		FFCSTR α	−0.53	−0.06	−0.01	0.25	0.50	0.03
			(−3.00)	(−0.39)	(−0.08)	(1.70)	(2.53)	(0.27)
Mom	EW	收益	0.93	0.56	0.80	0.83	0.73	0.77
			(3.30)	(2.51)	(3.80)	(3.81)	(3.52)	(3.86)
		FFC α	0.43	0.07	0.48	0.59	0.57	0.43
			(1.41)	(0.42)	(3.83)	(4.36)	(3.74)	(2.93)
		FFCSTR α	0.40	0.05	0.45	0.61	0.52	0.41
			(1.32)	(0.28)	(3.51)	(4.35)	(3.40)	(2.83)
	VW	收益	−0.06	0.30	0.64	0.74	0.62	0.45
			(−0.22)	(1.27)	(2.97)	(3.49)	(2.75)	(2.19)
		FFC α	−0.70	−0.30	0.19	0.43	0.35	−0.01
			(−2.95)	(−1.94)	(1.46)	(3.81)	(2.41)	(−0.06)
		FFCSTR α	−0.72	−0.34	0.16	0.46	0.31	−0.03
			(−3.12)	(−2.04)	(1.16)	(3.91)	(2.08)	(−0.24)
Rev	EW	收益	2.10	0.24	0.35	0.17	−0.83	0.41
			(7.38)	(1.02)	(1.41)	(0.70)	(−2.95)	(1.79)
		FFC α	1.85	−0.01	0.07	−0.10	−1.16	0.13
			(6.03)	(−0.06)	(0.40)	(−0.68)	(−5.20)	(0.80)
		FFCSTR α	2.05	0.11	0.09	−0.22	−1.33	0.14
			(7.29)	(0.69)	(0.50)	(−1.42)	(−5.58)	(0.86)
	VW	收益	1.49	0.30	0.46	0.24	−0.55	0.39
			(5.46)	(1.34)	(1.97)	(1.02)	(−2.04)	(1.81)
		FFC α	1.19	−0.09	0.09	−0.14	−0.97	0.02
			(4.53)	(−0.67)	(0.64)	(−1.15)	(−5.04)	(0.14)
		FFCSTR α	1.36	−0.01	0.08	−0.25	−1.11	0.01
			(5.39)	(−0.08)	(0.57)	(−1.94)	(−5.45)	(0.12)

该表展示了在分别控制了 β、BM、Mom 和 Rev（控制变量）后对于 $Illiq^{12M}$ 和股票未来收益之间关系的双变量序贯排序组合分析的结果。每个月 CRSP 样本中的所有股票都按照其中一个控制变量的升序被排序分为五组。在每个控制变量组内，所有的股票都基于 $Illiq^{12M}$ 的升序被排序分为五组。构造组合的五分位数间断点是用 CRSP 样本中的所有股票计算得到的。表中展示了多空零成本组合的平均收益、FFC α 和 FFCSTR α（以每月百分比的形式），多空零成本组合即在控制变量的每个五分位数组合和平均五分位数组合中做多 $Illiq^{12M}$ 第 5 五分位数组合同时做空 $Illiq^{12M}$ 第 1 五分位数组合。等权重（权重＝EW）和市值加权（权重＝VW）组合的结果也展现在表中。括号里为经过 Newey 和 West（1987）六期滞后调整的 T 统计量，检验的零假设是平均组合超额收益或 CAPM α 等于 0。

双变量序贯排序的组合分析结果表明平均 β 五分位数组合中 $Illiq^{12M}$ 5－1 组合的等权重平均收益为每月 0.49%，在统计上略微显著，其 T 统计量为 1.85。然而对收益进行风险调整后，FFC 模型的 α 为每月 0.27%（T 统计量＝1.53），而 FFCSTR 模型的 α 为每月 0.25%（T 统计量＝1.46），在很大程度上低于未调整的平均收益而且不再是统计上显著的。这表明在控制了 β 的影响后，对于一般股票，$Illiq^{12M}$ 和未来收益之间的关系并不是很强烈，且对 *MKT*、*SMB*、*HML*、*MOM* 或者 *STR* 因子的敏感性可能主导了任一一个这类关系。然而对于有低 β 值的股票来说，$Illiq^{12M}$ 和股票未来收益之间的正相关关系变得更强了。在 β 第 1 五分位数组合中，$Illiq^{12M}$ 5－1 组合产生了 1.00%（T 统计量＝3.28）的平均月度收益和 0.79% 的 FFCSTR α（T 统计量＝3.77）。在 β 第 2 五分位数组合中，结果并不是很显著，但是 0.57%（T 统计量＝1.99）的平均收益和 0.38%（T 统计量＝1.91）的 FFCSTR α 仍然在经济上是重要的且至少是统计上略微显著的。当使用市值加权组合时，与单变量组合结果一致，即在控制了 β 后 $Illiq^{12M}$ 和股票未来收益之间没有明显的关系，因为在每个 β 五分位数组合中的 $Illiq^{12M}$ 5－1 组合的平均收益和 α 在统计上不异于 0。[①]

当先以 *BM* 排序时，表 13.6 表明在使用等权重组合时，对于平均 *BM* 五分位数组合，$Illiq^{12M}$ 和未来收益之间的正相关关系持续存在，因为平均收益是每月 0.42%（T 统计量＝1.80），FFC α 是每月 0.37%（T 统计量＝2.16），FFCSTR α 是每月 0.34%（T 统计量＝2.14），都至少在统计上是略微显著的。在 *BM* 值高的股票中这个关系似乎变得更强。在第 1、第 2 和第 3 五分位数 $Illiq^{12M}$ 5－1 组合中没有产生统计上显著的平均收益或者 α。然而在 *BM* 的第 4 和第 5 五分位数组合中，$Illiq^{12M}$ 5－1 组合的平均收益和 α 是较大且统计上高度显著的。总之，结果表明控制 *BM* 并没有解释等权重组合中 $Illiq^{12M}$ 和股票未来收益之间的正相关关系。在市值加权组合中，这些结果表明对于平均 *BM* 五分位数组合、$Illiq^{12M}$ 5－1 组合没有产生一个统计上显著的平均收益或者 α。然而 $Illiq^{12M}$ 和股票未来收益之间的关系似乎再次在不同水平的 *BM* 之间有较大的变化。在最低 *BM* 五分位数组合中的市值加权 $Illiq^{12M}$ 5－1 组合实际上产生了负的且统计上显著的 α，关于 FFC 模型是每月－0.50%（T 统计量＝－2.98），关于 FFCSTR 模型是每月－0.53%（T 统计量＝－3.00）。在 *BM* 的第 5 五分位数组合中，价值加权的 $Illiq^{12M}$ 差异组合产生了较大的正的平均收益，为每月 0.63%（T 统计量＝2.28）以及关于 FFC 和 FFCSTR 模型的 α 分别是每月 0.52%（T 统计量＝2.73）和每月 0.50%（T 统计量＝2.53）。

等权重双变量序贯排序的组合分析表明控制 *Mom* 并不能解释 $Illiq^{12M}$ 和股票未来收益之间的正向关系。在每个 *Mom* 五分位数组合中，$Illiq^{12M}$ 差异组合产生了一个较大的且统计上显著的平均收益。除了 *Mom* 第 1 和第 2 五分位数组合，这些组合的 FFC 和 FFCSTR α 都是较大且统计上显著的。对于平均 *Mom* 五分位数组合，等权重的

---

① 两个小的例外是第一个和第二个 β 五分位组合中的 $Illiq^{12M}$ 5－1 组合的市值加权平均收益，两者都是统计上略微显著的。

$Illiq^{12M}$ 5－1 组合产生了 0.77%（T 统计量＝3.86）的平均月度收益，相应的 FFC α 是每月 0.43%（T 统计量＝2.93），FFCSTR α 是每月 0.41%（T 统计量＝2.83）。当使用市值加权组合时，平均 *Mom* 五分位数的$Illiq^{12M}$ 5－1 组合的平均收益是 0.45%，在统计上是显著的，T 统计量为 2.19。在不同的 *Mom* 五分位数组合之间，$Illiq^{12M}$和未来收益的关系貌似再次遵循一种强烈的形式。对于 *Mom* 的第 1 和第 2 五分位数组合，市值加权的$Illiq^{12M}$组合产生了负的且统计上显著的异常收益，表明非流动性和低动量股票收益之间可能存在负相关关系。在 *Mom* 第 4 和第 5 五分位数组合中，市值加权的$Illiq^{12M}$ 5－1 组合产生了较大的正的异常收益，这与非流动性和期望收益之间的正相关关系相一致。

当控制了 *Rev* 后，等权重的双变量序贯排序的组合分析结果和市值加权的相应分析结果是非常相似的。对于平均 *Rev* 五分位数组合，$Illiq^{12M}$ 5－1 组合产生了统计上略微显著的平均月度收益，但是这些组合的异常收益统计上不异于 0。然而，$Illiq^{12M}$ 5－1 和股票未来收益之间的正相关关系在低 *Rev* 五分位数组合股票中非常强烈，因为不论是使用等权重组合还是市值加权组合，这一组合均产生了非常高的平均和异常收益。然而对于高 *Rev* 的股票来说，结果恰恰相反。在 *Rev* 第 5 五分位数组合中等权重的和市值加权的$Illiq^{12M}$差异组合产生了较大的负的平均收益和 α。

双变量独立排序组合分析

我们现在重复双变量组合分析，这次使用独立排序而不是序贯排序。组合分析的其余参数保持不变。我们不使用 *MktCap* 和$Illiq^{12M}$作为排序变量来执行独立排序组合分析，这是因为，如前所述，这两个变量之间的截面斯皮尔曼等级相关性非常高。因此，以升序排序 *MktCap* 会产生与以升序排序$Illiq^{12M}$几乎相反的排序。其结果是，高 *MktCap* 值和高$Illiq^{12M}$值的组合通常不包含任何股票。*MktCap* 和$Illiq^{12M}$两者都低的组合也是如此。表 13.7 展示了研究$Illiq^{12M}$与超前 1 个月的股票超额收益之间的关系的双变量独立排序分析的结果。独立排序的组合的收益模式和在序贯排序的组合中发现的模式非常相似。因此，我们不对这些结果进行详细讨论，因为这种讨论将是重复性的，不提供任何新的见解。因此，独立排序的结果主要供读者参考。

表 13.7　　双变量独立排序组合分析

控制	权重	值	Control 1	Control 2	Control 3	Control 4	Control 5	Control Avg
β	EW	收益	0.66	0.58	0.30	0.18	0.25	0.39
			(2.21)	(1.95)	(0.98)	(0.51)	(0.84)	(1.38)
		FFC α	0.42	0.37	0.12	−0.08	−0.07	0.15
			(2.15)	(1.98)	(0.60)	(−0.31)	(−0.22)	(0.78)
		FFCSTR α	0.41	0.37	0.11	−0.12	−0.15	0.12
			(2.12)	(1.92)	(0.54)	(−0.44)	(−0.52)	(0.65)

续前表

控制	权重	值	Control 1	Control 2	Control 3	Control 4	Control 5	Control Avg
	VW	收益	0.38	0.45	0.23	0.23	−0.00	0.26
			(1.50)	(1.65)	(0.80)	(0.71)	(−0.00)	(1.00)
		FFC α	0.07	0.07	−0.18	−0.36	−0.48	−0.18
			(0.44)	(0.44)	(−1.14)	(−1.89)	(−1.81)	(−1.40)
		FFCSTR α	0.08	0.08	−0.20	−0.36	−0.50	−0.18
			(0.51)	(0.44)	(−1.19)	(−1.85)	(−1.97)	(−1.44)
BM	EW	收益	0.38	0.32	0.34	0.55	0.67	0.45
			(1.21)	(1.28)	(1.46)	(2.36)	(2.55)	(1.91)
		FFC α	−0.04	0.19	0.29	0.49	0.66	0.32
			(−0.16)	(0.94)	(1.51)	(3.20)	(3.55)	(1.87)
		FFCSTR α	−0.08	0.16	0.24	0.48	0.62	0.28
			(−0.34)	(0.83)	(1.36)	(3.29)	(3.20)	(1.77)
	VW	收益	−0.02	0.09	0.21	0.43	0.51	0.24
			(−0.05)	(0.35)	(0.89)	(1.72)	(2.12)	(1.06)
		FFC α	−0.47	−0.21	−0.01	0.25	0.38	−0.01
			(−2.28)	(−1.27)	(−0.09)	(1.82)	(2.45)	(−0.12)
		FFCSTR α	−0.49	−0.21	−0.07	0.26	0.33	−0.04
			(−2.32)	(−1.17)	(−0.46)	(1.80)	(2.00)	(−0.32)
Mom	EW	收益	0.48	0.59	0.89	0.92	0.80	0.74
			(1.73)	(2.55)	(3.83)	(4.03)	(3.75)	(3.50)
		FFC α	−0.07	0.09	0.55	0.70	0.66	0.39
			(−0.25)	(0.52)	(3.72)	(4.58)	(4.21)	(2.57)
		FFCSTR α	−0.12	0.07	0.53	0.72	0.63	0.36
			(−0.45)	(0.36)	(3.49)	(4.49)	(3.93)	(2.53)
	VW	收益	−0.17	0.37	0.71	0.77	0.72	0.48
			(−0.63)	(1.51)	(2.94)	(3.37)	(3.08)	(2.25)
		FFC α	−0.82	−0.25	0.24	0.46	0.47	0.02
			(−3.89)	(−1.56)	(1.59)	(3.61)	(3.04)	(0.18)
		FFCSTR α	−0.84	−0.28	0.23	0.49	0.46	0.01
			(−4.03)	(−1.69)	(1.44)	(3.60)	(2.79)	(0.09)
Rev	EW	收益	2.02	0.35	0.43	0.12	−0.94	0.40
			(7.02)	(1.38)	(1.58)	(0.46)	(−3.30)	(1.66)
		FFC α	1.79	0.07	0.13	−0.16	−1.25	0.12
			(5.96)	(0.40)	(0.67)	(−0.92)	(−5.57)	(0.71)
		FFCSTR α	1.97	0.20	0.16	−0.27	−1.43	0.13
			(7.32)	(1.16)	(0.79)	(−1.53)	(−6.00)	(0.79)

续前表

控制	权重	值	Control 1	Control 2	Control 3	Control 4	Control 5	Control Avg
	VW	收益	1.43	0.43	0.47	0.15	−0.60	0.38
			(5.34)	(1.71)	(1.77)	(0.59)	(−2.24)	(1.65)
		FFC α	1.09	−0.02	0.08	−0.24	−0.99	−0.02
			(4.41)	(−0.14)	(0.52)	(−1.60)	(−5.20)	(−0.13)
		FFCSTR α	1.25	0.08	0.09	−0.35	−1.13	−0.01
			(5.32)	(0.56)	(0.57)	(−2.30)	(−5.73)	(−0.09)

该表显示了在控制了每个β、BM、Mom和Rev（控制变量）的影响后，研究$Illiq^{12M}$和股票未来收益之间关系的双变量独立排序组合分析的结果。每个月，CRSP样本中的所有股票基于控制变量的升序被排序分为五组。所有股票基于$Illiq^{12M}$升序被独立排序分为五组。用于分组的五分位数间断点是使用CRSP样本中的所有股票计算得到的。控制变量和$Illiq^{12M}$分组的交集形成了25个组合。表中展示了多空零成本组合的平均收益、FFC α和FFC-STR α（以每月百分比的形式），多空零成本组合即在控制变量的每个五分位数组合和平均五分位数组合中做多$Illiq^{12M}$第5五分位数组合同时做空$Illiq^{12M}$第1五分位数组合。等权重（权重＝EW）和市值加权（权重＝VW）组合的结果也展现在表中。括号里为经过Newey和West（1987）六期滞后调整的T统计量，检验的零假设是平均组合超额收益或CAPM α等于0。

关于$Illiq^{12M}$之间关系的双变量排序的组合分析的结果可以总结如下。使用按$MktCap$和$Illiq^{12M}$分类的双变量组合来区分规模效应和非流动性效应并不是有效的，因为这两个变量之间存在高斯皮尔曼等级相关系数。结果表明，控制β或Rev在很大程度上解释了$Illiq^{12M}$与等权重组合股票未来收益之间的正相关关系，然而BM和Mom几乎不能解释这种关系。$Illiq^{12M}$和股票未来收益之间的关系在β、BM和Rev的横截面上有很大不同，在低β、高BM、低Rev的股票中这一正向关系更强。对于高Rev股票，$Illiq^{12M}$和股票未来收益之间的关系实际上变为强烈负相关。

流动性是否可以解释其他关系

我们接着检测流动性解释其他关系的能力，包括β并未与未来收益呈正相关的原因、未来收益分别与账面市值比和动量的正相关关系，或者反转和未来收益之间的负相关关系。为此，我们使用$Illiq^{12M}$作为第一排序变量分别加上β、BM、Mom和Rev作为第二排序变量来执行双变量序贯排序组合分析。我们不检验在控制了$Illiq^{12M}$后的$MktCap$和未来收益之间的关系，因为这些变量之间有着极高的斯皮尔曼等级相关性。正如之前的双变量组合分析一样，间断点被视为每个排序变量的五分位数。这些分析产生的$Illiq^{12M}$ 5－1组合的平均收益率和α如表13.8所示。当计算使用BM作为第二排序变量所形成的组合的FFC和FFCSTR α时，我们从因子模型中排除价值（HML）因子，以避免在检验价值效应时控制价值效应。类似地，当在控制了流动性之后检验动量现象时，我们从因子模型中排除动量（MOM）因子，因此我们使用Fama和French（1993）（FF）三因子模型以及增加了短期反转因子（FFSTR）的FF模型。出于同样的原因，当我们检验在控制了$Illiq^{12M}$之后的Rev和股票未来收益之间的关系时，我们不使用因子模型中的短期反转（STR）因子，因此，只检查原始收益和

Rev 5−1 组合的 FFC α。

表 13.8　双变量序贯排序组合分析——控制 $Illiq^{12M}$

第二排序变量	权重	值	$Illiq^{12M}$ 1	$Illiq^{12M}$ 2	$Illiq^{12M}$ 3	$Illiq^{12M}$ 4	$Illiq^{12M}$ 5	$Illiq^{12M}$ Avg
β	EW	收益	−0.11	−0.20	−0.06	−0.16	−0.43	−0.19
			(−0.35)	(−0.64)	(−0.19)	(−0.62)	(−2.61)	(−0.76)
		FFC α	−0.03	−0.16	−0.03	−0.26	−0.50	−0.19
			(−0.17)	(−0.74)	(−0.11)	(−1.02)	(−3.11)	(−1.08)
		FFCSTR α	−0.02	−0.16	−0.06	−0.31	−0.56	−0.22
			(−0.10)	(−0.75)	(−0.26)	(−1.36)	(−3.44)	(−1.26)
	VW	收益	−0.03	−0.06	0.03	−0.25	−0.35	−0.13
			(−0.12)	(−0.20)	(0.09)	(−0.95)	(−1.71)	(−0.52)
		FFC α	−0.07	−0.16	−0.10	−0.52	−0.59	−0.29
			(−0.34)	(−0.82)	(−0.49)	(−2.79)	(−3.58)	(−1.85)
		FFCSTR α	−0.07	−0.12	−0.09	−0.52	−0.62	−0.28
			(−0.28)	(−0.59)	(−0.40)	(−2.74)	(−3.26)	(−1.65)
BM	EW	收益	0.34	0.67	0.88	0.82	0.76	0.70
			(1.68)	(3.11)	(4.01)	(3.57)	(4.46)	(3.90)
		FFC α	0.64	0.88	1.05	0.98	0.82	0.87
			(3.28)	(4.16)	(5.02)	(4.37)	(4.79)	(5.14)
		FFCSTR α	0.66	0.93	1.09	1.01	0.85	0.91
			(3.03)	(3.96)	(4.56)	(3.96)	(4.83)	(4.65)
	VW	收益	0.16	0.60	0.73	0.77	0.73	0.60
			(0.87)	(2.82)	(3.33)	(3.44)	(3.47)	(3.34)
		FFC α	0.37	0.83	0.94	0.98	0.85	0.79
			(2.10)	(3.98)	(4.62)	(4.99)	(4.24)	(4.78)
		FFCSTR α	0.35	0.83	0.88	0.97	0.81	0.77
			(1.84)	(3.63)	(3.86)	(4.12)	(3.88)	(4.09)
Mom	EW	收益	0.78	1.11	1.50	1.58	1.32	1.26
			(3.24)	(4.44)	(5.24)	(5.43)	(4.89)	(5.19)
		FF α	1.03	1.39	1.78	1.82	1.52	1.51
			(4.50)	(6.17)	(6.95)	(7.33)	(5.65)	(6.97)
		FFSTR α	1.23	1.58	1.97	2.02	1.70	1.70
			(5.00)	(6.85)	(7.48)	(7.83)	(5.99)	(7.49)
	VW	收益	0.61	1.00	1.37	1.64	2.15	1.36
			(2.60)	(4.06)	(4.95)	(6.00)	(8.17)	(5.86)
		FF α	0.86	1.27	1.63	1.89	2.36	1.60

续前表

第二排序变量	权重	值	$Illiq^{12M}$ 1	$Illiq^{12M}$ 2	$Illiq^{12M}$ 3	$Illiq^{12M}$ 4	$Illiq^{12M}$ 5	$Illiq^{12M}$ Avg
			(3.84)	(5.65)	(6.90)	(8.28)	(9.36)	(7.94)
		FFSTR α	1.05	1.46	1.80	2.08	2.51	1.78
			(4.52)	(6.32)	(6.88)	(8.37)	(9.45)	(8.30)
Rev	EW	收益	−0.35	−0.72	−1.00	−1.47	−3.96	−1.50
			(−2.15)	(−4.09)	(−4.91)	(−5.98)	(−11.55)	(−7.93)
		FFC α	−0.43	−0.85	−1.24	−1.77	−4.19	−1.70
			(−2.39)	(−3.32)	(−4.36)	(−5.72)	(−10.21)	(−6.82)
	VW	收益	−0.18	−0.90	−0.97	−1.14	−2.59	−1.16
			(−1.10)	(−5.41)	(−5.17)	(−5.07)	(−8.56)	(−6.79)
		FFC α	−0.24	−0.95	−1.09	−1.38	−2.82	−1.30
			(−1.27)	(−4.33)	(−4.92)	(−5.37)	(−7.98)	(−6.25)

该表显示了在控制了$Illiq^{12M}$的影响后，股票未来收益与β、*BM*、*Mom* 和 *Rev*（第二排序变量）各变量之间的关系的双变量独立排序组合分析的结果。每个月，CRSP 样本中的所有股票根据$Illiq^{12M}$的升序被排序分为五组。基于第二排序变量之一的升序排序，将所有股票独立地分类为五个组。用于分组的五分位数间断点是使用 CRSP 样本中的所有股票计算的。$Illiq^{12M}$和第二排序变量的交集形成了 25 个组合。表中展示了多空零成本组合的平均收益、FFC α 和 FFCSTR α（以每月百分比的形式），多空零成本组合即在$Illiq^{12M}$的每个五分位数组合和平均五分位数组合中做多第二排序变量的$Illiq^{12M}$第 5 五分位数组合同时做空第 1 五分位数组合。等权重（权重＝EW）和市值加权（权重＝VW）组合的结果也展现在表中。括号里为经过 Newey 和 West（1987）六期滞后调整的 *T* 统计量，检验的零假设是平均组合超额收益或 CAPM α 等于 0。

结果表明在控制了$Illiq^{12M}$之后，平均$Illiq^{12M}$五分位数组合的β 5－1 等权重组合产生了负的但在统计上不显著的平均每月－0.19%（*T* 统计量＝－0.76）的收益。该组合相对于 FFC 和 FFCSTR 模型的异常收益也是负的，在数量上相似，并且在统计学上不显著。$Illiq^{12M}$五分位数组合的第 1～第 4 五分位数组合中的β 5－1 等权重组合也是如此。每个组合都产生不显著的平均收益和 α。然而，$Illiq^{12M}$的第 5 五分位数组合，β 5－1 组合的平均收益为每月－0.43%，在统计上显著，具有－2.61 的 *T* 统计量。相对于 FFC 模型，该组合每月的－0.50%的异常收益（*T* 统计量＝－3.11）和相对于 FFCSTR 模型的－0.56%也具有高度统计学显著性。因此，结果表明高度非流动性股票未来收益与β之间存在负相关关系。市值加权组合产生了类似的结果。主要区别在于，平均$Illiq^{12M}$五分位数组合的市值加权的β差异组合的 FFC α 是每月－0.29%，在统计上略微显著，*T* 统计量为－1.85。此外，市值加权β 5－1 组合在$Illiq^{12M}$第 4 和第 5 五分位数组合中 FFC 和 FFCSTR α 为负值，数值较大且在统计上高度显著，而在等权重组合中，只在$Illiq^{12M}$的第 5 五分位数组合中发现了这个结果。这些结果当然没有证据表明，控制流动性不足以解释我们未能实证检测出β和股票未来收益之间正向关系的原因，这一正向关系是 Sharpe（1964）、Lintner（1965）和 Mossin（1966）的 CAPM 预测的。

表 13.8 表明，由于在平均$Illiq^{12M}$的五分位数组合中的 *BM* 5－1 组合的平均收益

和 α 均为正且在统计上显著，因此，控制 $Illiq^{12M}$ 并不能解释 *BM* 与股票未来收益之间的正相关关系。这适用于等权重和市值加权组合。除了 $Illiq^{12M}$ 第 1 五分位数组合中的市值加权 *BM* 5－1 组合的平均收益之外，每个 $Illiq^{12M}$ 五分位数组合以及 $Illiq^{12M}$ 平均五分位数组合中的 *BM* 5－1 组合的平均收益率、FFC α 和 FFCSTR α（α 是由排除了 *HML* 因子的模型计算得到的）是正的且在统计上显著。

在控制了非流动性后，等权重和市值加权组合的动量现象也保持显著。在每个 $Illiq^{12M}$ 五分位数组合以及平均五分位数组合中的 *Mom* 5－1 组合中，平均收益、FF α 和 FFSTR α（α 由排除了 *MOM* 因子的模型计算得到）是正的且在统计上高度显著。

在控制了 $Illiq^{12M}$ 后使用 *Rev* 作为第二变量的序贯排序的双变量组合分析无法证明流动性可以解释反转现象。当使用等权重组合时，每个 $Illiq^{12M}$ 的五分位数组合，包括平均五分位数组合中的 *Rev* 5－1 组合的平均收益率和 FFC α（我们不计算 FFCSTR α，因为 FFCSTR 模型包括短期反转因子）为负的且在统计上高度显著。使用市值加权组合的结果非常相似，主要的区别在于在 $Illiq^{12M}$ 第 1 五分位数组合中，*Rev* 5－1 组合不能产生统计显著的平均收益或 FFC α。

最后，在表 13.8 中值得一提的是，由各个组合所展示的 $Illiq^{12M}$ 五分位数组合的模式几乎与本书前面章节中用 *MktCap* 作为第一排序变量的模式相反。这同样是因为在横截面中，基于 $Illiq^{12M}$ 的升序排序的股票非常类似于基于 *MktCap* 的降序排序的股票。

表 13.9 给出了使用 $Illiq^{12M}$ 作为一个排序变量，以及 β、*BM*、*Mom* 或 *Rev* 的其中之一作为其他排序变量的独立排序组合分析中的 β、*BM*、*Mom* 和 *Rev* 差异组合的平均收益、FFC α 和 FFCSTR α。这些分析与表 13.7 中的结果几乎相同。在这里，我们给出了控制 $Illiq^{12M}$ 后每个其他变量的差异组合的结果，而非展示控制多个其他变量的 $Illiq^{12M}$ 5－1 组合的结果。独立排序组合分析的结果再次与序贯排序分析的结果非常相似，这里提供这部分分析主要是出于完整性的考虑。

表 13.9　　双变量独立排序组合分析——控制 $Illiq^{12M}$

第二排序变量	权重	值	$Illiq^{12M}$ 1	$Illiq^{12M}$ 2	$Illiq^{12M}$ 3	$Illiq^{12M}$ 4	$Illiq^{12M}$ 5	$Illiq^{12M}$ Avg
β	EW	收益	－0.17	－0.03	－0.10	－0.24	－0.57	－0.22
			(－0.57)	(－0.09)	(－0.31)	(－0.84)	(－2.43)	(－0.84)
		FFC α	－0.12	0.00	－0.11	－0.28	－0.61	－0.22
			(－0.58)	(0.01)	(－0.47)	(－0.94)	(－2.69)	(－1.21)
		FFCSTR α	－0.14	－0.02	－0.13	－0.33	－0.70	－0.26
			(－0.60)	(－0.08)	(－0.53)	(－1.27)	(－3.03)	(－1.42)
	VW	收益	－0.15	－0.01	－0.01	－0.36	－0.53	－0.21
			(－0.54)	(－0.02)	(－0.04)	(－1.30)	(－2.04)	(－0.83)
		FFC α	－0.19	－0.13	－0.23	－0.55	－0.74	－0.37
			(－0.83)	(－0.71)	(－1.02)	(－2.20)	(－2.88)	(－2.08)
		FFCSTR α	－0.18	－0.12	－0.23	－0.57	－0.76	－0.37
			(－0.69)	(－0.55)	(－0.94)	(－2.53)	(－2.97)	(－2.04)

续前表

第二排序变量	权重	值	$Illiq^{12M}$ 1	$Illiq^{12M}$ 2	$Illiq^{12M}$ 3	$Illiq^{12M}$ 4	$Illiq^{12M}$ 5	$Illiq^{12M}$ Avg
BM	EW	收益	0.40	0.70	0.86	0.88	0.69	0.71
			(2.10)	(3.14)	(3.91)	(3.76)	(3.29)	(3.87)
		FFC α	0.65	0.90	1.03	1.06	0.79	0.88
			(3.50)	(4.07)	(4.86)	(4.83)	(4.19)	(5.25)
		FFCSTR α	0.69	0.93	1.08	1.10	0.84	0.93
			(3.38)	(3.71)	(4.41)	(4.45)	(4.34)	(4.73)
	VW	收益	0.20	0.59	0.70	0.91	0.72	0.62
			(1.08)	(2.76)	(3.14)	(4.04)	(2.94)	(3.40)
		FFC α	0.36	0.80	0.93	1.13	0.88	0.80
			(2.00)	(3.70)	(4.44)	(5.71)	(3.95)	(4.79)
		FFCSTR α	0.36	0.79	0.87	1.13	0.85	0.80
			(1.89)	(3.29)	(3.74)	(5.03)	(3.62)	(4.15)
Mom	EW	收益	1.02	1.21	1.58	1.55	1.34	1.34
			(3.42)	(4.33)	(5.53)	(5.51)	(6.17)	(5.35)
		FF α	1.34	1.53	1.88	1.77	1.52	1.61
			(5.26)	(6.40)	(7.52)	(6.94)	(6.90)	(7.44)
		FFSTR α	1.56	1.72	2.06	1.96	1.67	1.79
			(5.64)	(6.77)	(7.92)	(7.47)	(7.16)	(7.74)
	VW	收益	1.01	1.14	1.44	1.55	1.90	1.41
			(3.21)	(4.24)	(5.26)	(5.99)	(8.55)	(5.80)
		FF α	1.35	1.46	1.73	1.79	2.06	1.68
			(4.98)	(6.23)	(7.41)	(7.65)	(9.16)	(8.05)
		FFSTR α	1.57	1.65	1.88	1.97	2.19	1.85
			(5.63)	(6.82)	(7.37)	(7.96)	(9.18)	(8.36)
Rev	EW	收益	−0.25	−0.74	−1.01	−1.43	−3.20	−1.33
			(−1.28)	(−3.89)	(−4.97)	(−6.20)	(−11.33)	(−7.20)
		FFC α	−0.35	−0.91	−1.25	−1.71	−3.39	−1.52
			(−1.67)	(−3.25)	(−4.53)	(−6.09)	(−10.13)	(−6.37)
	VW	收益	−0.01	−0.94	−1.00	−1.13	−2.04	−1.02
			(−0.05)	(−5.11)	(−5.35)	(−5.33)	(−8.17)	(−6.17)
		FFC α	−0.10	−1.00	−1.12	−1.33	−2.18	−1.15
			(−0.46)	(−4.17)	(−5.26)	(−5.98)	(−7.90)	(−5.96)

该表显示了研究在控制了$Illiq^{12M}$的影响后，股票未来收益与β、*BM*、*Mom* 和 *Rev*（第二排序变量）各个变量之间关系的双变量独立排序组合分析的结果。每个月，CRSP 样本中的所有股票根据$Illiq^{12M}$的升序排序分为五组。基于第二排序变量之一的升序排序，将所有股票独立地排序分为五组。用于分组的五分位数间断点是使用 CRSP 样本中的所有股票计算得到的。$Illiq^{12M}$和第二排序变量组的交集形成了 25 个组合。表中展示了多空零成本组合的平均收益、FFC α 和 FFCSTR α（以每月百分比的形式），多空零成本组合即在$Illiq^{12M}$的每个五分位数组合和平均五分位数组合中做多第二排序变量的$Illiq^{12M}$第 5 五分位数组合同时做空第 1 五分位数组合。等权重（权重=EW）和市值加权（权重=VW）组合的结果也展现在表中。括号里为经过 Newey 和 West（1987）六期滞后调整的 T 统计量，检验的零假设是平均组合超额收益或 CAPM α 等于 0。

总而言之，双变量组合分析的结果并没有发现证据能证明流动性不足可以解释股票未来收益与β之间缺乏联系的原因，也不能解释价值效应、动量效应或反转效应。虽然在流动性水平不同的股票之间检验到了几个以上现象的有趣模式，但对于一般股票，股票收益中的这些模式没有得到解释。

13.5.3 Fama 和 MacBeth 回归分析

现在我们用 Fama 和 MacBeth（1973）（以下简称“FM”）回归分析来继续研究非流动性和股票期望收益之间的关系。FM 回归使我们在检验非流动性和股票期望收益的关系时可以同时控制所有其他效应，而不是一次只能控制一个。

我们使用横截面回归设定开始我们的 FM 回归分析，这些设定包括以$Illiq^{12M}$作为独立变量，$Illiq^{12M}$与β、$Size$、BM、Mom 或 Rev 其中之一作为自变量，然后加上所有变量一起。每个自变量在月度基础上按 0.5%的水平进行缩尾处理。所有回归中的因变量是退市调整未来 1 个月的股票超额收益。

这些 FM 回归分析的结果呈现在表 13.10 的 A 部分中。有趣的是，当 $Illiq^{12M}$作为回归设定的唯一自变量时［列（1）］，平均系数 0.027 是正的但在统计上不显著，表明$Illiq^{12M}$和股票未来收益之间没有关系。这个结果与表 13.4 的 B 部分中的单变量组合分析形成对比，后者发现$Illiq^{12M}$与股票未来收益之间存在显著的关系。该差异表示回归假设的线性结构有可能不能准确描述$Illiq^{12M}$和股票收益之间的关系。当把β加到回归模型中时［列（2）］，结果是相似的，因为$Illiq^{12M}$的平均系数 0.022 在统计学上是不显著的，具有 1.03 的 T 统计量。这种β与股票未来收益之间的负相关且统计上不显著的关系与本书提供的所有以往分析结果一致。同时包含$Illiq^{12M}$和 $Size$［列（3）］作为自变量的设定得到了统计上高度显著的$Illiq^{12M}$的平均系数 0.050 以及统计上不显著的 $Size$ 的系数－0.046。这表明，在控制非流动性效应时，规模效应消失了，但是在控制规模时，非流动性的效应很强。因此，规模效应可能仅仅是流动性定价的一个表现。当模型的自变量只有$Illiq^{12M}$和 BM 时［列（4）］，结果表明$Illiq^{12M}$（系数＝0.055，T 统计量＝2.20）和 BM（系数＝0.309，T 统计量＝3.63）都与股票未来收益正相关。当控制变量只有 Mom 时［列（5）］，FM 回归分析发现$Illiq^{12M}$和未来收益之间在统计上有略微显著的关系，因为$Illiq^{12M}$的平均系数是 0.037，其 T 统计量为 1.89。Mom 和股票未来收益之间的正相关关系依然是很强的（系数＝0.010，T 统计量＝4.41）。当自变量只有 Rev 和$Illiq^{12M}$时［列（6）］，分析发现$Illiq^{12M}$和股票未来收益之间没有关系，因为$Illiq^{12M}$的平均系数是 0.024，其 T 统计量仅为 1.15。Rev 的平均系数为－0.049，是统计上高度显著的，T 统计量为－9.57。最后，当回归包含了所有变量后［列（7）］，分析发现$Illiq^{12M}$和未来收益之间具有正相关关系，因为平均系数为 0.071，相应的 T 统计量为 3.70。我们发现了β和未来收益之间具有负向但统计上不显著的关系，这与之前的分析一致。包含$Illiq^{12M}$似乎再次解释了规模效应，因为 $Size$ 的平均系数为－0.039，在统计上不区别于 0 且 T 统计量为－0.74。在控制了$Illiq^{12M}$和其他变量后，*BM* 和股票未来收益之间的正相关关系仍然很强。动量效应仍然很强，因为 *Mom* 的平均系数是 0.009（*T* 统计量＝4.19）。最后，*Rev* 的平均系数为－0.061（*T* 统计量＝－12.18）表明回归设定中任何其他变量的线性组合并不能解释反转现象。

表 13.10　Fama 和 Macbeth 回归分析——$Illiq^{12M}$ 和 ln $Illiq^{12M}$

A 部分：$Illiq^{12M}$							
	(1)	(2)	(3)	(4)	(5)	(6)	(7)
$Illiq^{12M}$	0.027	0.022	0.050	0.055	0.037	0.024	0.071
	(1.33)	(1.03)	(2.87)	(2.20)	(1.89)	(1.15)	(3.70)
β	—	−0.134	—	—	—	—	−0.151
		(−0.90)					(−0.93)
Size	—	—	−0.046	—	—	—	−0.039
			(−0.90)				(−0.74)
BM	—	—	—	0.309	—	—	0.192
				(3.63)			(2.54)
Mom	—	—	—	—	0.010	—	0.009
					(4.41)		(4.19)
Rev	—	—	—	—	—	−0.049	−0.061
						(−9.57)	(−12.18)
Intercept	0.643	0.777	0.835	0.383	0.429	0.692	0.641
	(2.33)	(3.55)	(1.66)	(1.37)	(1.65)	(2.38)	(1.47)
Adj. R^2	0.01	0.03	0.02	0.02	0.03	0.02	0.06
n	3 242	3 242	3 242	2 611	3 235	3 241	2 609
B 部分：ln $Illiq^{12M}$							
	(1)	(2)	(3)	(4)	(5)	(6)	(7)
ln $Illiq^{12M}$	0.256	0.238	0.290	0.297	0.335	0.227	0.342
	(2.32)	(1.88)	(3.14)	(2.62)	(3.21)	(1.98)	(3.74)
β	—	−0.083	—	—	—	—	−0.132
		(−0.50)					(−0.80)
Size	—	—	−0.017	—	—	—	−0.008
			(−0.32)				(−0.16)
BM	—	—	—	0.285	—	—	0.200
				(3.32)			(2.66)
Mom	—	—	—	—	0.010	—	0.008
					(4.41)		(4.04)
Rev	—	—	—	—	—	−0.050	−0.062
						(−9.80)	(−12.27)

Intercept	0.544	0.631	0.618	0.331	0.308	0.612	0.392
	(2.15)	(3.39)	(1.19)	(1.24)	(1.28)	(2.29)	(0.93)
Adj. R^2	0.02	0.04	0.02	0.02	0.03	0.03	0.06
n	3 242	3 242	3 242	2 611	3 235	3 241	2 609

该表展示了研究股票期望收益和$Illiq^{12M}$（A 部分）及股票期望收益和 ln $Illiq^{12M}$（B 部分）之间关系的 Fama 和 MacBeth（1973）回归分析的结果。表格的每一列展示了不同的横截面回归设定的结果。所有设定中的因变量都是超前 1 个月的股票超额收益。自变量在第一列中说明。自变量都在月度基础上按 0.5%的水平进行缩尾调整。表格展示了平均斜率和截距系数，以及经 Newey 和 West（1987）六期滞后调整的 T 统计量（在括号中），该检验的原假设为平均系数等于 0。标明 Adj. R^2 和 n 的行分别展示了横截面回归的平均调整后 R 平方和数据点的数量。

我们现在用 ln $Illiq^{12M}$而不是$Illiq^{12M}$作为非流动性的度量指标来重复回归分析。回归的所有其他方面都保持不变。表 13.10 中展示的这些分析结果表明，不管设定如何，ln $Illiq^{12M}$和股票未来收益之间的关系都是正的且统计上显著的。[①] 再一次，不管设定如何，β 和 $Size$ 的平均系数都是负的且统计上不显著的，BM 和 Mom 与未来收益具有正向的且统计上高度显著的关系，而 Rev 与股票未来收益有非常强的负相关关系。因此，与我们相关性和持续性分析的结论一致，这一结果表明 ln $Illiq^{12M}$与$Illiq^{12M}$相比可能是更有用的度量指标，尤其是在期望收益与待检验变量具有线性关系的假设下。然而不管使用哪种衡量指标，包含所有其他控制变量的设定发现非流动性和股票未来收益之间具有强烈的正相关关系。

我们现在继续用 FM 回归分析来检验非流动性和股票期望收益之间的关系，运用从更短的测量期计算得到的非流动性的衡量指标。在表 13.11 的 A 部分中，我们展示了使用$Illiq^{1M}$、$Illiq^{3M}$、$Illiq^{6M}$以及为了便于比较的$Illiq^{12M}$作为非流动性衡量指标的 FM 回归的结果（这些结果已经展示在表 13.10 中了）。对于每一种非流动性的衡量指标，我们仅使用 $Illiq$ 作为自变量，β、$Size$、BM、Mom 和 Rev 作为控制变量进行分析。当使用$Illiq^{1M}$作为非流动性的衡量指标时，单变量［列（1）］和多变量［列（2）］设定都产生了正的统计上显著的$Illiq^{1M}$平均系数。当我们使用$Illiq^{3M}$或者$Illiq^{6M}$作为非流动性变量时，单变量设定［列（3）和（5）］产生了不显著的平均系数 0.041（T 统计量＝1.53）和 0.033（T 统计量＝1.31）。然而相应的多变量设定产生的平均系数至少比相应的单变量设定的系数大两倍，而且在统计上高度显著。运用$Illiq^{12M}$分析的结果之前已经讨论过了。有趣的是，不管使用哪一种非流动性的衡量指标，$Size$ 的平均系数都是统计上不异于 0 的。这一结果似乎表明至少在很大程度上是一种非流动性效应。与本书之前章节的结果一致，在所有多变量设定中，β 的平均系数是负的且统计上不显著，BM 和 Mom 的平均系数都是正的且统计上高度显著的，而且 Rev 和股票未来收益之间表现出较强的统计上显著的负相关关系。

① 当 β 是回归模型中唯一的其他自变量时［列（2）］，这一关系仅仅是统计上略微显著的。

表 13.11　　Fama 和 Macbeth 回归分析——*Illiq* 和 ln *Illiq*

A 部分：*Illiq*								
	(1)	(2)	(3)	(4)	(5)	(6)	(7)	(8)
$Illiq^{1M}$	0.050	0.055	—	—	—	—	—	—
	(1.98)	(3.10)						
$Illiq^{3M}$	—	—	0.041	0.082	—	—	—	—
			(1.53)	(3.28)				
$Illiq^{6M}$	—	—	—	—	0.033	0.078	—	—
					(1.31)	(3.30)		
$Illiq^{12M}$	—	—	—	—	—	—	0.027	0.071
							(1.33)	(3.70)
β	—	−0.182	—	−0.174	—	−0.169	—	−0.151
		(−1.11)		(−1.07)		(−1.04)		(−0.93)
Size	—	−0.073	—	−0.047	—	−0.041	—	−0.039
		(−1.34)		(−0.87)		(−0.77)		(−0.74)
BM	—	0.221	—	0.220	—	0.200	—	0.192
		(2.97)		(2.88)		(2.62)		(2.54)
Mom	—	0.008	—	0.008	—	0.009	—	0.009
		(4.11)		(4.23)		(4.35)		(4.19)
Rev	—	−0.061	—	−0.060	—	−0.061	—	−0.061
		(−11.83)		(−11.80)		(−12.15)		(−12.18)
Intercept	0.693	0.859	0.661	0.692	0.641	0.658	0.643	0.641
	(2.47)	(1.96)	(2.36)	(1.58)	(2.31)	(1.51)	(2.33)	(1.47)
Adj. R^2	0.01	0.06	0.01	0.06	0.01	0.06	0.01	0.06
n	3 600	2 723	3 433	2 640	3 365	2 628	3 242	2 609

B 部分：ln *Illiq*								
	(1)	(2)	(3)	(4)	(5)	(6)	(7)	(8)
ln $Illiq^{1M}$	0.221	0.113	—	—	—	—	—	—
	(1.99)	(1.35)						
ln $Illiq^{3M}$	—	—	0.220	0.294	—	—	—	—
			(1.88)	(3.18)				
ln $Illiq^{6M}$	—	—	—	—	0.230	0.329	—	—
					(1.98)	(3.47)		
ln $Illiq^{12M}$	—	—	—	—	—	—	0.256	0.342
							(2.32)	(3.74)
β	—	−0.199	—	−0.172	—	−0.157	—	−0.132
		(−1.19)		(−1.04)		(−0.95)		(−0.80)
Size	—	−0.101	—	−0.038	—	−0.017	—	−0.008
		(−1.86)		(−0.73)		(−0.33)		(−0.16)
BM	—	0.233	—	0.226	—	0.206	—	0.200
		(3.15)		(2.97)		(2.72)		(2.66)
Mom	—	0.008	—	0.008	—	0.009	—	0.008
		(3.81)		(4.05)		(4.21)		(4.04)

Rev	—	−0.062	—	−0.060	—	−0.061	—	−0.062
		(−11.84)		(−11.82)		(−12.21)		(−12.27)
Intercept	0.645	1.040	0.590	0.607	0.555	0.459	0.544	0.392
	(2.49)	(2.39)	(2.29)	(1.41)	(2.18)	(1.09)	(2.15)	(0.93)
Adj. R^2	0.02	0.06	0.02	0.06	0.02	0.06	0.02	0.06
n	3 600	2 723	3 433	2 640	3 365	2 628	3 242	2 609

该表展示了研究股票期望收益和非流动性之间关系的 Fama 和 Macbeth（1973）回归的分析结果。表格的每一列展示了不同横截面回归设定的结果。所有设定中的因变量都是未来 1 个月的股票超额收益。自变量在第一列中说明。自变量都在月度基础上按 0.5%的水平进行了缩尾调整。表格展示了平均斜率和截距系数，以及经 Newey 和 West（1987）六期滞后调整的 T 统计量（在括号中），该检验的原假设为平均系数等于 0。标明 Adj. R^2 和 n 的行分别展示了横截面回归的平均调整后 R 平方和数据点的数量。

在表 13.11 的 B 部分中，我们展示了类似的 FM 回归的结果，这次使用对数变换的非流动性衡量指标（ln *Illiq*）而不是未变换的衡量指标。当回归模型的自变量只有 $\ln Illiq^{1M}$时［列（1）］，分析发现 $\ln Illiq^{1M}$和股票未来收益之间具有正相关关系，因为平均系数是 0.221，在统计上是显著的，其 T 统计量是 1.99。然而当设定中加入控制变量后［列（2）］，$\ln Illiq^{1M}$的平均系数为 0.113，在统计上不显著区别于 0。在这种设定下，*Size* 的平均系数为−0.101，在统计上是略微显著的，其 T 统计量为−1.86。这是唯一产生了显著（尽管只是略微显著）的 *Size* 平均系数的 *FM* 回归分析。当用 $\ln Illiq^{3M}$作为非流动性的衡量指标时，单变量回归分析［列（3）］产生了正的统计上略微显著的 $\ln Illiq^{3M}$系数 0.220（T 统计量＝1.88）。在加入控制变量后，$\ln Illiq^{3M}$的平均系数增加到 0.294 而且在统计上高度显著，具有 3.18 的 T 统计量。最后，使用 $\ln Illiq^{6M}$来衡量非流动性，单变量设定［列（5）］和多变量设定［列（6）］都发现 $\ln Illiq^{6M}$和股票未来收益之间具有正向的统计上显著的关系。单变量设定产生的 $\ln Illiq^{6M}$的平均系数为 0.230（T 统计量＝1.98），而多变量设定产生的平均系数是 0.329（T 统计量＝3.47）。不考虑非流动性的衡量指标，其他变量的系数和其他回归中的系数定性相似，除了一点，就是当 $\ln Illiq^{1M}$作为非流动性衡量指标时，*Size* 和股票未来收益之间有略微显著的负相关关系。

总之，FM 回归分析为非流动性和股票未来收益之间的正相关关系提供了证据。当回归设定中包括了整套的控制变量后，这一关系变得更强了。与我们之前的估计一致，当使用更长衡量期（6 个月或 12 个月）计算得到的非流动性衡量指标时，这些结果最强烈。在各个多变量设定中，相比于使用相同衡量期计算得到的对数变换的衡量指标（ln *Illiq*）而言，使用未变换的衡量指标（*Illiq*）时，非流动性和股票未来收益之间的关系在统计上的显著性大概是相似的。因此，尽管未变换的衡量指标有极大的偏度而对数变换的衡量指标有增强的持续性，FM 回归分析没有提供更多的证据证明其中一种衡量指标优于另外一种。

为了检验非流动性和股票未来收益之间关系的经济重要性，我们使用来自完全回归设定［见表 13.11 A 部分列（8）］的$Illiq^{12M}$平均系数 0.071。用平均月份中$Illiq^{12M}$

的横截面标准差 27.73 乘以这个系数，我们发现$Illiq^{12M}$的一个标准差的偏差对应股票期望收益每月的偏差 1.97(=0.071×27.73)%。为了检验$Illiq^{12M}$最高和最低分位组合中股票期望收益的差异，我们用最高和最低$Illiq^{12M}$十分位组合的$Illiq^{12M}$平均值之差 21.28(=21.29−0.01，见表 13.4）乘以平均系数 0.071。这意味着$Illiq^{12M}$第 10 十分位数组合的股票期望收益是每月 1.51(=0.071×21.28)%，比$Illiq^{12M}$最低分位数组合股票的期望收益高。这些结果都说明非流动性在股票定价中是非常重要的。然而，很可能这些估计都夸大了非流动性对股票期望收益的影响，因为$Illiq^{12M}$的标准差和$Illiq^{12M}$最高、最低分位数组合$Illiq^{12M}$平均值之差都可能被放大，原因是$Illiq^{12M}$的横截面分布包含了少数具有极高$Illiq^{12M}$值的股票。为了检验这一点对我们的结论可能带来的影响，我们用对数变换的形式 ln $Illiq^{12M}$重复这些分析。包含全套控制变量的回归中 ln $Illiq^{12M}$的平均系数是 0.342［见表 13.11 B 部分列（8）］。这一系数乘以平均月份中 ln $Illiq^{12M}$的横截面标准差 0.79，表明 ln $Illiq^{12M}$一个标准差的偏差对应股票期望收益每月的偏差 0.27(=0.342×0.79)%。用平均系数乘以$Illiq^{12M}$最高和最低分位数组合（与 ln $Illiq^{12M}$十分位数组合相同）的 ln $Illiq^{12M}$平均值之差 2.48(=2.49−0.01，见表 13.4 的 A 部分)，我们发现最高和最低 ln $Illiq^{12M}$十分位数组合中股票期望收益的差异达到每月 0.85(=0.342×2.48)%。这个值和等权重$Illiq^{12M}$ 10−1 组合的平均收益每月 0.77%（见表 13.4）非常相似。不考虑使用哪种方式估计与非流动性相关的溢价，这些结果表明流动性在决定股票期望收益时发挥着重要的经济作用。

13.6 流动性因子

本章前面的分析研究了个股流动性在确定股票期望收益中的作用。标准资产定价理论，如 Ross(1976）的套利定价理论，表明期望收益的横截面变化只取决于证券对定价风险因素的敏感性。根据这些理论，并不是个别证券的实际流动性在确定证券期望收益中起作用。重要的是证券收益是如何与流动性的总体变化同时相关的。

Pastor 和 Stambaugh(2003，以下简称“PS”）研究了总流动性是不是一个定价风险因子，并找到强大的经验证据表明，股票层面对总流动性因素新变化的敏感性在确定股票期望收益中起着重要的作用。为了实现这一点，PS 从创建股票层面流动性的度量指标开始，并将所有股票的这一度量指标汇总，以产生市场水平流动性的度量指标。然后他们使用股票层面流动性的平均变化计算总体股票市场流动性的新变化，并将这些新变化作为他们的流动性因子。PS（以及随后的研究者）用这个因子来计算股票层面对总流动性意外变化的敏感性。最后，PS 使用组合分析来证明对流动性新变化高度敏感的股票相比具有低流动性因素敏感性的股票产生了更高的平均收益。

多空流动性敏感组合的收益率，通常被称为交易流动性因子，被广泛地解释为与 Fama 和 French（1993）的 *SMB* 和 *HML* 有同样本质的因子-模拟组合的收益率。因此，交易流动性因子经常被研究人员用于组合回报的因子分析，目的是计算调整总流动性风险后的组合的 α。值得注意的是，PS 流动性因子具有概念上的优势，即所捕捉的风险的来源（总流动性）是已知的。新变化序列捕捉到了总流动性未预期的变化，而交易因子捕捉到了对总流动性新变化敏感性相关的收益。这同捕捉与规模和价值投资相关的收益的 *SMB* 和 *HML* 因子形成对比，但这些组合的收益所补偿的经济风险尚未得到充分了解。

在本节的剩余部分，我们描述 PS 用于生成他们的总体股票市场流动性的度量方法并检验其时间序列属性。然后我们讨论他们如何使用总流动性衡量指标来计算流动性的新变化。最后，我们检验由他们的组合分析产生的收益的时间序列，这正是许多研究人员对 Fama 和 French（1993）的三因子模型或 Fama 和 French（1993）及 Carhart（1997）的四因子模型增加流动性因子时所使用的时间序列。

13.6.1 股票层面流动性

创建 PS 流动性因子的第一步是生成股票层面流动性的度量指标。类似于 Amihud（2002）的非流动性度量指标，个股流动性的 PS 度量指标是基于非流动股票的高交易量将导致股票实现大幅价格波动的概念的。然而，PS 度量的不同之处在于，它试图仅捕获与股票的基本价值的变化无关的那部分波动。因此，在概念上，PS 捕获是指给定股票是否倾向于在高交易量的随后几天实现日收益逆转。PS 自己承认，他们对个股流动性的度量是有很多噪声的，并且没有表现出任何能力来预测股票未来收益的横截面，甚至是未来流动性的横截面。该度量的价值是它以一种似乎能捕捉市场水平流动性的时间序列的方式进行汇总。这一关键使他们能够计算总流动性的新变化。

下面举个例子说明他们的度量指标背后的想法：假设在某一天，有大量的订单流从寻求购买高度非流动性股票的投资者那里涌来，结果可能是股票将在有巨大正向收益的那一天实现高交易量，因为投资者的购买压力推高了股票的价格。然而，第二天，投资者对股票的需求已经得到满足，股票很可能实现价格下降回到其基本价值的情况。PS 流动性度量背后的想法是在股票收益中捕捉这类行为。高度表现这种现象的股票被认为是高度不流动的，而在高交易量日后没有紧随价格逆转的股票则被认为是高度流动的。

遵循这一直觉，PS 用回归设定的估计系数 $\gamma_{i,m}$ 衡量 m 月股票 i 的非流动性

$$r_{i,d+1}-r_{m,d+1}=\theta_{i,m}+\phi r_{i,d}+\gamma_{i,m}\operatorname{sign}(r_{i,d}-r_{m,d})v_{i,d}+\varepsilon_{i,d+1} \tag{13.2}$$

式中，$r_{i,d}$ 和 $r_{m,d}$ 分别是 d 日给定股票 i 和市场组合的收益，$v_{i,d}$ 是 d 日股票 i 的美元交易量，以百万美元计，由 d 日股票收盘价乘以 d 日交易份额数再除以 100 万得到。回归使用所有的 d 日和 $d+1$ 日都在给定月份 m 内的交易日。PS 要求回归至少使用 15 个数据点拟合，等价于要求月份 m 股票 i 至少有 16 个数据点。

正如在式（13.2）中可以看到的，PS 流动性度量指标使用股票的异常收益——在本书中被定义为股票 i 的收益与市场收益之间的差额——来捕捉之前讨论的逆转效应。

$\phi r_{i,d}$被用来控制任何潜在的与交易量或者订单流不相关的逆转效应。式（13.2）的关键一项是 $sign(r_{i,d}-r_{m,d})v_{i,d}$，被 PS 称为有符号的交易量。这一项的大小就是特定日期的股票美元交易量，符号与股票收益和市场收益之差的符号相同。这一想法是用符号捕捉价格压力或者订单流的方向，而用数量捕捉价格压力的大小。如果系数$\gamma_{i,m}$是负的，这意味着股票倾向于在高买入（卖出）压力日的随后几日表现低于市场（高于市场）。因此，较高的$\gamma_{i,m}$与高流动性股票相关，而较低的$\gamma_{i,m}$表明为非流动的股票。因此$\gamma_{i,m}$可以被看作对交易 100 万美元股票 i 的相关收益的影响。PS 提出的一个略微宽松的解释是，负的$\gamma_{i,m}$是与交易 100 万美元股票相联系的成本，是交易价值的一部分。

13.6.2 总流动性

如前所述，PS 承认他们在股票层面上对个股流动性的测量是有非常多噪声的。然而，当汇总到市场水平时，PS 表明汇总的衡量标准显示的属性与预期的总流动性度量指标的属性非常一致。PS 把他们对月份 m 的总流动性的度量定义为

$$\hat{\gamma}_m=\frac{1}{N_m}\sum_{i=1}^{N_m}\hat{\gamma}_{i,m} \tag{13.3}$$

式中，$\hat{\gamma}_m$是月份 m 股票 i 的回归式（13.2）的参数$\gamma_{i,m}$的拟合值，N_m是给定月份 m 的股票数量。除了要求使用至少 15 个数据点拟合回归之外，PS 仅对上月即月份 $m-1$ 结束时股价在 5～1 000 美元之间的股票进行汇总。类似于它们对个股层面测量的解释，PS 将他们的市场水平测量指标解释为交易 100 万美元等权重市场组合的成本。

在图 13.1 中，我们绘制了 $(V_m/V_1)\hat{\gamma}_m$ 的时间序列，其中V_m是在截至月份 $m-1$ 月底的$\hat{\gamma}_m$的计算中的 N_m 只股票月底的总市值，而月份 1 对应于 1962 年 8 月。① PS 通过将$\hat{\gamma}_m$乘以序列V_m/V_1 来解释在 1962 年交易 100 万美元的股票与在 2012 年交易 100 万美元股票是不可比的这一事实。PS 只计算自 1962 年 8 月开始的月份的总流动性测度指标。因此，绘制的序列从 1962 年 8 月涵盖到 2012 年 12 月。

PS 指出了一个事实：他们的度量指标捕捉到了流动性大幅下降的几个记录明确的实例。具体来说，他们提到 1973 年 11 月的中东石油禁运、1980 年 5 月柬埔寨入侵公告以及在美国肯特州和杰克逊州的枪击事件、1987 年 10 月的股市崩盘、1997 年 10 月的亚洲金融危机、1998 年 8 月的俄罗斯债务危机，以及 1998 年 9 月长期资本管理公司的倒闭。该系列文章的发表对其度量提供了强有力的支持，该系列也检测到了 2000 年 3 月互联网泡沫的爆发，以及 2007 年和 2008 年的住房和金融危机。

---

① $(V_m/V_1)\hat{\gamma}_m$数据是从 Lubos Pastor 网站下载的。这个序列被称为“总流动性的水平”。

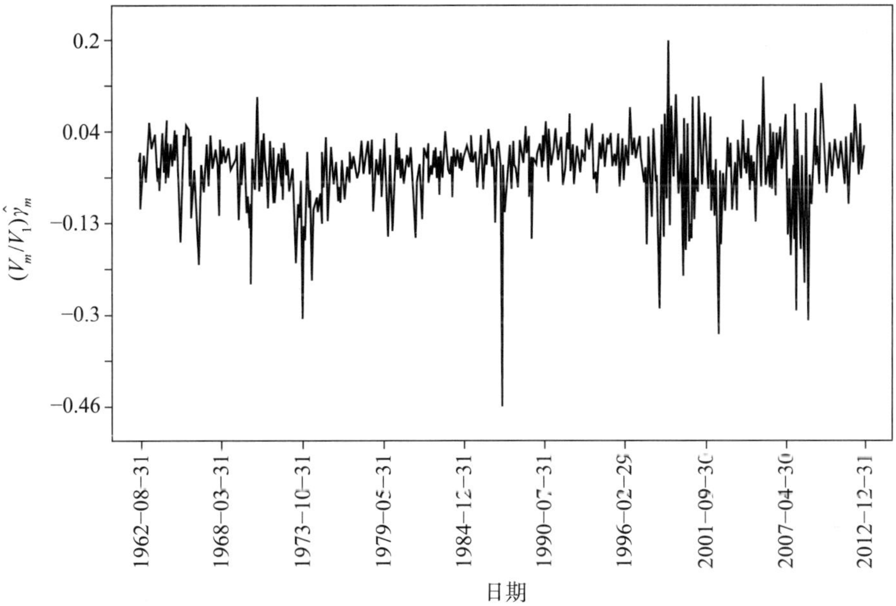

图 13.1　$(V_m/V_1)\ \widehat{\gamma}_m$ 时序图

该图绘制了 1962 年 8 月—2012 年 12 月 $(V_m/V_1)\ \widehat{\gamma}_m$ 的值，该值是总体股票市场流动性的度量指标。

13.6.3　流动性的新变化

尽管图 13.1 表明 PS 的市场流动性的衡量指标很好地捕捉到了所有水平的市场流动性，但是 $(V_m/V_1)\ \widehat{\gamma}_m$ 并没有捕捉到流动性方面的新变化或者未预期到的变化。为了捕捉流动性方面的新变化，PS 从捕捉股票层面的流动性价值的平均变化，各股票间取平均并对整体市场规模调整开始

$$\Delta\widehat{\gamma}_m=\left(\frac{V_m}{V_1}\right)\frac{1}{N_m}\sum_{i=1}^{N_m}(\widehat{\gamma}_{i,m}-\widehat{\gamma}_{i,m-1}) \tag{13.4}$$

式中，N_m 代表在月份 m 和月份 $m-1$ 都具有有效流动性衡量指标的股票数量，V_m 仅用这些股票计算得到。要剔除序列 $\Delta\widehat{\gamma}_m$ 中的长期平均和其他可能的序列相关关系，PS 进行以下回归

$$\Delta\widehat{\gamma}_m=a+b\Delta\widehat{\gamma}_{m-1}+c\left(\frac{V_{m-1}}{V_1}\right)\widehat{\gamma}_{m-1}+u_m \tag{13.5}$$

最后，PS 定义了月份 m 总流动性的月度新变化为恰当月份 m 的回归式（13.5）的残差除以 100

$$L_m=\frac{1}{100}\widehat{u}_m \tag{13.6}$$

在图 13.2 中，我们绘制了L_m的时间序列。[①] 该图与以总体市场水平的流动性衡量指标$\hat{\gamma}_m$绘制的图几乎相同。两个时间序列呈现出了 0.81 的相关性，部分原因可能是衡量指标的构建。然而，如果我们接受$\hat{\gamma}_m$和L_m作为各自所衡量的变量——总体市场水平的流动性和总体市场水平流动性新变化的准确反映，这个结果表明总体市场水平流动性的时间序列的绝大多数变化都是未预期的。

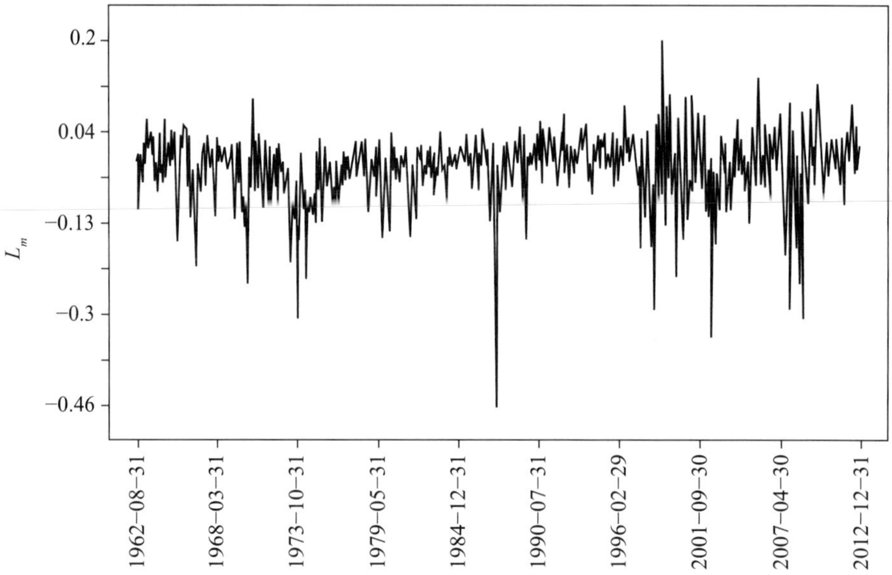

图 13.2　L_m时序图

该图绘制了 1962 年 8 月—2012 年 12 月的L_m的值，其中L_m是总体股票市场流动性的衡量指标。

13.6.4　交易的流动性因子

正如之前讨论过的那样，PS 承认个股水平的流动性度量指标（$\hat{\gamma}_{i,m}$）是有很多噪声的，具有很小的横截面持续性，且没有表现出与期望的或者未来的股票收益有任何横截面关系。PS 表明另一个股票层面的变量，即股票收益对流动性新变化的敏感性，的确与股票期望收益有关系。为了证明这一点，PS 计算一只股票的流动性新变化 β，借助于使用股票超额收益对 Fama 和 French（1993）三因子模型（FF）外加流动性新变化 L 进行时间序列回归的方法。流动性新变化的估计系数被当作股票的流动性 β。回归方程设定为

$$r_{i,t}=\beta_i^0+\beta_{i,MKT}MKT_t+\beta_{i,SMB}SMB_t+\beta_{i,HML}HML_t+\beta_{i,L}L_t+\varepsilon_{i,t} \qquad (13.7)$$

式中，$r_{i,t}$是股票 i 在时段 t 内的超额收益，MKT_t、SMB_t、HML_t 和 L_t 分别是月份 t

① L_m的数据是从 Lubos Pastor 网站下载的。这个序列被称为“总流动性的新变化”。

的市场因子、规模因子、价值因子和流动性新变化。回归估计使用了 5 年的历史月度收益数据。PS 要求最少 3 年的月度收益数据来估计回归。

之前描述的 PS 过程略微做了调整，以确保分析建立在组合形成时数据可得的基础之上。流动性新变化变量L_m，正如之前所描述的那样，是由涵盖整个 $\Delta\hat{\gamma}_m$时间序列的回归模型的残差计算得到的。这意味着月份 t 的估计残差受继月份 t 之后的月份 m 的 $\Delta\hat{\gamma}_m$的影响。为了保证资产定价分析仅仅基于组合形成时的可得数据，当计算任一给定月份 t 的流动性β时，用于计算流动性新变化的回归［式（13.5）］仅使用了 $m\leqslant t$ 的月份 m 的 $\Delta\hat{\gamma}_m$的值进行估计。[①]

PS 在每年年底估计流动性新变化β并在随后年份的所有月份令其保持不变。因此，由年份 t 的 12 月计算得到的 $\beta_{i,L}$ 值用以构建组合，这些组合将会在年份 $t+1$ 的所有月份保持不变。PS 使用 CRSP 数据库中所有在纽约证券交易所、美国证券交易所、纳斯达克交易所交易的股票构建月度十分位数组合。然后他们计算每个这些组合的月度收益。第 10 十分位数组合的收益和第 1 十分位数组合收益之间的差异是实证资产定价研究中最通用的作为流动性因子的收益，我们称之为 *PSL*。

PS 在他们的网站上放置了 1968 年 1 月—2012 年 12 月形成的 *PSL* 因子收益。[②] 在这期间，*PSL* 组合的平均月度收益率（自然对数收益率）是每月 0.45%（每月 0.39%），其月度标准差是 3.53%(3.50%)。*PSL* 组合的月度（自然对数）收益的年化夏普比率因此为 0.44(0.38)。在 1968—2012 年的整个时期，*PSL* 产生了 701%的复合收益以及 208%的累积对数收益。*PSL* 和其他因子的相关性很低。*PSL* 与 *MKT* 因子、*SMB* 因子、*HML* 因子、*MOM* 因子以及 *STR* 因子分别具有－0.05、－0.04、0.04、－0.03 以及 0.09 的历史月度收益相关系数。关于 Fama 和 French(1993) 模型的 *PSL* 因子的α是每月 0.46%，具有 2.93 的经 Newey 和 West(1987) 六期滞后调整的 T 统计量。关于 FFC 模型，*PSL* 因子产生了每月 0.48%的α，其 T 统计量为 3.04。当 FFC 模型添加了反转因素（*STR*）后，我们发现 *PSL* 因子产生了每月 0.42%（T 统计量＝2.58）的 FFCSTR α。

在图 13.3 中，我们绘制了 *PSL* 组合的复合超额收益（实线）和累积对数超额收益（虚线）。图中展示 *PSL* 组合产生了相当持续的收益且不是极端严重的单月损失。然而这并不意味着 *PSL* 组合没有风险。从 1986 年 10 月底到 1993 年 9 月底，*PSL* 组合损失了 1986 年价值的 33%。这一价值一直到 2001 年 2 月才恢复，或者说回撤开始后经过 14 年零 4 个月才恢复。这代表了 *PSL* 组合经历的最长的或者最大的回撤。样本期随后的部分是 *PSL* 组合最易变的时期。从 2008 年 6 月底到 2008 年 12 月底之间，*PSL* 组合损失了 23%。这些损失在整整 2 个月后才收回，直到 2009 年 2 月，导致回撤

① 尽管 PS 采取了额外的步骤来保证他们结果的准确性，但是使用哪一组总流动性新变化（用全部样本或者仅用回撤的数据计算的新变化）在实证上是不重要的。使用两种不同方法计算的总流动性新变化之间的时间序列相关性要大于 0.99。这一结果表明 PS 产生的总流动性度量指标具有稳健性。

② *PSL* 的数据是从 Lubos Pastor 的网站下载的。这个序列被称为“交易的流动性因子”。

持续了仅 8 个月。尽管回撤只有较短的持续时间，但它代表了 *PSL* 组合历史上的第三大的回撤率。第二大的回撤在这个较短的回撤结束之后立即开始。从 2009 年 2 月底开始，*PSL* 组合在随后 6 个月里损失了超过 24%。此次回撤又是相对短期的，因为 2010 年 10 月就恢复了之前的高位，距回撤开始仅仅 20 个月。持续时间第二长、损失第四大的 *PSL* 组合回撤开始于 1976 年 1 月底。到 1979 年 12 月底之前，组合已经损失了自身价值的几乎 23%。在 1981 年 9 月底再次恢复之前的高点时，距回撤开始已有 5 年零 8 个月了。

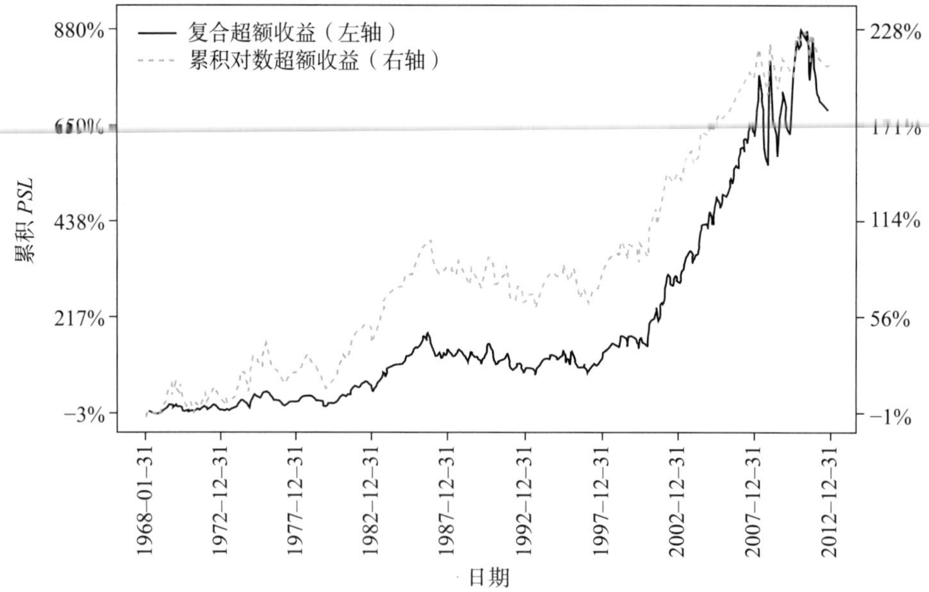

图 13.3　*PSL* 组合的累积收益

该图绘制了 1968 年 1 月—2012 年 12 月期间的 *PSL* 因子的累积收益。月份 t 的复合超额收益是由 1 加月度收益的累积连乘直至且包含给定月份再乘以 100 计算得到的。累积对数超额收益是由月度自然对数超额收益加总直至且包含给定月份计算得到的。

对于短期反转因子（*STR*），Pastor 和 Stambaugh(2003) 的流动性因子经常被添加到 Fama 和 French(1993) 以及 Carhart(1997) 的四因子模型中分析时间序列收益。它最常被用作稳健性检验而不是被囊括在基准模型中——大部分情况下仍然是四因子模型。尽管如此，*PSL* 因子依然是很有用的，尤其对于记录可能被流动性驱动的收益模式的研究来说。

13.7　总结

总的来说，在本章中我们实证检验了流动性和股票期望收益之间的横截面关系。尽管提出了很多种不同的流动性度量方法，但是我们关注最通用的度量方法，即

Amihud(2002) 的方法。我们证明了，非流动性与股票未来收益之间有着强烈的正向横截面关系，这与实证资产定价文献的结果一致。同时，这一结果也与理论预测一致，即非流动性证券比流动性证券得到更高的期望收益。不管使用 1 个月、3 个月、6 个月还是 12 个月的历史数据来衡量非流动性，这一结果都是持续存在的，但是当使用更长度量期估计变量时，结果更显著。因为大部分实证资产定价研究使用为期 1 个月的日收益率数据来计算非流动性，所以在本书的剩余部分，我们将使用 1 个月的度量指标，在本章中称之为$Illiq^{1M}$，作为非流动性的主要度量指标。下一步，我们将省略变量名的上标而将此变量称为 $Illiq$。

之后，我们讨论了交易 Pastor 和 Stambaugh(2003) 流动性因子 PSL 的构建，这一因子是为了捕捉与总流动性的新变化相关的收益。我们论证了总流动性以及 Pastor 和 Stambaugh(2003) 提出的总流动性新变化这些衡量指标都具有可以预期的时间序列性质。最后，我们证明了 PSL 因子模拟组合能产生大量的长期平均收益。

参考文献

[1] Acharya，V. V. and Pedersen，L. H. 2005. Asset pricing with liquidity risk. Journal of Financial Economics，77 (2)，375-410.

[2] Amihud，Y. 2002. Illiquidity and stock returns：cross-section and time-series effects. Journal of Financial Markets，5 (1)，31-56.

[3] Amihud，Y. and Mendelson，H. 1986. Asset pricing and the bid-ask spread. Journal of Financial Economics，17 (2)，223-249.

[4] Amihud，Y. and Mendelson，H. 1989. The effects of beta，bid-ask spread，residual risk，and size on stock returns. Journal of Finance，44 (2)，479-486.

[5] Ang，A.，Hodrick，R. J.，Xing，Y.，and Zhang，X. 2006. The cross-section of volatility and expected returns. Journal of Finance，61 (1)，259-299.

[6] Bali，T. G.，Peng，L.，Shen，Y.，and Tang，Y. 2014. Liquidity shocks and stock market reactions. Review of Financial Studies，27 (5)，1434-1485.

[7] Banz，R. W. 1981. The relationship between return and market value of common stocks. Journal of Financial Economics，9 (1)，3-18.

[8] Brennan，M. J.，Chordia，T.，and Subrahmanyam，A. 1998. Alternative factor specifications，security characteristics，and the cross-section of expected stock returns. Journal of Financial Economics，49 (3)，345-373.

[9] Brennan，M. J. and Subrahmanyam，A. 1996. Market microstructure and asset pricing：on the compensation for illiquidity in stock returns. Journal of Financial Economics，41 (3)，441-464.

[10] Carhart，M. M. 1997. On persistence in mutual fund performance. Journal of Fi-

nance, 52 (1), 57-82.

[11] Chordia, T., Roll, R., and Subrahmanyam, A. 2000. Commonality in liquidity. Journal of Financial Economics, 56 (1), 3-28.

[12] Chordia, T., Roll, R., and Subrahmanyam, A. 2001a. Market liquidity and trading activity. Journal of Finance, 56 (2), 501-530.

[13] Chordia, T., Subrahmanyam, A., and Anshuman, V. R. 2001b. Trading activity and expected stock returns. Journal of Financial Economics, 59 (1), 3-32.

[14] Chordia, T., Roll, R., and Subrahmanyam, A. 2002. Order imbalance, liqiudity, and market returns. Journal of Financial Economics, 65 (1), 111-130.

[15] Chordia, T., Roll, R., and Subrahmanyam, A. 2008. Liquidity and market efficiency. Journal of Financial Economics, 87 (2), 249-268.

[16] Datar, V. T., Naik, N. Y., and Radcliffe, R. 1998. Liquidity and stock returns: an alternative test. Journal of Financial Markets, 1, 203-219.

[17] Easley, D., Hvidkjaer, S., and O' Hara, M. 2002. Is information risk a determinant of asset returns? Journal of Finance, 57 (5), 2185-2221.

[18] Eleswarapu, V. R. 1997. Cost of transacting and expected returns in the Nasdaq-market. Journal of Finance, 52 (5), 2113-2127.

[19] Eleswarapu, V. R. and Reinganum, M. R. 1993. The seasonal behavior of the liquidity premium in asset pricing. Journal of Financial Economics, 34 (3), 373-386.

[20] Fama, E. F. and French, K. R. 1992. The cross-section of expected stock returns. Journal of Finance, 47 (2), 427-465.

[21] Fama, E. F. and French, K. R. 1993. Common risk factors in the returns on stocks and bonds. Journal of Financial Economics, 33 (1), 3-56.

[22] Fama, E. F. and MacBeth, J. D. 1973. Risk, return, and equilibrium: empirical tests. Journal of Political Economy, 81 (3), 607.

[23] Hasbrouck, J. 2009. Trading costs and returns for U. S. equities: estimating effective costs from daily data. Journal of Finance, 64 (3), 1445-1477.

[24] Hasbrouck, J. and Seppi, D. J. 2001. Common factors in prices, order flows, and liquidity. Journal of Financial Economics, 59 (3), 383-411.

[25] Holden, C. W., Jacobsen, S., and Subrahmanyam, A. 2014. The empirical analysis of liquidity. Foundations and Trends in Finance, 8 (4), 263-365.

[26] Huberman, G. and Halka, D. 2001. Systematic liquidity. Journal of Financial Research, 24 (2), 161-178.

[27] Kamara, A., Lou, X., and Sadka, R. 2008. The divergence of liquidity commonality in the cross-section of stocks. Journal of Financial Economics, 89 (3), 444-466.

[28] Levy, H. 1978. Equilibrium in an imperfect market: a constraint on the number of securities in the portfolio. American Economic Review, 68, 643-658.

[29] Lintner, J. 1965. Security prices, risk, and maximal gains from diversification. Journal of Finance, 20 (4), 587–615.

[30] Merton, R. C. 1987. A simple model of capital market equilibrium with incomplete information. Journal of Finance, 42, 483–510.

[31] Mossin, J. 1966. Equilibrium in a capital asset market. Econometrica, 34 (4), 768–783.

[32] Newey, W. K. and West, K. D. 1987. A simple, positive semi-definite, heteroskedasticity and autocorrelation consistent covariance matrix. Econometrica, 55 (3), 703–708.

[33] Pastor, L. and Stambaugh, R. F. 2003. Liquidity risk and expected stock returns. Journal of Political Economy, 111 (3), 642–685.

[34] Pereira, J. P. and Zhang, H. H. 2010. Stock returns and the volatility of liquidity. Journal of Financial and Quantitative Analysis, 45 (4), 1077–1110.

[35] Roll, R. 1984. A simple implicit measure of the effective bid-ask spread in an efficient market. Journal of Finance, 39 (4), 1127–1139.

[36] Ross, S. A. 1976. The arbitrage theory of capital asset pricing. Journal of Economic Theory, 13 (3), 341–360.

[37] Sharpe, W. F. 1964. Capital asset prices: a theory of market equilibrium under conditions of risk. Journal of Finance, 19 (3), 425–442.

[38] Shumway, T. 1997. The delisting bias in CRSP data. Journal of Finance, 52 (1), 327–340.

第 14 章　偏　度

根据 Markowitz（1952）引入的均值-方差模型，投资者在期望收益（均值）和用组合收益率的方差来衡量的风险之间进行最优的权衡来做出组合决策，而高期望收益率、低风险是理想的组合属性。均值方差范式中隐含的假设是，与投资者组合选择相关的所有风险均由组合收益率的二阶矩或方差所反映。从均值-方差模型出发，Sharpe（1964）、Lintner（1965）和 Mossin（1966）发展了资本资产定价模型。根据资本资产定价模型，证券的期望收益率等于无风险收益率加上风险溢价，后者等于证券的市场 β 乘以市场风险溢价。资本资产定价模型在实证检验中的失效（Friend and Blume，1970；Fama and MacBeth，1973；Reinganum，1981；Lakonishok and Shapiro，1986；Fama and French，1992，1993）促使研究者们寻找其他模型来描述证券的期望收益率。

Arditti（1967，1971）提出，收益率的偏度或三阶矩是投资者在确定最佳投资时的一个重要考虑，他从理论和实证上证明了投资者对于收益率分布左（右）偏的投资要求较高的（较低的）收益率。Scott 和 Horvath（1980）拓展了这一分析，他们的分析不仅包括了三阶矩，而且纳入了收益率分布的所有更高阶矩，并证明偶数（奇数）阶矩的正值表示正的（负的）风险溢价，对于矩为负值的情况亦如此。[①] 换句话说，偶数阶矩（方差和峰度）的较高（较低）值与较高的（较低的）期望收益率相联系，而奇数阶矩（偏度）的较高（较低）值与较低的（较高的）期望收益率相关。Kraus 和 Litzenberger（1976）将这一概念纳入三阶矩资本资产定价模型。根据他们的模型，均

---

① Dittmar（2002）和 Kimball（1993）也得出结论，认为投资者对峰度持规避态度。

衡时证券的期望收益率不仅由与证券相关的系统性（不可分散）方差的值决定，而且还由证券的系统性偏度决定。与资本资产定价模型一样，根据 Kraus 和 Litzenberger（1976）的三阶矩模型，非系统性风险（方差和偏度）是可分散的，因此在确定预期的证券收益率时不起作用。Harvey 和 Siddique（2000）通过一个随机贴现因子将系统性偏度引入证券的定价中，该贴现因子是市场收益率的平方，并表明这将导致对条件协偏度的定价，条件协偏度被定义为以市场收益率为条件的证券超额收益率和市场超额收益率的平方之间的协方差。实证上来看，Harvey 和 Siddique（2000）找到的协偏度风险溢价是每年 3.60%。

一些论文对特质偏度被分散掉而不能被定价的观念提出了质疑。Kane（1982）表明，投资于风险证券的财产的总比例受到组合偏度的影响，并且对偏度的偏好可能会导致投资者做出不完全分散化的投资。Simkowitz 和 Beedles（1978）以及 Conine Tamarkin（1981）提出，当投资者没有完全分散化时，特质偏度可能与证券的定价相关。Mitton 和 Vorkink（2007）构建了一个模型，在模型中投资者对特质偏度的偏好导致其投资没有被足够分散化，他们还表明特质偏度对均衡价格有影响。这些发现与 Barberis 和 Huang（2008）一致，他们表明 Tversky 和 Kahneman（1992）的累积前景理论预测了单只证券的偏度和期望收益率之间的负相关关系。Boyer、Mitton 和 Vorkink（2010）证明，基于企业微观特质计算的预期特质偏度与股票未来收益具有很强的负的横截面关系。Bali、Cakici 和 Whitelaw（2011）使用过去 1 个月的最大日度收益率作为极端正向偏度的代理变量，并发现其与股票未来收益有很强的负相关性。[①]

鉴于从历史数据衡量市场对股票未来收益率分布偏度的观点存在困难（Boyer et al.，2010；Bali et al.，2011），最近的研究检验了隐含在期权价格中的偏度预测未来证券收益率的能力。这些研究得到了不同的结果。与理论预测一致，Conrad、Dittmar 和 Ghysels（2013）发现了隐含偏度与股票未来收益率之间存在的负横截面关系，Bali 和 Murray（2013）发现了隐含偏度和偏度资产收益率之间的负相关关系。Boyer 和 Vorkink（2014）证明了隐含偏度高的期权会产生较低的平均收益。Amaya、Christoffersen，Jacobs 和 Vasquez（2015）证明了用日内数据测量的偏度和期望收益率之间的负相关关系。此外，Xing、Zhang 和 Zhao（2010）以及 Cremers 和 Weinbaum（2010）发现了隐含偏度和股票未来收益率相关的量度之间的正相关关系。隐含偏度和股票未来收益之间的正相关关系可以由 Bollen 和 Whaley（2004）以及 Garleanu、Pedersen 和 Poteshman（2009）的基于需求的期权定价模型解释。根据基于需求的期权定价模型，预期股票收益为正（负）的投资者通过买入看涨期权和卖出看跌期权（卖出看涨期权和买入看跌期权）来建立股票敞口。这些交易所产生的价格压力导致看涨期权价格相对于看跌期权价格上升（下跌），致使投资者预测价值会增加（减少）的股票的期权隐含偏度

① Bali、Cakici 和 Whitelaw（2011）认为，过去 1 个月的最大每日收益率衡量了股票对彩票投机者或想拥有很可能在短期内价格大幅上涨股票的投资者的吸引力。

的价值变得更高（更低）。[①]

在本章中，我们将研究偏度和股票期望收益间的相关性。我们从介绍测量总偏度、协偏度（即系统偏度）和特质偏度最常用的方法开始，然后考查这些变量预测股票未来收益的能力。

14.1 偏度的测量

在本节中，我们提出了总偏度、协偏度和特质偏度最标准的计算方法。与本书中讨论的其他几个变量一样，可以通过不同的数据频率和估计期用历史数据构建偏度的度量。

总偏度最常见的测量方式为历史已实现股票收益的样本偏度，计算公式为：

$$Skew_i = \frac{\frac{1}{n}\sum_{t=1}^{n}(R_{i,t}-\overline{R_i})^3}{\left(\frac{1}{n}\sum_{t=1}^{n}(R_{i,t}-\overline{R_i})^2\right)^{3/2}} \tag{14.1}$$

式中，$R_{i,t}$为证券 i 在时段 t 的收益率，n 是计算用到的时段的数量，$\overline{R_i}$是股票 i 在计算中包括的所有时段的平均周期收益率。

系统偏度，通常被称为协偏度，是根据 Harvey 和 Siddique(2000) 计算的。它是股票超额收益率对市场组合的超额收益率和超额市场收益率的平方进行回归得到的超额市场收益率的平方的斜率系数。具体地说，协偏度是以下回归得到的斜率系数估计值$CoSkew_i$

$$r_{i,t}=\alpha_i+\beta_{MKT,i}MKT_t+CoSkew_i MKT_t^2+\varepsilon_{i,t} \tag{14.2}$$

式中，$r_{i,t}$是时段 t 股票 i 的超额收益，MKT_t 是时段 t 市场因子的收益率。

前面讨论的简单指标是总偏度和协偏度最常见的测度，Boyer、Mitton 和 Vorkink (2010) 指出，可以对根据历史数据度量特质偏度的方法进行改进。因为一些公司微观变量，尤其是特质波动率、动量、换手率、规模、行业，以及公司是否在纳斯达克交易所交易，增加了对未来特质偏度预测的准确性。因此，Boyer、Mitton 和 Vorkink (2010) 认为，理论上未来特质偏度是与预测未来收益相关的变量，其期望应该作为历史特质偏度和这些其他企业特征的函数来计算。忽略这些发现，在本书中，我们只关注纯粹基于历史收益数据计算特质偏度的方法。这样做的原因有两个：第一，Boyer 等 (2010) 证明，纯粹从历史数据计算出的特质偏度具有持续性。仅从历史数据计算特质偏度，使我们能够实证检验这种持续性。第二，Boyer、Mitton 和 Vorkink(2010) 所记录的预期特质偏度和股票未来收益之间的显著关系可能由以上企业特征与股票未来

① An、Ang、Bali 和 Cakici (2014)，Bali 和 Hovakimian (2009) 以及 DeMiguel、Plyakha、Uppal 和 Vilkov (2013) 提供了与基于需求的期权定价模型预测一致的实证证据。

收益之间的相关性所驱动，而只使用历史数据可以使我们降低这种可能性。因此，我们将特质偏度定义为 Fama 和 French(1993) 三因子模型回归所得残差的样本偏度。具体来说，我们将特质偏度定义为

$$IdioSkew_i = \frac{\frac{1}{n}\sum_{t=1}^{n} \varepsilon_{i,t}^{3}}{\left(\frac{1}{n}\sum_{t=1}^{n} \varepsilon_{i,t}^{2}\right)^{3/2}} \tag{14.3}$$

式中，$\varepsilon_{i,t}$是以下回归模型的残差

$$r_{i,t} = \alpha_i + \beta_{MKT,i} MKT_t + \beta_{SMB,i} SMB_t + \beta_{HML,i} HML_t + \varepsilon_{i,t} \tag{14.4}$$

式中，SMB_t 和HML_t 分别是时段 t 内规模因子和价值因子模拟组合的收益。

在本章呈现的实证分析中，我们使用了几种不同的方法估计偏度、协偏度和特质偏度，这些方法在测量期间的长度和用于计算的数据频率上存在差异。具体来说，我们使用 1、3、6、12 个月的日度收益率数据计算每个变量。当使用日度收益率计算给定股票 i 在给定月份 t 的某个变量时，我们使用月份 $t-k+1$ 到月份 t 的日度数据，其中 k 是测量期的月份数。我们要求在测量期间至少有 15、50、100 和 200 天的有效收益率，以分别计算 1、3、6、12 个月的变量。此外，我们使用 1、2、3、5 年的月度收益率数据计算偏度、协偏度和特质偏度。我们在计算时需要 10、20、24、24 个月的有效收益率，以分别计算 1、2、3、5 年的变量。我们使用 $Skew$ 来表示总偏度的度量，$CoSkew$ 表示协偏度的度量，$IdioSkew$ 表示特质偏度的度量。利用 1、3、6、12 个月的日度数据计算的变量分别用上标 $1M$、$3M$、$6M$、$12M$ 表示。使用 1、2、3、5 年的月度收益率数据计算的变量分别用上标 1Y、2Y、3Y、5Y 表示。

用于计算偏度的日度和月度股票收益率的数据分别取自证券价格研究中心的日度和月度股票文件。日度和月度因子及无风险收益率收集自 Ken French 数据库。

14.2 描述性统计

每个偏度变量的描述性统计显示在表 14.1 中。表中的值是 1963—2012 年利用证券价格研究中心（CRSP）数据库中美国普通股的样本计算出的月度横截面分布统计值的时间序列均值。

表 14.1 的 A 部分显示了总偏度度量的描述性统计。该表表明，个股的日度收益率就平均值和中位数而言是右偏的。基于日度收益率的偏度的平均值（中值）从 0.24 (0.22) 变化到 0.63(0.46)，分别是$Skew^{1M}$和 12 个月测量的$Skew^{12M}$的值。市场组合的日度收益率的偏度被发现一直是负的，而与其相比，单个股票日度收益率的偏度平

均为正就显得很有意思。在表 14.1 覆盖的样本期间，市场因子日度收益率的偏度为 −0.51。① 描述性统计显示，随着测量期变长，日度收益率偏度的测量值升高，因为当测量期延长时，横截面分布的平均值以及每个百分位数（除了最小值之外）都变大了。对于$Skew^{1M}$和$Skew^{3M}$，超过 25%的股票的日度收益率的偏度为负，而对于$Skew^{6M}$和$Skew^{12M}$，出现负偏度的股票的百分比小于 25%。一些股票的日度收益率偏度存在很大的极端值，因为其最小值和最大值分别与第 5 和第 95 百分位数显著不同。这种现象在使用较长测量期的度量中更为普遍。与此一致，表中显示使用日度收益率估计的 *Skew* 的横截面分布随着测量期的变长而变得越发尖峰肥尾。

在基于月度收益率估计的总偏度的描述性统计中观察到的模式与日度收益率的类似。$Skew^{1Y}$、$Skew^{2Y}$、$Skew^{3Y}$和$Skew^{5Y}$的平均值（中位数）分别为 0.37(0.33)、0.50(0.42)、0.58(0.46) 和 0.67(0.53)，随着测量期变长，这些值增大，除最小值外，横截面分布的每个百分位数也增大。除了$Skew^{1Y}$，每个基于月度收益率的偏度度量都表明超过 75%的股票表现出正的月度收益率偏度。总偏度的正值再次与 1963 年 7 月—2012 年 12 月的月度市场因子收益率的负偏度−0.51 形成对比。②

表 14.1　　描述性统计

A 部分：*Skew*											
	Mean	*SD*	*Skew*	*Kurt*	*Min*	5%	25%	*Median*	75%	95%	*Max*	*n*
$Skew^{1M}$	0.24	1.02	0.02	2.52	−3.96	−1.38	−0.25	0.22	0.73	1.93	4.14	4 704
$Skew^{3M}$	0.43	1.21	0.46	7.03	−6.41	−1.18	−0.09	0.34	0.87	2.35	7.29	4 686
$Skew^{6M}$	0.54	1.28	1.05	11.53	−8.26	−0.99	0.01	0.41	0.93	2.53	10.06	4 609
$Skew^{12M}$	0.63	1.33	1.90	18.41	−9.53	−0.80	0.09	0.46	0.97	2.63	13.43	4 440
$Skew^{1Y}$	0.37	0.74	0.23	0.49	−2.55	−0.78	−0.11	0.33	0.82	1.69	2.92	4 422
$Skew^{2Y}$	0.50	0.79	0.71	1.74	−2.78	−0.60	0.00	0.42	0.91	1.93	4.22	4 072
$Skew^{3Y}$	0.58	0.82	1.02	2.76	−2.79	−0.52	0.06	0.46	0.97	2.09	5.09	3 958
$Skew^{5Y}$	0.67	0.87	1.39	4.44	−2.71	−0.41	0.12	0.52	1.04	2.27	6.33	3 992

B 部分：*CoSkew*												
	Mean	*SD*	*Skew*	*Kurt*	*Min*	5%	25%	*Median*	75%	95%	*Max*	*n*
$CoSkew^{1M}$	−6.41	185.52	0.72	37.52	−1 885.65	−266.87	−80.93	−5.99	65.65	252.18	2 360.93	4 742
$CoSkew^{3M}$	−6.46	71.87	0.65	29.61	−666.57	−111.18	−37.39	−5.57	23.84	95.21	861.30	4 697
$CoSkew^{6M}$	−6.08	41.98	0.44	20.17	−369.28	−69.24	−24.86	−5.11	12.73	53.89	464.24	4 611
$CoSkew^{12M}$	−5.28	24.56	0.26	13.34	−209.73	−43.77	−16.68	−4.40	6.52	30.15	235.67	4 440
$CoSkew^{1Y}$	−1.11	38.64	0.91	32.41	−318.36	−57.30	−19.06	−1.25	16.07	55.09	529.65	4 423
$CoSkew^{2Y}$	−1.40	18.34	0.67	17.22	−132.93	−29.21	−10.21	−1.33	7.20	25.84	221.45	4 072
$CoSkew^{3Y}$	−1.43	12.75	0.69	17.61	−89.72	−20.92	−7.61	−1.34	4.61	17.55	142.32	3 958
$CoSkew^{5Y}$	−1.20	9.49	1.86	69.42	−79.85	−14.60	−5.26	−1.11	2.75	11.77	128.72	3 992

① Bakshi 和 Kapadia（2003）记录了期权隐含偏度中出现的类似的模式，并讨论了可以使个股的正偏度和市场组合的负偏度相契合的方法。

② 日度市场因子收益率的偏度和月度市场因子收益率的偏度都是−0.51，这纯粹是个巧合。

C 部分：*IdioSkew*

	Mean	*SD*	*Skew*	*Kurt*	*Min*	5%	25%	*Median*	75%	95%	*Max*	*n*
$IdioSkew^{1M}$	0.19	0.91	0.06	2.17	−3.69	−1.27	−0.27	0.17	0.65	1.74	3.88	4 742
$IdioSkew^{3M}$	0.41	1.17	0.37	6.45	−6.28	−1.19	−0.09	0.33	0.86	2.30	7.09	4 697
$IdioSkew^{6M}$	0.55	1.29	0.90	10.49	−8.22	−1.06	0.01	0.42	0.96	2.57	9.87	4 611
$IdioSkew^{12M}$	0.65	1.36	1.70	16.87	−9.61	−0.88	0.09	0.49	1.02	2.72	13.31	4 440
$IdioSkew^{1Y}$	0.21	0.66	0.17	0.42	−2.27	−0.82	−0.21	0.19	0.62	1.34	2.59	4 423
$IdioSkew^{2Y}$	0.42	0.71	0.65	1.70	−2.63	−0.59	−0.03	0.35	0.79	1.69	3.86	4 072
$IdioSkew^{3Y}$	0.53	0.75	0.99	2.81	−2.70	−0.48	0.05	0.43	0.89	1.90	4.75	3 958
$IdioSkew^{5Y}$	0.64	0.81	1.42	4.79	−2.64	−0.37	0.14	0.51	0.98	2.13	6.14	3 992

该表显示了 1963 年 6 月—2012 年 11 月使用月份 t 的 CRSP 样本度量总偏度（A 部分）、协偏度（B 部分）和特质偏度（C 部分）的变量的描述性统计。每个月计算每个变量横截面分布的平均值（*Mean*）、标准差（*SD*）、偏度（*Skew*）、峰度（*Kurt*）、最小值（*Min*）、第 5 百分位数（5%）、第 25 百分位数（25%）、中位数（*Median*）、第 75 百分位数（75%），第 95 百分位数（95%）和最大值（*Max*）。该表给出了每个横截面值的时间序列均值。标记为 n 的列表示给定变量可得时股票的平均数量。$Skew^{1M}$、$Skew^{3M}$、$Skew^{6M}$和$Skew^{12M}$是使用 1、3、6、12 个月的日度收益率数据计算的日度股票收益的偏度。$Skew^{1Y}$、$Skew^{2Y}$、$Skew^{3Y}$和$Skew^{5Y}$是使用 1、2、3、5 年的月度收益率数据计算的月度股票收益的偏度。$CoSkew^{1M}$、$CoSkew^{3M}$、$CoSkew^{6M}$和 $CoSkew^{12M}$的计算方法为：利用 1、3、6、12 个月的日度收益率数据，令股票超额收益率对市场的超额收益率和超额市场收益率的平方进行回归，得到的超额市场收益率的平方的斜率系数。$CoSkew^{1Y}$、$CoSkew^{2Y}$、$CoSkew^{3Y}$和 $CoSkew^{5Y}$的计算方法为：利用 1、2、3、5 年的月度收益率数据，令股票超额收益率对市场的超额收益率和超额市场收益率的平方进行回归，得到的超额市场收益率的平方的斜率系数。$IdioSkew^{1M}$、$IdioSkew^{3M}$、$IdioSkew^{6M}$和$IdioSkew^{12M}$的计算方法为：利用 1、3、6、12 个月的日度收益率数据，令股票超额收益率对市场的超额收益率、规模（*SMB*）因子的收益率和价值（*HML*）因子的收益率进行回归得到的残差的偏度。$IdioSkew^{1Y}$、$IdioSkew^{2Y}$、$IdioSkew^{3Y}$和$IdioSkew^{5Y}$的计算方法为：利用 1、2、3、5 年的月度收益率数据，令股票超额收益率对市场的超额收益率、规模（*SMB*）因子的收益率和价值（*HML*）因子的收益率进行回归得到的残差的偏度。

表 14.1 的 B 部分给出了协偏度度量的描述性统计。结果显示，基于日度收益率的协偏度度量$CoSkew^{1M}$、$CoSkew^{3M}$、$CoSkew^{6M}$和 $CoSkew^{12M}$具有负的平均值（中位数），分别为−6.41(−5.99)、−6.46(−5.57)、−6.08(−5.11) 和−5.28(−4.40)。由于最小值和第 5 百分位数之间的差、第 95 百分位数和最大值之间的差往往大于六倍的标准差，可见以上每一个度量都只有少数非常极端的观测值。当测量期延长时，这些度量的横截面标准差显著减小。这表明使用较短估计期计算出的协偏度可能易受测量误差的影响。

使用月度收益率度量的协偏度 $CoSkew^{1Y}$、$CoSkew^{2Y}$、$CoSkew^{3Y}$和$CoSkew^{5Y}$的值也倾向于是负值，其平均值（中位数）分别为−1.11(−1.25)、−1.40(−1.33)、−1.43(−1.34) 和−1.20(−1.11)。对于使用较短估计期的度量，其协偏度的离差比使用较长估计期的显著更高，因为横截面标准差从 $CoSkew^{1Y}$的 38.64 降低到了 $CoSkew^{5Y}$的 9.49。用月度数据计算 *CoSkew* 的描述性统计中的这些模式与基于日度收益率的度量中发现的模式相同。

表 14.1 的 C 部分显示了偏度的非系统成分，即特质偏度的描述性统计。结果表

明，使用日度收益率数据计算的特质偏度平均为正，$IdioSkew^{1M}$、$IdioSkew^{3M}$、$IdioSkew^{6M}$和$IdioSkew^{12M}$的平均值（中位数）分别为 0.19(0.17)、0.41(0.33)、0.55(0.42) 和 0.65(0.49)。这些值与在 A 部分中显示的总偏度的对应值非常相似。此外，特质偏度的描述性统计中的模式与总偏度的模式高度一致。特别地，基于较长估计期的 $IdioSkew$ 的值与使用较短估计期计算的值相比，拥有较大的横截面标准差。这种现象主要由横截面分布的尾部中更极端的值驱动，因为在使用不同估计期的度量中，第 5 和第 95 百分位数的量值相对是可比的，而最小值和最大值随着估计期的延长显著地变得更极端。此外，在所有报告了分布的百分位数（最小值的除外）以及平均值的基础上，特质偏度的值随着测量期的延长而增加。

我们分析的最后一组变量是根据月度收益率计算的特质偏度的度量。描述性统计显示$IdioSkew^{1Y}$、$IdioSkew^{2Y}$、$IdioSkew^{3Y}$和$IdioSkew^{5Y}$的平均值（中位数）都为正，分别为 0.21(0.19)、0.42(0.35)、0.53(0.43)、0.64(0.51)。除了最小值之外，平均值、标准差和所有报告的十分位数都随着估计期的变长而增加。所有这些模式与在总偏度的度量中观察到的以及从用日度数据计算的特质偏度的度量中观察到的一致。基于月度收益率的特质偏度值略低于总偏度对应的值。

14.3 相关系数

现在我们检验不同的偏度度量之间的相关系数。我们首先检验度量偏度同一方面的不同变量，即度量总偏度（$Skew$）、协偏度（$CoSkew$）和特质偏度（$IdioSkew$）的不同变量的相关系数。然后我们检验总偏度、协偏度和特质偏度之间的相关系数。最后，我们检验每个度量和 β、规模、账面市值比、动量、反转和非流动性之间的相关系数。

14.3.1 总偏度

在表 14.2 中，我们给出了总偏度不同度量之间的月度横截面相关系数的时间序列均值。皮尔逊积矩相关系数显示在对角线下方的条目中，斯皮尔曼等级相关系数呈现在对角线上方的条目中。当计算皮尔逊积矩相关系数时，每个变量以月度 0.5%的水平进行缩尾处理。

基于日度收益率的总偏度度量之间的皮尔逊积矩相关系数从$Skew^{1M}$和$Skew^{12M}$之间的 0.20 变化到$Skew^{6M}$和$Skew^{12M}$之间的 0.71。在相关系数中存在两种普遍的模式。第一种模式是，相关系数随着估计期中的重叠期增加而增加。例如，$Skew^{1M}$和$Skew^{3M}$有 1 个月的重叠数据，它们的相关系数为 0.47，$Skew^{3M}$和$Skew^{6M}$有 3 个月的重叠数据，它们的相关系数为 0.67，而$Skew^{6M}$和$Skew^{12M}$有 6 个月的重叠数据，它们的相关系数为 0.71。第二种模式是，当数据重叠期固定时，相关系数随着非重叠数据的增加而减小。例如，$Skew^{1M}$与$Skew^{3M}$、$Skew^{6M}$、$Skew^{12M}$的相关系数分别为 0.47、0.29

和 0.20，非重叠期分别为 2 个月、5 个月和 11 个月。这两种模式可能都是高度机械化的，根据这些结果做出经济结论容易出错。然而，值得一提的是，考虑到在计算中使用的数据大约有 1/12 是重叠的，$Skew^{1M}$和$Skew^{12M}$之间的相关系数为 0.20 是相当低的。我们可以从这些结果中得出的重要结论是，使用$Skew^{1M}$和$Skew^{12M}$作为偏度度量分别进行类似的实证分析非常可能会产生显著不同的结果，因为这两个变量之间的相关系数不高。基于日度收益率的总偏度度量之间的斯皮尔曼等级相关系数与皮尔逊积矩相关系数非常类似。因此，我们不太关心异常值对使用这些变量进行线性分析时造成的影响。

表 14.2　　相关系数——总偏度

	$Skew^{1M}$	$Skew^{3M}$	$Skew^{6M}$	$Skew^{12M}$	$Skew^{1Y}$	$Skew^{2Y}$	$Skew^{3Y}$	$Skew^{5Y}$
$Skew^{1M}$		0.46	0.30	0.21	0.04	0.05	0.05	0.05
$Skew^{3M}$	0.47		0.65	0.46	0.14	0.13	0.13	0.13
$Skew^{6M}$	0.30	0.67	—	0.69	0.22	0.21	0.20	0.20
$Skew^{12M}$	0.20	0.46	0.71	—	0.33	0.31	0.29	0.28
$Skew^{1Y}$	0.05	0.16	0.26	0.37	—	0.62	0.50	0.41
$Skew^{2Y}$	0.05	0.15	0.23	0.33	0.63	—	0.79	0.65
$Skew^{3Y}$	0.05	0.14	0.22	0.31	0.50	0.80	—	0.81
$Skew^{5Y}$	0.05	0.13	0.20	0.28	0.41	0.66	0.82	—

该表给出了度量总偏度的一对变量间的年度横截面皮尔逊积矩相关系数（对角线下方的条目）和斯皮尔曼等级相关系数（对角线上方的条目）的时间序列均值。

基于月度收益率的总偏度度量之间的皮尔逊积矩相关系数从$Skew^{1Y}$和$Skew^{5Y}$之间的 0.41 变化到$Skew^{3Y}$和$Skew^{5Y}$之间的 0.82。相关系数中的模式与使用日度数据的模式非常相似，即相关系数随着估计期中的重叠期增加而增加，并随着估计期中非重叠部分的长度增加而减小，与机械效应一致。虽然根据月度数据计算的相关系数平均高于由日度数据计算的相关系数，但是重叠估计期的长度占较长估计期的百分比也增加了。因此，较高的相关系数仍然可能是完全机械化的。尽管如此，结果表明，所有基于月度收益率的总偏度度量之间存在显著的相关性，这表明在实证分析中使用具有不同估计期的月度偏度度量更可能（与基于日度收益率的度量相比）得到相似的结果。

表 14.2 还显示了基于日度收益率和月度收益率的总偏度度量之间的相关系数。当日度度量的估计期固定时，相关系数随着月度度量估计期的延长而减小（或保持不变）。这可能是由于：对于估计期较短的月度度量，估计日度和月度度量用到的重叠期占估计月度度量所用的总时段的比例更大。因此，这种相关性的模式可能是机械的。也就是说，当日度量的估计期为 6 个月或 12 个月时，使用日度和月度数据度量的 $Skew$ 之间的相关系数是显著的，从$Skew^{6M}$和$Skew^{5Y}$之间的 0.20 变化到$Skew^{12M}$和$Skew^{1Y}$之间的 0.37。结果潜在地表明，至少当日度度量的估计期为 6 个月或更长时，$Skew$ 基于日度收益率和月度收益率的版本刻画了股票的相同特征。这个结果看起来比

较舒心，因为它说明总偏度既可以使用日度数据也可以使用月度数据来度量。然而，在得出这个结论时还有一个顾虑尚未讨论。用于计算总偏度的公式［式（14.1）］仅在周期性收益率（不考虑数据的周期性）是独立且同分布的假设下才是正确的。然而，如果日度收益率是独立且同分布的，那么如果任何一个月份股票的收益率大约是该月股票日度收益率的和，则中心极限定理表明月度收益率应该接近正态分布，因此偏度为0。[①] 有三个原因解释了为什么这可能不成立。第一，日度收益率近似等于月度收益率不完全正确，尤其当股票的日度收益率偏度很大时（正偏或负偏）更不正确。第二，当日度股票收益率分布的偏度很大时，月度收益率由中心极限定理所规定的收敛到正态分布这一过程可能会太慢，以至于不能近似于正态分布。第三，收益率独立且同分布的假设可能不完全正确。尽管在计算偏度时存在这些潜在问题，但相关性分析的结果表明使用日度收益率和月度收益率度量的偏度之间存在可观的共同成分。我们提出这个问题只是为了指出利用不同频率的数据计算风险的度量，特别是收益率分布的矩时可能出现的潜在统计问题。

再一次地，基于日度和月度收益率的总偏度度量之间的斯皮尔曼等级相关系数与皮尔逊积矩相关系数非常类似。

14.3.2 协偏度

表14.3给出了不同协偏度度量之间的相关系数。基于日度收益率的协偏度度量的相关系数中的模式与总偏度的模式非常相似（见表14.2）。对于估计期有较长重叠期的两个变量，其相关系数较大，而对于估计期有较长非重叠期的两个变量，其相关系数较小。这些结果很可能是符合机理的。$CoSkew^{1M}$和$CoSkew^{12M}$之间的相关系数最低，为0.21，这表明当计算$CoSkew$时，测量期的长度可能是重要的考虑因素，并且不同的测量期在实证分析中可能产生不同的结果。

用月度收益率计算的协偏度度量之间的相关系数从$CoSkew^{1Y}$和$CoSkew^{5Y}$之间的0.35变化到$CoSkew^{3Y}$和$CoSkew^{5Y}$之间的0.78。与本章中提到的之前所有的相关性分析一样，相关系数随着测量期重叠的长度增加而增加，并且随着估计期非重叠部分的长度增加而减小，这与机理相一致。

使用日度和月度数据度量的协偏度之间的相关系数相当低。无论基于月度收益率度量的估计期长度如何，当使用6个月以下的日度收益率来计算基于日度收益率的度量时，皮尔逊积矩（斯皮尔曼等级）相关系数均为0.04(0.05）及以下，表示当日度度量的估计期较短时，以日度频率和月度频率测量的协偏度之间的横截面相关性可以忽略。$CoSkew^{12M}$和基于月度收益率的度量之间的皮尔逊积矩（斯皮尔曼等级）相关系数

① 当使用对数收益率时，月度股票收益率的对数等于日度股票收益率的对数的和将完全成立。我们在计算偏度变量时使用的收益率不是对数收益率。因此，日度收益率等于月度收益率只是一个近似。对于较低的收益率，对数收益率和收益率几乎相同。然而，对于可能影响偏度计算的较大的收益率，收益率和对数收益率可能非常不同。

范围为 0.06 至 0.08(0.07 至 0.09)，并且随着月度估计期的延长而减小。该结果表明，当计算所涉及的时期相同时（即$CoSkew^{12M}$和$CoSkew^{1Y}$之间），相关系数最大，这可能是因为统计机理而产生的。该结果未能给出强有力的迹象表明使用日度和月度收益率数据计算的协偏度度量刻画了股票收益的相同特征。针对以上现象存在几个可能的原因。可能两个变量中的一个变量或者两个变量都无法捕捉到期望的股票特征。我们将在本章的后面部分采用对偏度变量的持续性分析方法更深入地研究这个问题。也有可能的是，基于日度和月度收益率的协偏度刻画了不同的股票水平的特征。这似乎是不可能的，因为人们预期不论计算时期的长度如何，股票收益率对某一因子（在本例中是市场收益率的平方）的敏感度是相同的（至少是类似的）。因此，基于日度收益率和基于月度收益率的协偏度度量之间的低相关性提供了初步迹象表明这些变量中可能存在许多噪声，使得在度量它们本应捕捉到的股票特征时，也就是度量 Harvey 和 Siddique(2000) 定义的协偏度时，变得无效。

表 14.3　　相关系数——协偏度

	$CoSkew^{1M}$	$CoSkew^{3M}$	$CoSkew^{6M}$	$CoSkew^{12M}$	$CoSkew^{1Y}$	$CoSkew^{2Y}$	$CoSkew^{3Y}$	$CoSkew^{5Y}$
$CoSkew^{1M}$	—	0.45	0.29	0.19	0.01	0.01	0.01	0.01
$CoSkew^{3M}$	0.48	—	0.62	0.41	0.02	0.02	0.03	0.03
$CoSkew^{6M}$	0.31	0.65	—	0.63	0.05	0.05	0.05	0.05
$CoSkew^{12M}$	0.21	0.43	0.66	—	0.09	0.08	0.08	0.07
$CoSkew^{1Y}$	0.01	0.02	0.04	0.08	—	0.57	0.42	0.32
$CoSkew^{2Y}$	0.01	0.02	0.04	0.08	0.59	—	0.73	0.56
$CoSkew^{3Y}$	0.01	0.02	0.04	0.07	0.45	0.76		0.74
$CoSkew^{5Y}$	0.01	0.02	0.04	0.06	0.35	0.60	0.78	—

该表给出了度量协偏度的一对变量间的年度横截面皮尔逊积矩相关系数（对角线下方的条目）和斯皮尔曼等级相关系数（对角线上方的条目）的时间序列均值。

14.3.3　特质偏度

特质偏度度量之间的皮尔逊积矩相关系数（对角线下方的条目）和斯皮尔曼等级相关系数（对角线上方的条目）显示在表 14.4 中。特质偏度度量之间的相关系数与总偏度度量之间的相关系数非常相似（见表 14.2）。首先来看基于日度收益率的特质偏度度量之间的相关系数，表 14.4 显示，皮尔逊积矩（斯皮尔曼等级）相关系数范围从$IdioSkew^{1M}$和$IdioSkew^{12M}$之间的 0.17(0.18) 到$IdioSkew^{6M}$和$IdioSkew^{12M}$之间的 0.71(0.69)。对于测量期有较多重叠的一对度量，其相关系数较大，而测量期有较多非重叠的一对度量，其相关系数较小。由于前面提到的原因，这些结果可能是因为统计机理而产生的。因此，可以从相关系数中得出的唯一有意义的结论是，为了对特质偏度和其他变量之间的相关系数进行实证分析，选择用于估计特质偏度的测量期是很重要的，因为不同的估计期会导致非常不同的特质偏度的横截面性质。

基于月度收益率的特质偏度度量之间皮尔逊积矩（斯皮尔曼等级）相关系数的范围从$IdioSkew^{1Y}$和$IdioSkew^{5Y}$之间的0.28(0.28）变化到$IdioSkew^{3Y}$和$IdioSkew^{5Y}$之间的0.80(0.78)。与统计机理一致，随着估计期重叠（非重叠部分）的增加，相关系数增加（减小)。

最后，特质偏度的日度和月度度量之间的相关系数也与总偏度的非常相似（见表14.2)，特别是当使用1年以上的数据计算基于月度收益率的度量时，这种相似性更为明显。结果表明，特质偏度的日度和月度度量有可观的共同组成部分，这表明在某种程度上日度和月度度量刻画了股票收益的相同特征。

表14.4　相关系数——特质偏度

	$IdioSkew^{1M}$	$IdioSkew^{3M}$	$IdioSkew^{6M}$	$IdioSkew^{12M}$	$IdioSkew^{1Y}$	$IdioSkew^{2Y}$	$IdioSkew^{3Y}$	$IdioSkew^{5Y}$
$IdioSkew^{1M}$	—	0.42	0.27	0.18	0.03	0.04	0.04	0.05
$IdioSkew^{3M}$	0.42	—	0.65	0.45	0.09	0.12	0.12	0.12
$IdioSkew^{6M}$	0.26	0.66	—	0.69	0.15	0.19	0.19	0.19
$IdioSkew^{12M}$	0.17	0.46	0.71	—	0.22	0.28	0.28	0.27
$IdioSkew^{1Y}$	0.03	0.12	0.18	0.25	—	0.47	0.35	0.28
$IdioSkew^{2Y}$	0.05	0.14	0.22	0.31	0.49	—	0.75	0.59
$IdioSkew^{3Y}$	0.05	0.13	0.21	0.30	0.37	0.77	—	0.78
$IdioSkew^{5Y}$	0.05	0.12	0.19	0.27	0.28	0.61	0.80	—

该表给出了度量特质偏度的一对变量间的年度横截面皮尔逊积矩相关系数（对角线下方的条目）和斯皮尔曼等级相关系数（对角线上方的条目）的时间序列均值。

14.3.4　总偏度、协偏度和特质偏度

上述相关性分析已经单独检验了每一个总偏度、协偏度和特质偏度。在这里，我们检验总偏度、协偏度和特质偏度之间的横截面相关性。*Skew*和*CoSkew*、*Skew*和*IdioSkew*以及*CoSkew*和*IdioSkew*之间的皮尔逊积矩相关系数（A部分）和斯皮尔曼等级相关系数（B部分）的横截面均值显示在表14.5中。每次分析都使用相同的测量期和数据频率来计算两个变量。

结果表明，无论估计期的长度如何，用日度收益率计算的总偏度和协偏度在平均月份中表现出的横截面相关性基本可以忽略，因为皮尔逊积矩相关系数和斯皮尔曼等级相关系数的均值从12个月度量的−0.01变化到1个月度量的0.03。尽管相关系数看起来随着测量期缩短而减小，但是相关系数的大小表明：用日度收益率数据计算的*Skew*和*CoSkew*之间没有实质性的横截面相关性。使用月度数据计算的*Skew*和*CoSkew*之间的相关系数略高一些，皮尔逊积矩（斯皮尔曼等级）相关系数从$Skew^{1Y}$和$CoSkew^{1Y}$之间的0.09(0.11）减少到$Skew^{5Y}$和$CoSkew^{5Y}$之间的0.07(0.08)。这种相关

系数表明基于月度收益率的总偏度和协偏度之间存在虽小但不可忽略的正相关性，如果个股偏度存在一个系统性成分，那么这是可预期的。然而，这种较低的相关系数表明个股收益率偏度的系统性成分可能很小。

表 14.5　　相关系数——总偏度、协偏度和特质偏度

A 部分：皮尔逊积矩相关系数								
两者之间的相关性	1*M*	3*M*	6*M*	12*M*	1*Y*	2*Y*	3*Y*	5*Y*
Skew 和 *CoSkew*	0.03	0.02	0.01	−0.01	0.09	0.09	0.08	0.07
Skew 和 *IdioSkew*	0.84	0.95	0.97	0.97	0.50	0.73	0.80	0.85
CoSkew 和 *IdioSkew*	−0.10	−0.05	−0.05	−0.05	−0.15	−0.11	−0.10	−0.08
B 部分：斯皮尔曼等级相关系数								
两者之间的相关性	1*M*	3*M*	6*M*	12*M*	1*Y*	2*Y*	3*Y*	5*Y*
Skew 和 *CoSkew*	0.03	0.02	0.01	−0.01	0.11	0.10	0.10	0.08
Skew 和 *IdioSkew*	0.78	0.91	0.94	0.95	0.46	0.67	0.74	0.79
CoSkew 和 *IdioSkew*	−0.13	−0.08	−0.07	−0.08	−0.16	−0.12	−0.11	−0.10

该表给出了使用不同频率的数据和不同长度的测量期计算的总偏度（*Skew*）、协偏度（*CoSkew*）和特质偏度（*IdioSkew*）的一对变量之间的皮尔逊积矩相关系数（A 部分）和斯皮尔曼等级相关系数（B 部分）的年度横截面时间序列均值。使用 1、3、6、12 个月日度收益率数据计算的变量之间的相关系数分别显示在列 1*M*、3*M*、6*M*、12*M* 中。使用 1、2、3、5 年月度收益率数据计算的变量之间的相关系数分别显示在列 1*Y*、2*Y*、3*Y*、5*Y* 中。

每个部分的第二行表明总偏度（*Skew*）和特质偏度（*IdioSkew*）之间存在正的较强的横截面相关性，基于日度收益率的度量之间的皮尔逊积矩（斯皮尔曼等级）相关系数的平均值从 $Skew^{1M}$ 和 $IdioSkew^{1M}$ 之间的 0.84(0.78) 变化到 $Skew^{12M}$ 和 $IdioSkew^{12M}$之间的 0.97(0.94)。这表明，当用日度收益率数据计算时，*Skew* 和 *IdioSkew* 所包含的关于股票横截面的信息几乎相同。总偏度和特质偏度基于月度收益率的度量之间的相关系数又是正的且值较大，并且随着测量期的变长而呈现增大的模式。皮尔逊积矩（斯皮尔曼等级）横截面相关系数从$Skew^{1Y}$和$IdioSkew^{1Y}$之间的 0.50 (0.46) 增加到$Skew^{5Y}$和$IdioSkew^{5Y}$之间的 0.85。由于 *Skew* 和 *IdioSkew* 的描述性统计高度相似（见表 14.1）且总偏度和协偏度之间的相关系数非常低，总偏度和特质偏度之间的高度相关性并不令人惊讶。结果表明，总偏度几乎完全由与市场因子、Fama 和 French(1993) 的规模因子和账面市值比因子的收益正交的那部分股票收益所驱动。

最后，表 14.5 显示了协偏度和特质偏度之间负的较弱的横截面相关性。当这些变量的度量使用日度收益率计算时，皮尔逊积矩（斯皮尔曼等级）相关系数的平均值从 $CoSkew^{1M}$ 和 $IdioSkew^{1M}$ 之间的 −0.10(−0.13) 变化到 $CoSkew^{12M}$ 和 $IdioSkew^{12M}$ ($CoSkew^{6M}$和$IdioSkew^{6M}$) 之间的−0.05(−0.07)。当使用协偏度和特质偏度基于月度收益率的度量时，结果是相似的。皮尔逊积矩（斯皮尔曼等级）相关系数的平均值随着测量期的变长而减小，从 $CoSkew^{1Y}$ 和 $IdioSkew^{1Y}$ 之间的 −0.15(−0.16) 到 $CoSkew^{5Y}$和$IdioSkew^{5Y}$之间的−0.08(−0.10)。因此，虽然在协偏度和特质偏度的度量值之间似乎存在较小的负相关性，但这种相关性不是很强。

14.3.5 偏度和其他变量

在详细研究了偏度度量之间的相关系数后，现在我们来检验每个偏度度量以及贝塔（β）、规模（*Size*，市值的对数）、账面市值比（*BM*）、动量（*Mom*）、反转（*Rev*）和非流动性（*Illiq*）之间的相关系数。表 14.6 给出了这些变量与总偏度（*Skew*，A 部分）、协偏度（*CoSkew*，B 部分）和特质偏度（*IdioSkew*，C 部分）度量之间的横截面相关系数的平均值。

A 部分中的结果表明，不管测量期的长度或数据的频率如何，β 与总偏度的相关系数趋于负且数值较小。对此的例外是 β 和$Skew^{1M}$之间的皮尔逊积矩相关系数，以及 β 与$Skew^{1M}$及$Skew^{3M}$每一个之间的斯皮尔曼等级相关系数，它们每个都为正，但数值小。然而，总体上总偏度没有表现出与 β 的强相关性。

总偏度度量和 *Size* 之间的相关系数都是负的，随着测量期的延长，相关系数的值显著增加，该结论对于总偏度基于日度和月度收益率的度量均成立。如果有在捕捉股票收益的真实偏度方面表现更好的较长测量期偏度，那么结果表明总偏度与 *Size* 之间具有较强的负相关性。

账面市值比（*BM*）与总体偏度呈微弱的正相关关系。对于基于日度收益率的总偏度度量，当使用较长的测量期计算偏度时，相关性更强。月度收益率数据测量的总偏度度量和 *BM* 之间的平均相关系数受到测量期长度的影响可以忽略不计。

除了$Skew^{1M}$和 *Mom* 之间的平均皮尔逊积矩相关系数、*Mom* 和$Skew^{1M}$以及 *Mom* 和$Skew^{5Y}$之间的斯皮尔曼等级相关系数（平均相关系数分别为－0.02、－0.04 和－0.01）外，大多数总偏度度量与 *Mom* 有较弱的正相关性。对于基于日度收益率的总偏度度量，相关系数随着测量期从 1 个月延长到 12 个月而增加。这并不奇怪，并且很可能是统计机理的原因造成的，因为在过去 1 年内一些单日收益较大的正（负）值可能使得 *Mom* 和$Skew^{12M}$的值较高（低）。出于相同的原因，基于月度收益率的总偏度度量和 *Mom* 的相关系数随着测量期的延长而减小。当计算总偏度所涵盖的时期与计算动量所涵盖的时期相似度最大时，相关系数较高，这对基于日度和月度收益率的度量均成立。

由于类似的原因，$Skew^{1M}$与 *Rev* 呈现出较强的正的横截面相关性，皮尔逊积矩相关系数和斯皮尔曼等级相关系数都为 0.37。对于利用日度数据计算的度量，随着所使用的测量期变长，该相关系数大幅下降。总偏度月度收益率的度量与 *Rev* 的相关系数较低。有趣的是，皮尔逊积矩相关系数均为较小的正值，范围从$Skew^{5Y}$和 *Rev* 之间的 0.03 到$Skew^{1Y}$和 *Rev* 之间的 0.06。此外，斯皮尔曼等级相关系数都是负的，范围从$Skew^{3Y}$、$Skew^{5Y}$和 *Rev* 之间的－0.03 到 *Rev* 和$Skew^{1Y}$、$Skew^{2Y}$之间的－0.02。尽管皮尔逊积矩相关系数和斯皮尔曼等级相关系数带有相反的符号，但是其大小都是可以忽略的。

表 14.6　相关系数——偏度和其他变量

A 部分：*Skew*

	皮尔逊积矩相关系数							斯皮尔曼等级相关系数					
	β	*Size*	*BM*	*Mom*	*Rev*	*Illiq*		β	*Size*	*BM*	*Mom*	*Rev*	*Illiq*
$Skew^{1M}$	0.03	−0.03	0.02	−0.02	0.37	0.03	$Skew^{1M}$	0.04	−0.04	0.01	−0.04	0.37	0.05
$Skew^{3M}$	−0.00	−0.10	0.05	0.06	0.21	0.05	$Skew^{3M}$	0.02	−0.12	0.04	0.04	0.18	0.12
$Skew^{6M}$	−0.04	−0.16	0.09	0.11	0.14	0.07	$Skew^{6M}$	−0.01	−0.20	0.07	0.09	0.10	0.19
$Skew^{12M}$	−0.06	−0.22	0.11	0.18	0.10	0.10	$Skew^{12M}$	−0.04	−0.28	0.10	0.17	0.06	0.25
$Skew^{1Y}$	−0.04	−0.20	0.07	0.10	0.06	0.10	$Skew^{1Y}$	−0.04	−0.20	0.05	0.07	−0.02	0.19
$Skew^{2Y}$	−0.06	−0.30	0.09	0.08	0.04	0.15	$Skew^{2Y}$	−0.06	−0.32	0.06	0.02	−0.02	0.28
$Skew^{3Y}$	−0.05	−0.35	0.09	0.07	0.03	0.17	$Skew^{3Y}$	−0.07	−0.37	0.06	0.00	−0.03	0.32
$Skew^{5Y}$	−0.05	−0.38	0.08	0.05	0.03	0.19	$Skew^{5Y}$	−0.06	−0.41	0.05	−0.01	−0.03	0.36

B 部分：*CoSkew*

	皮尔逊积矩相关系数							斯皮尔曼等级相关系数					
	β	*Size*	*BM*	*Mom*	*Rev*	*Illiq*		β	*Size*	*BM*	*Mom*	*Rev*	*Illiq*
$CoSkew^{1M}$	0.01	0.02	0.00	−0.01	−0.02	−0.00	$CoSkew^{1M}$	0.01	0.02	0.00	−0.01	−0.03	−0.03
$CoSkew^{3M}$	0.03	0.05	−0.00	−0.03	−0.01	−0.01	$CoSkew^{3M}$	0.02	0.05	−0.00	−0.03	−0.01	−0.05
$CoSkew^{6M}$	0.05	0.07	−0.00	−0.04	−0.01	−0.02	$CoSkew^{6M}$	0.04	0.08	−0.00	−0.04	−0.00	−0.08
$CoSkew^{12M}$	0.07	0.11	−0.01	−0.05	−0.00	−0.03	$CoSkew^{12M}$	0.06	0.12	−0.00	−0.04	0.01	−0.12
$CoSkew^{1Y}$	0.02	0.04	−0.01	−0.04	−0.01	−0.02	$CoSkew^{1Y}$	0.02	0.06	−0.00	−0.03	−0.00	−0.04
$CoSkew^{2Y}$	0.03	0.07	0.00	−0.02	0.00	−0.03	$CoSkew^{2Y}$	0.03	0.09	0.01	−0.01	0.01	−0.09
$CoSkew^{3Y}$	0.04	0.09	0.01	−0.01	0.00	−0.04	$CoSkew^{3Y}$	0.05	0.11	0.02	−0.01	0.01	−0.11
$CoSkew^{5Y}$	0.06	0.11	0.02	−0.00	0.00	−0.04	$CoSkew^{5Y}$	0.08	0.14	0.02	0.00	0.01	−0.13

C 部分：*IdioSkew*													
	皮尔逊积矩相关系数							斯皮尔曼等级相关系数					
	β	*Size*	*BM*	*Mom*	*Rev*	*Illiq*		β	*Size*	*BM*	*Mom*	*Rev*	*Illiq*
$IdioSkew^{1M}$	0.02	−0.03	0.02	−0.01	0.33	0.02	$IdioSkew^{1M}$	0.03	−0.03	0.01	−0.02	0.33	0.05
$IdioSkew^{3M}$	−0.00	−0.09	0.05	0.07	0.21	0.04	$IdioSkew^{3M}$	0.02	−0.10	0.03	0.06	0.18	0.11
$IdioSkew^{6M}$	−0.03	−0.15	0.08	0.13	0.15	0.06	$IdioSkew^{6M}$	0.00	−0.17	0.07	0.12	0.11	0.16
$IdioSkew^{12M}$	−0.05	−0.21	0.11	0.20	0.10	0.09	$IdioSkew^{12M}$	−0.02	−0.25	0.09	0.21	0.06	0.23
$IdioSkew^{1Y}$	−0.03	−0.12	0.04	0.10	0.05	0.05	$IdioSkew^{1Y}$	−0.03	−0.12	0.03	0.08	−0.00	0.11
$IdioSkew^{2Y}$	−0.04	−0.25	0.06	0.10	0.04	0.11	$IdioSkew^{2Y}$	−0.05	−0.25	0.05	0.06	−0.02	0.22
$IdioSkew^{3Y}$	−0.05	−0.30	0.06	0.09	0.04	0.14	$IdioSkew^{3Y}$	−0.06	−0.32	0.04	0.04	−0.02	0.28
$IdioSkew^{5Y}$	−0.04	−0.34	0.06	0.07	0.03	0.16	$IdioSkew^{5Y}$	−0.06	−0.35	0.03	0.02	−0.02	0.32

该表给出了度量偏度等变量的变量间年度横截面皮尔逊积矩相关系数和斯皮尔曼等级相关系数的平均值。*

* 原书表格的注释有误。——译者注

结果表明总偏度和 $Illiq$ 之间存在正的横截面相关性。基于日度收益率的总偏度度量和 $Illiq$ 之间的皮尔逊积矩（斯皮尔曼等级）相关系数从$Skew^{1M}$的 0.03(0.05) 增加到$Skew^{12M}$的 0.10(0.25)。当使用基于月度收益率的总偏度度量时，$Illiq$ 和总偏度之间的皮尔逊积矩（斯皮尔曼等级）相关系数从$Skew^{1Y}$的 0.10(0.19) 增加到$Skew^{5Y}$的 0.19(0.36)。结果表明，较低的流动性（较高的 $Illiq$ 值）倾向于导致更加右偏的收益率。在这里皮尔逊积矩相关系数和斯皮尔曼等级相关系数之间的差异是相当大的。这很可能由 $Illiq$ 偏度很大的分布所驱动（见表 13.1），但也可能表明 $Illiq$ 和总偏度之间存在非线性关系。我们再次假定用较长测量期计算的总偏度度量提供了股票收益真实偏度更准确的值，结果表明，总偏度和 $Illiq$ 之间具有较强的正相关性。

下面将焦点转移到协偏度与本书前面章节讨论的变量之间的相关系数，表 14.6 的 B 部分中的结果没有提供关于协偏度与 BM、Mom 或 Rev 之间存在任何显著的横截面相关性的证据，原因是不论用于计算 $CoSkew$ 的数据频率或测量期长度如何，这些变量中的每一个和 $CoSkew$ 之间的皮尔逊积矩相关系数及斯皮尔曼等级相关系数的范围从−0.05($CoSkew^{12M}$和 Mom 之间的皮尔逊积矩相关系数）变化到 0.02($CoSkew^{5Y}$和 BM 之间的皮尔逊积矩相关系数和斯皮尔曼等级相关系数）。

相关性分析表明 β 和协偏度之间存在较小的正相关关系。对于以较短测量期计算的 $CoSkew$ 的值，这些相关性是可忽略的，但是对于较长的测量期，相关系数会更大一些。$CoSkew^{12M}$和 β 之间的皮尔逊积矩（斯皮尔曼等级）相关系数为 0.07(0.06)，$CoSkew^{5Y}$和 β 之间的相关系数为 0.06(0.08)。然而，这些相关系数是相当小的。

协偏度与 $Size$ 具有稍强的正相关性，对于基于日度收益率的协偏度度量，皮尔逊积矩（斯皮尔曼等级）相关系数从$Skew^{1M}$的 0.02(0.02) 变化到$Skew^{12M}$的 0.11(0.12)。基于月度收益率的协偏度度量还表现出随着测量期变长而增加的相关性，因为月度收益率的协偏度度量和 $Size$ 的皮尔逊积矩（斯皮尔曼等级）相关系数从$CoSkew^{1Y}$的 0.04(0.06) 增加到$CoSkew^{5Y}$的 0.11(0.14)。因此，如果使用较长测量期计算的协偏度度量比使用较短测量期计算的更准确，则结果表明在协偏度与 $Size$ 之间存在尽管不是非常大但不可忽略的正相关关系。

不管测量期的长度或用于计算协偏度的数据的频率如何，$CoSkew$ 和 $Illiq$ 之间的皮尔逊积矩相关系数都是负的，且数值很小。以上的相关系数从$CoSkew^{5Y}$和 $Illiq$ 之间的−0.04 变化到$CoSkew^{1M}$和 $Illiq$ 之间的−0.00。斯皮尔曼等级相关系数也是负的，但数值稍大，范围从$CoSkew^{5Y}$和 $Illiq$ 之间的−0.13 到$CoSkew^{1M}$和 $Illiq$ 之间的−0.03。随着用于计算 $CoSkew$ 的测量期延长，这些相关系数的数值增加。皮尔逊积矩和斯皮尔曼等级相关系数之间的巨大差异可能是由 $Illiq$ 分布中的一些极端值所造成的。

最后，表 14.6 的 C 部分显示了特质偏度不同度量以及 β、$Size$、BM、Mom、Rev 和 $Illiq$ 中两两之间的相关系数。特质偏度和这些变量之间的相关系数非常类似于总偏度与这些变量之间的相关系数。这并不奇怪，因为 $Skew$ 和 $IdioSkew$ 在横截面上高度相关（见表 14.5）。在大多数情况下，$IdioSkew$ 和其他变量之间的相关系数比 $Skew$

和其他变量之间对应的相关系数相等、数值稍小或者略低一点。Mom 是个例外，其与特质偏度的度量（除了$IdioSkew^{1M}$之外）之间的相关系数与对应的总偏度变量相比较高（或相等）。然而，这些相关系数的大小仍然非常相似。

14.4 持续性

我们继续对测量总偏度、协偏度和特质偏度的变量进行持续性分析。如果偏度是个股收益的持续特征，并且我们用来衡量偏度的变量比较合理地捕捉了这个特征，我们预期利用不同的时间段测量的变量会表现出显著的横截面持续性。相关性分析表明，当使用较长的测量期测量偏度时，一些偏度变量与本书前面章节中讨论的一些变量表现出较大的相关性。如果持续性分析得出更长的测量期事实上能够更准确地捕获个股收益的持续性的结论，则使用更长测量期计算的偏度变量的相关性分析的结果可能更多反映了偏度和其他股票特征的实际关系。对于每个变量，我们用 1、3、6、12、24、36、48、60、120 个月的滞后值计算持续性。为了避免机械持续性，我们仅展示给定变量间的滞后期至少与测量期同样长的持续性分析的结果。

14.4.1 总偏度

我们首先从对总偏度度量的持续性分析开始。结果表明，在使用日度股票收益率测量的总偏度变量中存在非常小的横截面持续性。相隔 1、3、6、12 个月测量的$Skew^{1M}$值之间的平均横截面相关系数都为 0.03，表明$Skew^{1M}$的当前值和未来值之间几乎没有关系。当用 24、36、48、60、120 个月的滞后值测量时，持续性甚至更低（0.01 或 0.02）。对于利用较长估计期测量的偏度，使用非重叠测量期计算的值之间的平均横截面相关系数从 0.03 变化到 0.14，分别是间隔 120 个月测量的$Skew^{3M}$的值和间隔 12 个月测量的$Skew^{12M}$的值。虽然略高于$Skew^{1M}$的相关系数，但这些值仍然相当低。基于日度收益率的偏度变量的持续性较低有两个潜在原因。一是，日度收益率分布的偏度不是股票的持续性质。二是，日度收益率偏度的计算存在很多噪声，意味着变量在捕捉股票的期望属性方面做得不好。前者的解释比起后者似乎更不太可能，有以下两个原因。第一，持续性的最高值来自间隔 12 个月测量的$Skew^{12M}$。如果偏度缺乏持续性推动了低相关性，我们预计这种测量方法的滞后相关系数会低于使用较短测量间隔计算的值。第二，持续性随着测量期延长而增加的事实表明可能偏度实际上是具有持续性的，但是它需要较长的估计期以获得日度收益率偏度的精确测量。因此，结果与以下假设一致：日度收益率数据测量的 $Skew$ 是股票收益率实际偏度有很多噪声的度量。话虽如此，但在使用较长的估计期的度量中似乎存在一些信息，并且尽管该度量看起来相当嘈杂，但是当样本足够大时，则可能探测到与偏度相关的期望收益中存在的模式。

结果表明，基于月度收益率的总偏度度量的持续性显著高于基于日度收益率的度量。例如，相隔 5 年（60 个月）测量的$Skew^{5Y}$之间的平均横截面相关系数为 0.25。这表明，当测量的间隔是 5 年时，$Skew^{5Y}$比任何基于日度收益率的度量都更持久，即使它们的测量间隔为 1 年（或更短）。结果还表明，尽管测量的滞后期延长，但是测量期变得更长时，总偏度度量的持续性显著增加。$Skew^{1Y}$在间隔 1 年测量时仅表现出 0.08 的持续性。当间隔 2 年测量时，$Skew^{2Y}$表现出 0.16 的持续性。当间隔 3 年测量时，$Skew^{3Y}$的持续性为 0.21。此外，对于测量期之间任意给定的滞后，使用较长测量期计算的变量的持续性比使用较短测量期计算的变量的持续性高。这对基于月度收益率和基于日度收益率的总偏度度量均适用。

这些结果能推出一些重要的结论。第一，假设给定股票收益的真实偏度是持久的，这在使用历史数据来估计股票水平的特征时通常是必要的假设，用月度数据计算的总偏度比基于日度数据的度量更好。第二，实际上个股收益的实际总偏度存在相当程度的持续性。我们得出这个结论的原因是，如果偏度不具有持续性，则在任何偏度的度量中都不会有持续性。① 最后，较长的估计期与较短的估计期相比是更好的偏度测量。我们得出这项结论是因为间隔 5 年测量的$Skew^{5Y}$的持续性高于间隔 1 年测量的$Skew^{1Y}$的持续性。如果$Skew^{1Y}$和$Skew^{5Y}$是对总偏度同样优秀的度量，那么我们预期$Skew^{1Y}$的 1 年持续性高于$Skew^{5Y}$的 5 年持续性。反之亦然，结合随着测量期增加（因此非重叠滞后期最低）持续性也增加的强模式表明，基于较短估计期的总偏度度量比基于较长估计期的度量噪声更大。

14.4.2 协偏度

如表 14.7 所示，对测量协偏度的变量进行持续性分析的结果几乎无法表明协偏度具有持续性。用任意滞后期计算的任何偏度变量的持续性的最高值为 0.06，是间隔 12 个月测量的$CoSkew^{12M}$。用少于 1 年的数据（$CoSkew^{1M}$、$CoSkew^{3M}$和$CoSkew^{6M}$）计算的基于日度收益率的协偏度度量的持续性的值在 0.00 到 0.03 之间变化，表明这些值几乎不存在横截面持续性。类似地，利用少于 5 年的月度收益率数据计算的协偏度的度量，不论滞后期如何，持续性的值在−0.00 到 0.03 之间变化。基于月度收益率测量的持续性的最高值为 0.05，来自间隔 10 年计算的 5 年度量（$CoSkew^{5Y}$）。有趣的是，对于$CoSkew^{2Y}$、$CoSkew^{3Y}$和$CoSkew^{5Y}$，持续性实际上随着度量间隔的滞后期变长而增加。这可能是由于滞后期较长的分析需要股票较长时间维持在样本内。这些可能是成熟的大公司的股票，协偏度的度量可能表现出较小的持续性。即使是这种情况，这些变量中的持续性水平也可以忽略不计。

对于协偏度的度量中缺乏持续性存在一些潜在的解释。一种可能的解释是，协偏

---

① 这个结论的一个可能的反例是，在试图测量偏度时，我们实际上捕捉到股票收益的一些其他持久的特征。这在这种情况下似乎不可能，因为偏度的度量是基于偏度的统计定义。

度实际上不是横截面持久的股票层面的特征。如果是这种情况，那么从历史数据测量的协偏度能够合理替代市场对未来协偏度看法的假设是不可行的。对风险的历史度量和股票未来收益之间的相关性进行实证分析，以试图理解投资者在风险和期望收益之间做出的权衡时，这种假设是必要的，因而个股协偏度的度量是否有用值得怀疑。另一种潜在的解释是，*CoSkew* 在衡量股票的实际协偏度方面做得不好。① 不管这两个解释哪个成立，结果表明股票水平的协偏度不可能是实证上的显著变量。尽管存在以上这些结果，*CoSkew* 仍然是实证资产定价文献中广泛使用的变量。

表 14.7　　持续性——协偏度

τ	$CoSkew^{1M}$	$CoSkew^{3M}$	$CoSkew^{6M}$	$CoSkew^{12M}$	$CoSkew^{1Y}$	$CoSkew^{2Y}$	$CoSkew^{3Y}$	$CoSkew^{5Y}$
1	0.00	—	—	—	—	—	—	—
3	0.00	0.02	—	—	—	—	—	—
6	0.00	0.01	0.03	—	—	—	—	—
12	0.00	0.02	0.03	0.06	0.01	—	—	—
24	0.00	0.01	0.02	0.04	−0.00	0.00	—	—
36	0.00	0.01	0.02	0.03	0.00	0.01	0.01	—
48	0.00	0.01	0.02	0.04	0.00	0.01	0.02	—
60	0.00	0.01	0.02	0.04	0.00	0.01	0.02	0.03
120	0.00	0.00	0.01	0.03	0.00	0.02	0.03	0.05

该表显示了度量协偏度的变量的持续性分析的结果。在每个月份 t，计算所测量的给定变量在月份 t 和月份 $t+\tau$ 的值之间的横截面皮尔逊积矩相关系数。该表给出了月度横截面相关性的时间序列平均值。标记为 τ 的列表示测量持续性的滞后期。

14.4.3　特质偏度

最后，在表 14.8 中，我们给出了测量特质偏度变量持续性分析的结果。特质偏度持续性分析的结果与表 14.9 中给出的总偏度的结果非常相似。考虑到这些变量之间的高度相关性，这并不奇怪。对于任何固定的滞后期，使用较长测量期计算的变量，其持续性的值较高。持续性的最大值由 $IdioSkew^{5Y}$ 产生，当以 5 年的滞后期测量时持续性为 0.21，而滞后期为 10 年时持续性为 0.20。在基于日度收益率的度量中，$IdioSkew^{12M}$ 表现出最高的持续性，持久值从间隔 1 年测量时的 0.14 减少到当间隔 10 年测量时的 0.08。基于日度收益率的特质偏度度量的持续性水平较低与 Boyer、Mitton 和 Vorkink(2010) 一致，他们提出了一种计算市场对未来特质偏度预期的替代方法。利用月度收益率数据测量的特质偏度的持续性高于基于日度收益率的度量的持续性，特别是在测量期较长时，这表明月度收益率度量可能更有效地捕捉到了股票具有持续

① 值得注意的是，在他们的开创性研究中，Harvey 和 Siddique（2000）研究了基于行业的 32 只股票组合以及 Fama 和 French（1995）使用的按规模和账面市值比排序形成的 25 个组合的协偏度，个股的结果没那么重要。因此，通过使用组合水平的协偏度的度量，可以显著减少与个股协偏度相关联的测量噪声。

性的特征。即使对于$IdioSkew^{5Y}$（它是特质偏度变量中持续性最高的），持续性的大小也相当低，表明特质偏度并不是高度持久的股票水平的特征，或者使用$IdioSkew^{5Y}$对该特征进行的度量是强噪声的。

表 14.8　　持续性——特质偏度

τ	$IdioSkew^{1M}$	$IdioSkew^{3M}$	$IdioSkew^{6M}$	$IdioSkew^{12M}$	$IdioSkew^{1Y}$	$IdioSkew^{2Y}$	$IdioSkew^{3Y}$	$IdioSkew^{5Y}$
1	0.03	—	—	—	—	—	—	—
3	0.02	0.06	—	—	—	—	—	—
6	0.02	0.06	0.09	—	—	—	—	—
12	0.02	0.05	0.09	0.14	0.03	—	—	—
24	0.02	0.05	0.07	0.12	0.03	0.12	—	—
36	0.01	0.04	0.06	0.10	0.03	0.11	0.17	—
48	0.01	0.03	0.06	0.10	0.02	0.10	0.16	—
60	0.01	0.03	0.05	0.09	0.02	0.10	0.15	0.21
120	0.01	0.03	0.05	0.08	0.02	0.09	0.14	0.20

该表显示了度量特质偏度的变量的持续性分析的结果。在每个月份 t，计算所测量的给定变量在月份 t 和月份 $t+\tau$ 的值之间的横截面皮尔逊积矩相关系数。该表给出了月度横截面相关性的时间序列平均值。标记为 τ 的列表示测量持续性的滞后期。

表 14.9　　持续性——总偏度

τ	$Skew^{1M}$	$Skew^{3M}$	$Skew^{6M}$	$Skew^{12M}$	$Skew^{1Y}$	$Skew^{2Y}$	$Skew^{3Y}$	$Skew^{5Y}$
1	0.03	—	—	—	—	—	—	—
3	0.03	0.06	—	—	—	—	—	—
6	0.03	0.06	0.09	—	—	—	—	—
12	0.03	0.05	0.09	0.14	0.08	—	—	—
24	0.02	0.05	0.08	0.12	0.08	0.16	—	—
36	0.02	0.04	0.06	0.11	0.07	0.15	0.21	—
48	0.01	0.03	0.06	0.10	0.06	0.14	0.20	—
60	0.02	0.03	0.06	0.10	0.06	0.14	0.19	0.25
120	0.01	0.03	0.05	0.08	0.05	0.12	0.16	0.21

该表显示了度量总偏度的变量的持续性分析的结果。在每个月份 t，计算所测量的给定变量在月份 t 和月份 $t+\tau$ 的值之间的横截面皮尔逊积矩相关系数。该表给出了月度横截面相关性的时间序列平均值。标记为 τ 的列表示测量持续性的滞后期。

总之，在第 14.1～14.4 节中，我们详细分析了使用日度和月度股票收益数据计算的总偏度、协偏度和特质偏度的度量，主要结论如下：总偏度和特质偏度非常相似，而同时协偏度似乎与两者非常不相关。使用长估计期且使用月度收益而不是日度收益的度量，似乎是总偏度和特质偏度最好的度量。当使用长估计期时，这些变量似乎在刻画给定股票收益的持续性特征方面做了合理但仍然是充满噪声的工作。由 $CoSkew$ 度量的协偏度未显示出任何显著的持续性或与总偏度和特质偏度的相关性，这引导我们得出结论：变量 $CoSkew$ 可能未捕捉到与个股相关的那部分系统偏度。最后，值得注意的是，虽然持续性分析的结果以及基于日度收益率和月度收益率的总偏度和特质偏度的度量之间的相关性表明这些变量确实反映了股票收益的实际偏度，但持续性水平和相关性水平并不高，表明无论估计期或数据频率如何，总偏度的度量 $Skew$ 和特质偏度的度量 $IdioSkew$ 是强噪声的。

14.5 偏度与股票收益

我们现在考虑股票期望收益与总偏度、协偏度和特质偏度之间的关系。在继续之前，我们提醒读者，Harvey 和 Siddique(2000) 的理论结果预测了偏度和股票未来收益之间的负相关关系。Mitton 和 Vorkink(2007) 为特质偏度和股票期望收益之间的负相关关系提供了理论支持。如果系统偏度（协偏度）和特质偏度都与期望收益具有理论上的负相关关系，那么总偏度也应该与期望收益具有负相关关系。因此，资产定价理论明确地预测了偏度（总偏度、协偏度或特质偏度）与股票期望收益之间的负相关性。

14.5.1 单变量组合分析

我们先利用单变量十分位数组合分析方法，实证检验偏度和期望收益之间的相关性。由于我们在本章中将检验很多偏度变量，我们跳过了组合层次特征的展示，直接对这些变量预测股票未来收益的能力进行研究。

总偏度

我们的第一个组合分析检验未来股票超额收益与每个不同的总偏度度量之间的关系。表 14.10 显示了每个按总偏度排序的十分位数组合，以及做多第 10 十分位数组合的同时做空第 1 十分位数组合的 10－1 组合的平均每月收益。相对于 Fama 和 French(1993) 以及 Carhart(1997) 的四因子模型（FFC）的异常收益，以及相对于 FFC 模型增加了 Pastor 和 Stambaugh(2003) 的流动性因子的模型（FFCPS）的异常收益也显示在表 14.10 中。[①] 根据 Newey 和 West(1987) 调整过的 T 统计量显示在括号中，检验平均收益、相对于 FFC 模型的 α 和相对于 FFCPS 模型的 α 是否等于 0。

A 部分显示了等权重组合的结果。结果表明，对使用 1 个月的日度收益率数据（$Skew^{1M}$）测量的总偏度进行排序产生的组合在十分位数组合的平均收益中表现出很强且接近于单调下降（除了第 1 十分位数组合之外）的规律，第 1 十分位数组合的月度平均超额收益为 0.86%，第 10 十分位数组合的月度平均超额收益为 0.39%。10－1 组合的月度平均收益为－0.47%，在统计上非常显著，其 T 统计量为－4.01。结果似乎不是由在市场因子（MKT）、规模因子（SMB）、价值因子（HML）或动量因子

① 请注意 Pastor 和 Stambaugh（2003）因子数据只从 1968 年 1 月开始。因此，相对于 FFCPS 模型的 α 以及相关的 T 统计量是使用 1968 年 1 月—2012 年 12 月期间实现的组合收益计算的，而不是所有其他分析使用的 1963 年 7 月—2012 年 12 月。

(MOM) 上存在风险暴露所驱动的，因为多空组合的 FFC 模型的 α 为 -0.45%(T 统计量$=-4.35$)，与组合的平均收益非常相似。将流动性因子（PSL）添加到风险模型中几乎没有影响，因为每月 FFCPS 模型的 α 为 -0.45%(T 统计量$=-3.87$)，几乎与 FFC 模型的 α 相同。当对$Skew^{3M}$排序形成组合时，多空组合的平均收益、FFC 模型的 α 和 FFCPS 模型的 α 分别为每月 -0.28%(T 统计量$=-1.79$)、每月 -0.34%(T 统计量$=-2.03$) 和每月 -0.34%(T 统计量$=-1.88$)，在统计上也是显著的（未调整的收益和 FFCPS 模型的 α 显著性较小）。通过对$Skew^{6M}$、$Skew^{12M}$、$Skew^{1Y}$、$Skew^{2Y}$、$Skew^{3Y}$和$Skew^{5Y}$中的每一个进行排序形成的多空组合的平均收益率和 α 均在固定水平上统计不显著。

等权重组合分析的结果是相当有趣的，特别是基于我们持续性分析得到的结论：更长的测量期能计算出更准确的总偏度，月度收益率度量可能比日度收益率度量更可靠。我们预测利用更长的测量期计算的变量将更有可能提供存在偏度溢价的证据。与之相反的是，我们发现，用 1 个月的日度数据计算的度量以及在一定程度上用 3 个月的日度数据计算的度量是仅有的在总偏度和股票未来收益之间检测到相关关系的变量。然而，单变量组合分析不允许我们控制其他变量的影响。一种可能性是$Skew^{1M}$的值较高是由在测量的那个月中 1 天或 2 天非常高的收益率所导致的。这几天也可能产生高的反转值（Rev）。因此，我们将关于这些关系的任何强有力的结论推迟到进行多变量分析的时候再做出。

表 14.10　　单变量组合分析——总偏度

A 部分：等权重组合													
排序变量	1	2	3	4	5	6	7	8	9	10	10-1	FFC α	FFCPS α
$Skew^{1M}$	0.86	0.96	0.96	0.90	0.86	0.72	0.67	0.62	0.49	0.39	−0.47	−0.45	−0.45
											(−4.01)	(−4.35)	(−3.87)
$Skew^{3M}$	0.75	0.88	0.94	0.89	0.79	0.76	0.74	0.65	0.55	0.47	−0.28	−0.34	−0.34
											(−1.79)	(−2.03)	(−1.88)
$Skew^{6M}$	0.64	0.78	0.92	0.86	0.81	0.79	0.75	0.72	0.62	0.55	−0.08	−0.12	−0.11
											(−0.53)	(−0.87)	(−0.71)
$Skew^{12M}$	0.63	0.74	0.79	0.78	0.82	0.82	0.79	0.82	0.81	0.68	0.04	0.00	0.05
											(0.27)	(0.03)	(0.33)
$Skew^{1Y}$	0.84	0.84	0.82	0.80	0.79	0.79	0.75	0.77	0.71	0.63	−0.21	−0.18	−0.17
											(−1.37)	(−1.01)	(−0.95)
$Skew^{2Y}$	0.86	0.86	0.87	0.81	0.83	0.84	0.81	0.77	0.85	0.69	−0.18	−0.20	−0.22
											(−0.94)	(−0.90)	(−0.93)
$Skew^{3Y}$	0.88	0.87	0.85	0.85	0.87	0.82	0.82	0.87	0.83	0.70	−0.19	−0.21	−0.24
											(−0.93)	(−0.88)	(−0.97)
$Skew^{5Y}$	0.82	0.89	0.87	0.84	0.85	0.84	0.84	0.86	0.91	0.65	−0.18	−0.28	−0.32
											(−0.84)	(−1.52)	(−1.57)

B部分：市值加权组合													
排序变量	1	2	3	4	5	6	7	8	9	10	10－1	FFC α	FFCPS α
$Skew^{1M}$	0.24	0.47	0.41	0.51	0.42	0.51	0.46	0.53	0.57	0.50	0.26	0.25	0.25
											(2.26)	(2.15)	(2.01)
$Skew^{3M}$	0.39	0.48	0.48	0.51	0.49	0.51	0.44	0.46	0.54	0.60	0.22	0.13	0.17
											(1.78)	(1.04)	(1.25)
$Skew^{6M}$	0.46	0.48	0.51	0.49	0.47	0.53	0.40	0.40	0.50	0.58	0.13	－0.02	0.03
											(0.91)	(－0.16)	(0.22)
$Skew^{12M}$	0.34	0.60	0.48	0.45	0.58	0.47	0.45	0.50	0.51	0.68	0.34	0.21	0.26
											(2.38)	(1.64)	(1.81)
$Skew^{1Y}$	0.52	0.59	0.46	0.60	0.44	0.44	0.43	0.47	0.40	0.18	－0.34	－0.31	－0.29
											(－2.49)	(－2.28)	(－1.90)
$Skew^{2Y}$	0.52	0.63	0.51	0.51	0.46	0.54	0.34	0.33	0.39	0.23	－0.29	－0.38	－0.37
											(－1.91)	(－2.27)	(－2.13)
$Skew^{3Y}$	0.53	0.52	0.53	0.57	0.44	0.42	0.22	0.47	0.45	0.28	－0.25	－0.44	－0.39
											(－1.52)	(－2.67)	(－2.18)
$Skew^{5Y}$	0.50	0.56	0.48	0.44	0.49	0.51	0.47	0.38	0.31	0.22	－0.29	－0.52	－0.49
											(－1.63)	(－3.41)	(－2.95)

该表显示了总偏度与股票未来收益之间相关性的单变量组合分析的结果。通过使用证券价格研究中心（CRSP）样本中的所有股票计算出的给定排序变量的十分位数将CRSP样本中的所有股票归入相应的组合，形成月度组合。A部分（B部分）显示了使用不同的总偏度度量作为排序变量形成的每一个十分位数组合的等权重（市值加权）的下月超额收益（以每月百分数计）的平均值。该表还显示了做多第10十分位数组合同时做空第1十分位数组合的组合平均收益率，以及该组合的FFC模型的α和FFCPS模型的α。经过Newey和West（1987）六期滞后调整的T统计量显示在括号中，用来检验10－1组合的平均收益或α等于0的零假设。

通过对总偏度度量排序而形成的市值加权组合的平均收益率和α在表14.10的B部分中展示出。当使用市值加权组合时，结果表明$Skew^{1M}$和股票未来收益之间存在强烈的正相关关系，这一关系与等权重组合中检测到的相反。$Skew^{1M}$的市值加权多空组合的平均收益率、FFC模型的α和FFCPS模型的α分别为每月0.26%（T统计量＝2.26）、每月0.25%（T统计量＝2.15）和每月0.25%（T统计量＝2.01），经济上数值都比较大且统计上高度显著。结果表明，效应的大部分是由第1十分位数组合驱动的，这带来只有0.24%的每月超额收益，而其他9个十分位数组合的月度收益率在0.42%和0.57%之间。此外，以$Skew^{1M}$排序的十分位数组合的超额收益中没有可辨别的模式，表明潜在地，这个结果可能是假的。等权重和市值加权分析之间的矛盾结果表明，市值和$Skew^{1M}$之间可能存在较大的相互作用，影响$Skew^{1M}$和股票未来收益之间的相关性。话虽如此，但按$Skew^{12M}$排序的市值加权组合生成了一个虽然不是那么强的类似结果。$Skew^{12M}$的多空组合产生的月均收益率为0.34%（T统计量＝2.38），是非常显著的。然而，FFC模型的α为0.21%，在统计学上是不显著的，T统计量仅为1.64。当

PSL 因子被添加到因子模型时，异常收益率每月增加到 0.26%，相应的 T 统计量为 1.81。再一次地，结果似乎是由第 1 十分位数组合驱动的，因为第 1 个 $Skew^{12M}$ 的十分位数组合的平均超额收益率为每月 0.34%，远远低于其他任何组合。同样地，类似于用 $Skew^{1M}$ 排序形成的市值加权组合，以 $Skew^{12M}$ 排序的组合的平均超额收益未能在 $Skew^{12M}$ 的十分位数上呈现强模式。

通过对基于月度收益率的总偏度度量排序形成的市值加权组合的结果表明在总偏度和股票期望收益之间存在负的且在许多情况下统计上显著的相关性。当组合以 $Skew^{1Y}$ 排序形成时，市值加权多空组合产生的统计上显著的月均收益率为－0.34%（T 统计量＝－2.49），FFC 模型的 α 为－0.31%（T 统计量＝－2.28），FFCPS 模型的 α 为每月－0.29%（T 统计量＝－1.90）。由于用于计算总偏度的时间被延长，所以多空组合的异常收益大大增加。$Skew^{5Y}$ 的 10－1 组合 FFC 模型的 α 为每月－0.52%（T 统计量＝－3.41），FFCPS 模型的 α 为每月 －0.49%（T 统计量＝－2.95）。这种负相关关系与理论预测一致。此外，随着测量期长度的延长，结果变得更强烈的事实与我们先前的结论一致，即用更长的测量期计算的变量更准确地反映了总偏度的值。

协偏度

表 14.11 列出了协偏度和股票期望收益之间相关性的单变量组合分析结果。使用 $CoSkew^{1M}$ 作为排序变量的等权重组合分析表明 $CoSkew^{1M}$ 和股票未来收益之间存在正的且统计上显著的相关性。$CoSkew^{1M}$ 的 10－1 组合的平均收益率为每月 0.17%（T 统计量一1.89），FFC 模型的 α 和 FFCPS 模型的 α 分别为每月 0.23%（T 统计量＝2.52）和每月 0.25%（T 统计量＝2.50）。因此，虽然这个组合的平均收益率和 α 至少刚好具有统计显著性，但这些值实际上相当小。此外，结果表明在组合的超额收益率中存在强烈的倒 U 形图案。第 1 十分位数组合的平均月度超额收益率为每月 0.53%。对于第 3 十分位数组合，超额收益率增加到每月 0.85%，然后接近于单调递减（除了第 7 十分位数组合），对于 $CoSkew^{1M}$ 的第 10 十分位数组合，超额收益率减到每月 0.70%。事实上，虽然 $CoSkew^{1M}$ 第 1 十分位数组合产生了任何 $CoSkew^{1M}$ 十分位数组合最低的平均收益率，但是第 10 十分位数组合的平均收益率是第二低的。总的来说，来自该组合分析的证据加上一个与理论预测相反的正相关性的事实使我们质疑：$CoSkew^{1M}$ 的 10－1 组合的平均收益率和 α 的统计显著性是否真的表明存在与偏度定价相关的横截面模式。通过利用 $CoSkew^{3M}$、$CoSkew^{6M}$ 和 $CoSkew^{12M}$ 排序形成的 10－1 组合的平均收益率和 α 在统计上与 0 没有区别。

使用月度收益数据计算的协偏度度量的等权重组合分析都表明在协偏度和股票期望收益之间存在负的相关性，这种相关性在一些情况下是统计显著的。当组合是通过对 $CoSkew^{1Y}$ 排序的方式而形成时，多空组合的平均收益率和 α 为负，并不显著。对于以 $CoSkew^{2Y}$ 排序的组合，多空组合产生的平均收益率为每月－0.23%（T 统计量＝－1.44），在统计学上不显著，但 FFC 模型和 FFCPS 模型的 α 分别为每月 －0.42%（T 统计量＝

−1.98）和每月−0.48%（T 统计量=−2.24），两者在量值上显著更大并且在统计学上显著。此外，除了第 7 和第 8 十分位数组合，平均组合收益率在$CoSkew^{2Y}$的十分位数内单调递减。在$CoSkew^{3Y}$和$CoSkew^{5Y}$排序的组合中出现了类似的模式。以$CoSkew^{3Y}$和$CoSkew^{5Y}$排序的组合的平均月收益率和 α 都至少刚好是统计显著的。与以$CoSkew^{2Y}$排序的组合一样，α 的值远远大于平均组合收益。

使用不同协偏度度量作为排序变量的市值加权组合的结果显示在表 14.11 的 B 部分中。结果表明没有一个偏度变量的 10−1 组合产生了统计上异于 0 的平均收益。然而，通过 $CoSkew^{3M}$、$CoSkew^{6M}$和 $CoSkew^{12M}$排序形成组合的 FFC 模型的 α 和 FFCPS 模型的 α 在经济上值较大并且在统计上是显著的。用 $CoSkew^{3M}$ 排序的十分位数组合的平均超额收益的检验显示，在 $CoSkew^{3M}$ 十分位数组合的平均收益率中不存在规律。实际上，结果再次表明，虽然这些变量的第 1 十分位数组合产生了最低的平均收益率，但是第 10 十分位数组合的平均收益率是第二低的。对于按 $CoSkew^{12M}$ 排序的组合，10−1 组合的平均收益实际上是负的，第 10 十分位数组合产生了最低的平均收益，第 1 十分位数组合产生了第三低的平均收益。因此，结果太弱以至无法得出与理论相反的结论，即协偏度和股票收益之间存在正相关关系。

表 14.11　　单变量组合分析——协偏度

A 部分：等权重组合													
排序变量	1	2	3	4	5	6	7	8	9	10	10−1	FFC α	FFCPS α
$CoSkew^{1M}$	0.53	0.73	0.85	0.83	0.82	0.78	0.79	0.74	0.73	0.70	0.17	0.23	0.25
											(1.89)	(2.52)	(2.50)
$CoSkew^{3M}$	0.57	0.79	0.83	0.77	0.74	0.82	0.74	0.74	0.77	0.67	0.10	0.25	0.23
											(0.86)	(1.65)	(1.45)
$CoSkew^{6M}$	0.61	0.77	0.86	0.80	0.82	0.76	0.75	0.76	0.69	0.63	0.01	0.18	0.17
											(0.09)	(0.96)	(0.84)
$CoSkew^{12M}$	0.80	0.87	0.80	0.78	0.79	0.77	0.72	0.74	0.66	0.76	−0.04	0.11	0.14
											(−0.26)	(0.56)	(0.67)
$CoSkew^{1Y}$	0.80	0.81	0.81	0.82	0.78	0.83	0.78	0.80	0.72	0.58	−0.22	−0.30	−0.34
											(−1.31)	(−1.52)	(−1.63)
$CoSkew^{2Y}$	0.96	0.89	0.87	0.87	0.83	0.79	0.80	0.71	0.73	0.73	−0.23	−0.42	−0.48
											(−1.44)	(−1.98)	(−2.24)
$CoSkew^{3Y}$	1.01	0.93	0.86	0.87	0.87	0.81	0.80	0.73	0.76	0.72	−0.29	−0.40	−0.47
											(−1.97)	(−1.90)	(−2.18)
$CoSkew^{5Y}$	1.03	0.95	0.87	0.85	0.82	0.84	0.72	0.73	0.81	0.75	−0.28	−0.40	−0.48
											(−1.90)	(−1.92)	(−2.27)

B部分：市值加权组合													
排序变量	1	2	3	4	5	6	7	8	9	10	10−1	FFC α	FFCPS α
$CoSkew^{1M}$	0.31	0.53	0.60	0.51	0.53	0.40	0.47	0.46	0.44	0.24	−0.07	0.03	0.06
											(−0.41)	(0.22)	(0.39)
$CoSkew^{3M}$	0.07	0.58	0.49	0.54	0.51	0.50	0.51	0.45	0.49	0.35	0.28	0.61	0.69
											(1.41)	(2.73)	(2.89)
$CoSkew^{6M}$	0.13	0.50	0.49	0.50	0.49	0.64	0.48	0.52	0.43	0.28	0.15	0.63	0.72
											(0.64)	(2.66)	(2.82)
$CoSkew^{12M}$	0.41	0.65	0.51	0.52	0.55	0.52	0.51	0.51	0.34	0.31	−0.10	0.45	0.47
											(−0.41)	(2.00)	(1.79)
$CoSkew^{1Y}$	0.43	0.54	0.50	0.55	0.54	0.43	0.46	0.51	0.46	0.25	−0.17	−0.04	−0.02
											(−0.71)	(−0.19)	(−0.10)
$CoSkew^{2Y}$	0.63	0.54	0.64	0.66	0.55	0.53	0.58	0.41	0.34	0.50	−0.13	−0.13	−0.09
											(−0.69)	(−0.74)	(−0.44)
$CoSkew^{3Y}$	0.55	0.71	0.70	0.60	0.57	0.50	0.52	0.45	0.44	0.39	−0.16	−0.03	−0.03
											(−0.86)	(−0.16)	(−0.17)
$CoSkew^{5Y}$	0.51	0.63	0.68	0.53	0.58	0.52	0.47	0.48	0.43	0.48	−0.03	0.09	0.05
											(−0.16)	(0.55)	(0.27)

该表显示了协偏度与股票未来收益之间相关性的单变量组合分析的结果。通过使用证券价格研究中心（CRSP）样本中的所有股票计算出的给定排序变量的十分位数将证券价格研究中心样本中的所有股票归入相应的组合，形成月度组合。A部分（B部分）显示了使用不同的协偏度度量作为排序变量形成的每一个十分位数组合的等权重（市值加权）的下月超额收益（以每月百分数计）的平均值。该表还显示了做多第10十分位数组合同时做空第1十分位数组合的组合平均收益率，以及该组合的FFC模型的α和FFCPS模型的α。经过Newey和West（1987）六期滞后调整的T统计量显示在括号中，用来检验10−1组合的平均收益或α等于0的零假设。

特质偏度

我们现在以特质偏度度量作为排序变量重复单变量组合分析。表14.12中显示的结果与使用总偏度度量作为排序变量的单变量组合分析非常相似（见表14.10）。考虑到总偏度度量和特质偏度度量之间的高度相关性（见表14.5），这并不奇怪。

唯一检测到特质偏度和股票未来收益之间显著相关性的等权重组合分析是使用$IdioSkew^{1M}$作为排序变量的分析。$IdioSkew^{1M}$的10−1组合的月均收益率为−0.31%，相应的T统计量为−2.44。利用FFC模型对风险进行调整并不能解释这个平均收益率，因为该组合的FFC（FFCPS）模型的α为每月−0.39%（−0.37%），T统计量为−2.36（−2.19），也在统计上非常显著。对于每一个特质偏度的其他度量，10−1组合

的平均收益率和 α 在统计上与 0 没有差异。①

通过对 $IdioSkew^{1M}$ 排序而形成的市值加权组合表明了特质偏度和股票未来收益之间的正相关关系，因为多空组合平均收益率为每月 0.36%（T 统计量=3.60），FFC 模型的 α 为每月 0.27%（T 统计量=2.76），FFCPS 模型的 α 为每月 0.30%（T 统计量=2.90）。这个结果类似于在对 $Skew^{1M}$ 排序形成的组合中观察到的结果（见表 14.10）。当对 $IdioSkew^{3M}$ 进行排序时，10－1 组合的平均收益率为每月 0.32%（T 统计量=2.88），在统计上高度显著，但是 FFC 模型的 α 较小且不显著，为每月 0.16%（T 统计量=1.40），并且 FFCPS 模型的 α 为每月 0.20%（T 统计量=1.65），也很小，虽然刚好在统计上显著。按照 $IdioSkew^{6M}$ 和 $IdioSkew^{12M}$ 排序的组合产生了至少是刚好在统计上显著的多空组合的平均收益率，分别为每月 0.23%（T 统计量=1.78）和每月 0.20%（T 统计量=3.18）。然而，这些组合相对于 FFC 和 FFCPS 风险模型的 α 都很小，并且不显著，表明对 FFC 模型的四因子中的一个或多个因子的敏感性解释了这些收益。

表 14.12　　单变量组合分析——特质偏度

A 部分：等权重组合												
排序变量	1	2	3	4	5	6	7	8	9	10	10－1	FFC α	FFCPS α
$IdioSkew^{1M}$	0.80	0.92	0.86	0.85	0.78	0.78	0.79	0.67	0.53	0.49	－0.31	－0.39	－0.37
											(－2.44)	(－2.36)	(－2.19)
$IdioSkew^{3M}$	0.69	0.80	0.85	0.87	0.83	0.81	0.78	0.68	0.62	0.51	－0.18	－0.29	－0.30
											(－1.18)	(－1.75)	(－1.72)
$IdioSkew^{6M}$	0.58	0.70	0.87	0.83	0.82	0.83	0.82	0.78	0.62	0.59	0.01	－0.06	－0.05
											(0.10)	(－0.50)	(－0.34)
$IdioSkew^{12M}$	0.56	0.68	0.75	0.80	0.83	0.84	0.88	0.79	0.85	0.69	0.13	0.06	0.09
											(0.81)	(0.44)	(0.65)
$IdioSkew^{1Y}$	0.74	0.81	0.79	0.78	0.85	0.70	0.84	0.77	0.80	0.66	－0.09	－0.11	－0.11
											(－0.86)	(－1.30)	(－1.13)
$IdioSkew^{2Y}$	0.76	0.78	0.83	0.88	0.84	0.86	0.88	0.87	0.80	0.68	－0.07	－0.14	－0.18
											(－0.47)	(－0.90)	(－1.09)
$IdioSkew^{3Y}$	0.81	0.80	0.84	0.85	0.89	0.86	0.88	0.86	0.85	0.71	－0.11	－0.17	－0.21
											(－0.65)	(－0.98)	(－1.20)
$IdioSkew^{5Y}$	0.80	0.82	0.81	0.87	0.84	0.88	0.90	0.97	0.76	0.70	－0.10	－0.18	－0.24
											(－0.61)	(－1.14)	(－1.40)

① 唯一的例外是 $IdioSkew^{3M}$ 的多空组合 FFC 和 FFCPS 模型的 α 分别为每月－0.29%和－0.30%，T 统计量分别为－1.75 和－1.72，在统计上比较显著。

B 部分：市值加权组合													
排序变量	1	2	3	4	5	6	7	8	9	10	10－1	FFC α	FFCPS α
$IdioSkew^{1M}$	0.22	0.39	0.56	0.36	0.42	0.49	0.53	0.56	0.51	0.59	0.36	0.27	0.30
											(3.60)	(2.76)	(2.90)
$IdioSkew^{3M}$	0.29	0.34	0.48	0.49	0.61	0.49	0.57	0.53	0.51	0.62	0.32	0.16	0.20
											(2.88)	(1.40)	(1.65)
$IdioSkew^{6M}$	0.39	0.45	0.53	0.48	0.59	0.45	0.59	0.50	0.45	0.62	0.23	－0.01	0.00
											(1.78)	(－0.11)	(0.04)
$IdioSkew^{12M}$	0.33	0.49	0.54	0.52	0.51	0.55	0.58	0.56	0.66	0.62	0.29	0.06	0.09
											(2.18)	(0.51)	(0.66)
$IdioSkew^{1Y}$	0.48	0.44	0.49	0.44	0.58	0.45	0.52	0.50	0.42	0.40	－0.08	0.16	0.12
											(－0.68)	(－1.42)	(－0.94)
$IdioSkew^{2Y}$	0.53	0.53	0.42	0.48	0.47	0.44	0.45	0.49	0.48	0.38	－0.15	－0.34	－0.30
											(－1.14)	(－2.52)	(－2.09)
$IdioSkew^{3Y}$	0.51	0.46	0.48	0.48	0.53	0.49	0.51	0.54	0.50	0.32	－0.19	－0.53	－0.50
											(－1.22)	(－3.42)	(－3.18)
$IdioSkew^{5Y}$	0.43	0.48	0.55	0.50	0.53	0.43	0.55	0.46	0.39	0.26	－0.16	－0.57	－0.53
											(－0.97)	(－3.63)	(－3.17)

该表显示了特质偏度与股票未来收益之间相关性的单变量组合分析的结果。通过使用 CRSP 样本中的所有股票计算出的给定排序变量的十分位数将证券价格研究中心样本中的所有股票归入相应的组合，形成月度组合。A 部分（B 部分）显示了使用不同的特质偏度度量作为排序变量形成的每一个十分位数组合的等权重（市值加权）的下月超额收益（以每月百分数计）的平均值。该表还显示了做多第 10 十分位数组合同时做空第 1 十分位数组合的组合平均收益率，以及该组合的 FFC 模型的 α 和 FFCPS 模型的 α。经过 Newey 和 West（1987）六期滞后调整的 T 统计量显示在括号中，用来检验 10－1 组合的平均收益或 α 等于 0 的零假设。

当根据月度收益率数据（$IdioSkew^{1Y}$、$IdioSkew^{2Y}$、$IdioSkew^{3Y}$ 和 $IdioSkew^{5Y}$）计算的特质偏度度量进行排序时，市值加权组合分析发现 10－1 组合的月均收益率是负的，较小且统计上不显著，从按 $IdioSkew^{1Y}$ 排序的组合的每月－0.08%变化到按 $IdioSkew^{3Y}$ 排序的组合的每月－0.19%。然而，这些组合的异常收益率在数值上都大于平均收益率，并且当使用超过 1 年的月度收益率数据来测量特质偏度时，α 在统计上是显著的。α 的大小随着用于计算特质偏度的测量期的延长而增加。$IdioSkew^{5Y}$ 的 10－1 组合 FFC 模型的 α 为每月－0.57%（T 统计量＝－3.63），FFCPS 模型的 α 为每月－0.53%（T 统计量＝－3.17）。当对 $IdioSkew^{5Y}$ 进行排序时，第 10 十分位数市值加权组合在所有按照 $IdioSkew^{5Y}$ 排序的十分位数组合中拥有最低的平均超额收益率，为每月 0.26%，第 1 十分位数组合的月均收益率为 0.43%，是并列第三低的平均超额收益率。这个结果引起了对将多空组合的$-\alpha$阐述为表明存在偏度风险溢价的担心。从这个角度来看，使用特质偏度的每月收益率度量作为排序变量时，以$IdioSkew^{2Y}$排序的市值加权组合的结果最好，因为此分析中的第 1 十分位数组合产生了最高的平均超额收益率，第 10 十分位数组合产生了最低的平均超额收益率。然而，平均组合收益率在$IdioSkew^{2Y}$的十分位数中几乎不是单调的。总体而言，结果并未提供令人信服的证据证明特质偏度和股票期望收益之间存在强关系。进一步分析肯定是必要的。

总之，在第 14.5.1 节中提出的单变量组合分析的结果很难被解释。在一些情况下，等权重组合分析的结果与市值加权组合分析产生的结果性质相反。这些结果表明，已知的与股票期望收益相关的一个或多个其他变量极有可能混淆了我们的偏度度量和股票期望收益之间的关系。

在前面的章节中，我们已经进行了双变量排序分析，以检验感兴趣的变量和股票期望收益之间的关系，一次控制一个已知的与股票期望收益相关变量的影响。由于本章考查的偏度变量比较多，我们将这些分析留给读者完成，直接对这些相关性进行 Fama 和 MacBeth(1973) 回归分析。Fama 和 MacBeth(1973) 回归分析允许我们同时控制所有其他已知的股票收益预测变量，而不是一次控制一个变量。

14.5.2 Fama 和 MacBeth 回归

我们继续使用 Fama 和 MacBeth (1973)(以下简称“FM”) 回归分析来检验偏度和股票未来收益之间的横截面关系。对于每个度量偏度的变量，我们进行两次 FM 回归分析用以检验给定变量与股票未来收益之间的关系。第一次分析使用单变量横截面回归，其中仅将给定的偏度度量作为自变量。在第二次分析中，月度横截面回归中的自变量包括给定的偏度度量以及β、$Size$、BM、Mom、Rev 和 $Illiq$。因此，整体回归设定是

$$r_{i,t+1}=\delta_{0,t}+\delta_{1,t}X_{i,t}+\delta_{2,t}\beta_{i,t}+\delta_{3,t}Size_{i,t}+\delta_{4,t}BM_{i,t}+\delta_{5,t}Mom_{i,t}$$
$$+\delta_{6,t}Rev_{i,t}+\delta_{7,t}Illiq_{i,t}+\varepsilon_{i,t} \quad (14.5)$$

式中，$r_{i,t+1}$是股票 i 在月份 $t+1$ 的超额收益，$X_{i,t}$是偏度的其中一个度量。所有的自变量每月以 0.5%的水平进行缩尾处理。展示 FM 回归分析结果的表格呈现了月度横截面回归系数的时间序列平均值和根据 Newey 和 West(1987) 使用六期滞后值调整过的 T 统计量，检验平均系数等于 0 的零假设。

总偏度

检验总偏度与股票期望收益之间相关性的 FM 回归分析结果如表 14.13 所示。使用单变量设定，A 部分显示 FM 回归分析检测到$Skew^{1M}$和股票未来收益之间的强负相关性，因为平均系数为-0.150、T 统计量为-4.08 且在统计上高度显著。当使用

$Skew^{3M}$作为总偏度的度量时，-0.077 的平均系数具有 -2.01 的 T 统计量，在统计上显著。由于在所有其他单变量设定中，测量总偏度的变量的平均系数在统计上不异于零，所以总偏度的其他度量与下月股票超额收益率之间没有任何相关性。这些结果与等权重单变量组合分析的结果非常类似（见表 14.10 的 A 部分），其发现$Skew^{1M}$和$Skew^{3M}$分别与股票未来收益之间存在统计显著的负相关性，但是任何其他总偏度的度量和股票未来收益率之间没有相关性。

表 14.13 的 B 部分显示，在设定中包含全套控制变量的总偏度对股票未来收益的 FM 回归的结果导致了完全不同的结论。在控制股票未来收益与 β、$Size$、BM、Mom、Rev 和 $Illiq$ 中每个之间的相关性之后，检测不到$Skew^{1M}$与未来股票超额收益之间的负相关性，因为$Skew^{1M}$的平均系数 0.034 是正的且不显著。$Skew^{3M}$之间的相关性也是这样。当控制了其他效应后，-0.015 的平均系数比单变量设定中的系数（-0.077）小得多，其 T 统计量为 -0.60，在统计上不显著。

表 14.13　　Fama 和 MacBeth 回归分析——*Skew*

A 部分：单变量回归								
	(1)	(2)	(3)	(4)	(5)	(6)	(7)	(8)
$Skew^{1M}$	−0.150 (−4.08)	—	—	—	—	—	—	—
$Skew^{3M}$	—	−0.077 (−2.01)	—	—	—	—	—	—
$Skew^{6M}$	—	—	−0.040 (−1.06)	—	—	—	—	—
$Skew^{12M}$	—	—	—	0.002 (0.06)	—	—	—	—
$Skew^{1Y}$	—	—	—	—	−0.075 (−1.30)	—	—	—
$Skew^{2Y}$	—	—	—	—	—	−0.051 (−0.76)	—	—
$Skew^{3Y}$	—	—	—	—	—	—	−0.054 (−0.76)	—
$Skew^{5Y}$	—	—	—	—	—	—	—	−0.041 (−0.58)
Intercept	0.778 (2.65)	0.760 (2.64)	0.748 (2.63)	0.747 (2.66)	0.781 (2.76)	0.821 (3.00)	0.841 (3.13)	0.848 (3.21)
Adj. R^2	0.00	0.00	0.00	0.00	0.00	0.00	0.00	0.01
n	4 694	4 675	4 597	4 426	4 409	4 058	3 935	3 948

B部分：多变量回归								
	(1)	(2)	(3)	(4)	(5)	(6)	(7)	(8)
$Skew^{1M}$	0.034	—	—	—	—	—	—	—
	(1.27)							
$Skew^{3M}$	—	−0.015	—	—	—	—	—	—
		(−0.60)						
$Skew^{6M}$	—	—	−0.061	—	—	—	—	—
			(−2.24)					
$Skew^{12M}$	—	—	—	−0.104	—	—	—	—
				(−3.82)				
$Skew^{1Y}$	—	—	—	—	−0.145	—	—	—
					(−4.46)			
$Skew^{2Y}$	—	—	—	—	—	−0.162	—	—
						(−4.58)		
$Skew^{3Y}$	—	—	—	—	—	—	−0.168	—
							(−4.66)	
$Skew^{5Y}$	—	—	—	—	—	—	—	−0.175
								(−4.93)
β	−0.173	−0.172	−0.173	−0.174	−0.180	−0.148	−0.132	−0.128
	(−1.07)	(−1.06)	(−1.06)	(−1.07)	(−1.11)	(−0.93)	(−0.84)	(−0.81)
Size	−0.073	−0.075	−0.079	−0.087	−0.084	−0.098	−0.102	−0.107
	(−1.34)	(−1.40)	(−1.49)	(−1.63)	(−1.59)	(−1.88)	(−1.97)	(−2.06)
BM	0.219	0.219	0.223	0.225	0.220	0.193	0.188	0.181
	(2.96)	(2.96)	(3.00)	(3.05)	(2.97)	(2.66)	(2.59)	(2.51)
Mom	0.008	0.008	0.008	0.009	0.009	0.008	0.008	0.008
	(4.11)	(4.12)	(4.16)	(4.30)	(4.26)	(4.10)	(4.09)	(4.14)
Rev	−0.062	−0.061	−0.060	−0.060	−0.060	−0.062	−0.062	−0.062
	(−11.87)	(−11.82)	(−11.76)	(−11.64)	(−11.77)	(−11.87)	(−12.05)	(−12.03)
Illiq	0.055	0.055	0.055	0.056	0.055	0.047	0.049	0.050
	(3.11)	(3.07)	(3.08)	(3.12)	(3.13)	(2.56)	(2.68)	(2.72)
Intercept	0.849	0.866	0.907	0.965	0.945	1.067	1.105	1.154
	(1.95)	(2.01)	(2.10)	(2.24)	(2.20)	(2.53)	(2.64)	(2.75)
Adj. R^2	0.06	0.06	0.06	0.06	0.06	0.06	0.06	0.06
n	2 723	2 723	2 723	2 723	2 723	2 618	2 559	2 561

该表显示了对股票期望收益和总偏度之间相关性的 Fama 和 MacBeth（1973）回归分析的结果。表中的每一列给出了不同的横截面回归设定的结果。所有设定中的因变量是未来 1 个月的股票超额收益。自变量在第一列中展示。自变量每月以 0.5%的水平进行缩尾处理。该表显示了平均斜率和截距系数以及根据 Newey 和 West（1987）使用六期滞后值进行调整过的 T 统计量（在括号中），检验平均系数等于 0 的零假设。标记为 Adj. R^2 和 n 的行分别表示横截面回归的调整过的 R 平方的平均值和数据点的数量。单变量（多变量）设定的结果显示在 A 部分（B 部分）中。

然而，使用收益总偏度的其他度量的结果表明总偏度和股票期望收益之间存在强负相关性。对于基于日度收益率的总偏度度量，结果发现$Skew^{6M}$的平均系数为−0.061

（T 统计量＝－2.24），并且$Skew^{12M}$的平均系数为－0.104（T 统计量＝－3.82）。当使用基于月度收益率的总偏度度量时，$Skew^{1Y}$ 的平均系数为－0.145（T 统计量＝－4.46），$Skew^{2Y}$的平均系数为－0.162（T 统计量＝－4.58），$Skew^{3Y}$的平均系数为－0.168（T 统计量＝－4.66），$Skew^{5Y}$的平均系数为－0.175（T 统计量＝－4.93），都是负的并且都具有非常高的统计显著性。此外，对于基于日度和月度的度量，平均系数和 T 统计量随着用于计算总偏度变量的测量期的长度增加而负值增大。这与相关性和持续性分析的结果一致，它们表明较长的计算期使得对总偏度的测量更加精确。总体而言，结果提供了有力的证据，在控制了已知的与股票期望收益相关的几个其他变量后，与理论预测一致，总偏度与期望收益呈负相关。事实上，这种相关性只有在控制了其他几个特征之后才显现，表明总偏度对期望收益的影响可能不如其他变量那么强，这使得对总偏度和股票期望收益之间相关性的单变量分析有很多噪声。

为了检验总偏度和股票期望收益之间相关性的大小，我们分别使用$Skew^{12M}$和$Skew^{5Y}$取全设定 FM 回归分析的平均系数－0.104 和－0.175。将$Skew^{12M}$的平均系数乘以$Skew^{12M}$横截面分布的标准差 1.33（见表 14.1 的 A 部分），我们发现$Skew^{12M}$中 1 个标准差的差异带来的期望收益率的差异为每月 0.14（＝0.104×1.33）%。我们通过将平均系数－0.104 乘以$Skew^{12M}$的第 95 百分位数 2.63 和第 5 百分位数 0.09 的差，来计算$Skew^{12M}$的第 95 百分位数的股票和$Skew^{12M}$的第 5 百分位数的股票之间的期望收益率差异。这样做，我们发现这两种股票之间期望收益率的差异是每月 0.36｛＝0.104×[2.63－(－0.80)]｝%。使用$Skew^{5Y}$重复以上计算，我们发现$Skew^{5Y}$中 1 个标准差的差异带来股票期望收益率的差异为每月 0.15（＝0.175×0.87）%。$Skew^{5Y}$的第 95 百分位数（$Skew^{5Y}$＝2.27）的股票和$Skew^{5Y}$的第 5 百分位数（$Skew^{5Y}$＝－0.41）的股票之间期望收益率的差异为－0.47｛＝0.175×[2.27－(－0.41)]｝%。结果表明，如预期的一样，偏度对股票收益率影响的经济重要性小于其他以前记录的效应。话虽如此，但这种效应是不可忽视的，特别是对于总偏度极高或极低的股票。

FM 回归分析还表明，先前记录的其他变量和股票期望收益之间的相关性不是总偏度和股票期望收益之间相关性的表现。不管如何设定，β 的平均系数是负的且在统计上不显著。*Size* 的系数为负，并且当使用$Skew^{2Y}$、$Skew^{3Y}$或$Skew^{5Y}$作为总偏度的度量时，至少恰好统计性显著。*BM*、*Mom* 和 *Illiq* 在控制总偏度之后与股票期望收益显示出强烈的正相关性。当回归设定中包括总偏度时，*Rev* 和股票未来收益之间的负相关性仍然存在。

协偏度

表 14.14 给出了协偏度与股票期望收益之间相关性的单变量（A 部分）和多变量（B 部分）FM 回归分析的结果。使用基于日度收益率的偏度度量的单变量回归分析无法表明协偏度和期望收益之间存在相关性。$CoSkew^{1M}$ 的平均斜率系数为－0.000（T 统计量＝－0.21），$CoSkew^{3M}$ 的平均斜率系数为 0.002（T 统计量＝0.97），$CoSkew^{6M}$的平均斜率系数为－0.002（T 统计量＝－0.49），$CoSkew^{12M}$的平均斜率系数

为－0.006（T 统计量＝－1.02），它们在统计上都与 0 不可区分。类似地，当使用从 1 年的月度收益数据（$CoSkew^{1Y}$）计算出的协偏度度量时，FM 回归分析未能检测到协偏度和股票期望收益之间的相关性，因为$CoSkew^{1Y}$的平均系数为－0.005，T 统计量为－1.44，在统计上不显著。然而，当从 2 年、3 年或 5 年的月度收益数据计算协偏度时，结果提供了一些证据表明协偏度和股票期望收益之间存在负相关性。$CoSkew^{2Y}$的平均系数－0.010（T 统计量＝－1.84），$CoSkew^{3Y}$的平均系数－0.010（T 统计量＝－1.71）和$CoSkew^{5Y}$的平均系数－0.012（T 统计量＝－1.80）都是刚好具有统计显著性。

如我们所预期的，单变量 FM 回归分析的结果与单变量等权重组合分析的结果（见表 14.11 的 A 部分）非常相似。对$CoSkew^{1M}$和股票期望收益之间相关性的分析是一个例外，其中等权重组合分析表明 10－1 组合产生了刚好在统计上显著的平均月度收益率。然而，如前所述，在这个分析中，十分位数组合中出现的平均收益率的模式对组合分析结果的稳健性提出了一定的质疑。FM 回归分析检测到$CoSkew^{1M}$和股票未来收益之间没有相关性，我们的怀疑也通过此得到证实。FM 回归分析检测到的未来 1 个月超额收益分别与$CoSkew^{3Y}$和$CoSkew^{5Y}$之间负的恰好统计显著的相关性和相应的单变量组合分析高度一致。

表 14.14　Fama 和 MacBeth 回归分析——*CoSkew*

A 部分：单变量回归								
	(1)	(2)	(3)	(4)	(5)	(6)	(7)	(8)
$CoSkew^{1M}$	−0.000	—	—	—	—	—	—	—
	(−0.21)							
$CoSkew^{3M}$	—	0.002	—	—	—	—	—	—
		(0.97)						
$CoSkew^{6M}$	—	—	−0.002	—	—	—	—	—
			(−0.49)					
$CoSkew^{12M}$	—	—	—	−0.006	—	—	—	—
				(−1.02)				
$CoSkew^{1Y}$	—	—	—	—	−0.005	—	—	—
					(−1.44)			
$CoSkew^{2Y}$	—	—	—	—	—	−0.010	—	—
						(−1.84)		
$CoSkew^{3Y}$	—	—	—	—	—	—	−0.010	—
							(−1.71)	
$CoSkew^{5Y}$	—	—	—	—	—	—	—	−0.012
								(−1.80)
Intercept	0.751	0.747	0.746	0.744	0.753	0.793	0.812	0.821
	(2.54)	(2.54)	(2.57)	(2.62)	(2.61)	(2.79)	(2.87)	(2.90)
Adj. R^2	0.00	0.00	0.00	0.00	0.00	0.00	0.00	0.00
n	4 732	4 686	4 599	4 426	4 410	4 058	3 935	3 948

B部分：多变量回归								
	(1)	(2)	(3)	(4)	(5)	(6)	(7)	(8)
$CoSkew^{1M}$	0.001	—	—	—	—	—	—	—
	(1.15)							
$CoSkew^{3M}$	—	0.002	—	—	—	—	—	—
		(0.97)						
$CoSkew^{6M}$	—	—	0.000	—	—	—	—	—
			(0.09)					
$CoSkew^{12M}$	—	—	—	−0.001	—	—	—	—
				(−0.27)				
$CoSkew^{1Y}$	—	—	—	—	−0.002	—	—	—
					(−0.88)			
$CoSkew^{2Y}$	—	—	—	—	—	0.000	—	—
						(0.01)		
$CoSkew^{3Y}$	—	—	—	—	—	—	0.002	—
							(0.41)	
$CoSkew^{5Y}$	—	—	—	—	—	—	—	0.002
								(0.45)
β	−0.180	−0.176	−0.180	−0.176	−0.183	−0.150	−0.140	−0.139
	(−1.10)	(−1.08)	(−1.09)	(−1.07)	(−1.12)	(−0.93)	(−0.87)	(−0.86)
Size	−0.075	−0.074	−0.076	−0.076	−0.072	−0.078	−0.079	−0.080
	(−1.37)	(−1.37)	(−1.41)	(−1.44)	(−1.33)	(−1.45)	(−1.46)	(−1.48)
BM	0.219	0.219	0.218	0.214	0.219	0.190	0.186	0.183
	(2.94)	(2.96)	(2.95)	(2.91)	(2.96)	(2.65)	(2.57)	(2.51)
Mom	0.008	0.008	0.008	0.008	0.008	0.008	0.008	0.008
	(4.08)	(4.08)	(4.20)	(4.20)	(4.06)	(3.87)	(3.92)	(3.87)
Rev	−0.061	−0.061	−0.061	−0.061	−0.061	−0.062	−0.062	−0.062
	(−11.83)	(−11.82)	(−11.83)	(−11.83)	(−11.16)	(−11.64)	(−11.79)	(−11.83)
Illiq	0.055	0.054	0.054	0.054	0.056	0.048	0.051	0.051
	(3.13)	(3.07)	(3.07)	(3.04)	(3.13)	(2.58)	(2.83)	(2.81)
Intercept	0.875	0.872	0.887	0.885	0.854	0.925	0.942	0.958
	(2.00)	(1.99)	(2.05)	(2.07)	(1.96)	(2.14)	(2.19)	(2.22)
Adj. R^2	0.06	0.06	0.06	0.06	0.06	0.06	0.06	0.06
n	2 723	2 723	2 723	2 723	2 723	2 618	2 559	2 561

该表显示了对股票期望收益和协偏度之间相关性的 Fama 和 MacBeth（1973）回归分析的结果。表中的每一列给出了不同的横截面回归设定的结果。所有设定中的因变量是未来 1 个月的股票超额收益。自变量在第一列中展示。自变量每月以 0.5%的水平进行缩尾处理。该表显示了平均斜率和截距系数以及根据 Newey 和 West（1987）使用六期滞后值进行调整过的 T 统计量（在括号中），检验平均系数等于 0 的零假设。标记为 Adj. R^2 和 n 的行分别表示横截面回归的调整过的 R 平方的平均值和数据点的数量。单变量（多变量）设定的结果显示在 A 部分（B 部分）中。

表 14.14 的 B 部分显示了控制其他变量影响后的 FM 回归分析的结果。结果表明，在控制了 β、*Size*、*BM*、*Mom*、*Rev* 和 *Illiq* 之后，没有一个协偏度变量表现出与股

票期望收益的横截面相关性。不论使用哪种协偏度的度量，在每次分析中协偏度的平均系数较小，并且在统计学上不显著。结果表明，在单变量组合分析中检测到的具有微弱统计显著性的相关性可以被其他变量解释，因为当使用多变量回归时，$CoSkew^{2Y}$、$CoSkew^{3Y}$和$CoSkew^{5Y}$的系数在幅度和统计显著性上显著降低。因此，FM 回归分析的结果不能提供任何关于协偏度和股票期望收益之间存在相关性的证据。此外，结果证明了在单变量等权重组合分析和 FM 回归分析中实现的弱结果是由协偏度和其他已知的与股票期望收益相关的变量的横截面相关性所驱动的。最后，FM 回归分析表明，在控制了协偏度之后，股票期望收益和 β、$Size$、BM、Mom、Rev 和 $Illiq$ 中每一个之间的相关性与本书前面章节中所记录的相似。

特质偏度

表 14.15 中所显示的检验偏度和股票期望收益之间相关性的 FM 回归分析结果同检验总偏度与股票期望收益之间相关性的 FM 回归结果非常相似（见表 14.13）。考虑到特质偏度和总偏度之间的高度相关性（见表 14.5），因而这一结果是可预期的。

表 14.15　　Fama 和 MacBeth 回归分析——*IdioSkew*

A 部分：单变量回归								
	(1)	(2)	(3)	(4)	(5)	(6)	(7)	(8)
$IdioSkew^{1M}$	−0.117 (−3.02)	—	—	—	—	—	—	—
$IdioSkew^{3M}$	—	−0.048 (−1.28)	—	—	—	—	—	—
$IdioSkew^{6M}$	—	—	−0.013 (−0.36)	—	—	—	—	—
$IdioSkew^{12M}$	—	—	—	0.024 (0.62)	—	—	—	—
$IdioSkew^{1Y}$	—	—	—	—	−0.029 (−0.69)	—	—	—
$IdioSkew^{2Y}$	—	—	—	—	—	−0.017 (−0.29)	—	—
$IdioSkew^{3Y}$	—	—	—	—	—	—	−0.038 (−0.61)	—
$IdioSkew^{5Y}$	—	—	—	—	—	—	—	−0.032 (−0.51)
Intercept	0.766 (2.60)	0.750 (2.59)	0.737 (2.58)	0.738 (2.62)	0.776 (2.69)	0.821 (2.96)	0.847 (3.12)	0.853 (3.20)
Adj. R^2	0.00	0.00	0.00	0.00	0.00	0.00	0.00	0.00
n	4 732	4 686	4 599	4 426	4 410	4 058	3 935	3 948

B部分：多变量回归								
	(1)	(2)	(3)	(4)	(5)	(6)	(7)	(8)
$IdioSkew^{1M}$	0.076 (2.79)	—	—	—	—	—	—	—
$IdioSkew^{3M}$	—	0.023 (0.87)	—	—	—	—	—	—
$IdioSkew^{6M}$	—	—	−0.031 (−1.16)	—	—	—	—	—
$IdioSkew^{12M}$	—	—	—	−0.080 (−3.06)	—	—	—	—
$IdioSkew^{1Y}$	—	—	—	—	−0.095 (−3.42)	—	—	—
$IdioSkew^{2Y}$	—	—	—	—	—	−0.145 (−4.90)	—	—
$IdioSkew^{3Y}$	—	—	—	—	—	—	−0.167 (−5.18)	—
$IdioSkew^{5Y}$	—	—	—	—	—	—	—	−0.163 (−4.88)
β	−0.184	−0.178	−0.177	−0.175	−0.181	−0.150	−0.137	−0.133
	(−1.13)	(−1.10)	(−1.09)	(−1.08)	(−1.11)	(−0.93)	(−0.86)	(−0.83)
Size	−0.071	−0.072	−0.077	−0.083	−0.078	−0.093	−0.098	−0.101
	(−1.32)	(−1.35)	(−1.45)	(−1.56)	(−1.44)	(−1.75)	(−1.84)	(−1.91)
BM	0.221	0.219	0.222	0.225	0.221	0.193	0.186	0.181
	(2.97)	(2.96)	(2.99)	(3.04)	(2.97)	(2.66)	(2.56)	(2.49)
Mom	0.008	0.008	0.008	0.009	0.008	0.008	0.008	0.008
	(4.11)	(4.08)	(4.12)	(4.25)	(4.17)	(4.06)	(4.04)	(4.06)
Rev	−0.062	−0.061	−0.061	−0.061	−0.061	−0.062	−0.062	−0.062
	(−11.99)	(−11.86)	(−11.75)	(−11.63)	(−11.76)	(−11.80)	(−11.99)	(−11.98)
Illiq	0.054	0.055	0.055	0.056	0.055	0.047	0.050	0.049
	(3.09)	(3.06)	(3.08)	(3.11)	(3.12)	(2.58)	(2.69)	(2.66)
Intercept	0.840	0.850	0.892	0.945	0.897	1.041	1.091	1.125
	(1.92)	(1.97)	(2.06)	(2.18)	(2.06)	(2.43)	(2.55)	(2.64)
Adj. R^2	0.06	0.06	0.06	0.06	0.06	0.06	0.06	0.06
n	2 723	2 723	2 723	2 723	2 723	2 618	2 559	2 561

该表显示了对股票期望收益和特质偏度之间相关性的 Fama 和 MacBeth（1973）回归分析的结果。表中的每一列给出了不同的横截面回归设定的结果。所有设定中的因变量是未来 1 个月的股票超额收益。自变量在第一列中展示。自变量每月以 0.5%的水平进行缩尾处理。该表显示了平均斜率和截距系数以及根据 Newey 和 West（1987）使用六期滞后值进行调整过的 T 统计量（在括号中），检验平均系数等于 0 的零假设。标记为 Adj. R^2 和 n 的行分别表示横截面回归的调整过的 R 平方的平均值和数据点的数量。单变量（多变量）设定的结果显示在 A 部分（B 部分）中。

当使用单变量回归（A 部分）时，唯一检测到与未来收益存在相关性的特质偏度变量是从 1 个月的日度收益数据计算的度量$IdioSkew^{1M}$，平均系数为－0.117，是负的且统计性显著，T 统计量为－3.02。这些结果与使用总偏度变量的单变量 FM 回归分析的结果相似，仅在$Skew^{1M}$和$Skew^{3M}$上出现统计性显著的平均斜率。然而，与总偏度的度量不同，当使用 3 个月的日度收益率（$IdioSkew^{3M}$）测量特质偏度时，－0.048 的平均系数在统计上与 0 无异，具有－1.28 的 T 统计量。

表 14.12 的 B 部分中所示的多变量 FM 回归的结果与单变量 FM 回归的结果非常不同。当使用$IdioSkew^{1M}$作为特质偏度的度量时，在控制了每个其他变量的影响之后，结果实际上表明特质偏度和股票期望收益之间存在强烈的正相关关系。$IdioSkew^{1M}$的平均斜率为 0.076，具有很高的统计显著性，T 统计量为 2.79。这个结果实际上类似于利用市值加权单变量组合分析检验$IdioSkew^{1M}$和股票未来收益之间的相关性得出的结果，发现$IdioSkew^{1M}$ 10－1 组合产生正的且统计上显著的月均收益率。这个很强的正系数与理论预测不一致。

当使用基于 3 个月（$IdioSkew^{3M}$）或 6 个月（$IdioSkew^{6M}$）的日度收益数据的特质偏度度量时，多变量 FM 回归分析发现特质偏度和股票期望收益之间没有相关性。$IdioSkew^{3M}$的平均系数为 0.023（T 统计量＝0.87），$IdioSkew^{6M}$的平均系数为－0.031（T 统计量＝－1.16），它们都是统计上不显著的。后一种结果与$Skew^{6M}$的多变量 FM 回归结果略有不同，其检测到$Skew^{6M}$和股票未来收益之间的显著负相关关系（见表 14.13 的 B 部分）。

当使用以 12 个月的日度收益数据计算的特质偏度（$IdioSkew^{12M}$）或任何基于月度收益率的特质偏度度量（$IdioSkew^{1Y}$、$IdioSkew^{2Y}$、$IdioSkew^{3Y}$、$IdioSkew^{5Y}$）时，结果表明特质偏度和股票期望收益之间存在负的且统计上显著的相关性。使用$IdioSkew^{12M}$作为特质偏度度量的回归得到－0.080 的平均系数，具有－3.06 的 T 统计量。当使用基于月度收益率的特质偏度度量时，使用以 3 年或 5 年数据计算的特质偏度度量得到的结果最强。使用$IdioSkew^{5Y}$来测量特质偏度的 FM 回归分析得到的$IdioSkew^{5Y}$的平均斜率为－0.163，对应的 T 统计量为－4.88。

如同本章中之前提出的多元回归，在回归设定中纳入特质偏度对其他变量的系数几乎没有影响。β 的平均系数仍然是负的，在统计上不显著。$Size$ 具有负的平均斜率，取决于特定波动率的度量，该平均斜率是不显著的或是恰好显著的。BM、Mom 和 $Illiq$ 都有正的且高度统计显著的平均系数，而 Rev 上的平均系数是负的且在统计上高度显著。

我们现在检验特质偏度变量和股票期望收益之间相关性的经济大小。我们使用$IdioSkew^{1M}$作为特质偏度度量开始这项分析。这是使多变量 FM 回归分析产生了正的且统计上显著的平均系数的唯一偏度变量。考虑到持续性分析没有发现任何证据表明$IdioSkew^{1M}$捕捉到了股票收益的持续性特征，我们有点怀疑，这个结果是否真正表明偏度和股票期望收益之间存在相关性。尽管如此，我们继续分析。将平均系数 0.076 乘以$IdioSkew^{1M}$的平均横截面标准差 0.91，我们发现结果意味着$IdioSkew^{1M}$的 1 个标准差的差值能产生 0.07（=0.076×0.91）%的期望收益率差值。将平均系数乘以 $IdioSkew^{1M}$ 的第 95 百分位数 1.74 和第 5 百分位数 −1.27 之间的差值，我们发现，$IdioSkew^{1M}$ 的值非常高的股票和 $IdioSkew^{1M}$ 的值非常低的股票之间期望收益率的差值是每月 0.23{=0.076×[1.74−(−1.27)]}%，这虽然不是非常大，但也并不是微不足道的。

对 $IdioSkew^{12M}$ 进行类似的分析，我们将 $IdioSkew^{12M}$ 的平均系数 0.080 乘以 $IdioSkew^{12M}$ 的平均标准差 1.36。结果表明 $IdioSkew^{12M}$ 中 1 个标准差的差异对应于每月期望收益率的 0.11(=0.080×1.36)%的差异。将平均系数乘以 $IdioSkew^{12M}$ 的第 95 百分位数（2.72）和第 5 百分位数（−0.88）之间的差值表明，$IdioSkew^{12M}$ 的值非常高的股票和 $IdioSkew^{12M}$ 的值非常低的股票之间期望收益率的差异是每月 0.29{=0.080×[2.72−(−0.88)]}%。

最后，我们将 $IdioSkew^{5Y}$ 的平均系数 −0.163 乘以 $IdioSkew^{5Y}$ 在平均月份的标准差 0.81，发现 $IdioSkew^{5Y}$ 的 1 个标准差的差异导致了 0.13（=0.163×0.81）%的期望收益率差异。$IdioSkew^{5Y}$ 的值较高的股票（第 95 百分位数 2.13）和值较低的股票（第 5 百分位数 −0.37）之间期望收益率差值为 −0.41{=0.163×[2.13−(−0.37)]}%。虽然这个值也不大，但是它代表 $IdioSkew^{5Y}$ 的值极高和极低的股票的期望收益率差异，这必然在经济上是重要的。

14.6 总结

在本章中，我们概述了关于偏度和股票期望收益之间相关性的理论预测。之后，我们提供了对总偏度、协偏度和特质偏度度量的扩展性实证分析。结果表明，偏度是测量起来非常困难的股票性质，因为大多数度量没有表现出较高的持续性。证据表明使用长估计期能更准确地测量总偏度和特质偏度，并且基于月度收益率的度量倾向于比基于日度收益率的度量更好地测量偏度。不管测量期的长度或数据的频率如何，对协偏度的测量都是一个挑战。

组合分析以及 Fama 和 MacBeth(1973) 回归分析提供了关于偏度度量和股票未来收益之间相关性的矛盾结果，其结果高度依赖于实证分析的参数，例如使用等权重组合或是市值加权组合，以及使用单变量回归设定或是多变量回归设定。控制了本书在前面章节中记录的其他效应之后，FM 回归分析发现在股票期望收益和总偏度以及在股票期望收益和特质偏度之间存在负相关性。在检验协偏度和股票期望收益之间相关性的同样的回归中，没有发现存在这样相关性的证据。

因为 Harvey 和 Siddique(2000) 以及 Boyer、Mitton 和 Vorkink(2010) 均使用以 5 年的月度收益率数据计算的协偏度和特质偏度度量，在本书的剩余部分中，我们使用 $CoSkew^{5Y}$ 作为我们协偏度的主要度量，$IdioSkew^{5Y}$ 作为我们特质偏度的主要度量。进一步，为了简单起见，我们分别用 *CoSkew* 和 *IdioSkew* 来表示这两个变量。

参考文献

[1] Amaya, D., Christoffersen, P., Jacobs, K., and Vasquez, A. 2015. Does realized skewness predict the cross-section of equity returns? Journal of Financial Economics, forthcoming.

[2] An, B. -J., Ang, A., Bali, T. G., and Cakici, N. 2014. The joint cross-section of stocks and options. Journal of Finance, 69 (5), 2279-2337.

[3] Arditti, F. D. 1967. Risk and the required return on equity. Journal of Finance, 22 (1), 19-36.

[4] Arditti. F. D. 1971. Another look at mutual fund performance. Journal of Financial and Quantitative Analysis, 6 (3), 909-912.

[5] Bakshi, G. and Kapadia, N. 2003. Delta-hedged gains and the negative volatility risk premium. Review of Financial Studies, 16 (2), 527-566.

[6] Bali, T. G., Cakici, N., and Whitelaw, R. F. 2011. Maxing out: stocks as lotteries and the cross-section of expected returns. Journal of Financial Economics, 99 (2), 427-446.

[7] Bali, T. G. and Hovakimian, A. 2009. Volatility spreads and expected stock returns. Management Science, 55 (11), 1797-1812.

[8] Bali, T. G. and Murray, S. 2013. Does risk-neutral skewness predict the cross-section of equity option portfolio returns? Journal of Financial and Quantitative Analysis, 48 (4), 1145-1171.

[9] Barberis, N. and Huang, M. 2008. Stocks as lotteries: the implications of probability weighting for security prices. American Economic Review, 98 (5), 2066-2100.

[10] Bollen, N. P. B. and Whaley, R. E. 2004. Does net buying pressure affect the shape of implied volatility functions? Journal of Finance, 59 (2), 711-753.

[11] Boyer, B., Mitton, T., and Vorkink, K. 2010. Expected idiosyncratic skewness. Review of Financial Studies, 23 (1), 169-202.

[12] Boyer, B. and Vorkink, K. 2014. Stock options as lotteries. Journal of Finance, 69 (4), 1485-1527.

[13] Carhart, M. M. 1997. On persistence in mutual fund performance. Journal of Finance, 52 (1), 57-82.

[14] Conine, T. E. and Tamarkin, M. J. 1981. On diversification given asymmetry in returns. Journal of Finance, 36 (5), 1143-1155.

[15] Conrad, J. S., Dittmar, R. F., and Ghysels, E. 2013. Ex ante skewness and expected stock returns. Journal of Finance, 68 (1), 85-124.

[16] Cremers, M. and Weinbaum, D. 2010. Deviations from put-call parity and stock return predictability. Journal of Financial Quantitative Analysis, 45 (2), 335-367.

[17] DeMiguel, V., Plyakha, Y., Uppal, R., and Vilkov, G. 2013. Improving portfolio selection using option-implied volatility and skewness. Journal of Financial and Quantitative Analysis, forthcoming.

[18] Dittmar, R. F. 2002. Nonlinear pricing kernels, kurtosis preference, and evidence from the cross-section of equity returns. Journal of Finance, 57 (1), 369-403.

[19] Fama, E. F. and French, K. R. 1992. The cross-section of expected stock returns. Journal of Finance, 47 (2), 427-465.

[20] Fama, E. F. and French, K. R. 1993. Common risk factors in the returns on stocks and bonds. Journal of Financial Economics, 33 (1), 3-56.

[21] Fama, E. F. and French, K. R. 1995. Size and book-to-market factors in earnings and returns. Journal of Finance, 50 (1), 131-155.

[22] Fama, E. F. and MacBeth, J. D. 1973. Risk, return, and equilibrium: empirical tests. Journal of Political Economy, 81 (3), 607.

[23] Friend, I. and Blume, M. 1970. Measurement of portfolio performance under uncertainty. American Economic Review, 60 (4), 607-636.

[24] Garleanu, N., Pedersen, L. H., and Poteshman, A. M. 2009. Demand-based option pricing. Review of Financial Studies, 22 (10), 4259-4299.

[25] Harvey, C. R. and Siddique, A. 2000. Conditional skewness in asset pricing tests. Journal of Finance, 55 (3), 1263-1295.

[26] Kane, A. 1982. Skewness preference and portfolio choice. Journal of Financial and Quantitative Analysis, 17 (1), 15-25.

[27] Kimball, M. S. 1993. Standard risk aversion. Econometrica, 61 (3), 589-611.

[28] Kraus, A. and Litzenberger, R. H. 1976. Skewness preference and the valuation of risk assets. Journal of Finance, 31 (4), 1085-1100.

[29] Lakonishok, J. and Shapiro, A. 1986. Systematic risk, total risk and size as determinants of stock market returns. Journal of Banking & Finance, 10 (1), 115-132.

[30] Lintner, J. 1965. Security prices, risk, and maximal gains from diversification. Journal of Finance, 20 (4), 687-615.

[31] Markowitz, H. 1952. Portfolio selection. Journal of Finance, 7 (1), 77-91.

[32] Mitton, T. and Vorkink, K. 2007. Equilibrium underdiversification and the preference for skewness. Review of Financial Studies, 20 (4), 1255-1288.

[33] Mossin, J. 1966. Equilibrium in a capital asset market. Econometrica, 34 (4), 768-783.

[34] Newey, W. K. and West, K. D. 1987. A simple, positive semi-definite, heteroskedasticity and autocorrelation consistent covariance matrix. Econometrica, 55 (3),

703–708.

[35] Pastor, L. and Stambaugh, R. F. 2003. Liquidity risk and expected stock returns. Journal of Political Economy, 111 (3), 642–685.

[36] Reinganum, M. R. 1981. A new empirical perspective of the CAPM. Journal of Quantitative and Empirical Finance, 16 (4), 439–462.

[37] Scott, R. C. and Horvath, P. A. 1980. On the direction of preference of moments of higher order than the variance. Journal of Finance, 35 (4), 915–919.

[38] Sharpe, W. F. 1964. Capital asset prices: a theory of market equilibrium under conditions of risk. Journal of Finance, 19 (3), 425–442.

[39] Simkowitz, M. A. and Beedles, W. L. 1978. Diversification in a three-moment world. Journal of Financial and Quantitative Analysis, 13 (5), 927–941.

[40] Tversky, A. and Kahneman, D. 1992. Advances in prospect theory: cumulative representation of uncertainty. Journal of Risk and Uncertainty, 5 (4), 297–323.

[41] Xing, Y, Zhang, X., and Zhao, R. 2010. What does the individual option volatility smirk tell us about future equity returns? Journal of Financial Quantitative Analysis, 45 (3), 641–662.

第 15 章　特质波动

根据许多资产定价模型，包括资本资产定价模型［CAPM，Sharpe（1964）；Lintner（1965）；Mossin（1966）］和套利定价理论［APT，Ross（1976）］，投资者可以通过持有一个拥有大量证券的完全多元化组合，来创建一个零公司特质风险暴露的组合。因此，公司特质风险不要求风险溢价。实证的意义在于，公司特质风险或与系统性因素无关的风险测度，不应与股票未来收益有任何关系。CAPM 和 APT 模型都是基于完美市场假设之上的。具体来说，这些理论假设所有资产是完全流动（无摩擦）的，并且所有投资者都有完整的信息。[①②]

证据表明，CAPM 和 APT 的假设可能限制过严，从而无法充分解释投资者行为，学者 Levy（1978）和 Merton（1987）创建了放松这些假设的市场均衡模型。[③] 在 Levy 的模型中，对每个投资者有着最多持有一定数量的风险证券的限制。[④] Merton 的模型是类似的，但对于风险证券数量的限制明确地说成了是产生于一个既定的投资者只有关于某些证券的信息的事实。这些模型的一个主要含义是，在均衡时，公司特质风险是

① 完全流动或无摩擦的市场是指一个没有交易成本及税收、借贷无约束和允许卖空的市场。

② 完全信息假设是指，所有的投资者都可以立即得到所有的公开信息，并在获得信息后立即对新信息采取行动。

③ 放松这些假设的原因是存在着交易成本、获取和处理信息的成本、信息对所有市场参与者的不完全和非经常传播、市场分割、制度限制、对借贷和卖空的限制、税收以及证券的不可分割性。

④ 证券数量的限制对不同的投资者来说可能有所不同。然而，所有投资者都将受到一定的限制，因此没有投资者可以投资于所有的可用风险资产。

被定价了的。具体来说，即存在着一个与公司特质风险相关的正的风险溢价。[①]

实证上，对公司特质风险和股票期望收益之间正相关关系的预测已经受到了极大的关注。Friend、Westerfield 和 Granito（1978），Levy（1978），Tinic and West（1986）以及 Lehmann（1990）通过早期的实证研究找到了表明特质波动（最常用来衡量公司特质风险）和股票收益之间正向横截面关系的不充分证据，而 Fama 和 MacBeth（1973）的结果没有表现出上述关系。不管怎样，研究所使用的样本和实证方法都表明这些结论并不是广泛适用的。

Ang、Hodfick、Xing 和 Zhang（2006）对公司特质风险和股票期望收益之间横截面关系的研究被引用得最为广泛，他们发现特质波动和股票未来收益之间有着显著的负横截面关系。这一结果与所有理论模型的预测非常不一致。[②] 尽管 Ang 等证明了这种关系的一小部分可以通过暴露于总波动风险来解释，但实证表明，总波动风险带有负的风险溢价，但这种现象不能够完全解释结果。因此，特质波动和股票未来收益之间的负相关关系被普遍认为是一个未解之谜。

随后的几篇论文提出了对特质波动之谜的解释。Bali 和 Cakici（2008）证明，数据频率、组合加权方案、组合断点计算方法以及用于创建样本的区间都对特质波动之谜有重大影响，并且这些参数的诸多选择将使这些关系逐步消失，Fu（2009）使用指数 GARCH 模型来估计预期的特质波动，并且发现这一指标与股票未来收益之间存在正相关关系。尽管 Guo、Kassa 和 Ferguson（2014）表明这项研究可能受到预期特质波动估计的样本内性质的潜在影响，但 Huang 等（2010）证明了特质波动和股票未来收益之间的负相关关系是由短期反转现象引起的。Han 和 Lesmond（2011）提供了证据表明，特质波动之谜是流动性冲击和微观结构效应的表现。Bali、Cakici 和 Whitelaw（2011）发现，在控制了对博彩性股票的投资需求后，特质波动和股票未来收益的负相关关系消失，在一些分析中，它们的关系可能变为正相关。Baker、Bradley 和 Wurgler（2011）表明，机构投资者的基准化可能会导致套利限制，从而使这种现象持续。[③]

本章的剩余部分用于对特质波动和股票期望收益进行实证检验。作为我们研究的一部分，我们还对衡量总股票收益波动的变量进行了检验。我们这样做是为了向读者证明特质波动和总波动在横截面上非常相似。尽管总波动是特质波动和系统风险（在 CAPM 中用 β 表示）的函数，但是，研究人员认识到这些变量在实证上高度相似是很重要的。我们首先详细讨论几种不同的计算特质波动和总波动的方法。然后我们检验总波动和特质波动的横截面性质。随后，我们检验特质波动和股票未来收益之间的关系。

---

① 值得注意的是，在两个模型中，当除去每个投资者可以投资的风险证券的数量限制时，模型简化为 CAPM。因此，这两个模型可以被视为 CAPM 的广义形式。

② Aug、Hodfick、Xing 和 Zhang（2009）论证了这种现象存在于国际股票市场中，而不仅仅存在于美国市场中。

③ Baker 和 Wurgler（2014）将特质波动之谜归因于错误定价，并研究其对公司资本结构决策的影响。

15.1 总波动的衡量

有两种常用的方法来计算股票收益的总波动。第一种是简单地计算周期股票收益的标准差。因为当波动性作为年化值呈现并以百分比表示时，最易于得到解释，所以，股票收益的总波动可以计算为

$$Vol_i = 100\sqrt{\frac{\sum_{t=1}^{n}(R_{i,t}-\overline{R_i})^2}{n-1}}\sqrt{m} \tag{15.1}$$

式中，$R_{i,t}$是在时段t股票i的收益，$\overline{R_i}$是用于计算Vol的所有时段中股票i的平均收益，n是在计算中使用的数据的时段数，m是一年中的时段数。乘以$\sqrt{m}$将周期性收益的标准差转换为年化值，同时乘以100，是因为周期性收益（$R_{i,t}$）的值假定以十进制的形式表示。

在许多情况下，实证资产定价的研究人员采用一种更简单的方法。在这种替代方法中，我们简单地取周期性收益平方的总和$R_{i,t}^2$，而不是被减少的周期性收益的平方和$(R_{i,t}-\overline{R_i})^2$，除以$n$而不是$n-1$，是因为几乎在所有情况下，任何股票在给定时段$t$中的实际期望收益相当小，并且很难被计算中使用的所有时期的平均值$\overline{R_i}$所代表。因此，该方法有效地用0代替了式（15.1）中的$\overline{R_i}$。进而，式子的分子中的和简单地变成了周期性股票收益的平方和。我们以SS为上标表示这个变量，并将其计算为

$$Vol_i^{SS} = 100\sqrt{\frac{\sum_{i=1}^{n}R_{i,t}^2}{n}}\sqrt{m} \tag{15.2}$$

15.2 特质波动的衡量

用周期性股票超额收益对因子模拟组合收益的时间序列回归得到的残差标准差来衡量特质波动。最常用于计算特质波动的模型是Fama和French(1993)（FF）三因子模型。该模型包括市场因子（MKT）、规模因子（SMB）和价值因子（HML）作为回归中的独立变量。因此，回归方程为

$$r_{i,t} = \alpha_i + \beta_{MKT,i}MKT_t + \beta_{SMB,i}SMB_t + \beta_{HML,i}HML_t + \varepsilon_{i,t} \tag{15.3}$$

式中，$r_{i,t}$是时段t内股票i的超额收益，MKT_t、SMB_t和HML_t分别是市场、规模和价值因子在时段t内的收益。

在某些情况下，研究人员使用简单的CAPM回归或基于于Fama和French(1993)以及Carhart(1997)（FFC）四因子模型的四因子回归。在这些情况下，当使用CAPM

时，回归方程为

$$r_{i,t}=\alpha_i+\beta_{MKT,i}MKT_t+\varepsilon_{i,t} \tag{15.4}$$

使用 FFC 模型时，回归方程为

$$r_{i,t}=\alpha_i+\beta_{MKT,i}MKT_t+\beta_{SMB,i}SMB_t+\beta_{HML,i}HML_t+\beta_{MOM,i}MOM_t+\varepsilon_{i,t} \tag{15.5}$$

由回归方程计算的标准残差为

$$RSE_i=\sqrt{\frac{\sum_{j=1}^{n}\varepsilon_{i,j}^2}{n-k}} \tag{15.6}$$

式中，n 是用于拟合回归的样本容量，k 是由回归估计的参数数量。

当使用 FF 模型时，存在由回归估计的四个参数（α_i、$\beta_{MKT,i}$、$\beta_{SMB,i}$和$\beta_{HML,i}$），因此，在本例中，$k=4$。① 当使用 CAPM 模型时，存在两个参数（$k=2$）；当使用 FFC 模型时，存在五个参数（$k=5$）。

之后将标准残差乘以$\sqrt{m}$（以便它表示年化值，m 是一年中的收益期数）来计算特质波动。如果回归中使用的周期性超额收益以十进制形式表示，则年化标准残差通常乘以 100，以便能够以百分比的形式衡量特质波动。因此，特质波动被定义为

$$IdioVol_i=100\,RSE_i\times\sqrt{m} \tag{15.7}$$

我们使用几种不同的窗口期和数据频率的组合来计算总波动（Vol 和Vol^{SS}）和特质波动。具体来说，我们使用 1、3、6、12 个月的日收益数据以及一年、两年、三年和五年的月收益数据进行计算。1、3、6、12 个月的日收益变量分别在上标中加入 1M、3M、6M、12M 表示。我们至少需要 15、50、100、200 天的有效收益数据来分别计算 1、3、6、12 个月的变量。1、2、3、5 年的月收益变量分别在上标加入 1Y、2Y、3Y、5Y 表示，我们至少需要 10、20、24、24 个月的收益数据来分别计算这些变量。使用从时段 $t-k+1$ 到时段 t 内的收益数据计算月份 t 股票 i 的每个变量值。其中 k 是研究期间的月份数。我们用上标中的 $CAPM$ 表示使用 CAPM 计算特质波动，上标中的 FF 表示使用 FF 模型，上标中的 FFC 表示使用 FFC 模型。

在每个波动变量计算中使用的日（月）度收益数据来自证券价格研究中心（CRSP）的日（月）度股票文件中的 RET。无风险证券和因子收益数据来自 Ken French 数据库。

① 在通常情况下，研究人员将忽略从分母中减去 k，或者简单地令 $k=1$，在统计上假设参数估计是精确的，因此，RSE 表示标准残差的无偏估计。

15.3 描述性统计

在表 15.1 中，我们给出了 CRSP 数据库中在 1963—2012 年间，基于美国普通股的总波动和特质波动的描述性统计量。A 部分显示了由周期性收益的样本标准差计算的总波动（Vol）结果。当 Vol 由日收益数据计算时，其平均值随着窗口期长度的变化发生变化，从一个月（Vol^{1M}）测量的 50.71%增加到 12 个月（Vol^{12M}）测量的 53.43%。在每个横截面百分位数中也存在类似的增长，但第 95 百分位数和最大值则随着窗口期的延长呈现出下降的趋势。平均最大值随着窗口期延长而减小，这可能是由于从较长窗口期计算出的变量对由一个极端日收益所驱动的测量误差较不敏感。Vol 的分布呈正偏态，平均横截面偏度Vol^{1M}、Vol^{3M}、Vol^{6M} 和Vol^{12M} 分别为 4.22、3.54、3.14 和 2.81。正如我们在本书前面看到的许多变量一样，正偏度由少量 Vol 值非常高的股票驱动。基于每日收益的总波动变量的横截面分布也有高尖峰特征，平均超峰度在Vol^{12M} 的 27.44 和Vol^{1M}的 61.02 之间。

表 15.1　　描述性统计

A 部分：*Vol*												
	Mean	*SD*	*Skew*	*Kurt*	*Min*	5%	25%	*Median*	75%	95%	*Max*	*n*
Vol^{1M}	50.71	40.11	4.22	61.02	1.26	13.55	26.82	41.11	62.71	118.31	743.74	4 761
Vol^{3M}	52.63	36.41	3.54	43.40	2.49	17.28	29.80	44.12	64.94	115.67	633.42	4 697
Vol^{6M}	53.24	34.37	3.14	33.84	3.53	18.78	31.00	45.31	65.75	113.89	571.08	4 611
Vol^{12M}	53.43	32.43	2.81	27.44	5.29	19.92	31.82	46.07	66.14	111.46	513.06	4 440
Vol^{1Y}	46.87	31.16	3.92	56.45	2.70	16.17	27.56	39.88	57.61	99.21	579.54	4 423
Vol^{2Y}	47.33	28.17	3.14	36.79	5.10	18.11	28.97	41.16	58.27	95.68	472.85	4 072
Vol^{3Y}	47.77	27.01	2.84	31.39	6.63	18.98	29.66	41.96	58.98	94.97	433.11	3 958
Vol^{5Y}	48.48	26.14	2.64	29.63	7.64	19.75	30.46	43.05	60.16	94.63	410.30	3 992
B 部分：Vol^{SS}												
	Mean	*SD*	*Skew*	*Kurt*	*Min*	5%	25%	*Median*	75%	95%	*Max*	*n*
$Vol^{SS,1M}$	50.51	39.79	4.21	61.95	1.26	13.59	26.83	41.02	62.43	117.43	741.62	4 761
$Vol^{SS,3M}$	52.56	36.33	3.56	43.93	2.49	17.31	29.80	44.08	64.85	115.37	634.86	4 697
$Vol^{SS,6M}$	53.21	34.34	3.15	34.25	3.54	18.80	31.01	45.30	65.71	113.75	573.18	4 611
$Vol^{SS,12M}$	53.43	32.43	2.82	27.80	5.30	19.93	31.83	46.07	66.13	111.41	515.21	4 440
$Vol^{SS,1Y}$	47.11	30.91	3.90	56.55	2.88	16.58	27.89	40.19	57.91	98.90	574.90	4 423
$Vol^{SS,2Y}$	47.50	28.04	3.14	36.95	5.27	18.41	29.19	41.37	58.44	95.60	471.01	4 027
$Vol^{SS,3Y}$	47.92	26.89	2.84	31.61	6.84	19.25	29.87	42.14	59.12	94.83	432.08	3 958
$Vol^{SS,5Y}$	48.62	26.01	2.65	29.98	7.95	20.01	30.69	43.25	60.27	94.54	409.49	3 992

C 部分：$IdioVol^{CAPM}$												
	Mean	*SD*	*Skew*	*Kurt*	*Min*	5%	25%	*Median*	75%	95%	*Max*	*n*
$IdioVol^{CAPM,1M}$	48.66	40.15	4.28	61.28	1.43	12.74	24.73	38.57	60.12	116.84	744.85	4 742
$IdioVol^{CAPM,3M}$	50.42	36.53	3.57	42.99	2.46	15.82	27.51	41.50	62.40	114.30	633.88	4 697
$IdioVol^{CAPM,6M}$	51.02	34.54	3.16	33.18	3.49	17.17	28.67	42.67	63.25	112.56	571.21	4 611
$IdioVol^{CAPM,12M}$	51.18	32.64	2.82	26.67	5.17	18.14	29.41	43.40	63.66	110.18	513.06	4 440
$IdioVol^{CAPM,1Y}$	42.93	30.89	4.07	56.39	2.61	14.05	23.91	35.47	52.89	95.03	579.50	4 423
$IdioVol^{CAPM,2Y}$	43.31	27.77	3.29	37.74	4.90	15.93	25.28	36.75	53.49	91.28	472.56	4 072
$IdioVol^{CAPM,3Y}$	43.73	26.60	2.99	32.46	6.34	16.72	25.94	37.54	54.26	90.45	433.33	3 958
$IdioVol^{CAPM,5Y}$	44.52	25.72	2.77	30.35	7.35	17.47	26.76	38.72	55.58	90.31	409.48	3 992
D 部分：$IdioVol^{FF}$												
	Mean	*SD*	*Skew*	*Kurt*	*Min*	5%	25%	*Median*	75%	95%	*Max*	*n*
$IdioVol^{FF,1M}$	48.07	40.25	4.31	61.51	1.40	12.41	24.15	37.84	59.40	116.48	748.45	4 742
$IdioVol^{FF,3M}$	49.88	36.52	3.59	43.25	2.45	15.53	27.02	40.86	61.71	113.83	634.32	4 697
$IdioVol^{FF,6M}$	50.48	34.51	3.18	33.25	3.48	16.87	28.19	42.04	62.58	112.07	571.65	4 611
$IdioVol^{FF,12M}$	50.65	32.61	2.84	26.68	5.14	17.83	28.94	42.76	62.99	109.71	513.17	4 440
$IdioVol^{FF,1Y}$	40.95	30.16	4.08	52.97	2.31	12.92	22.51	33.59	50.44	91.96	554.13	4 423
$IdioVol^{FF,2Y}$	41.59	26.94	3.27	33.71	4.73	15.15	24.23	35.18	51.25	88.11	448.38	4 072
$IdioVol^{FF,3Y}$	42.03	25.74	2.93	27.65	6.20	15.99	24.92	36.02	51.94	87.24	408.82	3 958
$IdioVol^{FF,5Y}$	42.82	24.87	2.71	25.82	7.21	16.78	25.79	37.19	53.27	87.07	386.82	3 992
E 部分：$IdioVol^{FFC}$												
	Mean	*SD*	*Skew*	*Kurt*	*Min*	5%	25%	*Median*	75%	95%	*Max*	*n*
$IdioVol^{FFC,1M}$	47.91	40.31	4.32	61.66	1.39	12.27	23.97	37.63	59.19	116.45	751.85	4 742
$IdioVol^{FFC,3M}$	49.77	36.53	3.60	43.36	2.45	15.44	26.91	40.73	61.58	113.74	635.46	4 679
$IdioVol^{FFC,6M}$	50.37	34.52	3.18	33.32	3.47	16.78	28.10	41.93	62.46	111.99	572.19	4 611
$IdioVol^{FFC,12M}$	50.56	32.62	2.84	26.71	5.12	17.75	28.85	42.66	62.89	109.61	513.34	4 440
$IdioVol^{FFC,1Y}$	40.34	30.06	4.10	52.82	2.13	12.40	21.97	33.01	49.83	90.99	553.62	4 423
$IdioVol^{FFC,2Y}$	41.20	26.77	3.29	34.04	4.68	14.91	23.99	34.85	50.82	87.29	448.03	4 072
$IdioVol^{FFC,3Y}$	41.70	25.58	2.94	27.60	6.14	15.79	24.72	35.76	51.58	86.48	408.46	3 958
$IdioVol^{FFC,5Y}$	42.54	24.72	2.71	25.93	7.16	16.63	25.62	36.97	52.92	86.50	385.86	3 992

该表显示了 1963 年 6 月—2012 年 11 月使用 CRSP 样本计算的总波动和特质波动的描述性统计。计算了每个变量每个月的横截面分布，包括平均值（*Mean*）、标准差（*SD*）、偏度（*Skew*）、峰度（*Kurt*）、最小值（*Min*）、第 5 百分位数（5%）、第 25 百分位数（25%）、中位数（*Median*）、第 75 百分位数（75%）、第 95 百分位数（95%）。该表给出了每个横截面值的时间序列平均值。列 *n* 表示给定变量时可用的股票的平均数量。*Vol* 是周期性股票收益的年化标准差。Vol^{SS}是周期性股票收益的年化平方和。$IdioVol^{CAPM}$是股票超额收益对市场因子回归的年化标准残差。$IdioVol^{FF}$是股票超额收益对市场因子、规模因子（*SMB*）和价值因子（*HML*）回归的年化标准残差。$IdioVol^{FFC}$是股票超额收益对市场因子、规模因子（*SMB*）、价值因子（*HML*）和动量因子（*MOM*）回归的年化标准残差。表示为 1*M*、3*M*、6*M*、12*M* 的变量分别由 1、3、6、12 个月的日收益数据计算。表示为 1*Y*、2*Y*、3*Y*、5*Y* 的变量分别由 1、2、3、5 年的月收益数据计算。

基于月收益的 Vol 变量（Vol^{1Y}、Vol^{2Y}、Vol^{3Y}和Vol^{5Y}）的描述性统计表明，基于月收益的计算具有许多与基于日收益的计算相同的分布特征。基于月收益变量的平均值范围从Vol^{1Y}的 46.87%到Vol^{5Y}的 48.48%。再一次，随着窗口期的延长，平均值呈现出增长的趋势。基于月收益计算的平均值略低于基于日收益计算的平均值。与基于日收益的计算一样，基于月收益计算的 Vol 变量的横截面分布是正偏态的、尖峰的，并且有少数极大值的特征。

表 15.1 中的 B 部分显示，周期性收益的平方和（Vol^{SS}）所计算的总波动的平均横截面分布的特性与以 Vol 计算的非常相似。在所有的情形中，Vol 的描述性统计量和 Vol^{SS}的描述性统计量之间的差异是可以忽略的。因此，B 部分最大的意义在于，使用更简单的未减少的基于平方和的方法而不是基于标准差的方法计算出的总波动对总波动的横截面分布几乎没有影响。

在表 15.1 的 C～E 部分中，我们提供了$IdioVol^{CAPM}$、$IdioVol^{FF}$ 和$IdioVol^{FFC}$变量。与总波动的测量相同，计算特质波动不同方法所产生的变量的横截面分布都非常相似。我们将讨论集中在$IdioVol^{FF}$（D 部分）上，因为实证资产定价研究人员通常使用 FF 模型计算特质波动。基于日收益的$IdioVol^{FF}$的平均值范围为$IdioVol^{FF,1M}$的 48.07%到$IdioVol^{FF,12M}$的 50.65%。对于基于月收益的变量，平均值的范围为$IdioVol^{FF,1Y}$的 40.95%到$IdioVol^{FF,5Y}$的 42.82%。因此，平均而言，基于月收益的特质波动率显著低于基于日收益的特质波动率。与总波动类似，除了第 95 百分位数和最大值之外，$IdioVol^{FF}$变量的横截面分布的每个百分位数（以及平均值）随着窗口期的变长而增加。最后，$IdioVol^{FF}$变量的横截面分布是正偏态和尖峰的。

也许并不奇怪，总波动的不同测量方法如此相似，特质波动的测量方法彼此之间也是如此相似。其中一部分原因是不同变量的计算非常相似。更有趣的是，特质波动的横截面分布非常类似于总波动的横截面分布。这表明对于股票而言，绝大多数总波动是特质的，或者可能是由于用于计算特质波动的回归不能有效地捕捉到系统效应而造成的。

15.4 相关性

现在我们研究不同度量方法下所测算出的股票收益波动之间的横截面相关性，以及在本书前面章节中已经研究过的波动性和其他变量之间的横截面相关性。我们先研究使用相同方法但窗口期和数据频率不同而计算出的变量之间的相关性。在本节所有的相关性分析中，每个变量在计算相关性之前以月度为基础在 0.5%水平上进行缩尾处理。

在表 15.2 的 A 部分，我们给出了使用周期性收益的样本标准差计算出的每个总波动（Vol）变量之间的月度横截面相关性的时间序列平均值。皮尔逊积矩相关系数呈现在下方的对角线条目中，斯皮尔曼等级相关系数显示在上方的对角线条目中。结果表明，不管研究周期的长度或数据频率如何，不同的 Vol 变量之间都具有很高的横截面相关性。其主要部分是机械的，使用相同数据频率的两个变量之间的相关性尤其显著，但是对于整个效应而言相关性太高，以至于不存在机械性。检查基于日收益计算的变量之间的相关性，表 15.2 显示了从 Vol^{1M} 和 Vol^{12M} 之间的 0.76 到 Vol^{6M} 和 Vol^{12M} 之间有 0.95 的平均皮尔逊横截面相关性。由于期望给定机械效应，那么相关性随着窗口期重叠部分的长度增加而增加，随着窗口期的非重叠部分的长度增加而减少。然而，Vol^{1M} 和 Vol^{12M} 仅是从 1 个月的重叠数据计算出来的，而 Vol^{12M} 使用的 11 个月的数据不包括在 Vol^{1M} 中。这些变量之间 0.76 的相关性强烈表明这些变量在捕获股票收益的相同特性方面都是有效的。基于日度收益的 Vol 变量之间的斯皮尔曼等级相关系数略高于皮尔逊积矩相关系数。基于月度收益的 Vol 变量之间的相关性同样高，范围从 Vol^{1Y} 和 Vol^{5Y} 之间的 0.77 到 Vol^{3Y} 和 Vol^{5Y} 之间的 0.95。相关性再次与统计机理相一致，但是对于结果而言，相关程度太高以至于不是纯机械的。与基于日度收益的测量一样，基于月度收益的测量方法的斯皮尔曼等级相关系数略高于皮尔逊积矩相关系数。

表 15.2　相关性——总波动

A 部分：Vol								
	Vol^{1M}	Vol^{3M}	Vol^{6M}	Vol^{12M}	Vol^{1Y}	Vol^{2Y}	Vol^{3Y}	Vol^{5Y}
Vol^{1M}	—	0.87	0.82	0.79	0.64	0.65	0.65	0.64
Vol^{3M}	0.86	—	0.95	0.90	0.74	0.75	0.74	0.73
Vol^{6M}	0.80	0.94	—	0.96	0.79	0.80	0.79	0.77
Vol^{12M}	0.76	0.88	0.95	—	0.82	0.84	0.83	0.82
Vol^{1Y}	0.57	0.67	0.73	0.78	—	0.90	0.86	0.81
Vol^{2Y}	0.57	0.67	0.72	0.78	0.88	—	0.96	0.91
Vol^{3Y}	0.56	0.65	0.71	0.76	0.82	0.94	—	0.96
Vol^{5Y}	0.55	0.64	0.69	0.74	0.77	0.89	0.95	—
B 部分：Vol^{SS}								
	$Vol^{SS,1M}$	$Vol^{SS,3M}$	$Vol^{SS,6M}$	$Vol^{SS,12M}$	$Vol^{SS,1Y}$	$Vol^{SS,2Y}$	$Vol^{SS,3Y}$	$Vol^{SS,5Y}$
$Vol^{SS,1M}$	—	0.87	0.82	0.79	0.66	0.66	0.65	0.64
$Vol^{SS,3M}$	0.86	—	0.95	0.90	0.75	0.75	0.74	0.73
$Vol^{SS,6M}$	0.80	0.94	—	0.96	0.80	0.80	0.79	0.77
$Vol^{SS,12M}$	0.76	0.88	0.95	—	0.83	0.84	0.83	0.81
$Vol^{SS,1Y}$	0.58	0.68	0.74	0.78	—	0.91	0.86	0.82
$Vol^{SS,2Y}$	0.58	0.67	0.72	0.78	0.88	—	0.96	0.91
$Vol^{SS,3Y}$	0.57	0.65	0.71	0.76	0.82	0.94	—	0.96
$Vol^{SS,5Y}$	0.55	0.64	0.69	0.74	0.77	0.89	0.95	—

该表提供了衡量总波动变量之间的年度横截面皮尔逊积矩相关系数（下方的对角线条目）和斯皮尔曼等级相关系数（上方的对角线条目）的时间序列平均值。A 部分表示使用不同数据频率和窗口期计算的 Vol 值之间的相关性。B 部分表示使用不同数据频率和窗口期计算的 Vol^{SS} 值之间的相关性。

基于日度收益和月度收益数据的 Vol 变量之间的皮尔逊积矩（斯皮尔曼等级）相关系数范围为Vol^{1M}和Vol^{5Y}之间的 0.55(0.64) 到Vol^{12M}和Vol^{2Y}之间的 0.78(0.84)。结果表明，这些变量有一个显著的共同部分。这可能不像使用相同数据频率计算的变量的结果那样出于统计原因。因此，结果给了我们高度信心，基于日度收益的变量和基于月度收益的变量都捕捉到了相同股票水平的特征。斯皮尔曼等级相关系数略高于皮尔逊积矩相关系数，这可能意味着，至少对于极端值来说，这些变量的测量包含了相当多的噪声信息，或者说是不准确的。

表 15.2 的 B 部分显示了基于收益的平方和的总波动变量（Vol^{SS}）之间的相关性与 Vol 变量之间的相关性非常相似。Vol^{SS} 和 Vol 变量相应的相关性间最大的差异是$Vol^{SS,1M}$和$Vol^{SS,1Y}$之间 0.66 的斯皮尔曼等级相关系数，其与Vol^{1M}和Vol^{1Y}之间 0.64 的斯皮尔曼等级相关系数间相差可忽略的 0.02。Vol^{SS}变量之间的其他所有相关性对于相应的 Vol 变量之间的相关性相差 0.01（保留小数点后两位）或更小。与描述性统计的情况一样，结果显示使用计算总波动的两种不同方法产生的变量的特性是高度相似的。

表 15.3 显示了$IdioVol^{CAPM}$变量（A 部分）、$IdioVol^{FF}$ 变量（B 部分）和$IdioVol^{FFC}$变量（C 部分）之间的平均横截面相关性。不管哪个模型（CAPM、FF 或 FFC）被用于计算特质波动，结果都非常相似。因此，我们将讨论使用 FF 模型计算的特质波动变量之间的相关性。

在基于日收益的特质波动的计算中，皮尔逊积矩相关系数的范围从$IdioVol^{FF,1M}$和$IdioVol^{FF,12M}$之间的 0.77 到$IdioVol^{FF,6M}$和$IdioVol^{FF,12M}$之间的 0.95。类似地，在基于月度收益的特质波动的计算中，皮尔逊积矩相关系数的范围从 $IdioVol^{FF,1Y}$ 和 $IdioVol^{FF,5Y}$的 0.75 到$IdioVol^{FF,3Y}$和$IdioVol^{FF,5Y}$之间的 0.95。基于日收益和月收益的变量之间的皮尔逊积矩相关系数略低，从$IdioVol^{FF,1M}$和$IdioVol^{FF,5Y}$之间的 0.55 变化到$IdioVol^{FF,12M}$和$IdioVol^{FF,2Y}$之间的 0.76。在所有情况下，斯皮尔曼等级相关系数与皮尔逊积矩相关系数相似，但略高于相应的皮尔逊积矩相关系数。

最后一个值得注意的来自表 15.2 和表 15.3 的结果是，尽管 Vol 和Vol^{SS}（表 15.2）彼此类似，但它们也与$IdioVol^{CAPM}$、$IdioVol^{FF}$和$IdioVol^{FFC}$的每个结果都非常相似。在所有情况下，当固定计算每个变量的相关性的窗口期和数据频率时，使用总波动和特质波动的不同测量方法得到的相关性非常相似。

至此，描述性统计和相关性结果表明，Vol、Vol^{SS}、$IdioVol^{CAPM}$、$IdioVol^{FF}$ 和 $IdioVol^{FFC}$都有非常相似的特征。为了进一步研究，在表 15.4 中，我们给出了使用不同方法计算的变量之间的相关性，但保持研究周期的长度和数据频率恒定。结果表明，每一对变量之间的皮尔逊积矩相关系数（A 部分）都非常高。Vol 和Vol^{SS}的平均横截面相关性的范围为，由使用 1 年的月度收益数据计算的 0.993 到使用 6 个月或 12 个月的日度收益数据的 1.000（保留三位小数）。

表 15.3 **相关性——特质波动**

A 部分：$IdioVol^{CAPM}$

	$IdioVol^{CAPM,1M}$	$IdioVol^{CAPM,3M}$	$IdioVol^{CAPM,6M}$	$IdioVol^{CAPM,12M}$	$IdioVol^{CAPM,1Y}$	$IdioVol^{CAPM,2Y}$	$IdioVol^{CAPM,3Y}$	$IdioVol^{CAPM,5Y}$
$IdioVol^{CAPM,1M}$	—	0.87	0.83	0.80	0.64	0.66	0.66	0.65
$IdioVol^{CAPM,3M}$	0.86	—	0.95	0.91	0.74	0.75	0.75	0.74
$IdioVol^{CAPM,6M}$	0.81	0.94	—	0.96	0.79	0.80	0.80	0.78
$IdioVol^{CAPM,12M}$	0.77	0.88	0.95	—	0.82	0.84	0.84	0.82
$IdioVol^{CAPM,1Y}$	0.57	0.67	0.73	0.78	—	0.90	0.85	0.81
$IdioVol^{CAPM,2Y}$	0.58	0.67	0.72	0.78	0.87	—	0.96	0.91
$IdioVol^{CAPM,3Y}$	0.57	0.66	0.71	0.76	0.82	0.94	—	0.96
$IdioVol^{CAPM,5Y}$	0.56	0.64	0.69	0.74	0.77	0.89	0.95	—

B 部分：$IdioVol^{FF}$

	$IdioVol^{FF,1M}$	$IdioVol^{FF,3M}$	$IdioVol^{FF,6M}$	$IdioVol^{FF,12M}$	$IdioVol^{FF,1Y}$	$IdioVol^{FF,2Y}$	$IdioVol^{FF,3Y}$	$IdioVol^{FF,5Y}$
$IdioVol^{FF,1M}$	—	0.87	0.83	0.80	0.62	0.65	0.65	0.64
$IdioVol^{FF,3M}$	0.86	—	0.95	0.91	0.71	0.74	0.74	0.73
$IdioVol^{FF,6M}$	0.81	0.94	—	0.96	0.76	0.79	0.79	0.78
$IdioVol^{FF,12M}$	0.77	0.88	0.95	—	0.79	0.83	0.83	0.82
$IdioVol^{FF,1Y}$	0.55	0.65	0.71	0.75	—	0.88	0.83	0.79
$IdioVol^{FF,2Y}$	0.56	0.66	0.71	0.76	0.86	—	0.95	0.91
$IdioVol^{FF,3Y}$	0.56	0.65	0.70	0.75	0.80	0.94	—	0.96
$IdioVol^{FF,5Y}$	0.55	0.64	0.69	0.74	0.75	0.88	0.95	—

C 部分：$IdioVol^{FFC}$								
	$IdioVol^{FFC,1M}$	$IdioVol^{FFC,3M}$	$IdioVol^{FFC,6M}$	$IdioVol^{FFC,12M}$	$IdioVol^{FFC,1Y}$	$IdioVol^{FFC,2Y}$	$IdioVol^{FFC,3Y}$	$IdioVol^{FFC,5Y}$
$IdioVol^{FFC,1M}$	—	0.87	0.82	0.80	0.60	0.64	0.65	0.64
$IdioVol^{FFC,3M}$	0.86	—	0.95	0.91	0.70	0.74	0.74	0.73
$IdioVol^{FFC,6M}$	0.80	0.94	—	0.96	0.75	0.79	0.79	0.78
$IdioVol^{FFC,12M}$	0.73	0.88	0.95	—	0.78	0.83	0.83	0.82
$IdioVol^{FFC,1Y}$	0.54	0.64	0.70	0.74	—	0.86	0.81	0.77
$IdioVol^{FFC,2Y}$	0.56	0.65	0.71	0.76	0.85	—	0.95	0.90
$IdioVol^{FFC,3Y}$	0.56	0.65	0.70	0.75	0.79	0.94	—	0.96
$IdioVol^{FFC,5Y}$	0.55	0.64	0.69	0.74	0.74	0.88	0.95	—

该表提供了衡量特质波动变量之间的年度横截面皮尔逊积矩相关系数（下方的对角线条目）和斯皮尔曼等级相关系数（上方的对角线条目）的时间序列平均值。A 部分为使用不同数据频率和研究周期计算的 $IdioVol^{CAPM}$ 值之间的相关性。B 部分为使用不同数据频率和研究周期计算的 $IdioVol^{FF}$ 值之间的相关性。C 部分表示使用不同的数据频率和研究周期计算的 $IdioVol^{FFC}$ 值之间的相关性。

表 15.4　　相关性——总波动和特质波动

A部分：皮尔逊积矩相关性								
相关变量	1*M*	3*M*	6 *M*	12*M*	1*Y*	2*Y*	3*Y*	5*Y*
Vol 和 Vol^{SS}	0.999	1.000	1.000	1.000	0.993	0.998	0.999	0.999
Vol 和 $IdioVol^{CAPM}$	0.990	0.994	0.995	0.995	0.968	0.979	0.983	0.986
Vol 和 $IdioVol^{FF}$	0.983	0.991	0.993	0.994	0.932	0.964	0.971	0.977
Vol 和 $IdioVol^{FFC}$	0.979	0.990	0.992	0.993	0.912	0.957	0.967	0.974
Vol^{SS} 和 $IdioVol^{CAPM}$	0.998	0.994	0.995	0.995	0.963	0.977	0.982	0.986
Vol^{SS} 和 $IdioVol^{FF}$	0.982	0.991	0.993	0.994	0.928	0.962	0.970	0.976
Vol^{SS} 和 $IdioVol^{FFC}$	0.978	0.990	0.992	0.993	0.908	0.955	0.966	0.973
$IdioVol^{CAPM}$ 和 $IdioVol^{FF}$	0.994	0.999	0.999	1.000	0.962	0.984	0.989	0.992
$IdioVol^{CAPM}$ 和 $IdioVol^{FFC}$	0.991	0.998	0.999	0.999	0.943	0.979	0.986	0.990
$IdioVol^{FF}$ 和 $IdioVol^{FFC}$	0.997	1.000	1.000	1.000	0.981	0.995	0.997	0.998
B部分：斯皮尔曼等级相关性								
相关变量	1*M*	3*M*	6*M*	12*M*	1*Y*	2*Y*	3*Y*	5*Y*
Vol 和 Vol^{SS}	0.999	1.000	1.000	1.000	0.991	0.997	0.999	0.999
Vol 和 $IdioVol^{CAPM}$	0.982	0.988	0.990	0.991	0.953	0.970	0.977	0.982
Vol 和 $IdioVol^{FF}$	0.973	0.985	0.987	0.989	0.914	0.955	0.966	0.974
Vol 和 $IdioVol^{FFC}$	0.968	0.983	0.986	0.988	0.893	0.949	0.962	0.971
Vol^{SS} 和 $IdioVol^{CAPM}$	0.981	0.988	0.990	0.991	0.947	0.968	0.975	0.981
Vol^{SS} 和 $IdioVol^{FF}$	0.972	0.985	0.987	0.989	0.909	0.953	0.964	0.973
Vol^{SS} 和 $IdioVol^{FFC}$	0.967	0.983	0.986	0.988	0.889	0.947	0.961	0.971
$IdioVol^{CAPM}$ 和 $IdioVol^{FF}$	0.992	0.998	0.999	0.999	0.958	0.984	0.990	0.993
$IdioVol^{CAPM}$ 和 $IdioVol^{FFC}$	0.989	0.997	0.998	0.999	0.937	0.979	0.987	0.991
$IdioVol^{FF}$ 和 $IdioVol^{FFC}$	0.996	0.999	1.000	1.000	0.978	0.995	0.997	0.999

该表提供了使用不同的数据频率和研究周期计算得到的总波动（Vol 和 Vol^{SS}）和特质波动（$IdioVol^{CAPM}$、$IdioVol^{FF}$ 和 $IdioVol^{FFC}$）变量之间的年度横截面皮尔逊积矩相关系数（A 部分）和斯皮尔曼等级相关系数（B 部分）的时间序列平均值。列 1*M*、3*M*、6*M*、12*M* 分别显示了用 1、3、6、12 个月的日收益数据计算出的变量之间的相关性。列 1*Y*、2*Y*、3*Y*、5*Y* 分别显示了用 1、2、3、5 年的月收益数据计算出的变量之间的相关性。

Vol 和特质波动之间的皮尔逊积矩相关系数范围从 Vol^{1Y} 和 $IdioVol^{FFC,1Y}$ 之间的 0.912 到使用 6 个月或 12 个月的日度收益数据计算的 Vol 和 $IdioVol$ 之间的 0.995。尽管一般略低于 Vol 和 $IdioVol$ 之间的相关性，但 Vol^{SS} 和 $IdioVol$ 变量之间的相关性非常相似。也就是说，这些变量之间的最低相关性是 $Vol^{SS,1Y}$ 和 $IdioVol^{FFC,1Y}$ 之间的 0.908。

结果表明，三种不同的特质波动的度量方法在横截面上极为相似。特质波动变量之间的最低皮尔逊积矩相关系数为 $IdioVol^{CAPM,1Y}$ 和 $IdioVol^{FFC,1Y}$ 之间的 0.943。使用

FF 和 FFC 模型测量的特质波动在横截面上几乎完全相关。这些变量之间的最低平均相关性 0.981 再一次由从 1 年的月度数据的计算中产生。事实上，在所有情况下，每个给定变量之间的最低相关性是根据 1 年的月度数据计算产生的。对于给定的研究周期和数据频率，产生最低相关性的变量是 Vol 和$IdioVol^{FFC}$，以及Vol^{SS}和$IdioVol^{FFC}$。然而，这些相关性仍然很高。

表 15.4 的 B 部分中的斯皮尔曼等级相关性给出了非常相似的情况。表中最低的平均横截面斯皮尔曼等级相关系数为$Vol^{SS,1Y}$和$IdioVol^{FFC,1Y}$之间的 0.889。其他唯一的斯皮尔曼等级相关系数低于 0.900 的是Vol^{1Y}和$IdioVol^{FFC,1Y}$，这也就不足为奇了。在皮尔逊积矩相关系数中出现的形式也同样存在于斯皮尔曼等级相关系数中。

从表 15.4 中得出的结论是显而易见的。结果表明，用何种方法计算总波动或特质波动是无关紧要的。总波动和特质波动在横截面中高度相关。这种高度相关性足以减轻任何对于使用一种方法来衡量波动性而不是另一种方法所导致的实证结果显著不同的合理担心。因此，对于本章的剩余部分，我们仅使用 FF 模型（$IdioVol^{FF}$）计算出的特质波动作为我们的波动性变量。尽管表 15.3 的 B 部分的相关性分析表明，使用不同的研究周期和数据频率计算的$IdioVol^{FF}$的相关性是很高的，但是，相关性并没有高到足以使我们相信，当窗口期和数据频率发生改变时，实证结果将会无差异。因此，我们继续检查所有$IdioVol^{FF}$变量。我们选择使用$IdioVol^{FF}$作为对特质波动的衡量，因为这是 Ang 等（2006）以及在实证资产定价研究中最常用的特质波动的量度。

我们已经研究了特质波动（以及总波动）的不同量度之间的关系，现在来检查特质波动和其他变量之间的横截面关系，其中其他变量与股票期望收益之间的关系已经在前几章中进行了检验。

在表 15.5 中，我们给出了$IdioVol^{FF}$和每个贝塔（β）、规模（市值的对数）、账面市值比（BM）、动量（Mom）、反转（Rev）、非流动性（$Illiq$）、协偏度（$CoSkew$）和特质偏度（$IdioSkew$）之间的皮尔逊积矩相关系数（A 部分）和斯皮尔曼等级相关系数（B 部分）。结果表明，特质波动和贝塔之间存在着微弱的正相关关系。当使用$IdioVol^{FF}$的基于日度收益的变量时，$IdioVol^{FF}$和β之间的平均相关性随着研究周期的增加而增加，从$IdioVol^{FF,1M}$的 0.08 增加到$IdioVol^{FF,12M}$的 0.11。对于基于月度收益的变量，我们观察到了同样的情况。β 和基于月度收益的特质波动的相关性范围从$IdioVol^{FF,1Y}$的 0.13 到$IdioVol^{FF,3Y}$和$IdioVol^{FF,5Y}$的 0.16。因此，当使用月度收益数据度量特质波动时，特质波动和 β 之间的相关性略高。β 和$IdioVol^{FF}$之间斯皮尔曼等级相关系数的范围为 β 和$IdioVol^{FF,1M}$之间的 0.16 到 β 和$IdioVol^{FF,2Y}$、$IdioVol^{FF,3Y}$和$IdioVol^{FF,5Y}$之间的 0.20，略高于皮尔逊积矩相关系数，但它们有着相同的模式。

因为$IdioVol^{FF}$和$Size$ 之间的皮尔逊积矩（斯皮尔曼等级）相关系数的范围为 $Size$ 和$IdioVol^{FF,1Y}$的－0.42（－0.46）到 $Size$ 和$IdioVol^{FF,12M}$的－0.58（－0.62），所以特质波动与规模之间具有很强的负相关关系。对于每个$IdioVol^{FF}$变量，其与 $Size$ 的斯皮尔曼等级相关系数在数值上都略大于皮尔逊积矩相关系数。

表 15.5　　相关性——特质波动和其他变量

	β	*Size*	*BM*	*Mom*	*Rev*	*Illiq*	*CoSkew*	*IdioSkew*
A 部分：皮尔逊积矩相关系数								
$IdioVol^{FF,1M}$	0.08	−0.45	0.07	−0.16	0.10	0.48	−0.06	0.25
$IdioVol^{FF,3M}$	0.09	−0.52	0.08	−0.14	0.02	0.49	−0.06	0.29
$IdioVol^{FF,6M}$	0.10	−0.55	0.09	−0.12	0.00	0.50	−0.07	0.32
$IdioVol^{FF,12M}$	0.11	−0.58	0.10	−0.08	−0.01	0.49	−0.07	0.35
$IdioVol^{FF,1Y}$	0.13	−0.42	0.04	0.10	0.04	0.24	−0.08	0.39
$IdioVol^{FF,2Y}$	0.15	−0.48	0.02	0.05	0.01	0.27	−0.08	0.48
$IdioVol^{FF,3Y}$	0.16	−0.50	0.00	0.03	0.00	0.27	−0.09	0.52
$IdioVol^{FF,5Y}$	0.16	−0.51	−0.02	0.01	0.00	0.28	−0.09	0.56
B 部分：斯皮尔曼等级相关系数								
	β	*Size*	*BM*	*Mom*	*Rev*	*Illiq*	*CoSkew*	*IdioSkew*
$IdioVol^{FF,1M}$	0.16	−0.48	−0.01	−0.22	0.00	0.54	−0.07	0.26
$IdioVol^{FF,3M}$	0.17	−0.55	−0.01	−0.22	−0.06	0.57	−0.09	0.30
$IdioVol^{FF,6M}$	0.17	−0.59	−0.01	−0.21	−0.07	0.59	−0.09	0.33
$IdioVol^{FF,12M}$	0.18	−0.62	0.00	−0.19	−0.08	0.60	−0.10	0.35
$IdioVol^{FF,1Y}$	0.19	−0.46	−0.06	−0.06	−0.05	0.38	−0.09	0.33
$IdioVol^{FF,2Y}$	0.20	−0.52	−0.08	−0.11	−0.06	0.44	−0.10	0.40
$IdioVol^{FF,3Y}$	0.20	−0.54	−0.08	−0.12	−0.07	0.46	−0.11	0.44
$IdioVol^{FF,5Y}$	0.20	−0.55	−0.10	−0.12	−0.07	0.47	−0.12	0.47

该表提供了特质波动以及 β、*Size*、*BM*、*Mom*、*Rev*、*Illiq*、*CoSkew* 和 *IdioSkew*，每对变量之间的年度横截面皮尔逊积矩相关系数（A 部分）和斯皮尔曼等级相关系数（B 部分）的时间序列的平均值。

表 15.5 提供了特质波动和账面市值比（*BM*）之间的相关性结果。*BM* 和基于日度收益的 $IdioVol^{FF}$ 变量（$IdioVol^{FF,1M}$、$IdioVol^{FF,3M}$、$IdioVol^{FF,6M}$ 和 $IdioVol^{FF,12M}$）之间的皮尔逊积矩相关系数是正的，从 *BM* 和 $IdioVol^{FF,1M}$ 之间的 0.07 到 *BM* 和 $IdioVol^{FF,12M}$ 之间的 0.10。虽然这些相关性不是很大，但是它们不能被认为是完全可忽略的。有趣的是，平均的斯皮尔曼等级相关系数都是负的，尽管幅度非常小（−0.01 或更小）。*BM* 和基于月度收益的 $IdioVol^{FF}$ 变量之间的相关性呈现出相反的模式，皮尔逊积矩相关系数（在−0.02 和 0.04 之间）是可忽略的，斯皮尔曼等级相关系数是负的，尽管很小（在−0.06 和−0.10 之间），但不能忽略。

检验特质波动和动量之间关系的相关性分析结果也是混杂的。基于股票日度收益计算的 $IdioVol^{FF}$ 与 *Mom* 呈现负相关。随着研究周期的长度增加，皮尔逊积矩相关性程度逐渐减小，从 $IdioVol^{FF,1M}$ 的−0.16 到 $IdioVol^{FF,12M}$ 的−0.08。相应的斯皮尔曼等级相关系数表现出相同的形式，但在幅度上明显高于皮尔逊积矩相关系数。当基于月度收益衡量特质波动时，皮尔逊积矩相关系数实际上变为正值，范围从 *Mom* 和 $IdioVol^{FF,1Y}$ 之间的 0.10 到 *Mom* 和 $IdioVol^{FF,5Y}$ 之间的 0.01，这些正相关的出现可能是因为，Mom 是由在月份 $t-11$ 到月份 $t-1$ 间 11 个月的收益进行计算得到的，而 $IdioVol^{FF,1Y}$是由在月份$t-11$ 到月份 t 间 12 个月的收益进行计算得到的。如果股票在月份 $t-11$ 到月份 $t-1$ 中的某一个月中得到了非常高的收益，这将导致 Mom 和 $IdioVol^{FF,1Y}$都很高。人们可能认为，较大的负收益应该导致$IdioVol^{FF,1M}$的高值和 Mom 的低值，从而导致负相关关系。然而，表 7.2 和表 14.1 的证据表明，股票月度收益是正偏态的，这一现象的出现是由于每月最大收益是无限的，而可能的每月最小收益是-100%。因此，有意义的是，这种效应将表现为特质偏度（与总偏度极其相似）和动量之间的正相关关系。与统计原理一致，当用于计算动量和特质波动的数据的重叠周期长度变成$IdioVol^{FF}$研究周期长度的一个较小的百分比时，该效应减弱。与此解释一致，从月度收益数据测量的特质波动和动量的斯皮尔曼等级相关系数的范围从 Mom 和$IdioVol^{FF,1Y}$之间的-0.06到Mom 和$IdioVol^{FF,5Y}$之间的-0.12。这些负相关性表明正的皮尔逊积矩相关系数可能是由少量的极端数据所驱动的。

除了 Rev 和$IdioVol^{FF,1M}$之间 0.10 的相关性外，特质波动和反转之间的平均皮尔逊积矩相关系数很小并且是可忽略的。在所有其他情况下，其数值均小于 0.04。Rev 和$IdioVol^{FF,1M}$之间的正相关性同样可能是来源于统计，因为 Rev 和$IdioVol^{FF,1M}$仅使用最近 1 个月份 t 的收益数据来进行计算。至于斯皮尔曼等级相关系数，每个 $IdioVol^{FF}$变量与Rev 都呈现出了细微的负相关关系，除了基于月度收益计算的变量（$IdioVol^{FF,1M}$），这种效应也可能是统计造成的。

特质波动与非流动性之间具有很强的负相关关系。当使用基于日度收益计算的特质波动（$IdioVol^{FF,1M}$、$IdioVol^{FF,3M}$、$IdioVol^{FF,6M}$和$IdioVol^{FF,12M}$）时，平均皮尔逊积矩相关系数在 0.48 和 0.50 之间。相应的斯皮尔曼等级相关系数较高，从 0.54 到 0.60。非流动性和基于月度收益计算的特质波动（$IdioVol^{FF,1Y}$、$IdioVol^{FF,2Y}$、$IdioVol^{FF,3Y}$和$IdioVol^{FF,5Y}$）之间的相关性较低，皮尔逊积矩相关系数从 0.24 到 0.28，斯皮尔曼等级相关系数从 0.38 至 0.47。尽管低于基于日度收益测度的相关性，但这些相关性仍然表明流动性不足和特质波动之间存在着强正相关关系。基于月度收益测度的相关性较低可能是因为高流动性股票的价格每天在不断上下波动以满足流动性需求，从而在日度收益中产生高的特质波动。然而，在 1 个月的时间范围内，每日流动性需求的价格效应往往相互抵消，导致在计算中使用月度收益时，特质波动较小。

表 15.5 中的结果表明了特质波动和协偏度之间的弱负相关关系，皮尔逊积矩相关系数的范围从-0.06 至-0.09，斯皮尔曼等级相关系数的范围从-0.07 至-0.12。$IdioVol^{FF}$的相关性随着研究期间长度的增加而增加。

最后，相关性分析表明特质波动和特质偏度之间有着强的正相关关系。$IdioSkew$ 和$IdioVol^{FF}$之间的皮尔逊积矩相关系数随着$IdioVol^{FF}$研究期间长度的增加而增加，并且基于月度收益数据测量$IdioVol^{FF}$时，相关性较高。这两种效应都有可能是统计造成的，回想一下，我们使用 5 年的月度收益数据来计算 $IdioSkew$ 时也是如此。如前所述，月度收益是正偏态的。加上高波动股票更有可能产生极端收益的事实，以及特质波动和特质偏度与总波动和总偏度非常相似的事实，它们可能是$IdioVol^{FF}$和 $IdioSkew$

之间的强正相关关系的驱动力。基于日度收益计算的 $IdioVol^{FF}$ 和 $IdioSkew$ 之间的斯皮尔曼等级相关系数类似于相应的皮尔逊积矩相关系数。对于基于月度收益计算的 $IdioVol^{FF}$，尽管斯皮尔曼等级相关系数较大且为正，但是它低于皮尔逊积矩相关系数，表明皮尔逊积矩相关系数可能受到少量极端数据的影响。

总之，相关性分析的结果表明，不管采用何种测量方法，对于固定的窗口期和数据频率，总波动和特质波动在横截面上非常相似。使用不同研究周期和数据频率计算的变量之间相关性较高，但并不意味着使用不同研究周期和数据频率计算的变量的实证分析必然产生非常相似的结果。由于前面讨论的原因，我们选择使用 FF 模型（$IdioVol^{FF}$）计算的特质波动作为我们对特质波动的度量，我们继续检验使用不同窗口期和数据频率计算的该变量。

我们随后检查了特质波动和本书前面的其他变量之间的相关性。结果表明，特质波动与股票规模有显著的负横截面关系，与非流动性和特质偏度之间有显著的正相关关系。特质波动和 β 之间存在正相关关系，但相对较弱，与协偏度之间存在相对较弱的负相关关系。

15.5 持续性

在对特质波动和股票期望收益之间的关系进行考察之前，我们将对特质波动变量进行最后一个分析，也就是持续性分析。每个变量 $IdioVol^{FF}$ 滞后 $\tau \in \{1, 3, 6, 12, 24, 36, 48, 60, 120\}$ 个月的持续性分析的结果显示在表 15.6 中。我们省略滞后长度小于研究周期长度的结果，以确保我们的分析不是以特定的结果为基础。每个变量在进行持续性分析之前都以月度为基础在 0.5%的水平上进行缩尾处理。

表 15.6　　持续性

τ	$IdioVol^{FF,1M}$	$IdioVol^{FF,3M}$	$IdioVol^{FF,6M}$	$IdioVol^{FF,12M}$	$IdioVol^{FF,1Y}$	$IdioVol^{FF,2Y}$	$IdioVol^{FF,3Y}$	$IdioVol^{FF,5Y}$
1	0.65	—	—	—	—	—	—	—
3	0.60	0.76	—	—	—	—	—	—
6	0.57	0.71	0.80	—	—	—	—	—
12	0.53	0.66	0.73	0.80	0.51	—	—	—
24	0.46	0.58	0.65	0.71	0.46	0.61	—	—
36	0.43	0.53	0.60	0.65	0.44	0.57	0.64	—
48	0.40	0.50	0.56	0.62	0.42	0.54	0.61	—
60	0.39	0.48	0.54	0.59	0.40	0.52	0.58	0.66
120	0.34	0.43	0.47	0.52	0.36	0.47	0.52	0.58

该表显示了衡量特质波动的变量的持续性分析的结果。在每个月份 t，计算给定变量在月份 t 和月份 $t+\tau$ 期间的横截面皮尔逊积矩相关系数。该表给出了月度横截面相关系数的时间序列平均值。标记为 τ 的列表示测量的持续性的 τ 期滞后。

结果表明 $IdioVol^{FF}$ 是高度持续的。使用日度收益数据计算出的 1 个月（$IdioVol^{FF,1M}$）、3 个月（$IdioVol^{FF,3M}$）、6 个月（$IdioVol^{FF,6M}$）和 12 个月（$IdioVol^{FF,12M}$）的变量持续性分别为 0.65、0.76、0.80 和 0.80。它们分别由等于研究周期长度的滞后长度计算出来，并且高于对应的 β 值（见表 8.3）或任何偏度变量（见表 14.7～14.9）。对于从月度数据计算出的特质波动变量，$IdioVol^{FF,1Y}$、$IdioVol^{FF,2Y}$、$IdioVol^{FF,3Y}$和$IdioVol^{FF,5Y}$，持续性值分别为 0.51、0.61、0.64 和 0.66，分别滞后了 1、2、3、5 年。这些持续性水平足够高，从而可以认为，$IdioVol^{FF}$捕获了股票收益的横截面持续特征。

与 β 和协偏度变量的结果类似，持续性随着窗口期的长度增加而增加，这表明更长的窗口期产生了对股票收益的真实特质波动的更强估计。固定测量持续性滞后（τ）的长度和使用的数据的频率，当从较长研究周期计算变量时，持续性总是最高。最后，仅查看基于日度收益数据计算的 12 个月的变量$IdioVol^{FF,12M}$和基于月度收益数据计算的 5 年的变量（$IdioVol^{FF,5Y}$），它们是各自数据频率的最长的窗口期，我们可以看到最长滞后了 5 年（$\tau=60$）和 10 年（$\tau=120$）。$IdioVol^{FF,5Y}$ 的持续性略高于 $IdioVol^{FF,12M}$。然而，因为$IdioVol^{FF,5Y}$的计算至少需要 2 年的月度收益数据（我们要求至少使用 24 个月的收益数据来计算$IdioVol^{FF,5Y}$），如果一只股票要在月份 t 时计算$IdioVol^{FF,5Y}$的有效值，那么它必须至少在 $t-23$ 月时进入 CRSP 数据库。考虑到我们需要至少 200 个日度数据来计算$IdioVol^{FF,12M}$，那么若股票在月份 $t-9$（10 个月前）进入 CRSP 数据库，则在月份 t 时计算$IdioVol^{FF,12M}$的有效值是可能的。① 因此，研究人员可能面临一种权衡：使用由 5 年的月度数据计算得出的变量（$IdioVol^{FF,5Y}$），测量精度稍高；使用由 12 个月的日度数据计算得出的变量（$IdioVol^{FF,12M}$），可以将更多股票纳入样本。

关于特质波动的持续性的最后一个结论是有保证的。尽管前一段中的讨论指出，更长的估计周期能够得出更准确的测量，但是从 1 个月的日度收益数据（$IdioVol^{FF,1M}$）滞后 1 个月（$\tau=1$）计算出的变量的持续性为 0.65，这是相当高的。因此，即便使用短研究周期也能很好地捕获股票的高持续性特征。在最为广泛引用的特质波动和股票期望收益之间的关系的研究中，Ang 等（2006）使用$IdioVol^{FF,1M}$作为其特质波动的主要度量。因此，$IdioVol^{FF,1M}$已经成为实证资产定价研究中最常用的表示特质波动的变量。

15.6　特质波动和股票收益

在完成了对特质波动（和总波动）的不同量度的分析后，我们现在研究特质波动和股票期望收益之间的关系。正如在本章导言中所讨论的，基于完美市场的资产定价

① 在我们的样本期间中，每 10 个月至少有 200 个交易日。

理论 CAPM [Sharpe(1964); Lintner(1965); Mossin(1966)] 和 Ross(1976) 的 APT 都预测特质波动和股票期望收益之间没有关系，因为所有的特质风险都可以分散化。引入市场摩擦的理论模型，例如 Levy(1978) 和 Merton(1987) 的理论模型预测特质波动和期望收益之间呈正相关关系。没有合理的理论模型预测特质波动和股票期望收益之间呈负相关关系。

15.6.1 单变量组合分析

我们首先用单变量组合分析研究特质波动和股票期望收益之间的关系。每个月，我们将样本中的所有股票基于 FF 特质波动变量分为十分位数组合。表 15.7 列出了每月每个组合在前 1 个月的市值加权（A 部分）和等权重（B 部分）超额收益、做多第 10 十分位数组合同时做空第 1 十分位数组合的平均收益、FFC 模型中的 α 值，以及包括了 Pastor 和 Stambaugh(2003) 的流动性因子（FFCPS）的 FFC 模型。括号中的数值是经 Newey 和 West(1987) 六期滞后调整后得到的 T 统计量，测试 10－1 组合的平均收益的零假设或 α 等于 0。①

在 A 部分中呈现的市值加权组合分析的结果提供了从日度收益数据（$IdioVol^{FF,1M}$、$IdioVol^{FF,3M}$、$IdioVol^{FF,6M}$和$IdioVol^{FF,12M}$）中计算出的特质波动与股票期望收益之间的负相关关系的强有力证据。这个结果与理论预测相矛盾。依据$IdioVol^{FF,1M}$进行排序而形成的组合，10－1 市值加权组合产生了经济和统计上都有重大意义的 T 统计量－3.48，月均收益率为－1.27%。每月－1.43%（T 统计量＝－5.25）的 FFC α 和每月－1.47%（T 统计量＝－4.90）的 FFCPS α 表明在这些风险模型中没有一个因素能够解释$IdioVol^{FF,1M}$差异组合的收益。通过检验个别十分位数组合的超额收益，我们看到，第 1～第 6 十分位数组合产生了相似的平均超额收益，第 1、第 2 十分位数组合每月的平均超额收益为 0.48%，第 6 十分位数组合每月的平均超额收益为 0.62%。从第 7 十分位数组合开始，平均超额收益大幅下降至每月 0.38%，而对于$IdioVol^{FF,1M}$十分位数的第 8、第 9、第 10 十分位数组合，每月超额收益分别为 0.15%、－0.21%、－0.79%。高十分位数组合的平均收益显著降低，表明是高特质波动的股票推动了这种与理论矛盾的负相关关系。

对基于$IdioVol^{FF,3M}$、$IdioVol^{FF,6M}$和$IdioVol^{FF,12M}$排序得到的市值加权组合的结果的检验是类似的。基于这些表示特质波动的变量进行排序而形成的差异组合的平均收益和 α 是负的，并且数值很大，在统计上高度显著。此外，从第 7 十分位数组合开始，平均超额收益的大幅减少的特征也是明显的。因此，无论研究期间的长度如何，市值加权的单变量组合分析得到了基于日度收益数据表示的特质波动和股票未来收益之间的强负横截面关系。

---

① 注意到，*PSL* 因子数据仅从 1968 年 1 月开始可用。因此，FFCPS α 以及相关的 T 统计量是使用在 1968 年 1 月—2012 年 12 月期间的组合收益计算的，而不是 1963 年 7 月—2012 年 12 月，其他分析的情况与此相同。

表 15.7　　单变量组合分析

A部分：市值加权组合												
排序变量	1	2	3	4	5	6	7	8	9	10	10−1	FFC α	FFCPS α
$IdioVol^{FF,1M}$	0.48	0.48	0.53	0.57	0.60	0.62	0.38	0.15	−0.21	−0.79	−1.27	−1.43	−1.47
											(−3.48)	(−5.25)	(−4.90)
$IdioVol^{FF,3M}$	0.50	0.50	0.52	0.60	0.71	0.58	0.32	0.00	−0.41	−0.87	−1.37	−1.58	−1.59
											(−3.39)	(−5.93)	(−5.70)
$IdioVol^{FF,6M}$	0.48	0.52	0.52	0.61	0.65	0.52	0.36	−0.05	−0.46	−0.85	−1.33	−1.52	−1.54
											(−3.08)	(−4.53)	(−4.22)
$IdioVol^{FF,12M}$	0.48	0.49	0.54	0.61	0.58	0.58	0.30	0.06	−0.18	−0.60	−1.08	−1.39	−1.38
											(−2.50)	(−4.87)	(−4.51)
$IdioVol^{FF,1Y}$	0.54	0.42	0.50	0.53	0.46	0.51	0.54	0.47	0.33	−0.15	−0.69	−1.03	−0.99
											(−1.97)	(−4.19)	(−3.71)
$IdioVol^{FF,2Y}$	0.45	0.53	0.57	0.50	0.63	0.54	0.57	0.40	0.31	−0.14	−0.60	−0.95	−0.94
											(−1.62)	(−3.45)	(−3.15)
$IdioVol^{FF,3Y}$	0.43	0.57	0.50	0.59	0.58	0.65	0.59	0.59	0.19	−0.11	−0.55	−0.88	−0.88
											(−1.52)	(−3.35)	(−3.11)
$IdioVol^{FF,5Y}$	0.45	0.50	0.53	0.53	0.53	0.77	0.56	0.45	0.25	−0.19	−0.64	−0.93	−0.94
											(−1.82)	(−3.69)	(−3.45)
B部分：等权重组合													
排序变量	1	2	3	4	5	6	7	8	9	10	10−1	FFC α	FFCPS α
$IdioVol^{FF,1M}$	0.69	0.76	0.87	0.94	0.93	0.90	0.85	0.70	0.56	0.28	−0.41	−0.58	−0.60
											(−1.12)	(−2.11)	(−2.09)
$IdioVol^{FF,3M}$	0.66	0.78	0.85	0.93	0.97	0.92	0.83	0.62	0.47	0.40	−0.26	−0.34	−0.38
											(−0.62)	(−1.09)	(−1.16)
$IdioVol^{FF,6M}$	0.67	0.77	0.84	0.94	0.89	0.89	0.76	0.60	0.50	0.58	−0.09	−0.17	−0.20
											(−0.20)	(−0.52)	(−0.59)
$IdioVol^{FF,12M}$	0.66	0.75	0.84	0.89	0.85	0.88	0.71	0.65	0.64	0.82	0.16	0.03	0.01
											(0.34)	(0.08)	(0.03)
$IdioVol^{FF,1Y}$	0.76	0.80	0.82	0.84	0.82	0.79	0.78	0.84	0.74	0.52	−0.24	−0.36	−0.37
											(−0.62)	(−1.23)	(−1.19)
$IdioVol^{FF,2Y}$	0.69	0.80	0.83	0.82	0.88	0.83	0.87	0.89	0.96	0.62	−0.07	−0.16	−0.19
											(−0.17)	(−0.51)	(−0.55)
$IdioVol^{FF,3Y}$	0.68	0.78	0.81	0.82	0.85	0.91	0.90	1.02	0.90	0.69	0.00	−0.07	−0.09
											(0.00)	(−0.20)	(−0.26)
$IdioVol^{FF,5Y}$	0.65	0.75	0.84	0.80	0.86	0.93	0.92	0.98	0.97	0.66	0.01	−0.01	−0.04
											(0.03)	(−0.02)	(−0.13)

该表显示了特质波动和股票未来收益之间关系的单变量组合分析结果。每个月，基于给定排序变量计算 CRSP 样本中所有股票的十分位数构造组合。A 部分（B 部分）显示了基于不同的度量特质波动的变量排序形成的 10 个十分位数组合未来 1 个月的超额收益（每月以百分比计）的市值加权（等权重）值。该表还显示了做多第 10 十分位数组合同时做空第 1 十分位数组合的平均收益以及该组合的 FFC 和 FFCPS 风险模型中的 α 值。括号中是经 Newey 和 West（1987）六期滞后调整后得到的 T 统计量，测试 10−1 组合的平均收益的零假设或 α 等于 0。

对基于月度收益数据表示的特质波动（$IdioVol^{FF,1Y}$、$IdioVol^{FF,2Y}$、$IdioVol^{FF,3Y}$ 和$IdioVol^{FF,5Y}$）变量排序的组合的市值加权结果是相似的，但稍微弱一些。当使用 $IdioVol^{FF,1Y}$作为排序变量时，10－1 组合的月均收益率为－0.69%，T 统计量为

-1.97。尽管该组合的平均收益率明显低于基于日度数据的 10－1 组合的平均收益率，但它不仅在经济上数值较大，而且在统计上也具有显著性。每月－1.03%（T 统计量＝－4.19）的 FFC α 和每月－0.99%（T 统计量＝－3.71）的 FFCPS α 的数值非常大，统计显著性高。我们再次观察到高 $IdioVol^{FF,1Y}$ 组合的平均超额收益的大幅下降现象。第 1～第 8 十分位数组合都产生了每月 0.42%～0.54% 的平均超额收益，而 $IdioVol^{FF,1Y}$ 的第 9 十分位数组合产生的平均超额收益只有 0.33%，第 10 十分位数组合的平均超额收益为每月－0.15%。

按 $IdioVol^{FF,2Y}$ 和 $IdioVol^{FF,3Y}$ 进行排序时，表 15.7 的 A 部分表明，10－1 组合每月－0.60%和每月－0.55%的市值加权的平均收益率在统计上不是很显著，T 统计量分别为－1.62 和－1.52。然而，这些组合的 FFC α 和 FFCPS α 显著大于平均收益率，且有很高的统计上的显著性。按 $IdioVol^{FF,1Y}$ 进行排序时，第 9 和第 10 十分位数组合的平均超额收益低于任何其他分位数组合的超额收益。

按 $IdioVol^{FF,5Y}$ 进行排序时，10－1 市值加权组合的每月平均收益为－0.64%，T 统计量为－1.82，具有轻微的统计显著性。这个组合的 FFC α 和 FFCPS α 为每月 0.93% 和 0.94%，T 统计量分别为－3.69 和－3.45*，统计上高度显著。类似于使用基于月度收益数据的特质波动的单变量组合分析，$IdioVol^{FF,5Y}$ 的第 9 和第 10 十分位数组合的平均超额收益远低于其他 8 个十分位数组合。

在表 15.7 的 B 部分中，我们给出了特质波动和股票期望收益之间的关系的等权重单变量组合分析的结果。其结果与市值加权组合分析的结果形成鲜明对比。当对从 1 个月的日度收益数据计算的特质波动（$IdioVol^{FF,1M}$）进行排序形成等权重组合时，该表显示 10－1 组合产生了－0.41%的月均收益率，T 统计量为－1.12，经济幅度较大，但与统计学上的零没有区别。该组合的 FFC α 和 FFCPS α 为－0.58%（T 统计量＝－2.11）和－0.60%（T 统计量＝－2.09），但是，其在数值上更大并且在统计上高度显著。对个别十分位数组合收益的考察显示，按 $IdioVol^{FF,1M}$ 进行排序的十分位数组合的平均超额收益呈现出一个倒 U 形模式。组合的平均超额收益从第 1 十分位数组合的每月 0.69%增加到第 4 十分位数组合的每月 0.94%，然后下降到第 10 十分位数组合的 0.28%。与市值加权组合一样，第 10 十分位数组合的平均收益明显低于任何其他十分位数组合的收益。

等权重单变量组合分析使用表示特质波动（不是 $IdioVol^{FF,1M}$）的其他变量作为排序变量，没有发现特质波动和股票期望收益之间的任何横截面关系。在每一个分析中，10－1 组合的平均收益、FFC α 和 FFCPS α 在统计上与 0 没有区别。因此，除了基于 $IdioVol^{FF,1M}$ 排序形成的组合之外，在市值加权组合分析中检测到的特质波动的负相关关系，在使用等权重组合时并没有检测到。

总之，与 Ang 等（2006）的结果一致，市值加权组合分析检验了特质波动和股票期望收益之间的强负相关关系。除了基于 $IdioVol^{FF,1M}$ 进行组合的排序之外，等权重组

* 原书误写为－3.32。——译者注

合分析未能提供这种关系的任何指示。

在等权重组合中检测到的$IdioVol^{FF,1M}$与股票未来收益之间的负相关关系，尽管与市值加权组合的结果一致，但与 Bali 和 Cakici（2008）的结果不一致，他们进行过类似的分析，发现等权重组合的$IdioVol^{FF,1M}$和股票未来收益没有关系。Bali 和 Cakici（2008）的分析与表 15.7 所示的分析之间的一个主要差异是，遵循 Ang 等（2006）的观点，Bali 和 Cakici（2008）没有根据 Shumway（1997）调整退市收益率。在未报告的分析中，我们将样本调整为与 Ang 等（2006）、Bali 和 Cakici（2008）一致的样本期，分别为 1963—2000 年和 1963—2004 年，并且使用未调整的超额收益，而不是退市调整的超额收益。我们的复制产生的结果与原论文中的结果非常相似，表明检验特质波动和股票未来收益之间的关系的分析结果对样本期和实证方法是高度敏感的。为了检验在 1963—2012 年间使用退市调整收益率对单变量组合分析结果的影响，我们使用未调整的超额收益作为因变量，而不是退市调整的超额收益进行单变量组合分析，结果显示在表 15.7 中。[①]

表 15.8 显示了使用未调整的超额收益作为结果变量的单变量组合分析结果。A 部分显示当使用市值加权组合时，单变量组合分析的结果与使用退市调整的超额收益产生的结果非常相似。无论用何种度量特质波动的变量作为排序变量，结果均表明了特质波动和股票未来收益之间的横截面上的强负相关关系。

然而，当使用等权重组合时，基于$IdioVol^{FF,1M}$排序形成的组合结果将大幅变化。10－1 组合的平均未调整收益率为每月 0.01%，而使用退市调整收益率时为－0.41%。此外，根据使用未调整收益分析计算出的 FFC α 和 FFCPS α 在统计上并没有显著异于 0，分别为－0.07%（T 统计量＝－0.27）和－0.08%（T 统计量＝－0.27）。这些结果与使用退市调整收益作为因变量时的结果非常不同。当使用退市调整收益时，FFC α 和 FFCPS α 分别为每月－0.58%（T 统计量＝－2.11）和－0.60%（T 统计量＝－2.09），两者都比使用未调整收益的分析结果大。此外，当使用调整的收益时，α 是在统计上非常显著的，而使用未调整的收益时，α 十分不显著。

进一步比较的结果表明，前 9 个$IdioVol^{FF,1M}$的十分位数组合的等权重退市调整和未调整的平均超额收益非常相似。然而，$IdioVol^{FF,1M}$的第 10 十分位数等权重组合的平均未调整超额收益是每月 0.66%，而平均退市调整的收益每月只有 0.28%。这可能表明，$IdioVol^{FF,1M}$最高分位数的股票比$IdioVol^{FF,1M}$第 1 十分位数的股票更可能退市，因此，能够实现一个高的负的退市调整的收益。

虽然使用未调整收益和退市调整收益的等权重单变量组合分析结果之间的差异是有趣的，但目前实证资产定价研究者并不清楚其原因，需要进一步调查，我们不再进一步研究这个问题。对于本章的剩余部分，我们继续使用退市调整收益，正如我们在本书大多数分析中所做的那样，以此作为股票未来收益的衡量标准。

① 有关未调整和退市调整收益的更多细节见第 7.2 节。

表 15.8　　单变量组合分析——未调整收益

A 部分：市值加权组合

排序变量	1	2	3	4	5	6	7	8	9	10	10−1	FFC α	FFCPS α
$IdioVol^{FF,1M}$	0.48	0.48	0.53	0.57	0.60	0.62	0.38	0.15	−0.20	−0.70	−1.18	−1.33	−1.37
											(−3.20)	(−4.86)	(−4.51)
$IdioVol^{FF,3M}$	0.50	0.49	0.52	0.60	0.71	0.58	0.31	0.00	−0.41	−0.75	−1.26	−1.48	−1.48
											(−3.07)	(−5.53)	(−5.28)
$IdioVol^{FF,6M}$	0.48	0.52	0.52	0.61	0.66	0.51	0.34	−0.05	−0.46	−0.71	−1.19	−1.39	−1.39
											(−2.71)	(−4.04)	(−3.73)
$IdioVol^{FF,12M}$	0.48	0.49	0.54	0.62	0.56	0.57	0.30	0.06	−0.16	−0.50	−0.97	−1.30	−1.29
											(−2.22)	(−4.56)	(−4.20)
$IdioVol^{FF,1Y}$	0.54	0.42	0.50	0.52	0.46	0.51	0.55	0.46	0.33	−0.15	−0.70	−1.06	−1.01
											(−1.93)	(−4.24)	(−3.75)
$IdioVol^{FF,2Y}$	0.45	0.53	0.57	0.49	0.62	0.53	0.56	0.40	0.31	−0.11	−0.56	−0.93	−0.92
											(−1.51)	(−3.35)	(−3.05)
$IdioVol^{FF,3Y}$	0.43	0.57	0.49	0.59	0.56	0.64	0.60	0.59	0.19	−0.08	−0.52	−0.86	−0.86
											(−1.43)	(−3.28)	(−3.03)
$IdioVol^{FF,5Y}$	0.45	0.50	0.53	0.63	0.53	0.77	0.57	0.45	0.27	−0.16	−0.61	−0.92	−0.93
											(−1.75)	(−3.68)	(−3.43)

B 部分：等权重组合

排序变量	1	2	3	4	5	6	7	8	9	10	10−1	FFC α	FFCPS α
$IdioVol^{FF,1M}$	0.66	0.76	0.87	0.94	0.94	0.90	0.87	0.73	0.63	0.66	0.01	−0.07	−0.08
											(0.02)	(−0.27)	(−0.27)
$IdioVol^{FF,3M}$	0.66	0.78	0.84	0.93	0.98	0.93	0.84	0.65	0.53	0.77	0.11	−0.03	−0.05
											(0.25)	(−0.10)	(−0.14)
$IdioVol^{FF,6M}$	0.67	0.77	0.84	0.93	0.90	0.89	0.77	0.63	0.57	0.96	0.29	0.15	0.14
											(0.66)	(0.46)	(0.41)
$IdioVol^{FF,12M}$	0.66	0.75	0.84	0.88	0.85	0.88	0.72	0.67	0.72	1.20	0.53	0.34	0.34
											(1.15)	(1.01)	(0.97)
$IdioVol^{FF,1Y}$	0.76	0.81	0.82	0.85	0.82	0.81	0.82	0.90	0.86	0.75	−0.01	−0.20	−0.20
											(−0.03)	(−0.76)	(−0.71)
$IdioVol^{FF,2Y}$	0.69	0.79	0.83	0.82	0.88	0.84	0.89	0.95	1.09	0.84	0.16	−0.02	−0.04
											(0.39)	(−0.09)	(−0.12)
$IdioVol^{FF,3Y}$	0.68	0.78	0.81	0.82	0.85	0.92	0.92	1.09	1.04	0.89	0.21	0.05	0.04
											(0.51)	(0.18)	(0.12)
$IdioVol^{FF,5Y}$	0.65	0.75	0.83	0.81	0.87	0.94	0.96	1.05	1.10	0.85	0.20	0.09	0.06
											(0.49)	(0.31)	(0.20)

该表显示了特质波动和未退市调整的股票未来收益之间关系的单变量组合分析结果。每个月，基于给定排序变量计算 CRSP 样本中所有股票的十分位数构造组合。A 部分（B 部分）显示了基于不同的度量特质波动的变量排序形成的 10 个十分位数组合未来 1 个月的未退市调整的超额收益（每月以百分比计）的市值加权（等权重）值。该表还显示了做多第 10 十分位数组合同时做空第 1 十分位数组合的组合平均收益率以及该组合的 FFC 和 FFCPS 模型的 α 值。括号中是经 Newey 和 West（1987）六期滞后调整后得到的 T 统计量，检验 10−1 组合的平均收益的零假设或 α 等于 0 是否成立。

在表 15.9 中，我们给出了按 $IdioVol^{FF,1M}$ 排序的组合的贝塔（β）、市值（*MktCap*）、账面市值比（*BM*）、动量（*Mom*）、反转（*Rev*）、非流动性（*Illiq*）、协偏度（*CoSkew*）和特质偏度（*IdioSkew*）。我们选择呈现基于 $IdioVol^{FF,1M}$ 排序的组合的平均特征，而不是其他一些测量特质波动的变量，有两个原因：第一，它是使市值加权和等权重组合分析在统计上有着显著的结果的唯一变量。第二，这是实证资产定价研究中最常用的特质波动的度量指标。除了了解包含每个基于 $IdioVol^{FF,1M}$ 排序的组合的股票特征之外，可以使用平均特征以及表 15.5 中的相关分析来识别可能引起特质波动之谜的变量。

表 15.9　　组合特征——$IdioVol^{FF,1M}$

值	1	2	3	4	5	6	7	8	9	10
$IdioVol^{FF,1M}$	11.51	19.01	24.16	29.26	34.82	41.21	49.03	59.62	76.66	135.40
β	0.48	0.65	0.73	0.79	0.85	0.89	0.92	0.91	0.87	0.76
MktCap	3 730	3 622	1 626	1 088	716	498	342	226	139	70
BM	0.95	0.87	0.86	0.86	0.88	0.89	0.93	0.98	1.04	1.20
Mom	14.65	15.46	16.11	17.20	18.08	18.67	18.14	16.26	11.12	−2.91
Rev	0.27	0.39	0.41	0.45	0.47	0.47	0.59	0.81	1.52	6.83
Illiq	0.15	0.24	0.36	0.53	0.77	0.14	1.72	2.83	5.59	28.14
CoSkew	−0.77	−0.66	−0.77	−0.87	−1.01	−1.12	−1.30	−1.53	−1.85	−2.29
IdioSkew	0.46	0.40	0.44	0.49	0.56	0.63	0.71	0.80	0.92	1.08

该表显示了基于 $IdioVol^{FF,1M}$ 排序形成的组合中的股票的平均特征。每个月，基于 $IdioVol^{FF,1M}$ 计算 CRSP 样本中的所有股票的十分位数构造组合。表中显示了每个十分位数组合的 $IdioVol^{FF,1M}$、贝塔（β）、市值（*MktCap*）、账面市值比（*BM*）、动量（*Mom*）、反转（*Rev*）、非流动性（*Illiq*）、协偏度（*CoSkew*）和特质偏度（*IdioSkew*）的平均值。

表 15.9 中的结果表明，平均 $IdioVol^{FF,1M}$ 单调增加，从第 1 十分位数组合的 11.51%增加到第 10 十分位数组合的 135.40%。

平均 β 值呈现出在整个 $IdioVol^{FF,1M}$ 十分位数组合上的倒 U 形关系，从第 1 十分位数组合的 0.48 增加到第 7 十分位数组合的 0.92，然后降低到第 10 十分位数组合的 0.76。

与相关性分析的结果一致，*MktCap* 与 $IdioVol^{FF,1M}$ 有着很强的负相关关系，平均市值从 $IdioVol^{FF,1M}$ 的第 1 十分位数组合的 3.73 亿美元单调减少到第 10 十分位数组合的 7 000 万美元。由于市值低的股票倾向于产生高的平均收益，所以市值不可能促成特质波动和股票未来收益之间的负相关关系。

该表指示 *BM* 和 $IdioVol^{FF,1M}$ 之间是 U 形关系。*BM* 的平均值从第 1 十分位数组合的 0.95 下降到第 3 和第 4 十分位数组合的 0.86，然后增加到第 10 十分位数组合的 1.20。

Mom 和 $IdioVol^{FF,1M}$ 之间的关系是倒 U 形的，*Mom* 的平均值从第 1 十分位数组合的 14.65 增加到第 6 十分位数组合的 18.67，随后在第 10 十分位数组合急剧下降到 −2.91。由于 *Mom* 低的股票产生的平均收益低，高 $IdioVol^{FF,1M}$ 处极低的动量值表明 *Mom* 可能在高 $IdioVol^{FF,1M}$ 产生低收益的关系中发挥着重要的作用。

Rev 与 $IdioVol^{FF,1M}$ 表现出强正相关关系，Rev 的平均值从第 1 十分位数组合的 0.27 单调增加到第 10 十分位数组合的 6.83。由于 Rev 与未来收益呈负相关关系，则也有可能是反转现象推动特质波动和未来收益之间的负相关关系。有趣的是，尽管在 Rev 的平均组合值中检测到其与 $IdioVol^{FF,1M}$ 之间的正相关关系明显，但表 15.5 中的相关性分析仅表明 Rev 与 $IdioVol^{FF,1M}$ 之间的皮尔逊积矩相关系数为 0.10，斯皮尔曼等级相关系数为 0.00。

与在相关分析中检测到的 $Illiq$ 和 $IdioVol^{FF,1M}$ 之间的强正相关关系一致，$Illiq$ 的平均值从 $IdioVol^{FF,1M}$ 的第 1 十分位数组合的 0.15 单调增加到第 10 十分位数组合 28.14。然而，具有高 $Illiq$ 值的股票倾向于产生高收益，因此，$Illiq$ 不太可能解释特质波动和股票未来收益之间的负相关关系。

表 15.9 显示了 $IdioVol^{FF,1M}$ 和 $CoSkew$ 之间的强负相关关系，因为 $CoSkew$ 的平均值几乎单调地减少（例外情况是第 2 十分位数组合），从第 1 十分位数组合的 −0.77 到第 10 十分位数组合的 −2.29。考虑到 $CoSkew$ 未能显示与股票未来收益的实证关系，并且理论上，低协偏度与更高的平均收益相关，因此，$CoSkew$ 不太可能解释特质波动之谜。

最后，除了第 1 十分位数组合以外，$IdioSkew$ 的平均值在 $IdioVol^{FF,1M}$ 的 10 个十分位数组合中单调增加，在第 2 十分位数组合的平均 $IdioSkew$ 为 0.40，第 10 十分位数组合的平均 $IdioSkew$ 为 1.08。这个结果与 $ldioSkew$ 和 $IdioVol^{FF,1M}$ 的相关分析（表 15.5）中检测到的二者之间的强正相关关系一致。$IdioSkew$ 和 $IdioVol^{FF,1M}$ 之间的正相关，再加上 $IdioSkew$ 和股票未来收益之间的负相关关系（见第 14 章）表明，特质偏度可能是驱动特质波动之谜的一个因素。

15.6.2 双变量组合分析

我们现在检验控制在本书前面检验的变量是否可以解释特质波动之谜。表 15.9 中给出的平均组合特征表明，动量（Mom）、反转（Rev）以及特质偏度（$IdioSkew$）与 $IdioVol^{FF,1M}$ 有横截面关系，表明这些变量可以解释特质波动之谜。

双变量序贯排序的组合分析

为了获得特质波动之谜的潜在解释我们首先进行的分析是使用贝塔（β）、市值（$MktCap$）、账面市值比（BM）、动量（Mom）、反转（Rev）、非流动性（$Illiq$）、协偏度（$CoSkew$）和特质偏度（$IdioSkew$）作为第一个排序变量和 $IdioVol^{FF,1M}$ 作为第二个排序变量的双变量序贯排序的组合分析。我们基于第一个排序变量将所有股票分为五组，然后在第一个排序变量的五分位数内，再基于 $IdioVol^{FF,1M}$ 将股票分为五分位数组合。组合间断点是使用样本中所有股票计算出来的。表 15.10 显示了零成本组合（在每个给定控制变量以及平均控制变量的五分位数中，做多 $IdioVol^{FF,1M}$ 高的股票并做空 $IdioVol^{FF,1M}$ 低的股票）的市值加权平均收益率、FFC α 和 FFCPS α。括号中是经 Newey 和 West(1987) 调整的 T 统计量。

表 15.10　双变量序贯排序的组合分析——市值加权

控制变量	值	Control 1	Control 2	Control 3	Control 4	Control 5	Control Avg
β	收益	−0.44	−0.17	−0.49	−0.58	−1.08	−0.55
		(−1.44)	(−0.69)	(−1.71)	(−2.21)	(−3.36)	(−2.28)
	FFC α	−0.78	−0.41	−0.69	−0.79	−1.22	−0.78
		(−3.26)	(−2.35)	(−2.90)	(−3.72)	(−4.93)	(−5.00)
	FFCPS α	−0.86	−0.49	−0.79	−0.78	−1.18	−0.82
		(−3.17)	(−2.6)	(−3.22)	(−3.5)	(−4.3)	(−4.8)
MktCap	收益	−0.94	−1.63	−1.23	−0.72	−0.19	−0.94
		(−2.73)	(−5.38)	(−4.34)	(−2.62)	(−0.81)	(−3.59)
	FFC α	−1.22	1.76	−1.28	−0.75	−0.27	−1.06
		(−4.12)	(−7.50)	(6.44)	(−4.13)	(−1.57)	(−6.40)
	FFCPS α	−1.24	−1.80	−1.28	−0.75	−0.29	−1.07
		(−4.03)	(−7.22)	(−5.96)	(−3.79)	(−1.50)	(−6.01)
BM	收益	−1.31	−0.81	−0.21	−0.07	0.22	−0.44
		(−3.75)	(−2.92)	(−0.69)	(−0.20)	(0.62)	(−1.57)
	FFC α	−1.36	−0.82	−0.27	−0.39	0.04	−0.56
		(−5.09)	(−3.39)	(−1.28)	(−1.60)	(0.15)	(−3.24)
	FFCPS α	−1.46	−0.92	−0.36	−0.54	−0.03	−0.66
		(−4.97)	(−3.50)	(−1.58)	(−2.15)	(−0.08)	(−3.53)
Mom	收益	−2.47	−0.82	−0.41	−0.20	−0.42	−0.87
		(−7.16)	(−2.90)	(−1.55)	(−0.81)	(−1.62)	(−3.72)
	FFC α	−2.98	−1.26	−0.67	−0.34	−0.70	−1.19
		(−10.31)	(5.70)	(−3.61)	(−2.20)	(−2.90)	(−8.86)
	FFCPS α	−3.00	−1.30	−0.78	−0.27	−0.70	−1.21
		(−8.91)	(−5.35)	(−3.79)	(−1.53)	(−2.63)	(−7.75)
Rev	收益	−1.20	−0.80	−0.71	−0.58	−1.11	−0.88
		(−3.29)	(−2.31)	(−2.26)	(−1.88)	(−3.40)	(−3.06)
	FFC α	−1.32	−1.10	−1.08	−0.79	−1.26	−1.11
		(−4.23)	(−5.03)	(−6.65)	(−3.51)	(−4.25)	(−6.55)
	FFCPS α	−1.28	−1.19	−1.08	−0.81	−1.36	−1.14
		(−3.85)	(−4.87)	(−5.88)	(−3.34)	(−4.24)	(−6.17)
Illiq	收益	−0.22	−0.42	−0.90	−1.36	−2.08	−0.99
		(−0.87)	(−1.43)	(−2.78)	(−4.42)	(−6.91)	(−3.67)
	FFC α	−0.34	−0.44	−0.92	−1.39	−2.14	−1.05
		(−1.91)	(−2.30)	(−4.19)	(−6.14)	(−9.51)	(−6.43)
	FFCPS α	−0.34	−0.45	−0.96	−1.44	−2.21	−1.08

续前表

控制变量	值	Control 1	Control 2	Control 3	Control 4	Control 5	Control Avg
		(−1.75)	(−2.13)	(−3.92)	(−5.95)	(−8.93)	(−6.06)
CoSkew	收益	−1.31	−0.52	−0.36	−0.57	−0.89	−0.73
		(−3.61)	(−1.65)	(−1.26)	(−2.18)	(−2.74)	(−2.75)
	FFC α	−1.11	−0.73	−0.57	−0.69	−1.05	−0.83
		(−3.54)	(−2.73)	(−2.87)	(−3.27)	(−4.49)	(−4.86)
	FFCPS α	−1.06	−0.75	−0.63	−0.77	−1.11	−0.86
		(−2.95)	(−2.49)	(−2.85)	(−3.42)	(−4.25)	(−4.40)
IdioSkew	收益	−0.17	−0.51	−0.38	−0.78	−1.48	−0.66
		(−0.57)	(−1.62)	(−1.29)	(−2.06)	(−4.38)	(−2.38)
	FFC α	−0.25	−0.62	−0.56	−0.96	−1.54	−0.79
		(−1.12)	(−2.87)	(−2.86)	(−3.11)	(−5.75)	(−4.72)
	FFCPS α	−0.19	−0.61	−0.64	−1.08	−1.54	−0.81
		(−0.75)	(−2.49)	(−2.94)	(−3.22)	(−5.03)	(−4.29)

该表给出了在控制了贝塔（β）、市值（*MktCap*）、账面市值比（*BM*）、动量（*Mom*）、反转（*Rev*）、非流动性（*Illiq*）、协偏度（*CoSkew*）和特质偏度（*IdioSkew*）（控制变量）的效应之后，$IdioVol^{FF,1M}$与股票未来收益之间关系的双变量序贯排序的组合分析的结果。每个月，按一个控制变量的升序顺序将 CRSP 样本中的所有股票分成五组。在每个控制变量五分位数组中，根据$IdioVol^{FF,1M}$的升序顺序将股票分为五个市值加权组合。用于创建组合的五分位数是使用 CRSP 样本中的所有股票计算出来的。该表显示了做多-做空零成本组合的平均收益率、FFC α 和 FFCPS α（每月以百分比计），其中，零成本组合是在控制了变量五分位数（以及平均控制变量）后，对每一个分位做多$IdioVol^{FF,1M}$的第 5 五分位数组合并做空$IdioVol^{FF,1M}$的第 1 五分位数组合而得到的。括号中显示的是经 Newey 和 West(1987) 六期滞后调整后得到的 T 统计量，检验零假设或 α 等于 0 是否成立。

表 15.10 中的结果表明，没有一个控制变量完全解释了市值加权组合中的特质波动之谜，因为平均控制变量五分位数的$IdioVol^{FF,1M}$ 5−1 组合的平均收益率、FFC α 和 FFCPS α 在经济上数值大，且在所有分析中具有显著的统计学意义。一个例外是平均 *BM* 五分位数的$IdioVol^{FF,1M}$的差异组合的平均收益率为每月−0.44%，虽然在经济上数值很大，但在统计上不显著，T 统计量为−1.57。

在控制了 β 之后，虽然 β 的第 1 和第 2 五分位数中的$IdioVol^{FF,1M}$差异组合的平均收益在统计上不显著，而且 β 的第 3 五分位数的平均收益仅略微显著，但是相对于 FFC 和 FFCPS 模型，所有差异组合均产生了经济上数值大且具有高统计显著性的异常收益。

当控制了 *MktCap* 后，除了 *MktCap* 的第 5 五分位数之外，$IdioVol^{FF,1M}$的 5−1 组合的平均收益率和 α 是负的，在经济上数值是大的，且在统计上是高度显著的，这表明在我们的样本中，除了高市值股票，特质波动之谜存在于所有的股票中。这个结果非常有趣，因为单变量组合分析结果在使用市值加权而不是等权重时更强。基于单变量组合分析的结果，可以预期，高市值股票之间的负相关关系更强。结果表明却相反。

当通过对 *BM* 进行第一次排序形成组合时，表 15.10 中的结果显示特质波动之谜

仅存在于低 *BM* 的股票中。*BM* 第 1 和第 2 五分位数的 $IdioVol^{FF,1M}$ 5－1 组合的平均收益率和 α 是负的，在经济上数值大并且在统计上高度显著。然而，在 *BM* 的第 3、第 4、第 5 五分位数中，$IdioVol^{FF,1M}$ 的 5－1 差异组合的平均收益率和 α 在统计上是不显著的。[①] *BM* 的第 5 五分位数的差异组合是所有市值加权组合分析中唯一产生正的平均或异常收益的组合。

由于 *Mom* 与 $IdioVol^{FF,1M}$ 在横截面上存在相关关系，因此，*Mom* 成为有可能解释特质波动之谜的变量之一。然而，在控制了 *Mom* 后，市值加权的双变量序贯排序的组合分析的结果表明，在所有 *Mom* 的五分位数中，除了 *Mom* 的第 4 五分位数的 FFCPS α 外，$IdioVol^{FF,1M}$ 组合的 FFC α 和 FFCPS α 均为负值并且在统计上是显著的。$IdioVol^{FF,1M}$ 差异组合的平均收益率尽管在 *Mom* 所有的五分位数中均为负，但只在前两个 *Mom* 五分位数中是显著的。

Rev 作为另一个与 $IdioVol^{FF,1M}$ 有着横截面关系的变量，也有可能解释特质波动之谜。同样，在控制了 *Rev* 后，除了 *Rev* 的第 4 五分位数组合的平均收益率是－0.58%，*T* 统计量为－1.88(略微显著）外，*Rev* 的每个五分位数的 $IdioVol^{FF,1M}$ 的 5－1 组合的平均收益率和 α 是负的，在经济上数值大并且统计上高度显著。

除了流动性最高的股票之外，特质波动之谜都是很强的，因为 *Illiq* 的第 2～5 五分位数的 $IdioVol^{FF,1M}$ 5－1 组合的平均收益率和 α 是负的，数值大并且在统计上高度显著。[②] *Illiq* 的第 1 五分位数，意味着其持有最多的流动性强的股票，而 FFC α 和 FFCPS α 每月的－0.34%是略微显著的，*T* 统计量分别为－1.91 和－1.75，平均收益率为－0.22%(*T* 统计量＝－0.87)，与 0 无差异。结果表明，对于非流动性股票，特质波动之谜变得更强，因为 $IdioVol^{FF,1M}$ 差异组合的平均收益率和 α 从 *Illiq* 的第 1 五分位数增加到第 5 五分位数。

表 15.10 中的结果没有提供证据表明 *CoSkew* 可以解释市值加权组合中的特质波动之谜。在 *CoSkew* 的每个五分位数中，$IdioVol^{FF,1M}$ 5－1 组合的平均收益率和 α 是负的，在经济上数值大并且统计上高度显著。只有两个例外：*CoSkew* 的第 2 和第 3 五分位数，分别为每月－0.52%(*T* 统计量＝－1.65) 和－0.36%(*T* 统计量＝－1.26)，虽然在经济上有意义，但不具有统计学意义。

最后，市值加权双变量序贯排序的组合分析显示，特质波动之谜在具有高水平的 *IdioSkew* 处更强。在 *IdioSkew* 的第 1 五分位数中的 $IdioVol^{FF,1M}$ 5－1 组合没有产生显著的平均或异常收益。在 *IdioSkew* 的第 2 和第 3 五分位数中，$IdioVol^{FF,1M}$ 差异组合的平均收益率在统计学上是不显著的，但 FFC α 和 FFCPS α 是显著的。在 *IdioSkew* 的第 4 和第 5 五分位数中，平均收益率和 α 都是显著的。此外，在 *IdioSkew*

① 一个例外是在 *BM* 第 4 五分位数的 $IdioVol^{FF,1M}$ 5－1 组合的 FFCPS α 为每月－0.54%，*T* 统计量为－2.15，这在统计上是显著的。

② 唯一的例外是 *Illiq* 第 2 五分位数的 $IdioVol^{FF,1M}$ 5－1 组合的平均收益为每月－0.42%，*T* 统计量为－1.43，在统计上不显著。

的五分位数中，$IdioVol^{FF,1M}$的 5－1 组合的平均收益率和 α 是单调增加的（除了 *IdioSkew* 第二分位的平均收益和 FFC α）。

使用市值加权组合，我们没有发现任何一个可以完全解释特质波动之谜的控制变量。因此我们再次使用等权重组合进行分析。回想一下表 15.7 中的单变量组合分析的结果，在等权重组合中，特质波动之谜明显弱于市值加权组合。事实上，单变量组合分析表明，只有当使用 1 个月的日度收益数据计算出的变量（$IdioVol^{FF,1M}$）被用作排序变量时，特质波动之谜才会在统计上有意义。即使这样，$IdioVol^{FF,1M}$差异组合的平均收益在统计上与 0 不可区分，但 FFC α 和 FFCPS α 是显著的。

表 15.11 给出了在控制了 β、*MktCap*、*BM*、*Rev*、*Illiq*、*CoSkew* 和 *IdioSkew* 之后，$IdioVol^{FF,1M}$和未来收益之间关系的等权重双变量序贯排序的组合分析的结果。研究结果表明，在控制了 β、*BM*、*CoSkew* 和 *IdioSkew* 的影响后，特质波动之谜不再出现在等权重组合中，因为这些控制变量中各分位的$IdioVol^{FF,1M}$ 5－1 组合的平均收益率和 α 在统计上与 0 不可区分。有趣的是，当控制 *MktCap* 和 *Illiq* 时，双变量组合分析中的特质波动之谜比在单变量组合分析中显得更强。在这些情况下，平均控制变量每个五分位数的$IdioVol^{FF,1M}$差异组合的负性和显著性以及这个组合的平均收益都是有意义的。最后，当控制 *Mom* 和 *Rev* 时，平均控制变量五分位数的结果与等权重的单变量组合分析结果类似，因为这些分析发现$IdioVol^{FF,1M}$差异组合的平均收益在统计上无意义，但 FFC α 和 FFCPS α 是显著的。

表 15.11　双变量序贯排序的组合分析——等权重

控制变量	值	Control 1	Control 2	Control 3	Control 4	Control 5	Control Avg
β	收益	0.62	0.10	－0.22	－0.51	－1.00	－0.20
		(1.98)	(0.34)	(－0.64)	(－1.73)	(－3.10)	(－0.71)
	FFC α	0.37	－0.02	－0.46	－0.58	－0.99	－0.34
		(1.57)	(－0.10)	(－1.15)	(－2.34)	(－3.29)	(－1.50)
	FFCPS α	0.36	－0.05	－0.47	－0.61	－0.92	－0.34
		(1.43)	(－0.20)	(－1.16)	(－2.36)	(－2.86)	(－1.42)
MktCap	收益	0.19	－1.57	－1.25	－0.74	－0.24	－0.72
		(0.52)	(－5.23)	(－4.41)	(－2.68)	(－0.99)	(－2.71)
	FFC α	－0.11	－1.70	－1.31	－0.77	－0.25	－0.83
		(－0.28)	(－7.23)	(－6.50)	(－4.30)	(－1.63)	(－4.68)
	FFCPS α	－0.00	－1.75	－1.31	－0.77	－0.24	－0.81
		(－0.01)	(－6.98)	(－6.06)	(－3.95)	(－1.41)	(－4.31)
BM	收益	－0.74	－0.12	－0.04	0.30	0.51	－0.02
		(－2.17)	(－0.42)	(－0.12)	(0.99)	(1.80)	(－0.07)
	FFC α	－0.69	－0.09	－0.28	0.15	0.47	－0.09
		(－2.23)	(－0.35)	(－0.60)	(0.73)	(2.13)	(－0.37)

续前表

控制变量	值	Control 1	Control 2	Control 3	Control 4	Control 5	Control Avg
	FFCPS α	−0.78	−0.20	−0.30	0.10	0.46	−0.15
		(−2.41)	(−0.74)	(−0.63)	(0.43)	(1.97)	(−0.60)
Mom	收益	−0.74	−0.03	0.15	0.23	−0.27	−0.13
		(−2.23)	(−0.13)	(0.58)	(0.84)	(−1.08)	(−0.53)
	FFC α	−1.22	−0.32	−0.13	−0.07	−0.55	−0.46
		(−3.00)	(−1.74)	(−0.92)	(−0.46)	(−3.09)	(−2.84)
	FFCPS α	−1.13	−0.34	−0.20	−0.09	−0.51	−0.45
		(−2.71)	(−1.75)	(−1.26)	(−0.51)	(−2.60)	(−2.61)
Rev	收益	1.36	−0.45	−0.45	−0.69	−1.89	−0.42
		(3.94)	(−1.46)	(−1.31)	(−2.05)	(−5.79)	(−1.42)
	FFC α	1.43	−0.57	−0.84	−1.07	−2.08	−0.62
		(4.49)	(−3.06)	(−3.07)	(−3.53)	(8.49)	(−3.28)
	FFCPS α	1.58	−0.62	−0.86	−1.12	−2.18	−0.64
		(4.67)	(−3.19)	(−3.05)	(−3.63)	(−8.07)	(−3.18)
Illiq	收益	−0.19	−0.46	−0.89	−1.35	−0.71	−0.72
		(−0.75)	(−1.67)	(−2.83)	(−4.12)	(−2.10)	(−2.56)
	FFC α	−0.29	−0.48	−0.85	−1.27	−0.73	−0.72
		(−1.84)	(−2.49)	(−3.54)	(−4.43)	(−2.45)	(−3.62)
	FFCPS α	−0.26	−0.46	−0.84	−1.31	−0.69	−0.71
		(−1.51)	(−2.21)	(−3.24)	(−4.30)	(−2.10)	(−3.31)
CoSkew	收益	−0.55	−0.14	−0.05	−0.03	−0.22	−0.20
		(−1.50)	(−0.48)	(−0.20)	(−0.12)	(−0.70)	(−0.70)
	FFC α	−0.73	−0.33	−0.21	−0.15	−0.19	−0.32
		(−1.56)	(−1.73)	(−1.22)	(−0.77)	(−0.67)	(−1.50)
	FFCPS α	−0.66	−0.36	−0.22	−0.16	−0.23	−0.33
		(−1.38)	(−1.72)	(1.23)	(−0.79)	(−0.78)	(−1.45)
IdioSkew	收益	0.25	0.07	−0.08	−0.28	−0.72	−0.16
		(0.80)	(0.24)	(−0.27)	(−0.76)	(−2.43)	(−0.53)
	FFC α	0.19	−0.03	−0.18	−0.63	−0.73	−0.28
		(0.95)	(−0.15)	(−0.89)	(−1.39)	(−2.76)	(−1.28)
	FFCPS α	0.23	−0.03	−0.25	−0.63	−0.75	−0.29
		(1.05)	(−0.14)	(−1.16)	(−1.38)	(−2.75)	(−1.28)

该表给出了在控制了贝塔（β）、市值（*MktCap*）、账面市值比（*BM*）、动量（*Mom*）、反转（*Rev*）、非流动性（*Illiq*）、协偏度（*CoSkew*）和特质偏度（*IdioSkew*）（控制变量）的效应之后，$IdioVol^{FF,1M}$与股票未来收益之间关系的双变量序贯排序的组合分析的结果。每个月，按一个控制变量的升序顺序将 CRSP 样本中的所有股票分成五组。在每个控制变量组中，根据$IdioVol^{FF,1M}$的升序顺序将股票分为五个等权重组合。用于创建组合的五分位数是使用 CRSP 样本中的所有股票计算出来的。该表显示了做多-做空零成本组合的平均收益率、FFC α 和 FFCPS α（每月以百分比计），其中，零成本组合是在控制变量五分位数（以及平均控制变量五分位数）的每一个分位做多$IdioVol^{FF,1M}$的第 5 五分位数组合并做空$IdioVol^{FF,1M}$的第 1 五分位数组合。括号中显示的是经 Newey 和 West（1987）六期滞后调整后得到的 T 统计量，对零假设或 α 等于 0 进行检验。

使用β作为控制变量的分析结果表明，在等权重组合中，其与$IdioVol^{FF,1M}$之间的关系对于具有不同水平的β的股票会有所不同，对于具有低β值的股票，呈正相关关系，而对于具有较高β值的股票则呈负相关关系。β第1五分位数的$IdioVol^{FF,1M}$差异组合的平均收益率为每月0.62%，它不仅是正的，而且在统计上是显著的，T统计量为1.98。然而，该组合的FFC α和FFCPS α在统计学上与0无区别。β的第2和第3五分位数中，$IdioVol^{FF,1M}$5－1组合的平均和异常收益在经济上很小并且在统计上不显著。特质波动之谜只存在于最高的两个β五分位数中。在β的第4和第5五分位数中，$IdioVol^{FF,1M}$差异组合有着负的、经济意义上大的和统计上显著的（至少略有统计学意义）平均收益率和α。

当控制$MktCap$时，表15.11中的等权重组合的结果表明，$MktCap$的第1和第5五分位数的股票不存在特质波动之谜，但在$MktCap$的第2、第3和第4五分位数的股票中，特质波动之谜很强，表明可能是中等规模的股票驱动了这种现象。

特质波动之谜在具有低BM值的股票中较强，因为BM的第1五分位数的$IdioVol^{FF,1M}$组合的平均收益和α是负的，数值上大，并且在统计上是显著的。然而，在BM的第2、第3和第4五分位数中，这种效应不存在，因为平均收益和α都是不显著的，结果实际上表明$IdioVol^{FF,1M}$和平均股票收益之间存在着正的和略微显著的关系。

使用Mom作为控制变量的分析结果表明，在具有低动量和高动量的股票中，特质波动与股票未来收益之间的负相关关系最强，但在具有中等水平动量的股票中不存在。在Mom的第1、第2和第5五分位数中，$IdioVol^{FF,1M}$的5－1组合的α（和第一分位的平均收益率）至少略有统计学意义，然而，在Mom的第3和第4五分位数中，$IdioVol^{FF,1M}$和未来收益间没有检验到存在着显著的关系。

$IdioVol^{FF,1M}$和股票未来收益之间的关系在Rev的五分位数中变化非常大。在Rev的第1五分位数中，等权重组合分析发现了$IdioVol^{FF,1M}$和股票未来收益之间的强正相关关系，因为$IdioVol^{FF,1M}$的5－1组合的平均收益率为每月1.36%（T统计量＝3.94），相应的FFC α为每月1.43%（T统计量＝4.49），FFCPS α为每月1.58%（T统计量＝4.67），它们都非常大而且在统计上高度显著。然而，在Rev的第2～5五分位数中，$IdioVol^{FF,1M}$和股票未来收益之间是负相关关系。在这些分位数中，$IdioVol^{FF,1M}$差异组合的FFC α和FFCPS α是负的，数值较大，并且统计上高度显著。这些组合的平均收益是负的，经济上很大，但是在Rev第2和第3五分位数中，无统计学意义。

在等权重双变量组合分析中，使用$Illiq$作为第一个排序变量，我们发现在除了$Illiq$的第1五分位数（有着最多具有流动性的股票）之外的所有组合中，存在着$IdioVol^{FF,1M}$和股票未来收益之间的负相关关系。该分析的结果与相应的市值加权分析的结果非常相似。也许其主要的区别是，在市值加权组合的结果中，特质波动之谜变得更强，因为非流动性增加，而在等权重组合分析中，情况并非如此。

控制协偏度对等权重组合中特质波动之谜有非常显著的影响。$CoSkew$五分位数中的$IdioVol^{FF,1M}$差异组合都没有产生显著的平均或异常收益。唯一的例外是$CoSkew$第2五分位数的$IdioVol^{FF,1M}$ 5－1组合的FFC α为－0.33%，T统计量为－1.73，在统计学上略微显著。

最后，表 15.11 显示，当控制 *IdioSkew* 时，$IdioVol^{FF,1M}$和股票未来收益之间的负相关关系只存在于 *IdioSkew* 第 5 五分位数。在 *IdioSkew* 的第 1～4 分位数中，等权重组合的$IdioVol^{FF,1M}$5－1 组合的平均收益率和 α 在统计上都与 0 相差无几。

总而言之，双变量序贯排序的组合分析的结果表明，在市值加权组合中，之前在本书中检查的变量没有一个可以解释特质波动之谜。在等权重组合中，在控制了 β、*BM*、*CoSkew* 和 *IdioSkew* 之后，特质波动之谜不再存在。

双变量独立排序的组合分析

为了检验这些结果的稳健性，我们使用独立排序组合重复这一次的双变量排序组合分析。除了排序过程的变化，分析的其他所有方面与之前的双变量组合分析相同。由于分析的结果在大多数情况下与表 15.10 和表 15.11 中提供的序贯排序分析的结果高度相似，所以，我们对独立排序的组合分析结果的讨论将集中在与序贯排序不同的结果上。

表 15.12 显示了通过市值加权双变量独立排序的组合分析生成的$IdioVol^{FF,1M}$ 5－1 组合的平均收益率和 α。类似于序贯排序的结果，没有迹象表明，特质波动和股票未来收益之间的负相关关系能够由 β、*MktCap*、*BM*、*Rev*、*Mom*、*Illiq*、*CoSkew* 和 *IdioSkew* 解释。这些结果与序贯排序组合的主要区别体现在使用 *MktCap*、*Illiq* 和 *IdioSkew* 作为控制变量的分析部分。当 *MktCap* 是控制变量时，在双变量序贯排序市值加权组合分析中，与$IdioVol^{FF,1M}$之间的负相关关系存在于最低的 *MktCap* 五分位数中，而不是在最高的 *MktCap* 五分位数中（见表 15.10）。当使用独立排序组合分析时，结果表明与$IdioVol^{FF,1M}$之间的负相关关系存在于高市值股票中，而不在 *MktCap* 的最低五分位数中。在按 *Illiq* 和$IdioVol^{FF,1M}$进行排序的市值加权分析中，序贯排序分析表明，特质波动之谜在 *Illiq* 较低的两个五分位数中较弱。在使用独立排序组合分析时，没有得到此结果。独立排序组合分析的结果表明，在所有 *Illiq* 分位中，$IdioVol^{FF,1M}$和股票未来收益之间的负相关关系都是较强的。最后，当使用序贯排序的组合时，我们发现在 *IdioSkew* 第 1 五分位数中的$IdioVol^{FF,1M}$ 5－1 组合未能产生统计上显著的平均和异常收益。当使用独立排序组合分析时，*IdioSkew* 的第 1 五分位数中的$IdioVol^{FF,1M}$ 5－1 差异组合的平均收益率和 α 是负的，经济上数值大，并且统计上高度显著。除了这些相对较小的差异，序贯排序和独立排序市值加权组合分析在本质上相似。

表 15.12　　双变量独立排序的组合分析——市值加权

控制变量	值	Control 1	Control 2	Control 3	Control 4	Control 5	Control Avg
β	收益	−0.53	−0.45	−0.55	−0.67	−0.89	−0.61
		(−1.80)	(−1.69)	(−1.79)	(−2.49)	(−2.60)	(−2.41)
	FFC α	−0.79	−0.63	−0.79	−0.89	−1.02	−0.82
		(−3.32)	(−3.15)	(−3.00)	(−4.31)	(−3.88)	(−5.15)
	FFCPS α	−0.82	−0.71	−0.85	−0.88	−1.03	−0.85

续前表

控制变量	值	Control 1	Control 2	Control 3	Control 4	Control 5	Control Avg
		(−3.04)	(−3.43)	(−3.08)	(−3.89)	(−3.62)	(−4.81)
MktCap	收益	−0.10	−1.17	−1.35	−1.37	−1.06	−1.00
		(−0.30)	(−3.68)	(−4.35)	(−4.14)	(−2.73)	(−3.38)
	FFC α	−0.35	−1.37	−1.43	−1.30	−1.10	−1.11
		(−1.23)	(−6.14)	(−6.45)	(−5.07)	(−3.19)	(−5.70)
	FFCPS α	−0.33	−1.38	−1.41	−1.27	−1.31	−1.14
		(−1.10)	(−5.83)	(−5.93)	(−4.52)	(−3.50)	(−5.30)
BM	收益	−1.28	−0.75	−0.32	−0.22	0.22	−0.47
		(−3.57)	(−2.45)	(−0.98)	(−0.61)	(0.66)	(−1.60)
	FFC α	−1.30	−0.74	−0.38	−0.59	−0.01	−0.61
		(−4.99)	(−2.75)	(−1.51)	(−2.31)	(−0.03)	(−3.22)
	FFCPS α	−1.33	−0.91	−0.51	−0.80	−0.08	−0.73
		(−4.52)	(−3.20)	(−1.94)	(−2.94)	(−0.26)	(−3.56)
Mom	收益	−1.68	−0.85	−0.49	−0.21	−0.47	−0.74
		(−3.51)	(−2.71)	(−1.61)	(−0.70)	(−1.63)	(−2.67)
	FFC α	−2.10	−1.19	−0.77	−0.37	−0.63	−1.01
		(−4.38)	(−5.44)	(−3.53)	(−1.53)	(−2.47)	(−5.80)
	FFCPS α	−2.03	−1.20	−0.92	−0.31	−0.61	−1.02
		(−3.99)	(−4.76)	(−3.70)	(−1.16)	(−2.26)	(−5.18)
Rev	收益	−1.12	−1.27	−1.35	−1.04	−0.62	−1.08
		(−3.11)	(−3.07)	(−3.20)	(−2.71)	(−1.86)	(−3.27)
	FFC α	−1.49	−1.48	−1.67	−1.09	−0.74	−1.30
		(−3.98)	(−5.54)	(−6.67)	(−3.69)	(−2.65)	(−6.47)
	FFCPS α	−1.45	−1.57	−1.73	−1.13	−0.80	−1.34
		(−3.69)	(−5.30)	(−6.25)	(−3.53)	(−2.64)	(−5.99)
Illiq	收益	−0.80	−0.91	−1.18	−1.23	−0.99	−1.03
		(−2.17)	(−2.74)	(−3.29)	(−3.83)	(−3.09)	(−3.42)
	FFC α	−0.91	−0.92	−1.18	−1.31	−1.14	−1.10
		(−3.08)	(−3.72)	(−4.61)	(−5.92)	(−4.55)	(−5.76)
	FFCPS α	−0.99	−0.94	−1.19	−1.34	−1.27	−1.15
		(−3.00)	(−3.45)	(−4.20)	(−5.79)	(−4.72)	(−5.43)
CoSkew	收益	−1.26	−0.65	−0.76	−0.70	−0.84	−0.84
		(−3.93)	(−1.95)	(−2.41)	(−2.26)	(−2.64)	(−2.99)
	FFC α	−1.22	−0.84	−0.87	−0.91	−0.98	−0.96
		(−5.28)	(−2.77)	(−3.55)	(−3.61)	(−4.56)	(−5.17)
	FFCPS α	−1.26	−0.87	−0.90	−1.00	−1.03	−1.01
		(−4.95)	(−2.58)	(−3.42)	(−3.62)	(−4.30)	(−4.81)
IdioSkew	收益	−0.82	−0.57	−0.48	−0.76	−1.09	−0.74
		(−2.42)	(−1.48)	(−1.54)	(−2.12)	(−3.41)	(−2.47)

续前表

控制变量	值	Control 1	Control 2	Control 3	Control 4	Control 5	Control Avg
	FFC α	−0.95	−0.64	−0.56	−0.99	−1.27	−0.88
		(−3.92)	(−2.06)	(−2.61)	(−3.55)	(−5.23)	(−4.66)
	FFCPS α	−0.98	−0.72	−0.61	−1.11	−1.29	−0.94
		(−3.73)	(−2.07)	(−2.65)	(−3.71)	(−4.74)	(−4.48)

该表给出了在控制了贝塔（β）、市值（*MktCap*）、账面市值比（*BM*）、动量（*Mom*）、反转（*Rev*）、非流动性（*Illiq*）、协偏度（*CoSkew*）和特质偏度（*IdioSkew*）（控制变量）的效应之后，$IdioVol^{FF,1M}$与股票未来收益之间关系的双变量独立排序的组合分析的结果。每个月，按一个控制变量的升序顺序将 CRSP 样本中的所有股票分成五组。所有的股票根据$IdioVol^{FF,1M}$的升序顺序独立地分为五组。用于创建组合的五分位数是使用 CRSP 样本中的所有股票计算出来的。通过控制变量和$IdioVol^{FF,1M}$的交叉构造 25 个市值加权组合。该表显示了做多-做空零成本组合的平均收益率、FFC α 和 FFCPS α（每月以百分比计），其中，零成本组合是在控制变量五分位数（以及平均控制变量五分位数）的每一个分位做多$IdioVol^{FF,1M}$的第 5 五分位数组合并做空$IdioVol^{FF,1M}$的第 1 五分位数组合。括号中显示的是经 Newey 和 West(1987) 六期滞后调整后得到的 T 统计量，检验零假设或 α 等于 0 是否成立。

表 15.13 中显示的等权重双变量独立排序的组合分析的结果可能更类似于其序贯排序组合分析。当使用独立排序组合时，来自等权重组合分析的主要结论保持不变。特别地，当控制 β、*BM*、*CoSkew* 或 *IdioSkew* 时，特质波动之谜不存在于控制变量的平均五分位数中，但当控制变量为 *MktCap*、*Mom*、*Rev* 或 *Illiq* 时，特质波动之谜仍然存在。序贯与独立排序分析之间唯一的定性差异来自通过基于 *MktCap*、*Illiq* 和 *IdioVol* 排序形成的组合。当 *MktCap* 是控制变量时，在最高的 *MktCap* 五分位数（见表 15.11）中，等权重序贯排序组合分析未能检测到$IdioVol^{FF,1M}$与股票未来收益之间的负相关关系。而在独立排序分析中，*MktCap* 的第 5 五分位数的$IdioVol^{FF,1M}$ 5−1 组合产生了大的、负的和统计上显著的平均和异常收益。当 *Illiq* 作为控制变量时，等权重序贯排序分析发现特质波动之谜不存在于最低的 *Illiq* 五分位数股票中，但确实存在于最高的 *Illiq* 五分位数股票中。独立排序组合分析结果与此相反。表 15.13 中的结果表明，当使用等权重独立排序组合时，*Illiq* 的第 1 五分位数中的$IdioVol^{FF,1M}$ 5−1 组合产生了较大负值的平均和异常收益，但是 *Illiq* 的第 5 五分位数中的$IdioVol^{FF,1M}$差异组合的平均收益和 α 是不显著的。除了这些小的差异，等权重独立排序组合分析的$IdioVol^{FF,1M}$与股票未来收益之间关系的结果与等权重序贯组合分析的结果在本质上相同。

表 15.13　双变量独立排序的组合分析——等权重

控制变量	值	Control 1	Control 2	Control 3	Control 4	Control 5	Control Avg
β	收益	0.54	−0.02	−0.21	−0.48	−0.79	−0.19
		(1.74)	(−0.08)	(−0.57)	(−1.51)	(−2.26)	(−0.61)
	FFC α	0.32	−0.09	−0.41	−0.56	−0.75	−0.30

续前表

控制变量	值	Control 1	Control 2	Control 3	Control 4	Control 5	Control Avg
		(1.30)	(−0.39)	(−1.02)	(−2.24)	(−2.72)	(−1.31)
	FFCPS α	0.32	−0.13	−0.40	−0.57	−0.69	−0.30
		(1.23)	(−0.54)	(−0.97)	(−2.18)	(−2.33)	(−1.22)
MktCap	收益	0.56	−1.12	−1.36	−1.41	−1.22	−0.90
		(1.62)	(−3.56)	(−4.40)	(−4.29)	(−3.23)	(−3.05)
	FFC α	0.28	−1.32	−1.44	−1.35	−1.14	−0.99
		(0.71)	(−5.92)	(−6.34)	(−5.29)	(−3.50)	(−4.92)
	FFCPS α	0.33	−1.34	−1.43	−1.31	−1.30	−1.01
		(0.84)	(−5.64)	(−5.90)	(−4.65)	(−3.59)	(−4.55)
BM	收益	−0.65	−0.07	−0.08	0.24	0.48	−0.02
		(−1.84)	(−0.21)	(−0.21)	(0.79)	(1.68)	(−0.05)
	FFC α	−0.59	−0.05	−0.33	0.09	0.38	−0.10
		(−1.94)	(−0.16)	(−0.64)	(0.38)	(1.75)	(−0.41)
	FFCPS α	−0.66	−0.19	−0.38	−0.01	0.35	−0.18
		(−2.06)	(−0.64)	(−0.71)	(−0.05)	(1.50)	(−0.70)
Mom	收益	−0.93	0.03	0.08	0.07	−0.37	−0.23
		(−2.10)	(0.11)	(0.28)	−0.20	(−1.31)	(−0.81)
	FFC α	−1.49	−0.23	−0.19	−0.24	−0.69	−0.57
		(−2.07)	(−1.17)	(−1.09)	(−1.17)	(−3.38)	(−2.76)
	FFCPS α	−1.45	−0.23	−0.26	−0.30	−0.67	−0.58
		(−2.01)	(−1.12)	(−1.41)	(−1.31)	(−3.00)	(−2.70)
Rev	收益	1.28	−0.54	−0.72	−1.03	−1.33	−0.47
		(3.71)	(−1.52)	(−1.84)	(−2.75)	(−3.54)	(−1.40)
	FFC α	1.34	−0.68	−1.02	−1.26	−1.54	−0.64
		(4.40)	(−2.95)	(−3.95)	(−4.66)	(−5.83)	(−3.09)
	FFCPS α	1.42	−0.71	−1.06	−1.34	−1.61	−0.67
		(4.49)	(−2.95)	(−3.89)	(−4.65)	(−5.48)	(−3.02)
Illiq	收益	−0.93	−0.97	−1.16	−1.16	−0.11	−0.88
		(−2.78)	(−3.00)	(−3.36)	(−3.33)	(−0.30)	(−2.83)
	FFC α	−0.91	−0.94	−1.11	−1.14	−0.23	−0.88
		(−3.76)	(−3.68)	(−4.00)	(−4.13)	(−0.73)	(−3.96)
	FFCPS α	−0.88	−0.91	−1.09	−1.17	−0.30	−0.88
		(−3.22)	(−3.25)	(−3.62)	(−4.01)	(−0.92)	(−3.61)
CoSkew	收益	−0.48	−0.20	−0.13	−0.14	−0.14	−0.22
		(−1.19)	(−0.67)	(−0.43)	(−0.43)	(−0.45)	(−0.72)
	FFC α	−0.83	−0.38	−0.25	−0.25	−0.15	−0.37
		(−1.39)	(−1.85)	(−1.16)	(−1.07)	(−0.55)	(−1.56)
	FFCPS α	−0.82	−0.39	−0.25	−0.27	−0.18	−0.38
		(−1.35)	(−1.81)	(−1.11)	(−1.08)	(−0.64)	(−1.54)

续前表

控制变量	值	Control 1	Control 2	Control 3	Control 4	Control 5	Control Avg
IdioSkew	收益	0.12	−0.00	−0.04	−0.39	−0.43	−0.15
		(0.34)	(−0.01)	(−0.13)	(−0.98)	(−1.45)	(−0.49)
	FFC α	0.04	−0.07	−0.10	−0.82	−0.52	−0.30
		(0.16)	(−0.31)	(−0.44)	(−1.50)	(−2.19)	(−1.26)
	FFCPS α	0.08	−0.06	−0.16	−0.82	−0.53	−0.30
		(0.30)	(−0.24)	(−0.69)	(−1.49)	(−2.14)	(−1.23)

该表给出了在控制了贝塔（β）、市值（*MktCap*）、账面市值比（*BM*）、动量（*Mom*）、反转（*Rev*）、非流动性（*Illiq*）、协偏度（*CoSkew*）和特质偏度（*IdioSkew*）（控制变量）的效应之后，$IdioVol^{FF,1M}$与股票未来收益之间关系的双变量独立排序的组合分析的结果。每个月，按一个控制变量的升序顺序将 CRSP 样本中的所有股票分成五组。所有的股票根据$IdioVol^{FF,1M}$的升序顺序独立地分为五组。用于创建组合的五分位数是使用 CRSP 样本中的所有股票计算出来的。通过控制变量和$IdioVol^{FF,1M}$的交叉构造 25 个等权重组合。该表显示了做多-做空零成本组合的平均收益率、FFC α 和 FFCPS α（每月以百分比计），其中，零成本组合是在控制变量五分位数（以及平均控制变量五分位数）的每一个分位做多$IdioVol^{FF,1M}$的第 5 五分位数组合并做空$IdioVol^{FF,1M}$的第 1 五分位数组合。括号中显示的是经 Newey 和 West（1987）六期滞后调整后得到的 T 统计量，检验零假设或 α 等于 0 是否成立。

总而言之，与单变量排序组合分析结果一致，双变量排序组合分析表明，当使用市值加权组合时，在控制了 β、规模、账面市值比、动量、反转、非流动性、协偏度和特质偏度之后，特质波动之谜是稳健的。当使用等权重组合时，特质波动之谜实质上更弱，某些情况下，特质波动之谜在双变量组合分析中不再存在。

15.6.3 Fama 和 MecBeth 回归分析

我们继续使用回归分析（Fama and MacBeth，1973，以下简称“FM”）来研究特质波动之谜。FM 回归分析允许我们一次控制所有控制变量，分析其和股票未来收益之间的关系。我们使用几种不同的回归方程执行 FM 回归。我们开始将$IdioVol^{FF,1M}$作为唯一的自变量，然后使用包括$IdioVol^{FF,1M}$以及一个控制变量共同作为自变量的方程。最后，我们检验包括$IdioVol^{FF,1M}$和所有其他变量共同作为自变量的方程。该方程允许我们在同时控制所有其他效应之后检查$IdioVol^{FF,1M}$和股票未来收益之间的关系。它还允许我们检验本书前面记录的其他效应是否可以通过特质波动和股票未来收益之间的关系来解释。每个 FM 回归分析中的因变量是未来 1 个月的股票超额收益。所有回归中的自变量都在 0.5%的水平以月度为基准进行缩尾处理。

在表 15.14 中，我们给出了月度横截面回归系数的时间序列平均值以及按照 Newey 和 West（1987）进行六期滞后调整的 T 统计量，使用六期滞后进行调整，检验平均系数是否等于 0 的零假设（在括号中显示）。仅包括$IdioVol^{FF,1M}$作为自变量［列(1)］，我们发现，特质波动和股票未来收益之间有着统计上显著的负相关关系，因为$IdioVol^{FF,1M}$的平均系数为−0.008，T 统计量为−2.52。贝塔［β，列（2)］、规模

[*Size*，列（3）]、动量[*Mom*，列（5）]、非流动性[*Illiq*，列（7）]、协偏度[*CoSkew*，列（8）]和特质偏度[*IdioSkew*，列（9）]作为单独的控制变量时，结果是相似的，在每个分析中，$IdioVol^{FF,1M}$的平均系数保持负值并在统计上是显著的。事实上，当 *Size* 或 *Illiq* 作为控制变量时，平均系数的幅度显著大于其他列，这并不奇怪。高$IdioVol^{FF,1M}$股票往往产生低的平均收益，相关性分析（表 15.5）和组合特征（表 15.9）显示，高$IdioVol^{FF,1M}$股票也倾向于是低市值股票，将产生高的平均收益率（第 9 章）。因此，在控制规模效应之后，$IdioVol^{FF,1M}$和股票未来收益之间的负相关关系应该更强。类似地，高$IdioVol^{FF,1M}$股票可能是高 *Illiq* 股票，将产生更高的平均收益（第 13 章）。因此，当控制这种效应时，$IdioVol^{FF,1M}$之间的负相关关系将被期望变得更加强烈。这正是回归结果所证明的。当 *BM*[列（4）]或 *Rev*[列（6）]作为控制变量时，FM 回归分析未能检测$IdioVol^{FF,1M}$与股票未来收益之间的负相关关系。在这些情况下，*Rev* 的平均系数尽管仍是负数，但在统计上并不显著异于 0。

表 15.14　　Fama 和 MacBeth 回归分析

	(1)	(2)	(3)	(4)	(5)	(6)	(7)	(8)	(9)	(10)
$IdioVol^{FF,1M}$	−0.008	−0.007	−0.014	−0.005	−0.007	−0.006	−0.018	−0.008	−0.008	−0.013
	(−2.52)	(−2.35)	(−5.25)	(−1.44)	(−2.38)	(−1.61)	(−5.39)	(−2.37)	(−2.47)	(−5.85)
β	—	−0.211	—	—	—	—	—	—	—	0.004
		(−1.71)								(0.03)
Size	—	—	−0.228	—	—	—	—	—	—	−0.179
			(−5.96)							(−4.15)
BM	—	—	—	0.345	—	—	—	—	—	0.141
				(4.71)						(1.99)
Mom	—	—	—	—	0.006	—	—	—	—	0.007
					(2.94)					(3.85)
Rev	—	—	—	—	—	−0.056	—	—	—	−0.059
						(−11.49)				(−11.32)
Illiq	—	—	—	—	—	—	0.096	—	—	0.067
							(4.10)			(3.74)
CoSkew	—	—	—	—	—	—	—	−0.016	—	0.001
								(−2.46)		(0.13)
IdioSkew	—	—	—	—	—	—	—	—	0.003	−0.123
									(0.07)	(−3.85)
Intercept	1.040	1.153	2.296	0.644	0.849	0.994	1.352	1.047	1.061	1.915
	(5.01)	(5.92)	(6.50)	(2.99)	(4.17)	(4.56)	(6.64)	(5.23)	(5.26)	(5.46)
Adj. R^2	0.02	0.03	0.02	0.02	0.03	0.03	0.03	0.02	0.02	0.07
n	4 732	4 408	4 732	3 379	4 392	4 720	3 600	3 932	3 932	2 561

该表显示了股票期望收益和$IdioVol^{FF,1M}$之间的关系的 Fama 和 MacBeth（1973）回归分析的结果。表中的每一列给出了不同横截面回归方程的结果。所有列中的因变量为未来 1 个月的股票超额收益。自变量显示在第一列。自变量都在 0.5%的水平以月度为基准进行了缩尾处理。该表显示了平均斜率和截距，以及按照 Newey 和 West（1987）进行六期滞后调整的 *T* 统计量（显示在括号内），同时检验平均系数等于 0 的零假设。标记为 Adj-R^2 和 *n* 的行分别表示横截面回归的平均调整的 *R* 平方和数据点的数量。

当所有控制变量同时包含在回归分析中［列（10）］时，结果表明$IdioVol^{FF,1M}$和股票未来收益之间存在强的负相关关系，平均系数为－0.013，T统计量为－5.85。因此，结果表明，当本书前几章讨论的所有效应都被同时控制时，特质波动之谜是相当强大的。有趣的是，在此方程中，β的平均系数变为正的，而本书之前所有的FM回归分析在β上都有着理论上矛盾的负的（但不显著）平均系数。在包括$IdioVol^{FF,1M}$的完整方程中，虽然β系数在统计上不显著，但它具有理论预测的符号。结果还表明，在包括$IdioVol^{FF,1M}$时，$Size$、Rev和$IdioSkew$与股票未来收益的每一个负相关关系都是稳健的，BM、Mom和$Illiq$与股票未来收益的正相关关系也是稳健的。与第14章中的结果一致，当使用完整的方程时，FM回归分析表明，协偏度（$CoSkew$）和股票未来收益之间没有关系。

为了检验$IdioVol^{FF,1M}$和股票期望收益之间的负相关关系的经济幅度，我们使用表15.14中的完整方程的FM回归分析中的平均系数－0.013。为了发现$IdioVol^{FF,1M}$的单一标准差偏差对期望收益的影响，在将平均系数乘以40.25（$IdioVol^{FF,1M}$的平均横截面标准差，见表15.1的A部分）之后，我们发现$IdioVol^{FF,1M}$的单一标准差偏差与经济上每月0.52（＝0.013×40.25）%的期望收益差相关，如果将平均系数乘以$IdioVol^{FF,1M}$的第95和第5百分位数的差额104.07（＝116.48－12.41），我们发现在$IdioVol^{FF,1M}$值非常高和非常低的股票之间，每个月的期望收益差为1.35（＝0.013×104.07）%。表明平均系数－0.013在经济上数值较大。

表15.14中的结果表明，特质波动之谜不是本书前面章节检验的其他股票收益现象的表现之一。然而，我们只深入研究了从1个月的日度收益数据（$IdioVol^{FF,1M}$）测量的特质波动和股票未来收益的关系。虽然第15.4节中显示的相关性分析表明，保持研究周期的长度和数据频率不变，对于不同的风险模型（CAPM、FF或FFC），特质波动的测量是非常相似的，但结果表明，使用不同的研究周期和数据频率计算出的变量之间存在重要差异。为了检验特质波动之谜在使用不同的研究周期和数据频率时是不是稳健的，我们对本章前面研究的用不同研究周期长度和数据频率计算出的特质波动变量进行FM回归分析。在这个分析中，我们继续使用从FF模型计算出的特质波动。对于每个度量特质波动的变量，我们使用包括所有其他变量作为控制变量的方程进行FM回归分析。

使用从不同研究周期长度和数据频率计算的$IdioVol^{FF}$的FM回归分析的结果示于表15.15中。不同的研究周期长度显示在第一行中。1M、3M、6M、12M分别表示使用1、3、6、12个月的日度数据来计算$IdioVol^{FF}$。1Y、2Y、3Y、5Y分别表示使用1、2、3、5年的月度数据来计算$IdioVol^{FF}$。值得注意的是，在等权重组合分析（表15.7的B部分）中，特质波动之谜只有在使用$IdioVol^{FF,1M}$作为排序变量时显而易见。$IdioVol^{FF}$使用其他研究周期和数据频率时，未能产生该现象。

FM回归分析的结果显示，在控制了贝塔（β）、规模（$Size$）、账面市值比（BM）、动量（Mom）、反转（Rev）、非流动性（$Illiq$）、协偏度（$CoSkew$）和特质偏度（$IdioSkew$）之后，无论用于计算$IdioVol^{FF}$的窗口期或数据频率如何，在

$IdioVol^{FF}$ 和股票未来收益之间都存在负的和统计上显著的关系。因此，不管如何计算特质波动，特质波动之谜似乎都存在。以前记录的股票未来收益和其他变量之间的关系也是稳健的。一个例外是，当 $IdioVol^{FF,3Y}$ 和 $IdioVol^{FF,5Y}$ 被用于衡量特质波动时，*IdioSkew* 和股票未来收益之间的负相关关系在统计上不显著。

表 15.15　　Fama 和 MacBeth 回归分析——$IdioVol^{FF}$

	1M	3M	6M	12M	1Y	2Y	3Y	5Y
$IdioVol^{FF}$	−0.013	−0.016	−0.015	−0.011	−0.015	−0.012	−0.011	−0.009
	(−5.85)	(−5.11)	(−4.11)	(−2.61)	(−5.55)	(−3.34)	(−2.70)	(−1.97)
β	0.004	0.038	0.023	−0.017	−0.005	−0.006	−0.008	−0.027
	(0.03)	(0.28)	(0.18)	(−0.14)	(−0.04)	(−0.05)	(−0.06)	(−0.22)
Size	−0.179	−0.198	−0.190	−0.166	−0.170	−0.166	−0.163	−0.154
	(−4.15)	(−5.12)	(−5.16)	(−4.75)	(−3.89)	(−4.02)	(−4.15)	(−4.06)
BM	0.141	0.141	0.149	0.153	0.147	0.136	0.125	0.122
	(1.99)	(2.00)	(2.11)	(2.12)	(2.08)	(1.94)	(1.80)	(1.79)
Mom	0.007	0.008	0.008	0.008	0.009	0.009	0.008	0.008
	(3.85)	(4.03)	(4.37)	(4.46)	(4.68)	(4.43)	(4.30)	(4.17)
Rev	−0.059	−0.061	−0.062	−0.062	−0.061	−0.062	−0.062	−0.063
	(−11.32)	(−11.77)	(−11.97)	(−12.12)	(−11.66)	(−11.84)	(−12.02)	(−12.11)
Illiq	0.067	0.072	0.069	0.063	0.055	0.054	0.053	0.052
	(3.74)	(4.11)	(3.99)	(3.70)	(3.02)	(3.04)	(2.95)	(2.89)
CoSkew	0.001	−0.000	−0.001	−0.001	−0.001	−0.000	−0.000	−0.000
	(0.13)	(−0.06)	(−0.17)	(−0.25)	(−0.12)	(−0.10)	(−0.05)	(−0.01)
IdioSkew	−0.123	−0.107	−0.104	−0.119	−0.088	−0.066	−0.050	−0.041
	(−3.85)	(−3.45)	(−3.32)	(−3.73)	(−2.73)	(−1.83)	(−1.26)	(−0.87)
Intercept	1.915	2.126	2.039	1.802	1.835	1.800	1.794	1.721
	(5.46)	(6.51)	(6.41)	(5.79)	(5.28)	(5.52)	(5.80)	(5.75)
Adj. R^2	0.07	0.07	0.07	0.07	0.07	0.07	0.07	0.07
n	2 561	2 561	2 561	2 561	2 561	2 559	2 559	2 561

该表显示了股票期望收益和 $IdioVol^{FF}$ 之间关系的 Fama 和 MacBeth (1978) 回归分析的结果。表中每一列都显示了不同横截面回归方程的结果。1M、3M、6M、12M、1Y、2Y、3Y 和 5Y 列表示使用 $IdioVol^{FF,1M}$、$IdioVol^{FF,3M}$、$IdioVol^{FF,6M}$、$IdioVol^{FF,12M}$、$IdioVol^{FF,1Y}$、$IdioVol^{FF,2Y}$、$IdioVol^{FF,3Y}$ 和 $IdioVol^{FF,5Y}$ 作为衡量特质波动变量的结果。所有方程中的因变量为未来 1 个月的股票超额收益。自变量显示在第一列。标记为 $IdioVol^{FF}$ 的行显示了衡量特质波动的结果。自变量都在 0.5% 的水平以月度为基准进行了缩尾处理。该表显示了平均斜率和截距，以及按照 Newey 和 West (1987) 进行六期滞后调整的 T 统计量（显示在括号内），同时检验平均系数等于 0 的零假设。标记为 Adj. R^2 和 n 的行分别表示横截面回归的平均调整的 R 平方和数据点的数量。

如前所述，当使用相同的研究周期和数据频率计算时，总波动和特质波动的不同测量方式产生的结果彼此高度相关。因此，我们仅使用$IdioVol^{FF}$来测量特质波动。为了验证我们的结论，即计算总波动和特质波动的方法对实证分析结果的影响是可忽略的。我们用本章中使用的不同研究周期和数据频率得出的总波动（Vol）作为我们感兴趣的变量，重复完整方程的 FM 回归分析。值得注意的是，Vol 衡量了总波动，而不是特质波动。因此，在执行这些分析时，我们也在检验特质波动之谜是否也适用于总波动。

分析的结果列在表 15.16 中，在大多数情况下，总波动（使用 Vol 度量的）和股票未来收益之间的关系非常类似于$IdioVol^{FF}$和未来收益之间的关系。当使用 3 年（3Y）或 5 年（5Y）的月度收益数据计算 Vol 时，情况有所不同。当使用Vol^{3Y}作为总波动的量度时，FM 回归只发现总波动和股票未来收益之间略有显著的负相关关系。当使用Vol^{5Y}时，这种关系不显著。无论窗口期的长度如何，当使用月收益进行计算时，使用 Vol 作为总波动度量的结果比使用$IdioVol^{FF}$作为特质波动度量的相应 FM 回归结果较弱一些。

表 15.16　Fama 和 MacBeth 回归分析——总波动

	1M	3M	6M	12M	1Y	2Y	3Y	5Y
Vol	−0.013	−0.017	−0.016	−0.011	−0.013	−0.009	−0.008	−0.006
	(−5.89)	(−5.14)	(−4.12)	(−2.58)	(−4.45)	(−2.27)	(−1.76)	(−1.18)
β	0.080	0.121	0.091	0.033	0.026	−0.004	−0.018	−0.049
	(0.58)	(0.94)	(0.75)	(0.28)	(0.20)	(−0.04)	(−0.15)	(−0.44)
Size	−0.177	−0.194	−0.188	−0.165	−0.166	−0.155	−0.149	−0.137
	(−4.07)	(−4.95)	(−5.05)	(−4.68)	(−3.94)	(−3.94)	(−4.03)	(−3.88)
BM	0.141	0.141	0.150	0.153	0.143	0.133	0.128	0.132
	(1.99)	(2.00)	(2.11)	(2.12)	(2.02)	(1.91)	(1.86)	(1.96)
Mom	0.007	0.008	0.008	0.008	0.009	0.008	0.008	0.008
	(3.87)	(4.04)	(4.37)	(4.46)	(4.83)	(4.52)	(4.40)	(4.24)
Rev	−0.059	−0.061	−0.062	−0.063	−0.063	−0.063	−0.064	−0.064
	(−11.30)	(−11.76)	(−11.97)	(−12.11)	(−11.82)	(−11.97)	(−12.13)	(−12.20)
Illiq	0.068	0.073	0.070	0.063	0.056	0.053	0.052	0.050
	(3.79)	(4.18)	(4.01)	(3.68)	(3.12)	(3.05)	(2.93)	(2.84)
CoSkew	0.001	−0.000	−0.001	−0.001	−0.001	0.000	0.000	−0.000
	(0.11)	(−0.05)	(−0.20)	(−0.26)	(−0.16)	(0.05)	(0.00)	(−0.09)
IdioSkew	−0.124	−0.109	−0.105	−0.120	−0.098	−0.087	−0.081	−0.078
	(−3.92)	(−3.51)	(−3.37)	(−3.76)	(−2.95)	(−2.37)	(−1.98)	(−1.66)
Intercept	1.903	2.098	2.026	1.794	1.799	1.704	1.658	1.556
	(5.41)	(6.39)	(6.34)	(5.74)	(5.42)	(5.53)	(5.83)	(5.69)

续前表

	1M	3M	6M	12M	1Y	2Y	3Y	5Y
Adj. R^2	0.07	0.07	0.07	0.07	0.07	0.07	0.07	0.07
n	2 561	2 561	2 561	2 561	2 561	2 559	2 559	2 561

该表显示了股票期望收益和总波动之间关系的 Fama 和 MacBeth（1978）回归分析的结果。表中每一列都显示了不同横截面回归方程的结果。1M、3M、6M、12M、1Y、2Y、3Y 和 5Y 列表示使用$Vol^{FF,1M}$、$Vol^{FF,3M}$、$Vol^{FF,6M}$、$Vol^{FF,12M}$、$Vol^{FF,1Y}$、$Vol^{FF,2Y}$、$Vol^{FF,3Y}$和$Vol^{FF,5Y}$作为衡量总波动变量的结果。所有方程中的因变量均为未来 1 个月的股票超额收益。自变量显示在第一列。标记为Vol^{FF}的行显示了衡量总波动的结果。自变量都在 0.5%的水平以月度为基准进行了缩尾处理。该表显示了平均斜率和截距，以及按照 Newey 和 West（1987）进行六期滞后调整的 T 统计量（显示在括号内），同时检验平均系数等于 0 的零假设。标记为 Adj. R^2 和 n 的行分别表示横截面回归的平均调整的 R 平方和数据点的数量。

总之，检验特质波动和未来股票结果之间的关系的实证分析结果表明二者之间有着负相关关系。在市值加权组合中，这种关系是稳健的，并且取决于使用何种特质波动的度量变量。当使用等权重组合时，这种关系消失。Fama 和 MacBeth(1973) 回归分析表明，特质波动与未来收益之间统计上显著的负相关关系某种程度上取决于使用的方程。然而，在同时控制了本书前面章节讨论的所有其他效应后，负相关关系在经济和统计上都有意义。

15.6.4 $IdioVol^{FF,1M}$组合的累积收益

对于已知的与股票未来收益相关的许多变量，研究人员创建了一个与给定变量相关联的风险因子模拟组合，并称与承担任何潜在因素引致风险的单位收益相关的该组合收益由给定的预测变量捕捉。这不是特质波动的情况。这样做的原因是，不可能明确特质波动和未来收益之间负相关关系的风险。如前所述，对于这种关系的所有基于风险的解释都预测是正相关关系，而不是负相关关系。

为了评估基于特质波动的投资策略相关收益的时间序列，我们使用一个组合的超额收益，该组合做多具有低特质波动股票并做空具有高特质波动股票。特别地，我们从表 15.7 的 A 部分对市值加权的$IdioVol^{FF,1M}$ 10—1 组合月度收益为负的性质进行了分析。因此，我们研究的组合是一个零成本组合，在$IdioVol^{FF,1M}$低十分位数做多同时在$IdioVol^{FF,1M}$高十分位数做空，二者独立地进行市值加权。我们称这个组合为低-高$IdioVol^{FF,1M}$组合。我们偏离了标准方法，对高特质波动（低特质波动）的股票做多（做空），以便在本部分的研究中使组合有一个正的平均收益。

如表 15.7 所示，在 1963 年 7 月—2012 年 12 月期间，低-高$IdioVol^{FF,1M}$组合的平均月收益率为 1.27%，月度标准偏差为 8.22%，年化夏普比率为 0.53。使用收益的对数代替收益，我们发现平均每月对数收益率为 0.91%，标准差为 8.55%，年化夏普比率为 0.37。在整个抽样期间，该投资策略实现的累积每月复利收益率为 21 897%，这意味着当 1963 年 6 月底的初始投资为 1 美元时，将在 2012 年 12 月底变成 219.97 美

元。按对数收益表示，这相当于累积对数月收益为 539%。

1963 年 7 月—2012 年 12 月的低-高 $IdioVol^{FF,1M}$ 组合的累积收益率被绘制在图 15.1 中。实线表示累积的每月复合收益，其刻度在图的左侧。每月累积的对数收益总和由虚线表示，其刻度在图的右侧。该图表明，从长远来看，低-高 $IdioVol^{FF,1M}$ 组合产生了大量收益，走势波动较大。截至 2012 年年底，组合的价值仍然低于之前的高位。从图 15.1 可以看出，投资策略收益从 2002 年 8 月开始大幅度减少。2002 年 8 月，低-高 $IdioVol^{FF,1M}$ 组合损失了 10.31%，9 月份略有回升，收益为 6.66%，10 月份发生了损失，收益只有 6.44%。2002 年 11 月，发生了整个样本期间该策略实现的最大单月损失，达 41.74%。几个月后，2003 年 6 月，该组合发生了 28.89%的另一次毁灭性损失。组合的低点在 2010 年 11 月，在这一时刻，组合已经失去了以前最大价值的 82%以上，甚至没有恢复以前的高水平。在 2012 年底，投资策略的累积收益率比以前的高值低了近 74%。从 2002 年 8 月开始实现的下降是特质波动投资策略所经历的最大和最长期限的下跌。

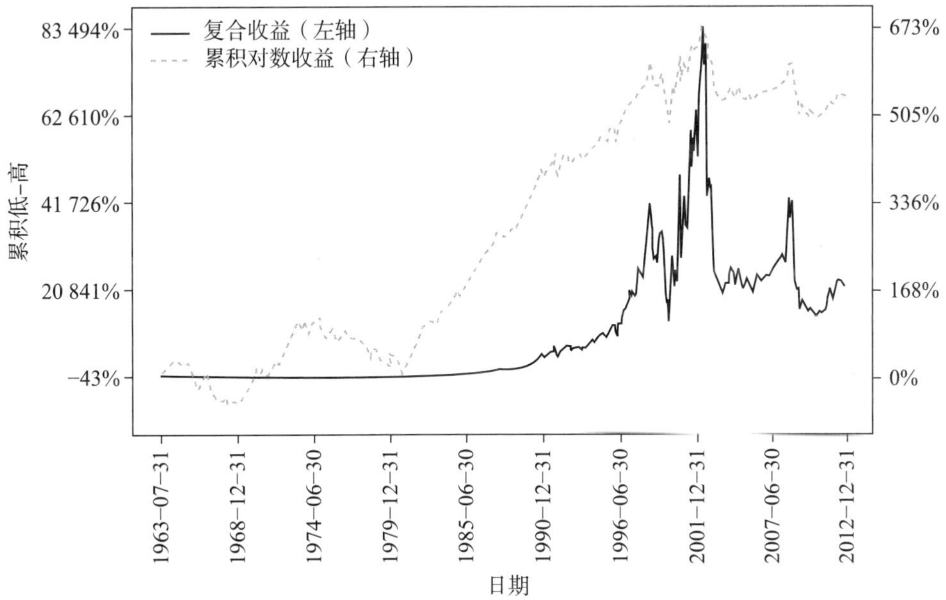

图 15.1 低-高 $IdioVol^{FF,1M}$ 组合的累积收益率

该图绘制了 1963 年 7 月—2012 年 12 月期间第 1 十分位数减去第 10 十分位数 $IdioVol^{FF,1M}$ 的市值加权组合的累积收益。月份 t 的复合收益为直到并包括给定月份的每月收益之和乘以 100。累积对数收益为直到并包括给定月份的每月对数收益的总和。

虽然在 2002 年 7 月底之后的损失严重，但基于特质波动的投资策略还产生了其他大量和长期的下跌。第二大降幅从 1998 年 11 月开始，从那时到 2000 年 2 月底，组合损失了近 67%。在这种情况下，反弹相当快。到 2000 年 11 月底，组合达到了新的高水平。第三大和第二长的降幅从 1975 年 1 月开始，从那时起到 1980 年 11 月，组合的价值几乎缩水了 66%。它最终在 1983 年 8 月恢复了以前的高价值。最后，第四大和第三长的下跌开始于 1965 年 1 月，从那时到 1969 年 1 月，损失了超过其价值的 58%，然后在 1997 年 11 月实现了完全回升。总而言之，虽然低-高$IdioVol^{FF,1M}$组合的长期收益明显，但这种投资策略有着非常高的风险水平。截至 2012 年年底，组合仍然远低于 10 多年之前于 2002 年实现的高点。

15.7 总结

在本章中，我们研究了特质波动和股票期望收益之间的关系。我们首先计算并研究了总波动和特质波动的几种不同量度。比较不同的特质波动量度后发现，选择单因子市场模型（CAPM）、Fama 和 French(1993) 三因子模型（FF）、Fama 和 French (1993) 和 Carhart(1997) 四因子模型（FFC）来计算特质波动在很大程度上是无关紧要的。因为这些变量具有很大的相关性并且在横截面数值上非常相似。此外，特质波动和总波动在横截面上极其相似。根据实证资产定价文献，我们使用 FF 模型和 1 个月的日度收益数据来计算特质波动。

本章的主要结论是所谓的特质波动之谜。具体来说，我们的实证分析结果发现了特质波动和股票未来收益之间的负横截面关系。这种关系在使用市值加权组合分析时非常强，但在等权重组合分析中，这种关系较弱，而且根据所使用的特质波动衡量方法的不同，甚至不存在这种关系。Fama 和 MacBeth(1973) 回归分析产生了类似于等权重组合分析的结果。回归分析检测到的特质波动和股票未来收益之间的负相关关系的强度取决于回归方程。然而，结果表明，当使用全部的控制变量时，特质波动和股票期望收益之间有着负横截面关系。

对于本书的其余章节，我们将继续使用 1 个月的日度收益数据的 FF 模型计算特质波动。在本章中，我们将这个变量表示为$IdioVol^{FF,1M}$。接下来，这个变量将被记为$IdioVol$。

参考文献

[1] Ang, A., Hodrick, R. J. Xing, Y., and Zhang, X. 2006. The cross-section of volatility and expected returns. Journal of Finance, 61 (1), 259–299.

[2] Ang, A., Hodrick, R. J. Xing, Y., and Zhang, X. 2009. High idiosyncratic volatility and low returns: international and future U. S. evidence. Journal of Financial Economics, 91 (1), 1–23.

[3] Baker, M., Bradley. B., and Wurgler, J. 2011 . Benchmarks as limits to arbitrage: understanding the low-volatility anomaly. Financial Analysts Journal, 67 (1), 40–54.

[4] Baker, M. and Wurgler, J. 2014. The Risk Anomaly Tradeoff of Leverage. SSRN

eLibrary.
[5] Bali, T. and Cakici, N. 2008. Idiosyncratic volatility and the cross-section of expected returns. Journal of Financial and Quantitative Analysis, 43, 29–58.
[6] Bali, T. G., Cakici, N., and Whitelaw, R. F. 2011. Maxing out: stocks as lotteries and the cross-section of expected returns. Journal of Financial Economics, 99 (2), 427–446.
[7] Carhar, M. M. 1997. On persistence in mutual fund performance. Journal of Finance, 52 (1), 57–82.
[8] Fama, E. F. and French, K. R. 1993. Common risk factors in the returns on stocks and bonds. Journal of Financial Economics, 33 (1), 3–56.
[9] Fama, E. F. and MacBeth, J. D. 1973. Risk, return, and equilibrium: empirical tests. Journal of Political Economy, 81 (3), 607.
[10] Friend, I. Westerfield, R., and Granito, M. 1978. New evidence on the capital asset pricing model. Journal of Finance, 33 (3), 903–917.
[11] Fu, F. 2009. Idiosyncratic risk and the cross-section of expected stock returns. Journal of Financial Economics, 91 (1), 24–37.
[12] Guo, H., Kassa, H., and Ferguson, M. F. 2014. On the relation between EGARCH idiosyncratic volatility and expected stock returns. Journal of Finance and Quantitative Analysis, 49 (1), 271–296.
[13] Han, Y. and Lesmond, D. 2011 . Liquidity biases and the pricing of cross-sectional idiosyncratic volatility. Review of Financial Studies, 24 (5), 1590–1629.
[14] Huang, W., Liu, Q., Rhee, S. G., and Zhang, L. 2010. Return reversals, idiosyncratic risk, and expected returns. Review of Financial Studies, 23 (1), 147–168.
[15] Lehmann, B. N. 1990. Residual risk revisited. Journal of Econometrics, 45 (1–2), 71–97.
[16] Levy, H. 1978. Equilibrium in an imperfect market: a constraint on the number of securities in the portfolio. American Economic Review, 68, 643–658.
[17] Lintner, J. 1965. Security prices, risk, and maximal gains from diversification. Journal of Finance, 20 (4), 687–615.
[18] Merton, R. C. 1987. A simple model of capital market equilibrium with incomplete information. Journal of Finance, 42, 483–510.
[19] Mossin, J. 1966. Equilibrium in a capital asset market. Econometrica, 34 (4), 768–783.
[20] Newey, W. K. and West, K. D. 1987. A simple, positive semi-definite, heteroskedasticity and autocorrelation consistent covariance matrix. Econometrica, 55 (3), 703–708.
[21] Pastor, L. and Stambaugh, R. F. 2003. Liquidity risk and expected stock returns.

Journal of Political Economy, 111 (3), 642-685.

[22] Ross, S. A. 1976. The arbitrage theory of capital asset pricing. Journal of Economic Theory, 13 (3), 341-360.

[23] Sharpe, W. F. 1964. Capital asset prices: a theory of market equilibrium under conditions of risk. Journal of Finance, 19 (3), 425-442.

[24] Shumway, T. 1997. The delisting bias in CRSP data. Journal of Finance, 52 (1), 327-340.

[25] Tinic, S. M. and West, R. R. 1986. Risk, return, and equilibrium: a revisit. Journal of Political Economy, 94 (1), 126-147.

第 16 章　流动性样本

在本书第二部分的前几章中，我们已经检验了从股票历史收益中观察到的一些不同的现象。在这一过程中，我们使用了证券价格研究中心（CRSP）数据库中所有美国公司普通股作为样本股票，表示为 CRSP 样本。这一样本的构造在第 7.1.1 节中有详细介绍。

第 9 章中已经讨论过，CRSP 样本由数量很少的极高市值股票和数量很多的极低市值股票构成。许多研究者在实证分析中，倾向于从样本中剔除市值最低、流动性最差的部分股票。这样处理有如下原因：首先，低市值股票，尤其是每股价格很低的股票，其定价相对于高市值、流通性好的股票，效率低而信号作用弱。对于交易不活跃的股票，最后一笔交易的执行价格不一定代表日终时股票的价值。这些股票价格的变化也更容易受微观结构因素的影响，比如竞价-要价跃动。McLean 和 Pontiff（2015）发现实证资产定价文献中记录的许多显著异象，尤其是关于低流动性股票的异象，在样本外检验中不再显著。其次，尽管第 9 章中这些低市值股票数量巨大，但它们的总市值却很低。因此从样本中去除这些股票后，研究者仍然能够获得关于股票市场总财富的绝大部分结论。许多研究者认为从样本中剔除低市值、低流动性股票能够大大降低通过历史收益数据计算得到的变量的测量误差，比如 β、动量、反转、协偏度、特质偏度和特质波动率。如果确实如此，从样本中去除这些股票可以降低变量测量误差引导实证结果的可能性。最后，在很多情况下，排除这些股票的分析结果能够更好地衡量实际投资机会，因为市值低、流动性低的股票的交易成本会抵消它们可能实现的盈利。

本章介绍一些研究者常用的从样本中剔除低市值、低流动性股票的筛选方法。之后我们使用严格按照这些准则筛选得出的样本，重复一些本书中的分析。除了呈现使用限制性样本得到的分析结果，我们同时列出在本书前面章节出现过的相应的 CRSP 样本结果。因此，本章的结果既可以看作不同的股票样本检验本书前述章节记录的现象，也可以作为前述章节结果的总结。

16.1 样本

除了使用 CRSP 样本之外，在本章中，我们还将研究 CRSP 样本中两个常用的子样本。第一个子样本包括每个月份 t 月底每股价格在 5～1 000 美元的所有股票。其背后的观点是所剔除的股票（即每股价格低于 5 美元或高于 1 000 美元的股票）更有可能流动性差、交易成本高。我们把这一样本称作价格样本。要获得价格样本，对于每个月份 t，我们从 CRSP 样本开始，去除月份 t 月底价格低于 5 美元或高于 1 000 美元的股票。这一价格展示在 CRSP 月度股票数据文件的 ALTPRC 字段中。①

我们使用的第二个新样本是价格样本中市值高于或等于纽约证券交易所（NYSE）所有挂牌股票市值第 10 百分位数的股票构成的子样本。我们把这一样本称作规模样本。要获得任一已知月份 t 的规模样本，我们计算每个月份 t 月底，CRSP 数据库中所有在 NYSE 挂牌的股票 $MktCap$（在第 9.1 节中定义）的第 10 百分位数。② 从价格样本中除去所有市值低于 NYSE 股票 $MktCap$ 第 10 百分位数的股票，就得到规模样本。因此规模样本可以描述为，每股价格在 5～1 000 美元之间（包含）且市值大于或等于 NYSE 挂牌股票市值第 10 百分位数的一组股票。

16.2 描述性统计

表 16.1 呈现了第二部分前述章节中检验的主要变量的描述性统计。特别地，我们列出了贝塔（β）、市值（$MktCap$）、规模（$Size$）、账面市值比（BM）、动量（Mom）、反转（Rev）、非流动性（$Illiq$）、协偏度（$CoSkew$）、特质偏度（$IdioSkew$）和特质波动率（$IdioVol$）的描述性统计。A 部分中呈现了 CRSP 样本的描述性统计，B 部分代表价格样本的描述性统计，C 部分代表规模样本的描述性统计。CRSP 样本的描述性统计已经在本书前面的章节中讨论过，我们此处对描述性统计的讨论主要针对不同样本的比较。

---

① 基于第 7.1.2 节中讨论的原因，ALTPRC 字段在某些情况下可能是负的。此时，股票价格应该取 ALTPRC 字段中价格的绝对数。

② 每个月份 t 月底 NYSE 挂牌的股票是在 CRSP 样本中 CRSP 月度股票名称文件 EXCHCD 字段为 1 的一组股票。

表 16.1　　描述性统计

A 部分：CRSP 样本												
	Mean	*SD*	*Skew*	*Kurt*	*Min*	5%	25%	*Median*	75%	95%	*Max*	*n*
β	0.78	0.61	0.49	1.46	−2.16	−0.05	0.35	0.71	1.15	1.89	3.90	4 440
MktCap	1 101	5 568	18	459	0	6	29	107	446	4 108	161 217	4 794
Size	4.33	1.92	0.38	−0.08	−1.13	1.46	2.93	4.16	5.57	7.74	11.48	4 794
BM	0.94	1.14	10.16	284.75	0.01	0.15	0.41	0.72	1.15	2.32	32.92	3 409
Mom	14.12	58.40	4.12	61.62	−89.41	−49.88	−17.11	5.70	31.98	102.73	1 064.02	4 426
Rev	1.21	15.49	3.11	59.45	−67.35	−18.93	−6.27	0.06	6.92	24.20	266.45	4 750
Illiq	3.79	27.73	22.15	827.12	0.00	0.01	0.05	0.26	1.35	13.39	1 174.73	3 604
CoSkew	−1.20	9.49	1.86	69.42	−79.85	−14.60	−5.26	−1.11	2.75	11.77	128.72	3 992
IdioSkew	0.64	0.81	1.42	4.79	−2.64	−0.37	0.14	0.51	0.98	2.13	6.14	3 992
IdioVol	48.07	40.25	4.31	61.51	1.40	12.41	24.15	37.84	59.40	116.48	748.45	4 742
B 部分：价格样本												
	Mean	*SD*	*Skew*	*Kurt*	*Min*	5%	25%	*Median*	75%	95%	*Max*	*n*
β	0.83	0.58	0.63	0.62	−1.05	0.04	0.41	0.76	1.17	1.90	3.32	3 277
MktCap	1 449	6 376	16	350	3	17	66	200	704	5 495	161 217	3 529
Size	4.97	1.69	0.49	0.02	0.71	2.50	3.73	4.78	6.04	8.01	11.48	3 529
BM	0.84	0.85	7.65	152.16	0.01	0.16	0.41	0.69	1.06	1.94	19.04	2 481
Mom	20.93	55.22	4.48	64.16	−76.48	−34.50	−7.83	11.24	35.80	104.97	972.76	3 267
Rev	1.85	12.23	2.45	40.33	−48.91	−14.29	−4.71	0.73	6.89	21.21	168.31	3 499
Illiq	0.73	1.88	8.53	165.13	0.00	0.01	0.04	0.16	0.62	3.39	37.70	2 885
CoSkew	−0.87	7.64	0.52	16.50	−59.00	−11.89	−4.43	−0.85	2.57	10.04	76.17	2 961
IdioSkew	0.52	0.71	1.39	5.47	−2.38	−0.39	0.09	0.42	0.83	1.78	5.60	2 961
IdioVol	36.90	23.37	3.29	46.47	1.49	11.98	21.60	31.89	46.38	77.63	362.70	3 502

C 部分：规模样本												
	Mean	*SD*	*Skew*	*Kurt*	*Min*	5%	25%	*Median*	75%	95%	*Max*	*n*
β	0.95	0.55	0.71	0.65	−0.63	0.21	0.54	0.86	1.26	1.99	3.26	2 215
MktCap	2 083	7 589	13	233	88	102	187	417	1 [illegible]8	7 818	161 217	2 339
Size	5.84	1.33	0.92	0.52	4.07	4.21	4.78	5.57	6.65	8.37	11.48	2 339
BM	0.75	0.69	6.96	132.10	0.01	0.16	0.38	0.63	0.95	1.65	13.40	1 752
Mom	21.83	52.72	4.21	53.72	−72.70	−31.36	−5.76	12.54	36.13	102.51	823.92	2 210
Rev	1.85	11.14	1.72	21.43	−44.15	−13.41	−4.34	0.97	6.85	19.68	119.28	2 325
Illiq	0.24	0.53	12.04	291.81	0.00	0.00	0.02	0.08	0.25	0.97	9.62	2 130
CoSkew	−0.51	6.88	0.24	13.30	−51.78	−10.45	−3.76	−0.50	2.66	9.41	55.56	2 045
IdioSkew	0.41	0.65	1.42	6.36	−2.23	−0.43	0.03	0.34	0.70	1.52	5.14	2 045
IdioVol	33.31	19.48	2.87	31.56	2.01	12.14	20.41	29.13	41.44	67.65	259.93	2 329

该表是对本书第二部分前述章节定义过的变量的概括统计。A 部分列出了 CRSP 样本的结果。B 部分列出了价格样本的结果，价格样本包括 CRSP 样本中月底每股价格高于 5 美元的股票。C 部分列出了规模样本的结果，规模样本包括价格样本中市值高于所有 NYSE 挂牌股票市值第 10 百分位数的股票。每个样本都包括 1963 年 6 月—2012 年 12 月的月份 t 的月度数据。在每个月，我们计算每个变量横截面分布的均值（*Mean*）、标准差（*SD*）、偏度（*Skew*）、峰度（*Kurt*）、最小值（*Min*）、第 5 百分位数（5%）、第 25 百分位数（25%）、中位数（*Median*）、第 75 百分位数（75%）、第 95 百分位数（95%）和最大值（*Max*）。表格中呈现的是每个横截面值在时间序列上的均值。列 n 代表可以获得该变量的平均股票数量。

CRSP 样本和价格样本中 β 的描述性统计很接近。最显著的差别来自 β 横截面分布的平均峰度，CRSP 样本是 1.46 而价格样本只有 0.62。峰度的降低显示了实行价格样本限制后，具有极端 β 值的股票被剔除了。取各月份的平均，价格样本股票的最小 β 值是－1.05，而 CRSP 样本是－2.16。类似地，价格样本股票的最大 β 值是 3.32，而 CRSP 样本是 3.90。β 的其他百分位数在 CRSP 样本和价格样本中很接近。有趣的是，尽管去除了有极端 β 值的股票，但价格样本 β 的标准差 0.58 和 CRSP 相应的标准差 0.61 非常接近。这表明 CRSP 样本 β 的峰度是由极少数价格低于 5 美元或高于 1 000 美元的股票所致。从平均月份来看，价格样本中有 3 277 只存在有效 β 值的股票，而在 CRSP 样本中，这一数字是 4 440。规模样本中 β 的分布与价格样本类似，只是 β 值的各个百分位数（最大值除外）以及均值，在规模样本中略高于价格样本。这是由于按照 NYSE 股票市值第 10 百分位数的筛选条件去除了低 β 值的股票。取各月份的平均，规模样本股票的最小 β 值是－0.63，而价格样本股票的是－1.05。增加的这个筛选条件使规模样本中具有有效 β 值的股票平均数量从价格样本的 3 277 降低到了 2 215。

市值的描述性统计显示，从平均月份来看，市值的各个百分位数及均值在价格样本中都高于 CRSP 样本。价格样本的市值均值（中位数）是 14.5 亿美元（2 亿美元），而 CRSP 样本是 11 亿美元（1.07 亿美元）。这样的结果是可以预想到的，因为去除价格低于 5 美元的股票会使价格样本中排除了市值很低的股票。而价格高于 1 000 美元的股票相对较少，这一条件的限制性就相对弱了。取各月平均数，价格样本中具有有效市值的股票只有 3 529 只，而在 CRSP 样本中，这一数字是 4 794。规模样本中市值的增加更引人注目。鉴于 NYSE 市值第 10 百分位数的筛选条件很明显地去除了低市值股票，这一结果并不让人意外。规模样本中股票市值的均值（中位数）略超过 20 亿美元（4.17 亿美元）。增加的筛选条件使规模样本平均每月只有 2 339 只股票具有有效市值。规模（市值的自然对数）的描述性统计与市值的描述性统计有相同的意义，因此不需要进一步讨论。

对于账面市值比的均值和中位数，规模样本低于价格样本，价格样本又低于 CRSP 样本。价格（规模）样本中账面市值比的均值是 0.84(0.75)，而 CRSP 样本中是 0.94。账面市值比的最小值、第 5 百分位数、第 25 百分位数在不同样本中很接近，但中位数、第 75 百分位数、第 95 百分位数和最大值呈现出规模样本显著低于价格样本、价格样本低于 CRSP 样本的特征。由此表明价格筛选，以及其后的按照 NYSE 第 10 百分位数规模进行筛选，主要导致高账面市值比的股票被剔除。价格（规模）样本中平均每月具有有效账面市值比的股票有 2 481(1 752) 只，而 CRSP 样本中有 3 409 只。

平均来看，规模样本中的动量值最高，而价格样本中的动量值又高于 CRSP 样本中的。乍一看，在动量被定义为简单测度收益的情况下，这似乎是一个有问题的结论。因为不同筛选方式去除了低市值股票，而低市值股票能够产生相对高的收益。一种可能的解释是，t 月的动量衡量了月份 $t-11$ 至月份 $t-1$ 间的收益，动量值低的股票在过去一段时间内实现了很大的负收益，导致了低股价和低市值。在限制性样本中，这些低动量股票很容易被去除。价格样本和规模样本的平均动量分别是 20.93 和 21.83[*]，显著高于 CRSP 样本的平均动量 14.12。价格样本和规模样本中动量的最小值、第 5 百分位数、第 25 百分位数和中位数接近，并都显著高于 CRSP 样本中的相应值。三个样本中动量的第 75 百分位数和第 95 百分位数都很接近。因此描述性统计表明，价格和规模筛选事实上更容易剔除低动量（输者）股票。价格（规模）样本平均每月具有有效动量值的股票有 3 267(2 210) 只，而 CRSP 样本有 4 426 只。[**]

不同样本组反转的特征和动量很相似。相较于有高反转值的股票，低反转值股票更有可能被剔除出样本。可能原因还是在于反转只是股票在给定月份 t 的收益，高反转值股票可能有更高的股价和市值，能够满足价格和规模筛选。价格样本和规模样本中反转的分布类似。在两个限制性样本中，平均反转值都是 1.85，所有百分位数都合理地接近。价格和规模样本中反转的最小值、第 5 百分位数、第 25 百分位数和中位数都显著大于 CRSP 样本中的相应值，但三个样本组中反转的第 75 百分位数和第 95 百分位数相对接近。价格（规模）样本平均每月具有有效反转值的股票有 3 499(2 325) 只，而 CRSP 样本有 4 750 只。

表 16.1 的描述性统计显示，筛选条件对于从样本中去除流动性差的股票非常有效。相对于 CRSP 样本的平均非流动性值 3.79，价格（规模）样本中这一数值是 0.73 (0.24)。CRSP 样本平均每月非流动性的最大值和第 95 百分位数是 1 174.73 和 13.39，而价格（规模）样本中分别是 37.70(9.62) 和 3.39(0.97)。因此，价格筛选成功剔除了 CRSP 样本中流动性最差的股票，规模筛选又成功剔除了价格样本中流动性最差的股票。价格样本平均每月具有有效非流动性值的股票有 2 885 只，规模样本则有 2 130 只这样的股票。CRSP 样本中具有有效非流动性值的股票平均有 3 604 只。

价格样本和规模样本协偏度的平均值分别是－0.87 和－0.51，稍高于 CRSP 样本的平均值－1.20，但差别相对较小。不同样本中股票协偏度的差异在于，价格和规模筛选倾向于去除有着极端（高或低）的协偏度值的股票。也因此，协偏度横截面分布的标准差和峰度在规模样本中最低，价格样本次之，CRSP 样本最高。价格样本平均每月具有有效协偏度值的股票有 2 961 只，规模样本中有 2 045 只，而 CRSP 样本中平均有 3 992 只这样的股票。

所有三个样本中特质偏度的横截面分布都很接近。对所有列出的分位数（最小值除外）和均值，规模样本的特质偏度最低，价格样本次之，CRSP 样本最高。特质偏度的计算使用和协偏度同样的收益数据，两个变量有着同样的数据要求，因此每个样本中具有有效特质偏度值的股票数和具有有效协偏度值的股票数是一致的。

最后，特质波动率的均值和中位数在价格和规模样本中显著低于 CRSP 样本。价格样本中股票特质波动率的均值（中位数）是 36.90(31.89)，规模样本中股票特质波动率的均值（中位数）是 33.31(29.13)。与之相比，CRSP 样本中股票特质波动率的

* 原书误写为价格样本和规模样本的平均动量分别是 21.83 和 20.93。——译者注

** 原书误写为价格（规模）样本有 2 210 (3 267) 只股票。——译者注

均值（中位数）是 48.07(37.84)。除了最小值和第 5 百分位数，特质波动率列出的各个百分位数都在 CRSP 样本中最高，价格样本中明显降低，规模样本中更低。这一结果表明价格和规模筛选倾向于去除有高特质波动率的股票。价格（规模）样本具有有效特质波动率值的股票有 3 502（2 329）只，CRSP 样本中有 4 742 只这样的股票。

16.3 相关性

在 CRSP 样本、价格样本和规模样本中，每一对变量平均横截面的皮尔逊积矩和斯皮尔曼等级相关系数分别在表 16.2 的 A 部分、B 部分、C 部分中呈现。皮尔逊积矩相关系数记录在表格下方的对角线，斯皮尔曼等级相关系数记录在上方的对角线。在大多数情况下，任何一对变量的相关系数在这三个样本组中是相近的。因此，我们只讨论在不同样本中差别显著的相关系数。

表 16.2　　相关性

A 部分：CRSP 样本

	β	*Size*	*BM*	*Mom*	*Rev*	*Illiq*	*CoSkew*	*IdioSkew*	*IdioVol*
β	—	0.33	−0.23	0.04	−0.01	−0.32	0.08	−0.06	0.16
Size	0.31	—	−0.26	0.25	0.11	−0.92	0.14	−0.36	−0.48
BM	−0.19	−0.27	—	0.04	0.03	0.25	0.02	0.03	−0.01
Mom	0.07	0.18	0.02	—	0.04	−0.24	0.00	0.02	−0.22
Rev	−0.02	0.07	0.02	0.02	—	−0.08	0.01	−0.02	0.00
Illiq	−0.15	−0.42	0.18	−0.16	−0.04	—	−0.13	0.32	0.54
CoSkew	0.06	0.11	0.02	−0.00	0.00	−0.04	—	−0.10	−0.07
IdioSkew	−0.04	−0.34	0.06	0.07	0.03	0.16	−0.08		0.26
IdioVol	0.08	−0.45	0.07	−0.16	0.10	0.48	−0.06	0.25	—

B 部分：价格样本

	β	*Size*	*BM*	*Mom*	*Rev*	*Illiq*	*CoSkew*	*IdioSkew*	*IdioVol*
β	—	0.32	−0.25	0.01	−0.02	−0.33	0.08	−0.03	0.28
Size	0.30	—	−0.26	0.08	0.04	−0.90	0.14	−0.30	−0.34
BM	−0.21	−0.25	—	0.04	0.03	0.24	0.02	0.04	−0.08
Mom	0.06	0.03	0.04	—	0.00	−0.11	−0.03	0.09	−0.06
Rev	−0.02	0.00	0.03	0.01	—	−0.03	−0.00	0.01	0.08
Illiq	−0.25	−0.50	0.19	−0.08	0.00	—	−0.13	0.26	0.39
CoSkew	0.07	0.12	0.02	−0.03	−0.00	−0.06	—	−0.09	−0.05
IdioSkew	−0.02	−0.28	0.05	0.14	0.05	0.15	−0.07	—	0.18
IdioVol	0.22	−0.33	−0.01	0.02	0.18	0.29	−0.04	0.19	—

C 部分：规模样本									
	β	*Size*	*BM*	*Mom*	*Rev*	*Illiq*	*CoSkew*	*IdioSkew*	*IdioVol*
β	—	0.09	−0.20	0.02	−0.02	−0.22	0.06	0.05	0.40
Size	0.07	—	−0.13	0.04	0.02	−0.85	0.11	−0.23	−0.34
BM	−0.16	−0.14	—	0.03	0.02	0.15	0.05	−0.01	−0.14
Mom	0.07	−0.01	0.02	—	0.01	−0.08	−0.04	0.10	−0.03
Rev	−0.01	−0.01	0.03	0.02	—	−0.02	−0.00	0.01	0.08
Illiq	−0.18	−0.42	0.12	−0.06	−0.00	—	−0.11	0.19	0.30
CoSkew	0.06	0.09	0.05	−0.03	−0.01	−0.05	—	−0.07	−0.04
IdioSkew	0.07	−0.21	0.01	0.15	0.05	0.11	−0.05	—	0.15
IdioVol	0.36	−0.32	−0.08	0.05	0.16	0.17	−0.03	0.17	—

该表汇总了贝塔（β）、规模（*Size*）、账面市值比（*BM*）、动量（*Mom*）、反转（*Rev*）、非流动性（*Illiq*）、协偏度（*CoSkew*）、特质偏度（*IdioSkew*）和特质波动率（*IdioVol*）各对年度横截面上皮尔逊积矩（下对角线）和斯皮尔曼等级（上对角线）相关系数在时间序列上的平均值。A 部分代表 CRSP 样本的结果，B 部分代表价格样本的结果，C 部分代表规模样本的结果。

16.3.1 CRSP 样本和价格样本

我们首先比较价格样本与 CRSP 样本中对应的相关系数。

价格样本中 β 和非流动性的负相关性比 CRSP 样本中大很多。在价格样本中，β 和非流动性的平均横截面皮尔逊积矩相关系数是−0.25，而在 CRSP 样本中是−0.15。有趣的是，价格样本中这两个变量的斯皮尔曼等级相关系数是−0.33，这和 CRSP 样本的−0.32 非常接近。这意味着 CRSP 样本中 β 和非流动性较低的相关性是由于两者间存在非线性关系，而非线性关系在价格筛选后很大程度上消失了。

价格样本中的 β 和特质波动率正的皮尔逊积矩（斯皮尔曼等级）相关系数 0.22(0.28) 远高于 CRSP 样本中对应的相关系数 0.08(0.16)。这可能表明 β 和特质波动率真正的相关性要强于 CRSP 样本中所示的结果。CRSP 样本中流动性差、价格低的股票 β 和特质波动率的测量噪声可能导致该样本中两者相关系数较低。将样本限制为排除低价股的更具流动性的股票后，价格样本中股票 β 和特质波动率的测量精准度都得到了提升，变量间相关系数的测量也更精准。

在价格样本中，规模和动量的相关性比 CRSP 样本中小很多。在价格样本中，两个变量的皮尔逊积矩（斯皮尔曼等级）相关系数是 0.03(0.08)，而 CRSP 样本中是 0.18(0.25)。CRSP 样本中较高的相关性可能是受极低动量值股票驱动所致，这些股票在过去一段时间内收益较弱，更有可能被归于低市值股票行列，由此导致 CRSP 样本中规模和动量之间较高的正相关关系。同时，低动量股更可能在价格筛选中被去除，导致价格样本中两者相关性降低。

规模和特质波动率之间的负相关关系在价格样本中也弱于 CRSP 样本。在价格样本中，规模和特质波动率的皮尔逊积矩（斯皮尔曼等级）相关系数是−0.33(−0.34)，而 CRSP 样本中对应的相关系数是－0.45(－0.48)。表 16.1 的描述性统计显示，数量很大的低规模、高特质波动率股票在价格筛选中被剔除。因此，相关系数降低表明 CRSP 样本中相对强的相关性是由于这些极小规模的股票倾向于有很高的特质波动率。

样本动量和非流动性相关系数的绝对值在价格样本中比 CRSP 样本低很多。在 CRSP 样本中*，－0.16 的皮尔逊积矩相关系数和－0.24 的斯皮尔曼等级相关系数均显著为负，表明在 CRSP 样本中，由动量值捕捉到的在过去的中期有较大亏损的股票，趋向于流动性很低。价格样本中，皮尔逊积矩（斯皮尔曼等级）相关系数降低至－0.08(－0.11)，表明强化这一相关性的股票在价格筛选中被去除了。但即便在去除这些股价极低或极高的股票后，动量和非流动性间不可忽视的负相关性依然存在。

在价格样本中，动量和特质波动率的皮尔逊积矩（斯皮尔曼等级）相关系数 0.02(－0.06) 非常小。但在 CRSP 样本中，这两个变量间的相关系数为－0.16(－0.22)，要比价格样本中的大得多。CRSP 样本中动量和特质波动率显著的负相关性表明高特质波动率的股票可能在过去的中期内经历过重大损失（低动量值）。这些损失容易使股价跌破 5 美元，并因此使股票被价格样本剔除。价格样本中被去除了这些股票，引起其动量和特质波动率的相关系数降低。

价格样本中非流动性和特质波动率的皮尔逊积矩（斯皮尔曼等级）相关系数 0.29(0.39) 远低于 CRSP 样本中对应的相关系数 0.48(0.54)。可能是由于流动性低或微观结构因素，低价或高价股更可能流动性很低并经历很高的特质波动。价格样本被去除了这些股票，因此剩余股票的非流动性和特质波动率间的相关性降低了。

16.3.2 价格样本和规模样本

我们现在接着比较规模样本和价格样本的两两相关系数。

表 16.2 中的 C 部分显示规模样本的 β 和规模之间的皮尔逊积矩（斯皮尔曼等级）相关系数只有 0.07(0.09)，而价格样本中是 0.30(0.32)。剔除小规模股票后 β 和规模的相关性显著降低，表明价格样本中 β 和规模的正相关性很大程度上源于规模非常小、倾向于有较低的 β 的股票。

在规模样本中，β 和非流动性的皮尔逊积矩（斯皮尔曼等级）相关系数为－0.18(－0.22)，较价格样本中两者的相关系数－0.25(－0.33) 显著降低。从 CRSP 样本中到价格样本中，都曾观察到相近程度的相关系数降低，两处数值降低的原因类似。低流动性股票倾向于有极低的 β 值，因此去除低流动性股票会导致 β 和非流动性横截面的相关性减弱。

相对于价格样本，规模样本中 β 和特质波动率呈现出更强的正相关性。规模样本中两者的皮尔逊积矩（斯皮尔曼等级）相关系数是 0.36(0.40)，而价格样本中是 0.22(0.28)。正如我们在 CRSP 样本到价格样本这一相关性增强的分析中所述，这一结果可能显示出小规模股票 β 和特质波动率的测量误差较高。结果表明 β 和特质波动率有

* 原书误写为价格样本。——译者注

很强的横截面正相关关系。

规模样本中的规模和账面市值比的负相关性低于价格样本中。规模样本中规模和账面市值比的皮尔逊积矩（斯皮尔曼等级）相关系数是－0.14(－0.13)，而价格样本中是－0.25(－0.26)。相关性的减弱表明，价格样本中较高的负相关性很大程度上来自小规模股票倾向于有更高的账面市值比。

最后，表 16.2 中 C 部分的结果显示从价格样本到规模样本，非流动性和特质波动率的相关系数显著降低。规模样本中非流动性和特质波动率的皮尔逊积矩（斯皮尔曼等级）相关系数是 0.17(0.30)，而价格样本中是 0.29(0.39)。* 回顾从完整的 CRSP 样本到价格样本观察到的非流动性和特质波动率相关系数相似的降低，两处降低的原因可能相近。小规模、流动性差的股票倾向于有较高公司层面的风险，因此当样本中去除了这些股票，非流动性和公司层面风险的关系强度也将降低。

16.4 持续性

我们在进行本书通篇涉及的主要资产定价相关变量和股票未来收益关系的检验前，最后分析的是每个变量的持续性。表 16.3 列出了 β、市值、规模、账面市值比、动量、反转、非流动性、协偏度、特质偏度和特质波动率各变量的持续性分析结果。CRSP 样本、价格样本和规模样本的结果分别在 A 部分、B 部分和 C 部分中呈现。因为本书第二部分前述章节已经讨论过 CRSP 样本的结果，我们此处只检验样本间持续性分析结果的差异。此外，价格样本（B 部分）和规模样本（C 部分）持续性分析结果的快速检验表明这两个限制性样本的结果很接近，两个样本间持续性分析结果并不存在很大的以至需要进一步讨论的差异。因此，我们在这里只讨论价格样本和 CRSP 样本的差异，类似原因也可以解释规模样本和 CRSP 样本的差异。

表 16.3 的结果显示，价格和规模样本中的 β 比 CRSP 样本中的更持久。在价格样本中，β 滞后 1 年（$\tau=12$）、2 年（$\tau=24$）、3 年（$\tau=36$）的持续性值分别是 0.73、0.65、0.60，比 CRSP 样本中的持续性值都高 0.10。滞后期为 4 年（$\tau=48$）、5 年（$\tau=60$）和 10 年（$\tau=120$），价格样本 β 的持续性分别是 0.56、0.53、0.42，而 CRSP 样本中分别是 0.47、0.44、0.35。β 在限制性样本中持续性增加的一个可能原因是，对于流动性更高的股票，其 β 的测量会更准确。因此，从样本中去除 β 测量可能存在重大误差的低流动性股票，持续性将提升。

市值和规模的持续性不仅非常高，并且在不同样本中非常接近。结果显示，价格样本股票两期间隔 10 年的市值（规模）平均横截面相关系数是 0.84(0.86)。截至目前，市值和规模是本书所检验的最持久的变量。

---

* 原书误写为规模样本中皮尔逊积矩（斯皮尔曼等级）相关系数是 0.22（0.31），价格样本中是 0.33（0.40）。——译者注

账面市值比在价格样本中比 CRSP 样本中有更高的持续性，当持续性计算的滞后期更长时，这一差异更显著。限制性样本中账面市值比持续性的增强表明，如果账面市值比事实上捕捉到了对某一定价风险因子的持续敏感性，在通过价格和规模筛选的股票中对这一敏感性进行测量，比在这些筛选时被剔除的股票中测量更准确。

表 16.3 持续性

A 部分：CRSP 样本

τ	β	*MktCap*	*Size*	*BM*	*Mom*	*Rev*	*Illiq*	*CoSkew*	*IdioSkew*	*IdioVol*
1	—	1.00	1.00	0.98	—	−0.04	0.80	—	—	0.65
3	—	0.99	0.99	0.95	—	0.01	0.74	—	—	0.60
6	—	0.99	0.98	0.90	—	0.01	0.67	—	—	0.57
12	0.63	0.98	0.97	0.80	0.02	0.02	0.58	—	—	0.53
24	0.55	0.96	0.94	0.67	−0.04	0.01	0.45	—	—	0.46
36	0.50	0.94	0.92	0.58	−0.02	0.01	0.38	—	—	0.43
48	0.47	0.93	0.90	0.52	−0.02	0.01	0.33	—	—	0.40
60	0.44	0.91	0.89	0.47	−0.04	0.01	0.31	0.03	0.21	0.39
120	0.35	0.84	0.84	0.37	0.01	0.01	0.24	0.05	0.20	0.34

B 部分：价格样本

τ	β	*MktCap*	*Size*	*BM*	*Mom*	*Rev*	*Illiq*	*CoSkew*	*IdioSkew*	*IdioVol*
1	—	1.00	1.00	0.99	—	−0.03	0.79	—	—	0.57
3	—	0.99	0.99	0.96	—	0.01	0.74	—	—	0.53
6	—	0.99	0.99	0.92	—	0.01	0.69	—	—	0.50
12	0.73	0.98	0.98	0.85	0.02	0.01	0.63	—	—	0.46
24	0.65	0.96	0.96	0.75	−0.04	0.01	0.55	—	—	0.41
36	0.60	0.94	0.94	0.68	−0.03	0.01	0.50	—	—	0.38
48	0.56	0.93	0.92	0.63	−0.02	0.01	0.47	—	—	0.35
60	0.53	0.91	0.91	0.58	−0.04	0.00	0.44	0.05	0.15	0.34
120	0.42	0.84	0.86	0.46	0.01	0.01	0.38	0.06	0.14	0.27

C 部分：规模样本

τ	β	*MktCap*	*Size*	*BM*	*Mom*	*Rev*	*Illiq*	*CoSkew*	*IdioSkew*	*IdioVol*
1	—	1.00	1.00	0.99	—	−0.03	0.82	—	—	0.56
3	—	0.99	0.99	0.96	—	0.01	0.76	—	—	0.53
6	—	0.99	0.98	0.92	—	0.01	0.72	—	—	0.50
12	0.73	0.98	0.97	0.85	0.04	0.01	0.66	—	—	0.47
24	0.65	0.96	0.94	0.74	−0.04	0.01	0.58	—	—	0.42
36	0.59	0.94	0.91	0.67	−0.02	0.01	0.53	—	—	0.39
48	0.55	0.92	0.89	0.62	−0.01	0.01	0.49	—	—	0.37
60	0.52	0.90	0.88	0.57	−0.03	0.01	0.46	0.05	0.10	0.35
120	0.40	0.83	0.81	0.45	0.00	0.01	0.38	0.05	0.10	0.28

该表汇总了 CRSP 样本（A 部分）、价格样本（B 部分）和规模样本（C 部分）的 β、市值、规模、账面市值比、动量、反转、非流动性、协偏度、特质偏度和特质波动率持续性分析的结果。在每个月份 t，计算给定变量月份 t 和月份 $t+\tau$ 横截面的皮尔逊积矩相关系数。表中列出了月度横截面相关系数在时间序列上的平均值。τ 列代表测量持续性使用的滞后期数。

在所有三个样本中，动量和反转的持续性都小到可以忽略不计。由于动量和反转测量的是历史收益，这一结果并不让人意外。如果动量和反转显示出很强的持续性，历史表现将能够高度预测股票横截面收益。

表 16.3 的结果显示非流动性在限制性样本中比在 CRSP 样本中有更强的持续性。有趣的是，这一结果表明即使从样本中去除流动性最差的股票，股票间的横截面流动性差异仍然持续存在。并且相对于从样本中去除的股票，价格和规模样本中剩余的流动性更强的股票，其历史流动性的横截面数据对未来流动性有更强的预测能力。人们可能认为非流动性大的股票在未来流动性依然会很差，并引起 CRSP 样本非流动性的持续性。实际结果则表明，驱动样本非流动性持续存在的，是价格和规模筛选后留下的那部分高流动性股票横截面上非流动性的持续性。

所有样本中的协偏度都显示出极低的持续性。动量和反转的显著持续性将意味着强大的预测未来收益的能力，而除去这两个变量，协偏度将具有本书其他所有变量的最低持续性。

特质偏度的持续性也很低，但不至于像协偏度那么低。有趣的是，价格和规模样本中特质偏度的持续性比 CRSP 样本中更低。考虑到价格和规模样本包含更多的是高流动性股票，这些股票特质偏度的测量更精确，人们可能会认为如果特质偏度确实能描述股票收益的一个持续性特征，那么在测量误差相对较低的股票中，特质偏度持续性会更强。然而，事实并非如此。这一发现可能的解释是，价格和规模样本中流动性高的股票，其收益表现出相对接近的特质偏度，而限制性样本中去除的恰恰是特质偏度差异大的股票。表 16.1 的描述性统计对这一解释提供了一定的证明，表现为限制性更强的样本中特质偏度横截面分布的标准差更小。

最后，表 16.3 显示特质波动率在价格和规模样本中的持续性也略低于 CRSP 样本。同样，基于特质波动率在流动性不足的股票中难以精确衡量，人们的预期可能与这一结果相反。但事实上，可能正是由于一些股票的低流动性特征，才使其特质波动率较高。与这一猜想一致，表 16.1 中的描述性统计显示实施价格和规模筛选后，高特质波动率倾向于从样本中被去除。

16.5 股票期望收益

在分别使用 CRSP、价格和规模样本检验变量的描述性统计、相关性和持续性后，我们现在接着使用每组样本检验每一变量与股票期望收益的关系。CRSP 样本的多数结果在前述章节中已经呈现，此处我们重复这些结果的原因如下：首先，有一些结果在前面的章节中没有出现。尤其在某些地方，我们并没有列出使用因子模型得到的组合 α 值，因为在描述组合分析的结果时还没有介绍过这些因子模型。例如，我们在第 8.5.1 节使用 β 作为排序变量，描述单变量组合分析结果时，还没有引入规模（*SMB*）、价值（*HML*）或动量（*MOM*）因子。因此，我们并没有将按照 β 排序的组合收益进行

Fama 和 French(1993) 以及 Carhart(1997) 四因子模型 (FFC) 调整。其次，这些结果不仅是本书的主要结果，更是实证资产定价研究的基本发现，因而值得反复研究。再次，在同一个地方呈现所有结果便于总结实证资产定价研究的主要结论。最后，把每个样本所有分析结果呈现在该样本对应的位置上，使样本间的比较更为容易。

16.5.1 单变量组合分析

我们从单变量十分位数组合分析开始，进行每一个我们所关注的变量与股票期望收益间关系的研究。对于每一个分析，表中呈现了每一个十分位数组合平均的月度超额收益结果。我们也列出了第 10 与第 1 十分位数组合间的平均收益差及这一组合的 FFC α，以及由 Pastor 和 Stambaugh(2003) 提出的流动性因子 (*PSL*) 增强后的 FFC 模型组合 α，我们将其称作 FFCPS α。以市值作为排序变量时，表中 FFC α 和 FFCPS α 列的值由不包含规模 (*SMB*) 因子的模型得到。这样做的原因是，在检验市值对股票期望收益的影响时，没有理由去除组合收益中归因于规模因子所捕捉的规模效应的部分。类似地，在研究账面市值比排序的组合收益时，风险模型中去除了价值因子 (*HML*)。对于动量排序的组合，因子模型中去除了动量因子 (*MOM*)。

CRSP 样本

表 16.4 列出了使用 CRSP 样本对每一个变量与股票期望收益间关系进行单变量十分位数组合分析的结果。使用市值加权组合，分析结果没有发现 β 与股票未来收益间存在关系。这一结果令人意外，因为资本资产定价模型 [CAPM，Sharpe(1964)；Lintner(1965)；Mossin(1966)] 作为基础的资产定价理论，预测 β 和股票期望收益正相关。组合的 FFC 和 FFCPS α 也都非常小，统计上与 0 没有显著差异。但使用等权重组合时，β 的 10－1 组合得到了平均－0.53%的月收益，这一负收益的 T 统计量是－2.04，具有统计显著性。这一组合 FFC 和 FFCPS 模型调整后的 α 甚至负收益更显著，分别是每月－0.61%和－0.59%。[①] 我们可以猜想这一结果，因为 β 的 10－1 组合对市场因子有正向暴露，同时市场因子要求正的风险溢价。结果与 Reinganum(1981)，Lakonishok 和 Shapiro(1986)，Fama 和 French(1992)，Frazzini 和 Pederson(2014) 以及 Bali、Brown、Murray 和 Tang(2014) 的发现接近。

市值加权和等权重的组合分析发现市值和股票未来收益间有很强的负相关性。Banz(1981) 以及 Fama 和 French(1992) 首先记录了这一结果。当使用市值加权和等权重加权时，市值的 10－1 组合月均收益率分别是－1.11%(T 统计量＝－3.47)和－1.59%(T 统计量＝－4.94)，结果具有很强的经济意义和统计显著性。这些组合的 α 值更大并仍然保持高的统计显著性，这表明市场因子、价值因子、动量因子和流动性

① Black 等 (1972) 最先记录了这一结果，指出高 β 股票风险调整后的收益低于低 β 股票，表明证券市场线比 CAPM 所预测的要平坦。Black (1972，1973) 提出借款限制可以解释这一现象。

因子不能解释市值 10－1 组合的收益。

与 Fama 和 French(1992，1993) 的发现一致，表 16.4 的结果显示账面市值比和股票未来收益间有很强的正相关性。市值加权的账面市值比 10－1 组合产生月均 0.57%的收益（T 统计量＝2.40），等权重的账面市值比 10－1 组合月均收益率是 1.34%(T 统计量＝6.06)。同样，α 值比平均收益更高且在统计学上更显著，表明市场因子、规模因子、动量因子和流动性因子不能解释账面市值比差异组合的收益。

Jegadeesh 和 Titman(1993) 提出的动量效应在市值加权和等权重组合中都存在，市值加权（等权重）的动量 10－1 组合产生了月均 1.95%(1.08%) 的收益，T 统计量是 5.39(3.42)。动量差异组合经前面所述的去除动量因子的风险模型调整后得到的 α，有较强的经济意义且统计上高度显著。

表 16.4 显示反转效应在市值加权和等权重组合中都存在，但在等权重组合中强得多。市值加权的反转 10－1 组合产生了－0.60%的月均收益率，T 统计量是－2.40。如果使用等权重，反转 10－1 组合产生了－2.69%的月均收益率，相应的 T 统计量是－9.72。对市值加权或等权重组合，FFC 和 FFCPS 模型都不能解释反转 10－1 组合的收益。

表 16.4　单变量组合分析——CRSP 样本

A 部分：市值加权组合													
排序变量	1	2	3	4	5	6	7	8	9	10	10－1	FFC α	FFCPS α
β	0.39	0.53	0.54	0.43	0.56	0.48	0.51	0.43	0.39	0.34	－0.05	－0.01	－0.02
											(－0.18)	(－0.03)	(－0.08)
MktCap	1.53	0.63	0.54	0.56	0.59	0.65	0.66	0.67	0.63	0.42	－1.11	－1.40	－1.34
											(－3.47)	(－3.97)	(－3.76)
BM	0.31	0.33	0.45	0.44	0.46	0.53	0.59	0.67	0.68	0.88	0.57	0.73	0.83
											(2.40)	(3.13)	(3.51)
Mom	－0.76	－0.12	0.04	0.35	0.39	0.37	0.53	0.67	0.75	1.18	1.95	2.37	2.36
											(5.39)	(7.54)	(6.76)
Rev	0.72	0.50	0.73	0.68	0.58	0.47	0.48	0.44	0.33	0.12	－0.60	－0.76	－0.69
											(－2.40)	(－3.21)	(－2.77)
Illiq	0.42	0.54	0.60	0.62	0.55	0.57	0.64	0.66	0.50	0.24	－0.18	－0.46	－0.51
											(－0.65)	(－3.16)	(－3.30)
CoSkew	0.51	0.63	0.68	0.53	0.58	0.52	0.47	0.48	0.43	0.48	－0.03	0.09	0.05
											(－0.16)	(0.55)	(0.27)
IdioSkew	0.43	0.48	0.55	0.50	0.53	0.43	0.55	0.46	0.39	0.26	－0.16	－0.57	－0.53
											(－0.97)	(－3.63)	(－3.17)
IdioVol	0.48	0.48	0.53	0.57	0.60	0.62	0.38	0.15	－0.21	－0.79	－1.27	－1.43	－1.47
											(－3.48)	(－5.25)	(－4.90)

B部分：等权重组合													
排序变量	1	2	3	4	5	6	7	8	9	10	10−1	FFC α	FFCPS α
β	0.92	0.87	0.91	0.85	0.86	0.87	0.77	0.65	0.60	0.38	−0.53	−0.61	−0.59
											(−2.04)	(−2.78)	(−2.56)
MktCap	2.08	0.64	0.53	0.56	0.59	0.64	0.66	0.67	0.63	0.49	−1.59	−1.96	−1.96
											(−4.94)	(−5.23)	(−5.11)
BM	0.08	0.36	0.50	0.68	0.83	0.85	0.94	1.03	1.18	1.42	1.34	1.58	1.63
											(6.06)	(6.95)	(6.66)
Mom	0.29	0.34	0.48	0.64	0.68	0.78	0.92	1.04	1.19	1.37	1.08	1.36	1.33
											(3.42)	(4.62)	(4.16)
Rev	2.31	0.99	0.83	0.78	0.76	0.72	0.66	0.50	0.34	−0.38	−2.69	−2.93	−2.95
											(−9.72)	(−8.31)	(−8.24)
Illiq	0.53	0.64	0.73	0.76	0.71	0.71	0.79	0.81	0.73	1.11	0.58	0.43	0.43
											(1.93)	(2.09)	(1.97)
CoSkew	1.03	0.95	0.87	0.85	0.82	0.84	0.72	0.73	0.81	0.75	−0.28	−0.40	−0.48
											(−1.90)	(−1.92)	(−2.27)
IdioSkew	0.80	0.82	0.81	0.87	0.84	0.88	0.90	0.97	0.76	0.70	−0.10	−0.18	−0.24
											(−0.61)	(−1.14)	(−1.40)
IdioVol	0.69	0.76	0.87	0.94	0.93	0.90	0.85	0.70	0.56	0.28	−0.41	−0.58	−0.60
											(−1.12)	(−2.11)	(−2.09)

该表汇总了本书第二部分前述章节中每个变量与股票未来收益间关系的单变量组合分析结果。对所有 CRSP 样本股票，计算给定排序变量的十分位数，并根据这些将 CRSP 样本中的所有股票分为不同的月度组合。A 部分（B 部分）列出了使用不同变量排序的 10 个十分位数组合市值加权（等权重）的平均未来 1 个月超额收益（每月百分比）。表中同时列出了做多第 10 十分位数组合并做空第 1 十分位数组合的组合平均收益，以及这一组合的 FFC α 和 FFCPS α。括号中是经 Newey 和 West（1987）六期滞后调整后得到的 *T* 统计量，检验 10−1 组合的平均收益或 α 等于 0 是否成立。

使用市值加权组合，单变量十分位数组合分析的结果显示，非流动性 10−1 组合产生了统计不显著的月均收益率−0.18%。然而，这一组合收益经 FFC 和 FFCPS 模型进行风险调整后，结果显示高流动性不足的股票表现弱于低流动性不足股票。应用 FFC 和 FFCPS 模型的差异组合 α 分别是每月−0.46%（*T* 统计量=−3.16）和每月−0.51%（*T* 统计量=−3.30）*，负值很大并且高度统计显著。使用等权重组合的结果与 Amihud(2002) 及 Pastor 和 Stambaugh(2003) 的发现一致，显示非流动性和股票未来收益有很强的正相关性。等权重的非流动性 10−1 组合的月均收益率为 0.58%（*T* 统计量=1.93），临界统计显著。FFC 和 FFCPS 的 α 分别是每月 0.43%（*T* 统计量=2.09）和每月 0.43%（*T* 统计量=1.97），同样在统计上显著。

市值加权的组合分析没有发现按照 Harvey 和 Siddique(2000) 方法计算的协偏度

* 原书误写为应用 FFC 和 FFCPS 模型的差异组合 α 分别是每月−0.76%（*T* 统计量=−3.21）和每月−0.69%（*T* 统计量=−2.77）。——译者注

与股票未来收益间存在关联。协偏度 10－1 组合的平均收益和 α 都很小，并且统计上不显著。如果使用等权重组合，单变量组合分析发现协偏度与股票未来收益间存在显著为负的相关性，这与理论预期一致（Kraus and Litzenberger，1976；Kane，1982；Harvey and Siddique，2000）。等权重的协偏度 10－1 组合的平均收益、FFC α 和 FFCPS α 分别是每月－0.28%（T 统计量＝－1.90）、每月－0.40%（T 统计量＝－1.92）、每月－0.48%（T 统计量＝－2.27）。

以特质偏度排序构造组合，特质偏度 10－1 组合按照市值加权和等权重得到的月均收益率分别是－0.16%（T 统计量＝－0.97）和－0.10%（T 统计量＝－0.61），数值都很小，在统计上与 0 没有显著差异。然而，市值加权的特质偏度 10－1 组合产生了每月－0.57%（T 统计量＝－3.63）的 FFC α 和－0.53%（T 统计量＝－3.17）的 FFCPS α，负值很大且高度统计显著。结果表明在控制风险因素后，特质偏度呈现出与股票未来收益负相关的特性，这与 Boyer、Mitton 和 Vorkink(2010）的发现一致。

与 Ang、Hodrick、Xing 和 Zhang(2006）提出的实证证据一致，而与 Levy(1978）和 Merton(1987）的理论预测相反，组合分析发现特质波动率和股票未来收益存在负相关性。对市值加权组合，特质波动率 10－1 组合获得了－1.27%（T 统计量＝－3.48）的月均收益率、－1.43%（T 统计量＝－5.25）的 FFC α 和－1.47%（T 统计量＝－4.90)的 FFCPS α。与 Bali 和 Cakici(2008）的发现一致，结果显示特质波动率之谜在等权重组合中表现较弱，等权重的特质波动率 10－1 组合获得了并不显著的月均收益率－0.41%（T 统计量＝－1.12）。FFC α 是每月－0.58%（T 统计量＝－2.11），FFCPS α 是每月－0.60%（T 统计量＝－2.09），这两个数值都较大并具有统计显著性。

价格样本

在展示并简要说明了完整的 CRSP 样本单变量组合分析的结果后，我们在表 16.5 中列出了关于价格样本的类似分析结果。价格样本是 CRSP 样本中保留每月月底股价介于 5 美元和 1 000 美元之间的股票得到的子样本。使用市值加权（等权重）组合的结果呈现在 A 部分(B 部分）中。我们此处重点讨论 CRSP 样本和价格样本结果间的差异。

将价格样本分为基于 β 的十分位数组合，对市值加权组合的分析没有发现 β 和股票期望收益相关性的证据，平均收益、FFC α 和 FFCPS α 都很小并且在统计上不显著。这与 CRSP 样本中市值加权组合的结果一致。使用等权重组合，价格样本结果显示 β 10－1 组合的月均收益率为－0.35%，T 统计量是－1.14，在统计上不显著。这与 CRSP 样本的结果略有不同，CRSP 样本显示等权重的 β 10－1 组合获得了统计显著的负平均收益。但正如前面讨论的一样，CAPM 预期做多高 β 股票并做空低 β 股票的组合平均收益应该为正。那么再根据 FFC 和 FFCPS 模型对风险作出调整后，β 10－1 组合表现明显不佳的结果就不令人意外了。这一组合的 FFC 和 FFCPS α 分别是每月－0.51%（T 统计量＝－2.43）和每月－0.48%（T 统计量＝－2.16），两个值都具有经济意义且在统计上显著。

表 16.5　　　　**单变量组合分析——价格样本**

A部分：市值加权组合													
排序变量	1	2	3	4	5	6	7	8	9	10	10−1	FFC α	FFCPS α
β	0.47	0.56	0.45	0.50	0.54	0.49	0.48	0.45	0.37	0.36	−0.12	−0.12	−0.14
											(−0.40)	(−0.51)	(−0.55)
MktCap	0.75	0.73	0.73	0.69	0.64	0.66	0.68	0.63	0.60	0.40	−0.35	−0.34	−0.28
											(−1.60)	(−1.60)	(−1.31)
BM	0.36	0.33	0.49	0.39	0.47	0.51	0.52	0.62	0.68	0.74	0.38	0.55	0.65
											(1.67)	(2.42)	(2.81)
Mom	−0.40	0.15	0.31	0.38	0.33	0.42	0.57	0.64	0.80	1.24	1.64	1.97	1.99
											(5.74)	(7.24)	(6.87)
Rev	0.48	0.61	0.71	0.56	0.52	0.48	0.43	0.46	0.26	0.18	−0.30	−0.41	−0.32
											(−1.41)	(−1.84)	(−1.32)
Illiq	0.41	0.53	0.50	0.65	0.56	0.54	0.60	0.62	0.68	0.41	0.00	−0.27	−0.27
											(0.01)	(−2.36)	(−2.28)
CoSkew	0.56	0.60	0.63	0.56	0.56	0.51	0.49	0.47	0.41	0.42	−0.14	0.01	0.01
											(−0.86)	(0.09)	(0.03)
IdioSkew	0.45	0.45	0.50	0.59	0.42	0.59	0.41	0.54	0.41	0.34	−0.11	−0.55	−0.49
											(−0.79)	(−4.47)	(−3.82)
IdioVol	0.46	0.50	0.49	0.54	0.55	0.58	0.57	0.35	0.19	−0.49	−0.96	−1.10	−1.12
											(−3.04)	(−5.46)	(−5.06)
B部分：等权重组合													
排序变量	1	2	3	4	5	6	7	8	9	10	10−1	FFC α	FFCPS α
β	0.69	0.78	0.78	0.76	0.80	0.74	0.72	0.63	0.52	0.35	−0.35	−0.51	−0.48
											(−1.14)	(−2.43)	(−2.16)
MktCap	0.79	0.73	0.72	0.69	0.65	0.66	0.69	0.64	0.60	0.45	−0.34	−0.37	−0.31
											(−1.65)	(−1.82)	(−1.53)
BM	0.12	0.33	0.52	0.58	0.66	0.73	0.77	0.87	0.96	1.00	0.88	1.16	1.17
											(3.77)	(5.19)	(5.18)
Mom	−0.42	0.28	0.47	0.59	0.68	0.77	0.89	0.98	1.18	1.38	1.80	2.03	2.08
											(7.52)	(9.03)	(8.33)
Rev	1.11	0.94	0.82	0.78	0.72	0.72	0.60	0.52	0.34	0.03	−1.07	−1.11	−1.04
											(−5.93)	(−5.88)	(−4.95)
Illiq	0.51	0.62	0.61	0.75	0.70	0.70	0.71	0.75	0.78	0.58	0.07	−0.13	−0.14
											(0.36)	(−1.03)	(−1.08)
CoSkew	0.68	0.83	0.79	0.76	0.77	0.74	0.68	0.65	0.70	0.61	−0.07	−0.04	−0.07
											(−0.66)	(−0.42)	(−0.56)
IdioSkew	0.70	0.68	0.75	0.75	0.77	0.79	0.74	0.77	0.68	0.59	−0.11	−0.31	−0.33
											(−0.87)	(−3.27)	(−3.22)
IdioVol	0.61	0.78	0.82	0.91	0.92	0.95	0.81	0.74	0.43	−0.35	−0.96	−1.17	−1.16
											(−3.56)	(−8.12)	(−7.50)

该表汇总了本书第二部分前述章节中每个变量与股票未来收益间关系的单变量组合分析结果。对所有价格样本股票，计算给定排序变量的十分位数，并根据这些将价格样本中的所有股票分为不同的月度组合。A部分（B部分）列出了使用不同变量排序的10个十分位数组合市值加权（等权重）的平均未来1个月超额收益（每月百分比）。表格中同时列出做多第10十分位数组合并做空第1十分位数组合的组合平均收益，以及这一组合的FFC α 和FFCPS α。括号中是经Newey和West（1987）六期滞后调整得到的 T 统计量，检验10−1组合的平均收益或 α 等于0是否成立。

价格样本的结果不能证明股票规模和股票未来收益间有强相关性。无论使用市值加权还是等权重组合，市值 10－1 组合的平均收益都很低并在统计上与零没有显著差异。有一个例外是，等权重的市值 10－1 组合在经过包括市场（*MKT*）、价值（*HML*）和动量（*MOM*）因子的风险模型调整后，得到每月－0.37%（*T* 统计量＝－1.82）的 α。[①] 这与 CRSP 样本有很大不同，CRSP 样本中发现市值与股票未来收益存在很强的负相关性。但这一结果也不是太令人意外，因为构造价格样本的目的是去除样本中规模小、流动性差的股票。正如我们在第 9 章中所示，规模效应主要来自规模非常小的股票。表 16.1 的描述性统计显示，构造价格样本时使用的价格筛选去除了许多这样的小规模股票。

价格样本中的价值效应稍弱于 CRSP 样本，但仍然存在。使用市值加权组合，价格样本的账面市值比 10－1 组合的月均收益率为 0.38%（*T* 统计量－1.67），临界统计显著。这一组合经过包括市场（*MKT*）、规模（*SMB*）和动量（*MOM*）因子的模型调整后，其 α 值为每月 0.55%（*T* 统计量＝2.42），大于平均收益率且高度统计显著。在模型中加入流动性（*PSL*）因子后，α 值更大。使用等权重组合的结果更显著。等权重的账面市值比10－1 组合的月均收益率是 0.88%（*T* 统计量＝3.77），远高于市值加权组合的平均收益。α 值也一样。

表 16.5 的结果显示动量现象在价格样本中非常强烈。价值加权的动量 10－1 组合获得月均 1.64%（*T* 统计量＝5.74）的收益。使用去除了动量因子的 FFC 和 FFCPS 模型后，分别得到每月 1.97%（*T* 统计量＝7.24）和每月 1.99%（*T* 统计量＝6.87）的 α。使用等权重组合，动量 10－1 组合的平均收益、FFC α（去除动量因子）和 FFCPS α（去除动量因子）分别为每月 1.80%（*T* 统计量＝7.52）、每月 2.03%（*T* 统计量＝9.03）和每月 2.08%（*T* 统计量＝8.33）。这些结果比 CRSP 样本等权重组合的结果更显著。

在价格样本中，市值加权的反转 10－1 组合的月均收益率为－0.30%（*T* 统计量＝－1.41），在统计上不显著。但在使用 FFC 模型调整风险后，组合的 α 每月为－0.41%（*T* 统计量＝－1.84），临界统计显著。这一特征与 CRSP 样本中观察到的一致，但 CRSP 样本中平均收益率和 α 的数值要大很多，且在统计上高度显著。在风险模型中加入流动性因子后，价格样本的 α 值为每月－0.32%（*T* 统计量＝－1.32），又变得在统计上不显著了。使用等权重组合，反转 10－1 组合的平均收益和 α 都是负值且在统计上高度显著，表明这些因子都不能解释等权重的反转 10－1 组合的负平均收益。价格样本的结果与 CRSP 样本中的对应结果相似，但反转现象在 CRSP 样本中表现得更强烈。总之，价格样本中的反转现象弱于 CRSP 样本。

价格样本的结果对非流动性和期望收益间的关系仅提供了微弱证明。这并不让人意外，因为价格样本的设计剔除了流动性高度不足的股票，而本章（即第 16 章）中已显示这些股票正是 CRSP 样本中非流动性和股票未来收益正相关性的驱动因素。在价

---

① 回顾我们在对市值排序构造的组合进行风险调整时，排除了规模（*SMB*）因子。

格样本中，市值加权或等权重的非流动性 10－1 组合都没能产生具有统计显著性的平均收益率。但与 CRSP 样本结果一致的是，使用价格样本构造市值加权组合，非流动性 10－1 组合的 FFC α 和 FFCPS α 分别是每月－0.27%（T 统计量＝－2.36）和每月－0.27%（T 统计量＝－2.28），负值在统计学上非常显著。然而使用等权重组合时，非流动性 10－1 组合的 α 在统计上与 0 没有显著差异。与之对比，使用 CRSP 样本构造等权重的非流动性差异组合时，α 显著为正。

价格样本的单变量组合分析没有发现协偏度和股票未来收益之间存在任何关系。无论使用市值加权还是等权重组合，协偏度 10－1 组合的平均收益率和 α 都很低，并在统计上与 0 没有显著差异。这和 CRSP 样本结果稍有差异。在 CRSP 样本中，等权重的协偏度 10－1 组合的平均收益率和 α 为负，并至少在临界统计上显著。

与 CRSP 样本得到的结果类似，在使用价格样本后，市值加权的特质偏度 10－1 组合产生了统计不显著的负平均收益率，但每月－0.55%（T 统计量＝－4.47）的 FFC α 和每月－0.49%（T 统计量＝－3.82）的 FFCPS α 数值都很大、显著性很高。这些结果表明，在控制了由风险模型中的风险因子捕捉到的风险后，特质偏度和股票未来收益负相关。价格样本等权重的结果与市值加权结果类似，等权重的特质偏度 10－1 组合产生了统计不显著的平均超常收益*，但风险调整收益显著为负。价格样本中等权重的结果比 CRSP 样本中等权重的结果表现更强烈。在 CRSP 样本中，等权重的特质偏度 10－1 组合的平均收益率和 α 并不显著。

特质波动率之谜在价格样本中更显著。无论使用何种加权方式，特质波动率 10－1 组合的平均收益率和 α 都是负的，负值很大并在统计上高度显著。使用等权重组合，价格样本中的结果强于 CRSP 样本。在 CRSP 样本中，等权重的特质波动率 10－1 组合的平均收益不显著。在价格样本中，特质波动率 10－1 组合的月均收益率－0.96%（T 统计量＝－3.56）** 不仅在统计上显著，数值也比 CRSP 样本相应组合的月均收益率高很多。α 也一样，在使用等权重组合的价格样本中，数值远高于 CRSP 样本。

规模样本

我们现在转向使用规模样本的单变量十分位数组合分析结果。将价格样本限制为市值不低于当月所有纽交所挂牌股票市值第 10 百分位数的股票，就得到了规模样本。规模样本单变量组合分析结果列在表 16.6 中。既然规模样本是价格样本的一个子样本，我们就将关于规模样本结果的讨论集中于规模样本和价格样本的差异。

规模样本的单变量组合分析没有发现 β 和股票未来收益间存在关系。无论组合采取何种加权方式，β 10－1 组合的平均收益和 α 在统计上都和 0 没有显著差异。规模样本和价格样本的市值加权组合的结果非常相似。但在使用等权重时，价格样本 β 10－1 组合的 α 是一个显著的负值，而规模样本中并未出现这一结果。

* 原书此处用 abnormal returns 代指超常收益，但在规模样本中出现的 abnormal returns 指风险调整的 α。——译者注

** 原书误写为特质波动率 10－1 组合的月均收益率为－0.93%（T 统计量＝－3.62）。——译者注

表 16.6　　　　　　　　　　　　　单变量组合分析——规模样本

A 部分：市值加权组合

排序变量	1	2	3	4	5	6	7	8	9	10	10−1	FFC α	FFCPS α
β	0.45	0.41	0.48	0.48	0.58	0.49	0.48	0.38	0.38	0.36	−0.09	−0.17	−0.21
											(−0.28)	(−0.73)	(−0.88)
MktCap	0.66	0.65	0.68	0.68	0.72	0.68	0.62	0.63	0.55	0.39	−0.27	−0.16	−0.12
											(−1.50)	(−0.96)	(−0.69)
BM	0.32	0.33	0.47	0.45	0.42	0.48	0.51	0.56	0.64	0.70	0.38	0.60	0.68
											(1.66)	(2.69)	(3.03)
Mom	−0.26	0.24	0.39	0.39	0.37	0.42	0.52	0.65	0.79	1.19	1.45	1.77	1.78
											(4.99)	(6.39)	(6.05)
Rev	0.42	0.66	0.66	0.50	0.50	0.48	0.41	0.42	0.31	0.24	−0.18	−0.29	−0.20
											(−0.83)	(−1.30)	(−0.81)
Illiq	0.41	0.55	0.61	0.54	0.63	0.60	0.56	0.57	0.55	0.52	0.12	−0.16	−0.17
											(0.74)	(−1.91)	(−1.78)
CoSkew	0.64	0.63	0.53	0.55	0.55	0.49	0.45	0.49	0.37	0.45	−0.19	−0.03	−0.02
											(−1.19)	(−0.23)	(−0.10)
IdioSkew	0.44	0.42	0.54	0.53	0.51	0.48	0.55	0.45	0.50	0.35	−0.09	−0.48	−0.45
											(−0.70)	(−3.83)	(−3.36)
IdioVol	0.45	0.54	0.49	0.47	0.59	0.53	0.62	0.52	0.27	−0.27	−0.72	−0.83	−0.86
											(−2.34)	(−4.22)	(−3.89)

B 部分：等权重组合

排序变量	1	2	3	4	5	6	7	8	9	10	10−1	FFC α	FFCPS α
β	0.63	0.64	0.70	0.73	0.72	0.75	0.70	0.62	0.52	0.37	−0.26	−0.35	−0.34
											(−0.79)	(−1.65)	(−1.48)
MktCap	0.66	0.64	0.67	0.68	0.72	0.68	0.63	0.62	0.56	0.43	−0.23	−0.15	−0.11
											(−1.42)	(−0.98)	(−0.70)
BM	0.17	0.32	0.49	0.62	0.62	0.72	0.73	0.79	0.85	0.91	0.74	1.01	1.03
											(3.07)	(4.39)	(4.54)
Mom	−0.25	0.29	0.49	0.57	0.62	0.67	0.78	0.87	1.06	1.29	1.54	1.80	1.83
											(5.97)	(7.40)	(6.92)
Rev	0.90	0.94	0.82	0.74	0.71	0.64	0.52	0.50	0.30	0.17	−0.74	−0.80	−0.73
											(−3.76)	(−3.94)	(−3.23)
Illiq	0.51	0.62	0.61	0.66	0.76	0.74	0.70	0.69	0.65	0.54	0.04	−0.19	−0.19
											(0.23)	(−2.04)	(−1.88)
CoSkew	0.68	0.72	0.73	0.73	0.74	0.67	0.65	0.61	0.65	0.54	−0.14	−0.08	−0.08
											(−1.28)	(−0.67)	(−0.60)
IdioSkew	0.65	0.63	0.72	0.69	0.73	0.73	0.72	0.73	0.63	0.49	−0.17	−0.38	−0.40
											(−1.28)	(−3.66)	(−3.44)
IdioVol	0.57	0.71	0.77	0.78	0.88	0.82	0.81	0.69	0.49	−0.25	−0.82	−0.98	−0.96
											(−2.83)	(−5.84)	(−5.27)

该表汇总了本书第二部分前述章节中每个变量与股票未来收益间关系的单变量组合分析结果。对所有规模样本股票，计算给定排序变量的十分位数，并根据这些将规模样本中的所有股票分为不同的月度组合。A 部分（B 部分）列出了使用不同变量排序的 10 个十分位数组合市值加权（等权重）的平均未来 1 个月超额收益（每月百分比）。表中同时列出了做多第 10 十分位数组合并做空第 1 十分位数组合的组合平均收益，以及这一组合的 FFC α 和 FFCPS α。括号中是经 Newey 和 West（1987）六期滞后调整得到的 T 统计量，检验 10−1 组合的平均收益或 α 等于 0 是否成立。

依据市值将规模样本分为不同组合时，无论采用何种加权方式，市值 10－1 组合的平均收益是一个统计不显著的负值。包含市场（*MKT*）、价值（*HML*）、动量（*MOM*）和流动性（*PSL*）因子的风险模型调整后的 α 也一样。这些结论与价格样本得出的结论相似。唯一的区别是，在价格样本中，等权重的市值 10－1 组合在经包含市场（*MKT*）、价值（*HML*）、动量（*MOM*）和流动性（*PSL*）因子的风险模型调整后的 α 临界统计显著。规模样本中没有发现这一结果。

使用规模样本并按账面市值比排序的单变量组合分析发现，市值加权的账面市值比 10－1 组合获得临界统计显著的正收益，平均月收益为 0.38%（T 统计量＝1.66)。这一组合按照去除价值（*HML*）因子的 FFC 和 FFCPS 模型调整后，获得高于平均收益并高度统计显著的 α。账面市值比 10－1 等权重组合的平均收益和 α 值从经济学角度看都很大，并在统计上高度显著。规模样本中所有账面市值比排序组合的结果都与价格样本中对应的结果很接近。

规模样本中的动量现象非常显著。无论采用何种加权方法，动量 10－1 组合的平均收益和 α 都得到高度统计显著的正值。尽管规模样本中平均收益和 α 值稍低于价格样本中的对应值，但规模样本的结果仍然具有很强的经济意义。

规模样本中反转排序的组合结果与价格样本相近，但略微弱一些。使用市值加权组合，规模样本反转 10－1 组合的平均收益和 α 统计不显著。当使用等权重组合时，与价格样本结果一致，规模样本反转 10－1 组合获得了显著为负的平均收益、FFC α 和 FFCPS α。规模样本使用非流动性作为排序变量的单变量十分位数组合分析结果也很有趣。无论使用何种加权方法，非流动性 10－1 组合的平均收益都是正的，但这个正值从经济学角度看很小，且在统计上不显著。而组合的 FFC 和 FFCPS α 都是负的，并至少临界统计显著。因此，我们不仅不能从规模样本中观察到非流动性和股票未来收益正相关，相反地，基于风险调整的结果显示高度流动性不足的股票倾向于比低流动性不足的股票表现差。在价格样本中，这一效应仅存在于市值加权组合中。在规模样本中，非流动性差异组合无论进行何种加权都获得了负超常收益。

与价格样本相似，规模样本没有得到关于协偏度和股票期望收益的任何证据。规模样本协偏度 10－1 组合的平均收益、FFC α 和 FFCPS α 在任一加权方式下，从经济学角度看都很小且统计不显著。

使用价格样本进行特质偏度和股票未来收益的组合分析结果同样与价格样本中对应的结果高度相似。无论采用何种加权方式，特质偏度 10－1 组合均产生了不显著的负平均收益，但该组合的 FFC 和 FFCPS α 是一个具有经济意义且高度统计显著的负值。

最后，与价格样本的情况一样，特质波动率之谜在规模样本中表现强烈。无论如何加权，特质波动率 10－1 组合的平均收益、FFC α 和 FFCPS α 都是一个数值很大、高度统计显著的负值。结果与价格样本中的对应结果非常接近。

使用 CRSP、价格和规模样本进行的本书所检验的每一个变量与股票未来收益关系的组合分析就此结束了。由于进行双变量组合分析的变量对数的数目巨大，分别陈述各种结果不切实际，因此我们直接进入变量与股票未来收益之间关系的 FM 回归分析。

16.5.2 Fama 和 MacBeth 回归分析

对于每一个样本，我们使用一些不同的横截面回归设定进行 FM 回归分析。对每一变量，我们都使用一个单变量设定，即在回归中仅以这一给定变量作为自变量。然后我们使用同时包含所有这些变量作为自变量的设定，我们将这一设定称为完整设定。

表 16.7 汇总了 FM 回归分析的结果，CRSP 样本、价格样本和规模样本的结果分别列在 A 部分、B 部分和 C 部分中。表中列出了月度横截面回归系数在时间序列上的平均值，以及对系数均值为 0 这一假设经 Newey 和 West（1987）六期滞后调整的 T 统计量。为了使不同样本的结果更加容易比较，表 16.7 与之前报告 FM 回归结果的表格呈现方式不同。在每张表格标记为单变量设定的部分，每一列对应一种不同设定，设定中的唯一自变量显示在每一列的顶部。标记为 Slope 和 Intercept 的两行分别代表给定的 FM 回归得到的平均斜率和截距。在表 16.7 的每个部分中标记为多变量设定的部分，我们展现了包含所有变量作为自变量的多变量设定结果。每一列代表了该列顶部所示变量的平均系数。

与等权重的单变量组合分析结果一致，以 β 作为唯一自变量的单变量回归设定发现，CRSP 样本中 β 和股票未来收益显著负相关，但价格或规模样本中都没有发现这样的相关性，限制性样本对 β 回归得到的系数也是负的，但与 0 没有显著统计差异。运用多变量设定时，无论使用哪一样本，FM 回归都没有发现 β 和股票未来收益相关。这一结果与 CAPM 关于 β 和股票期望收益横截面上正相关的主要预测相悖。

表 16.7　　Fama 和 MacBeth 回归分析

A 部分：CRSP 样本

单变量设定

	β	*Size*	*BM*	*Mom*	*Rev*	*Illiq*	*CoSkew*	*IdioSkew*	*IdioVol*
Slope	−0.265	−0.142	0.415	0.007	−0.048	0.050	−0.012	−0.032	−0.008
	(−1.96)	(−2.93)	(5.30)	(3.01)	(−10.07)	(1.98)	(−1.80)	(−0.51)	(−2.52)
Intercept	0.971	1.314	0.423	0.607	0.760	0.693	0.821	0.853	1.040
	(3.85)	(2.81)	(1.44)	(2.22)	(2.44)	(2.47)	(2.90)	(3.20)	(5.01)
Adj. R^2	0.02	0.01	0.01	0.01	0.01	0.01	0.00	0.00	0.02
n	4 426	4 781	3 391	4 410	4 740	3 600	3 948	3 948	4 732

多变量设定

Intercept	β	*Size*	*BM*	*Mom*	*Rev*	*Illiq*	*CoSkew*	*IdioSkew*	*IdioVol*
1.915	0.004	−0.179	0.141	0.007	−0.059	0.067	0.001	−0.123	−0.013
(5.46)	(0.03)	(−4.15)	(1.99)	(3.85)	(−11.32)	(3.74)	(0.13)	(−3.85)	(−5.85)

Adj. R^2：0.07，n：2 561

B部分：价格样本									
单变量设定									
	β	*Size*	*BM*	*Mom*	*Rev*	*Illiq*	*CoSkew*	*IdioSkew*	*IdioVol*
Slope	−0.175	−0.053	0.346	0.010	−0.026	−0.015	−0.005	−0.044	−0.016
	(−1.08)	(−1.39)	(3.69)	(6.08)	(−6.16)	(−0.39)	(−0.98)	(−0.87)	(−4.60)
Intercept	0.817	0.883	0.373	0.480	0.686	0.689	0.719	0.742	1.230
	(4.03)	(2.36)	(1.34)	(2.00)	(2.61)	(2.74)	(2.93)	(3.11)	(6.36)
Adj. R^2	0.03	0.01	0.01	0.02	0.01	0.01	0.00	0.00	0.02
n	3 273	3 524	2 478	3 262	3 495	2 883	2 957	2 957	3 498
多变量设定									
Intercept	*β*	*Size*	*BM*	*Mom*	*Rev*	*Illiq*	*CoSkew*	*IdioSkew*	*IdioVol*
1.951	−0.033	−0.170	0.156	0.008	−0.040	−0.042	0.004	−0.105	−0.016
(5.90)	(−0.22)	(−4.25)	(2.10)	(4.98)	(−8.49)	(−1.38)	(0.73)	(−3.20)	(−7.93)
Adj. R^2：0.07，*n*：2 033									

C部分：规模样本									
单变量设定									
	β	*Size*	*BM*	*Mom*	*Rev*	*Illiq*	*CoSkew*	*IdioSkew*	*IdioVol*
Slope	−0.115	−0.047	0.312	0.009	−0.021	−0.861	−0.008	−0.063	−0.016
	(−0.64)	(−1.16)	(2.56)	(4.89)	(−4.52)	(−1.45)	(−1.24)	(−1.22)	(−3.96)
Intercept	0.751	0.864	0.390	0.434	0.667	0.665	0.672	0.701	1.139
	(4.17)	(2.07)	(1.42)	(1.88)	(2.69)	(2.74)	(2.85)	(3.04)	(6.15)
Adj. R^2	0.04	0.01	0.01	0.02	0.01	0.00	0.00	0.00	0.02
n	2 213	2 337	1 751	2 208	2 323	2 128	2 043	2 043	2 327
多变量设定									
Intercept	*β*	*Size*	*BM*	*Mom*	*Rev*	*Illiq*	*CoSkew*	*IdioSkew*	*IdioVol*
1.800	−0.013	−0.156	0.125	0.008	−0.037	−0.221	0.002	−0.096	−0.012
(5.24)	(−0.09)	(−3.81)	(1.40)	(4.43)	(−7.55)	(−0.27)	(0.28)	(−2.88)	(−5.65)
Adj. R^2：0.08，*n*：1 563									

该表汇总了对本书检验的变量与股票期望收益关系的 Fama 和 Macbeth（1973）回归分析的结果。A 部分、B 部分和 C 部分分别表示 CRSP 样本、价格样本和规模样本的结果。每部分都列出了单变量回归设定和包含所有自变量的多变量回归设定结果。表示单变量设定下结果的每一列都与每一个不同自变量的分析相对应，列标题代表自变量。在呈现多变量设定的结果时，每一自变量的平均系数出现在每一个不同的列中，列标题代表自变量。所有设定中的因变量都是未来 1 个月的股票超额收益。自变量以月度为基础，按 0.5%标准进行了缩尾。假设平均系数等于 0，括号中是经 Newey 和 West（1987）六期滞后调整得到的 *T* 统计量。表中也列出了横截面回归的平均调整 R^2（Adj. R^2）和数据点的数量。

在回归设定中使用规模作为唯一自变量的单变量 FM 回归发现，在 CRSP 样本中的规模和股票未来收益负相关，但价格和规模样本中不存在这一相关性。这再次与等权重的组合分析相一致。但在使用完整设定时，无论在哪一个样本中，FM 回归分析在控制了其他所有变量的影响后，都发现规模和股票未来收益存在很强的负相关性。这一结果因而表明，即使在限制性样本中，规模效应依然存在。

与等权重的组合分析情况相同，所有样本的 FM 单变量回归分析都发现账面市值比和股票未来收益显著正相关。但在完整设定分析中，价值效应在 CRSP 和价格样本中仍然稳健存在，而规模样本中账面市值比的系数却是一个统计上并不显著的正值。因此，对于通过价格和规模筛选的股票，价值效应似乎该由本书检验的其他变量解释。

FM 回归在所有样本中都发现了很强的动量效应。CRSP 样本、价格样本和规模样本单变量设定下的平均系数分别是 0.007（T 统计量＝3.01）、0.010（T 统计量＝6.08）和 0.009（T 统计量＝4.89），这些正值在统计学上都非常显著。与单变量组合分析一致，结果显示动量现象在限制性样本中比在非限制性的 CRSP 样本中更强烈。使用多变量回归设定也一样。CRSP 样本多变量 FM 回归分析得到动量的平均系数为 0.007（T 统计量＝3.85）。价格样本和规模样本中相应分析得到的平均系数分别是 0.008（T 统计量＝4.98）和 0.008（T 统计量＝4.43）。

反转现象在所有样本中也都很强烈。单变量和多变量设定下反转的平均系数都是负值，且高度统计显著。在每一个样本中，使用完整设定得到的反转平均系数都大于单变量设定下的值。这不仅表明反转现象不是由其他变量引起的，还表明在控制了其他变量后，反转效应的程度事实上比单变量分析中更高。

表 16.7 显示非流动性和股票期望收益间的正相关性仅存在于完整的 CRSP 样本中。对 CRSP 样本，单变量设定下非流动性的平均系数是 0.050（T 统计量＝1.98），多变量设定下是 0.067（T 统计量＝3.74），数值都为正且都统计显著。但对价格样本和规模样本，单变量和多变量设定得到的非流动性平均系数在统计上都不显著。这些结果与等权重的单变量组合分析结果相符，后者在价格样本和规模样本中也没有发现非流动性和股票未来收益存在正相关性。事实上在规模样本中，在使用 FFC 和 FFCPS 模型对非流动性 10－1 组合进行风险调整后，得到的－α 至少是临界显著的。然而，使用规模样本进行完整设定的 FM 回归分析，结果并没有发现非流动性和股票未来收益存在任何相关性。规模样本单变量设定下非流动性的平均系数是－0.861，尽管在统计上不显著，但比完整设定下非流动性的系数－0.221 在数值上大很多。这表明非流动性 10－1 组合的－α 很可能是完整 FM 回归设定中的其他变量引起的。

与等权重的 CRSP 样本协偏度 10－1 组合产生临界统计显著的负平均收益一致，使用协偏度作为唯一自变量的 CRSP 样本单变量 FM 回归分析得到临界统计显著的协偏度平均系数－0.012（T 统计量＝－1.80）。但完整设定分析的结果发现，协偏度的平均系数 0.001（T 统计量＝0.13）不显著，表明协偏度和股票未来收益间的任何关系应由其他变量解释。在价格和规模样本中，FM 回归分析没有发现协偏度和股票期望收益间存在关系，单变量和多变量分析中协偏度的平均系数都和 0 没有显著统计差异。

无论使用哪一个样本，对于特质偏度的单变量 FM 回归分析得到的都是统计不显著的负平均系数。然而，完整设定的 FM 回归分析发现特质偏度和股票未来收益间存在很强的负相关性。CRSP 样本、价格样本和规模样本中完整设定下的特质偏度平均系数分别是－0.123（T 统计量＝－3.85）、－0.105（T 统计量＝－3.20）和－0.096（T 统计量＝－2.88）。对于价格和规模样本，这些结果与单变量组合分析相似，后者发现特质偏度 10－1 组合的平均收益不显著但得到显著的－α。两种分析方法都表明，要分离特质偏度的效应，有必要先控制其他因素的影响。

最后，FM 回归结果显示特质波动率和股票未来收益存在很强的负相关性。在所有三个样本中，对特质波动率的单变量和多变量回归设定都得到了高度统计显著的负平均系数。结果表明特质波动率之谜甚至在组成价格样本和规模样本的规模更大、流动性更强的股票中也存在。

16.6　总结

我们在本章中使用了三个样本，检验了本书中描述的实证资产定价研究的主要结果。本书第二部分前述章节中都使用了 CRSP 样本，该样本包括所有在纽约证券交易所、美国股票交易所和纳斯达克交易的美国公司普通股票。价格样本是 CRSP 样本的一个包含股价在 5 美元和 1 000 美元之间的股票的子样本。规模样本进一步限制股票组合为仅包括市值大于纽交所股票市值第 10 百分位数的股票。

组合及 Fama 和 Macbeth(1973) 回归分析没有在任何样本中发现 β 和股票期望收益存在稳健关系。在所有样本中都发现股票规模和股票期望收益存在负相关性，但在限制性样本中要弱很多。组合分析没有发现价格样本和规模样本中存在规模效应。回归分析仅在控制了其他因素的影响后，在限制性样本中发现股票规模和期望收益负相关。所有样本中都存在价值效应，即账面市值比和股票期望收益正相关。但在规模样本中，回归结果表明这一现象应由其他变量解释。无论使用何种实证方法，所有样本中的动量效应都非常强烈。多数实证分析都发现，用股票最近月份收益所衡量的反转与股票期望收益之间负相关，但市值加权的组合分析在价格样本和规模样本中没有发现这一反转现象，表明反转主要是小股票效应。组合和回归分析都没有发现非流动性和股票未来收益存在稳健关系。使用完整 CRSP 样本的等权重组合分析和回归分析显示流动性差的股票对应更高的期望收益。其他分析没有发现非流动性和股票期望收益存在强相关性。分析结果很少有迹象表明协偏度和股票期望收益相关。然而，有证据表明特质偏度和股票期望收益相关，但也仅在控制了其他因素的影响后发现了这一结果。最后，结果显示特质波动率和股票未来收益之间存在很强的负相关关系，这一现象通常被称为特质波动之谜。

参考文献

［1］ Amihud，Y. 2002. Illiquidity and stock returns：cross-section and time-series effects. Journal of Financial Markets，5（1），31-56.

［2］ Ang，A.，Hodrick，R. J.，Xing，Y.，and Zhang，X. 2006. The cross-section of volatility and expected returns. Journal of Finance，61（1），259-299.

［3］ Bali，T. G.，Brown，S. J.，Murray，S.，and Tang，Y. 2014. A Lottery Demand-

Based Explanation of the Beta Anomaly. SSRN eLibrary.
[4] Bali, T. and Cakici, N. 2008. Idiosyncratic volatility and the cross-section of expected returns. Journal of Financial and Quantitative Analysis, 43, 29-58.
[5] Banz, R. W. 1981. The relationship between return and market value of common stocks. Journal of Financial Economics, 9 (1), 3-18.
[6] Black, F. 1972. Capital market equilibrium with restricted borrowing. The Journal of Business, 45 (3), 444-455.
[7] Black, F. 1993. Beta and return. Journal of Portfolio Management, 20 (1), 8-18.
[8] Black, F., Jensen, M. C., and Scholes, M. S. The capital asset pricing model: some empirical tests. Studies in the Theory of Capital Markets. Praeger, New York, 1972.
[9] Boyer, B., Mitton, T., and Vorkink, K. 2010. Expected idiosyncratic skewness. Review of Financial Studies, 23 (1), 169-202.
[10] Carhart, M. M. 1997. On persistence in mutual fund performance. Journal of Finance, 52 (1), 57-82.
[11] Fama, E. F. and French, K. R. 1992. The cross-section of expected stock returns. Journal of Finance, 47 (2), 427-465.
[12] Fama, E. F. and French, K. R. 1993. Common risk factors in the returns on stocks and bonds. Journal of Financial Economics, 33 (1), 3-56.
[13] Fama, E. F. and MacBeth, J. D. 1973. Risk, return, and equilibrium: empirical tests. Journal of Political Economy, 81 (3), 607.
[14] Frazzini, A. and Pedersen, L. H. 2014. Betting against beta. Journal of Financial Economics, 111 (1), 1-25.
[15] Harvey, C. R. and Siddique, A. 2000. Conditional skewness in asset pricing tests. Journal of Finance, 55 (3), 1263-1295.
[16] Jegadeesh, N. and Titman, S. 1993. Returns to buying winners and selling losers: implications for stock market efficiency. Journal of Finance, 48 (1), 65-91.
[17] Kane, A. 1982. Skewness preference and portfolio choice. Journal of Financial and Quantitative Analysis, 17 (1), 15-25.
[18] Kraus, A. and Litzenberger, R. H. 1976. Skewness preference and the valuation of risk assets. Journal of Finance, 31 (4), 1085-1100.
[19] Lakonishok, J. and Shapiro, A. 1986. Systematic risk, total risk and size as determinants of stock market returns. Journal of Banking & Finance, 10 (1), 115-132.
[20] Levy, H. 1978. Equilibrium in an imperfect market: a constraint on the number of securities in the portfolio. American Economic Review, 68, 643-658.
[21] Lintner, J. 1965. Security prices, risk, and maximal gains from diversification. Journal of Finance, 20 (4), 687-615.

[22] McLean, R. D. and Pontiff, J. 2015. Does academic research destroy stock return predictability? Journal of Finance, forthcoming.
[23] Merton, R. C. 1987. A simple model of capital market equilibrium with incomplete information. Journal of Finance, 42, 483–510.
[24] Mossin, J. 1966. Equilibrium in a capital asset market. Econometrica, 34 (4), 768–783.
[25] Newey, W. K. and West, K. D. 1987. A simple, positive semi-definite, heteroskedasticity and autocorrelation consistent covariance matrix. Econometrica, 55 (3), 703–708.
[26] Pastor, L. and Stambaugh, R. F. 2003. Liquidity risk and expected stock returns. Journal of Political Economy, 111 (3), 642–685.
[27] Reinganum, M. R. 1981. A new empirical perspective of the CAPM. Journal of Quantitative and Empirical Finance, 16 (4), 439–462.
[28] Sharpe, W. F. 1964. Capital asset prices: a theory of market equilibrium under conditions of risk. Journal of Finance, 19 (3), 425–442.

第 17 章　期权隐含波动率

在本书的最后一个实证章节中，我们研究变量预测股票未来收益和期权收益的能力，这些变量由期权价格计算得到。实证资产定价文献已经确定了几个期权相关变量和股票未来收益以及期权收益之间的横截面关系。在本章中，我们将给出此研究领域几个主要结果的简要概述。

Bali 和 Hovakimian（2009）发现，平价（at the money，ATM）看涨期权和 ATM 看跌期权的隐含波动率之间的差异与股票未来收益显著正相关，ATM 看涨期权和 ATM 看跌期权的隐含波动率之间的差异通常用看涨期权与看跌期权的隐含波动率差值表示。Cremers 和 Weinbaum（2010）在更大范围的成交价内发现了期权隐含波动率的类似现象。关于看涨看跌期权隐含波动率差值预测股票未来收益的能力，两篇文献的解释是不同的。Bali 和 Hovakimian（2009）发现在横截面数据上，看涨看跌期权隐含波动率差值与跳跃风险显著正相关，并得出伴随高看涨看跌期权隐含波动率差值的高收益股票代表着一种跳跃风险溢价。Bali 和 Hovakimian（2009）也发现证据表明在期权市场上，知情交易可能是这种现象的另一个驱动因素。Cremers 和 Weinbaum（2010）指出，看涨和看跌期权隐含波动率差值预测股票未来收益的能力在具有高流动性期权的股票和相对流动性不强的股票中是最强的，并且随着时间的推移，该指标预测股票未来收益的能力会恶化。基于这些结果，Cremers 和 Weinbaum（2010）将这种影响归因于股票的错误定价。

Bali 和 Hovakimian（2009）所记录的第二个现象是股票未来收益与已实现波动率和隐含波动率之间的差异显著负相关，它被定义为历史股票收益计算所得波动率与期权价格计算所得期权隐含波动率之间的差值。他们称，已实现波动率与隐含波动率差值可以被理解为一种衡量波动风险和收益的方式，因此，能捕捉到波动风险相关的溢价。这一发现与其他一些文献证明的负向波动风险溢价的结论是一致的。Jackwerth 和 Rubinstein（1996）证明标准普尔 500 指数的期权隐含波动率高于其历史波动率。Bakshi 和 Kapadia（2003a）发现，构成多头波动头寸的 delta 对冲期权组合产生了负向平均收益率。Bakshi 和 Kapadia（2003b）证明，个人股票的隐含波动率平均高于历史收益率测量的波动率。Ang、Hodrick、Xing 和 Zhang（2006）表明，对总体波动创新高度敏感的股票产生了低平均收益。Carr 和 Wu（2009）通过比较从期权价格到实现的波动隐含的波动互换利率，发现了负向波动风险溢价的有力证据。

Xing、Zhang 和 Zhao（2010）表明，衡量风险中性偏度的隐含波动率微笑的斜率与股票未来收益具有显著的横截面关系。具体来说，Xing 等（2010）发现，价外（out-of-the-money，OTM）看跌期权的隐含波动率减去一个 ATM 看涨期权的隐含波动率的差值与风险中性偏度负相关（这个指标的高值表示更多负向偏度的风险中性分布），与股票未来收益负相关。因此，他们的结果表明风险偏好和股票期望收益之间存在正相关关系。其他几篇文献，如 Rehman 和 Vilkov（2012），DeMiguel、Plyakha、Uppal 和 Vilkov（2013）证明了隐含的风险中性偏度（或相关指标）与股票未来收益之间类似的正相关关系。这种正相关性与 Bollen 和 Whaley（2004），Garleanu、Pedersen 和 Poteshman（2009）基于需求的期权定价模型产生的预测一致。根据基于需求的期权定价，当知情投资者预测股票的正向收益时，他们通过在市场上买入看涨期权和卖出看跌期权来表达这一观点。这种价格压力提高了 OTM 看涨期权的价格，并降低了 OTM 看跌期权的价格。因此，对于想要实现股票增值的市场参与者来说，股票未来收益的期权隐含分布应该具有更肥的右尾和更瘦的左尾。相反的情况对于减值股票预测也是成立的。

应当指出，偏度和期望收益之间的正相关关系与均衡资产定价模型的预测相反。由 Arditti（1967，1971）、Kraus 和 Litzenberger（1976）、Simkowitz 和 Beedles（1978）、Scott 和 Horvath（1980）、Conine 和 Tamarkin（1981）、Kane（1982）、Harvey 和 Siddique（2000）、Mitton 和 Vorkink（2007）建立的模型都表明，投资者更喜欢具有正向偏度收益分布的资产，并因此对其期望收益率要求较低。与这些理论一致，Conrad、Dittmar 和 Ghysels（2013）发现了风险中性偏离与股票期望收益之间呈负相关关系的证据，Chang、Christoffersen 和 Jacobs（2013）证明，在标准普尔 500 指数收益率的期权隐含偏度中收益率暴露更高的创新股票产生了较低的平均收益。

An、Ang、Bali 和 Cakici（2014）通过检验看涨期权隐含波动率的变化和看跌期权隐含波动率的变化能否预测股票未来收益，进一步研究期权市场的知情交易。他们的结果表明，ATM 看涨期权的隐含波动率的月度变化与股票未来收益正相关，在控制了这种影响后，ATM 看跌期权的隐含波动率的变化与股票未来收益负相关。

除了越来越多的文献研究期权价格变量和股票收益之间的横截面关系，有少部分人在研究期权的收益率。Goyal 和 Saretto（2009）证明，前面讨论过的实现波动率与隐含波动率价差，与跨式期权、delta 对冲看涨策略和 delta 对冲看跌策略的未来收益率之间有非常显著的正向横截面关系。他们将这种现象归因于期权市场的定价偏差。根据 Goyal 和 Saretto（2009）的研究，相对于历史波动率的高（低）隐含波动率是高估（低估）期权的表现。因此，历史波动率减去隐含波动率的大的负值（正值）与高估（低估）期权价格相一致，也降低（增强）了用于捕获波动性策略的未来收益率。Cao 和 Han（2013）证明，delta 对冲期权收益在横截面上与特质波动率负相关。最后，Bali 和 Murray（2013）证明了风险中性偏度与由偏度影响分离的股票组成的头寸收益率之间的负向关系。

在本章的剩余部分，我们将研究上述几种现象。因此，我们需要引入一个新的数据库——期权矩阵（以下简称“OM”），这是期权价格和风险值数据最常用的来源。我们还讨论了从 OM 数据库生成的新样本的构建，该样本仅包含交易期权的股票子集。

17.1 期权样本

期权交易的股票集合明显小于本书中大多数时候所使用的 CRSP 样本的整套美国普通股。实证资产定价研究人员对于期权数据最常使用的来源是 OM 数据库。OM 数据库为所有美国上市的指数和股票期权提供价格、隐含波动率和风险值。数据始于 1996 年 1 月，截至 2013 年 1 月。OM 还提供了利率、私人股票和股票指数的数据。然而，这些数据仅用于补充选项数据，并不代表完整的数据库。

对于任何月份 t 的可选择股票，我们的样本（也称为期权样本）包括 OM 数据库中在给定月份的最后一个交易日，OM 证券价格（secprd）表中均有一个有效价格的所有普通股。证券价格表给出了 OM 数据库中衍生期权的证券的价格、数量、回报率和未偿还股票数量的数据。我们删除了证券价格表中的收盘价（近场）小于或等于 0.01 美元的字段。① 在 OM 的证券（securd）表中的发行类型字段值为 0 的证券被称为普通股。

使用 CUSIP 将 CRSP 数据库合并到 OM 数据库。OM 数据库使用证券标识符（secid）来标识每只标的证券，该证券标识符存储在许多不同 OM 表的证券标识符字段中。为了将 OM 证券标识符匹配到 CRSP PERMNO，我们将 OM 的证券文件（securd）中的 cusip 字段与 CRSP 的每日股票名称文件（dsenames）中的 NCUSIP 字段匹配。OM 数据库中的证券文件只包含每个证券标识码的一个条目。然而，CRSP 数据库中的每日股票名称文件通常包含同一个 PERMNO 的许多不同条目，每个条目在每日股票名称文件中对于由 NAMEDT（日期范围开始）和 NAMEENDT（日期范围结束）指示的非重叠日期范围有效。当将 CRSP PERMNO 匹配到我们的期权样本中给定月份和证券标识符组合时，我们要求 CRSP 数据库中的此日期范围包括给定月份 t 的最后一个日历

① OM 的证券价格数据库中的收盘字段中的负值表示此字段中给出的值是收盘价和卖出价值的平均值。我们从样本中排除收盘价为负值的股票。

日。最后，为了与本书大部分章节使用的 CRSP 样本保持一致，我们在期权样本中包括的最后一个月份是 2012 年 11 月，这意味着我们的收益分析将研究从 1996 年 2 月到 2012 年 12 月的 $t+1$ 月的收益率。

17.2 基于期权的变量

在本节中，我们定义了一些变量，并且将检验这些变量与股票期望收益的关系。我们还定义了几个用于衡量与期权头寸相关的收益的变量。

17.2.1 预测变量

在继续定义本章将要出现在分析中的核心变量之前，定义一些中间变量是有用的，这些中间变量将用于构建几个期权相关的变量。

我们首先定义 ATM 看涨隐含波动率、ATM 看跌隐含波动率、OTM 在月份 t 中对股票 i 的隐含波动率。ATM 隐含波动率来自 OM 的标准期权价格（stdopd）文件。此文件包含价格、隐含波动率和对于固定天数直到到期的 ATM 远期看涨期权和看跌期权的风险值。具体来说，提供具有 30、60、91、182、273、365、547 和 730 天的期权数据，直到期权到期。此文件中所有期权的执行价格均设置为期权交割日期等于期权到期日的标的股票的远期价格。由于市场中没有可用的期权，这些期权都有着确切的到期日期和执行价格，因此该表中的值是由 OM 通过可用期权价格数据插值的每日股票计算的隐含波动率曲面计算生成的。具体来说，每个期权的隐含波动率是用 OM 的隐含波动率曲面计算的，这将在下面更详细地进行讨论。然后使用 Cox、Ross 和 Rubinstein(1979) 二叉树模型运用隐含波动率计算期权价格和风险值。OM 使用 Cox 等(1979) 模型而不是 Black 和 Scholes(1973) 模型产生股权期权价格（并从价格产生隐含波动率），因为 Cox 等（1979）模型可以解释由于交易所交易期权本质上是美式期权的事实从而产生的提前交割的可能性。除了提供期权数据，OM 的标准化期权价格文件给出了每个给定到期日每个股票的远期价格。对于在给定月份 t 中的股票 i，我们用 $IVolC_{i,t}^{ATM}$ 和 $IVolP_{i,t}^{ATM}$ 分别表示 30 天 ATM 看涨期权和看跌期权的隐含波动率，并且从给定月份的当月最后一个交易日的标准化期权价格文件中取得 30 天 ATM 看涨期权和看跌期权的隐含波动率。我们要求 OM 数据库中记录的隐含波动率、远期价格和期权价格大于 0。[①] 我们还定义 ATM 波动率，用 $IVol$ 表示，为 ATM 看涨期权隐含波动率和 ATM 看跌期权隐含波动率的平均值。具体来说，我们有 $IVol_{i,t}=(IVolC_{i,t}^{ATM}+IVolP_{i,t}^{ATM})/2$。

Xing 等（2010）对于隐含波动率偏差的计算需要 OTM 看跌期权的隐含波动率。

① 当无法计算期权的隐含波动率或风险值时，OM 在给定字段中输入 -99.00 的值。

OTM 看跌期权的隐含波动率，我们用 $IVolP^{OTM}$ 表示，取自 OM 的波动率曲面（vsurfd）文件。波动率曲面文件包含具有固定到期天数和固定风险值的期权价格和隐含波动率。到期日与标准期权价格文件中的相同。波动率曲面文件包括绝对风险值在 0.20 到 0.80 之间、增量为 0.05 的看涨和看跌期权的数据。我们定义在给定月份 t 的最后一个交易日，对于 delta 值为 -0.20 的股票 i，30 天看跌期权的隐含波动率用 $IVolP_{i,t}^{OTM}$ 表示。

我们已经描述了 OM 数据库的必要组件和主要变量，现在可以定义与期权收益相关的变量。

看涨和看跌期权隐含波动率差值

我们定义看涨和看跌期权隐含波动率差值为 $IVolSpread$，Bali 和 Hovakimian（2009）、Cremers 和 Weinbaum(2010）指出由于 ATM 看涨期权隐含波动率和 ATM 看跌期权隐含波动率之间的差异，其与股票未来收益之间正相关。具体来说，我们有

$$IVolSpread_{i,t}=IVolC_{i,t}^{ATM}-IVolP_{i,t}^{ATM} \tag{17.1}$$

已实现波动率与隐含波动率的差值

我们定义两个版本的已实现波动率与隐含波动率差值。第一个按照 Bali 和 Hovakimian(2009）的做法，他们发现已实现波动率和隐含波动率之间的差异与股票未来收益之间显著负相关。Bali 和 Hovakimian(2009）使用 1 个月的日度收益数据计算实现的波动率。因此，我们采取 $Vol_{i,t}^{1M}-IVol_{i,t}$ 作为已实现波动率和隐含波动率之间差值的一个量度。Vol^{1M} 是给定股票 i 在给定月份 t 的每日收益的样本标准差，如第 15 章所定义。

Goyal 和 Saretto(2009）证明，已实现波动率与隐含波动率的差值和跨式期权、delta 对冲看涨期权和 delta 对冲看跌期权之间均显著正相关，其中已实现波动率被定义为过去 1 年日度股票收益的标准差。因此，我们定义 $Vol^{12M}-IVol$ 为 12 个月已实现波动率与 ATM 隐含波动率之间的差异，Vol^{12M} 是在第 15 章中再次定义的。虽然 Goyal 和 Saretto(2009）的主要结果成立时是用 1 个月的日度收益数据来计算已实现波动率，但我们在这里使用 $Vol^{12M}-IVol$ 来更准确地复制他们的结果。

隐含波动率偏离

隐含波动率偏离衡量隐含波动率微笑的陡峭度。继 Xing 等（2010）的研究，我们将波动率偏离定义为 OTM 看跌期权的隐含波动率与 ATM 看涨期权的隐含波动率之间的差值，给出

$$IVolSkew=IVolP_{i,t}^{OTM}-IVolC_{i,t}^{ATM} \tag{17.2}$$

保持 ATM 看涨期权隐含波动率不变，$IVolSkew$ 对于较高的 OTM 看跌期权隐含波动率值来说较高。由于高 OTM 看跌期权隐含波动率是股票未来收益风险中性分布的左侧肥尾的症状，高 $IVolSkew$ 值实际上表示风险中性分布的大的负向偏度。因此，$IVolSkew$ 被用来衡量负向偏度。因此，被 Xing 等（2010）所记录的 $IVolSkew$ 与股

票未来收益之间的负相关关系，反映了风险中性偏度与股票未来收益之间的正相关性。

隐含波动率变化

上面定义的波动率价差和偏离变量都衡量了月份 t 月底结束时的波动率。An 等（2014）表明，隐含波动率随时间的变化预测了股票未来收益的横截面。因此，我们将 ATM 看涨期权隐含波动率的变化定义为：在月份 t 月底测量的 ATM 看涨期权隐含波动率与月份 $t-1$ 月底测量的 ATM 看涨期权隐含波动率之间的差异。

$$\Delta IVolC_{i,t}=IVolC_{i,t}^{ATM}-IVolC_{i,t-1}^{ATM} \tag{17.3}$$

我们类似地定义 ATM 看跌期权隐含波动率的变化。

$$\Delta IVolP_{i,t}=IVolP_{i,t}^{ATM}-IVolP_{i,t-1}^{ATM} \tag{17.4}$$

17.2.2 期权收益

除了检查基于期权的相关变量预测股票未来收益的能力，一些研究还验证了与期权头寸相关的收益。最常被验证的期权头寸是跨式期权、delta 对冲看涨期权和 delta 对冲看跌期权。

跨式期权收益

跨式期权头寸包括一个看涨期权和一个看跌期权，它们具有相同的执行价格和到期日。跨式期权收益的计算是基于假设跨式期权是由用于确定 ATM 看涨期权隐含波动率（$IVol^{C,ATM}$）和 ATM 看跌期权隐含波动率（$IVol^{P,ATM}$）的相同期权建立的。除了提供隐含波动率数据之外，OM 的标准化期权表格还为表格中的所有期权提供了与远期价格相同的期权价格（premium 字段）和执行价格（strike _ price 字段）。因此，跨式期权头寸的价格是月份 t 最后一个交易日 30 天远期 ATM 看涨期权和看跌期权价格的总计。

跨式期权头寸的收益是股票在到期时的现货价格与用于建立跨式期权的执行价格之间差值的绝对值。股票在到期时的现货价格是取自 OM 证券价格文件的最后一个交易日或者在建立跨式期权头寸后 30 天之前。① 如前所述，跨式期权头寸建立于月份 t 的最后一个交易日。

之后，用跨式期权收益除以跨式期权的价格减去 1 作为跨式期权在月份 $t+1$ 的收益。为了计算超额跨式期权收益，我们除去从跨式期权建立到跨式期权被计算时间内无风险证券的收益。由于跨式期权的持有期不一定是整个日历月份 $t+1$，无风险证券的收益被计算为在持有期间的所有日子的复合每日无风险证券收益。每日无风险证券收益数据取自 Ken French 数据库②。

---

① 使用 OM 的证券价格表中的调整因子（cfadj）字段对到期股票价格进行调整。

② Ken French 数据图书馆的 URL 地址为：http：//mba. tuck. dartmouth. edu. /pages/faculty/ken. french/data _ library. html。

delta 对冲看涨期权收益

假设 30 天 ATM 看涨期权的多头头寸在月份 t 的最后一个交易日执行，而 delta 对冲在该时间使用 30 天远期合约中的头寸，计算得到 delta 对冲看涨期权收益。短期卖空的远期合约数量是看涨期权的 delta，如 OM 的标准期权文件中的 delta 字段所报告的。看涨期权和远期合约头寸保持不变，直到到期。由于进入远期合约的成本为 0，所以 delta 对冲的看涨期权头寸的价格只是看涨期权的价格。

期满时的 delta 对冲看涨期权头寸汇报的仅仅是看涨期权头寸和远期合约头寸的总和。看涨期权头寸的收益是到期时现货价格减去看涨期权执行价格的值和 0 中的最大值。远期合约头寸的收益是远期合约中的头寸（在建立 delta 对冲看涨期权期间看涨期权 delta 的负数）乘以到期时的现货价格与初始期货价格之间的差额。delta 对冲看涨期权的收益仅仅是看涨期权头寸和远期合约头寸汇报的总和。

通过将收益除以初始价格得到月份 $t+1$ 中的 delta 对冲收益。然后在持有看涨期权和远期头寸期间，用收益减去无风险证券计算超额收益。

delta 对冲看跌期权收益

delta 对冲看跌期权头寸的收益与 delta 对冲看涨期权的收益的计算方法类似。在月份 t 的最后一天，进行 30 天的远期平价看跌期权的多头，同时采取了远期合约的多头交易，其中远期合约的数量等于看跌期权 delta 的负数（看跌期权的 delta 为负值）。该位置的价格是看跌期权的价格。delta 看跌期权的收益是看跌期权的收益（执行价格减去到期时的现货价格的值和 0 中的最大值）加上远期合约的收益乘以远期合约中头寸的大小。delta 对冲看跌期权在月份 $t+1$ 的收益是结算金额除以价格，超额收益是收益减去无风险证券在持有期间的收益。

17.2.3 补充说明

在进行我们的实证调查之前，还需要对关于计算期权的相关变量进行一些补充说明。我们在分析中使用的许多变量的计算方式与原始研究结果的记录方式不同。其中一个原因是我们选择使用 OM 隐含波动率曲面数据。这种方法有几个优点：第一，OM 的隐含波动率曲面给出了关于期权的标准化到期日和期权价格数据。因此，不需要进一步解决用于样本中不同股票的期权的到期日或价格上的潜在差异。第二，因为隐含波动率曲面是通过在给定日期上内插所有可用期权价格数据计算的，所以使用隐含波动率曲面提供了一个比其他方法所允许的更大的样本。①

尽管有这些好处，但许多研究选择使用与实际交易期权有关的数据。OM 在其期权价格（opprcd）文件中提供此数据。数据包括收盘最佳出价和要价、风险值以及每个可用期权在每一天的隐含波动率。在任何一天，给定股票和到期组合的期权可能不

① 如果在给定日期上存在足够的期权价格数据以准确地校准波动率曲面，则 OM 仅提供股票的波动率曲面数据。

会交易或报价，一些研究者更喜欢使用实际期权价格数据，而不是从 OM 的隐含波动率曲面中获取数据。

17.3 描述性统计

表 17.1 显示了期权样本的描述性统计信息。除了显示期权相关的变量的统计值之外，我们还将显示本书中使用的其他变量的统计值。其原因是，期权样本与第二部分主要使用的 CRSP 样本以及第 16 章使用的 CRSP 样本的子集大不相同。

由期权隐含波动率计算得出的变量的描述性统计显示在 A 部分中。所有波动率均为以百分比测量的年化值。*IVolSpread* 的平均值为－0.84，表示平均来说，看跌期权的隐含波动率略高于看涨期权的隐含波动率。这也可以从$IVolC^{ATM}$和$IVolP^{ATM}$的描述性统计中看出，其分别具有 49.83 和 50.67 的均值。*IVolSpread* 值的范围从－131.03 到 124.79，中值为－0.54，仅略高于平均值。虽然 *IVolSpread* 的横截面分布是对称的，其平均偏度为－0.78，但它是尖峰态的，具有 106.79 的超额峰度。

$Vol^{1M}-IVol$ 在平均月份上的值的范围为－140.09 至 236.12，平均值和中值分别为－3.03 和－3.43。与以前的研究一致（Jackwerth and Rubinstein，1996；Bakshi and Kapadia，2003a，b；Carr and Wu，2009），$Vol^{1M}-IVol$ 的负平均值和中位数表明隐含波动率平均来说略高于近期已实现波动率。

IVolSkew 的均值（中值）为 5.88(4.70)，表明与波动微笑一致，OTM 看跌期权的隐含波动率往往高于 ATM 看涨期权的隐含波动率。在平均月份上，*IVolSkew* 的第 25 百分位数为正的 1.61，表明绝大多数股票表现出波动微笑。

正如所预期的那样，$\Delta IVolC$ 和 $\Delta IVolP$ 的平均值都非常接近于 0。然而，这些变量中的每一个都存在明显的变化，正如对于 $\Delta IVolC$ 和 $\Delta IVolP$ 的平均横截面标准差分别是 12.97 和 12.76。

有趣的是，$Vol^{12M}-IVol$ 的平均值和中间值都略微为正，表明平均而言，从 12 个月的日度收益率数据计算的已实现波动率高于期权隐含波动率。$Vol^{12M}-IVol$ 横截面分布是非常对称的，平均偏度仅为 0.02，尖峰则具有 44.18 的超额峰度。$Vol^{12M}-IVol$ 值的范围与$Vol^{1M}-IVol$ 类似。

表 17.1 的 B 部分显示了本章将要研究的股票、跨式期权、delta 对冲看涨期权和 delta 对冲看跌期权的超额收益率的描述性统计值。期权样本中的平均值（中间值）股票产生了 0.70%(0.21%) 的月均超额收益率。跨式期权产生的平均值（中间值）的月均超额收益率为－8.87%(－25.07%)。类似的结果可以见于 delta 对冲看涨期权（每月平均超额收益率为－7.78%，每月中间超额收益率为－24.25%）和 delta 对冲看跌期权（每月平均超额收益率为－9.41%，每月中间超额收益率为－25.33%）。跨式期权、delta 对冲看涨期权和 delta 对冲看跌期权头寸的大的负平均收益与之前波动风险的价格负值的发现是一致的（Bakshi and Kapadia，2003a；Carr and Wu，2009）。

表 17.1　描述性统计

A 部分：期权变量

	Mean	SD	Skew	Kurt	Min	5%	25%	Median	75%	95%	Max	n
$IVolSpread$	−0.84	9.66	−0.78	106.79	−131.03	−11.34	−2.83	−0.54	1.49	8.74	124.79	2 110
$Vol^{1M}-IVol$	−3.03	19.74	1.98	51.32	−140.09	−28.77	−11.09	−3.43	4.16	23.60	236.12	1 617
$IVolSkew$	5.88	11.65	0.83	51.65	−120.29	−6.31	1.61	4.70	8.95	22.25	140.87	2 110
$\Delta IVolC$	−0.06	12.97	0.02	54.61	−143.82	−15.52	−4.52	−0.17	4.23	15.87	144.97	2 072
$\Delta IVolP$	−0.06	12.76	0.22	55.73	−141.36	−14.83	−4.29	−0.20	3.97	15.20	144.96	2 072
$Vol^{12M}-IVol$	0.39	14.38	0.02	44.18	−134.36	−18.57	−4.63	0.64	6.01	18.25	155.26	1 587
$IVol$	50.25	22.89	1.66	6.91	8.86	23.35	33.66	45.46	61.97	92.32	225.75	2 110
Vol^{1M}	46.46	25.74	3.27	40.13	6.07	19.11	29.42	40.76	57.24	91.09	332.91	1 617
Vol^{12M}	49.68	21.68	1.92	13.77	14.81	23.71	33.84	45.43	61.60	87.96	246.22	1 587
$IVolC^{ATM}$	49.83	23.28	1.86	9.43	7.47	22.72	33.19	45.00	61.52	92.08	242.76	2 110
$IVolP^{ATM}$	50.67	23.63	1.86	8.98	8.66	23.47	33.82	45.66	62.30	93.59	246.22	2 110
$IVolP^{OTM}$	55.71	23.88	1.83	8.91	13.06	27.60	38.79	51.05	67.51	98.54	253.95	2 110

B 部分：超额收益

	Mean	SD	Skew	Kurt	Min	5%	25%	Median	75%	95%	Max	n
股票	0.70	13.27	0.73	9.66	−66.08	−18.78	−6.41	0.21	7.12	21.60	101.38	1 617
跨式期权	−8.87	75.62	2.08	14.40	−100.14	−93.11	−64.16	−25.07	27.29	128.92	697.49	2 105
delta 对冲看涨期权	−7.78	76.82	2.16	16.40	−100.14	−93.06	−63.87	−24.25	28.75	131.73	739.56	2 105
delta 对冲看跌期权	−9.41	74.95	2.06	13.58	−100.14	−93.17	−64.43	−25.33	26.70	126.90	692.00	2 105

C 部分：公司特征												
	Mean	*SD*	*Skew*	*Kurt*	*Min*	5%	25%	*Median*	75%	95%	*Max*	*n*
β	1.13	0.51	0.70	0.66	−0.27	0.44	0.76	1.04	1.43	2.09	3.32	1 587
MktCap	6 140	20 809	9	117	32	149	477	1 249	3 798	23 410	368 429	1 618
BM	0.54	0.55	7.26	119.73	0.00	0.10	0.24	0.42	0.69	1.30	10.47	1 394
Mom	18.52	65.10	4.05	45.12	−85.63	−47.02	−14.89	7.51	34.97	117.08	871.05	1 584
Rev	1.14	13.60	1.38	21.92	−58.01	−18.32	−6.13	0.50	7.48	22.29	123.68	1 616
Illiq	0.01	0.05	12.69	261.35	0.00	0.00	0.00	0.00	0.01	0.06	1.21	1 617
CoSkew	0.16	10.00	1.05	18.80	−59.92	−13.41	−4.45	−0.09	4.19	14.58	86.66	1 512
IdioSkew	0.38	0.73	1.53	7.00	−2.53	−0.54	−0.05	0.28	0.67	1.64	5.48	1 512
IdioVol	39.09	24.79	3.58	43.90	5.06	14.42	23.04	33.22	48.37	82.15	326.72	1 617

该表显示了 1996 年 1—11 月期间期权相关变量（A 部分）、超额股票和期权收益（B 部分）以及使用期权样本计算的其他变量（C 部分）的描述性统计。用平均值、标准差、偏度、峰度、最小值、第 5 百分位数（5%）、第 25 百分位数（25%）、中值、第 95 百分位数（95%）和最大值计算每个变量每个月的横截面分布。该表给出了每个横截面值的时间序列平均值。字段为 n 的列表示给定变量可用的股票的平均数量。*IVolSpread* 是平价看涨期权和看跌期权的隐含波动率之间的差值。$Vol^{1M}-IVol$（Vol^{12M}）是从 1 个月（12 个月）的每日收益数据计算的历史波动率与平价看涨期权和看跌期权隐含波动率的平均值之间的差值。*IVolSkew* 是价外看跌期权和平价看涨期权的隐含波动率之间的差值。$\Delta IVolC$ 和 $\Delta IVolP$ 分别为上一个月底的平价看涨期权和看跌期权隐含波动率的变化。*IVol* 是平价看涨期权和看跌期权隐含波动率的平均值。$IVol^{1M}$（Vol^{12M}）是从 1 个月（12 个月）的每日收益数据计算的历史波动率。$IVolC^{ATM}$ 和 $IVolP^{ATM}$ 是平价看涨期权和看跌期权的隐含波动率。$IVolP^{OTM}$ 是价外看跌期权的隐含波动率。B 部分显示了股票超额收益、跨式期权收益、delta 对冲看涨期权收益和 delta 对冲看跌期权收益的描述性统计，被用于计算每个变量的期权在 30 天内到期。

使用期权样本计算的第二部分的前几章中使用的变量的统计数据显示在表 17.1 的 C 部分中。在本书中检验的期权样本和股票相关的样本之间最显著的区别在于，期权样本中的股票的市值远远大于先前检查的样本中的股票的市值。这也适用于第 16 章中使用的最大限制性样本——规模样本。期权样本中的平均股票的市值超过 60 亿美元。虽然期权样本中包括一些小规模股票，但期权样本中的股票一般远远大于本书中检查的其他样本中的股票。

将期权样本中股票的其他变量的值与本书中使用的 CRSP 样本的值进行比较，结果表明，β、*Mom* 和 *CoSkew* 在期权样本中的平均值和中间值均高于 CRSP 样本。并且在期权样本中 *BM*、非流动性、*IdioSkew* 和 *IdioVol* 的值都比在 CRSP 样本中更低。最后，*Rev* 在两个样本中的平均值和中间值大致相同。在大多数情况下，当将期权样本与第 16 章检查的价格和规模样本进行比较时，这些结果均成立，但有一些例外。对于 *IdioVol*，价格和规模样本均具有比期权样本 *IdioVol* 更低的平均值和中间值以及比期权样本 *Mom* 更高的平均值。也许期权样本可以表征包含最大和最具流动性股票的样本。

表 17.1 中最后一个值得注意的结果是，平均月份的期权样本有 2 110 只股票，但我们平均只能匹配其中 1 618 只股票到 CRSP 数据库中。因此，分析中使用的从 CRSP 数据库计算得到的变量在平均月份中最多包含 1 618 只股票。这显著小于 CRSP 样本中平均月份的 4 794 只股票。

17.4 相关性

用于预测未来收益的变量之间的平均横截面相关性如表 17.2 所示。对角线以下条目表示皮尔逊积矩相关系数，对角线以上条目表示斯皮尔曼等级相关系数。

我们先检验期权相关变量之间的相关性。该表显示 *IVolSpread* 与 *IVolSkew* 显著负相关，与 $\Delta IVolC$ 具有正相关性，与 $\Delta IVolP$ 之间负相关。这些相关性中没有一个是令人惊讶的，其中许多具有潜在机械性是因为数据本身的原因，即相关性源自指标构建机制。*IVolSpread* 的计算对 ATM 看涨期权隐含波动率来说为正值，对 ATM 看跌期权隐含波动率来说为负值。既然 *IVolSkew* 的计算对于 ATM 看涨期权隐含波动率来说为负值，$\Delta IVolC$ 的计算对于同期的 ATM 看涨期权隐含波动率来说为正值，并且 $\Delta IVolP$ 的计算对于同期的 ATM 看跌期权隐含波动率来说应该为正值，因此观察到的相关性与机械效应相一致。

使用 1 个月实现波动率（$Vol^{1M}-IVol$）计算的已实现波动率与隐含波动率之间差值和 $\Delta IVolC$ 及 $\Delta IVolP$ 两者都是负相关，并且与使用 12 个月实现波动率（$Vol^{12M}-IVol$）计算的已实现波动率与隐含波动率之间的差值正相关。再次说明，这些相关性可能至少部分是机械的统计数据决定的。利用 ATM 看涨期权和看跌期权隐含波动率计算所得的 $\Delta IVolC$ 与 $\Delta IVolP$ 均为正值，分别计算得到的$Vol^{1M}-IVol$ 为负值，潜在地驱动着它们的负相关性。显然，*IVol* 是 ATM 看涨期权和看跌期权隐含波动率的平均值，在$Vol^{1M}-IVol$ 和$Vol^{12M}-IVol$ 两者的计算中带有负号，并产生了正相关性。

表 17.2 相关性

	$IVolSpread$	$Vol^{1M}-IVol$	$IVolSkew$	$\Delta IVolC$	$\Delta IVolP$	$Vol^{12M}-IVol$	β	$Size$	BM	Mom	Rev	$Illiq$	$CoSkew$	$IdioSkew$	$IdioVol$
$IVolSpread$	—	−0.00	−0.59	0.29	−0.21	−0.03	−0.00	0.01	0.01	−0.01	−0.07	−0.01	−0.00	−0.02	−0.02
$Vol^{1M}-IVol$	0.01	—	0.05	−0.13	−0.12	0.32	0.08	0.19	−0.01	0.05	0.13	−0.16	0.02	−0.06	0.31
$IVolSkew$	−0.66	0.03	—	−0.25	0.06	0.08	−0.01	−0.01	0.02	0.01	0.08	0.02	0.00	−0.00	−0.02
$\Delta IVolC$	0.32	−0.17	−0.27	—	0.53	−0.33	−0.02	0.01	0.00	0.05	−0.25	−0.01	−0.00	−0.01	0.01
$\Delta IVolP$	−0.26	−0.16	0.11	0.54	—	−0.33	−0.02	0.01	0.00	0.03	−0.18	−0.01	−0.00	−0.02	0.01
$Vol^{12M}-IVol$	−0.01	0.39	0.05	−0.37	−0.38	—	0.26	0.08	−0.06	0.06	0.16	−0.10	0.05	0.02	0.05
β	−0.00	0.09	−0.03	−0.01	−0.02	0.24	—	−0.14	−0.12	−0.04	−0.02	0.09	0.08	0.15	0.41
$Size$	0.02	0.15	−0.02	−0.00	0.00	0.10	−0.12	—	−0.11	0.23	0.09	−0.93	0.07	−0.23	−0.51
BM	0.01	−0.02	0.03	0.00	0.00	−0.03	−0.09	−0.13	—	0.00	0.01	0.15	−0.01	−0.02	−0.11
Mom	−0.00	0.03	0.00	0.03	0.02	0.11	0.00	0.13	0.01	—	0.01	−0.23	0.02	0.04	−0.12
Rev	−0.07	0.13	0.07	−0.24	−0.17	0.16	−0.01	0.07	0.01	−0.00	—	−0.05	0.02	−0.01	−0.01
$Illiq$	−0.00	−0.12	−0.04	0.01	0.01	−0.14	−0.06	−0.49	0.09	−0.17	−0.03	—	−0.08	0.20	0.44
$CoSkew$	−0.00	0.02	−0.00	−0.01	−0.01	0.06	0.10	0.05	0.00	0.04	0.03	−0.04	—	0.02	−0.00
$IdioSkew$	−0.02	−0.06	−0.01	−0.02	−0.02	0.04	0.15	−0.22	0.01	0.09	0.02	0.13	0.05	—	0.20
$IdioVol$	−0.04	0.46	−0.03	0.03	0.03	0.02	0.35	−0.45	−0.05	−0.03	0.02	0.28	0.01	0.19	—

该表提供了期权样本中 $IVolSpread$、$Vol^{1M}-IVol$、$IVolSkew$、$\Delta IVolC$、$\Delta IVolP$、$Vol^{12M}-IVol$、贝塔、规模、BM、Mom、Rev、非流动性、$CoSkew$、$IdioSkew$、$IdioVol$ 的平均时间序列上的年度横截面皮尔逊积矩（对角线以下）和斯皮尔曼等级（对角线以上）相关系数。

$IVolSkew$ 与 $\Delta IVolC$ 之间具有负相关性，考虑到 $IVolSkew$ 与 ATM 看涨期权隐含波动率具有相同的符号，同时 $\Delta IVolC$ 与 ATM 看涨期权隐含波动率具有相反的符号，这一结果是符合预期的。$IVolSkew$ 与 $\Delta IVolP$ 也表现出相对小的但不可忽略的、正的 0.11 的皮尔逊积矩相关系数。

$\Delta IVolC$ 和 $\Delta IVolP$ 两者与$Vol^{12M}-IVol$ 都具有负相关性，这再次可能是一种机械效应的潜在机制决定的，并且 $\Delta IVolC$ 和 $\Delta IVolP$ 在同期的看涨期权和看跌期权隐含波动率上分别具有正值，$Vol^{12M}-IVol$ 在同期的 ATM 看涨期权和看跌期权隐含波动率上具有负值。最后，$\Delta IVolC$ 和 $\Delta IVolP$ 平均横截面皮尔逊积矩相关系数为 0.54，表明 ATM 看涨期权隐含波动率增加的股票也可能经历了 ATM 看跌期权隐含波动率的增加。实际上有人可能认为这种相关性低于预期。对于欧式期权，看跌期权平价关系需要具有相同违约日和到期日的看涨期权和看跌期权的隐含波动率相同。如果这种关系在月份 $t-1$ 月底和月份 t 月底保持不变，则 $\Delta IVolC$ 和 $\Delta IVolP$ 之间将具有完美相关性。然而，我们所考虑的期权是美式期权，这意味着看跌期权和看涨期权的隐含波动率可能彼此不同，更不用说套利机会了。

我们接下来考察期权变量和本书前面章节讨论的变量之间的相关性。$IVolSpread$ 与 $IVolSkew$ 都没有表现出与任何先前检验的变量的实质相关性。$Vol^{1M}-IVol$ 与 β、规模和 Rev 之间表现出中度正相关性，与非流动性具有中度负相关性，与 $IdioVol$ 具有强烈的正相关性。这最后一个相关性是可以预期的，因为Vol^{1M}用来衡量上个月的总波动率，$IdioVol$ 用来衡量上个月的特质波动率。$Vol^{12M}-IVol$ 与 β、规模、Rev 和非流动性具有与$Vol^{1M}-IVol$ 类似的相关性，以及与 Mom 之间不可忽略的正相关性。有趣的是，$Vol^{12M}-IVol$ 和非流动性之间的相关性很小。$\Delta IVolC$ 和 $\Delta IVolP$ 两者都与 Rev 负相关，并与任何其他先前检验的变量表现出几乎没有相关性。

最后，根据期权样本中的股票计算所得的本书前几章中检验的变量之间的相关性，与第 16 章检查的样本中的相似。也许最显著的区别是，在期权样本中 β 和规模之间的平均皮尔逊积矩相关系数（−0.12）是负的实值，而在本书第二部分使用的 CRSP 样本和第 16 章使用的价格和规模样本中，β 和规模之间的相关系数基本为正值。此外，期权样本中 β 和非流动性之间的平均皮尔逊积矩相关系数（−0.06）显著小于先前检验的样本中相应的相关系数。

17.5 持续性

我们现在继续对期权变量的持续性进行分析。这些分析的结果显示在表 17.3 的 A 部分中，结果显示许多期权变量在相对较短的滞后处显示出一些持续性，但是当在对超过 1 年的滞后进行测量时，没有一个显示出实质的持续性。

$IVolSpread$ 的持续性的滞后 1 个月和 3 个月的结果分别是 0.16 和 0.11，表明这个持续性虽不可忽略但在经济意义上却很小。然而，对于滞后 6 个月和更长时间，所有持续性的值都是 0.08 或者更低，表明对于 $IVolSpread$ 来说，如果有，则在长期内持续性几乎不存在。

检验$Vol^{1M}-IVol$ 持续性的结果是有趣的，随着该变量的持续性从在 1 个月滞后时测量的 0.15 略微增加到在 3 个月滞后时测量的 0.17。由于没有经济意义上的原因认为 $Vol^{1M}-IVol$ 的持续性应该在更长的滞后时间内增加，似乎这个结果可能只是一个经验加工品。在 6 和 12 个月的滞后时间上，0.14 和 0.13 的持续值保持其不可忽略性，但仍然相对较小。然而，当滞后超过 12 个月时，持续性进一步衰减。

IVolSkew 表现出比 *IVolSpread* 和$Vol^{1M}-IVol$ 更强的短期持续性。然而，即使在仅仅 1 个月的滞后时测量，*IVolSkew*(0.26) 的持续性也不是很高，并且随着滞后增加，该持续性衰减迅速。在 12 个月的滞后时间上，该持续性只有 0.10，在 24 个月和更长的滞后上，持续性值都是 0.06 或者更低。

在 1 个月的滞后时间上，$\Delta IVolC$ 和 $\Delta IVolP$ 两者都显示出显著的负横截面相关性。这表明，看涨或看跌期权隐含波动率的大幅增加倾向于指出在下个月被扭转的定价错误。当滞后超过 1 个月时间时，无论 $\Delta IVolC$ 还是 $\Delta IVolP$ 都不显示出任何明显的持续性。

表 17.3　　持续性

A 部分：期权变量

τ	*IVolSpread*	$Vol^{1M}-IVol$	*IVolSkew*	$\Delta IVolC$	$\Delta IVolP$	$Vol^{12M}-IVol$
1	0.16	0.15	0.26	−0.34	−0.33	—
3	0.11	0.17	0.19	0.01	0.02	—
6	0.08	0.14	0.14	0.02	0.02	—
12	0.06	0.13	0.10	0.04	0.04	0.12
24	0.04	0.09	0.06	0.03	0.03	0.09
36	0.02	0.09	0.04	0.03	0.03	0.08
48	0.01	0.07	0.04	0.02	0.03	0.05
60	0.01	0.07	0.04	0.03	0.03	0.06
120	0.00	0.04	0.02	0.02	0.03	0.00

B 部分：证券特征

τ	β	*MktCap*	*Size*	*BM*	*Mom*	*Rev*	*Illiq*	*CoSkew*	*IdioSkew*	*IdioVol*
1	—	1.00	1.00	—	—	−0.02	0.90	—	—	0.54
3	—	0.99	0.99	—	—	0.00	0.84	—	—	0.54
6	—	0.99	0.98	—	—	0.01	0.78	—	—	0.51
12	0.68	0.97	0.96	0.75	−0.06	0.00	0.66	—	—	0.48
24	0.57	0.95	0.92	0.63	−0.05	0.01	0.51	—	—	0.43
36	0.51	0.93	0.90	0.56	−0.02	0.01	0.42	—	—	0.40
48	0.46	0.91	0.88	0.53	−0.00	0.00	0.36	—	—	0.37
60	0.41	0.90	0.87	0.50	−0.03	0.00	0.32	0.05	0.12	0.35
120	0.16	0.86	0.80	0.41	0.02	−0.00	0.29	0.01	0.10	0.27

该表显示了使用期权样本的 A 部分中的 *IVolSpread*、$Vol^{1M}-IVol$、*IVolSkew*、$\Delta IVolC$、$\Delta IVolP$、$Vol^{12M}-IVol$ 和 B 部分中的 β、市值、规模、*BM*、*Mom*、*Rev*、非流动性、*CoSkew*、*IdioSkew*、*IdioVol* 的持续性分析结果。在每个月份 t，计算给定变量的月份 t 和月份 $t+\tau$ 之间的横截面皮尔逊积矩相关系数。该表给出了月度横截面相关性的时间序列平均值。标记为 τ 的列被用于衡量持续性的滞后。

最后，由于我们使用 12 个月的数据表示Vol^{12M}，我们仅计算在 12 个月和更长的滞后时间上$Vol^{12M}-IVol$ 的持续性，其在 12 个月的滞后时间上的持续性为 0.12，在 5 年的滞后时间上衰减到 0。

期权相关变量显示出的一般强持续性缺乏现象表明，这些变量预测未来股票或期权收益的任何能力可能是由于短期效应所造成的，例如告知投资者试图通过期权市场上的交易离散利润的错误定价。这些变量不可能衡量市场定价的风险。

表 17.3 的 B 部分显示了仅使用期权样本中的股票进行的所有先前检验的变量的持续性分析的结果。这些分析的结果与本书前面章节所示的分析结果相似，因此在这里可以非常快速地总结。规模变量（规模和市值）在所有滞后项上都具有极高的持续性。β、BM、非流动性和 $IdioVol$ 都具有强持续性。Mom 和 Rev 表现出几乎不具有持续性，但这并不奇怪，因为这些变量只是用于简单衡量股票收益，这些变量的持续性相当于预测股票未来收益横截面的强大能力。最后，$CoSkew$ 几乎没有表现出持续性，并且 $IdioSkew$ 尽管表现出比其他变量小得多的持续性，但不能被认为是可忽略的。

使用期权样本检验了所有变量的描述性统计信息、相关性和持久性后，现在我们继续研究期权相关变量预测未来股票和期权收益的能力。鉴于本章中所讨论的大量关系，我们不深入探讨任何单一现象。本章剩余部分的目的是向读者提供期权市场相关的主要结果的初步概述。

17.6 股票收益

我们对期权相关变量预测股票未来收益的能力的研究分两步进行。第一步，我们检验以同期波动水平计算的变量之间的关系。具体来说，我们先检验股票未来收益与 $IVolSpread$、$Vol^{1M}-IVol$、$IVolSkew$ 每个变量的横截面关系。正如本书所做的，我们使用单变量组合分析和 FM 回归分析来研究这些关系。

第二步，我们检验了股票未来收益和 $\Delta IVolC$ 和 $\Delta IVolP$ 之间的关系，$\Delta IVolC$ 和 $\Delta IVolP$ 表示隐含波动率随时间变化的变量之间的关系。我们将这些分析与使用 $IVolSpread$、$Vol^{1M}-IVol$、$IVolSkew$ 的分析分开，因为如 An 等（2014）所认为的，在控制了 $\Delta IVolC$ 后，$\Delta IVolP$ 与股票收益之间的负相关性最强。我们要调查股票未来收益与 $\Delta IVolC$ 和 $\Delta IVolP$ 之间的关系，因此，使用双变量（而不是单变量）组合分析和 FM 回归分析。

17.6.1 *IVolSpread*、$Vol^{1M}-IVol$ 和 *IVolSkew*

表 17.4 显示了股票期望收益与 $IVolSpread$、$IVolSkew$ 和$Vol^{1M}-IVol$ 之间关系的单变量组合分析的结果。等权重组合的结果显示在 A 部分中，市值加权组合的结果显示在 B 部分中。

表 17.4　　　　　　　　　　单变量组合分析——股票收益

A 部分：等权重组合收益													
排序变量	1	2	3	4	5	6	7	8	9	10	10−1	FFC α	FFCPS α
IVolSpread	−0.33	0.36	0.44	0.52	0.65	0.73	0.90	0.83	1.22	1.68	2.02	2.16	2.10
											(8.23)	(7.96)	(8.39)
$Vol^{1M}-IVol$	0.89	0.91	0.80	0.83	0.71	0.71	0.58	0.60	0.52	0.48	−0.41	−0.48	−0.38
											(−2.05)	(−2.23)	(−1.66)
IVolSkew	1.57	1.25	1.00	0.75	0.59	0.57	0.50	0.48	0.42	−0.08	−1.66	−1.74	−1.65
											(−6.65)	(−6.01)	(−6.62)
B 部分：市值加权组合收益													
排序变量	1	2	3	4	5	6	7	8	9	10	10−1	FFC α	FFCPS α
IVolSpread	−0.19	0.08	0.15	0.37	0.55	0.62	0.76	0.77	1.06	1.61	1.80	2.08	2.10
											(4.90)	(5.07)	(4.94)
$Vol^{1M}-IVol$	0.86	0.86	0.96	0.92	0.63	0.57	0.44	0.44	0.30	0.21	−0.65	−0.58	−0.49
											(−1.84)	(−1.64)	(−1.47)
IVolSkew	1.47	1.22	0.93	0.63	0.42	0.45	0.48	0.29	0.25	−0.09	−1.56	−1.70	−1.61
											(−3.53)	(−3.81)	(−3.73)

该表显示了股票未来收益与 *IVolSpread*、$Vol^{1M}-IVol$、*IVolSkew* 之间关系的单变量组合分析的结果。月度组合是通过将期权样本中的所有股票排序到组合中，使用根据给定排序变量计算的十分位数断点，排序变量是使用期权样本中的所有股票得到的。A 部分（B 部分）显示了，对于使用不同变量作为排序变量形成的 10 个十分位数组合中的每一个组合的平均等权重（市值加权）未来 1 个月的超额收益（以月度百分比计）。该表还显示了做多第 10 十分位数组合同时做空第 1 十分位数组合的组合平均收益率，以及该组合的 FFC 和 FFCPS 指数。括号中是经 Newey 和 West（1987）六期滞后调整得到的 T 统计量，检验平均 10－1 组合收益或 α 等于 0 的零假设是否成立。

与 Bali 和 Hovakimian(2009)、Cremers 和 Weinbaum(2010) 的结果一致，表 17.4 中的结果表明 *IVolSpread* 与股票未来收益之间存在显著的正相关性。当使用等权重组合时，十分位数组合的平均每月超额收益从第 1 十分位数组合的－0.33%单调增加到第 10 十分位数组合的每月 1.68%。*IVolSpread* 的 10－1 组合平均收益率为每月 2.02%，不仅在经济意义上非常大，而且在 Newey 和 West(1987) 调整的（六期滞后）T 统计量为 8.23 时具有高度的统计显著性。该组合的 α 值相对于 Fama 和 French (1993)、Carhart(1997) 的四因子模型（FFC），加入 Pastor 和 Stambaugh(2003) 的流动性因子的 FFC 模型（FFCPS），分别为每月 2.16%(T 统计量＝7.96) 和 2.10%(T 统计量＝8.39)，这表明，该组合的巨大的平均收益不是由大因素敏感性驱动的。市值加权组合的结果，如 B 部分所示，几乎同样显著。十分位数组合的平均超额收益从第 1 十分位数组合的每月－0.19%增加到第 10 十分位数组合的 1.61%。10－1 组合每月 1.80%的平均收益率具有高度统计显著性，T 统计量为 4.90。再一次，FFC 和 FFCPS 模型不能解释该组合的收益，因为每月 2.08%(T 统计量＝5.07) 和每月 2.10%(T 统计量＝4.94) 的 α 保持在经济意义上非常大的数值和高度统计学显著性。

使用$Vol^{1M}-IVol$ 排序变量的单变量组合分析的结果表明，如 Bali 和 Hovakimian (2009) 所证明的，$Vol^{1M}-IVol$ 与股票未来收益负相关。然而，这种关系并不如本章所讨论的其他关系那么显著。当使用等权重组合时，$Vol^{1M}-IVol$ 的 10－1 组合平均收益率为每月 0.41%（T 统计量＝－2.05），有经济意义且具有高度统计显著性。由该组合产生的每月－0.48%的 FFC α（T 统计量＝－2.23）数值较大，并且在统计学意义上高于平均收益。然而有趣的是，FFCPS α 每月－0.38%（T 统计量＝－1.66）的数值降低到统计学上边际显著的地位，表明该组合平均收益的一部分是由总体流动性敏感性驱动的。市值加权$Vol^{1M}-IVol$ 的 10－1 组合每月－0.65%（T 统计量＝－1.84）的平均收益大于等权重组合的平均收益，虽然统计上显著程度略低。类似地，市值加权 10－1 组合的 FFC 和 FFCPS 值分别为－0.58%（T 统计量＝－1.64）和－0.49%（T 统计量＝－1.47），相比它们的等权重组合数值较大但具有较低的 T 统计量。因此，虽然这些结果的经济意义相当大，但统计学意义相对不显著。然而，应当指出，这些分析只包括从 1996 年 2 月到 2012 年 12 月的几个月的收益，这是一个相对较短的抽样期。因此，低 T 统计量可能是在统计检验中短周期采样导致解释力不足的表现。

最后一组组合分析的结果列在表 17.4 中，检查了 *IVolSkew* 与股票未来收益之间的关系。与 Xing 等（2010）一致，结果表明 *IVolSkew* 与股票未来收益之间存在显著的负相关性。等权重十分位数组合的平均超额收益从第 1 十分位数组合的每月 1.57%单调下降到第 10 十分位数组合的每月－0.08%。因此，*IVolSkew* 的 10－1 组合每月－1.66%的平均收益率（T 统计量＝－6.65）、每月－1.74%的 FFC α（T 统计量＝－6.01）和每月－1.65%的 FFCPS α（T 统计量＝－6.62）在数值和统计学意义上相似。市值加权 *IVolSkew* 排序的十分位数组合的超额收益从第 1 十分位数组合的每月 1.47%单调下降到第 10 十分位数组合的每月－0.09%。由市值加权 10－1 组合产生的平均收益、FFC α 和 FFCPS α 分别为每月－1.56%（T 统计量＝－3.53）、每月－1.70%（T 统计量＝－3.81）和每月－1.61%（T 统计量＝－3.73），其均具有高度统计学显著性，并且非常类似于它们的等权重对应的组合。

表 17.4 中显示的单变量组合分析的结果表明了股票未来收益与 *IVolSpread* 之间的显著正向的单变量关系，与$Vol^{1M}-IVol$、*IVolSkew* 之间负向的单变量关系。我们现在使用 FM 回归分析来检验这些关系是否可以通过本书前面章节中记录的任何现象来解释。对于月度横截面回归，我们采用几个不同的方程。我们从单变量方程开始，分别使用 *IVolSpread*、$Vol^{1M}-IVol$、*IVolSkew* 中每个变量作为唯一的自变量。然后，我们将这三个方法作为相同方程中的自变量。最后，我们重复每个分析，同时控制 β、市值、规模、*BM*、*Mom*、*Rev*、非流动性、*CoSkew*、*IdioSkew*、*IdioVol*。考虑到$Vol^{1M}-IVol$ 和 *IVolSkew* 之间的强烈和高度机械统计相关，按照 An 等（2014）的方法，我们从包含$Vol^{1M}-IVol$ 的方程中排除 *IdioVol*。所有方程中的自变量均以每月 0.5%的水平进行预测。

FM 回归分析的结果示于表 17.5 中。列（1）表明，使用 FM 回归分析检测到 *IVolSpread* 和股票未来收益之间的显著正相关性，因为 0.077 的 *IVolSpread* 平均系数

（T 统计量=9.28）是高度统计学显著的。类似地，使用 FM 回归分析，未来 1 个月的股票超额收益和$Vol^{1M}-IVol$、$IVolSkew$ 之间均具有负相关性，因为−0.006［T 统计量=−1.89，列（2）］的$Vol^{1M}-IVol$ 平均系数和−0.050［T 统计量=−7.77，列（3）］的 $IVolSkew$ 平均系数具有统计学意义。当所有 3 只期权相关变量同时作为自变量［列（4）］时，结果非常相似。0.053（T 统计量=4.51）的 $IVolSpread$ 平均系数、−0.005（T 统计量=−1.81）的$Vol^{1M}-IVol$ 平均系数和−0.025（T 统计量=−2.90）的 $IVolSkew$ 平均系数都是统计学上显著且数值上都同样大于来自单变量方程的对应系数（虽然数值较小）。包括控制变量的方程表明，这些横截面关系都不是由股票收益中以前记录的模式驱动的。当把控制变量增加到单变量方程时，列（5）～（7）表明，$IVolSpread$ 与股票未来收益之间的正相关性，以及股票未来收益与$Vol^{1M}-IVol$、$IVolSkew$ 之间的负相关性保持不变。当把所有变量都包含在回归方程［列（8）］中时也是如此。事实上，当包括控制变量时，$Vol^{1M}-IVol$ 与股票收益之间的负相关性的数值和统计强度大大增强。列（8）产生的 $IVolSpread$ 平均系数为 0.052（T 统计量=5.35），$Vol^{1M}-IVol$ 平均系数为−0.008（T 统计量=−2.78），$IVolSkew$ 平均系数为−0.022（T 统计量=−3.19）。

表 17.5　　Fama 和 MacBeth 回归分析——股票收益

	期权变量							
	(1)	(2)	(3)	(4)	(5)	(6)	(7)	(8)
$IVolSpread$	0.077	—	—	0.053	0.071	—	—	0.052
	(9.28)			(4.51)	(8.91)			(5.35)
$Vol^{1M}-IVol$	—	−0.006	—	−0.005		−0.008	—	−0.008
		(−1.89)		(−1.81)		(−2.80)		(−2.78)
$IVolSkew$	—	—	−0.050	−0.025	—	—	−0.047	−0.022
			(−7.77)	(−2.90)			(−7.78)	(−3.19)
β	—	—	—	—	0.140	0.139	0.142	0.147
					(0.38)	(0.36)	(0.39)	(0.39)
$Size$	—	—	—	—	−0.170	−0.125	−0.174	−0.133
					(−2.24)	(−1.43)	(−2.32)	(−1.52)
BM	—	—	—	—	−0.049	−0.007	−0.017	0.007
					(−0.26)	(−0.03)	(−0.09)	(0.04)
Mom	—	—		—	−0.002	−0.002	−0.002	−0.002
					(−0.37)	(−0.50)	(−0.36)	(−0.47)
Rev	—	—	—	—	−0.014	−0.016	−0.014	−0.013
					(−1.87)	(−2.10)	(−1.84)	(−1.69)
$Illiq$	—	—	—	—	−0.064	−1.116	−0.653	−1.688
					(−0.02)	(−0.37)	(−0.21)	(−0.56)
$CoSkew$	—	—	—	—	0.014	0.015	0.014	0.015
					(1.77)	(1.84)	(1.77)	(1.82)

续前表

	期权变量							
	(1)	(2)	(3)	(4)	(5)	(6)	(7)	(8)
IdioSkew	—	—	—	—	−0.091	−0.116	−0.104	−0.114
					(−1.35)	(−1.68)	(−1.54)	(−1.65)
IdioVol	—	—	—	—	−0.007	—	−0.008	—
					(−1.87)		(−2.09)	
Intercept	0.771	0.722	0.971	0.898	2.061	1.453	2.304	1.661
	(1.69)	(1.61)	(2.09)	(1.95)	(3.05)	(1.85)	(3.43)	(2.09)
Adj. R^2	0.00	0.00	0.00	0.01	0.09	0.08	0.09	0.09
n	1 617	1 616	1 617	1 616	1 338	1 338	1 338	1 338

该表显示了 Fama 和 MacBeth（1973）对股票期望收益与 *IVolSpread*、$Vol^{1M}-IVol$、*IVolSkew* 之间的关系的回归分析结果。表中的每一列给出了不同横截面回归方程的结果。所有方程中的因变量是未来 1 个月的股票超额收益。自变量在第一列中给出。自变量以每月 0.5%的水平进行预测。该表显示了平均斜率和截距系数。括号中是经 Newey 和 West（1987）六期滞后调整后得到的 T 统计量，检验平均系数等于 0 的零假设是否成立。标记为 Adj. R^2 和 n 的行分别表示横截面回归的平均调整 R 平方和数据点的数量。

我们通过将来自列（8）的平均系数乘以 *IVolSpread*、$Vol^{1M}-IVol$、*IVolSkew* 每个变量横截面分布的平均标准差以及第 95 和第 5 百分位数之间的差异来检查这些关系的重要性。将 *IVolSpread* 的平均系数 0.052 乘以 *IVolSpread* 的标准差，我们发现一个 *IVolSpread* 标准差差异与期望收益的每月 0.50（=0.052×9.66，见表 17.1）%差异相关。第 5 和第 95 百分位数之间的 *IVolSpread* 期望收益差异为每月 1.04{=0.052×[8.74−(−11.34)]}%。类似的分析显示，虽然一个$Vol^{1M}-IVol$ 标准差差异导致期望收益只有每月 0.16(=0.008×19.74)%的差异，但高（第 95 百分位数）和低（第 5 百分位数）每月 0.42 {=0.008×[23.60−(−28.77)]}%的差异也很重要。最后，一个 *IVolSkew* 标准差差异产生了每月 0.26(=0.022×11.65)%的期望收益差异，而第 95 和第 5 百分位数的 *IVolSkew* 股票期望差异为每月 0.63{=0.022×[22.25−(−6.31)]}%。

最后，值得一提的是，当使用具有全套控制变量［列（8）］的方程时，先前的用于预测股票未来收益的若干变量的平均系数在统计上与 0 不可区分。具体来说，规模、*BM*、*Mom* 和非流动性平均系数都在统计学上不显著。反转效应实质上弱于以前的分析，*Rev* 平均系数为−0.013(T 统计量=−1.69)。有趣的是，0.015 的 *CoSkew* 平均系数（T 统计量=1.82）在统计上边际显著。最后，−0.114 的 *IdioSkew* 平均系数（T 统计量=−1.65）为负值，并且在统计上边际显著。这种分析未能检测股票未来收益与规模、*BM*、*Mom* 和非流动性之间的关系，与以前的实证研究是一致的。当样本仅限于可交易期权的股票时，这些关系似乎并不存在。

总之，与单变量组合分析的结果一致，FM 回归分析的结果表明，在横截面中，*IVolSpread* 与股票未来收益正相关，$Vol^{1M}-IVol$、*IVolSkew* 与股票未来收益负相关。这些关系中的每一个都在统计上显著并具有经济上的重要意义。

17.6.2 $\Delta IVolC$ 和$\Delta IVolP$

我们现在检验 $\Delta IVolC$ 和 $\Delta IVolP$ 每个变量预测股票未来收益的能力。An 等（2014）在控制了 $\Delta IVolC$ 的影响后，发现了股票收益与 $\Delta IVolC$ 之间的正相关关系以及股票收益与 $\Delta IVolP$ 之间的负相关关系。如 An 等（2014）所讨论的，因为 $\Delta IVolC$ 和 $\Delta IVolP$ 在横截面上是显著正相关的，控制 $\Delta IVolC$ 在检验股票收益与 $\Delta IVolP$ 之间的关系时是非常重要的。因此，在我们检查这些变量和股票未来收益之间的关系时，我们放弃单变量组合分析，采用双变量组合分析。

我们使用双变量序贯排序的组合分析，检验在控制了 $\Delta IVolP$ 后的股票收益与 $\Delta IVolC$ 之间的关系并在表 17.6 中展示出结果。每个月，我们将期权样本中的所有股票按照 $\Delta IVolP$ 五分位数分组。在每个 $\Delta IVolP$ 五分位数内，我们根据 $\Delta IVolC$ 将股票排序为五分位数组合。表 17.6 显示了所得到的 25 个组合的平均超额收益，以及由做多 $\Delta IVolP$ 第 5 五分位数组合同时做空 $\Delta IVolP$ 第 1 五分位数组合构建的组合的平均收益和 α。表中还列出了每个 $\Delta IVolC$ 五分位数内的 $\Delta IVolP$ 平均组合的结果。

如 A 部分所示，等权重双变量序贯排序组合分析的结果表明，在每个 $\Delta IVolP$ 五分位数内，$\Delta IVolC$ 5－1 组合的每月平均收益为正值，数值较大并具有高度统计显著性。FFC 和 FFCPS α 也是如此。在平均 $\Delta IVolP$ 五分位数中，$\Delta IVolC$ 5－1 组合的平均月收率为 0.88%（T 统计量＝5.47），FFC α 为每月 0.87%（T 统计量＝5.31），FFCPS α 为每月 0.86%（T 统计量＝5.14）。在每个 $\Delta IVolP$ 五分位数中，$\Delta IVolC$ 第 1 五分位数组合产生了最低的平均收益，除了 $\Delta IVolP$ 第 5 五分位数之外，$\Delta IVolC$ 第 5 五分位数组合产生了最高的平均收益。

表 17.6　　双变量序贯排序的组合分析——$\Delta IVolC$

A 部分：等权重组合收益

	$\Delta IVolP$ 1	$\Delta IVolP$ 2	$\Delta IVolP$ 3	$\Delta IVolP$ 4	$\Delta IVolP$ 5	$\Delta IVolP$ Avg
$\Delta IVolC$ 1	0.04	0.31	0.33	0.39	−0.20	0.17
$\Delta IVolC$ 2	0.57	0.58	0.65	0.82	0.62	0.65
$\Delta IVolC$ 3	0.50	0.55	0.74	0.93	0.68	0.68
$\Delta IVolC$ 4	0.79	0.78	0.87	0.85	1.16	0.89
$\Delta IVolC$ 5	1.30	1.27	1.10	1.03	0.58	1.06
$\Delta IVolC$ 5−1	1.26	0.96	0.76	0.64	0.78	0.88
	(3.96)	(4.13)	(3.57)	(2.72)	(2.45)	(5.47)
$\Delta IVolC$ 5−1 FFC α	1.22	0.99	0.78	0.65	0.71	0.87
	(4.10)	(4.17)	(3.54)	(2.71)	(2.40)	(5.31)
$\Delta IVolC$ 5−1 FFCPS α	1.16	0.96	0.75	0.67	0.74	0.86
	(3.85)	(4.01)	(3.35)	(2.74)	(2.46)	(5.14)

B部分：市值加权组合收益						
	Δ*IVolP* 1	Δ*IVolP* 2	Δ*IVolP* 3	Δ*IVolP* 4	Δ*IVolP* 5	Δ*IVolP* Avg
Δ*IVolC* 1	0.10	0.04	0.44	0.19	−0.45	0.07
Δ*IVolC* 2	0.24	0.33	0.71	0.38	0.24	0.38
Δ*IVolC* 3	0.43	0.56	0.32	0.58	0.77	0.54
Δ*IVolC* 4	0.41	0.83	0.57	1.10	1.44	0.87
Δ*IVolC* 5	0.95	1.05	0.94	0.94	0.25	0.83
Δ*IVolC* 5−1	0.85	1.00	0.50	0.75	0.71	0.76
	(2.04)	(2.75)	(1.71)	(2.11)	(1.28)	(3.67)
Δ*IVolC* 5−1 FFC α	0.74	1.17	0.52	0.61	0.43	0.70
	(1.79)	(3.14)	(1.77)	(1.72)	(0.82)	(3.32)
Δ*IVolC* 5−1 FFCPS α	0.57	1.11	0.46	0.66	0.60	0.68
	(1.38)	(2.96)	(1.56)	(1.82)	(1.15)	(3.21)

该表显示了在控制了 Δ*IVolP* 的影响后，采用双变量序贯排序的组合分析检验 Δ*IVolC* 和股票未来收益之间关系的结果。每个月，根据 Δ*IVolP* 升序排序，将期权样本中的所有股票分为5组。在每个 Δ*IVolP* 组内，所有股票根据 Δ*IVolC* 升序排序为5个组合。用于创建组合的五分位断点是使用 CRSP 样本中的所有股票得到的。该表显示了25个组合中每个组合的未来1个月的平均超额收益（以月度百分比计），以及每个 Δ*IVolP* 五分位数内的平均 Δ*IVolC* 五分位数组合。表中还显示了多-空零成本组合的平均收益率、FFC α 和 FFCPS α 值，多-空零成本组合是在每个 Δ*IVolP* 五分位数组合下，做多 Δ*IVolC* 第5五分位数组合同时做空 Δ*IVolC* 第1五分位数组合。经 Newey 和 West（1987）六期滞后调整得到的 *T* 统计量检验平均收益或 α 等于0的零假设，显示在括号中。A 部分显示了等权重组合的结果。B 部分显示了市值加权组合的结果。

表17.6的B部分显示了使用相同的排序过程建立的市值加权组合的平均超额收益。结果表明，在使用市值加权组合时，Δ*IVolC* 与股票未来收益之间的正相关关系仍然存在，虽然并不那么显著。从 Δ*IVolP* 第1五分位数到 Δ*IVolP* 第4五分位数，Δ*IVolC* 5−1组合的平均收益和 α 是正的且统计上显著的（至少边际程度上）。例外是在 Δ*IVolP* 第1五分位数上 Δ*IVolC* 5−1组合的 FFCPS α。然而，在 Δ*IVolP* 第5五分位数上，Δ*IVolC* 5−1组合的平均收益和 α 虽然是正的，且数值较大，但在统计上与0不可区分。在平均 Δ*IVolP* 五分位数中，Δ*IVolC* 5−1组合产生了每月0.76%的正向且高度统计显著的平均收益，其相应的 *T* 统计量为3.67。使用 FFC 和 FFCPS 因子模型调整风险几乎没有解释这个组合的收益，因为每月0.70%（*T* 统计量=3.32）的 FFC α 和每月0.68%（*T* 统计量=3.21）的 FFCPS α 在数值上与平均收益非常相似，并且在统计上高度显著。

我们接下来检查在控制了 Δ*IVolC* 后，使用双变量序贯排序组合分析 Δ*IVolP* 与股票未来收益之间的关系。为此，我们将股票分为 Δ*IVolC* 五分位数，然后在每个 Δ*IVolC* 五分位数内分为 Δ*IVolP* 五分位数。表17.7显示了使用等权重（A部分）和价值加权（B部分）组合的这些分析的结果。

表 17.7 双变量序贯排序的组合分析——**Δ*IVolP***

A 部分：等权重组合收益

	Δ*IVolC* 1	Δ*IVolC* 2	Δ*IVolC* 3	Δ*IVolC* 4	Δ*IVolC* 5	Δ*IVolC* Avg
Δ*IVolP* 1	0.34	0.78	0.97	1.02	1.60	0.94
Δ*IVolP* 2	0.32	0.53	0.80	1.04	1.08	0.75
Δ*IVolP* 3	0.13	0.55	0.60	0.96	1.04	0.66
Δ*IVolP* 4	0.20	0.49	0.78	0.71	1.34	0.70
Δ*IVolP* 5	0.02	0.42	0.71	0.59	0.25	0.40
Δ*IVolP* 5−1	−0.32	−0.36	−0.25	−0.43	−1.35	−0.54
	(−1.04)	(−1.75)	(−1.34)	(−2.11)	(−4.61)	(−4.02)
Δ*IVolP* 5−1 FFC *α*	−0.33	−0.47	−0.30	−0.49	−1.38	−0.59
	(−1.13)	(−2.31)	(−1.54)	(−2.43)	(−5.05)	(−4.35)
Δ*IVolP* 5−1 FFCPS *α*	−0.46	−0.49	−0.39	−0.54	−1.36	−0.65
	(−1.60)	(−2.41)	(−2.02)	(−2.64)	(−4.90)	(−4.77)

B 部分：市值加权组合收益

	Δ*IVolC* 1	Δ*IVolC* 2	Δ*IVolC* 3	Δ*IVolC* 4	Δ*IVolC* 5	Δ*IVolC* Avg
Δ*IVolP* 1	0.35	0.21	1.11	1.24	1.23	0.83
Δ*IVolP* 2	0.27	0.19	0.51	0.70	0.81	0.49
Δ*IVolP* 3	0.21	0.60	0.30	0.81	1.01	0.59
Δ*IVolP* 4	−0.01	0.46	0.51	0.73	1.36	0.61
Δ*IVolP* 5	0.11	0.13	0.38	0.67	−0.04	0.25
Δ*IVolP* 5−1	−0.24	−0.08	−0.73	−0.57	−1.26	−0.58
	(−0.45)	(−0.25)	(−2.48)	(−1.78)	(−2.65)	(−2.83)
Δ*IVolP* 5−1 FFC *α*	−0.39	−0.22	−0.78	−0.65	−1.47	−0.70
	(−0.75)	(−0.67)	(−2.58)	(−2.08)	(−3.16)	(−3.41)
Δ*IVolP* 5−1 FFCPS *α*	−0.65	−0.30	−0.88	−0.71	−1.33	−0.77
	(−1.26)	(−0.91)	(−2.91)	(−2.23)	(−2.86)	(−3.76)

该表显示了在控制了 Δ*IVolC* 的影响后，采用双变量序贯排序的组合分析检验 Δ*IVolP* 和股票未来收益之间关系的结果。每个月，根据 Δ*IVolC* 升序排序，将期权样本中的所有股票分为 5 组。在每个 Δ*IVolC* 组内，所有股票根据 Δ*IVolP* 升序排序为 5 个组合。用于创建组合的五分位数是使用 CRSP 样本中的所有股票得到的。该表显示了 25 个组合中每个组合的未来 1 个月的平均超额收益（以月度百分比计），以及每个 Δ*IVolC* 五分位数内的平均 Δ*IVolP* 五分位数组合。表中还显示了多-空零成本组合的平均收益率、FFC *α* 和 FFCPS *α* 值，多-空零成本组合是在每个 Δ*IVolC* 五分位数组合下，做多 Δ*IVolP* 第 5 五分位数组合同时做空 Δ*IVolP* 第 1 五分位数组合。括号中是经 Newey 和 West（1987）六期滞后调整得到的 *T* 统计量，检验平均收益的零假设或 *α* 等于 0 是否成立。A 部分显示了等权重组合的结果。B 部分显示了市值加权组合的结果。

当使用等权重组合时，Δ*IVolP* 5−1 组合的平均收益和 *α* 均为负值，在大多数情况下，在统计上显著。这种结果对于 Δ*IVolC* 值高的股票最强。在 Δ*IVolC* 第 4 和第 5

五分位数上，$\Delta IVolP$ 5－1 组合分别产生了每月－0.43%（T 统计量＝－2.11）和每月－1.35%（T 统计量＝－4.61）的平均收益。调整风险并不能解释这些组合的收益，因为 FFC 和 FFCPS 指数在数值和统计上与平均收益相似。在 $\Delta IVolC$ 第 3 五分位数上，$\Delta IVolP$ 5－1 组合的平均收益和 FFC α 在统计上与 0 不可区分，但是每月－0.39%的 FFCPS α（T 统计量＝－2.02）在统计意义上为负。在 $\Delta IVolC$ 第 3 五分位数上，$\Delta IVolP$ 5－1 组合产生了负的且统计上显著的平均收益、FFC α 和 FFCPS α，但是在 $\Delta IVolC$ 第 1 五分位数中，$\Delta IVolP$ 5－1 组合的平均收益和 α 在统计上与 0 不可区分。最重要的是，在平均 $\Delta IVolC$ 五分位数上，$\Delta IVolP$ 5－1 组合产生的平均收益、FFC α 和 FFCPS α 分别为每月－0.54%（T 统计量＝－4.02），每月－0.59%（T 统计量＝4.35）和每月－0.65%（T 统计量＝－4.77），它们均为负值，数值较大且具有统计意义上的高度显著性。

表 17.7 的 B 部分所示的市值加权组合分析的结果是相似的。如同等权重组合分析中，对于 $\Delta IVolC$ 值高的股票，$\Delta IVolP$ 和股票未来收益的负相关性是最强的。在前两个 $\Delta IVolC$ 五分位数中，$\Delta IVolP$ 5－1 组合的平均收益和 α 均为负，但在统计上与 0 不可区分。然而，在 $\Delta IVolC$ 第 3、第 4 和第 5 五分位数上，$\Delta IVolP$ 5－1 组合产生了数值较大的负向平均和异常收益，统计上高度显著。在平均 $\Delta IVolC$ 五分位数上，$\Delta IVolP$ 5－1 组合产生了每月－0.58%的平均收益（T 统计量＝－2.83）、每月－0.70%的 FFC α（T 统计量＝－3.41）和每月－0.77%的 FFCPS α（T 统计量＝－3.76），表明 $\Delta IVolP$ 与未来 1 个月的股票收益之间存在显著负相关性。

为了进一步检验 $\Delta IVolC$ 和 $\Delta IVolP$ 中每个变量预测未来的股票收益的能力，我们对这些关系进行等权重和市值加权的双变量独立排序组合分析。表 17.8 中给出的这些分析的结果与序贯排序组合分析的结果相似。

当使用等权重组合（A 部分）时，平均 $\Delta IVolP$ 五分位数中的 $\Delta IVolC$ 5－1 组合的平均每月收益为 1.26%（T 统计量＝6.38）、FFC α 为每月 1.22%（T 统计量＝6.04）FFCPS α 为每月 1.20%（T 统计量＝5.88）。此外，在每个 $\Delta IVolP$ 五分位数内，$\Delta IVolC$ 5－1 组合产生了大的、正向的、统计上高度显著的原始和异常收益。

在等权重组合分析中，$\Delta IVolP$ 与股票未来收益之间的负相关性也很强。平均 $\Delta IVolC$ 五分位数的 $\Delta IVolP$ 5－1 组合产生了每月－0.69%的原始收益，其对应的 T 统计量为－3.43。每月－0.73%（T 统计量＝－3.52）的 FFC α 和每月－0.82%的（T 统计量＝－3.97）的 FFCPS α 再次表明，平均收益不是由这些模型中包括的因素的敏感性驱动的。有趣的是，在独立排序分析中，对于具有 $\Delta IVolP$ 高低值的股票而言，$\Delta IVolP$ 与股票收益之间的负相关性最为显著，对于 $\Delta IVolP$ 值适中的股票而言，关系相对较弱。在 $\Delta IVolC$ 第 1、第 2 和第 5 五分位数上，$\Delta IVolP$ 5－1 组合的平均收益和 α 是负值且统计上高度显著。然而，在 $\Delta IVolC$ 第 3 和第 4 五分位数上，$\Delta IVolP$ 5－1 组合产生负向、数值较大但统计上不显著的（除了 $\Delta IVolC$ 第 3 五分位数的 FFCPS α）平均收益和 α。

表 17.8　双变量独立排序的组合分析——**ΔIVolC 和 ΔIVolP**

A 部分：等权重组合收益

	ΔIVolP 1	ΔIVolP 2	ΔIVolP 3	ΔIVolP 4	ΔIVolP 5	ΔIVolP Avg	ΔIVolP 5−1	ΔIVolP 5−1 FFC α	ΔIVolP 5−1 FFCPS α
ΔIVolC 1	0.31	0.36	0.27	0.27	−0.51	0.14	−0.82	−0.83	−0.93
							(−2.60)	(−2.71)	(−3.05)
ΔIVolC 2	0.80	0.52	0.49	0.61	−0.01	0.48	−0.81	−0.93	−1.00
							(−2.16)	(−2.42)	(−2.57)
ΔIVolC 3	1.16	0.71	0.71	0.82	0.69	0.82	−0.47	−0.52	−0.67
							(−1.28)	(−1.38)	(−1.76)
ΔIVolC 4	0.86	1.16	0.94	0.90	0.42	0.86	−0.44	−0.42	−0.52
							(−1.22)	(−1.16)	(−1.42)
ΔIVolC 5	1.78	1.81	1.47	1.09	0.86	1.40	−0.92	−0.94	−0.98
							(−2.61)	(−2.68)	(−2.74)
ΔIVolC Avg	0.98	0.91	0.78	0.74	0.29	—	−0.69	−0.73	−0.82
							(−3.43)	(−3.52)	(−3.97)
ΔIVolC 5−1	1.48	1.44	1.20	0.81	1.37	1.26	—	—	—
	(3.90)	(3.86)	(3.28)	(2.28)	(4.80)	(6.38)			
ΔIVolC 5−1 FFC α	1.39	1.46	1.10	0.86	1.27	1.22	—	—	—
	(3.74)	(3.85)	(2.95)	(2.36)	(4.53)	(6.04)			
ΔIVolC 5−1 FFCPS α	1.33	1.39	1.11	0.90	1.28	1.20	—	—	—
	(3.52)	(3.63)	(2.93)	(2.44)	(4.48)	(5.88)			

B部分：市值加权组合收益									
	$\Delta IVolP$ 1	$\Delta IVolP$ 2	$\Delta IVolP$ 3	$\Delta IVolP$ 4	$\Delta IVolP$ 5	$\Delta IVolP$ Avg	$\Delta IVolP$ 5−1	$\Delta IVolP$ 5−1 FFC α	$\Delta IVolP$ 5−1 FFCPS α
$\Delta IVolC$ 1	0.30	0.18	0.50	0.26	−0.01	0.25	−0.31	−0.43	−0.63
							(−0.64)	(−0.89)	(−1.33)
$\Delta IVolC$ 2	0.12	0.44	0.65	0.05	−0.04	0.24	−0.16	−0.21	−0.28
							(−0.35)	(−0.44)	(−0.59)
$\Delta IVolC$ 3	1.02	0.75	0.30	0.55	0.32	0.59	−0.70	−0.94	−1.07
							(−1.33)	(−1.78)	(−2.01)
$\Delta IVolC$ 4	0.78	1.15	0.75	0.90	0.45	0.81	−0.33	−0.46	−0.47
							(−0.72)	(−1.01)	(−1.04)
$\Delta IVolC$ 5	1.75	1.73	1.01	0.88	0.80	1.23	−0.95	−0.89	−0.93
							(−2.02)	(−1.92)	(−1.98)
$\Delta IVolC$ Avg	0.79	0.85	0.64	0.53	0.30	—	−0.49	−0.58	−0.68
							(−2.02)	(−2.38)	(−2.76)
$\Delta IVolC$ 5−1	1.45	1.55	0.50	0.62	0.81	0.99	—	—	—
	(3.14)	(3.62)	(1.45)	(1.37)	(1.58)	(4.69)			
$\Delta IVolC$ 5−1 FFC α	1.12	1.57	0.49	0.56	0.65	0.88	—	—	—
	(2.48)	(3.63)	(1.38)	(1.25)	(1.31)	(4.22)			
$\Delta IVolC$ 5−1 FFCPS α	1.07	1.52	0.51	0.72	0.77	0.92	—	—	—
	(2.33)	(3.46)	(1.42)	(1.58)	(1.54)	(4.34)			

该表显示了在控制了另一个变量不变的情况下，股票未来收益与 $\Delta IVolC$ 和 $\Delta IVolP$ 其中一个变量之间的关系的双变量独立排序组合分析的结果。每个月，根据 $\Delta IVolC$ 升序排序，将期权样本中的所有股票分为 5 组。所有股票基于 $\Delta IVolP$ 升序独立分为 5 组。用于创建组合的五分位数是使用期权样本中的所有股票得到的。$\Delta IVolC$ 和 $\Delta IVolP$ 组合的交集形成 25 个组合。该表显示了 25 个组合中每个组合的未来 1 个月的平均超额收益（以月度百分比计）、每个 $\Delta IVolP$ 五分位数内的平均 $\Delta IVolC$ 五分位数组合，以及每个 $\Delta IVolC$ 五分位数内的平均 $\Delta IVolP$ 五分位数组合。表中还显示了多-空零成本组合的平均收益率、FFC α 和 FFCPS α 值，多-空零成本组合是在每个 $\Delta IVolP$（$\Delta IVolC$）五分位数组合下，做多 $\Delta IVolC$（$\Delta IVolP$）第 5 五分位数组合同时做空 $\Delta IVolC$（$\Delta IVolP$）第 1 五分位数组合。括号中是经 Newey 和 West（1987）六期滞后调整得到的 T 统计量，检验平均收益的零假设或 α 等于 0 是否成立。A 部分显示了等权重组合的结果。B 部分显示了市值加权组合的结果。

表 17.8 B 部分所示的独立排序市值加权组合分析的结果表明，$\Delta IVolC$ 和股票未来收益之间的正相关性，以及 $\Delta IVolP$ 与股票未来收益之间的负相关性，对于市值加权的使用是稳健的。在平均 $\Delta IVolP$ 五分位数中，市值加权 $\Delta IVolC$ 5－1 组合的平均收益为每月 0.99%（T 统计量＝4.69），FFC α 为每月 0.88%（T 统计量＝4.22），FFCPS α 为每月 0.92%（T 统计量＝4.34）。然而，看单个 $\Delta IVolP$ 五分位数，结果表明，$\Delta IVolC$ 与股票未来收益之间的正相关性是由低 $\Delta IVolP$ 值的股票推动的。在最低的两个 $\Delta IVolP$ 五分位数中，$\Delta IVolC$ 5－1 组合的平均原始和异常收益是正的，数值较大且在统计上高度显著。然而，在 $\Delta IVolP$ 第 3、第 4 和第 5 五分位数上，$\Delta IVolC$ 5－1 组合产生了正向、数值较大的平均收益和 α，这些值统计上均不显著异于 0。

在独立排序市值加权组合分析中，平均 $\Delta IVolC$ 五分位数的 $\Delta IVolP$ 5－1 组合产生了每月－0.49%的平均收益（T 统计量＝－2.02）、每月－0.88%的 FFC α（T 统计量＝－2.38）和每月－0.68%的 FFCPS α（T 统计量＝－2.76），其中每一个都具有经济意义且在统计上高度显著。有趣的是，虽然每个 $\Delta IVolC$ 五分位数中 $\Delta IVolP$ 5－1 组合的原始收益和 α 都是负数，但只有 $\Delta IVolC$ 第 5 五分位数在统计上显著。

为了检查 $\Delta IVolC$ 和 $\Delta IVolP$ 预测股票未来收益的横截面的能力，我们进行的最后一组分析是 FM 回归分析。这些分析的结果展示于表 17.9 中。

列（1）仅包括 $\Delta IVolC$ 和 $\Delta IVolP$ 作为横截面回归中的独立变量。与组合分析的结果一致，FM 回归分析产生了 0.039 的 $\Delta IVolC$ 平均系数，相应的 T 统计量为 5.26，表明 $\Delta IVolC$ 与股票未来收益之间存在显著正相关性。负的平均系数－0.030（T 统计量＝－4.98）表明 $\Delta IVolP$ 和股票未来收益之间存在显著负相关性。

在列（2）中，我们包括 $Vol^{1M}-IVol$ 和 $IVolSkew$ 作为控制变量。因为 $\Delta IVolC$、$\Delta IVolP$ 和 $IVolSpread$ 之间有机械多重共线性，我们不包括 $IVolSpread$ 作为控制变量。结果表明，$Vol^{1M}-IVol$ 和 $IVolSkew$ 未能解释股票未来收益与 $\Delta IVolC$ 和 $\Delta IVolP$ 之间的关系，由于平均 $\Delta IVolC$ 系数 0.022（T 统计量＝2.81）仍然为正且具有统计显著性，平均 $\Delta IVolP$ 系数－0.017（T 统计量＝－2.54）仍然为负且具有统计显著性。此外，结果表明，股票未来收益与 $Vol^{1M}-IVol$ 和 $IVolSkew$ 之间的负相关性，并不是由看涨期权或看跌期权隐含波动率的变化所驱动的，因为 $Vol^{1M}-IVol$ 和 $IVolSkew$ 两者的平均系数都是负的并且具有统计显著性。

我们接下来检查一个方程，其控制了本书前面章节中使用的变量。表 17.9 中列（3）的结果表明，在控制了 β、$Size$、BM、Mom、Rev、$Illiq$、$CoSkew$、$IdioSkew$、$IdioVol$ 之后，$\Delta IVolC$ 与股票未来收益之间的正相关关系以及 $\Delta IVolP$ 与股票未来收益之间的负相关关系仍在统计上高度显著。

我们检查的最后一个方程包括所有变量作为横截面回归中的自变量。如前所述，由于 $Vol^{1M}-IVol$ 和 $IdioVol$ 之间的机械统计关系，我们将 $IdioVol$ 从该分析中排除。平均 $\Delta IVolC$ 系数 0.015（T 统计量＝2.65）表明没有其他变量可以解释 $\Delta IVolC$ 与股票未来收益之间的显著正相关。类似地，－0.022（T 统计量＝－3.05）的平均 $\Delta IVolP$ 系数显示了控制本书中记录的所有其他现象对于 $\Delta IVolP$ 和股票未来收益之间的负关系是稳健的。此外，$Vol^{1M}-IVol$ 和 $IVolSkew$ 系数是负的并且统计上显著，表明这些变量和股票未来收益之间的负相关对于包括控制整个系列变量的情况都是稳健的。

表 17.9　　Fama 和 MacBeth 回归分析——隐含波动率变化

A 部分：期权变量				
	(1)	(2)	(3)	(4)
$\Delta IVolC$	0.039	0.022	0.032	0.015
	(5.26)	(2.81)	(5.73)	(2.65)
$\Delta IVolP$	−0.030	−0.017	−0.033	−0.022
	(−4.98)	(−2.54)	(−5.00)	(−3.05)
$Vol^{1M}-IVol$	—	−0.006	—	−0.009
		(−1.90)		(−3.35)
$IVolSkew$	—	−0.038	—	−0.037
		(−5.96)		(−6.03)
β	—	—	0.170	0.160
			(0.46)	(0.43)
Size	—	—	−0.158	−0.118
			(−2.07)	(−1.36)
BM	—	—	−0.061	0.014
			(−0.33)	(0.08)
Mom	—	—	−0.002	−0.002
			(−0.45)	(−0.50)
Rev	—	—	−0.018	−0.017
			(−2.25)	(−2.11)
Illiq	—	—	−0.057	−2.198
			(−0.02)	(−0.70)
CoSkew	—	—	0.015	0.016
			(1.80)	(1.83)
IdioSkew	—	—	−0.086	−0.113
			(−1.25)	(−1.60)
IdioVol	—	—	−0.008	—
			(−2.08)	
Intercept	0.710	0.932	1.924	1.580
	(1.56)	(2.13)	(2.85)	(2.01)
Adj. R^2	0.01	0.01	0.09	0.09
n	1 599	1 599	1 328	1 328

该表显示了 Fama 和 MacBeth (1973) 对股票期望收益和 $\Delta IVolC$、$\Delta IVolP$ 之间关系的回归分析结果。表中的每一列给出了不同横截面回归方程的结果。所有方程中的因变量是未来 1 个月的股票超额收益。自变量在第一列中指示。自变量以每月 0.5%的水平进行预测。该表显示了平均斜率和截距系数。括号中是经 Newey 和 West (1987) 六期滞后调整得到的 T 统计量，检验平均收益的零假设或 α 等于 0 是否成立。标记为 Adj. R^2 和 n 的行分别表示横截面回归的平均调整 R 平方和数据点的数量。

我们通过将列（4）的平均系数乘以给定变量（如表 17.1 所示）的横截面分布的平均标准差来检查 $\Delta IVolC$ 和 $\Delta IVolP$ 的经济意义和效果。结果表明，一个 $\Delta IVolC$ 标准差差异对应着每月 0.19(＝0.015×12.97)%的期望收益差异。一个 $\Delta IVolP$ 标准差差异对应着每月 0.28(－0.022×12.76)%的期望收益差异。为了检验看涨期权和看跌期权隐含波动率具有极高和极低变化的股票之间的期望收益差异，我们将平均系数乘以给定变量在平均月份上横截面分布的第 95 百分位数和第 5 百分位数之间的差异。这样，我们发现，第 95 百分位数和第 5 百分位数的股票 $\Delta IVolC$ 之间的期望收益差异为每月 0.47{＝0.015×[15.87－(－15.52)]}%。对于 $\Delta IVolP$，这个差异是每月 0.66{＝0.002 2×[15.20－(－14.83)]}%。因此，结果表明，在控制了本书中记录的所有其他效应之后，股票未来收益与 $\Delta IVolC$ 和 $\Delta IVolP$ 每个变量之间的关系不仅在统计上高度显著，而且在经济上也很重要。

总之，本节提出的结果表明，与 Bali 和 Hovakimian(2009)、Cremers 和 Weinbaum (2010) 的研究结论一致，*IVolSpread* 与股票未来收益之间存在显著正相关性。我们还证明了 Bali 和 Hovakimian，2009）的 $Vol^{1M}-IVol$ 与股票未来收益之间存在显著负相关性以及 Xing 等（2010）的 *IVolSkew* 与股票未来收益之间存在强负相关关系。最后，我们的分析检测到 $\Delta IVolC$ 与股票未来收益之间的正相关关系，以及 $\Delta IVolP$ 与股票未来收益之间的负相关关系，正如 An 等（2014）所证明的那样。

17.7 期权收益

在本书进行的最后一组分析中，我们研究了用已实现波动率与隐含波动率之间的差值来预测未来跨式期权、delta 对冲看涨期权和 delta 对冲看跌期权收益的能力。这些头寸中的每一个都被设计成采取有效买入波动的头寸，同时其移动几乎不暴露于标的股票之中。Goyal 和 Saretto(2009) 表明，每个期权头寸的收益与已实现波动率和隐含波动率之间的差值成正相关关系。根据 Goyal 和 Saretto(2009)，在计算已实现波动率与隐含波动率的差值时，我们使用 12 个月的日度收益数据来计算已实现波动率。因此，本节中我们感兴趣的预测变量是 $Vol^{12M}-IVol$。然而，在未报告的分析中，我们已经验证了使用 $Vol^{1M}-IVol$ 作为已实现波动率与隐含波动率差值的度量的稳健性。

我们从单变量组合分析开始，检查 $Vol^{12M}-IVol$ 预测未来跨式期权、delta 对冲看涨期权和 delta 对冲看跌期权收益的能力。这些分析的结果展示于表 17.10 中。当进行差异组合收益的因子分析时，我们有必要计算持有期权头寸期间的因子收益，在大多数情况下，其不完全对应于日历月。因此，持有期内的因子收益通过在持有期间的复合日度市场收益（*MKT*）、规模（*SMB*）、价值（*HML*）和动量（*MOM*）因子的日度收益来计算。每日因子收益数据取自 Ken French 数据库。由于 Pastor 和 Stambaugh (2003) 流动性因子的日度收益数据不可用，我们在计算期权组合的风险调整收益时仅使用 FFC 模型。

表 17.10　　单变量组合分析——期权收益

头寸	1	2	3	4	5	6	7	8	9	10	10−1	FFC α
A 部分：等权重组合收益												
跨式期权	−23.85	−15.50	−12.57	−10.64	−8.44	−7.35	−6.50	−5.70	−1.89	−0.05	23.81	23.83
											(12.48)	(12.79)
delta 对冲看涨期权	−22.31	−14.92	−12.07	−10.07	−7.84	−6.69	−5.70	−4.78	−0.69	1.77	24.08	24.20
											(12.38)	(12.78)
delta 对冲看跌期权	−23.58	−15.96	−13.07	−11.26	−9.03	−8.06	−7.23	−6.46	−2.64	−1.09	22.49	22.54
											(12.22)	(12.38)
B 部分：市值加权组合收益												
头寸	1	2	3	4	5	6	7	8	9	10	10−1	FFC α
跨式期权	−22.51	−16.61	−12.29	−12.16	−10.58	−11.70	−9.00	−7.51	−4.32	−2.48	20.02	19.53
											(6.50)	(6.92)
delta 对冲看涨期权	−21.27	−16.15	−12.08	−11.88	−10.54	−11.26	−8.40	−6.82	−3.38	−1.03	20.24	19.67
											(6.73)	(7.07)
delta 对冲看跌期权	−22.42	−17.16	−12.61	−12.69	−11.12	−12.43	−9.70	−8.09	−4.97	−3.37	19.04	18.46
											(6.29)	(6.63)

该表显示了使用单变量组合分析检验$Vol^{12M}-IVol$ 和未来期权收益之间的关系的结果。月度组合是通过将期权样本中的所有股票分成 10 个组合，组合的排序是使用期权样本中所有股票计算的$Vol^{12M}-IVol$ 十分位数得到的。A 部分（B 部分）显示了跨式期权、delta 对冲看涨期权和 delta 对冲看跌期权组合的每个十分位数组合的平均等权重（市值加权）未来 1 个月超额收益（以每月百分比计）。该表还显示了由做多第 10 十分位数组合同时做空第 1 十分位数组合的组合平均收益率和 FFC α。括号中是经 Newey 和 West（1987）六期滞后调整得到的 T 统计量，检验平均 10−1 组合收益或 α 等于 0 是否成立。

表 17.10 的 A 部分表明，当使用等权重组合时，跨式期权组合的平均超额收益从 $Vol^{12M}-IVol$ 第 1 十分位数组合中股票的每月 −23.85%单调增加到 $Vol^{12M}-IVol$ 第 10 十分位数组合中股票的每月 −0.05%。$Vol^{12M}-IVol$ 10−1 跨式期权组合产生的月均收益率为 23.81%（T 统计量=12.48），表明 $Vol^{12M}-IVol$ 和未来跨式期权收益之间显著正相关。这个组合经风险调整后的收益几乎没有受到影响。每月 23.81%的 FFC α（T 统计量=12.79）与平均收益率非常相似。

应当注意，虽然差异组合收益的值非常大，但它可能并不能反映跨式期权组合可以实现的实际收益。这样做的主要原因是，为了进入跨式期权的空头头寸，有必要满足超过跨式期权价格的保证金要求。① 此外，期权是高杠杆性质的证券。因此，这个结果不能解释为跨式期权组合的收益，它可能更准确地应该解释为 $Vol^{12M}-IVol$ 第 10 十分位数组合中股票与 $Vol^{12M}-IVol$ 第 1 十分位数组合中股票之间的平均收益差异。对于本节所讨论的其他组合分析，类似的结论也是如此。

表 17.10 显示，delta 对冲看涨期权和 delta 对冲看跌期权收益呈现类似的横截面特征。等权重 delta 对冲看涨期权组合的平均超额收益从 $Vol^{12M}-IVol$ 第 1 十分位数股票的每月 −22.31%增加到 $Vol^{12M}-IVol$ 第 10 十分位数组合中股票的每月 1.77%。10−1 组合产生的平均收益率为每月 24.08%（T 统计量=12.38），FFC α 的平均收益率为每月 24.20%（T 统计量=12.78）。对于 delta 对冲看跌期权组合，平均超额收益从 $Vol^{12M}-IVol$ 第 1 十分位数组合中股票的每月 −23.58%单调增加到 $Vol^{12M}-IVol$ 第 10 十分位数组合中股票的每月 −1.09%。每月 22.49%的 $Vol^{12M}-IVol$ 10−1 组合收益（T 统计量=12.22）、每月 22.54%（T 统计量=12.38）的对应 FFC α 都是正的，数值较大，且在统计上高度显著。

表 17.10 的 B 部分中显示的市值加权单变量组合分析的结果与等权重组合分析的结果非常相似。因此，我们不对这些结果进行长时间的讨论。然而，有一个关于市值加权分析的问题需要进行简短的讨论。在 B 部分显示的分析结果中，我们用市值作为加权变量，与本书中进行的所有其他市值加权组合分析一致。然而，人们可能会认为，由于组合中持有的头寸不是股票，而是期权头寸（在 delta 对冲看涨期权和看跌期权、远期头寸的情况下），使用一些其他权重对组合进行加权更为合适，例如期权未平仓合约，这更能反映给定股票期权在整体期权市场中的重要性。我们把这个练习留给读者。

我们的最后一组分析使用 FM 回归分析检查 $Vol^{12M}-IVol$ 和未来期权收益之间的关系。对于每个期权头寸（跨式期权、delta 对冲看涨期权和 delta 对冲看跌期权），我们使用一个方程，它只包括一个自变量 $Vol^{12M}-IVol$，以 $IVolSpread$、$IVolSkew$、$\Delta IVolC$、$\Delta IVolP$ 为控制变量，然后以所有这些期权变量以及所有的前面章节中检查的变量作为自变量。由于其与核心变量 $Vol^{12M}-IVol$ 的机械关系，我们的方程都不包括 $Vol^{1M}-IVol$ 作为一个自变量。回归中的因变量是未来 1 个月的跨式期权、delta 对

① Goyal 和 Saretto（2009）指出，基于表 17.10 中的结果，保证金要求和执行成本可能大大降低交易策略的盈利能力。Murray（2013）检验了保证金要求对期权空头头寸收益的影响。

冲看涨期权和 delta 对冲看跌期权的超额收益。

FM 回归分析的结果展示于表 17.11 中。结果表明，无论何种方程，$Vol^{12M}-IVol$ 与未来期权收益都具有显著正向的横截面关系。当跨式期权超额收益是因变量时，单变量方程中 0.560 的$Vol^{12M}-IVol$ 平均系数在统计上高度显著，T 统计量为 11.50。当其他期权变量作为控制变量被包括时，$Vol^{12M}-IVol$ 的平均系数 0.541（T 统计量＝10.50）非常相似。最后，包括本书前几章讨论的变量几乎没有效果。在全方程的回归中，$Vol^{12M}-IVol$ 的平均系数为 0.542，T 统计量为 10.56。

当未来的 delta 对冲看涨期权或看跌期权超额收益被用作因变量时，结果都非常相似。在使用 delta 对冲看涨期权（delta 对冲看跌期权）超额收益作为因变量的单变量回归中，0.566(0.530）的$Vol^{12M}-IVol$ 平均系数在统计上高度显著，T 统计量为 11.10(11.15)。当期权相关变量作为控制变量时，0.543(0.520）的$Vol^{12M}-IVol$ 平均系数保持在统计上高度显著，T 统计量为 10.59(9.99)。当全套控制变量被包括在方程中时，因变量是 delta 对冲看涨期权 0.544 的超额收益（T 统计量＝10.53）时的$Vol^{12M}-IVol$ 平均系数保持正值和并在统计上高度显著。当 delta 对冲看跌期权超额收益被用作因变量时，0.523 的$Vol^{12M}-IVol$ 平均系数再次在统计上高度显著，T 统计量为 9.88。

与前面的分析一样，我们通过将$Vol^{12M}-IVol$ 的平均系数值乘以 14.38 的标准差以及在平均月份上第 95 和第 5 百分位数之间的差异 36.82[＝18.25－(－18.57)] 来检验它们的经济意义（见表 17.1）。在所有情况下，我们使用包括全套控制变量的回归系数。一个$Vol^{12M}-IVol$ 标准差的差异与预期月度跨式期权收益的 7.79(＝0.542×14.38)%差异、预期月度 delta 对冲看涨期权收益的 7.82(＝0.544×14.38)%差异、预期月度 delta 对冲看跌期权收益的 7.52(＝0.523×14.38)%差异相关。$Vol^{12M}-IVol$ 第 95 百分位数和第 5 百分位数股票的期权期望收益的差异，对于跨式期权每月为 19.96(＝0.542×36.82)%，对于 delta 对冲看涨期权每月为 20.03(＝0.544×36.82)%，对于 delta 对冲看跌期权每月为 19.26(＝0.523×36.82)%。这些收益差异的大小与组合分析中发现的相似，表明$Vol^{12M}-IVol$ 与未来期权收益之间的相关关系不仅在统计上高度显著，而且具有较大的经济意义。

最后，值得注意的是，表 17.11 中的结果表明了几个其他变量和未来期权收益之间的显著关系。回归表明 *IVolSpread* 与未来跨式期权和 delta 对冲看涨期权收益之间为正相关关系，与未来 delta 对冲看跌期权收益之间为负相关关系。*IVolSkew* 与所有三个期权头寸的未来收益之间正相关。$\Delta IVolC$ 与未来 delta 对冲看涨期权收益之间负相关，$\Delta IVolP$ 与未来 delta 对冲看跌期权收益之间负相关。此外，*Size*、*Mom*、*Rev*、*Illiq*、*IdioVol* 与未来期权收益均表现出统计上的负相关性，而 *CoSkew* 似乎与未来期权收益正相关。这些关系在实证资产定价文献中并没有受到很多关注，可能需要进一步调查。

表 17.11 Fama 和 MacBeth 回归分析——期权收益

	跨式期权	跨式期权	跨式期权	delta 对冲看涨期权	delta 对冲看涨期权	delta 对冲看涨期权	delta 对冲看跌期权	delta 对冲看跌期权	delta 对冲看跌期权
$Vol^{12M}-IVol$	0.560	0.541	0.542	0.566	0.543	0.544	0.530	0.520	0.523
	(11.50)	(10.50)	(10.56)	(11.10)	(10.59)	(10.53)	(11.15)	(9.99)	(9.88)
$IVolSpread$	—	0.186	0.181	—	−0.640	−0.647	—	0.901	0.915
		(3.40)	(3.02)		(−12.71)	(−11.75)		(12.46)	(11.74)
$IVolSkew$	—	0.133	0.150	—	0.141	0.158	—	0.160	0.179
		(3.25)	(3.27)		(3.49)	(3.46)		(3.80)	(3.72)
$\Delta IVolC$	—	−0.010	−0.068	—	−0.058	−0.116	—	0.027	−0.026
		(−0.36)	(−2.46)		(−2.11)	(−3.78)		(1.06)	(−1.00)
$\Delta IVolP$	—	−0.009	−0.029	—	0.037	0.027	—	−0.046	−0.064
		(−0.26)	(−0.89)		(1.11)	(0.79)		(−1.43)	(−2.08)
β	—	—	1.118	—	—	0.763	—	—	1.073
			(0.93)			(0.64)			(0.89)
$Size$	—	—	−0.986	—	—	−0.999	—	—	−0.986
			(−3.07)			(−3.22)			(−3.15)
BM	—	—	−0.209	—	—	−0.123	—	—	0.035
			(−0.22)			(−0.13)			(0.04)
Mom	—	—	−0.028	—	—	−0.026	—	—	−0.028
			(−1.77)			(−1.83)			(−1.87)
Rev	—	—	−0.183	—	—	−0.167	—	—	−0.175
			(−4.96)			(−4.64)			(−4.98)
$Illiq$	—	—	−59.571	—	—	−57.661	—	—	−56.609
			(−4.27)			(−3.94)			(−4.18)

续前表

	跨式期权	跨式期权	跨式期权	delta 对冲看涨期权	delta 对冲看涨期权	delta 对冲看涨期权	delta 对冲看跌期权	delta 对冲看跌期权	delta 对冲看跌期权
CoSkew	—	—	0.080	—	—	0.072	—	—	0.069
			(3.12)			(3.03)			(2.78)
IdioSkew	—	—	−0.648	—	—	−0.623	—	—	−0.633
			(−1.67)			(−1.54)			(−1.65)
IdioVol	—	—	−0.058	—	—	−0.058	—	—	−0.053
			(−3.60)			(−3.55)			(−3.47)
Intercept	−8.871	−9.301	−1.719	−7.950	−9.037	−1.002	−9.478	−9.632	−2.239
	(−5.21)	(−5.49)	(−0.52)	(−4.19)	(−4.90)	(−0.30)	(−5.42)	(−5.48)	(−0.70)
Adj. R^2	0.01	0.01	0.04	0.01	0.02	0.04	0.01	0.02	0.04
n	1 582	1 569	1 325	1 582	1 569	1 325	1 582	1 569	1 325

该表显示了 Fama 和 MacBeth（1973）对$Vol^{12M}-IVol$ 与跨式期权、delta 对冲看涨期权和 delta 对冲看跌期权期望收益之间关系的回归分析结果。表中的每一列给出了不同横截面回归方程的结果。在列标题中显示了其超额收益作为自变量的期权头寸。自变量在第一列中显示。因变量以每月 0.5%的水平进行预测。该表显示了平均斜率和截距系数。括号中是经 Newey 和 West（1987）六期滞后调整得到的 T 统计量，检验平均收益的零假设是 α 等于 0 是否成立。标记为 Adj. R^2 和 n 的行分别表示横截面回归的平均调整 R 平方和数据点的数量。

17.8 总结

总之，在本章中，我们研究从期权数据中产生的变量与未来股票、期权的收益之间的关系。与 Bali 和 Hovakimian(2009)、Cremers 和 Weinbaum(2010) 相一致，我们证明了看跌期权和看涨期权隐含波动率之间的差异与股票未来收益的正相关性。已实现波动率和隐含波动率之间的差异，正如 Bali 和 Hovakimian(2009) 所证明的那样，与股票未来收益之间成负相关关系，OTM 看跌期权隐含波动率和 ATM 看涨期权隐含波动率之间的差异（Xing et al.，2010）也同样如此。我们还证明了，看涨期权隐含波动率的变化与股票未来收益正相关，看跌期权隐含波动率的变化与股票未来收益负相关，这是 An 等（2014）首先提出的发现。期权收益的结果表明，正如 Goyal 和 Saretto(2009) 所证明的那样，已实现波动率与隐含波动率之间的差值和跨式期权、delta 对冲看涨期权持有头寸的收益和 delta 对冲看跌期权持有头寸的收益显著正相关。

参考文献

[1] An，B. -J.，Ang，A.，Bali，T. G.，and Cakici，N. 2014. The joint cross-section of stocks and options. Journal of Finance，69 (5)，2279-2337.

[2] Ang，A.，Hodrick，R. J.，Xing，Y.，and Zhang，X. 2006. The cross-section of volatility and expected returns. Journal of Finance，61 (1)，259-299.

[3] Arditti，F. D. 1967. Risk and the required return on equity. Journal of Finance，22 (1)，19-36.

[4] Arditti，F. D. 1971. Another look at mutual fund performance. Journal of Financial and Quantitative Analysis，6 (3)，909-912.

[5] Bakshi，G. and Kapadia，N. 2003a. Delta-hedged gains and the negative volatility risk premium. Review of Financial Studies，16 (2)，527-566.

[6] Bakshi，G. and Kapadia，N. 2003b. Volatility risk premium embedded in individual equity options：some new insights. Journal of Derivatives，11 (1)，45-54.

[7] Bali，T. G. and Hovakimian，A. 2009. Volatility spreads and expected stock returns. Management Science，55 (11)，1797-1812.

[8] Bali，T. G. and Murray，S. 2013. Does risk-neutral skewness predict the cross-section of equity option portfolio returns? Journal of Financial and Quantitative Analysis，48 (4)，1145-1171.

[9] Black，F. and Scholes，M. S. 1973. The pricing of options and corporate liabilities. Journal of Political Economy，81 (3)，637-654.

[10] Bollen, N. P. B. and Whaley, R. E. 2004. Does net buying pressure affect the shape of implied volatility functions. Journal of Finance, 59 (2), 711–753.
[11] Cao, J. and Han, B. 2013. Cross-section of option returns and idiosyncratic stock volatility. Journal of Financial Economics, 108 (1), 231–249.
[12] Carhart, M. M. 1997. On persistence in mutual fund performance. Journal of Finance, 52 (1), 57–82.
[13] Carr, P. and Wu, L. 2009. Variance risk premiums. Review of Financial Studies, 22 (3), 1311–1341.
[14] Chang, B. Y., Christoffersen, P., and Jacobs, K. 2013. Market skewness risk and the cross-section of stock returns. Journal of Financial Economics, 107 (1), 46–68.
[15] Conine, T. E. and Tamarkin, M. J. 1981. On diversification given asymmetry in returns. Journal of Finance, 36 (5), 1143–1155.
[16] Conrad, J. S., Dittmar, R. F., and Ghysels, E. 2013. Ex ante skewness and expected stock returns. Journal of Finance, 68 (1), 85–124.
[17] Cox, J. C., Ross, S. A., and Rubinstein, M. 1979. Option pricing: a simplified approach. Journal of Financial Economics, 7 (3), 229–263.
[18] Cremers, M. and Weinbaum, D. 2010. Deviations from put-call parity and stock return predictability. Journal of Financial Quantitative Analysis, 45 (2), 335–367.
[19] DeMiguel, V., Plyakha, Y., Uppal, R., and Vilkov, G. 2013. Improving portfolio selection using option-implied volatility and skewness. Journal of Financial and Quantitative Analysis, 48 (6), 1813–1845.
[20] Fama, E. F. and French, K. R. 1993. Common risk factors in the returns on stocks and bonds. Journal of Financial Economics, 33 (1), 3–56.
[21] Fama, E. F. and MacBeth, J. D. 1973. Risk, return, and equilibrium: empirical tests. Journal of Political Economy, 81 (3), 607.
[22] Garleanu, N., Pedersen, L. H., and Poteshman, A. M. 2009. Demand-based option pricing. Review of Financial Studies, 22 (10), 4259–4299.
[23] Goyal, A. and Saretto, A. 2009. Cross-section of option returns and volatility. Journal of Financial Economics, 94 (2), 310–326.
[24] Harvey, C. R. and Siddique, A. 2000. Conditional skewness in asset pricing tests. Journal of Finance, 55 (3), 1263–1295.
[25] Jackwerth, J. C. and Rubinstein, M. 1996. Recovering probability distributions from option prices. Journal of Finance, 51 (5), 1611–1631.
[26] Kane, A. 1982. Skewness preference and portfolio choice. Journal of Financial and Quantitative Analysis, 17 (1), 15–25.
[27] Kraus, A. and Litzenberger, R. H. 1976. Skewness preference and the valuation of risk assets. Journal of Finance, 31 (4), 1085–1100.

[28] Mitton, T. and Vorkink, K. 2007. Equilibrium underdiversification and the preference for skewness. Review of Financial Studies, 20 (4), 1255–1288.

[29] Murray, S. 2013. A margin requirement based return calculation for portfolios of short option positions. Managerial Finance, 39 (6), 550–568.

[30] Newey, W. K. and West, K. D. 1987. A simple, positive semi-definite, heteroskedasticity and autocorrelation consistent covariance matrix. Econometrica, 55 (3), 703–708.

[31] Pastor, L. and Stambaugh, R. F. 2003. Liquidity risk and expected stock returns. Journal of Political Economy, 111 (3), 642–685.

[32] Rehman, Z. and Vilkov, G. 2012. Risk-Neutral Skewness: Return Predictability and its Sources. SSRN eLibrary.

[33] Scott, R. C. and Horvath, P. A. 1980. On the direction of preference of moments of higher order than the variance. Journal of Finance, 35 (4), 915–919.

[34] Simkowitz, M. A. and Beedles, W. L. 1978. Diversification in a three-moment world. Journal of Financial and Quantitative Analysis, 13 (5), 927–941.

[35] Xing, Y., Zhang, X., and Zhao, R. 2010. What does the individual option volatility smirk tell us about future equity returns? Journal of Financial Quantitative Analysis, 45 (3), 641–662.

第 18 章 其他股票收益率预测量

在本章中，我们通过简要讨论在实证资产定价文献中记录的几个额外的股票收益现象来总结这本书。虽然第二部分前几章中记录的效应是最广泛被认可、控制和引用的效应，但是本章中讨论的几个预测股票未来收益的变量，即使没有更强，也与之前章节所讨论的变量一样有效。本章讨论的许多结果被认为是行为性的，或者是源于会计和财务报表数据的。我们打算写这一章是为了给读者提供一个前面章节中没有讨论过的关于实证资产定价研究合理性的广泛概述，本章和前面章节中记录的一系列现象不可能完整介绍实证资产定价研究。事实上，Harvey、Liu 和 Zhu (2015) 列出了与横截面定价效应相关的 316 个因子。Green、Hand 和 Zhang (2013) 研究了以前研究提出的 330 个不同的因子。[①] Haugen 和 Baker (1996)，Barberis 和 Thaler (2003)，Schwert (2003)，McLean 和 Pontiff (2015) 提供了股票收益率横截面预测的其他研究。[②] Hirshleifer (2015) 介绍了股票市场中行为现象的基础以及以前的实证研究结果。

我们在本章中没有给出实证结果。相反，我们非常简要地描述了主要的结果和结论，并提供了在每一项研究中最重要的引文。对于对任何给定主题寻求更深入理解的

① Harvey、Liu 和 Zhu (2015) 以及 Green、Hand 和 Zhang (2013) 发现，许多记录的股票收益预测指标捕捉到了相同的潜在经济现象。因此，股票期望收益的正交驱动因子的数量很可能显著较低。

② McLean 和 Pontiff (2015) 提供了证据表明，学术研究记录的一些收益模式可能在数值上被夸大，并且在发表给定现象确认的文章之后不能得以维持其结论。

研究人员，本章中的参考文献应该能够作为一个良好的起点。

18.1 资产增长

有很多研究证明了企业层面的资产变化与股票未来收益之间存在负相关关系。特别地，一些研究表明，企业往往在增加资产（股票发行和收购）的行动期间更倾向于经历负的异常收益，而减少资产（股票回购和拆分）的企业往往在随后的时期更倾向于实现正的异常收益。

一些研究已经证明，企业资产增长的行为在横截面上与股票未来收益之间为负相关关系。Lakonishok、Shleifer 和 Vishny(1994) 证明了销售增长和股票未来收益之间的负相关关系，La Porta(1996) 发现了从分析师预测计算得到的预期盈利增长与股票未来收益之间的类似的负相关性。

Lakonishok、Shleifer 和 Vishny(1994) 以及 La Porta(1996) 的目的是检验价值溢价（账面市值比与股票未来收益之间的正相关，见第 10 章）是不是一种风险或行为现象的表现。Lakonishok、Shleifer 和 Vishny(1994) 假设投资者利用过去的业绩推测未来，从而期望按销售额增长衡量的已经表现出高（低）业绩的企业继续维持这种强（弱）业绩。因此，当定价股票时，投资者更倾向于高估（低估）过去业绩强（弱）表现的股票，导致了账面市值比与股票未来收益之间的正相关性。Lakonishok、Shleifer 和 Vishny(1994) 以及 La Porta(1996) 经过研究，否决了这种结果与风险有关的可能性，并得出结论，这种现象本质上是行为性的。

Sloan(1996) 通过研究哪些收入组成部分导致了高增长（低增长）股票价格的高估（低估），发现了应计利润高的企业表现出较低的盈余持续性，应计利润是盈利的应计成分，与股票未来收益负相关。Hirshleifer、Hou、Teoh 和 Zhang(2004) 研究投资者是否将注意力集中在会计利润而不是现金盈利能力，并表明用净经营资产衡量的差异（会计盈利减现金盈利能力）与股票未来收益负相关。Titman、Wei 和 Xie(2004) 发现，资本投资的增加与股票未来收益负相关，并将这一结果解释为投资者在估值资本投资时未能纳入管理者建设帝国企业动机的影响。

其他研究调查了资本筹集事件后股票的表现，发现募集（分散）资本的企业表现出低（高）长期的异常收益。Ritter(1991) 和 Loughran(1993) 证明，股票在首次公开发行后的几年里经历了负的异常收益，Ritter(1991) 发现证据表明，这种结果是由企业公开发行股票时，投资者对未来前景抱有不理性的乐观情绪所造成的。Loughran 和 Ritter(1995) 在股权再融资中记录了类似的收益模式。Lakonishok 和 Vermaelen(1990)，Ikenberry、Lakonishok 和 Vermaelen(1995) 研究股票回购，发现回购股票的企业随后具有优异表现，其效果集中在小规模股票和价值股票中。Fama 和 French

(2008a，b) 证明净股票发行量与股票未来收益负相关。[①] Rau 和 Vermaelen(1998) 对发行招标的企业也发现了相似的结果。

另一些学者研究了企业行为，如收购和拆分。Agrawal、Jaffe 和 Mandelker (1992)，Loughran 和 Vijh(1997)，Rau 和 Vermaelen(1998) 发现进行收购的企业在收购后收益非常低。Rau 和 Vermaelen(1998) 证明，这种现象集中在账面市值比较低的股票中。此外，Cusatis、Miles 和 Woolridge(1993)，McConnell 和 Ovtchinnikov (2004) 发现，进行拆分的公司在拆分事件之后实现了正的异常收益。

最近的研究检查了上述结果是不是由相同的潜在经济现象产生的。Pontiff 和 Woodgate(2008) 发现证据表明，股票发行和收购之后的负异常收益以及股票回购之后的正异常收益都是由共同股票发行效应所驱动的。Fairfield、Whisenant 和 Yohn (2003) 提供证据表明累积效应（Sloan，1996）是更大增长效应的表现。Cooper、Gulen 和 Schill(2008) 发现，总资产的增长是许多这些异常所共有的组成部分。

18.2 投资者情绪

投资者情绪可以大致被认为是投资者对股票前景的看法与对股票前景的纯理性评估之间的偏差。在一个完全理性的世界里，两者是一样的。然而，许多研究者认为，即使在总体上，投资者也不是完全理性的。因此，在一个不完全理性的世界中，投资者情绪可以通过影响股票价格进而影响股票未来收益。

研究投资者情绪文献的动力来自从股票收益中根据经验观察到的几种现象。第一，许多研究发现证据表明，短期内投资者对新闻的反应不足。Cutler、Poterba 和 Summers(1991) 发现股票收益在不到一年的时间内呈现正序列相关。Ball 和 Brown (1968)，Foster、Olsen 和 Shevlin(1984)，Bernard 和 Thomas(1989，1990) 证明了一种被称为盈余公告后价格漂移的现象，指的是公司实现正（负）的盈余冲击使股票经历了盈利公布后的多个月份平均正（负）异常收益，表明投资者对盈利新闻的反应不足。如第 11 章所讨论的，Jegadeesh 和 Titman(1993) 发现，在股票收益的横截面上有一个非常显著的动量效应。Chan、Jegadeesh 和 Lakonishok(1996) 得出结论，动量现象和盈余公告后的价格漂移现象都是市场对新信息反应迟缓造成的。

第二，几个研究者发现，在多年里，投资者往往对新信息反应过度。Cutler 等 (1991) 证明，在 3～5 年间，收益往往呈现负自相关性。这与第 11 章中简要讨论的长期逆转现象相一致。De Bondt 和 Thaler(1985)，Chopra、Lakonishok 和 Ritter(1992) 发现了类似的证据，并将这种现象归因于过度反应，而不是风险补偿。

---

① Hovakimian、Opler 和 Titman (2001) 的实证研究表明，当企业的股票价格相对于现金流量的变化表现不佳时，企业倾向于回购（发行）股票。Baker 和 Wurgler (2002) 指出，这种趋势反映了管理者计划股票市场的事实。Daniel 和 Titmen (2006) 提供证据表明，如果管理层在股票被高估时发行股票，股票发行将负向预测收益。

在一篇关于情绪的理论研究中，Barberis、Shleifer 和 Vishny(1998) 建立了一个关于投资者信心形成的模型，它产生的预测不仅与前面讨论、观察到的反应不足和过度反应现象一致，而且与记录代表性(Tverskey and Kahneman，1974) 和保守性(Edwards，1968) 这些认知的心理学家的研究相吻合。Daniel、Hirshleifer 和 Subrahmanyam(1998) 根据不同的心理现象，如过度自信 (Griffin 和 Tversky，1992) 和归因 (Bem，1965) 建立了一个模型，产生了类似的预测。

从那时起，许多论文已经开始研究投资者情绪和未来证券收益之间的关系。Neal 和 Wheatley(1998) 发现证据表明投资者情绪部分解释了第 9 章讨论的规模效应。Baker 和 Stein(2004) 开发了一个将投资者情绪与流动性相关联的模型，并表明高涨的投资者情绪可能导致高估。Baker 和 Wurgler(2006) 表明，建立时间短、具有风险性的企业在投资情绪高涨后表现不佳。再一次，这里的概念是，投资者情绪高涨的时期反映了高估，特别是对于难以估值的公司 (即高收益波动的年轻公司)。Grinblatt 和 Han(2005) 证明，一些投资者坚持亏损交易的倾向产生了动量现象。Han(2008) 发现，对于标准普尔 500 指数期权，隐含波动率微笑更为显著，当投资者情绪低落时，隐含的风险中性偏度负值更加严重。Stambaugh、Yu 和 Yuan(2012，2014) 证明，在投资者情绪高涨的时期，股票收益中检测到的几个经验性异常更强，这一结果是由多-空组合中的空头头寸驱动的。

18.3 投资者关注度

关于投资者关注度的文献与投资者情绪的研究有关，其主要目的是解释股票价格对于之前讨论的许多研究记录的相关新闻的反应不足的问题 (Ball and Brown，1968；Cutler，Poterba，and Summers，1991；Foster，Olsen，and Shevlin，1984；Bernard and Thomas，1990；Jegadeesh and Titman，1993)。然而，投资者关注度的研究决定了这些现象的另一个驱动因素，特别是投资者的注意力有限。与描述投资者情绪的模型一样，投资者注意的模型具有认知心理学的根源。Kahneman(1973) 的注意力理论表明注意力是一种稀缺的认知资源。注意力理论对金融市场的影响是，有限的时间和认知资源的可用性对投资者如何快速处理信息施加了限制。

最近的理论模型表明，有限的投资者关注度可能导致对信息的反应不足，从而减缓了价格调整。Hirshleifer 和 Teoh(2003) 研究了信息呈现和清晰度效应对股票价格反应和估值的速度、准确性的影响。Peng(2005) 推导出一个均衡模型，其中投资者以最理想的方式来分配他们的注意力。Peng 和 Xiong(2006) 发现，有限的注意力导致投资者着重关注市场层面和部门层面的信息，而忽视企业特定的信息。当与投资者过度自信结合考虑时，这种关注市场层面和部门层面的信息解释了许多经验上观察到的股票价格动态性，这种股票价格动态性难以在假设瞬时和完整的信息处理的标准资产定价模型中被合理解释。注意力对这些模型的主要影响是，有限的注意力导致了对价值相关公共信息反应延迟的股票价格。

这种来自投资者关注度不集中模型的核心预测已经通过几个最近的实证研究被证实了。Hirshleifer、Lim 和 Teoh(2009) 发现当投资者的关注度是一个非常稀缺的资源时，股票价格对盈余公告的反应更慢，对于有大量盈余公告宣布时段的盈余来说，盈余公告的价格漂移现象 (Ball and Brown，1968；Foster，Olsen，and Shevlin，1984；Bernard and Thomas，1989，1990)更强。DellaVigna 和 Pollet(2009) 证明投资者对周五发布的盈利新闻反应较慢，因为周五投资者的注意力可能很低。[①] Li 和 Yu(2012) 显示，当道琼斯工业平均指数接近 52 周高位时，会呈现正向趋势；当它接近历史高位时，会呈现负向趋势，并将这些影响归因于投资者的注意。Da、Gurun 和 Warachka (2014) 发现，当信息逐步释放而不是在单一公告中时，投资者反应不足的趋势减弱。Bali、Peng、Shen 和 Tang(2014b) 提供证据表明，投资者关注度理论在理解股市对流动性冲击反应不足上是重要的。

18.4 观点分歧

Miller(1977) 假设股票价格反映了向上的偏误，只要投资者对股票价值存在分歧、并且消极投资者就他们可以承担的空头头寸规模而言受到限制。在他的模型中，高估的原因是潜在卖空者被限制，不能空仓。结果表明，证券市场价格的确定主要是由更积极的投资者的信念驱动的。由于风险较高股票的观点分歧可能更高，Miller(1977) 推测观点分歧在公司特定风险高（低）的股票产生的历史低（高）异常收益中发挥了作用 [见第 15 章和 Ang、Hodrick、Xing 和 Zhang(2006)]。[②] Hong 和 Stein(2003) 建立了一个市场崩盘的模型，当以前看涨的投资者出售他们的头寸时，潜在做空者持有的负面意见会影响股票价格，这会导致市场价格的大幅下跌。

股票收益横截面上的观点分歧的作用已在几篇研究中得到了实证检验。Diether、Malloy 和 Scherbina(2002) 使用分析师的盈利预测的分散性作为观点分歧的代理变量，发现分析师预测分散程度较高的股票产生的未来收益明显低于分散程度较低的股票。Chen、Hong 和 Stein(2002) 发现，所有权的广度，即拥有股票的不同投资者的数量，影响股票收益率。这个想法是，当只有少数投资者在股票中占有多头头寸时，做空限制可能具有约束力，因此股票被高估。Chen、Hong 和 Stein(2002) 的主要实证研究结果表明，近期所有权广度增加的股票收益表现明显好于所有权广度下降的股票。Boehme、Danielsen 和 Sorescu(2006) 证明投资者意见分散和做空约束是高估的必要条件。

---

① DellaVigna 和 Pollet (2007) 发现，当预测未来销售时，投资者未能充分考虑人口信息，从而导致了股票收益的可预测性。他们提供投资者不注意作为这种现象的一个可能的解释。

② Harris 和 Raviv (1993) 模拟了投机市场中观点分歧的影响。他们的模型预测，在时间序列中，价格变化和交易量的幅度同时正相关，连续的价格变化负序列相关，并且交易量是正向自相关。Bessembinder、Chan 和 Seguin (1996) 使用标准普尔 500 指数期货数据发现了确凿的实证证据。

因此，这些条件中的任一条件不成立的股票没有表现出被高估的倾向。Berkman、Dimitrov、Jain、Koch 和 Tice(2009) 认为盈余公告减少了观点分歧，并发现相较于过去意见分歧较低的股票，过去观点分歧较高的股票在盈余公告附近产生了更低的收益。

18.5 盈利能力和投资

有许多研究会调查会计比率和股票期望收益之间的关系。这项研究产生了两个主要结论。第一个结论是，盈利能力和股票期望收益之间存在显著的正相关关系。Haugen 和 Baker(1996)，Cohen、Gompers 和 Vuolteenaho(2002) 发现股本收益率和股票未来收益之间存在显著的正相关关系。Bali、Demirtas 和 Tehranian(2008) 提供证据表明股票期望收益与收入和总资产的比率正相关。Novy-Marx(2013) 利用利润（收入减去已售商品成本）与资产的比率作为预测变量得出了类似的结果。

第二个结论是，投资和股票未来收益率之间存在负相关性。Fairfield、Whisenant 和 Yohn(2003) 发现，应计利润和净经营资产在横截面上与股票未来收益负相关。Titman、Wei 和 Xie(2004) 检测到资本投资增长，用近期资本支出与历史资本支出相除计算，与股票未来收益率负相关。Cooper、Gulen 和 Schill(2008) 证明总资产增长与股票未来收益率之间存在显著负相关关系。Aharoni、Grundy 和 Zeng(2013) 发现预期投资与股票期望收益之间存在负相关关系。

Fama 和 French(2006，2015) 使用简单的股利贴现模型在理论上对这些结果进行建模，发现与以前的许多实证结果一致。在保持其他条件不变的情况下，股票的期望收益率与账面市值比正相关，与利润率正相关，与投资负相关。基于此，Fama 和 French(2015) 构建了五因素风险模型，包括 Fama 和 French(1993) 三因素模型中的市场（*MKT*）、规模（*SMB*）和价值（*HML*）以及新加入的盈利和投资因素。他们发现，五因子模型在捕捉股票收益横截面变化方面比三因子模型更好。

Hou、Xue 和 Zhang(2015) 基于投资 q 理论建立了一个类似的模型。Hou 等(2015) 建立的模型包括市场因素（*MKT*）、规模因素、盈利因素和投资因素。[①] 值得注意的是 Hou 等（2015）缺少的是价值因素。Hou、Xue 和 Zhang(2015) 称，价值因素在理论上和经验上都受投资因素的影响。此外，Hou、Xue 和 Zhang(2015) 发现盈利因素能够捕获动量效应。

18.6 对博彩型股票的投资需求

我们在本章中讨论的最后一个主题是博彩型股票的投资需求对股票价格的影响。

① Hou、Xue 和 Zhang（2015）使用的规模、盈利和投资因素的精确定义与 Fama 和 French（1993，2015）使用的不同。

博彩型股票需求研究的主要前提是，一些投资者需要博彩型股票，或更可能经历大量短期价值增长的股票。虽然博彩需求在赌博领域是一个有据可查的现象（Thaler and Ziemba，1988），但博彩型股票在金融市场的普遍性和影响直到最近都几乎没有得到注意。

然而，最近的研究发现了有力的证据证明博彩型股票的投资需求在金融市场中发挥着重要作用。Kumar(2009) 使用人口统计数据来证明玩彩票的投资者也更有可能投资博彩型股票，其中博彩型股票被定义为低价（低于 5 美元）、高特质波动和高特质偏度的股票。Han 和 Kumar(2013) 表明，个人投资者，特别是有着高赌博倾向的个人投资者，在这些股票中的投资与其自身资产占市场的份额不成比例。

Bali、Cakici 和 Whitelaw(2011) 研究了博彩型股票的投资需求对股票定价的影响。用 MAX 描述对博彩型股票的需求，并将它定义为在给定月份的最高日度收益率，Bali 等（2011）发现博彩型股票的投资需求与美式股票未来收益率之间显著负相关。随后的几个研究在其他市场找到了类似的结果。Annaert、De Ceuster 和 Verstegen(2013) 以及 Walkshäusl(2014) 表明，欧洲市场的博彩型股票投资需求现象很强烈。Carpenter、Lu 和 Whitelaw(2014) 发现，在中国股票市场中存在博彩型股票投资需求与股票未来收益率之间负相关的证据。与投资者对博彩型股票的偏好一致，Conrad、Kapadia 和 Xing(2014) 发现，有极大可能获得高额正收益的股票，有可能会获得异常低的平均收益率。①

虽然博彩型股票投资需求和股票未来收益率之间的负相关关系本身是有趣的，但有实证证据表明，这种关系可能是实证资产定价文献中记录的一些最持久、混乱现象的驱动因素。具体来说，Bali 等（2011）提出证据表明，Ang、Hodrick、Xing 和 Zhang(2006)（见第 15 章）的特质波动之谜由博彩型股票投资需求解释，并且在控制博彩型股票投资需求之后，特质波动性和股票未来收益正相关。Bali、Brown、Murray 和 Tang(2014a) 表明，在第 8 章中记录资本资产定价模型（Sharpe，1964；Lintner，1965；Mossin，1966）的实证失败可以用对博彩型股票的需求进行解释。具体来说，在控制了对博彩型股票的需求和其他已知预测股票未来收益的特征之后，Bali、Brown、Murray 和 Tang(2014a) 的实证分析发现了 β 和股票未来收益率之间的正相关。

参考文献

[1] Agrawal, A., Jaffe, J. F., and Mandelker, G. N. 1992. The post-merger performance of acquiring firms: a re-examination of an anomaly. Journal of Finance, 47 (4), 1605-1621.

① Campbell、Hilscher 和 Szilagyi（2008）表明，有违约概率（遇险风险）的企业具有较低的平均风险调整的未来收益。Conrad、Kapadia 和 Xing（2014）表明，高风险的企业往往具有相对高的获得极大正收益的可能性。

[2] Aharoni, G., Grundy, B., and Zeng, Q. 2013. Stock returns and the Miller Modigliani valuation formula: revisiting the Fama French analysis. Journal of Financial Economics, 110 (2), 347–357.

[3] Ang, A., Hodrick, R. J., Xing, Y., and Zhang, X. 2006. The cross-section of volatility and expected returns. Journal of Finance, 61 (1), 259–299.

[4] Annaert, J., De Ceuster, M., and Verstegen, K. 2013. Are extreme returns price in the stock market? European evidence. Journal of Banking and Finance, 37 (9), 3401–3411.

[5] Baker, M. and Stein, J. C. 2004. Market liquidity as a sentiment indicator. Journal of Financial Markets, 7 (3), 271–299.

[6] Baker, M. and Wurgler, J. 2002. Market timing and capital structure. Journal of Finance, 57 (1), 1–32.

[7] Baker, M. and Wurgler, J. 2006. Investor sentiment and the cross-section of stock returns. Journal of Finance, 61 (4), 1645–1680.

[8] Bali, T. G., Brown, S. J., Murray, S., and Tang, Y. 2014a. A Lottery Demand-Based Explanation of the Beta Anomaly. SSRN eLibrary.

[9] Bali, T. G., Cakici, N., and Whitelaw, R. F. 2011. Maxing out: stocks as lotteries and the cross-section of expected returns. Journal of Financial Economics, 99 (2), 427–446.

[10] Bali, T. G., Demirtas, K. O., and Tehranian, H. 2008. Aggregate earnings, firm-level earnings, and expected stock returns. Journal of Financial and Quantitative Analysis, 43 (3), 657–684.

[11] Bali, T. G., Peng, L., Shen, Y., and Tang, Y. 2014b. Liquidity shocks and stock market reactions. Review of Financial Studies, 27 (5), 1434–1485.

[12] Ball, R. and Brown, P. 1968. An empirical evaluation of accounting income numbers. Journal of Accounting Research, 6 (2), 159–178.

[13] Barberis, N., Shleifer, A., and Bishny, R. 1998. A model of investor sentiment. Journal of Financial Economics, 49 (3), 307–343.

[14] Barberis, N. and Thaler, R. Chapter 18: A survey of behavioral finance. Handbook of the Economics of Finance, pages 1051–1121. Constantinides et al. (2003), 2003.

[15] Bem, D. J. 1965. An experimental analysis of self-persuasion. Journal of Experimental Psychology, 1 (3), 199–218.

[16] Berkman, H., Dimitrov, V., Jain, P. C., Koch, P. D., and Tice, S. 2009. Sell on the news: differences of opinion, short-sales constraints, and returns around earnings announcements. Journal of Financial Economics, 92 (3), 376–399.

[17] Bernard, V. L. and Thomas, J. K. 1989. Post-earnings-announcement drift: de-

layed price response of risk premium. Journal of Accounting Research, 27 (3), 1-36.

[18] Bernard, V. L. and Thomas, J. K. 1990. Evidence that stock prices do not fully reflect the implications of current earnings for future earnings. Journal of Accounting and Economics, 13 (4), 305-340.

[19] Bessembinder, H., Chan, K., and Seguin, P. J. 1996. An empirical examination of information, differences of opinion, and trading activity. Journal of Financial Economics, 40 (1), 105-134.

[20] Boehme, R. D., Danielsen, B. R., and Sorescu, S. M. 2006. Short-sale constraints, differences of opinion, and overvaluation. Journal of Financial and Quantitative Analysis, 41 (2), 455-487.

[21] Campbell, J. Y., Hilscher, J., and Szilagyi, J. 2008. In search of distress risk. Journal of Finance, 63 (6), 2899-2939.

[22] Carpenter, J. N., Lu, F., and Whitelaw, R. F. 2014. Prospect Theory and Stock Returns: An Empirical Test. SSRN eLibrary.

[23] Chan, L. K. C., Jegadeesh, N., and Lakonishok, J. 1996. Momentum strategies. Journal of Finance, 51 (5), 1681-1713.

[24] Chen, J., Hong, H., and Stein, J. C. 2002. Breadth of ownership and stock returns. Journal of Financial Economics, 66 (2-3), 171-205.

[25] Chopra, N., Lakonishok, J., and Ritter, J. 1992. Measuring abnormal performance: do stocks overreact? Journal of Financial Economics, 31 (2), 235-268.

[26] Cohen, R. B., Gompers, P. A., and Vuolteenaho, T. 2002. Who underreacts to cash-flow news? Evidence from trading between individuals and investors. Journal of Financial Economics, 66 (2-3), 409-462.

[27] Conrad, J., Kapadia, N., and Xing, Y. 2014. Death and jackpot: Why do individual investors hold overpriced stocks? Journal of Financial Economics, 113 (3), 455-475.

[28] Constantinides, G., Harris, M., and Stulz, R. M., editors. Handbook of the Economics of Finance. Elsevier Science, B. V., The Netherlands, 2003.

[29] Cooper, M. J., Gulen, H., and Schill, M. J. 2008. Asset growth and the cross-section of stock returns. Journal of Finance, 63 (4), 1609-1651.

[30] Cusatis, P. J., Miles, J. A., and Woolridge, J. R. 1993. Resturcturing through spinoffs: the stock market evidence. Journal of Financial Economics, 33 (3), 293-311.

[31] Cutler, D. M., Poterba, J. M., and Summers, L. H. 1991. Speculative dynamics. Review of Economic Studies, 58 (3), 529-546.

[32] Da, Z., Gurun, U. G., and Warachka, M. 2014. Frog in the pan: continuous in-

formation and momentum. Review of Financial Studies, 27 (7), 2171-2218.
[33] Daniel, K., Hirshleifer, D., and Subrahmanyam, A. 1998. Investor psychology and security market under-and overreactions. Journal of Finance, 53 (6), 1839-1885.
[34] Daniel, K. and Titman, S. 2006. Market reactions to tangible and intangible information. Journal of Finance, 61 (4), 1605-1643.
[35] De Bondt, W. F. M. and Thaler, R. 1985. Does the stock market overreact? Journal of Finance, 40 (3), 793-805.
[36] DellaVigna, S. and Pollet, J. M. 2007. Demographics and industry returns. American Economic Review, 97 (5), 1666-1702.
[37] DellaVigna, S. and Pollet, J. M. 2009. Investor inattention and Friday earnings announcements. Journal of Finance, 64 (2), 709-749.
[38] Diether, K. B., Malloy, C. J., and Scherbina, A. 2002. Differences of opinion and the cross-section of stock returns. Journal of Finance, 57 (5), 2113-2141.
[39] Edwards, W. Conservatism in human information processing. Formal Representation of Human Judgment, pages 17-52. John Wiley & Sons, New York, 1968.
[40] Fairfield, P. M., Whisenant, J. S., and Yohn, T. L. 2003. Accrued earnings and growth: implications for future profitability and market mispricing. Accounting Review, 78 (1), 353-371.
[41] Fama, E. F. and French, K. R. 1993. Common risk factors in the returns on stocks and bonds. Journal of Financial Economics, 33 (1), 3-56.
[42] Fama, E. F. and French, K. R. 2006. Profitability, investment and average returns. Journal of Financial Economics, 82 (3), 491-518.
[43] Fama, E. F. and French, K. R. 2008a. Average returns, B/M, and share issues. Journal of Finance, 63 (6), 2971-2995.
[44] Fama, E. F. and French, K. R. 2008b. Dissecting anomalies. Journal of Finance, 63 (4), 1653-1678.
[45] Fama, E. F. and French, K. R. 2015. A five-factor asset pricing model. Journal of Financial Economics, 116 (1), 1-22.
[46] Foster, G., Olsen, C., and Shevlin, T. 1984. Earnings releases, anomalies, and the behavior of security returns. Accounting Review, 59 (4), 574-603.
[47] Green, H., Hand, J. R. M., and Zhang, X. F. 2013. The supraview of return predictive signals. Review of Accounting Studies, 18 (3), 692-730.
[48] Griffin, D. and Tversky, A. 1992. The weighing of evidence and the determinants of confidence. Cognitive Psychology, 24 (3), 411-435.
[49] Grinblatt, M. and Han, B. 2005. Prospect theory, mental accounting, and momentum. Journal of Financial Economics, 78 (2), 311-339.
[50] Han, B. 2008. Investor sentiment and option prices. Review of Financial Studies,

21 (1), 387-414.
[51] Han, B. and Kumar, A. 2013. Speculative retail trading and asset prices. Journal of Financial and Quantitative Analysis, 48 (2), 377-404.
[52] Harris, M. and Raviv, A. 1993. Differences of opinion make a horse race. Review of Financial Studies, 6 (3), 473-506.
[53] Harvey, C. R., Liu, Y., and Zhu, H. 2015. ... and the cross-section of expected returns. Review of Financial Studies, forthcoming.
[54] Haugen, R. A. and Baker, N. L. 1996. Commonality in the determinants of expected stock returns. Journal of Financial Economics, 41 (3), 401-439.
[55] Hirshleifer, D. 2015. Behavioral finance. Annual Review of Financial Economics, 7 (1).
[56] Hirshleifer, D., Hou, K., Teoh, S. H., and Zhang, Y. 2004. Do investors overvalue firms with bloated balance sheets? Journal of Accounting and Economics, 38 (1-3), 297-331.
[57] Hirshleifer, D., Lim, S. S., and Teoh, S. H. 2009. Driven to distraction: extraneous events and underreaction to earnings news. Journal of Finance, 64 (5), 2289-2325.
[58] Hirshleifer, D. and Teoh, S. H. 2003. Limited attention, information disclosure, and financial reporting. Journal of Accounting and Economics, 36 (1-3), 337-386.
[59] Hong, H. and Stein, J. C. 2003. Differences of opinion, short-sales constraints, and market crashes. Review of Financial Studies, 16 (2), 487-525.
[60] Hou, K., Xue, C., and Zhang, L. 2015. Digesting anomalies: an investment approach. Review of Financial Studies, 28 (3), 650-705.
[61] Hovakimian, A., Opler, T., and Titman, S. 2001. The debt-equity choice. Journal of Financial and Quantitative Analysis, 36 (1), 1-24.
[62] Ikenberry, D., Lakonishok, J., and Vermaelen, T. 1995. Market underreaction to open market share repurchases. Journal of Financial Economics, 39 (2-3), 181-208.
[63] Jegadeesh, N. and Titman, S. 1993. Returns to buying winners and selling losers: implications for stock market efficiency. Journal of Finance, 48 (1), 65-91.
[64] Kahneman, D. Attention and Effort. Prentice Hall, Englewood Cliffs, NJ, 1973.
[65] Kumar, A. 2009. Who gambles in the stock market? Journal of Finance, 64 (4), 1889-1933.
[66] Lakonishok, J., Shleifer, A., and Vishny, R. W. 1994. Contrarian investment, extrapolation, and risk. Journal of Finance, 49 (5), 1541-1578.
[67] Lakonishok, J. and Vermaelen, T. 1990. Anomalous price behavior around repurchase tender offers. Journal of Finance, 45 (2), 455-477.

[68] La Porta, R. 1996. Expectations and the cross-section of stock returns. Journal of Finance, 51 (5), 1715–1742.
[69] Li, J. and Yu, J. 2012. Investor attention, psychological anchors, and stock return predictability. Journal of Financial Economics, 104 (2), 401–419.
[70] Lintner, J. 1965. Security prices, risk, and maximal gains from diversification. Journal of Finance, 20 (4), 687–615.
[71] Loughran, T. 1993. NYSE vs NASDAQ returns: market microstructure or the poor performance of initial public offerings? Journal of Financial Economics, 33 (2), 241–260.
[72] Loughran, T. and Ritter, J. R. 1995. The new issues puzzle. Journal of Finance, 50 (1), 23–51.
[73] Loughran, T. and Vijh, A. M. 1997. Do long-term shareholders benefit from corporate acquisitions? Journal of Finance, 52 (5), 1765–1790.
[74] McConnell, J. J. and Ovtchinnikov, A. V. 2004. Predictability of long-term spinoff returns. Journal of Investment Management, 2 (3), 35–44.
[75] McLean, R. D. and Pontiff, J. 2015. Does academic research destroy stock return predictability? Journal of Finance, forthcoming.
[76] Miller, E. M. 1977. Risk, uncertainty, and divergence of opinion. Journal of Finance, 32 (4), 1151–1168.
[77] Mossin, J. 1966. Equilibrium in a capital asset market. Econometrica, 34 (4), 768–783.
[78] Neal, R. and Wheatley, S. M. 1998. Do measures of investor sentiment predict returns? Journal of Financial and Quantitative Analysis, 33 (4), 523–547.
[79] Novy-Marx, R. 2013. The other side of value: the gross profitability premium. Journal of Financial Economics, 108 (1), 1–28.
[80] Peng, L. 2005. Learning with information capacity constraints. Journal of Financial and Quantitative Analysis, 40 (2), 307–329.
[81] Peng, L. and Xiong, W. 2006. Investor attention, overconfidence and category learning. Journal of Financial Economics, 80 (3), 563–602.
[82] Pontiff, J. and Woodgate, A. 2008. Share issuance and cross-sectional returns. Journal of Finance, 63 (2), 921–945.
[83] Rau, P. R. and Vermaelen, T. 1998. Glamour, value and the post-acquisition performance of acquiring firms. Journal of Financial Economics, 49 (2), 223–253.
[84] Ritter, J. R. 1991. The long-run performance of initial public offerings. Journal of Finance, 46 (1), 3–27.
[85] Schwert, G. W. Chapter 15: Anomalies and market efficiency. Handbook of the Economics of Finance, pages 939–974. In Constantinides et al. (2003), 2003.

[86] Sharpe, W. F. 1964. Capital asset prices: a theory of market equilibrium under conditions of risk. Journal of Finance, 19 (3), 425–442.

[87] Sloan, R. G. 1996. Do stock prices fully reflect information in accruals and cash flows about future earnings? The Accounting Review, 71 (3), 389–315.

[88] Stambaugh, R. F., Yu, J., and Yuan, Y. 2012. The short of it: investor sentiment and anomalies. Journal of Financial Economics, 104 (2), 288–302.

[89] Stambaugh, R. F., Yu, J., and Yuan, Y. 2014. The long of it: odds that investor sentiment spuriously predicts anomaly returns. Journal of Financial Economics, 114 (3), 613–619.

[90] Thaler, R. H. and Ziemba, W. T. 1988. Paramutuel betting markets: racetracks and lotteries. Journal of Economic Perspectives, 2 (2), 161–174.

[91] Titman, S., Wei, K. C. J., and Xie, F. 2004. Capital investment and stock returns. Journal of Financial and Quantitative Analysis, 39 (4), 677–700.

[92] Tversky, A. and Kahneman, D. 1974. Judgment under uncertainty: Heuristics and biases. Science, 185, 1124–1131.

[93] Walkshäusl, C. 2014. The max effect: European evidence. Journal of Banking and Finance, 42, 1–10.

译后记

我于 2013 年在中央财经大学金融学院针对金融类本科学生开设了一门“实证金融分析”课程，并在 2018 级学生培养方案修订中将课程名称更改为“实证资产定价”。当初提出开设此门课程的时候，我了解到在中央财经大学金融学本科培养方案的课程设置中，专业课程主要由两类组成：一类是讲述传统金融理论类的课程；另一类是基于数学工具的资产定价理论课程。这两类课程大部分讲授的还是西方金融理论和模型，尤其是在开设金融工程专业之后，尽管学生的课程学习做到了“难起来”，但是往往还是给学生一种雾里看花的感觉，学生熟读了各种经典金融理论和公式推导，但却很少能将其运用于研究和解决金融实际问题之中。

在课堂上，我也常说学习金融相关知识有三个层次，第一个层次是知道了是什么（what），如什么是有效市场理论；第二个层次是知道了怎么做（how），即如何在真实的金融市场中科学操作；第三个层次是知道为什么（why），如要知道推动各种金融市场变化、资产价格波动等金融现象背后的理论原理。当前高校金融教育非常重视第一个层次和第三个层次，但是对于第二个层次的要求略显不足，导致众多金融学子毕业的时候“眼高手低”。

随着金融数据的丰富和计算能力的提升，从 20 世纪 90 年代开始，针对金融市场的实证资产定价研究在学术界蓬勃发展，并且广泛应用于业界的投资实践之中，使得商学院的金融学术研究、教学可以与业界应用紧密结合在一起，金融学科逐渐具有了一定的工程属性。本人在讲授“实证金融分析”课程的时候，之前主要依赖于实证资产定价方面的经典文献，并基于中国市场数据来验证，一直苦于没有合适的教材，直到有一天我在办公室看到我的同事朱一峰老师拿着这本*Empirical Asset Pricing*：*The Cross Section of Stock Returns*，我打开翻阅，爱不释手，当即和朱一峰老师决定联合将其翻译成中文，将其版权引入中国，我相信一定会有益于国内学术界和业界。

本书翻译前后经历了两年左右时间，其间不断校对，多位博士生和硕士生承担了大部分章节的初译工作和部分校对工作，他们是张秋月、吴雨玲、张琳、秦秀婷、景薇、阙江静、陈然、柳依依、黄怡文、任兆月、何杉、贾梦悦、孙雨琦、陈爽、王德利等同学，在此对他们的付出表示感谢。感谢原著三位作者对我们翻译团队的信任，也非常感谢他们在翻译过程中的耐心与支持！感谢中国人民大学出版社的各位老师，在我推荐此书之后，他们慧眼识珠，迅速买下中文版权，并妥善安排了各项工作，使得出版过程非常顺利。

张学勇

写于四道口

二〇一九年九月二十五日

经济科学译丛						
序号	书名	作者	Author	单价	出版年份	ISBN
1	宏观经济学(第九版)	安德鲁·B. 亚伯等	Andrew B. Abel	95.00	2020	978-7-300-27382-2
2	管理经济学:基于战略的视角(第二版)	蒂莫西·费希尔等	Timothy Fisher	58.00	2019	978-7-300-23886-9
3	投入产出分析:基础与扩展(第二版)	罗纳德·E. 米勒等	Ronald E. Miller	98.00	2019	978-7-300-26845-3
4	宏观经济学:政策与实践(第二版)	弗雷德里克·S. 米什金	Frederic S. Mishkin	89.00	2019	978-7-300-26809-5
5	国际商务:亚洲视角	查尔斯·W.L. 希尔等	Charles W. L. Hill	108.00	2019	978-7-300-26791-3
6	统计学:在经济和管理中的应用(第10版)	杰拉德·凯勒	Gerald Keller	158.00	2019	978-7-300-26771-5
7	经济学精要(第五版)	R. 格伦·哈伯德等	R. Glenn Hubbard	99.00	2019	978-7-300-26561-2
8	环境经济学(第七版)	埃班·古德斯坦等	Eban Goodstein	78.00	2019	978-7-300-23867-8
9	管理者微观经济学	戴维·M. 克雷普斯	David M. Kreps	88.00	2019	978-7-300-22914-0
10	税收与企业经营战略:筹划方法(第五版)	迈伦·S. 斯科尔斯等	Myron S. Scholes	78.00	2018	978-7-300-25999-4
11	美国经济史(第12版)	加里·M. 沃尔顿等	Gary M. Walton	98.00	2018	978-7-300-26473-8
12	组织经济学:经济学分析方法在组织管理上的应用(第五版)	塞特斯·杜玛等	Sytse Douma	62.00	2018	978-7-300-25545-3
13	经济理论的回顾(第五版)	马克·布劳格	Mark Blaug	88.00	2018	978-7-300-26252-9
14	实地实验:设计、分析与解释	艾伦·伯格等	Alan S. Gerber	69.80	2018	978-7-300-26319-9
15	金融学(第二版)	兹维·博迪等	Zvi Bodie	75.00	2018	978-7-300-26134-8
16	空间数据分析:模型、方法与技术	曼弗雷德·M. 费希尔等	Manfred M. Fischer	36.00	2018	978-7-300-25304-6
17	《宏观经济学》(第十二版)学习指导书	鲁迪格·多恩布什等	Rudiger Dornbusch	38.00	2018	978-7-300-26063-1
18	宏观经济学(第四版)	保罗·克鲁格曼等	Paul Krugman	68.00	2018	978-7-300-26068-6
19	计量经济学导论:现代观点(第六版)	杰弗里·M. 伍德里奇	Jeffrey M. Wooldridge	109.00	2018	978-7-300-25914-7
20	经济思想史:伦敦经济学院讲演录	莱昂内尔·罗宾斯	Lionel Robbins	59.80	2018	978-7-300-25258-2
21	空间计量经济学入门——在R中的应用	朱塞佩·阿尔比亚	Giuseppe Arbia	45.00	2018	978-7-300-25458-6
22	克鲁格曼经济学原理(第四版)	保罗·克鲁格曼等	Paul Krugman	88.00	2018	978-7-300-25639-9
23	发展经济学(第七版)	德怀特·H. 波金斯等	Dwight H. Perkins	98.00	2018	978-7-300-25506-4
24	线性与非线性规划(第四版)	戴维·G. 卢恩伯格等	David G. Luenberger	79.80	2018	978-7-300-25391-6
25	产业组织理论	让·梯若尔	Jean Tirole	110.00	2018	978-7-300-25170-7
26	经济学精要(第六版)	巴德,帕金	Bade, Parkin	89.00	2018	978-7-300-24749-6
27	空间计量经济学——空间数据的分位数回归	丹尼尔·P. 麦克米伦	Daniel P. McMillen	30.00	2018	978-7-300-23949-1
28	高级宏观经济学基础(第二版)	本·J. 海德拉	Ben J. Heijdra	88.00	2018	978-7-300-25147-9
29	税收经济学(第二版)	伯纳德·萨拉尼耶	Bernard Salanié	42.00	2018	978-7-300-23866-1
30	国际贸易(第三版)	罗伯特·C. 芬斯特拉	Robert C. Feenstra	73.00	2017	978-7-300-25327-5
31	国际宏观经济学(第三版)	罗伯特·C. 芬斯特拉	Robert C. Feenstra	79.00	2017	978-7-300-25326-8
32	公司治理(第五版)	罗伯特·A.G. 蒙克斯	Robert A. G. Monks	69.80	2017	978-7-300-24972-8
33	国际经济学(第15版)	罗伯特·J. 凯伯	Robert J. Carbaugh	78.00	2017	978-7-300-24844-8
34	经济理论和方法史(第五版)	小罗伯特·B. 埃克伦德等	Robert B. Ekelund. Jr.	88.00	2017	978-7-300-22497-8
35	经济地理学	威廉·P. 安德森	William P. Anderson	59.80	2017	978-7-300-24544-7
36	博弈与信息:博弈论概论(第四版)	艾里克·拉斯穆森	Eric Rasmusen	79.80	2017	978-7-300-24546-1
37	MBA宏观经济学	莫里斯·A. 戴维斯	Morris A. Davis	38.00	2017	978-7-300-24268-2
38	经济学基础(第十六版)	弗兰克·V. 马斯切纳	Frank V. Mastrianna	42.00	2017	978-7-300-22607-1
39	高级微观经济学:选择与竞争性市场	戴维·M. 克雷普斯	David M. Kreps	79.80	2017	978-7-300-23674-2
40	博弈论与机制设计	Y. 内拉哈里	Y. Narahari	69.80	2017	978-7-300-24209-5
41	宏观经济学精要:理解新闻中的经济学(第三版)	彼得·肯尼迪	Peter Kennedy	45.00	2017	978-7-300-21617-1
42	宏观经济学(第十二版)	鲁迪格·多恩布什等	Rudiger Dornbusch	69.00	2017	978-7-300-23772-5
43	国际金融与开放宏观经济学:理论、历史与政策	亨德里克·范登伯格	Hendrik Van den Berg	68.00	2016	978-7-300-23380-2
44	经济学(微观部分)	达龙·阿西莫格鲁等	Daron Acemoglu	59.00	2016	978-7-300-21786-4
45	经济学(宏观部分)	达龙·阿西莫格鲁等	Daron Acemoglu	45.00	2016	978-7-300-21886-1
46	发展经济学	热若尔·罗兰	Gérard Roland	79.00	2016	978-7-300-23379-6
47	中级微观经济学——直觉思维与数理方法(上下册)	托马斯·J·内契巴	Thomas J. Nechyba	128.00	2016	978-7-300-22363-6
48	环境与自然资源经济学(第十版)	汤姆·蒂坦伯格等	Tom Tietenberg	72.00	2016	978-7-300-22900-3
49	劳动经济学基础(第二版)	托马斯·海克拉克等	Thomas Hyclak	65.00	2016	978-7-300-23146-4
50	货币金融学(第十一版)	弗雷德里克·S·米什金	Frederic S. Mishkin	85.00	2016	978-7-300-23001-6
51	动态优化——经济学和管理学中的变分法和最优控制(第二版)	莫顿·I·凯曼等	Morton I. Kamien	48.00	2016	978-7-300-23167-9
52	用Excel学习中级微观经济学	温贝托·巴雷托	Humberto Barreto	65.00	2016	978-7-300-21628-7
53	宏观经济学(第九版)	N·格里高利·曼昆	N. Gregory Mankiw	79.00	2016	978-7-300-23038-2

经济科学译丛						
序号	书名	作者	Author	单价	出版年份	ISBN
54	国际经济学:理论与政策(第十版)	保罗·R·克鲁格曼等	Paul R. Krugman	89.00	2016	978 - 7 - 300 - 22710 - 8
55	国际金融(第十版)	保罗·R·克鲁格曼等	Paul R. Krugman	55.00	2016	978 - 7 - 300 - 22089 - 5
56	国际贸易(第十版)	保罗·R·克鲁格曼等	Paul R. Krugman	42.00	2016	978 - 7 - 300 - 22088 - 8
57	经济学精要(第3版)	斯坦利·L·布鲁伊等	Stanley L. Brue	58.00	2016	978 - 7 - 300 - 22301 - 8
58	经济分析史(第七版)	英格里德·H·里马	Ingrid H. Rima	72.00	2016	978 - 7 - 300 - 22294 - 3
59	投资学精要(第九版)	兹维·博迪等	Zvi Bodie	108.00	2016	978 - 7 - 300 - 22236 - 3
60	环境经济学(第二版)	查尔斯·D·科尔斯塔德	Charles D. Kolstad	68.00	2016	978 - 7 - 300 - 22255 - 4
61	MWG《微观经济理论》习题解答	原千晶等	Chiaki Hara	75.00	2016	978 - 7 - 300 - 22306 - 3
62	现代战略分析(第七版)	罗伯特·M·格兰特	Robert M. Grant	68.00	2016	978 - 7 - 300 - 17123 - 4
63	横截面与面板数据的计量经济分析(第二版)	杰弗里·M·伍德里奇	Jeffrey M. Wooldridge	128.00	2016	978 - 7 - 300 - 21938 - 7
64	宏观经济学(第十二版)	罗伯特·J·戈登	Robert J. Gordon	75.00	2016	978 - 7 - 300 - 21978 - 3
65	动态最优化基础	蒋中一	Alpha C. Chiang	42.00	2015	978 - 7 - 300 - 22068 - 0
66	城市经济学	布伦丹·奥弗莱厄蒂	Brendan O'Flaherty	69.80	2015	978 - 7 - 300 - 22067 - 3
67	管理经济学:理论、应用与案例(第八版)	布鲁斯·艾伦等	Bruce Allen	79.80	2015	978 - 7 - 300 - 21991 - 2
68	经济政策:理论与实践	阿格尼丝·贝纳西-奎里等	Agnès Bénassy-Quéré	79.80	2015	978 - 7 - 300 - 21921 - 9
69	微观经济分析(第三版)	哈尔·R·范里安	Hal R. Varian	68.00	2015	978 - 7 - 300 - 21536 - 5
70	财政学(第十版)	哈维·S·罗森等	Harvey S. Rosen	68.00	2015	978 - 7 - 300 - 21754 - 3
71	经济数学(第三版)	迈克尔·霍伊等	Michael Hoy	88.00	2015	978 - 7 - 300 - 21674 - 4
72	发展经济学(第九版)	A.P. 瑟尔沃	A.P. Thirlwall	69.80	2015	978 - 7 - 300 - 21193 - 0
73	宏观经济学(第五版)	斯蒂芬·D·威廉森	Stephen D. Williamson	69.00	2015	978 - 7 - 300 - 21169 - 5
74	资源经济学(第三版)	约翰·C·伯格斯特罗姆等	John C. Bergstrom	58.00	2015	978 - 7 - 300 - 20742 - 1
75	应用中级宏观经济学	凯文·D·胡佛	Kevin D. Hoover	78.00	2015	978 - 7 - 300 - 21000 - 1
76	现代时间序列分析导论(第二版)	约根·沃特斯等	Jürgen Wolters	39.80	2015	978 - 7 - 300 - 20625 - 7
77	空间计量经济学——从横截面数据到空间面板	J·保罗·埃尔霍斯特	J. Paul Elhorst	32.00	2015	978 - 7 - 300 - 21024 - 7
78	国际经济学原理	肯尼思·A·赖纳特	Kenneth A. Reinert	58.00	2015	978 - 7 - 300 - 20830 - 5
79	经济写作(第二版)	迪尔德丽·N·麦克洛斯基	Deirdre N. McCloskey	39.80	2015	978 - 7 - 300 - 20914 - 2
80	计量经济学方法与应用(第五版)	巴蒂·H·巴尔塔基	Badi H. Baltagi	58.00	2015	978 - 7 - 300 - 20584 - 7
81	战略经济学(第五版)	戴维·贝赞可等	David Besanko	78.00	2015	978 - 7 - 300 - 20679 - 0
82	博弈论导论	史蒂文·泰迪里斯	Steven Tadelis	58.00	2015	978 - 7 - 300 - 19993 - 1
83	社会问题经济学(第二十版)	安塞尔·M·夏普等	Ansel M. Sharp	49.00	2015	978 - 7 - 300 - 20279 - 2
84	博弈论:矛盾冲突分析	罗杰·B·迈尔森	Roger B. Myerson	58.00	2015	978 - 7 - 300 - 20212 - 9
85	时间序列分析	詹姆斯·D·汉密尔顿	James D. Hamilton	118.00	2015	978 - 7 - 300 - 20213 - 6
86	经济问题与政策(第五版)	杰奎琳·默里·布鲁克斯	Jacqueline Murray Brux	58.00	2014	978 - 7 - 300 - 17799 - 1
87	微观经济理论	安德鲁·马斯-克莱尔等	Andreu Mas-Collel	148.00	2014	978 - 7 - 300 - 19986 - 3
88	产业组织:理论与实践(第四版)	唐·E·瓦尔德曼等	Don E. Waldman	75.00	2014	978 - 7 - 300 - 19722 - 7
89	公司金融理论	让·梯若尔	Jean Tirole	128.00	2014	978 - 7 - 300 - 20178 - 8
90	公共部门经济学	理查德·W·特里西	Richard W. Tresch	49.00	2014	978 - 7 - 300 - 18442 - 5
91	计量经济学原理(第六版)	彼得·肯尼迪	Peter Kennedy	69.80	2014	978 - 7 - 300 - 19342 - 7
92	统计学:在经济中的应用	玛格丽特·刘易斯	Margaret Lewis	45.00	2014	978 - 7 - 300 - 19082 - 2
93	产业组织:现代理论与实践(第四版)	林恩·佩波尔等	Lynne Pepall	88.00	2014	978 - 7 - 300 - 19166 - 9
94	计量经济学导论(第三版)	詹姆斯·H·斯托克等	James H. Stock	69.00	2014	978 - 7 - 300 - 18467 - 8
95	发展经济学导论(第四版)	秋山裕	秋山裕	39.80	2014	978 - 7 - 300 - 19127 - 0
96	中级微观经济学(第六版)	杰弗里·M·佩罗夫	Jeffrey M. Perloff	89.00	2014	978 - 7 - 300 - 18441 - 8
97	平狄克《微观经济学》(第八版)学习指导	乔纳森·汉密尔顿等	Jonathan Hamilton	32.00	2014	978 - 7 - 300 - 18970 - 3
98	微观经济学(第八版)	罗伯特·S·平狄克等	Robert S. Pindyck	79.00	2013	978 - 7 - 300 - 17133 - 3
99	微观银行经济学(第二版)	哈维尔·弗雷克斯等	Xavier Freixas	48.00	2014	978 - 7 - 300 - 18940 - 6
100	施米托夫论出口贸易——国际贸易法律与实务(第11版)	克利夫·M·施米托夫等	Clive M. Schmitthoff	168.00	2014	978 - 7 - 300 - 18425 - 8
101	微观经济学思维	玛莎·L·奥尔尼	Martha L. Olney	29.80	2013	978 - 7 - 300 - 17280 - 4
102	宏观经济学思维	玛莎·L·奥尔尼	Martha L. Olney	39.80	2013	978 - 7 - 300 - 17279 - 8
103	计量经济学原理与实践	达摩达尔·N·古扎拉蒂	Damodar N. Gujarati	49.80	2013	978 - 7 - 300 - 18169 - 1
104	现代战略分析案例集	罗伯特·M·格兰特	Robert M. Grant	48.00	2013	978 - 7 - 300 - 16038 - 2
105	高级国际贸易:理论与实证	罗伯特·C·芬斯特拉	Robert C. Feenstra	59.00	2013	978 - 7 - 300 - 17157 - 9
106	经济学简史——处理沉闷科学的巧妙方法(第二版)	E·雷·坎特伯里	E. Ray Canterbery	58.00	2013	978 - 7 - 300 - 17571 - 3
107	微观经济学原理(第五版)	巴德、帕金	Bade, Parkin	65.00	2013	978 - 7 - 300 - 16930 - 9

经济科学译丛

序号	书名	作者	Author	单价	出版年份	ISBN
108	宏观经济学原理(第五版)	巴德、帕金	Bade, Parkin	63.00	2013	978-7-300-16929-3
109	环境经济学	彼得・伯克等	Peter Berck	55.00	2013	978-7-300-16538-7
110	高级微观经济理论	杰弗里・杰里	Geoffrey A. Jehle	69.00	2012	978-7-300-16613-1
111	高级宏观经济学导论:增长与经济周期(第二版)	彼得・伯奇・索伦森等	Peter Birch Sørensen	95.00	2012	978-7-300-15871-6
112	微观经济学(第二版)	保罗・克鲁格曼	Paul Krugman	69.80	2012	978-7-300-14835-9
113	克鲁格曼《微观经济学(第二版)》学习手册	伊丽莎白・索耶・凯利	Elizabeth Sawyer Kelly	58.00	2013	978-7-300-17002-2
114	克鲁格曼《宏观经济学(第二版)》学习手册	伊丽莎白・索耶・凯利	Elizabeth Sawyer Kelly	36.00	2013	978-7-300-17024-4
115	微观经济学(第十一版)	埃德温・曼斯费尔德	Edwin Mansfield	88.00	2012	978-7-300-15050-5
116	卫生经济学(第六版)	舍曼・富兰德等	Sherman Folland	79.00	2011	978-7-300-14645-4
117	现代劳动经济学:理论与公共政策(第十版)	罗纳德・G・伊兰伯格等	Ronald G. Ehrenberg	69.00	2011	978-7-300-14482-5
118	宏观经济学:理论与政策(第九版)	理查德・T・弗罗恩	Richard T. Froyen	55.00	2011	978-7-300-14108-4
119	经济学原理(第四版)	威廉・博伊斯等	William Boyes	59.00	2011	978-7-300-13518-2
120	计量经济学基础(第五版)(上下册)	达摩达尔・N・古扎拉蒂	Damodar N.Gujarati	99.00	2011	978-7-300-13693-6
121	《计量经济学基础》(第五版)学生习题解答手册	达摩达尔・N・古扎拉蒂等	Damodar N. Gujarati	23.00	2012	978-7-300-15080-8
122	计量经济分析(第六版)(上下册)	威廉・H・格林	William H.Greene	128.00	2011	978-7-300-12779-8
123	国际贸易	罗伯特・C・芬斯特拉等	Robert C.Feenstra	49.00	2011	978-7-300-13704-9

金融学译丛

序号	书名	作者	Author	单价	出版年份	ISBN
1	银行风险管理(第四版)	若埃尔・贝西	Joël Bessis	56.00	2019	978-7-300-26496-7
2	金融学原理(第八版)	阿瑟・J. 基翁等	Arthur J. Keown	79.00	2018	978-7-300-25638-2
3	财务管理基础(第七版)	劳伦斯・J. 吉特曼等	Lawrence J. Gitman	89.00	2018	978-7-300-25339-8
4	利率互换及其他衍生品	霍华德・科伯	Howard Corb	69.00	2018	978-7-300-25294-0
5	固定收益证券手册(第八版)	弗兰克・J. 法博齐	Frank J. Fabozzi	228.00	2017	978-7-300-24227-9
6	金融市场与金融机构(第8版)	弗雷德里克・S. 米什金等	Frederic S. Mishkin	86.00	2017	978-7-300-24731-1
7	兼并、收购和公司重组(第六版)	帕特里克・A. 高根	Patrick A. Gaughan	89.00	2017	978-7-300-24231-6
8	债券市场:分析与策略(第九版)	弗兰克・J・法博齐	Frank J. Fabozzi	98.00	2016	978-7-300-23495-3
9	财务报表分析(第四版)	马丁・弗里德森	Martin Fridson	46.00	2016	978-7-300-23037-5
10	国际金融学	约瑟夫・P・丹尼尔斯等	Joseph P. Daniels	65.00	2016	978-7-300-23037-1
11	国际金融	阿德里安・巴克利	Adrian Buckley	88.00	2016	978-7-300-22668-2
12	个人理财(第六版)	阿瑟・J・基翁	Arthur J. Keown	85.00	2016	978-7-300-22711-5
13	投资学基础(第三版)	戈登・J・亚历山大等	Gordon J. Alexander	79.00	2015	978-7-300-20274-7
14	金融风险管理(第二版)	彼德・F・克里斯托弗森	Peter F. Christoffersen	46.00	2015	978-7-300-21210-4
15	风险管理与保险管理(第十二版)	乔治・E・瑞达等	George E. Rejda	95.00	2015	978-7-300-21486-3
16	个人理财(第五版)	杰夫・马杜拉	Jeff Madura	69.00	2015	978-7-300-20583-0
17	企业价值评估	罗伯特・A・G・蒙克斯等	Robert A. G. Monks	58.00	2015	978-7-300-20582-3
18	基于Excel的金融学原理(第二版)	西蒙・本尼卡	Simon Benninga	79.00	2014	978-7-300-18899-7
19	金融工程学原理(第二版)	萨利赫・N・内夫特奇	Salih N. Neftci	88.00	2014	978-7-300-19348-9
20	投资学导论(第十版)	赫伯特・B・梅奥	Herbert B. Mayo	69.00	2014	978-7-300-18971-0
21	国际金融市场导论(第六版)	斯蒂芬・瓦尔德斯等	Stephen Valdez	59.80	2014	978-7-300-18896-6
22	金融数学:金融工程引论(第二版)	马雷克・凯宾斯基等	Marek Capinski	42.00	2014	978-7-300-17650-5
23	财务管理(第二版)	雷蒙德・布鲁克斯	Raymond Brooks	69.00	2014	978-7-300-19085-3
24	期货与期权市场导论(第七版)	约翰・C・赫尔	John C. Hull	69.00	2014	978-7-300-18994-2
25	国际金融:理论与实务	皮特・塞尔居	Piet Sercu	88.00	2014	978-7-300-18413-5
26	货币、银行和金融体系	R・格伦・哈伯德等	R.Glenn Hubbard	75.00	2013	978-7-300-17856-1
27	并购创造价值(第二版)	萨德・苏达斯纳	Sudi Sudarsanam	89.00	2013	978-7-300-17473-0
28	个人理财——理财技能培养方法(第三版)	杰克・R・卡普尔等	Jack R. Kapoor	66.00	2013	978-7-300-16687-2
29	国际财务管理	吉尔特・贝克特	Geert Bekaert	95.00	2012	978-7-300-16031-3
30	应用公司财务(第三版)	阿斯沃思・达摩达兰	Aswath Damodaran	88.00	2012	978-7-300-16034-4
31	资本市场:机构与工具(第四版)	弗兰克・J・法博齐	Frank J.Fabozzi	85.00	2011	978-7-300-13828-2
32	衍生品市场(第二版)	罗伯特・L・麦克唐纳	Robert L. McDonald	98.00	2011	978-7-300-13130-6
33	跨国金融原理(第三版)	迈克尔・H・莫菲特等	Michael H. Moffett	78.00	2011	978-7-300-12781-1

Empirical Asset Pricing：The Cross Section of Stock Returns by Turan G. Bali，Robert F. Engle and Scott Murray
ISBN：9781118095041

图书在版编目（CIP）数据

实证资产定价：股票横截面收益/（ ）图兰·G. 巴利（Turan G. Bali），（美）罗伯特·F. 恩格尔（Robert F. Engle），（ ）斯科特·默里（Scott Murray）著；张学勇，朱一峰译. —北京：中国人民大学出版社，2020. 1

书名原文：Empirical Asset Pricing：The Cross Section of Stock Returns

ISBN 978-7-300-27483-6

Ⅰ. ①实… Ⅱ. ①图… ②罗… ③斯… ④张… ⑤朱… Ⅲ. ①股票价格-研究 Ⅳ. ①F830. 91

中国版本图书馆 CIP 数据核字（2019）第 262533 号

实证资产定价

股票横截面收益

图兰·G. 巴利

罗伯特·F. 恩格尔　著

斯科特·默里

张学勇　朱一峰　译

Shizheng Zichan Dingjia

出版发行	中国人民大学出版社		
社　　址	北京中关村大街 31 号	**邮政编码**	100080
电　　话	010－62511242（总编室）		010－62511770（质管部）
	010－82501766（邮购部）		010－62514148（门市部）
	010－62515195（发行公司）		010－62515275（盗版举报）
网　　址	http://www. crup. com. cn		
经　　销	新华书店		
印　　刷	涿州市星河印刷有限公司		
开　　本	787 mm×1092 mm　1/16	**版　　次**	2020 年 1 月第 1 版
印　　张	28. 75　插页 3	**印　　次**	2023 年 4 月第 3 次印刷
字　　数	616 000	**定　　价**	128. 00 元